돈황 강창문학의 이해

2012년도
대한민국학술원 선정
우수학술도서

이 도서는 대한민국학술원에서 선정한
"2012년도 우수학술도서"로서 교육과학기술부의
지원으로 구입 배부한 것임.

지은이 전홍철(全弘哲, Chun, Hong-Chul)은 1960년 서울 출생으로 한국외국어대 중국어과를 졸업하고, 동 대학원에서 돈황 강창문학 연구로 박사학위를 받았으며, 현재 우석대 유통통상학부(중국학) 교수로 있다. 중국 남경대학 중한문화연구중심과 산동사범대학 중한합작국제상학원의 특별 초빙교수를 지냈으며, 현재는 남경사범대학 돈황학연구 중심의 겸직교수를 맡고 있다. 주로 돈황학과 중국문화에 대한 글을 쓰고 있다. 주요 논문과 저서로는 「동아시아적 소설론의 모색」, 「돈황 강창문학의 희곡사적 의의」, 『돈황과 동아시아 문학』, 『중국通을 향해 걷다』, 『走進中國, 走近中國人』 등이 있다.

돈황 강창문학의 이해

초판 1쇄 발행 2011년 6월 8일 **초판 2쇄 발행** 2012년 8월 25일
지은이 전홍철 **펴낸이** 박성모 **펴낸곳** 소명출판 **출판등록** 제13-522호
주소 서울시 서초구 서초동 1621-18 란빌딩 1층
전화 02-585-7840 **팩스** 02-585-7848 **전자우편** somyong@korea.com **홈페이지** www.somyong.co.kr

값 38,000원
ISBN 978-89-5626-594-0 93820

영국인 탐험가 스타인(Stein, 1862~-1943)이 반출해간 돈황 문서

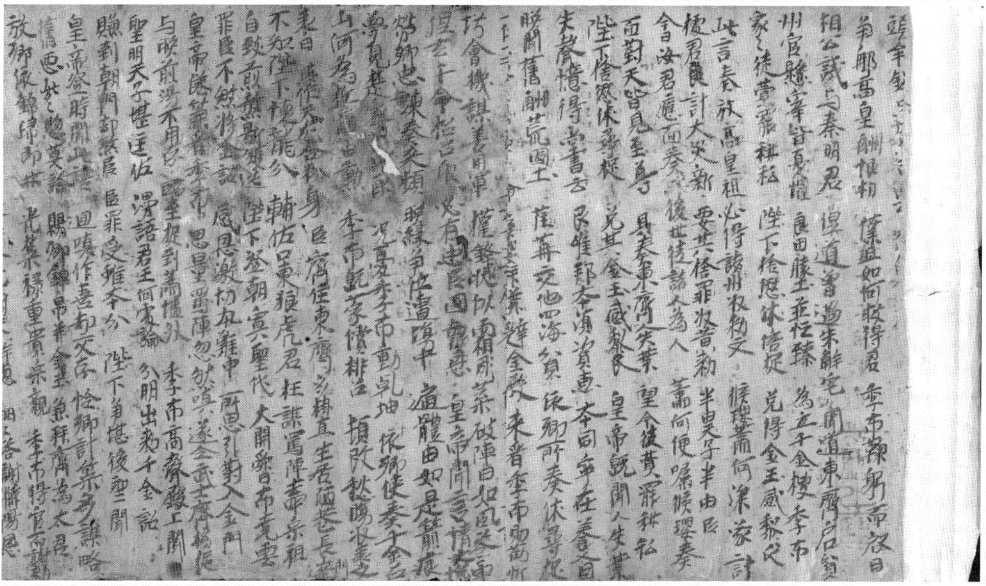

돈황에서 발견된 7언체 장편 서사시(총 640구) 착계포사문(捉季布詞文)

돈황 변문의 그림 연행 논란을 불러일으킨 권축장채회항마변문(卷軸裝彩繪降魔變文) P.4524

돈황 장경동 진열관 앞의 필자(2000년)

돈황 강창문학의 이해

敦煌 講唱文學의 理解

Understanding of Dunhuang Speak-sing Literature

전홍철

소명출판

구비연행서사로 본 돈황 강창문학

천년 전 서역으로 가는 관문이었던 돈황(敦煌, Dunhuang)은 동서 문화의 융합 현상을 들여다 볼 수 있는 곳이다. 동서양 각국 전문가들이 돈황을 칭찬하고 정의한 다음과 같은 말들 '광활한 중국이 끝나고 서역이 시작되는 곳' '문명 교류의 요지' '실크로드 교역의 오아시스' '동서무역의 중개지점이며 종교, 문화와 지식이 융합된 곳' '동서 문물이 오가던 교류의 장' '환지구적 문명 교류의 통로인 실크로드의 전략적 요점' '바깥 세계로부터 많은 것을 집어 삼키는 중국의 목구멍' '서양 문물을 받아들였던 천년 전 홍콩(香港, Hongkong)' 등은 돈황이 어떤 곳인지를 잘 드러내주고 있다.

영화 '좋은 놈 나쁜 놈 이상한 놈'(놈놈놈)의 촬영지로 유명세를 타기도 했던 돈황이 여전히 세계적인 관광지로 각광받고, 전 세계의 수많은 학자들을 '돈황학'에 빠져들게 한 것은 실크로드가 낳은 최고의 금자탑인 막고굴(莫高窟, Mogao Caves) 때문이다. 수천 개(약 2400 여개)의 불상이 있다 하여 일명 천불동(千佛洞, Caves of a Thousand Buddhas)이라고도 불리는 막고굴은 세계에서 현존한 가장 규모가 크고 가장 완벽한 불교예술의 보물 창고이다. 또 막고굴은 '동양의 루브르(Louvre)박물관'

‘동양학의 보고’ ‘불교 미술의 보고’ ‘동서 문물의 보고’ ‘중국의 불가사의’ ‘중국의 3대 석굴’ ‘실크로드 돈황 예술의 극치’ ‘세계 최대의 불교 석굴군’ 등으로 일컬어지는 세계적인 불교유적지요 사막 위에 건립된 위대한 미술관이다.

문헌연구자 특히 고대 중국의 문학, 역사, 문화를 연구하는 사람들에게 막고굴은 ‘진귀문헌으로 가득한 실크로드의 보석’이다. 여기서 진귀한 문헌이란 100여 년 전 소위 장경동(藏經洞)이라 불리는 막고굴 제17굴에서 발견된 2만에서 4만 사이로 추정되는 문서들을 말한다. 현재 런던의 대영박물관, 파리의 국립도서관, 베이징도서관(北京圖書館), 상트페테르부르크(Saint Petersburg, 구 레닌그라드)의 동양학연구소, 일본의 쇼도 박물관(書道博物館)에 보관되어 있는 둔황 문서는 불교 경전을 베껴 쓴 것이 주를 이루고 있지만, 도교와 유교의 경전 그리고 사적(史籍), 지지(地誌), 운서(韻書), 점복(占卜), 사원문서(寺院文書), 관사문서(官私文書) 등 다양한 분야의 귀중한 일서(佚書)가 많이 포함되어 있다.

돈황 문서는 한국과도 밀접한 관련이 있다. 먼저 신라의 구도승(求道僧) 혜초(慧超)가 지은 『왕오천축국전(往五天竺國傳)』의 필사본이 돈황 문서더미에서 발견되었으며, 최근에는 원효 스님이 저술한 『대승기신론소(大乘起信論疏)』의 8~10세기 필사본이 발굴 공개되어 고대 한국과의 연관성을 다시금 확인시켜 주었다. 돈황 고문서 중 한국 고대 문학과 가장 깊은 관련이 있는 것은 판소리(板聲, Pan-So-Ri)처럼 운문과 산문을 엇섞어 사용하고 있는 ‘변문(變文)’이다.

돈황 변문(變文, transformation texts)은 돈황 강창문학(講唱文學, speak-and-sing literature)을 대표한다. 이는 돈황 막고굴에서 발견된 운문과 산문 즉 시와 서사문이 혼용되어 있는[1] 문학 텍스트를 '강창문학'이라 총칭할 경우 강창형 작품 가운데 가장 대표적인 것이 '변문(變文)'이라는 말이다.

이 책은 '변문'을 대표로 하는 돈황 강창문학에 대하여 쓴 것이다. 필자의 박사논문을 재편집하여 출간한 본서는 돈황 강창문학 작품을 서사적 텍스트로 간주하고, 이를 연행문화적인 시각에서 해석하였다. 이러한 생각은 돈황 강창문학이 '민중연행의 현장예술', '창악(唱樂)적 구비서사시', '희곡적 구비율문(口碑律文)', '전통적 연행문학', '극음악', '구비서사문학', '민중적 종합예술' 등 다양한 표현으로 설명되어온 우리나라의 판소리 문학과 매우 유사한 서사 체계와 연행 양상을 보이고 있는데서 착안하였다. 그러나 이 책에서는 강창문학과 판소리 문학의 유사성을 다루지는 않았다. 왜냐하면 중국 학계의 변문에 대한 '연원 논의'에서 볼 수 있듯이 자칫하면 '영향이냐 자생이냐'하는 소모적인 논의에 얽매여 본질을 놓칠 가능성이 있기 때문이다. 따라서 이 책에서는 구비연행서사물(口碑演行敍事物)로서의 돈황 강창문학이 제 모습을 드러낼 수 있도록 텍스트의 서사적 특징과 연행 증

1 '강(講)'과 '창(唱)'의 결합을 뜻하는 '강창'이라는 용어는 중국에서 '설창(說唱)'이라고도 하며, 영어권에서는 prosimetrum, prosimetrical genre, the mixture of verse and prose, prosimetric exchange, combinations of poetry and prose 등으로 표기되고 있다. 한국 강창문학을 대표하는 '판소리'의 한자(혹은 중국어) 표기로는 현재 판소리(判捎里), 반소리(盤騷里), 고서(鼓書) 세 가지가 쓰이고 있으나 필자가 보기에 적합하지 않다고 생각되며, 판(板)+소리(聲)='판성(板聲)'으로 표기하는 것이 바람직하다고 본다. 참고로 판소리의 영어 번역으로는 Korean traditional opera type singing, Korean traditional epic vocal music, Korean traditional story-telling with different rhythms 등이 사용되고 있다.

거에 대하여 집중적으로 서술하였다.

돈황 강창문학에 대한 국내 연구는 중국과 대만은 물론 일본과 미국 그리고 유럽의 연구 성과에 비하여 양적 질적으로 많이 뒤쳐져 있다. 국내 연구사를 간략히 정리하면, 1989년에 나온 서원대 조명화(曺明和) 교수의 『돈황 강창문학 연구』(서울대 박사논문)가 국내 최초의 연구 결과물이고, 한국돈황학회를 창립한 이수웅(李秀雄) 교수가 돈황 강창문학을 개괄적으로 언급한 『돈황 문학과 예술』(건국대학교 출판사, 1990)도 초기 성과물에 해당한다. 1990년대에는 돈황 화본소설과 역사 변문 등 돈황 강창문학의 개별 작품을 연구한 석사논문과 박사논문이 많지는 않아도 꾸준히 발표되었다. 하지만 2000년대 이후 국내 돈황 강창문학 연구는 쇠퇴기를 맞게 된다. 2001년 정광훈의 『돈황 변문의 구연특징 연구』(외대 석사논문)와 2003년 조명화 교수가 출간한 『불교와 돈황의 강창문학』(이회) 이후 연구 성과물이 현격히 줄어들고 새로운 연구자 또한 배출되지 않고 있는 것이다. 다행히 최근에는 프랑스에서 돈황 문학으로 박사학위를 취득한 전남대 장춘석 교수와 경북대 박세욱 박사가 유럽 학풍의 신선한 논문과 번역서를 선보이며 분투하고 있다.

최근 국내 돈황학 연구의 전기를 마련할 수 있는 희소식이 전해졌다. 희소식이란 고대 민족문화연구원의 노력으로 최근 "국제돈황프로젝트(IDP) 서울센터"가 문을 연 사실을 말한다. 고대 민족문화연구원에 따르면, 향후 "국제돈황프로젝트(IDP) 서울센터"는 홈페이지를 본격적으로 가동하여 기존 IDP 홈페이지를 한국어로 번역하고, 디지

털화된 전 세계 돈황 유물자료의 데이터베이스도 제공할 예정이라고 한다. 이렇게 되면 한국의 돈황학 및 실크로드학이 저변을 확대하면서 크게 발전할 수 있을 것이다. "국제돈황프로젝트(IDP) 서울센터"의 오픈을 계기로 한국 돈황학이 침체기에서 벗어나 비약적으로 발전하길 기대한다.

필자는 2004년부터 산동사범대학 한중합작 국제상학원의 한국 원장을 맡았던 몇 년 동안 돈황 문학에 대한 연구를 소홀히 하였다가 2009년부터 다시 시작하고 있다. 재출발하면서 그동안 미루었던 작업들에 손을 대고 있으며 그 중 하나가 본서의 출간이다. 또한 남경대학에서 돈황문학으로 학위를 취득한 정병윤 박사와 북경대 박사반에 재학 중인 정광훈 선생과 함께 『돈황변문교주』(黃征.張涌泉校注, 중화서국)를 완역하였으며, 미국 펜실베니아대학 Victor H. Mair 교수의 『당대 변문(唐代 變文, *T'ang Transformation Texts*)』(하버드대학, 1989)도 번역이 끝나 출간을 앞두고 있다.

이제까지 돈황 강창문학을 연구하면서 주변의 도움을 많이 받았다. 먼저 2003년부터 『돈황변문교주』 번역 작업을 하면서 외도하는 선배를 심하게 탓하지 않고 끊임없이 인내하며 함께 해준 정병윤 박사와 정광훈 선생에게 고마움을 표한다. 또 늘 격려하여 주시고 추천사까지 써주신 한국돈황학회 이수웅 회장님께 감사드린다. 돈황학으로 맺어진 중국의 학술적 동지인 남경사범대학 돈황학연구중심의 황정(黃征) 소장 그리고 날카로운 통찰력으로 향후 돈황 연구의 전망에 대하여 언급해주신 존경하는 중국 스승 사천사범대학의 왕소순(王小

盾) 교수께도 감사드린다. 늘 바쁘다는 핑계를 대며 가정에 소홀했음에도 잘 자라준 유진과 일주 그리고 오직 애정과 인내심으로 한결같이 곁을 지켜준 우아이(吾愛) 꾸이 라오스에게도 고마운 마음을 전한다. 어려운 여건 하에서도 돈황 관련 서적을 흔쾌히 출판하여 주신 소명출판사에 감사드리며, 독자 제현의 질정과 관심을 바란다.

2011년 4월

全州에서 全弘哲

돈황 강창문학은 한국문학의 원형을 밝힐 단서

이수웅(李秀雄, 전 韓國敦煌學會 會長)

돈황은 중국 서북쪽의 광활한 고비사막 가운데의 녹색지대(오아시스)이다. 돈황은 감숙과 청해 변경에 누워 있는 기련산(祈連山)과 천산산맥(天山山脈)의 눈이 녹아내리는 물이 모래 속으로 스며들어 초원을 형성한 지역이며, 옛날부터 유목민족이 생활의 터전을 가꾼 곳이다.

그런데 한(漢)나라 무제는 변방의 안정과 국제적인 교역을 위하여 그들을 공격하여 투항하게 함으로써 서북의 땅을 모두 차지한 후 이곳에 무위(武威), 주천(酒泉), 장액(張掖), 돈황(敦煌)의 4군을 설치하였다

돈황은 이때부터 역사에 기록되기 시작하였다. 한사군의 설치는 당시 유목민족 간의 연계를 막을 수 있을 뿐만 아니라 동서 교역의 길을 열어 주었다. 이를 계기로 천산(天山)의 남북로에는 대상들이 줄을 잇게 되었고 돈황은 동서 문화가 어우러지는 찬란하고 특이한 꽃을 피웠다.

불교는 길이 트이기 이전에도 파밀 고원 동쪽의 여러 나라에 이미 전파되어 있었는데 내지로의 길이 트이게 되자 유입 속도가 매우 빨라졌다. 한 무제가 예불하였다는 기록은 믿을 수 없지만 불교는 대중 속에 이미 자리 잡고 있었다. 사찰을 짓기 시작 하였고 불경을 번역하

여 공급하였다.

돈황 문학은 여러 갈래가 있다. 그 중 변문(變文)은 돈황 장서 가운데 강창(講唱, 말하고 노래하기)의 특징을 보이는 작품을 일컫는다. 이것은 당시의 속강승(俗講僧)과 예인(藝人)들이 어떤 '이야기'를 강창할 때 사용하던 대본과 깊은 관련이 있다. 이 대본들은 불경의 내용을 풀이한 것이 가장 많지만 이외에도 역사 이야기와 민간 전설을 제재로 삼아 연행한 것도 상당수이다. 그러자니 언어는 통속적이야 했고 뜻은 얕아야 하였다. 그리하여 일반 민중들로부터도 큰 환영을 받았다. 사람들이 모이는 곳이면 강창을 연출하였다. 따라서 크게 흥행하였고 새로운 문학의 양식으로 자리 잡게 되었다.

무엇보다 우리가 주목할 점은 돈황 강창문학 장르가 고대 한국 문학과 밀접한 관련을 맺고 있고 큰 영향을 끼쳐왔다는 사실이다. 이 책은 쓴 전홍철 교수는 일찍부터 이러한 사실을 주목하면서 다각적으로 연구 활동을 하여 왔다. 특히 전 교수는 동서 문화의 원형 발굴을 목표로 수없이 현지답사를 했고, 난해하기 그지없는 돈황 문서들을 20년 가까이 천착하여 온 국내에서는 드믄 돈황 변문(變文) 연구자이다. 이번에 출간하는 『돈황 강창문학의 이해』는 저자의 박사논문을 새롭게 가다듬은 책으로, 강창문학의 형성 경로, 서사 체계, 연행 양상, 소설사적 의의 등을 서술하고 있다. 이 책에서 저자는 돈황 강창문학 텍스트를 서사적 텍스트로 간주하고, 연행문화적인 시각에서 해석하였다. 이러한 시각과 연구 방법은 앞으로 우리 문학과의 원형적 관계를 밝히는 단서가 될 수 있을 것이다. 전 교수가 더욱 정진하길 기원하면서 독자 제현의 일독을 권한다.

醉石書室에서

돈황 연구 100년, 과제와 전망

왕샤오둔(王小盾, 四川師範大學 中文系 教授)

돈황 문서 연구사에서 1909년은 중요한 해이다. 이 해에 베이징에서는 프랑스 학자 파울 펠리오(Paul Pelliot, 1878~1945)가 수집한 돈황 문서의 일부를 볼 수 있는 전시회가 열렸고, 얼마 안 있어 라진옥(羅振玉), 왕인준(王仁浚), 장부(蔣斧) 등이 『돈황 석실 문서 목록과 발견 원본 (敦煌石室書目及發見之原始)』, 『막고굴석실비록(莫高窟石室秘錄)』, 『돈황석실진적록(敦煌石室眞跡錄)』, 『돈황석굴유서(敦煌石窟遺書)』 등을 출간하였다. 따라서 1909년은 돈황 연구가 실질적으로 시작되었던 해였고, 2009년은 돈황 연구 100주년이 되는 해라 할 수 있다.

2010년은 돈황 연구가 또다시 100년을 바라보며 새로운 도약을 도모하는 첫 해이다. 그러면 앞으로 돈황 연구에는 어떤 변화가 일어날까? 이에 대해서는 다음과 같이 예상해볼 수 있다.

첫째, 돈황 문헌이 전면적으로 정리될 것이다. 지난 20년 동안 상해고적, 사천인민 등 몇몇 중국출판사에서 『영장돈황문헌(英藏敦煌文獻)』, 『아장돈황문헌(俄藏敦煌文獻)』, 『법장돈황서역문헌(法藏敦煌西域文獻)』, 『아장흑수성문헌(俄藏黑水城文獻)』, 『아장돈황예술품(俄藏敦煌

藝術品)』, 『천진시예술박물관장돈황문헌(天津市藝術博物館藏敦煌文獻)』, 『상해박물관장돈황토로번문헌(上海博物館藏敦煌吐魯番文獻)』, 『상해도서관장돈황문헌(上海圖書館藏敦煌文獻)』, 『북경대학장돈황문헌(北京大學藏敦煌文獻)』, 『감숙장돈황문헌(甘肅藏敦煌文獻)』, 『절장돈황유서(浙藏敦煌遺書)』 등이 발간되었다. 또 조만간 중국 국가도서관에 소장되어 있는 돈황 문헌도 전부 출간될 예정이다. 이렇게 되면 기본적인 돈황 문헌을 볼 수 있는 여건이 마련되는 셈이다. 하지만 이것으로는 부족하다. 왜냐하면 돈황학은 이미 세계적인 학문으로 자리 잡아 수많은 학자들이 돈황학 연구에 뛰어들고 있기 때문이다. 늘어나는 돈황학 연구자들을 고려하여 다음 두 분야의 서적들이 출간되고 있다.

① 돈황 문헌의 편집과 교열 서적 : 남경의 강소고적출판사(江蘇古籍出版社)는 1986년부터 『돈황계약문서집교(敦煌契約文書輯校)』, 『돈황사읍문서집교(敦煌社邑文書輯校)』, 『돈황표상전계서의집교(敦煌表狀箋啓書儀輯校)』, 『돈황변문강경문인연집교(敦煌變文講經文因緣輯校)』, 『돈황부휘(敦煌賦彙)』, 『돈황불교경록집교(敦煌佛教經錄輯校)』, 『돈황천문력법문헌집교(敦煌天文曆法文獻輯校)』, 『돈황사읍문서집교(敦煌社邑文書輯校)』, 『돈황계약문서집교(敦煌契約文書輯校)』, 『돈황의약문헌집교(敦煌醫藥文獻輯校)』, 『돈황논어집해교증(敦煌論語集解校證)』, 『돈박본선적록교(敦博本禪籍錄校)』 등을 출판하였다. 또 북경의 서목문헌출판사(書目文獻出版社)와 축미복제센터(縮微複製中心)는 『돈황사회경제문헌진적석록(敦煌社會經濟文獻眞跡釋錄)』 등을 출간하였다. 이러한 책들은 개인이 소장하기에 편리하고 읽기도 용이하여 향후에도 대거 출간될 것으로 보인다.

② 돈황 문헌 합집(合集)의 출간 : 불경 문헌 합집과 불경 이외의 한

문 문헌 합집이 출간되고 있다. 특히 한문 문헌 합집은 4부(四部) 분류법에 의거하여 편집 출판될 예정이다. 예컨대, 북경의 중화서국에서 출판된 『돈황경부문헌합집(敦煌經部文獻合集)』은 분류(分類), 정명(定名), 철합(綴合), 해제(解題), 교록(校錄) 등이 매우 잘 되어 있어 학계에 큰 도움을 주고 있다.

둘째, 돈황 석굴 자료가 전면적으로 정리될 것이다. 이 작업은 주로 돈황연구원이 담당하고 있다. 과거 25년 동안 돈황연구원은 『돈황석굴내용총록(敦煌石窟內容總錄)』, 『돈황막고굴공양인제기(敦煌莫高窟供養人題記)』 등을 출간했고, 모든 동굴에 대한 문자 보고서, 그림 책, 사진첩 등을 발간했다. 이 책자들은 돈황 석굴에 대하여 총체적이고 객관적이며 과학적으로 기록했다는 평가를 받고 있다. 이 가운데 측량하여 그린 책에는 평면도, 부분도, 각 벽의 입체도가 들어 있고, 실제 벽화와 나중에 그린 실측도 그리고 실제 조각상과 정면 측면 실측도가 포함되어 있다. 또 서면 보고서는 눈으로 관찰한 모든 사항에 대하여 상세히 기술하고 있다. 이 보고서는 돈황 석굴을 문자로 영구 보존하는 동시에 돈황 예술을 널리 알리는 성과를 냈다고 할 수 있다. 돈황 문서 연구의 시각에서 보더라도 이 보고서는 의미있는 자료임에 틀림없다.

셋째, 향후 돈황 연구는 현재의 분야별 독자 연구를 탈피하여 진정한 복합 연구로 전환될 것이다. 과거 돈황 연구는 분야별 연구가 전통이었고, 나름대로 성과를 내었다. 예컨대, 역사 연구자는 돈황 호적 자료를 통해 당대 균전제와 호적법에 대한 연구 성과를 내었고, 돈황 문헌 속의 지방사 자료를 가지고 귀의군(歸義軍) 연구라는 새로운 영역을 개척하기도 하였다. 또 어문학 연구자들은 돈황 자료를 이용하여 중국 속문학, 중국어 속어(俗語), 속자(俗字) 연구에서 이전과는 전혀 다른 면모를 보이면서 뛰어난 성과를 거두었다. 하지만 이러한 연구는 과거 분야별 연구 방식에 얽매어 있고, 자료 자체의 특성을 확실히 존중한 것도 아니다. 예컨대, 돈황 문학의 문체 분류에 연구는 여전히 작가문학의 문체 관념에 기반하여 이루어지고 있다. 구체적으로 말하면, 과거에 돈황 문학은 전통 시체에 가까운 작품은 '돈황시가', 전통 사체(詞體)에 가까운 작품은 '곡자사(曲子詞)', 속문학 문체에 속한 작품은 '변문(變文)'으로 분류했었다. 1980년대부터 학자들은 이러한 분류 방식에 회의를 느껴 변문(變文)으로 뭉뚱그려 묶어버린 작품 속에서 사문(詞文), 고사부(故事賦), 화본(話本), 변문(變文), 강경문(講經文), 연기(緣起), 압좌문(押座文), 시화(詩話) 등을 따로 구분하였다. 또 '곡자사(曲子辭)' 안에도 종교 가사(歌辭) 등의 작품을 추가하였다. 하지만 학자들은 이러한 분류법이 구두(口頭)문학에 연원을 두고 있는 돈황문학의 특성을 소홀히 한 전통문학 관념의 산물에 불과한 것으로, 여전히 편견이 내포되어 있다는 사실을 깨닫지 못하고 있다. 따라서 향후 돈황 연구는 이러한 면이 바뀌어야 하고 바뀌게 될 것이다. 어떻게 바뀔까? 다음 세 가지 방향으로 변화될 것으로 본다.

① 공백이 메우는 데 모든 돈황 자료가 역할을 할 것이다. 예컨대, 돈황 사본과 돈황 조형예술에서 불교가 주요 모티브라는 사실에 다시금 주목하여 선종과 정토종 등 다른 불교 종파의 문헌과 회화에 대해 세밀하게 연구하게 될 것이다. 또 불교 종파와 세속 사회의 관계, 불교 교단과 다른 사회계층의 관계 등을 고찰하여 중세 불교문학예술사의 중요한 문제들을 규명할 것이다.

② 개별 연구에서 종합 연구로 옮겨갈 것이다. 텍스트 하나 하나와 각각의 과제에 대해 문학, 언어학, 종교학, 역사학, 과학기술 등의 각

도에서 분석한 후 종합적인 해석을 도출하게 될 것이다. 이는 소동파(蘇東坡)가 독서의 방법으로 언급한 '팔면수적법(八面受敵法)' 즉 책의 내용을 한 방향으로만 이해하지 말고 다양한 사고방식을 통해 이해해야 한다는 것과 통한다.

③ 평면적인 텍스트에 대한 입체적 고찰이 시도될 것이다. 텍스트의 표면적인 내용에만 관심을 두던 것에서 텍스트의 내면 — 텍스트 속에 감추어진 여러 가지 문화적 연원, 텍스트의 생존 환경, 텍스트의 제작·전파·향유 과정 등 — 을 들여다 볼 것이다. 석굴 예술과 돈황 문헌에 대한 이러한 입체적 연구가 향후 돈황 연구의 주축이다.

마지막으로 돈황 연구는 명실상부한 글로벌 학문으로 자리 잡을 것이다. 사실 돈황 문헌과 석굴 예술의 발견과 수집 그리고 이를 보존·전파·연구하는 작업은 여러 나라 학자들이 공동으로 진행하여 완성시킨 것이다. 돈황 연구를 글로벌 학문이라 함은 바로 이 때문이다. 하지만 협애한 민족주의적 정서와 파벌 관습 탓에 돈황을 연구하는 학자들 사이에 벽이 생기고 서로 경시하는 경향이 존재하고 있다. 나는 향후 돈황 연구가 학자들 사이의 의견 교환이 빈번해지고 국제적인 학술 교류가 활발해짐에 따라 과거의 편애한 관점이 자리를 잃을 것이라 확신한다.

방금 언급한 돈황 연구의 네 가지 전망은 그리 요원한 것만은 아니다. 세계 곳곳에서 뛰어난 학자들이 객관적인 관점과 소신을 갖고 연구 성과를 내고 있기 때문이다. 그 중 하나가 전홍철 교수의 『돈황 강창문학의 이해』이다.

『돈황 강창문학의 이해』는 독특한 방법과 시각으로 쓴 책이다. 이 책의 저자는 돈황 강창문학을 연구하면서 텍스트에 치우치지 않고 입체적인 고찰을 시도하고 있다. 또 돈황 강창문학의 형성 경로와 서사 체계 그리고 연행 양상을 기술하면서, 무엇보다 연행 양상을 밝히는 데 많은 공력을 기울였다. 특히 강과 창의 결합 방식, 텍스트 생산자와 향유자, 연행 장소 등에 대한 연구는 돈황 강창문학에 대한 표면적인 이해에서 벗어나 텍스트가 만들어지고 유통되며 소비되는 과정을 고찰한 뜻 깊은 시도임에 틀림없다.

이 책의 추천사를 쓰면서 한 가지 더 언급하고 싶은 것이 있다. 그것은 바로 한국과 중국의 학풍이다. 『돈황 강창문학의 이해』에서 다루고 있는 내용은 중국학자들도 관심을 갖고 연구하고 있다. 하지만 전 교수의 연구 방법은 한국적 특색이 뚜렷하다. 여기서 한국적 특색이란 무엇을 말하는가? 먼저 긍정적인 시각에서 볼 때 한국의 학술 풍토는 인류학적 경향이 강한 듯하며, 비판적인 시각에서 보면 한국의 학술 분위기는 교과서적 기술을 중시하고 저자의 가치관이 지나치게 뚜렷하다고 할 수 있다. 이처럼 한국과 중국의 학풍이 차이가 나는 데는 원인이 있다. 먼저 중국의 학풍은 수천년 간 유학을 중심으로 형성된 탓에 고전 전통이 강하다. 또 이러한 전통은 한우충동(汗牛充棟)으로 쌓인 책 더미 속에서 이루어졌기 때문에 일종의 '서재학술(書齋學術)'이라 명명할 수 있다. 또 중국 학문의 근간을 이루는 한자 교육은 본시 귀족적인 경향이 있고 형이상학적이며 일반 민중과는 거리가 있는 것이었다. 반면 한국의 학풍은 중국과 서구의 영향 하에서 발전하기는 했지만 자국의 문화를 토대로 타국의 문화를 수용하였다. 이 때문에 중국 학문의 고전적이고 귀족적인 풍토를 벗어날 수 있었다. 중국 학풍을 깊이 파악하고 있는 전홍철 교수의 저서는 한중 학문의 장단점을 적절히 융합시킨 본보기라고 칭찬하고 싶다.

한국에서 돈황학은 새로운 학문 영역에 속한다. 한국의 돈황 연구는 일본, 프랑스, 영국, 중국에 비해 출발이 늦었으며 연구 결과물이 많지 않은 것이 사실이다. 하지만 역으로 이러한 상황이 한국의 돈황학이 앞으로 한중 학술교류에 큰 역할을 할 수 있는 여지를 제공하고 있다.

나는 2007년 8월 한국에서 「『고려사악지』 연구가 중국 학술계에 던지는 의미」[2]라는 논문을 발표한 바 있다. 이 논문에서 당대(唐代) 음악을 연구한 이혜구(李惠求)와 같은 한국학자가 음악과 문학의 상관관계, 한국과 일본 음악이 중국 음악을 어떻게 개조했는지를 규명한 것을 거론하면서 다음과 같이 썼다. "『고려사악지』 연구는 중국학자가 한국학자에게 배울 수 있는 좋은 기회이며, 중국문화 자신을 이해할 수 있는 계기이다" 또 2008년 4월에는 돈황 아랑위(兒郎偉)와 조선 시기 상량문(上樑文)의 관계에 대한 논문[3]을 발표하면서 아랑위(兒郎偉)가 상량문(上樑文)으로 발전하는 과정을 다섯 단계[4]로 정리한 바 있다.

2 「고려사악지 연구의 중국학술계에 대한 의의(〈高麗史樂志〉研究對於中國學術的意義)」, 『중국문학(中國文學)』 제52집, 한국중국어문학회 편, 2007.8.

3 「조선반도 상량문으로 본 돈황 아랑위(從朝鮮半島上樑文看敦煌兒郎偉)」, 『고전문헌연구』 제11집, 중국남경대학 편, 2008.4.

4 다섯 단계는 다음과 같다. ① 큰 소리로 부르짖는 단계 ② 역귀를 쫓는 노래 단계 ③ 상량 의식 단계 ④ 상량문의 정식 문체를 형성하는 단계 ⑤ 송대(宋代) 초기 동쪽으로 전래되어 고려(高麗) 한(漢)문학 문체의 하나로 변화하는 단계.

내가 아랑위를 통해 이야기하고 싶은 것은 고려와 조선의 상량문에서 돈황 아랑위의 진면목을 엿볼 수 있고, 한(漢)문학의 특수한 역할을 확인할 수 있다는 점이다. 나는 논문을 쓰기 전에 한국학자가 가지고 있는 특별한 지혜에서 힌트를 얻었고, 논문을 완성한 후에는 한국자료를 이용하여 돈황학을 연구할 수 있는 영역이 대단히 넓음을 깨달았다. 전홍철 교수의 『돈황 강창문학의 이해』에 대해서도 이러한 두 가지 감회를 느끼게 된다. 또 전 교수가 향후 국제 돈황학 영역에서 한국학자가 지닌 특별한 지혜를 활용하여 커다란 연구 성과를 낼 것으로 확신한다.

| 차례 |

제1장 들어가며

제1절_ 문제 의식

지금으로부터 100년 전 고대 중국의 국제무역 도시였던 돈황(敦煌) 막고굴(莫高窟)에서 미스터리 문헌들이 대량으로 발굴되었다. 전 세계 중국학 연구자들을 깜짝 놀라게 한 미스터리 문헌들은 발견 후 정리되는 과정에서 '돈황 문서(敦煌文書)'로 불렸으며 이로부터 '돈황학(敦煌學)'이 탄생하였다. 돈황에서 우연히 발견된 문서들은 고대 중국의 역사, 음악, 미술, 체육, 음식 등 각 분야에서 수수께끼로 남아 있던 수많은 의문들을 해결해주는 마법의 열쇠가 되었으며, 중국문학사 분야도 마찬가지였다.

돈황 문서 가운데 중국문학사가들의 주목을 한 몸에 받은 것은 '돈황 변문(變文)'이었다. 돈황 변문은 어떤 문서일까? 쉬운 비유로 설명

청말(淸末)의 막고굴

막고굴(제17굴)에서 발견된 돈황 문서

하면, 돈황 변문은 천 년 전 홍콩 영화 시나리오요, 고대 중국의 판소리문학 자료라고 할 수 있다. 오늘날 홍콩 영화와 판소리처럼 당시 대중들이 보고 듣고 읽으며 즐겼던 돈황 변문이 천 년 넘게 벽 속에 감추어져 있다 세상에 모습을 드러내자 중국문학계는 충격과 논란에 휩싸이게 된다. 동서양 학자들이 돈황 변문을 연구하기 시작하면서 그동안 의문 부호가 달려 있었던 중국문학사의 비밀들이 하나하나씩 실체를 드러내면서 중국문학사에 대한 기존 관념이 커다란 도전을 받게 되었기 때문이다. 무엇보다 중국 소설사와 희곡사가 그러하였다.

돈황 변문은 우리 나라 판소리처럼 아니리(이야기)와 창(노래) 즉 강(講)과 창(唱)의 혼합 구조로 되어 있는 문학 텍스트이다. 이 때문에 돈황 변문을 '돈황 강창문학'이라고 하며 이 책에서도 이 명칭을 사용하였다. 그 동안 돈황 변문 즉 돈황 강창문학에 대한 연구는 발견된 문서의 정리·교감·주석 등을 바탕으로 큰 발전과 성과를 이루었다. 하지만 돈황 문서 더미에 감추어져 있던 '변문' 자료가 공개되었을 때 해결되리라고 여겼던 중국문학사의 수수께끼는 오늘날 여전히 미해결의 과제로 남은 채 물음표가 달려 있다. 그 원인은 무엇일까? 바로 문학사 해석에 깊게 스며있는 민족주의적 관념 때문이다. 이제까지 돈황 강창문학에 대한 연구는 변문을 중심으로 이우어져 왔다. 변문(變文)의 명칭과 연원에 대한 탐구로부터 시작하여 창작연대, 체재 등의 문제를 수십 년간 연구해 왔다. 하지만 변문은 중국문학사 내에서 여전히 자신의 자리를 확보하고 있지 못하다. 이는 무엇보다 변문의 연원을 중국 전통 장르에서 찾으려는 자생설(본토설)과 불경문학으로부터의 전래를 거론하는 영향설(전파설) 간의 비생산적인 논의에 얽매여 있기 때문이다. 특히 이제까지의 연구에서 드러난 가장 큰 문제점은 연원 고찰과 유형 분류에 지나치게 치중한 탓에, 돈황 강창문학의 장르적 본질을 규명하는 데 필수적인, 텍스트 자체에 대한 분석과 연행 현장의 상황에 대한 고찰을 소홀히 하여 왔다는 점이다. 따라서 이 책에서는 기존 연구의 문제점을 보완하고 돈황 강창문학의 본질에 다가가기 위하여 다음 세 가지 점에 주목하고자 한다.

돈황 문서가 발견된 막고굴 제17굴

첫째, 돈황 강창문학 텍스트를 서사적 텍스트로 간주하고, 이를 연행문화적인 시각에서 해석하고자 한다. 이러한 생각은 돈황 강창문학이 '민중연행의 현장예술', '창악(唱樂)적 구비서사시', '희곡적 구비율문(口碑律文)', '전통적 연행문학', '극음악', '구비서사문학', '민중적 종합예술' 등 다양한 표현으로 설명되어온 우리나라의 판소리 문학과 매우 유사한 서사 체계와 연행 양상을 보이고 있는데서 착안하였다. 그러나 이 책에서는 강창문학과 판소리 문학의 연원적 유사성을 밝히는 것을 목적으로 하지는 않았다. 왜냐하면 중국 학계의 변문에 대한 '연원 논의'에서 볼 수 있듯이 자칫하면 '영향이냐 자생이냐'하는 소모적인 논의에 얽매여 본질을 놓칠 가능성이 있기 때문이다. 그러므로 이 책에서는 어디까지나 구비연행서사물(口碑演行敍事物)로서의 돈황 강창문학이 제 모습을 드러낼 수 있도록 텍스트의 내적 체계와 주변의 연행 상황을 파헤치려 한다.

둘째, 중국문학사에서 당대(唐代) 중엽 이후는 '서사문학의 혁명적 전환기'라고 평가될 만큼 다양한 서사체들이 출현하였으며 전기(傳奇), 단편서사산문, 문인서사시 등은 그를 입증하는 대표적인 장르들이다. 특히 당(唐) 전기의 출현은 중국소설을 본격적인 발전궤도로 진입시키는 전환기적 역할을 한 것으로 평가받고 있다. 그런데 중국소설사에서 진정한 소설로 간주되는 송원(宋元) 화본소설(話本小說)과 명청(明淸) 장회소설(章回小說) 나아가 근대소설의 기원과 형성을 밝힐 수 있는 실마리를 과연 문언소설(文言小說) 당(唐) 전기에서 구할 수 있는지는 의문시된다. 특히 소설은 '고급문학의 외부에서 저급문학으로서의 비공식적인 삶을 영위'[5]하며, '여러 종류의 서사체가 수렴되

'동양학의 보고' 막고굴 제17굴 안에서 돈황 문서를 조사하고 있는 펠리오트

어 이루어진다'[6]는 관점에서 볼 때 그러하다. 따라서 주변문학이요 비공식문학으로 주로 도시의 일반 대중에게 향유되었던 당대(唐代) 구비연행서사물인 돈황 강창문학 텍스트에 대한 연구는 중국 소설의 기원과 형성 논의에 새로운 시야를 제공할 것이다.

셋째, 돈황에서 발견된 강창서 사체는 초사본(抄寫本)의 내적 증거들로 볼 때 "구비연행물이 문학적 텍스트로 진화하는 과정에서 생겨난 메타-텍스트(meta-text) 내지는 모방-문맥(simulated context)"으로 보인다.[7] 다시 말하면 돈황 강창문학 두루마리들은 당시 청중들을 상대로 연행되었던 강창 공연을 기초로 특정한 요구에 따라 기록으

---

5 M.M. Bakhtin, *The Dialogic Imagination*(Four Essays), Universitiy of Taxas Press Austin, 1982, p.4(전승희 외역, 『장편소설과 민중언어』, 창작과비평사, 1988, 20쪽 참조).

6 윌리스 마틴, 김문현 역, 『소설이론의 역사』, 현대소설사, 1991, 64쪽 참조. 현대 소설이론가인 월터 리드(Walter Reed)와 레너드 데이비스(Lennard Davis)는 '소설' 장르의 본질은 다른 장르들이나 (전통적인 문학이론인) '詩學'의 특징적인 규범으로부터 이탈된 데 있다고 주장한다. 특히 데이비스는 소설의 기원이 "진화적(로망스는 서서히 사실적인 것이 되고 결국 소설이 된다는 측면에서)이고, 삼투적(사회의 변화가 문학 속에 수용되어 소설이 나오게끔 되었다고 보는 측면에서)이며, 수렴적(여러 종류의 서사체가 하나의 새로운 장르를 만들기 위해서 결합되었다는 측면에서)"인 특징을 지닌다고 본다.

7 Victor H. Mair, *TUN-HUANG POPULAR NARRATIVES*, CAMBRIDGE, 1983, 8~9쪽.

로 남겨 놓은 것이다. 여기서 '특정한 요구'란 불경 초사(抄寫)를 공덕으로 여겼던 관습에 따라 속강(俗講) 등에서 사용되었던 불교 연행물을 기록으로 남겼을 수도 있고, 강창 공연을 관람하지 못한 관중이나 강창 공연의 애호자들을 위해 — 때때로 돈을 받고 팔 목적으로 — 공연물을 본떠 기술한 모방작품일 가능성을 가리킨다. 어떤 연유에서건 현재 기록으로만 남아있는 돈황 강창문학 복사본들은 연행을 모태로 기술된 텍스트임에는 틀림없다. 돈황 강창문학을 대표하는 변문을 예로 들어 설명하면, '변문'은 궁정, 사원, 시정 등 중국 전역에서 희곡적 형태로 전문연기자에 의해 연행되었으며, 연행시에는 커다란 그림 앞에서 부분 부분을 가리키며 이야기해가던가, 작은 그림 두루마리를 펼쳐놓고 가창력과 악기 그리고 입담과 제스처(연기)를 활용하여 연행했던 것이다. 이처럼 '변문'에서 확인되는 돈황 강창문학의 장르적 특징은 장르의 미분화 시기에 시적(가창 진술)-소설적(서사적 이야기)-희곡적(공연적 연출) 스타일을 자유롭게 곁들여 전개한 소위 '혼합장르'요 '종합예술'이었다.

제2절_ 선행 연구의 검토

중국소설사의 초기 저작이면서도 오늘날까지 그 체계성을 평가받고 있는 『중국소설사략』의 저자 노신(魯迅)은 일찍이 중국 백화소설의 기원에 대하여 다음과 같은 의문을 제기한 바 있다.

> 송대(宋代) 문인들의 지괴(志怪)는 단조로울 뿐 생기가 없으며, 전기(傳奇)는 거의 지나간 일에만 의탁하고 동시대의 이야기는 피하고 있다. 또 과거의 작품을 모방하고 있을 뿐 독창성이 없다. 그러나 시정(市井)에서는 새로운 형식의 문예가 흥기했으니, 속어로 책을 짓고 고사를 서술한 '평화(平話)'가 그것이다. 이는 오늘날 '백화(白話)소설'이라고 부른다. 그러나 백화를 가지고 책을 지은 것은 사실상 송대에 시작된 것이 아니다. 청(淸)의 광서(光緖, 1875~1908) 년간 돈황 천불동(千佛洞)에서 경권(經卷)이 처음으로 발굴되어 다수가 영국과 불란서로 반입되었으나 중국도 나머지를 주어 모아 경사(京師)도서관에 보관해 놓았다. 문서는 송(宋)초에 저장된 것으로 불경이 많지만 개중에는 속문체(俗文體) 작품도 몇 종 있다. 이것들은 당말오대인(唐末五代人)이 초사(抄寫)한 것으로, 그 가운데 「당태종입명기(唐太宗入冥記)」, 「효자동영전(孝子董永傳)」, 「추호소설(秋胡小說)」은 런던 박물관에 있다. 「오원입오고사(伍員入吳故事)」(「오자서변문(伍子胥變文)」을 말한다.: 필자주)는 중국의 모씨(某氏)에게 있지만 아깝게도 보지 못했기 때문에 그것과 후대 소설과의 관계를 알 수가 없다.[8]

위 인용문은 1920년대 초 노신의 소설사 강의 원고를 정리하여 출판한 『중국소설사략』 제12편(송의 화본) 첫머리에서 발췌한 것으로, 여기서 노신(魯迅)은 중국 백화소설의 역사에 대해 매우 중요한 두 가지 지적을 하고 있다. i) 송대에는 문언소설인 지괴(志怪) 및 전기(傳奇)와 전혀 다른 양식의 '백화소설'이 민간에서 유행하고 있었다는 사실. ii) 송대의 백화소설은 송에서 처음 시작된 것이 아니라 당대(唐代)의 화

8 노신(魯迅), 『중국소설사략』(『노신전집(魯迅全集)』 제9권, 인민문학출판사, 1973), 137쪽.

본에서 유래하였을 가능성을 시사한 점이 그것이다. 그러나 이 당시 노신은 「당태종입명기(唐太宗入冥記)」, 「효자동영전(孝子董永傳)」, 「추호소설(秋胡小說)」 등 당대(唐代) 화본으로 생각되는 자료를 직접 접하지 못했기 때문에 송대 화본소설의 연원에 대하여 '정확한' 추측을 남기는 것으로 만족해야 했다.

그 후 10여 년 후 런던과 프랑스 박물관에 소장되어 있는 돈황 사권들을 점검하고 돌아온 정진탁(鄭振鐸)이 『중국속문학사(中國俗文學史)』에서 송대 화본소설의 연원은 당대(唐代) '변문'에 있음을 주장함으로써 노신의 추측을 중국문학사 속에서 실증할 수 있는 중요한 계기를 가져 온다. 당시 정진탁은 변문의 가치에 대하여 다음과 같이 언급하였다.

> 돈황에서 발견된 수많은 중요한 중국문서 중 가장 중요한 것은 변문이다. 변문이 발견되기 이전까지 우리는 평화(平話)가 어떻게 송대에 갑자기 출현했는가? 제궁조(諸宮調)의 내력은 어떠한가? 명청대에 성행한 보권(寶卷), 탄사(彈詞), 고사(鼓詞)는 과연 최근에 형성된 것인가 아니면 예전부터 존재했는가? 등에 대해 전혀 모르고 있었다. 문학사 속의 수많은 중요한 문제가 베일에 가려 있었던 것이다. 30년전(1907년)[9] 스타인(Stein)이 돈황보고를 발굴해 변문이라는 일종의 문체를 발견한 후 모든 의문이 비로소 서서히 해결되게 되었다. 이로부터 우리는 고대문학과 근대문학을 하나로 연결시킬 수 있게 되었다. 또 宋元 화본이 육조소설(六朝小說), 당대전기(唐代傳奇)와는 전혀 어떠한 인과관계도 없음을 알게 되었다. 그리고 수천 년간 민간사상을 지배해 온 보권(寶卷),

9 정진탁(鄭振鐸), 『중국속문학사』의 초판은 1938년 상무인서관에서 간행되었는데 이 해는 왕도사(王道士)가 장경동(藏經洞)에서 1900년 돈황문물을 발견한 시점으로부터는 38년, 1907년 헝가리인 스타인(Stein)이 9000여 점의 돈황 문물을 가져간 때로부터는 약 30년이 지난 때가 된다.

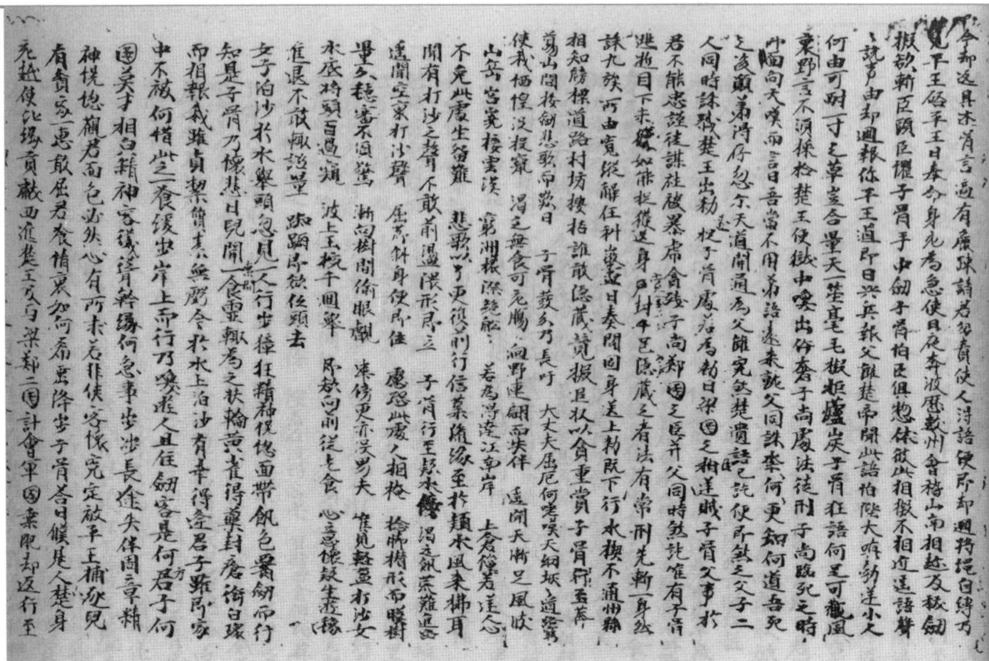

오자서변문(伍子胥變文) S.328

탄사(彈詞), 고사(鼓詞) 등 읽을거리(讀物)의 내력도 원래 여기[變文]에 있음을 확신하게 되었다.[10]

이와 같이 정진탁이 송원 화본(宋元話本), 제궁조(諸宮調), 보권(寶卷), 탄사(彈詞), 고사(鼓詞) 등의 연원은 돈황 변문에서 찾을 수 있다는 주장을 펴자 이때부터 변문에 관한 논의는 애초의 문학사적 의문을 도외시한 채 전혀 다른 방향으로 변질된다. 즉, 돈황 강창 텍스트는 과연 당대(唐代)의 화본소설이라 할 수 있는가 하는 장르사적 과제에 천착하기보다, 변문이 과연 중국 민족문화의 고유성을 이어받고 있느냐

10 정진탁(鄭振鐸), 『중국속문학사(中國俗文學史)』 상권, 대만상무인서관(臺灣商務印書館), 1986년 제7판, 180쪽.

아니면 외부로부터 이식된 것인가에 관한 논쟁에 빠져들게 되는 것이다. 변문의 기원에 대하여 맨 처음 영향설을 언급한 이는 호적(胡適)[11]이었는데 그 후 호적 관점을 그대로 추종한 것으로 평가되는 정진탁이 영향설을 거론하면서 본격적인 논쟁이 촉발된다.

> 운문과 산문이 조합을 이루어 서술하고 강창하며 경우에 따라 하나의 고사를 연주하기도 하는 풍조는 도대체 어디서 유래한 것일까? 이는 줄곧 하나의 풀 수 없는 수수께끼였다. 그러나 이 새로운 문체가 결코 하늘에서 그냥 떨어지지 않았고 또 만약 중국 기예(技藝)인의 창작도 아니었다면 당연히 외래의 영향을 받아 수입된 것으로 보아야 마땅하다.[12]

이처럼 정씨(鄭氏)가 '변문의 기원은 절대로 중국의 문헌에서는 찾을 수 없고, 인도의 문헌에서는 일찍부터 운문과 산문이 결합된 문체가 사용되었다'[13]는 견해를 피력한 이후 인도 불경의 번역과정에서 생겨난 강경문으로부터 변문이 생겨났을 가능성이 크다는 쪽으로 의

11 1927년 발간된 『백화문학사』에서 호적은 번역문학이 중국문학사에 미친 영향이 크다고 주장했는데 그 내용을 요약하면 다음과 같다. ① 역경사(譯經師)가 쉽고 평이한 백화문체로 불경을 번역하면서 문학에 있어서 새로운 문체가 생겨 났다. 불사 선문(禪門)이 바로 백화문과 백화시의 주요 발원지다. ② 상상력이 풍부한 불교문학이 상상력이 결핍되어 있는 중국 고대문학을 해방시켰다. 중국의 낭만주의 문학은 인도문학의 영향하에 생겨난 것이다. ③ 산문과 게송체(偈頌體)의 예술형식을 혼합한 서술구조가 중국 소설과 희곡의 새로운 체제에 영향을 주었다. 5세기 이후 세 종류의 불교 포교방식(경문의 전독(轉讀), 범패(梵唄)의 가창, 창도제도)이 변문과 백화(白話)시인의 내원(來源)을 확인시켜 준다.(『중국돈황학사』, 북경어언학원출판사, 1992, 54쪽)

12 정진탁(鄭振鐸), 『삽도본중국문학사(插圖本中國文學史)』, 대북굉업(臺北宏業)서국유한공사, 1975, 448쪽.

13 정진탁(鄭振鐸), 『중국속문학사』, 「變文的來源絶對不能在本土的文籍裡找到. 我們知道印度的文籍, 很早的已使用到韻文散文合組的文體」, 191쪽.

견을 개진하는 일군의 학자들이 등장하게 되는데, 대만학계를 대표하는 왕문재(王文才)·증영의(曾永義)·임총명(林聰明)·반중규(潘重規) 등이 그에 해당한다. 또 日本의 대표적인 돈황문학 연구자 가나오까 쇼우꼬우(金岡照光)도 강경문과 변문의 연관성에 초점을 맞추고 있는 학자라고 할 수 있다.[14] 불교문학의 영향을 인식하면서 돈황 강창문학을 연구한 이들의 견해를 간략히 정리하면 다음과 같다.

① 변문은 강경문에서 진화 발전했다. 강경문은 변문의 최초 형식으로 이것의 발생시기는 변문 중에서 가장 빠르다.

② 승려들이 불교 교의를 선전하기 위한 방편으로 생겨난 변문이 일반 청중들의 호응을 얻어 가자 변문의 소재를 넓혀 불전을 제외한 사전 등의 역사고사를 가져다가 강창하는 상황으로 발전된다.

③ 변문이 발전되면서 강창의 풍격을 답습함에서 벗어나 중국 고유의 문체인 사·부·전·기·논·서(詞·賦·傳·記·論·書) 등을 차용하여 고사를 서술하여 청중들의 호응을 얻게 되자 새로운 유형의 강창체들이 생겨났다.

④ 변문이 성행한 이후 화본으로 전변되기까지는 약 250여 년(8~10세기)의 시간이 소요된다. 이 시기 동안 강경문에서 불경고사와 역사고사를 강하

14 가나오까 쇼우꼬우(金岡照光), 「변문」, 『돈황의 문학』, 대장(大藏)출판주식회사, 1981, 105~106쪽 참조. 가나오까 쇼우꼬우는 강경문과 변문의 관계에 대하여 다음과 같이 언급하고 있다. "한 마디로 말해, 변문은 강경문에서 경(經)의 부분을 제거하고 단지 설백(說白)과 음창(吟唱) 두 부분으로 구성된 것이다. 먼저 설백으로 첫머리를 삼고 다시 칠언 위주의 운문을 덧붙이는 이단(二段) 구성의 문체가 바로 변문이다. 만약 이 문체를 강경문과 비교한다면 수많은 중요한 문제를 발굴할 수 있다. 즉 강창이 이미 경(經)의 제한으로부터 이탈했음을 알 수 있다. 강경문은 경문의 뜻과 해설에 중점을 둔다. 반면 변문은 경전에서 이야기의 소재를 취하더라도 경문의 체재를 해석하는 것이 아닌 일종의 이야기[故事] 형식으로 되어 있다. 대중문학은 이미 강경문 속의 설백 부분에서 싹이 텃으니 변문은 일종의 자유로운 형식이 발전하여 이루어진 문학이라 하겠다."

는 변문이 출현하게 되며 마침내 변문으로부터 화본으로 변화되게 된다.

이와 같이 변문의 생성·발전에 강경문이 깊이 관여되어 있음을 주장하는 학자들이 등장하는 것을 계기로 이에 반발하여 자생설을 주장하는 일군의 학자들이 줄지어 출현하였으니 상달(向達)을 위시한 왕경숙(王慶淑), 왕중문(王重文), 이건(李騫), 풍우(馮宇), 정의중(程毅中), 양공기(楊公驥), 용비(龍非) 등이 바로 그들이다. 이들의 공통점은 하나같이 변문의 기원을 강경문에서 찾지 않고 중국문학 자체에서 찾고 있다는 점인데 이들이 제시한 근거와 해당논문의 출처를 연도별로 정리하면 다음과 같다.

자생론자	변문의 연원	관련 논문
상달(向達)	남조 清商舊樂 '子夜變歌'	「唐代俗講攷」, 修稿, 『文史雜誌』, 1944.12
왕경숙(王慶淑)	부(賦), 4·5언시체, 장편 민간 서사시	「試讀變文的產生和影響」, 1957
이건(李騫)	운문: 5·7언서사시, 산문: 부체(賦體)	「變文簡說」, 『敦煌變文話本硏究』, 1957.6
풍우(馮宇)	부(賦)	「漫談變文的名稱, 形式, 淵源及影響」, 1960
양공기(楊公驥)	진한시대 이래 도문결합(圖文結合)의 양식	「變相, 變, 變文考論」, 1962.4
정의중(程毅中)	부체와 시가병문	「關于變文的幾點探索」, 『文學遺產』, 1963.7
용비(龍非)	초한(楚漢)의 사부(辭賦)형식	「中國散韻相間, 兼說唱之文體的來源—且談變文之變」, 『敦煌學集刊』, 第4集, 1983

민족문화의 전통성 회복이라는 당위적 명제에서 보면, 영향설에 대응한 자생론의 등장은 중국측으로서는 필연적 선택이요 하나의 의무이기도 할 것이다. 그러나 이러한 의도적 방향은 어쩔 수 없이 돈황문학에 대한 연구를 변문의 전통적 뿌리찾기에 제한시키는 결과를 낳는

다. 먼저 자생론자의 선두주자라 할 수 있는 상달(向達)의 경우를 보자. 그가 변문의 연원으로 남조(南朝)의 자야변가(子夜變歌)를 든 것은 자생설에 동조하면서도 중국 전통문학 내에서 구체적 증빙자료를 찾지 못하는 주변 동료들을 보고 사견(私見)임을 내세우면서 주장한 것이었다.

> 속강(俗講)이라는 말은 당(唐)이전에는 보이지 않는다. 당대(唐代) 사람이 이를 기록한 것은 가장 빨라야 원화년간(元和年間, 806~820)에 한할 것이다. 그러나 원화이전에 흥기하였을 수도 있는 듯하다. 다만 그 사이에 계승된 것이 반드시 있었을 것인데 자생설을 주장하는 사람들이 모두 그 연원에 대해서 아직 언급하지 못하고 있을 뿐이다. 개인적 의견으로는 속강문학의 내원은 두 가지 경로 외에는 없다고 본다. 전독창도(轉讀唱導)가 그 하나요, 청상구악(淸商舊樂)이 나머지 하나이다.[15]

이렇게 변문의 연원으로 보기에는 '사실적 근거가 부족'한 '청상구악(淸商舊樂)'을 내세우자[16] 상달은 당시로서도 궁색함을 면할 수 없었던 것 같고 이후 중국 본토설을 주장하는 측에서는 논리보완을 위한 꾸준

15 상달(向達), 「당대속강고(唐代俗講考)」, 『속강변문(俗講變文)과 백화(白話)소설』, 서남서국유한공사, 17쪽. "俗講一辭, 不見於唐以前書.唐人紀此, 最早亦止於元和, 然其興於元和以前, 似可以懸測而知也.顧其間自必有所秉承, 而自來說者, 於其淵源俱未之及.私意以爲俗講之來源, 當不外乎兩途, 轉讀唱導, 一也, 淸商舊樂, 二也."

16 당대(唐代)의 강창인 변문은 종합예술적 성격을 지니고 있으므로 한대 상화가(相和歌) 이래 민간에서 면면히 이어져 온 청상악(淸商樂)과 관련이 깊은 것은 사실이다. 그러나 운문과 산문이 결합된 서사성이 강한 변문의 기원으로 자야변가(子夜變歌)3수가 물증이 되기에는 미진한 부분이 너무 많다. 참고로 『악부시집(樂府詩集)』 권45, 「청상곡사(淸商曲辭) 2」에 수록되어 있는 〈자야변가(子夜變歌)〉 4수를 소개하면 다음과 같다. 제1수)人傳歡負情, 我自未常見.三更開門去, 始知子夜變. 제2수)歲月如流邁, 春盡秋已至.熒熒條上花, 零落何乃駛. 제3수)歲月如流邁, 行已及素秋.蟋蟀吟堂前, 惆悵使儂愁. 제4수)七綵紫金柱, 九華白玉粱.但歌繞不去, 含吐有餘香.

한 탐색의 결과 순경(荀卿)의 부(賦), 한위육조(漢魏六朝)이래의 운산혼합(韻散混合)의 부체(賦體), 『시경(詩經)』과 『이소(離騷)』이래의 4·5언시체(言詩體), 민가의 영향을 받은 『고아행(孤兒行)』, 『부병행(婦病行)』, 『상산채미무(上山采蘼蕪)』, 『염부나부행(艶婦羅敷行)』, 『공작동남비(孔雀東南飛)』, 『목란사(木蘭辭)』 등 장편 민간서사시 등으로 그 연원을 소급 확장하게 된다.

특히 상달을 뒤이어 '부체기원설(賦體起源說)', '민간선행설(民間先行說)', '속강후발설(俗講後發說)' 등을 제기하여 60년대 이후 자생설의 기반을 확고히 구축한 바 있는 정의중(程毅中)의 주장 속에는 중국 대륙학계의 기본적인 연구추세를 파악할 수 있는데 이를 살펴보기로 하자. 이는 앞으로 돈황문학 연구의 균형 잡힌 방향감각을 정립하는데 도움이 될 것이다. 정의중(程毅中)의 견해 가운데 핵심만을 간추리면 다음과 같다.

① 변문이라는 문학형식은 주로 한어의 특징인 46문(四六文)과 칠언체시(七言體詩)로 구성되어 있는데 이러한 민족형식이 인도로부터 전래될 수 있겠는가?

② 조식(曹植)의 『요작부(鷂鵲賦)』와 돈황 『연자부(鷰子賦)』 그리고 『오자서변문(伍子胥變文)』과 『오월춘추(吳越春秋)』 양자의 유사성으로 볼 때 변문의 연원은 부체(賦體)같은 중국 전통의 문학형식에서 발전했다고 보아야 한다.

③ 현존하는 자료로 볼 때 민간의 다양한 문체가 먼저 유행하고 있는 상태에서 속강승이 이를 속강의 한 형식으로 삼았으며, 이 문체는 본래 변문이라고 불리지 않았고 형식 역시 고정되어 있지 않았으며 시, 부, 사, 론(詩, 賦, 詞, 論)등과 같이 수시로 제목을 붙였으며 나중에 변상(變相)과 결합하

면서 변문이라고 불려졌다.[17]

다시 요약하면 정씨(程氏)는 변문의 기원은 중국 자체에서 찾을 수 있으며, 속강이 대중화되는 과정에서 부체(賦體)와 같은 중국 전통의 민간형식을 흡수한 변문이라는 속강 대본이 생겨났다는 논리를 펴고 있다.[18] 이러한 정의중(程毅中)의 견해를 다른 자생론자들의 입장과 완전히 동일시할 수는 없으나 영향설에 대한 부정적 시각에 기초하여 변문을 연구하는 대륙학자들의 기본적인 경향을 보여주는 것만은 분명하다.

한편 변문의 연원이 어디냐를 놓고 벌어진 영향설과 자생설 간의 대립적 양상은 또다른 논쟁를 파생시키며 한층 복잡해지는데 '변(變)'의 어원(語源) 및 변문과 변상(變相)의 관련성 문제가 그것이다.[19] 변의 어원에 대한 기존의 논의를 정리하면 다음과 같다.

---

17 정의중(程毅中), 「변문에 관한 몇 가지 탐색(關於變文幾點探索)」, 『돈황변문논문록(敦煌變文論文錄)』(상), 상해고적출판사(上海古籍出版社), 1962, 373~396쪽 참조.

18 약간의 설명을 보충한다. 정의중은 전변(轉變)과 속강(俗講)을 구별하여 이해하고, 속강의 기원이 통속적 강경이 거행(곽식(郭湜), 『고력사외전(高力士外傳)』의 기록 참조)된 상원원년(上元元年)(760)보다 빠를 수도 있으나 조기의 속강에서 강(講)한 것은 필시 불경으로 변문과는 차이가 있다고 본다. 그는 민간에서 『연자부(燕子賦)』, 『안자부(晏子賦)』, 『한붕부(韓朋賦)』와 같은 독자적인 조기의 변문양식이 흥기했으며 이후 사원의 승려들에 의해 속강의 한 형식이 되었다고 주장한다. 그러나 이에 대해서는 중국의 학자들도 확실히 논거가 부족하다고 지적하고 있다.

19 변(變)의 어원(語源) 및 변상(變相)과의 관계에 대하여 새로운 주장을 제기한 사람으로 우리 나라의 조명화(曹明和)를 들 수 있다. 그는 ① 변문의 어원은 범어(梵語) parinama를 옮긴 불교본래의 용어로서 전변과 변현의 뜻에서 나왔으며, ② 변문이 반드시 변상과 연계되지는 않으며 또 변문을 강(講)할 때 화권(畵卷)을 내걸었다는 주장은 명백한 근거가 없다고 주장하고 있다.(조명화, 『돈황 강창문학 연구』, 서울대 중문과 박사논문, 1989)

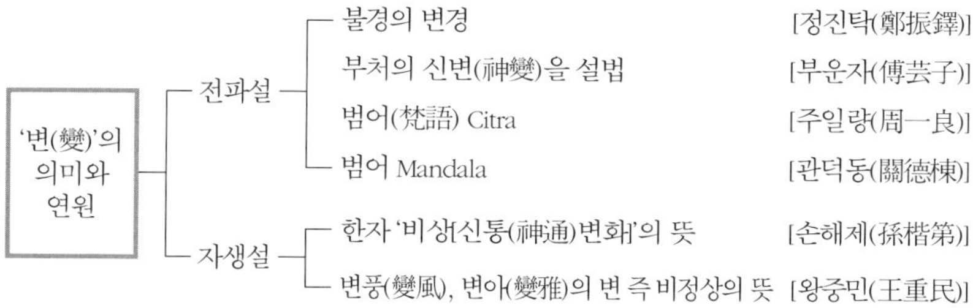

변(變)의 어원과 변상에 대한 상세한 논술은 본고의 범위를 벗어나 있으므로 이 자리에서는 생략하기로 한다. 다만, 여기서 지적해 둘 필요가 있는 것은 이 논쟁의 발생과 전개 과정이 사실상 변문의 연원 논쟁과 그 궤(軌)를 같이 하고 있다는 점이다.

한편 국내의 돈황 강창문학에 대한 연구는 현재 초보적인 단계를 넘어서지 못하고 있다. 현재까지 국내에서 발표된 학위논문은 박사논문 4편과 석사논문이 12편이 있으며 이를 정리하면 다음과 같다.

박사학위논문

『돈황 강창문학 연구』, 조명화(曺明和), 서울대 중문과 박사논문, 1989

『돈황 강사(講史)변문 연구』, 유태규(兪泰揆), 성균관대 중문과 박사논문, 1993. 10

『돈황 강창문학의 서사체계와 연행양상 연구』, 전홍철(全弘哲), 한국외국어대 대학원, 박사논문, 1995

『돈황화본소설연구』, 박완호(朴完鎬), 전남대 대학원, 박사논문, 1996

석사학위논문

「돈황 변문의 구연특징 연구」, 정광훈, 한국외국어대 대학원, 석사논문, 2001

「돈황 변문과 그 후속문학 연변에 관한 고찰」, 김현미, 공주대 교육대학원, 석사논문, 1999

「돈황 사본 여산원공화(廬山遠公話) 연구」, 정병윤(鄭炳潤), 한국외국어대 중어과 석사논문, 1994

「「오자서변문(伍子胥變文)」 연구」, 신주리(申朱里), 서울대 중문과 석사논문, 1994

「돈황화본(敦煌話本) 연구」, 박완호, 전남대 석사논문, 1989

「목련변문(目連變文) 연구」, 이성호, 성대 석사논문, 1990

「변문과 화본 형식 비교 연구」, 강영기, 연대 석사논문, 1987

「돈황사본 〈엽정능시(葉淨能詩)〉 연구」, 권녕애, 숙대 석사논문, 1985

「돈황 「한금호화본(韓擒虎話本)」 연구」, 박현식, 단국대 석사논문, 1986

「대목건련명간구모변문(大目乾連冥間救母變文)」, 엄영욱, 전남대 석사논문, 1986

「오자서변문(伍子胥變文)의 내용에 관한 연구」, 유태규(兪泰揆), 성대 석사논문, 1985

「돈황변문연구―「유마힐경강경문」을 중심으로」, 조명화(曺明和), 서울대, 석사논문, 1970

이제까지 나온 국내 학위논문들의 특징은 크게 두 가지로 정리할 수 있다. ① 돈황 강창문학에 대한 종합적인 정리를 시도하고 있다. 조명화(曺明和)와 전홍철(全弘哲)의 논문이 이에 해당한다. 조명화의 논문은 돈황 강창문학과 불교와의 관계를 총체적으로 조망한 국내 최초의 박사논문이며, 전홍철의 논문은 연행서사학적 시각에서 돈황 강창문학을 전반적으로 정리하였다. ② 개별 장르 혹은 텍스트에 대한 연구이다.

유태규의 논문은 강사변문(講史變文) 5편을 연원 · 주제 · 인물형상을 중심으로 분석하였고, 박완호의 논문은 돈황 텍스트 가운데 화본소설로 간주되는 작품을 분석하였다. 국내 석사논문 12편 중 정광훈의 논문은 구연성에 초점을 두어 돈황 변문을 분석했으며, 나머지 11편의 논문들은 돈황 문학의 개별 장르 혹은 텍스트를 연구한 것들이다.

이상에서 논술한 바와 같이 변문을 중심으로 진행된 기존의 돈황 강창문학 연구는 그 동안 문헌적 집성과 자료 정리의 성과를 바탕으로 큰 발전을 이루었으나, 이론 방면에서는 자생설과 영향설의 자장권(磁場圈)을 크게 벗어나지 못하고 있다. 또 텍스트 분석에 있어서도 개괄적인 소개에 그치거나 평면적인 내용 분석을 넘어서지 못하고 있다. 따라서 본고에서는 이러한 문제점을 극복하기 위하여 기존 연구에서 상세한 고찰이 없었다고 생각되는 텍스트의 서사 체계와 연행 양상에 대한 분석을 시도하여 강창문학의 장르적 본질에 다가가려 한다.

제3절_ 강창문학의 개념과 범주

1900년 돈황에서 발굴된 3만여 권에 달하는 장서[20]는 현재 프랑스,

20 돈황 장서는 1900年 돈황 막고굴(莫高窟)의 한 석실(石室)에 거주하던 왕도사(王道士)에 의하여 발견되었다. 왕도사의 이름은 원록(圓籙)이며, 호북마성(胡北麻城) 사람이다. 그는 1900년 5월 26일 막고굴 제17굴의 통로에 쌓여 있는 모래를 치우다가 담장이 무너지는 바람에 우연히 다량의 문서를 발견하게 되었다. 왕도사에 의하여 발견된 장서들은 석굴을 다시 봉하여 수년간 보관되다가 1907년 영국 정부에서 고용한 헝가리 출신의 탐험

발견 당시 두루마리 상태의 돈황 문서

영국, 러시아, 중국, 일본에 분산 소장되어 있는데 극소수만이 목판본이고 대부분 종이 두루마리로 된 필사본(筆寫本)들이다.[21] 이 필사본들은 한자로 쓰여 진 것이 대다수를 차지하지만 산스크리트어, 구자문(龜玆文), 회흘문(回紇文), 장문(藏文), 강거문(康居文), 화전문(和闐文) 등으로 된 문헌도 발견되어 국제적 성격을 띄고 있는데 이는 그 당시 중국이 서역 등지의 여러 나라들과 활발한 교류를 하고 있었음을 보여주는 것이다. 문서의 내용은 대부분 불교와 관계되는 것이 주류를 이루지만 유가와 도가의 경전, 선진제자서(先秦諸子書), 사서(史書), 운서(韻書) 및 각종 공문서 등이 다수 포함되어 있어 다양한 면모를 보인다. 한자 필사본 중 2% 정도를 차지하는 문학분야의 자료는 역시 불경과 연관되는 것이 주종을 이루지만, 가사(곡자사)[歌辭(曲子詞)], 시가, 변문, 화본, 부 등 다양한 유형의 문학작품이 포함되어 있다.

돈황 장서 속에 들어 있는 문학작품 가운데 중국문학 연구자들의 가장 큰 주목을 받았던 것은 통속문학 작품이었다. 그 이유는 앞에서 논술하였듯이 돈황문학 텍스트가 중국문학사에서 그동안 의문으로 남아 있던 송(宋) 이후의 소설, 희곡, 강창문학 등의 연원을 규명해 줄 수 있을 것으로 보였기 때문이다. 그러나 돈황문학 텍스트는 수십 년간 연구가

가 스타인(Stein)에 의하여 반출되어 비로소 세상에 널리 알려지게 되었다. 장석후(張錫厚), 『돈황문학』, 상해고적출판사, 1980, 16쪽 참조.

21 돈황 장서를 흔히 '돈황사권(敦煌寫卷)' 혹은 '돈황사본(敦煌寫本)'으로 호칭(呼稱)하는 것은 대부분의 문서가 필사본이기 때문이다.

진행되어 왔음에도 불구하고 현재까지 명확한 실체를 드러내지 않고 있다. 이는 돈황문학 텍스트가 이제까지 불곡, 통속소설, 속문, 변문, 곡예, 설창(說唱)문학, 강창문학 등으로 다양하게 호칭되면서 여전히 자신의 적절한 이름을 확정짓지 못하고 있는 것에서 돈황문학 텍스트가 얼마나 복잡한 성격을 지니고 있는가를 간접적으로 읽어낼 수 있다. 따라서 이 자리에서는 돈황문학 텍스트의 명칭을 둘러싼 이제까지의 논의에 대해 간략히 정리하고, 아울러 본 논문에서 '강창문학'이란 명칭을 사용하게 된 기본 취지와 범주를 밝히고자 한다. 돈황문학 텍스트의 명칭을 둘러싼 이제까지의 논의와 필자의 입장은 다음과 같다.

① 변문이란 용어로 통칭할 것을 주장.

② 변문이란 용어로 통칭하는 것에 반대.

③ 협의의 변문과 광의의 변문을 구별하여 사용할 것을 주장.

④ 구미(歐美)와 일본 학계의 사례.

⑤ 필자의 입장 : 강창문학이란 명칭을 사용.

1) 변문통칭론變文統稱論 : 변문이란 용어로 통칭할 것을 주장

돈황 통속문학 작품을 '변문'이란 말로 통칭해야 한다고 주장하는 가장 대표적인 학자는 『돈황변문집(敦煌變文集)』을 편찬한 왕중민(王重民)과 『돈황변문집신서』의 편저자인 반중규(潘重規) 두 사람이다. 먼저 왕중민의 견해를 들어 보자.

변문 사본을 최초로 편집 간행한 사람은 나진옥(羅振玉)이다. 그러나 당시 그는 변문이란 명칭을 몰랐었기 때문에 (돈황에서 발견된 사본들에) '불곡(佛曲)'이란 명칭을 붙였으니 『돈황영습(敦煌零拾)』 속의 「불곡삼종(佛曲三種)」(AD 1924년)이 바로 그것이다. 그가 '불곡'이라 칭한 것은 이러한 유형의 작품이 송인(宋人) 소설에 들어 있는 '설경(說經)'의 시초로 생각했기 때문이다. 당시 서가서(徐嘉瑞)의 논문과 정진탁(鄭振鐸)이 편집한 목록에는 모두 이 명칭이 사용되었다. 그후 1929년 상달(向達)이 「논당대불곡(論唐代佛曲)」이란 글에서 "돈황에서 발견된 속문의 종류에 대하여 나(羅)선생이 칭한 불곡과 당대(唐代)의 불곡은 완전히 별개의 것"이라고 판정하였다. 이후 변문에 대한 연구는 범위, 내용, 체재 등 방면에서 한층 발전하게 되었다. 처음으로 변문이란 명칭을 사용한 사람은 정진탁(鄭振鐸)이다. 또 상달(向達)과 손해제(孫楷第)의 과학적인 논문에서는 비록 '속강(俗講)'이라 통칭하고 있지만 연구 범위와 대상은 바로 우리가 현재 이야기하는 변문이다. (…중략…) 나는 앞에서 변문에서 화본으로 변화되는 데 대략 250여년의 시간(8세기~10세기 후반초)이 소요되었음을 지적한 바 있다. 이 기간에 강경문(講經文)이 불교고사와 역사고사를 강설하는 변문으로 바뀌었으며, 마침내 변문이 화본으로 변화하였다. 상이한 단계에서는 서로 다른 명칭이 사용되었으며, 상이한 제재의 작품에서도 예전의 명칭을 사용한 예가 있었다. 그러나 변문의 전성시기에는 모두 '변문'이란 명칭을 사용하여 이러한 유형의 문학작품을 총괄하였으니 당시의 공식 명칭인 셈이다. 이것이 바로 오늘날 우리가 왜 오직 변문이란 명사를 사용하여 돈황에서 출토된 이러한 문학작품을 대표하는 것이 비교적 적절하고 정확한가에 대한 주요 원인이다.[22]

22 왕중민(王重民), 「돈황변문연구(敦煌變文硏究)」, 『돈황변문논문록(敦煌變文論文錄)』(上), 상해고적출판사, 1982, 282~283쪽 참조.(이 논문은 『중화문사논총(中華文史論叢)』,

위 인용문에서 왕중민은 돈황에서 출토된 문학작품을 '변문'이란 용어로 통칭해야 한다고 보는 주된 이유는 두 가지이다. ① 돈황에서 발견된 속문의 종류에 대하여 나진옥이 '불곡(佛曲)'이라고 명명했으나, 돈황 통속문학 작품은 당대(唐代) 불곡과는 전혀 다른 작품이므로 '불곡'이란 명칭은 부적합하다. ② 시기와 제재에 따라 다양한 명칭이 사용되었으나 변문의 전성시기에는 당시 다양한 유형을 총괄하는 공식 명칭으로 '변문'이란 용어가 사용되었다. 따라서 오늘날 돈황에서 발견된 통속문학 작품의 대표 명칭으로는 '변문'이 가장 적합하다.

한편 왕중민의 『돈황변문집(敦煌變文集)』을 수정 보완하여 『돈황변문집신서』를 펴낸 반중규의 입장은 다음과 같다.

> 변문은 한 시대(를 대표하는) 문체의 통속적인 명칭이다. 그것의 본질은 이야기(故事)에 있으며, 강경문·인연·연기·사문·시·부·전·기(講經文·因緣·緣起·詞文·詩·賦·傳·記) 등은 외피에 불과하다. 비유하면, 갑돌이란 사람이 중국식 복장, 서양식 복장, 일본식 복장 혹은 런닝 셔츠, 수영복 등을 입고 사진을 찍었다고 하자. 우리는 상이한 복장 때문에 여러 가지 사진이 갑돌이의 사진이 아니라고 판정할 수 없다. (이와 마찬가지로) 변문이 갖가지 상이한 명칭을 지니고 있는 것은 바로 그것이 고사를 이야기할 때 갖가지 상이한 문체의 외피를 착용했기 때문이다. 장홍훈(張鴻勛) 등 여러 사람들이 이러한 상황에 대한 깊은 이해 없이 사권의 원제목에만 집착하여 문체 분류의 표준으로 삼는다면 곧 장애에 봉착할 것이다.[23]

1981, 제2집에도 실려 있다)

23 반중규(潘重規), 『돈황변문집신서』(하), 「후기」, 중국문화대학 중문연구소, 1317쪽.

왕중민의 견해에 동조하고 있는 반중규가 '변문통칭론'을 내세우는 이유는 두 가지이다. ① '변문'이란 말은 한 시대를 대표하는 문체의 통속적인 명칭이므로 당(唐) 전기(傳奇), 원(元) 잡극(雜劇)의 경우와 같이 총칭으로 사용될 수 있다. ② 돈황문학 텍스트에 강경문・인연・연기・사문・시・부・전・기(講經文・因緣・緣起・詞文・詩・賦・傳・記) 등 다양한 제목이 붙어 있으나 이는 한 사람이 여러 가지 옷을 입는 경우와 같은 것으로 '변문'이란 몸체에 다양한 외투를 걸친 것과 같다. 따라서 돈황문학 텍스트의 원제목이 다양하다고 해서 각 유형을 분리하여 변문 이외의 개별적인 이름을 붙이는 것은 타당하지 않다.

왕중민과 반중규의 '변문통칭론'은 정진탁(鄭振鐸)이 처음 채용한 '변문'이란 용어를 일관되게 사용하는 점이 시사하듯이 명칭 논의에 있어서 원류이자 주류의 위치를 차지하고 있다. 그러나 돈황문학 텍스트에 대한 연구가 진척되면서 '변문통칭론'은 거센 비판에 직면하게 된다.

2) 변문통칭變文統稱 비판론 : 변문이란 용어로 통칭하는 것에 반대

왕중민과 반중규의 변문통칭론을 비판하면서 돈황문학 텍스트의 다양한 유형에 주목하는 대표적인 학자는 장홍훈(張鴻勛)과 주소량(周紹良)이다. 먼저 주소량과 주소량의 기본 입장을 살펴보기로 하자.

① 장홍훈의 견해

과거에는 돈황 강창작품을 '변문'이란 말로 통칭했는데, 이는 일부분으로 전체를 개괄하는 병폐를 안고 있고, 또 각 유형 간의 차이를 덮어 버려 돈황

강창문학에 대한 심도있는 연구를 진행하는 데 영향을 주고 있다. 따라서 바로 잡아야 마땅하다.[24]

② 주소량의 견해

연구는 부단없이 발전하며, 인식 또한 점차 깊어지기 마련이다. 과거에는 막연하게 '변문'으로 간주했으나, 자세하게 분별하여 형태와 체재를 논의하게 되면서 여러 사람들이 이미 각이한 형식이 존재함을 알게 되었다. 따라서 오로지 '변문'이란 말로 개괄할 수는 없다.[25]

두 사람의 공통성은 변문과 구별되는 다른 문학양식에 주목하여 돈황문학 텍스트를 이해하려 한다는 점이다. 먼저 장홍훈은 변문으로 통칭되어 『돈황변문집』에 수록되어 있는 작품을 사문(詞文), 고사부(故事賦), 화본(話本), 변문(變文), 강경문(講經文) 및 압좌문(押座文)으로 분류하고 있다. 그리고 주소량(周紹良)은 장홍훈(張鴻勛)보다 좀더 세분하여 『돈황변문집』의 텍스트를 변문(變文), 강경문(講經文), 인연(연기)[因緣(緣起)], 사문(詞文), 시화(詩話), 화본(話本), 부(賦), 압좌문(押座文) 등으로 구분하고 있다.

변문통칭론에 대하여 비판을 제기한 두 사람의 주장은 기존에 변문만을 중점적으로 연구해왔던 기존의 연구풍토를 지양 하면서 돈황문학 텍스트를 다양한 각도에서 연구하는 기틀을 마련했다는 점에서 큰 의미가 있다. 그러나 돈황문학 텍스트의 총칭으로 변문 이외의 어

24 장홍훈(張鴻勛), 「돈황 강창문학의 체제와 유형 초탐(敦煌講唱文學的體制及其類型初探)」, 『돈황학집간(敦煌學輯刊)』 제2집, 73~86쪽 참조.

25 주소량(周紹良), 「당대변문 및 기타(唐代變文及其他)」(代序), 『돈황문학작품선』, 중화서국, 1987, 2쪽.

떠한 용어가 적합하며, 그 이유는 무엇인가에 대하여는 명료한 답변을 내놓지 못하고 있다.

3) 협의의 변문과 광의의 변문을 구별하여 사용하자는 주장

변문통칭론과 변문통칭 비판론을 절충한 입장이라 할 수 있다. 『돈황변문선주』[파촉(巴蜀)서사, 1989, 성도(成都)]를 저작한 항초(項楚)가 이러한 견해를 지니고 있는데, 그의 입장은 다음과 같다.

> 협의의 의미에서 변문은 오직 '이야기도 하고 노래도 하면서(有說有唱)' 한 단락씩 차례로 서술하는 문체만을 지칭한다는 사실에 보편적으로 동의한다. 그러나 이외의 기타 설창(說唱) 문체도 '변문' 혹은 '변'으로 지칭할 수 있다. 예컨대, 「순자변(舜子變)」은 후미(後尾)에 「순자지효변문(舜子至孝變文)」이란 제목이 붙어 있으며, 6언구 위주로 구성되어 있고, 전체가 압운되어 있으며, 창의 부분이 없는 것이 논자들이 말하는 속부(俗賦) 혹은 고사부(故事賦)의 문체와 흡사하다. 그러나 명칭은 변 혹은 변문으로 되어 있다. 또다른 예로 「전한유가태자전(前漢劉家太子傳)」의 후제(後題)는 「유가태자변(劉家太子變)」이므로, 전체가 산문으로 되어 있지만 '변'이라 불러도 상관없다. 「추녀연기(醜女緣起)」는 후미에서 「추변(醜變)」이라 칭하고 있고, 「빈파사라왕후궁채녀공덕의공양탑생천인연변(頻婆娑羅王后宮綵女功德意供養塔生天因緣變)」의 제목은 '인연'과 '변'을 붙여 사용하고 있는데 이는 논자들이 '연기(緣起)' 혹은 '인연(因緣)'의 문체 역시 '변'으로 부를 수 있음을 보여 준다. 일찍이 반중규(潘重規) 선생은 「대당자은사삼장법사전(大唐慈

恩寺三藏法師傳)」 권9에 나오는 「보은경변(報恩經變)」은 『보은경』의 속강경문(俗講經文)이 분명하므로 강경문 역시 '변'으로 칭할 수 있다고 보았다. 이러한 증거들은 광의의 변문 개념이 당시에 확실히 유행하고 있었음을 말해 준다. 사실상 당오대시기(唐五代時期)에는 각종 설창예술이 민간에서 지극히 번성하였으니, 이에 대한 자료는 아직 발굴의 여지가 많이 남아 있다. 최근 일부 학자들이 그것들[당오대(唐五代)의 설창예술]의 분류에 대하여 의견의 일치를 보지 못하고 있는 것은 바로 당시의 설창예술이 매우 다양하고 변화무궁했던 사실을 반영한다. 따라서 이와 같이 번다한 통속문학 양식을 통괄할 수 있는 하나의 명칭이 확실히 필요한데 이것이 바로 '변문' — 자연히 광의의 의미 — 이다.[26]

『돈황변문선주(敦煌變文選注)』라는 책 제목에서 엿볼 수 있듯이 항초(項楚)는 기본적으로 변문통칭론의 입장에 서 있다. 이는 그가 반중규(潘重規) 先生의 견해를 예시하면서 — "반중규 선생은 「대당자은사삼장법사전(大唐慈恩寺三藏法師傳)」 권9에 나오는 「보은경변(報恩經變)」은 『보은경』의 속강경문(俗講經文)이 분명하므로 강경문 역시 '변'으로 칭할 수 있다고 보았다. 이러한 증거들은 광의의 변문 개념이 당시에 확실히 유행하고 있었음을 말해 준다." — 돈황 통속문학 텍스트를 통괄할 수 있는 하나의 명칭으로 '변문'을 주장하고 있는 것에서 드러난다. 다만, 항초(項楚)는 변문통칭론의 문제점을 의식하여 협의(狹義)의 변문을 따로이 설정함으로써 변문 이외의 문학양식의 독자성을 일방적으로 부정하지는 않고 있다.

26 항초(項楚), 『돈황변문선주(敦煌變文選注)』, 「전언(前言)」, 파촉서사(巴蜀書社), 1989, 4~5쪽.

4) 구미와 일본 학계의 사례

구미와 일본 학계는 명칭 문제에 크게 구애받지 않고, 돈황문학(敦煌文學) 텍스트에 접근하고 있는 공통성을 보이고 있다. 먼저 구미 학계에서 사용되고 있는 용어 문제에 대해서는 『오자서변문(伍子胥變文)』과 그 연원(淵源)(The Wu Tzu-hsü Pien-wen and Its Source)」,[27] 「초기 중국에 있어서의 서사시와 역사－오자서(伍子胥)의 문제(Epic and History in Early China)」[28] 등 다수의 돈황문학 연구논문을 집필한 바 있는 데이비드 존슨(David Johnson)의 입장을 통하여 살펴보기로 한다.

> '변문(變文)'이란 말은 돈황 사본들 가운데 발견된 다양한 작품들에 다소간 구별 없이 붙여진 이름이다. 몇몇 텍스트는 실제로 변문이란 용어를 제목으로 달고 있다. 그러나 다른 텍스트는 그렇지 않으며, 어떤 형식적인 특징들을 때문에 변문이라 불리워졌다. 불행히도, 아직 아무도 당시 그 용어의 정의가 무엇인지 예증하지 못하였기 때문에, 변문이라 불리기 위해서 텍스트는 어떤 특징을 지녀야 하는지 일치하지 않고 있다. 오늘날 이 분야에서 연구하고 있는 사람은 누구라도 그가 어떤 정의를 채택하고 있는지 시사할 의무가 있다. 본고의 목적상 나는 '변문'이라는 용어를 통상 시와 산문이 결합되어 있으면서, 허구적(imaginative) 서사(narrative)가 돈황 사본에서 발견된다는 의미로 다소 느슨하게 사용하였다. 미래에는 이러한 정의가 부적

---

27 David Johnson, *Epic and History in Early China: The Matter of Wu Tzu-hsü*, Journal of Asian Studies 1981.2, Vol. XL, no.2.

28 David Johnson, *The Wu Tzu-hsü Pien-wen and Its Source: PartI*, Havard Journal of Asiatic Studies, 1980.6, Vol.40-1. / David Johnson, *The Wu Tzu-hsü Pien-wen and Its Source: PartII*, Havard Journal of Asiatic Studies, 1980.12, Vol.40-2.

절해질 수도 있지만, 이러한 점이 나의 논점에는 별 영향이 없는 것은, 내가 이들 작품들의 이름을 어떻게 붙일 것인가가 아니라 내용에 관심을 갖고 있기 때문이다.[29]

위 인용문 마지막 밑줄 친 대목에서 알 수 있듯이 데이비드 존슨은 돈황문학 텍스트의 명칭에 그다지 고민 없이 기존의 관례대로 '변문'이란 용어를 사용하고 있다. 이는 '변문'이란 용어가 합당해서가 아니라 명칭 문제가 아닌 다른 각도에서 돈황문학 텍스트에 대하여 관심을 갖고 있기 때문이다. 그의 관심은 ① 중국문학사에서 서사문학은 어떻게 발전했는가? ② 변문의 작가는 누구이며, 청중은 어떤 사람들이었는가? ③ 신화와 소설과의 관계 등에 모아져 있다. 이러한 시각은 중국학계의 연구 과제나 방법과는 커다란 차이를 보이는 것으로 돈황문학 텍스트에 대한 연구가 명칭 문제에서 벗어나야 함을 제시하고 있는 점에서 주목할 가치가 있다.

다음은 일본학계의 대표적인 돈황학자 가나오까 쇼우꼬우(金岡照光)의 입장을 살펴보기로 하자. 가나오까 쇼우꼬우는 돈황문학의 분류방법에 대하여 다음과 같은 의견을 제시한 바 있다.

종래에는 돈황 문헌을 불교적 문헌과 비불교적 문헌이라는 소재론에 입각한 관점에서 분류를 하였다. 그러나 이러한 분류는 불충분한 점이 있기에 고칠 필요가 있다. 필자가 시도하는 분류방법은 형태론적인 관점에서 분류하는 것이다.…… 돈황 문학문헌의 분류 방법은 당분간은 무엇보다도 먼저 기초

29 David Johnson, *The Wu Tzu-hsü Pien-wen and Its Source: PartI*, Havard Journal of Asiatic Studies, 1980.6, Vol.40-1, 97쪽.

적인 것으로 돌아가 현존하는 형태로부터 분류하고, 그 가운데 개별 작품의 내용, 소재를 분석해 나갈 필요가 있다. 필자가 돈황 문학문헌 스타인, 뻴리오의 355점에 매달려, 이를 강창체, 운문체, 산문체로 나누고, 이것을 다양한 세부 항목으로 구분하여 '불전류(佛典類)', '불가고사류(佛家故事類)', '중국고사류(中國故事類)'와 같이 소재에 따른 분류를 한 것은 위와 같은 이유 때문이다. 물론 필자의 저작의 분류 방법에 있어 세부적으로 많은 실수가 있는 것은 전면적으로 개정, 증보의 필요가 있다. 그렇지만 형태상 분류에 있어서는 현단계에 있어 남아있는 문학형태에 관한 분류법이 최저한도 충족되어야 할 작업이라는 것은 사계(斯界)의 석학들에게 인정되고 있는 점이다. 그러나 이것은 최저한도의 필요한 분류 방법인 동시에 남아있는 여러 형태에서 당시의 이러한 사본들에 반영되어 있는 연출의 실태를 파악할 수 있는 작업과도 연관이 될 수 있는 의의를 지닌다.[30]

밑줄 친 고딕체 부분에서 알 수 있듯이 가나오까 쇼우꼬우(金岡照光)는 소재론적 측면에서의 돈황문학 분류가 안고 있는 문제점을 지적하면서 형태론에 입각하여 돈황문학을 분류하고 있다. 다음 도면은 가나오까 쇼우꼬우가 형태를 기준으로 돈황문학을 분류한 것을 정리한 것이다.

30 가나오까 쇼우꼬우, 「총설－돈황문학의 제형태(總說－敦煌文學の諸形態)」, 『돈황의 문학문헌(敦煌の文學文獻)』, 강좌돈황(講座敦煌) 9, 대동출판사, 6~13쪽.

- 돈황문학(敦煌文學)
  - ① 강창체류(講唱體類)
    - 강경문류(講經文類)
    - 변문류(變文類)
  - ② 산문체류(散文體類)
    - 대화체류(對話體類)
    - 통상산문체(通常散文體)
  - ③ 운문체류(韻文體類)
    - 장편서사시 · 단편가영(長篇敍事詩 · 短篇歌詠)
    - 돈황 잔권(殘卷) 백시(白詩) 3수
    - 압좌문(押座文)
    - 곡자사류(曲子詞類)
    - 돈황운요집(敦煌雲謠集)

위에 나타나는 가나오까 쇼우꼬우의 돈황문학 분류법의 특징은 ① 변문을 텍스트의 유형으로 국한시키고 있고, ② 사문(詞文), 민간부(民間賦), 화본(話本) 등 중국학계에서 통용되고 있는 개념을 사용하고 있지 않으며, ③ 「착계포전문(捉季布傳文)」과 같은 유형의 작품을 곡자사(曲子詞)와 함께 운문체(韻文體)에 편입시키고 있는 점이다. 그러나 가나오까 쇼우꼬우의 돈황문학 분류법은 다음과 같은 문제점을 내포하고 있다. ① 강창체(講唱體) / 산문체(散文體) / 운문체(韻文體) 텍스트 상호간의 연계성을 소홀히 할 가능성이 있다. ② 특히 「계포사문(季布詞文)」을 운문체(韻文體)로 단순하게 곡자사류(曲子詞類)와 함께 편입시킨 것은 양자의 명백한 차이를 간과한 오류라고 할 수 있다. ③ 단순히 외적 형태에 대한 분석을 넘어서서 소설, 희곡, 강창문학 등 장르사적 과제를 해결하는 방향으로 나아가지 못하고 있다.

5) 필자의 입장 : 강창문학이란 용어를 사용

이상에서는 돈황문학 텍스트의 명칭에 대한 논의를 '변문'이란 용어의 사용과 결부지어 살펴보았다. 필자는 위의 네 가지 견해 중 장홍훈(張鴻勛)과 데이비드 존슨의 견해를 수용하여 본고에서 돈황 강창문학이란 용어를 사용하였는 바, 이 개념이 내포하는 기본적인 의미와 범주는 다음과 같다.

① 불곡(佛曲)이란 명칭이 폐기되고 변문으로 수정되는 과정은, 서정 장르적 특질을 지니는 가사(곡자사)[歌辭(曲子詞)]와 서사 장르적 특성을 보이는 변문 양자를 구분하여 이해한 일면이 있다. 따라서 필자가 '돈황 변문'이란 명칭 대신에 사용한 '돈황 강창문학'은 가사(곡자사)를 제외한 서사문학적 성향을 보이는 텍스트를 총칭하는 개념이라 할 수 있다.

또 본고에서는 '돈황 강창문학'과 '돈황 강창문학 텍스트' 두 용어를 사용하였는바, 전자는 장르적 개념으로 후자는 구체적 작품에 대한 논술 시 사용하였다.

② 돈황에서 발견된 통속문학 작품 가운데 서사적 텍스트를 총칭하는 용어로 사용되는 '돈황 강창문학'의 범주와 유형은 다음과 같다.

돈황 강창문학의 범주(範疇)와 유형				
강경문 (講經文)	변문 (變文)	화본 (話本)	사문 (詞文)	민간부 (民間賦)

③ 필자가 변문통칭론(變文統稱論)을 비판적으로 바라보면서 변문

이란 용어 대신에 강창문학이란 개념을 부각시킨 것은 변문 이외의 타양식에 주목하기 위해서이다. 돈황문학 연구는 '변문의 명칭과 기원'이 주요 논쟁점으로 부상한 후 상대적으로 부(賦), 사(詞), 사문(詞文), 서(書), 화(話), 시(詩), 론(論), 화본(畵本), 가(歌), 기(記), 찬(贊), 전(傳), 강경문(講經文), 연기(緣起), 압좌문(押座文), 시영(詩咏), 연(緣), 읊조린(吟)등 다른 양식에 대한 연구는 변문의 하위테마로 부차화 되거나, 서로 분리되어 개별적으로 연구되어 온 것이 이제까지의 추세였다. 그러나 우리나라의 판소리사에서 확인되듯이 강창문학은 결코 '고정화되어 있는 완결된 어떤 것이 아니라, 현장에서 소리판으로 재현될 때마다 가변되는 유동적인 성질을 지닌 미완결의 존재양상을 보인다.'[31] 판소리를 흔히 류동문학(流動文學)이요 적층문학(積層文學)이라고 하는 이유는 바로 여기에 있다. 판소리와 마찬가지로 돈황 강창문학은 연희 판의 현장성 때문에 장르적 개방성을 그 본질로 하고 있다. 다시 말해 강창문학은 노래(서정)와 이야기(서사)와 연기(희곡)가 구비 연행 시에 다양한 양태로 결합하면서 언제나 새로운 변신을 추구하는 역동적 생명력을 지닌 장르인 것이다.

따라서 필자는 변문의 타양식(他樣式)에 대한 장르적 개방성과 상호간의 공존 및 교섭 현상에 주목하기 위하여, 변문을 돈황 강창문학의 한 유형으로 간주하고자 한다.

④ 돈황 강창문학의 장르 규정문제를 본격적으로 검토하여 소설 장르의 기원 문제를 해결하는 새로운 단초를 마련하기 위해서이다. 강창문학에 대한 기존의 장르론적 언급이라고 할 수 있는 부분을 굳

31 사재동(史在東), 「열린 장르로서의 판소리」, 『한국고소설연구』, 228쪽.

이 거론한다면, 중국문학사에는 시・소설・희곡 이외에 강창이라는 독자적 형태가 엄연히 존재하며, 송대 이후 소설과 희곡의 발전에 중요한 매개 역할을 했다는 점에 주목하는 정도이다.

또 장르 규정의 문제에서 볼 때, 이른 바 문학의 〈3대 기본 장르〉인 서정, 서사, 희곡 장르 가운데 강창 문학을 어느 장르에 귀속시킬 것인지는 사실 애매하고 어려운 문제임에 틀림없다. 그러나 문학의 존재 형태를 서사, 서정, 희곡 세 장르로 구분하여 이해하는 〈3대 기본 장르〉 이론이 비교적 근래에 서구에서 성립된 것으로 불변의 진리는 아니며, 장르론의 원류로 거론되는 아리스토텔레스에게서도 전통적인 삼분법이 발견되지 않는다는 반론[32]은 우리에게 이 문제를 다른 각도에서 해결할 수 있는 실마리를 제공한다. 즉 기존의 (예술의 종과 류를 분석하고 분류하는데 국한되어 온) 규범적인 장르론에서 벗어나 장르의 역사를 해석할 경우, 문학의 각 장르가 형성되고 발전되는 실재 과정은 '자기 규정에 대한 추구'와 (타 장르로부터의) '영향의 수용'이라는 두 가지 힘이 상호 작용하여 이루어진다는 사실을 이해하게 되는 것이다.[33]

그런데 돈황 강창문학에 대한 연구를 통해, 우리는 기존의 전통적 장르론(3분법과 4분법)의 한계를 밝히고 그 구속으로부터 벗어나는 계기를 마련할 수 있다. 왜냐하면 장르가 분화와 혼합을 반복하면서 생성・발전・소멸해 가는 역동적인 과정이 중국 강창문학의 역사 속에 그대로 담겨 있기 때문이다. 특히 소설 장르의 기원과 형성과정에 초점을 두고 조망할 때 그 실상은 보다 분명히 드러날 것이다.

32 제라르 쥬네트, 「원(原)텍스트 서설」, 김현 편, 『장르의 이론』, 문학과지성사, 1987, 54쪽.
33 또 예술의 다양한 장르들은 원시적인 혼합적 형태에서 단순예술로 분화되며 그 과정에서 미분화와 잡종화 현상을 수반한다는 당연한 사실이 그동안 지나치게 간과되고 있었다는 것도 깨닫게 된다.

6) '돈황 강창문학' 개념의 한계와 범주의 확장 가능성

이 책에서는 『돈황변문집(敦煌變文集)』[이하 『변문집』으로 약칭(略稱).]의 작품 유형을 총칭하는 말로 '돈황 강창문학'이란 용어를 사용하여 그 서사 체계와 연행 특성을 분석하였다. 필자가 '돈황 강창문학'이란 용어를 사용한 기본적인 의도는 ① 『변문집(變文集)』 작품 전체를 '변문'으로 총칭하는 것은 문제가 있고, ② 『변문집』이란 제목 때문에 변문의 개념과 범주에 얽매여 변문 이상으로 문학적 가치가 높은 다른 유형의 작품을 소홀히 할 우려가 있기 때문이다. ③ 또 『변문집』의 작품 유형을 세분하면서 강창문학 혹은 설창문학이란 용어로 총칭하는 최근 학계의 흐름을 수용한 것이기도 하다. 실제로 돈황문학의 다양한 작품 유형 — 예컨대, 장석후(張錫厚)는 돈황문학을 ① 변문, ② 화본(話本), ③ 사문(詞文), ④ 속부(俗賦), ⑤ 가사(歌辭), ⑥ 시가(詩歌)로 구분하고 있으며,[34] 고국번(高國藩)은 돈황민간문학(敦煌民間文學)이란 용어를 사용하면서 ① 강경문(講經文), ② 변문(變文), ③ 고사부(故事賦), ④ 사문(詞文), ⑤ 화본(話本), ⑥ 단편민간전설(短篇民間傳說), ⑦ 곡자사(曲子詞), ⑧ 민간소조(民間小調), ⑨ 민간사언가요(民間四言歌謠), ⑩ 오언백화시(五言白話詩), ⑪ 당인시(唐人詩), ⑫ 육언민요(六言民謠), ⑬ 언어집(諺語集) 등으로 세분하고 있다.[35] — 을 분류하면서 『변문집』의 作品을 강창문학 혹은 설창문학(예술)[說唱文學(藝術)]으로 호칭하고 있는 사례는 다음과 같다.[36]

---

34 장석후(張錫厚), 『돈황문학』, 상해고적출판사, 1980.

35 고국번(高國藩), 『돈황민간문학』, 대북(臺北), 연경출판사(聯經出版社), 1994.4.

36 도표에 열거된 분류론(分類論)의 출처를 순서대로 밝히면 다음과 같다. 임총명(林聰明), 『돈

저	분류					
임총명(林聰明)	강창문학				기타	
	변문(變文)	사문(詞文)	화본(話本)	고사부(故事賦)	곡자사(曲子詞)	통속시(通俗詩)
장홍훈(張鴻勛)	강창문학					
	강경문(講經文)	변문	화본	사문	민간부(民間賦)	
주소량(周紹良)	강창문학					
	속강문(俗講文)	변문	사문	시화	화본	賦
설보곤(薛寶琨) / 포진배(鮑震培)	설창예술					
	속강경문(俗講經文)	변문	화본	사문	서 / 부(書 / 賦)	

위 도표에 열거된 논자들의 공통점은 ① 『변문집』의 작품 유형을 강창문학 혹은 설창예술이란 용어를 가지고 총괄하고 있고, ② 『변문집』 작품에 보이는 다양한 서술 방식 — 예컨대, 유설유창(강창겸용)[有說有唱(講唱兼用)], 유설무창(순산문체)[有說無唱(純散文體)], 무설유창(순운문체)[無說有唱(純韻文體)]의 서술 방식 — 을 모두 '강창'문학에 포함시키고 있는 데 있다. 사실 '강창문학'이란 개념은 그동안 널리 사용되어 왔던 '변문'이란 用語에 내재된 문제점을 극복하면서 송원 소설(宋元小說), 원명 사화(元明 詞話), 제궁조(諸宮調), 명청탄사.고사(明淸彈詞.鼓詞) 등 후대 강창문학과의 연계성을 밝혀낼 수 있는 현대적인 명칭임에는 틀림없다. 그러나 『변문집』의 작품 유형을 총칭하는 '돈황 강창

황속문학연구』(동오대학(東吳大學)출판부, 1984) 제2장 「돈황 강창문학 고술(攷述)」 / 장홍훈(張鴻勛), 『돈황강창문학작품선주』(감숙인민(甘肅人民), 1987) 「전언」 / 주소량(周紹良) 「당대 민간문학을 논함(談唐代民間文學)」(『돈황변문논문록(敦煌變文論文錄)』, 상, 상해고적출판사, 1982) / 설보곤 · 포진배(薛寶琨 · 鮑震培), 『중국설창예술사론(中國說唱藝術史論)』, 제1장 제2절 「당대 설창의 종류와 체제(唐說唱的種類和體制)」, 화산문예출판사, 1990.

문학'이란 개념에는 근본적으로 해결하지 않으면 안 될 다음과 같은 문제가 내재되어 있다.

① 『변문집』 作品에 보이는 강+창의 서술 방식에서 '창'은 엄밀한 의미에서 '노래(歌唱)'한 것이 아니라 '읊조린(吟)' 것인데 '강창'이란 용어를 쓰는 것이 타당한가?

② '유설유창(有說有唱)(강창겸용)'형' 이외의 작품 예컨대, "유설무창(순산문체)有說無唱(純散文體)'형과 '무설유창(순운문체)無說有唱(純韻文體)'형 작품도 '강창'문학의 범주에 들어갈 수 있는가?

③ 당대 강창문학 작품을 『變文集』에 수록된 것에 국한시키는 것이 과연 객관성이 있는가? 돈황 가사, 당(唐) 전기(傳奇)와 문인시 등도 '강창문학'의 범주에 넣는 것이 합리적이지 않은가?

이상 세 가지 문제는 본 논문에서 사용한 '강창문학' 개념의 보편타당성을 검증하는 핵심적 사안인 바 이에 대하여 논술하기로 한다.

(1) ①의 문제

강창문학의 '강+창(講+唱)' 구조에서 '창(唱)'은 악곡에 맞추어 '노래(歌唱)'한 것이 아니라 '읊조린(吟)' 것이다. 이에 대해서는 손해제(孫楷第)가 '음사(吟詞)'라고 지적한 바 있으며, 임반당(任半塘)도 변문을 예로 들면서 "유설유창(有說有唱) 혹은 유설무창(有說無唱)의 '창(唱)'은 실제로는 모두 '읊조린(吟)'이다. 비록 속칭(俗稱)에 따라 '창'이라고 했으나 읊조린(吟)과 창을 구분하여 모호한 느낌을 없애야 합당하다."[37]고

37 임반당(任半塘), 앞의 책, 465쪽 참조. 임반당의 이 말은 속강이란 명칭을 사용하고 있는 상달(向達)에 대한 비판 글에 보인다. 돈황문학의 명칭과 분류에 있어서 매우 중요한 논점을 제공하고 있는 兩人의 논의를 소개하면 다음과 같다. 먼저 임반당의 비판 대상인 상달의 주장을 인용한다. "돈황 석실 장서에서 가장 많은 형식은 후대의 탄사(彈詞)와 유사(類似)한 유설무창의 설창체 작품이다. 내용은 대다수가 불경에서 취하고 있으나, 민간전설과 역사고사에서 취한 것도 적지 않다. 본래 몇몇 작품은 제목에 변문이라는 명칭이 붙어 있는데, 일률적으로 '변문문학'이라고 불러야 할 것인가? 혹은 다른 명칭을 사용할 것인가? 당대 사원에서 성행한 설창체 작품은 바로 속강의 화본이다. 변문 云云 한 것은 단지 화본의 한 명칭일 뿐이다. 이러한 화본들 가운데 추호와 노산 원공 등의 고사를 서술한 작품은 산문체를 사용한 유설무창의 작품이다. 당대 강창변문류의 화본은 사원과 도관에 국한되지 않고 민간에서도 매우 유행하였다…… 또 부녀들이 강창변문(講唱變文)에 종사했던 것을 알 수 있다. 변문과 변상은 피차 서로 상응하는 것이다. 변상은 그림이다. 8, 9세기 이후 정통문학 방면에서 고문이 흥기하여 전기문학이 싹텄다. 희곡 방면에서는 참군희와 대곡이 크게 유행하였다. 이러한 것들은 속강문학과 전혀 관계가 없다고 말할 수 없다." 상달의 논지는 ㄱ〉 변문문학이라고 불러야 할 것인가? 속강의 화본이다. ㄴ〉 변문은 화본의 한 명칭일 뿐이다. ㄷ〉 당(唐) 전기傳奇, 희곡(戲曲), 대곡(大曲)은 속강문학과 큰 관계가 있다. 세 가지로 정리된다. 이에 대한 임반당의 조별별 비판은 다음과 같다. "(1) '속강'은 확실히 사원 내에서 승려들이 행한 강경에 속하는 것이지 寺院 밖의 기예인(伎藝人) 심지어 여기(女伎)가 하는 것은 포괄되지 않는다. 이들 남녀 기예인이 연출한 설창의 내용은 민간전설이나 역사고사로 속강이란 명칭과는 연관이 없다. 이러한 설창을 속강이라고 부르지 않을 경우 무엇이라고 불러야 하겠는가? 어째서 아직까지 정론이 없는가? 아직껏 확정짓지 못하고 있는 사실은 명칭의 본질을 혼란시키고 인용하기에 불편하여 매우 유감스럽다. 중국사회과학원 판 중국문학사 하권에서는 변문을 1) 속강 2) 승강(僧講)으로 양분하고 있어 매우 간명하다. 다만 속강이라는 명칭을 새로운 것으로 바꾸려면 모름지기 처음부터 검토하여 오랫동안 사용한 관습에서 큰 전환을 해야 한다. 상씨(向氏)는 속강이란 말로 압좌문과 변문을 통칭하고 있고, '변문'으로 「목련변(目連變)」, 「왕릉변(王陵變)」, 「소군변(昭君變)」 등을 통괄하고 있는데, 여기서 「왕릉변」과 「소군변」을 같이 묶어 '속강'에 소속시킨 것은 합당하지 않다. (2) 상씨가 말한 유설유창(有說有唱) 혹은 유설무창(有說無唱)의 '창'(唱)은 실제로는 모두 '읊조림(吟)'이다. 비록 속칭에 따라 '창'이라고 했으나 읊조림(吟)과 창(唱)을 구분하여 모호한 느낌을 없애야 합당하다. (3) 이미 유설무창(有說無唱)이면 그 문체는 소설이지 변문이 아니라고 할 수 있다. 설화(說話)이지 설창(說唱)이 아님을 분명히 해야지 서로 혼동해서는 안 된다. (4) 유설무창(有說無唱)이라면 '화본(話本)' 혹은 '창본(唱本)'이라 호칭할 수 없다. 편벽되게 이와 같이 호칭한다면 일시적인 유행에 편승하는 것이므로 정식 명칭으로 삼을 수는 없다. 만약 '설창본(說唱本)'이라는 말이 꺼려진다고 하여 '본(本)' 한 글자만을 쓸 수도 없다. 따라서 '극본'이라고 해두면 혼란을 방비할 수 있다. (5) 당대 강창(唐代 講唱) 혹은 강음(講吟)은 위진육조의 전통의 계승한 것이 분명하다. 더우기 승려의 속강은 육조(六朝)의 경창(經唱)과 창도(唱導)에서 연원하고 있는 사실이 매우 뚜렷하고 당 전기, 참군희, 대곡(唐 傳奇, 參軍戲, 大曲)과는 실제로 관련이 없다." 위 인용문에 나타나 있는 임반당(任半塘)의 논지를 정리하면, ㄱ〉 속강이란 명칭과는 상관이 없는 작품이 있다. 속강이라고 하지 않을 경우 무엇이라고 불러야 할 것인

언급한 바 있다. 이는 곧 강창문학의 '강창'이란 말이 실상과 맞지 않음을 의미한다. 따라서 정확한 용어로 수정하자면 '강음문학(講吟文學)'이라고 해야 할 것이다. 그러나 '강음문학'이라는 말은 문학 용어로 일반화되어 있지 않고, 보편적으로 쓰이고 있는 강창문학이란 말을 대체할 적당한 개념이 없으므로 '창'(唱)이 '읊조린(음(吟)'임을 전제하면서 '강창문학'이란 용어를 그대로 쓰고 있다. 이는 '창과 음'을 엄격히 구분해야만 한다고 한 임반당(任半塘)도 「강창」이란 용어의 사용에 대하여 어쩔 수 없다며 다음과 같이 이야기하고 있다.

> "「강창」이라는 명칭은 당대(唐代)에 이미 「어떤 사람이 「담창(談唱)」이라고 부른 바 있는데 실제로는 '강음(講吟)'이다. 오직 당대(唐代)에만 '음'을 '창'으로 범칭(泛稱)했다. 여기서는 이견을 내지 않고 그대로 따라 「강창」이라 하기로 한다."[38]

따라서 '강창문학'을 대신하는 적합한 용어가 새로이 나올 때까지는 가장 보편적으로 수용되는 '강창문학'이라는 말을 그대로 사용할 수밖에 없다. 최근 들어 '설창문학', '변문화본', '민간서사문학(民間敍事文學)' 등의 용어도 사용되고 있는데 이러한 용어가 '강창문학'을 대

가? 극본이 적당하다. ㄴ) '창'이 아니라 '읊조림(吟)'이다. '유설무창'이면 소설이지 변문이 아니다. ㄷ) 유설무창(有說無唱)이라면 '화본(話本)' 혹은 '창본(唱本)'이라고 부를 수 없다. 극본이라고 해두면 적당하다. ㄹ) 속강은 창도에서 연원한 것으로 전기, 참군희, 대곡(傳奇, 參軍戱, 大曲)과는 관련이 없다. 임반당(任半塘)의 상달(向達)에 대한 비판은 나름대로 정확한 지적이라고 볼 수 있는 것이 있으나, 면밀히 들여다보면 간과할 수 없는 큰 문제가 가로놓여 있다. 예컨대, 강창과 설화로 양분하면서 강창을 다시 변문과 영사(詠史)로 구분라고 있는 것과, 속강이 전기(傳奇), 참군희(參軍戱), 대곡(大曲)과는 관련이 없다고 본 부분 등이 그에 해당한다. 이에 대한 자세한 논술은 다른 지면을 빌어 언급하기로 하겠다.

38 임반당(任半塘), 앞의 책, 463쪽 참조.

신할 수 있을지는 차후 면밀한 검토를 요한다.

(2) ②의 문제

돈황 문학작품 중 강창체(講唱體)(강+창 형식)의 전형이라 할 수 있는 것은 '강경문'과 '변문'이며 그 가운데서도 변문이 강창체를 대표하는 유형이다.[39] 그리고 강창문학이라는 용어는 변문의 문제점을 극복하기 위한 새로운 대체 용어적 성격이 짙은 만큼 강창문학의 강창(강+창 형식)은 일차적으로 변문의 형식을 지적한 것이라 할 수 있다. 따라서 『변문집』 가운데 강창문학에 넣을 수 있는 가장 적합한 작품 유형은 '변문'이 된다. 흔히 사용되는 '강창변문'이란 말은 이로부터 생겨난 용어이다. 그런데 돈황 사권 중 원제목이 변문 혹은 변으로 되어 있는 작품 중에는 유설유창(有說有唱)[순산문체(純散文體)]형이 있으니 「순자지효변문(舜子至孝變文)」, 「유가태자변(劉家太子變)」이 바로 그러하다. 또 가제(假題)의 작품에는 무설유창(無說有唱)[순운문체(純韻文體)]형이 존재하니 「동영변문(董永變文)」이 그에 해당한다. 이러한 점은 변문의 형식이 강창체(講唱體)가 근간(根幹)이 되지만 순산문체(純散文體)와 순운문체(純韻文體) 변문 존재했음을 의미한다. 이처럼 '변문'의 형식이 본시 '강(講)'과 '창(唱)'의 다양한 조합으로 이루어진 것임이 밝혀짐에 따라 '강창문학'의 범주도 오로지 '강창겸용(講唱兼用)'체에 제한

39 부연하면, 임반당(任半塘)은 일찍이 "이미 유설무창(有說無唱)이면 그 문체는 소설이지 변문이 아니라고 할 수 있다. 설화이지 설창(說唱)이 아님을 분명히 해야지 서로 혼동해서는 안된다"(임반당, 『당성시(唐聲詩)』, 상, 상해고적출판사, 465쪽)고 하면서 강창 범위에서 「여산원공화(廬山遠公話)」를 선별하여 설화에 넣고 있다.

되지 않고 유설무창(순산문체)형[有說無唱(純散文體)型]과 무설유창(순운문체)[無說有唱(純韻文體)]형도 수용하는 방향으로 확대되었다. 강창문학의 범주에 변문과 함께 화본(話本), 사문(詞文), 민간부(民間賦)가 들어가게 된 연유는 바로 여기에 있다.

(3) ③의 문제

본고에서는 『변문집(變文集)』을 일차적 연구 대상으로 설정하였기 때문에 당대(唐代) '강창문학'의 범주를 『변문집』에만 국한시켰으나, 『변문집』 이외의 영역으로 그 범주를 확대하여 검토하는 것이 실상에 접근하는 것으로 판단된다. 이를 도표를 통해 설명하면 다음과 같다.

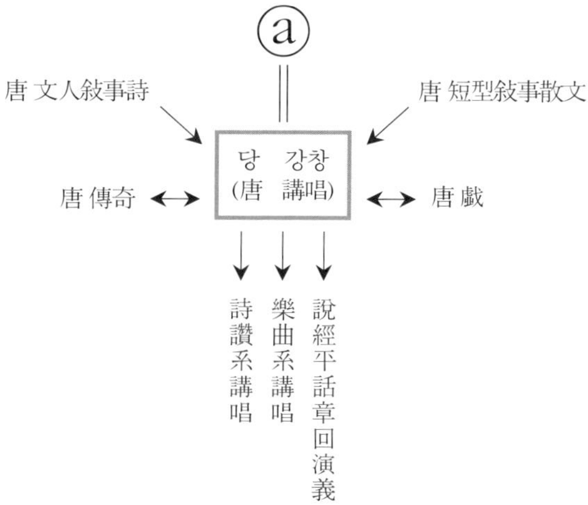

〔도해〕 당대(唐代) 강창과 타양식과의 관계[40]

40 위 도해는 『중국설창예술사론(中國說唱藝術史論)』(설보곤・포진배(薛寶琨・鮑震培), 화산문예출판사, 1990), p.62에 있는 도해를 필자가 약간 수정하여 만든 것임을 밝혀 둔다.

위 도표에서 볼 수 있듯이 송(宋) 이후 시찬계(詩讚系) / 악곡계(樂曲系) 강창문학 및 화본소설(話本小說) / 장회소설(章回小說)에 커다란 영향을 준 당대(唐代) 강창문학은 당(唐) 전기(傳奇), 당희(唐戲), 문인서사시(文人敍事詩), 단형서사산문(短型敍事散文) 등의 타양식과 긴밀한 교섭 하에서 성장하였다. 따라서 당대 강창문학의 총체적 실상을 밝혀내기 위해서는 당(唐) 전기(傳奇), 당희(唐戲), 문인서사시(文人敍事詩), 단형서사산문(短型敍事散文) 등이 당대 강창문학(唐代 講唱文學)과 어떠한 측면에서 상호 연관을 갖고 있는지에 대한 면밀한 주의가 필요하다. 그러나 당(唐) 전기(傳奇), 당희(唐戲), 문인서사시(文人敍事詩), 단형서사산문(短型敍事散文) 등을 당대(唐代) 강창문학과 동일시할 수는 없으며, 어디까지나 돈황 강창문학 작품집인 『변문집』 속의 강경문, 변문, 화본(話本), 사문(詞文), 민간부(民間賦) 등이 당대(唐代) 강창문학의 핵심이라고 할 수 있다. 즉, 위 도표에서 당대(唐代) 강창문학의 구체적 실체를 나타내는 ⓐ에 넣을 수 있는 것은 바로 『변문집』인 것이다. 그러나 당대(唐代) 강창문학의 범주를 『변문집』에만 국한시킬 필요는 없다. 왜냐하면 돈황 가사(歌辭) 중에도 '강창문학'에 넣어도 좋을 만한 작품들을 발견할 수 있기 때문이다. 특히 돈황 가사 중 연장가사(聯章歌詞)는 당대 강창문학의 총체적인 모습을 규명할 수 있는 새로운 단서를 제공하는 것으로 보인다. 당대 강창문학 연구에 있어 돈황 가사를 연계 짓는 것이 필요한 이유로는 다음 두 가지를 들 수 있다.

첫째, 돈황 가사 중 다수를 차지하는 연장가사(聯章歌詞)는 『변문집』 속의 강경문 및 압좌문(押座文)과 매우 긴밀한 관련을 갖고 있는 것으로 보인다. 이는 「돈황 십이시(十二時)」를 연구한 차주환(車柱環)의 다음과 같은 지적이 도움이 된다.

2수의 잔결이 있어 27수만이 전하는 이 「유마오경전십이시(維摩五更轉十二時)」는 그 줄거리가 대체로 『유마힐경(維摩詰經) 내용과 비슷한 편이라고 할 수 있기는 하다. 그러나 『유마힐경』은 구성이 정연하고 내용이 상세한 장편으로 되어 있는데 비해 이 「유마오경전십이시」는 한 수가 33777로 된 29수의 연장가사(聯章歌詞)에 과하므로 서로 비교하기가 어려움은 말할 것도 없다. 또 『유마힐경』을 길게 부연 설명한 돈황변문의 강경문의 경우 역시 운산문(韻散文) 혼합된 장편이므로 비교하기 어려운 것은 마찬가지이다. 앞으로 이러한 『유마힐경』과 그것에 관련된 자료들을 철저히 검토하여 정리 고찰해 볼 필요가 있다.[41]

돈황 연장가사(聯章歌詞) 중 학불, 불성, 선문(禪門), 법례, 성교(聖敎), 유마탁질(維摩託疾), 수행 등의 내용을 다루고 있는 십이시 제(十二時諸) 작품 중 「천하전효십이시(天下傳孝十二時)」, 「백시랑십이시행효문(白侍郎十二時行孝文)」은 불교고사(故事)계 강창 중의 「고원감대사이십사효압좌문(故圓鑒大師二十四孝押座文)」(S.7, P.3361, S.3728)과 내용/형식 양면에서 연관성이 있다. 또 유마탁질(維摩託疾) 고사를 다룬 연장가사(聯章歌辭) 「유마오경전십이시(維摩五更轉十二時)」를 보면, 연속되는 줄거리를 화자가 서사적 진술로 전개하고 있는 면에서 「유마힐경압좌문(維摩詰經押座文)」을 뛰어 넘는 서사문학적 색채를 드러내고 있다. 이러한 점들은 돈황 연장가사도 구비연행서사물로 볼 수 있는 단서를 제공하는 것으로, 『변문집』의 사문 텍스트와 함께 당대(唐代) 통속서사시(구비서사시)의 존재 양상과 그 특징을 해명할 수 있는 귀중

41 차주환(車柱環), 「돈황십이시(敦煌十二時)」, 『학술원논문집』, 인문사회과학편, 제32집, 1993, 23쪽 참조.

한 자료임이 분명하다.

둘째, 『변문집』 작품 중 「아가서(齖魺書)」 중간에 삽입되어 있는 권학(勸學)을 내용으로 한 「십이시(十二時)」를 통해 유추할 수 있다. 아가신부문(齖魺新婦文), 十二時 그리고 주사(呪詞) 세 부분으로 구성되어 있는 「아가서」[42]는 민간부(民間賦) 작품의 연행과 돈황 가사가 결합되어 있음을 보여주는 사례로, 돈황 강창문학의 범주를 돈황 가사로 확장해야 하는 당위성을 보여 준다.

한편 양음류(楊蔭瀏)의 다음과 같은 지적은 돈황 강창문학은 돈황 가사 뿐만 아니라 당 전기(唐 傳奇)의 발전 과정과도 긴밀한 연계가 있음을 시사한다.

> 가창(歌唱)과 설화(說話)가 결합하여 이루어진 설창음악은 — 불교의 소위 변문에 해당한다. — 당대 민간에서 결코 없었을 수 없다. 원진은 일찍이 〈일지화(一枝話)〉를 설창한 일에 대하여 언급한 바 있다. 「일지화」는 당대 천보년간에 활동했던 기생의 이름인 동시에 천보년간에 생겨난 악곡명이다. 내용은 의기 이왜의 사적과 관계가 있다. 여기서 소위 '설…화'(說…話)는 이왜(李娃)의 고사를 강설하는 것에 대하여 말한 것일 수 있고, 동시에 그 곡조(曲調)를 가창(歌唱)한 일종의 가창과 설화를 결합한 예술 형식일 수

42 『변문집』에 실려 있는 『아가서(齖魺書)』는 내용과 형식상 아가신부문(齖魺新婦文), 십이시(十二時) 리고 주사(呪詞) 부분으로 나뉘는데 이에 대해서는 두 가지 견해가 있다. 첫째는 세 부분을 하나로 묶어 동일한 작품으로 보고, 十二時의 삽입 의미를 남편이 학문을 열심히 닦아 성공하여 아녀자를 돌보아야 한다는 경계의 뜻이 담긴 것으로 해석한다. 이와 같은 주장을 편 사람은 왕경숙(王慶菽)이다. 둘째는 십이시과 주사(呪詞) 『아가서』의 본내용과 관련이 없으므로 잘못 삽입된 것으로 보아야 한다는 견해가 있다. 이러한 주장을 펴는 사람은 항초(項楚)로 그는 『돈황변문선주(敦煌變文選注)에서 십이시를 뺀 채 『아가서일권(齖魺書一卷)을 싣고 있다.

도 있다. 다른 곳에서의 설화 역시 같은 상황일 가능성이 있다. 다음과 같은 유추가 가능하다. 민간에 비록 설창음악이 있었으나 설창 대본이 남아 있지 않거나, 그것에 고정된 명칭을 붙이지 않았을 가능성이 있다. 또 그것에 '변문'이라는 불교 명칭을 붙였을 가능성도 있다.[43]

실제로 당 전기(唐 傳奇) 중 「이왜전(李娃傳)」, 이조위(李朝威) 「류의전(柳毅傳)」, 원진(元稹) 「앵앵전(鶯鶯傳)」, 진홍(陳鴻) 「장한가전(長恨歌傳)」, 장작(張鷟) 「유선굴(遊仙窟)」 등은 강창문학의 장르적 특성을 내함하고 있는 대표적인 작품들이다. 따라서 당대 강창문학과의 관련성을 염두에 두고 당(唐) 전기(傳奇)를 고찰하면 당 전기 자체의 형성 경로는 물론 당대(唐代) 강창문학의 실상을 보다 구체적으로 규명할 수 있을 것이다.

본 논문에서 사용한 강창문학의 개념과 범주에 내포된 근본적인 문제점은 『변문집』만을 연구 대상으로 설정했기 때문에 생겨난 것이다. 따라서 돈황문학 텍스트를 통해서 강창문학의 장르적 본질을 밝히려는 본고의 목적이 실제에 부합하기 위해서는 연장가사(聯章歌詞)를 중심으로 돈황사(敦煌詞)에 대한 연구로 그 연구 영역을 확대할 필요성이 있으며, 아울러 당(唐) 전기(傳奇)와 당(唐) 문인서사시와의 비교 연구에도 착수해야 할 것이다.

43 양음류(楊蔭瀏), 『중국고대음악사고(中國古代音樂史稿)』, 상책, 단청도사(丹靑道士)유한공사, pp.2~14 참조.

제4절_ 연구 범위와 논술 방법

돈황 문헌자료는 1900년 돈황 막고굴(莫高窟) 장경동(藏經洞)에서 발견된 후 런던, 파리, 북경, 일본 등 각지에 분산 소장되어 있다가 1950년대에 이르러 비로소 출판되기 시작하였는데, 이제까지 나온 출판물 가운데 돈황 강창문학의 연구 자료로 가장 널리 사용되는 것은 다음 세 종류이다.

① 『돈황논문회록(敦煌論文匯錄)』(주소량(周紹良) 편, 상해출판공사, 1954)

② 『돈황변문집(敦煌變文集)』 상・하(왕중민(王重民) 等 合編, 인민문학출판사, 1957)

③ 『돈황변문집신서(敦煌變文集新書)』(반중규(潘重規), 중국문화대학, 1984)

④ 『돈황변문교주(敦煌變文校注)』(황정(黃征)・장용천(張涌泉) 교주, 중화서국, 1997)

이 책의 연구 자료인 동시에 연구 범주에 해당하는 위 네 권의 서적에 대하여 간략하게 소개하기로 한다.

① 『돈황논문회록(敦煌論文匯錄)』 : 1952년 주소량이 편집한 것으로 1954년 상해출판공사에서 제1판이 출판되었으며, 다시 1955년 제2판 증정본이 발간되었는데 모두 36편의 작품을 수록하고 있다. 이 책은 한 사람에 의해서 편집되었기 때문에 약간의 미비점이 있지만, 최초에 출판된 '변문집'이라는 점에서 의의가 크다.

② 『돈황변문집』 상하 : 왕중민(王重民)과 왕경숙(王慶菽) 두 사람이 1954년 편집위원회를 발족한 후 상달(向達)이 편집위원회 주임을 맡고 주일량, 계공, 증의공(周一良, 啓功, 曾毅公) 등이 합류하여 1956년 완

성되었다. 왕중민과 왕경숙 두 사람이 런던과 파리에서 가져 온 사진과 초록본 187부를 정리하여 만든 이 책에는 총 78종의 작품이 8卷으로 분류되어 실려 있는데 그 체재는 다음과 같다.

〈78종 작품의 배열 특징 〉

○ 제 1, 2, 3권에는 23종의 중국고사계 강창작품을 실어 놓고 있는데 각 권은 세 가지 문체적 특징 — 즉 유설유창(有說有唱), 유설무창(有說無唱), 대화체(對話體) — 을 기준으로 분류한 것이며 또 시대의 선후에 따라 작품 배열 순서를 정하였다.

○ 제 4, 5, 6권에는 40종의 불교고사계 강창작품이 실려 있으며 각 권은 석가고사(釋迦故事), 불경고사(佛經故事), 불가고사(佛家故事) 등으로 나뉘어 있다.

○ 제7권에는 13종의 압좌문(押座文)과 기타 단문이 들어 있다.

○ 제8권에는「수신기(搜神記)」와「효자전(孝子傳)」을 수록하고 있다.

『돈황변문집』은 최초의 종합적 자료집이라는 데 큰 의의가 있다. 그러나 유형 분류의 비체계성 등 초기 자료집으로서의 한계를 뚜렷이 드러내고 있다.

③『돈황변문집신서(敦煌變文集新書)』上下 : 1984년 반중규(潘重規)가 편찬한 이 책은『돈황변문집』에 들어 있는 78편의 작품에다가 8편의 새로운 작품이 추가되어 있다. 추가된 여덟 작품은 다음과 같다.

①「압좌문(押座文)」1편 (레닌그라드 소장본)

②「쌍은기(雙恩記)」(레닌그라드 소장본)

③ 「유마쇄금(維摩碎金)」 (레닌그라드 소장본)

④ 「유마힐경강경문(維摩詰經講經文)」 (레닌그라드 소장본)

⑤ 「십길상강경문(十吉祥講經文)」 (레닌그라드 소장본)

⑥ 「우란분경강경문(盂蘭盆經講經文)」 (타이베이 국립중앙도서관 소장본)

⑦ 「실달태자수도인연(悉達太子修道因緣)」 (일본 용곡대학(龍谷大學) 소장본)

⑧ 「추음일본(秋吟一本)」

이상 8편을 추가하여 총 86편의 작품을 수록하고 있는 『돈황변문집 신서』는 체례면에 있어서도 『돈황변문집』보다 발전된 방식을 취하고 있는데 각 권의 특징은 다음과 같다.

권 1 : 압좌문(押座文) 8편을 수록.

권 2 : 강경문(講經文) 23편을 수록.

권 3 : 석가고사(釋迦故事) 변문 12편 수록.

권 4 : 석가제자고사 / 불가고사 변문 12편 수록.

권 5 : 강창체 중국고사계 강창 9편 수록.

권 6 : 산문체 · 운문체 중국고사계 강창 10편 수록.

권 7 : 대화체 강창작품 9편 수록.

권 8 : 「효자전(孝子傳)」, 「수신기(搜神記)」 수록.

『신서(新書)』의 체례는 불교고사계 강창과 중국고사계 강창으로 나눈 다음 다시 내용과 형식을 모두 고려하여 불교고사계 강창은 불경고사(佛經故事) / 석가고사(釋迦故事) / 석가제자(釋迦弟子) 및 불가 고사(佛家 故事)로, 중국고사계 강창은 강창체(講唱體) / 순산문 · 순운문체(純散文 · 純韻文體) / 대화체(對話體)로 분류하고 있다. 이러한 분류는 『돈황변문집』의 체재보다 상세하면서 체계적이지만 문제점이 없는 것은 아니다. 예컨대, 권5에 들어 있는 「소무이릉집별사(蘇武李陵執別詞)」와 「동영변문(董永變文)」 두 작품을 동일 계열로 볼 수 없는 「오자서변문(伍子胥變文)」, 「한장왕릉변(漢將王陵變)」 등과 함께 수록하고 있는 점과 소위 '사문(詞文)'류로 다루고 있는 「착계포전문(捉季布傳文)」, 「계포시영(季布詩詠)」, 「백조명(百鳥名)」을 권6과 권7에 분리 수록하고 있는 점이 그러하다.

이처럼 유형 분류에 있어서 문제점이 없지 않으나 『신서(新書)』는 현존 돈황 강창문학 자료집 중에서는 수록된 작품이 가장 많고 분류 방식도 비교적 합리적이다.

④ 『돈황변문교주(敦煌變文校注)』 : 이제까지 출간된 『돈황변문집』을 집대성한 최신판 서적으로 권1부터 권7까지 총 86편의 작품을 수록하고 있다. 문서 편집은 반중규 『신서(新書)』와는 전혀 다른 방식으로 되어 있다. 맨 먼저 권1에는 변문 텍스트를 수록하였고, 권2에는 화본소설류에 해당하는 작품을 배열하였다. 권3은 부(賦)체 작품 5편을 모아 놓았다. 권4는 불교 변문류, 권5는 강경문, 권6은 연기와 인연류, 권7은 압좌문을 비롯한 운문 작품이 수록되어 있다.

이 책은 가장 최근에 출판된 『돈황변문교주(敦煌變文校注)』에 수록된 작품을 대상으로 돈황 강창문학에 대하여 논하였다.

제2장 돈황 강창문학의 형성 경로

제1절_ 불경 한역漢譯의 활성화

불교의 중국 전래에 관해서는 여러 가지 학설이 존재[44]하지만 일반

44 불교 전래에 관한 제설(諸說)을 도표화하면 다음과 같다.

설	출전
(1) 목천자설(穆天子說)	당법림(唐法琳) 『파사론(破邪論)』
(2) 공자설(孔子說)	『홍명집(弘明集)』 후서
(3) 연소왕설(燕昭王說)	『습유기(拾遺記)』
(4) 고아육왕사설(古阿育王寺說)	『홍명집(弘明集)』
(5) 진시황제설(秦始皇帝說)	『역대삼보기(歷代三寶記)』
(6) 종거금인설(鐘鐻金人說)	『사기(史記)』 시황본기(始皇本紀)
(7) 한유향설(漢劉向說)	『世說新語(世說新語)』
(8) 한애제설(漢哀帝說)	『위략서융전(魏略西戎傳)』
(9) 후한초왕영설(後漢楚王英說)	『후한서(後漢書)』 초왕영전(楚王英傳)
(10) 후한명제설(後漢明帝說)	『후한서(後漢書)』 서역전(西域傳)

적으로 학자들은 중국에 불교가 전입된 시기를 양한(兩漢) 사이라고 주장한다. 서한(西漢) 때 중국은 실크로드가 서역의 여러 나라로 통해 있어 정치·경제·문화적인 교류가 활발하였고, 인도에서 불교의 교세가 대하(大夏 : 아프카니스탄), 안식(安息 : 이란) 등지로 확산되던 이 시기에 서역과 중국을 왕래하던 상인과 사절 가운데 자연히 불교신자가 생겨나면서 이들에 의해 불교가 전래되었을 것으로 추정하는 것이다. 역사서에 보이는 불교 전입에 관한 신빙성 있는 기사(記事)로는 『위략(魏略)』에 대월지(大月氏)[45]왕의 사신 이존(伊存)이 박사인 제자 경로(景盧)에게 부도경(浮屠經)을 입으로 전했다는 기록과 『후한서(後漢書)』(권72) 「초왕영전(楚王英傳)」에 초나라 왕인 유영(劉英)이 부처를 신봉했다는 기록, 그리고 한(漢) 명제(明帝, 57~75 : 재위기간)가 부처 꿈을 꾸고 사신을 보내어 불교를 들여왔다는 기록[46] 등을 들 수 있는데 이는 불교가 동한(東漢) 초에 전래되었을 가능성이 가장 크다는 것을 보여주는 사례들이다. 그리고 당시 전래된 불교는 서역으로부터 중국으로 들어오는 요충지였던 돈황·주천(酒泉)·장액(張掖)·무위(武威)나 장안(長安), 낙양(洛陽) 등의 지역에 기반을 마련한 후 차츰 중국 전역으로 확대되어 갔다.

불교는 처음 중국에 전래되었을 무렵에는 사람들의 호응을 얻지

45 대월지(大月氏)는 서역(西域)의 나라 이름이다.

46 『후한서』 「서역전」에는 다음과 같은 전설이 기록되어 있다. "명제가 꿈에 금빛나는 사람을 보았는데 머리끝에서 빛이 사방으로 퍼졌다. 아침에 신하에게 물으니 그 금빛 나는 사람은 서역의 신인 불이라고 하였다. 명제는 사신을 인도로 파견하여 불법을 구함과 동시에 불화를 그리고 불상을 조각하여 절을 지었는데 이 절이 바로 백마사(白馬寺)이다." 동한 때의 『사십이장경서(四十二章經序)』에도 이러한 전설이 기록되어 있으며 이것이 최초의 기록이라 할 수 있다. 어떤 책에서는 그 당시 사신이 장건(張騫)·진경(秦景)·왕준(王遵) 등이었고 그들은 永平 7년(64)에 출발하여 고생 끝에 대월지국(大月氏國)에 도착하여 『사십이장경서(四十二章經序)』를 가지고 왔다고 명확히 기재되어 있다.

못했으나 후한의 제11대 황제인 환제(桓帝, 146~167 재위)와 제12대 황제인 영제(靈帝, 168~189 재위) 때에 이르러 본격적으로 확대 수용되게 된다. 환제(桓帝)는 탁용궁(濯龍宮)을 세우고 화개(華蓋)로 만든 자리를 설치하여 부처를 신으로 받들어 모셨다고 전하며, 그 뒤를 이은 영제는 광적으로 서역의 풍속에 매력을 느껴 胡服(서역복), 胡床(서역식 침상), 胡坐(가부좌), 胡飮(서역음식), 호적(胡笛), 호무(胡舞)를 좋아했다고 전해진다.[47] 이렇게 임금 자신이 불교를 신봉하자 자연히 민간에도 전파되면서 차츰 신도들이 늘어나게 되었다. 이후 불교는 짧은 시간 내에 위로는 제왕과 공경(公卿)·학사·문인으로부터 아래로는 일반 백성들에게까지 급속하게 확장되게 된다. 불교가 점차 중국에 확산되어 가자 불교도들은 불교의 본격적인 보급을 위해 무엇보다 먼저 불경의 번역에 착수한다.

불경 번역사업은 한번 시작되자 갈수록 점차 많아져 천여 년의 기간을 지나는 동안 많은 번역이 이루어졌으니 현존하는 것만도 3, 600여부, 만 오천여권에 해당한다. 그런데 불경의 번역작업은 워낙 방대하여 당시 문인들만으로는 담당할 수 없었고, 또 범어(梵語)는 한어(漢語)에 비해 매우 판이하고 독특한 어법 체계를 지니고 있어 당시 문인들이 주로 사용하였던 병려문체(駢儷文體)만으로는 적절치 못하였다. 이는 결국 당시 번역 사업을 문인들 외에 외국의 화상들이 주관하게 하였고, 많은 민간신도들로 하여금 그 일을 도와주도록 하였다. 또한 역경(譯經)의 문체로는 고아(高雅)한 병려체(駢儷體)를 고집하지 않고 다만 불경의 내용을 진실하게 전하여 쉽게 깨달을 수 있도록 하는 것

47 도도 교오순(藤堂恭俊)·시오이리 료오도(塩入良道), 『중국 민족의 불교(漢民族の佛教)』, 일본: 교성(佼成)출판사, 1973; 차차석 역, 『중국불교사』, 대원정사, 1994, 46~47쪽.

이 중요하다는 생각 하에 문자의 수식이라는 외형적인 면에는 중점을 두지 않았다. 그 결과 역경 사업은 '문식을 가하지 않고 이해하기 쉽게 하되 본래의 의미를 잃지 않은(不可文飾, 令易曉, 不失本義)' 새로운 문체를 산출하게 되었다. 수많은 역경사들의 노력에 의하여 만들어진 이 새로운 문체는 다음 세 가지 특징으로 정리된다.[48]

① 화범(華梵)의 결합 : 이는 중국의 고유 문체와 인도의 외래 문체가 혼합된 현상을 가리키는 것으로, 한역(漢譯) 불경의 문체 내에 원전의 어구와 문법 그리고 풍격이 상당 부분 내재하게 되었음을 말한다. 즉 불전의 사휘(詞彙)와 격조(格調), 중복 간청하거나 고도로 과장하는 표현법, 도치구(倒置句), 멋있는 조합어 등이 대량으로 운용되어 한역작업(漢譯作業)이 이루어졌음을 의미한다.

② 아속공상(雅俗共賞) : 이는 한역 불전이 경전의 권위를 살리기 위하여 정갈하게 문식을 가한 지식층의 문체와 대중들이 이해하기 쉽게 쓴 통속적이고 질박한 문체 량자를 공유하고 있음을 뜻한다. 불전은 크게 세 종류로 나뉘는데 붓다가 설한 가르침(경장經藏)과 계율(律藏)과 제자들이 교법에 대하여 연구한 것(논장論藏)이 바로 그것이다. 여기서 경장(經藏)은 중생들을 깨우치기 위한 붓다의 가르침을 기술한 것으로 대부분 고사가 들어 있어 서사성을 띠고 문체는 비교적 쉽고 통속적이다. 반면 불교 교리에 대하여 언급하고 있는 율장(律藏)과 논장(論藏)은 비교적 난해하고 전아(典雅)한 문투를 보인다. 아속공상(雅俗共賞)이란 바로 이와 같이 불전에 통속성과 고아(高雅)성이 겸비되어 있음을 말한다.

48 한역(漢譯) 불경문체의 특징에 대한 이하의 정리는 손창무(孫昌武)의 3대 특징론(『불교와중국문학』, 상해인민출판사, 1988, 43~44쪽)에 입각하여 필자의 의견을 덧붙인 것이다.

③ 운산조합(韻散組合) : 이는 불교 경전의 문체가 운문과 산문이 서로 착종되어 있음을 말하는데, 불경의 한역과정을 통하여 확대 보급된 운문과 산문을 결합한 새로운 문체는 그 뒤 대중적인 서술 형식으로 정착하게 된다.

불경 한역이 가져온 이상 세 가지 현상 가운데 중국 강창양식의 성립과 가장 밀접한 관련을 갖는 것은 세 번째 불경 한역과정에서 운산조합식(韻散組合式) 기술 방식의 운용이라 할 수 있는데 이에 대해서 좀더 구체적으로 설명하기로 한다.

초기 불교 시대에 붓다(buddha : 佛陀)의 제자나 신자들은 붓다로부터 들은 가르침을 기억하기 쉽게 시나 짧은 산문의 형태로 정리하여 입에서 입으로 전하였다. 즉 붓다의 교설을 줄거리로서 정리하여 기억에 의해 전승하였던 것이다. 그러다가 교단이 확립되고 점차 발전함에 따라 붓다의 교설을 전하는 방식도 어떤 통일성을 갖추어 정비할 필요성이 요구되었다. 그 결과 성전(聖典)으로서의 권위를 살리는 동시에 기억하는데 편리한 형식으로 붓다의 교설이 정리되었으니, 이른 바 「9분교(分教)」와 「12분교」가 그것이다. 「9분교」와 「12분교」는 붓다의 설법을 직접 들은 제자나 신자들이 붓다가 설법하던 때의 정경이나 이야기의 상세한 내용을 되살리기 위하여 사용했던 방식으로써, 초기 불교의 가장 기본적인 경전인 『아함경(阿含經)』[49]의 탄생

49 아함(阿含)이란 산스트리트어 아가마agama를 음사(音寫)한 말인데, 처음 전승된 가르침이란 뜻을 지니고 있으며, 붓다의 가르침을 전하는 성전을 가리킨다. 그리고 『아함경(阿含經)』이란 단지 하나의 경전을 뜻하는 것이 아니라 여러 경전의 총칭으로 작은 경전이 한 부 한 부 모여서 이루어진 것이다. 이 경전에는 4부(혹은 5부)의 작은 경전들인 『장아함(長阿含)』, 『중아함(中阿含)』, 『증일아함(增一阿含)』, 『잡아함(雜阿含)』이 포함되어 있어 4아함이라 한다. 이 말 자체에는 특별한 뜻은 없고 경전의 길고 짧음을 근거로 하여 구분한 것이다. 『아함경』이란 붓다의 언행록이라 할 수 있다. 각각의 경전들은 일회의

은 바로 여기에서 연유한다. 「9분교」에다 셋을 추가한 것이 「12분교」인데 이를 구체적으로 설명하면 다음과 같다.

① 숫타sutta(경) : 교설을 10여행 이내로 간결하게 정리한 산문.

② 게이야geyya[중송(重頌)] : 숫타의 내용을 다시 시로써 반복하여 설한 양식.

③ 베이야카라나veyyakarana[기답(記答)] : 간단한 문답체.

④ 가타gatha[게(偈)] : 산문에 대한 운문.

⑤ 우다나udana[감흥게(感興偈)] : 붓다가 기뻐하거나 슬퍼할 때 느낀 감흥을 그대로 표현한 시.

⑥ 이티붓타카itivuttaka[여시어(如是語)] : 게이야가 특수하게 발달한 형식. 정형문구(定型文句)를 사용하는 것이 특징이다.

⑦ 자타카jataka[본생담(本生譚)] : 붓다의 전생 이야기.

⑧ 베달라vedalla[방광(方廣)] : 아랫사람이 윗사람에게 중층적(重層的)으로 기뻐하며 질문하는 교리 문답. 정형구를 사용하는 것이 특징이다.

⑨ 압부타담바abbhutadhamma[미증유법(未曾有法)] : 불가사의의 일을 다룸.

⑩ 니다나nidana[인연담(因緣譚)] : 특히 계율의 본문이 성립된 배경에 대한 이야기.

⑪ 아바다나avadana(비유) : 과거세의 이야기. 이야기가 교훈적이고 비유

설법을 실은 것으로 그 경전들은 제자들이 기억했다가 되뇌어서 만든 것이기 때문에, 경전 첫머리는 '이와같이 들었다(如是我聞)', 혹은 '이렇게 들었다(聞如是)'로 시작한다. 그리고 언제 어디에서 누구에게 무엇을 설법하였는지의 내용이 실려 있다. 『아함경』을 통해서 우리는 붓다의 행적과 불교의 성립, 포교활동 당시의 역사적 상황을 살펴볼 수 있기 때문에, 불교의 기본 교리와 역사적 연원을 연구하는 데 있어 기본적인 자료가 된다.

적으로 이용되고 있다.

⑫ 우파데사upadasa(논의) : 숫타의 해설과 주해.[50]

위의 「12분교」 형식에서 살펴볼 수 있는 것처럼 초기 불전은 운문과 산문의 조합이 만들어내는 다양한 형태를 보이고 있었다. 즉 운문으로 시작한 다음 이를 산문으로 해설한다든가, 반대로 산문을 앞에 둔 다음 운문으로 중복해서 설명하거나, 혹은 운문과 산문을 서로 중복하며 기술하는 등 매우 독특하고 다양한 체제를 갖추고 있었던 것이다. 그 가운데서도 특히 운문만으로 불교의 교의를 독립적으로 교설하였던 가타[伽陀 : gatha : 게(偈), 풍송(諷頌), 고기송(孤起頌) 등으로 한역됨]와 經文의 내용을 다시 중복하여 시로써 선설(宣說)한 게이야

[祇夜 : geyya : 중송(重頌), 응송(應頌)으로 한역됨] 두 가지 방식 — 가타(伽陀)와 게이야(祇夜) 양자를 합쳐 게(偈) 혹은 게송(偈頌)으로 통칭하기도 한다 — 은 초기 불전의 형식을 대표하는 것인데, 중국에서의 강창 양식의 근원은 바로 이와 밀접한 관련이 있다.[51]

이상에서 언급한 바처럼 중국문학사에 있어 가장 부미(浮靡)하고 부자연스러운 병려문(騈儷文)이 유행하던 시기에 진행된 불경의 한역

50 「9분교」와 「12분교」에 대한 이상의 정리는 정승석(鄭承碩) 편, 『불전해설사전(佛典解說事典)』(민족사, 1989, 233~234쪽)을 참조하여 기술한 것이다.

51 중국학자들 중에는 중국문학사에서 강창 형식의 출현이 전적으로 인도 불경문학의 영향으로 볼 수 없다는 취지하에 중국 전통문학 형식 속에 이미 강창 형식이 존재했음을 밝히면서, 그 증빙 자료로 荀子의 「성상편(成相篇)」과 한부(漢賦) 그리고 도연명(陶淵明)의 『도화원시(桃花源詩)』, 『도화원기(桃花源記)』 등을 거론하기도 한다. 그러나 이것들의 체제는 운산결합의 방식이 매우 단조로와 변문과 같은 당대 강창 형식의 연원을 이에서 찾는 데는 많은 무리가 따른다. 따라서 당대 강창의 출현에 있어 결정적인 계기를 마련한 것은 역시 불경문학의 형식으로 보는 것이 타당하다.

사업(漢譯事業)은 중국문학에 없던 운산겸행(韻散兼行)의 새로운 문체를 만들어내고, 이렇게 생성되어진 새로운 문체는 당대(唐代)의 강창문학이 산출되는데 있어 하나의 밑거름이 된다.[52]

제2절_ 포교 방식의 토착화

중국에 있어 불교 전입 이후 불경의 한역사업은 불교 전파를 위해 필수적이었고, 종교와 미신에 대한 관념이 희박하였던 중국인들에게 불교를 믿게 하는데 커다란 공헌을 하였다. 그러나 범어(梵語)와 한어(漢語)는 원래 어음 체계가 매우 달라 불전을 한어로 번역하는 데는 갖

52 관덕동(關德棟)은 불경한역이 중국문학에 미친 영향을 다음과 같이 세 가지로 정리하고 있는데, 그의 지적은 불경 한역과 강창문학의 관련성을 이해하는 좋은 참고가 된다. ① 중국문학사에 있어 가장 부미하고 가장 부자연스러운 시기였고, 중국의 운문과 산문이 병려(駢儷)의 길을 내달리고 있던 시기에 불경의 역경사업이 일어남으로써 유기난(維祇難)・축법호(竺法護)・구마라십(鳩摩羅什) 등 여러 승려들이 질박하고 평이한 백화문체로서 불경을 번역하여 일반인들이 이해하기 쉬운 것만을 생각하고 문식은 가하지 않음으로 인해 드디어 종래와는 다른 새로운 문체를 만들어내었다. 이렇게 질박하고 평이한 백화문으로 만들어진 새로운 문체는 당대 이후에 수많은 문학 양식이 산출되는 데 있어 밑거름이 되었다. ② 불교문학의 풍부한 상상력은 비교적 상상력이 결핍되어 있는 중국문학이 이로부터 벗어나는 데 커다란 역할을 하였다. ③ 불교문학은 형식적 구조를 매우 중시한다. 『보요경』, 『불소행찬』, 『불본행경』 등은 모두 위대한 장편고사의 경전들로 구조가 지극히 엄밀하다. 『유마힐소설경』 역시 그러하다. 따라서 이들 경전들을 읽어보면 마치 소설이나 희극 같다고 느끼게 된다. 이러한 종류의 문학체제는 중국에는 없었던 것이다. 또 이것은 운문과 산문이 엇섞여 있는 후대의 문학체제와 깊은 관련이 있다. (변문・보권・탄사 및 소설과 희곡의 발달은 이러한 종류의 문학체제의 수입과 간접적 혹은 직접적으로 관련이 있다.(관덕동(關德棟), 「변문을 논함(論變文)」, 주소량(周紹良)・백화문 편, 『돈황변문논문록(敦煌變文論文錄)』 상, 상해고적출판사, 1982, 187~188쪽 참조.

가지 곤란과 장애가 뒤따랐다. 특히 암송된 경전 한 글자 한 글자를 독립된 의미를 갖는 표의문자나 어미변화가 없는 한자로 번역하는 작업은 대단히 어려운 일이었다. 더구나 불경이 지니는 사상적인 내용은 중국 문화에서 발견할 수 없는 것이었기 때문에 한문번역을 한층 어렵게 만들었다. 또 한자로 번역된 불전의 원본이 모두 산스크리트본(本)인 것도 아니었다. 구자(龜玆, Kuccha, 쿠샤)어나 우전(于闐, Khotan, 코탄)어로 번역된 불전에서 간접적으로 번역하기도 했던 것이다.[53] 그러나 무엇보다 역경사업에서 가장 문제가 되었던 점은 범어의 문체가 가지고 있는 원래의 음운을 제대로 살려낼 수 없는 것이었다. 혜교(慧皎)는 『고승전(高僧傳)』에서 역경작업의 문제점에 대하여 다음과 같이 지적하고 있다.

> 위대한 불교가 중국에 흘러들어 온 이후 경문을 번역하는 자는 많았으나 소리를 전하는 자는 적었다. 그 이유는 범어는 중복음이었지만 한어는 단음어였기 때문이다. 만일 범음을 한어(漢語)에 운용하면 성조가 번거로와 게송(偈頌)이 급박해지고, 반대로 한어를 범문에 운용하면 노래가 짧아지고 詞는 길어진다. 이 때문에 불경은 번역하여도 범어의 음향은 전수하지 못했다.
>
> 自大敎東流, 乃譯文者衆, 而傳聲蓋寡, 良由梵音重復, 漢語單奇, 若用梵音以詠漢語, 則聲繁而偈迫, 若用漢語以詠梵文, 則歌短而詞長.

원래 범어는 음운을 중시하고 있었으며, 초기 불교 경전은 모두 음악과 밀접한 관련을 맺고 있어 단지 악곡상의 변화를 주어 가면서 찬

53 도도 교오순(藤堂恭俊)・시오이리 료오도(塩入良道), 앞의 책, 37쪽.

패(讚唄)할 수 있었다. 그러나 이를 한역하는 경우 의미는 옮겨낼 수 있었지만 불경이 지니고 있던 본래의 가락을 한어의 음률체계로는 도저히 그대로 표현할 방법이 없어 '붓다의 말씀은 번역할 수 있어도 범어의 가락은 전수할 수 없다(金言有譯, 梵響無授)'는 말이 나오게 되었다. 이처럼 본래 불경이 가지고 있던 대중 공연적인 특성을 한역과정에서 제대로 살려낼 수 없기 때문에 일반 대중들은 여전히 불경과 불교를 난해하게 여겼다. 이에 따라 5세기 이후로 불법을 전파하는 사람들은 보다 토착적이고 대중적인 포교방식을 찾게 되었고, 그 결과 생겨난 것이 바로 전독(轉讀)과 범패(梵唄) 그리고 창도(唱導)였다.

전독(轉讀)이라는 함은 성조(聲調)를 집어넣은 채 소리를 높이 끌어올려 경전(經典) 중의 장편 산문을 송독하는 것으로 일종의 창경(唱經) 방식에 해당하며, 범패(梵唄)는 범음(梵音)의 가창(歌唱)이란 뜻으로 경전(經典) 중의 시게송찬(詩偈頌贊)을 사언(四言), 오언, 육언, 칠언 등으로 가창하는 것을 말한다. 전독(轉讀)과 범패(梵唄)의 유래와 특징에 관하여는 혜교(慧皎) 『고승전(高僧傳)』의 다음 기록에서 그 유래와 특징을 좀더 명확히 파악할 수 있다.

> 인도 지방의 풍속에는 부처의 말씀을 노래하는 것과 읊는 것 모두를 唄라고 부른다. 이것이 우리 나라로 들어와서는 경전을 읊는 것을 전독(轉讀)이라 부르고 부처를 찬양하는 노래를 부르는 것을 일러 범패(梵唄)라 한다. 옛날 서역 여러 나라의 찬패들은 모두 다 운(韻)을 달아서 악기에 실어서 불렀으니, 불교 신도들은 본디 속인과는 거리가 멀기 때문에 의당 성색(聲色)과 곡조(曲調)를 오묘하게 해야 한다.
>
> 天竺方俗, 凡是歌詠法言, 蓋稱爲唄. 至於此土, 詠經則稱爲轉讀, 歌讚則號爲梵唄.

告諸天讚唄, 皆以韻入絃管, 五衆[54]旣與俗遠, 故宜以聲曲爲妙.

위 인용문에서 알 수 있듯이 고대 인도에서는 불전을 노래(歌)하는 것과 읊는 것(詠)을 구별하지 않고 모두 '패(唄)'라고 불렀으나 중국에 전입된 이후 경전을 읊는 것(詠經)과 노래로 찬송하는 것(歌贊)이 구별되었다. 즉 것(詠經)을 위주로 하는 전자를 '전독(轉讀)'이라 하고, 창경(唱經) 혹은 창찬(唱贊)을 위주로 하는 것을 '범패(梵唄)'라고 하였던 것이다. 이와 같이 불전의 구연(口演) 방식이 중국에 들어와서 바뀌게 된 이유는, 처음 불경을 번역할 때 송(頌)과 비송(非頌)이라는 원전 문체상의 차이를 한문으로 바꾸는데 어려움이 있어 제대로 韻을 맞추는 것을 보류하면서 한역(漢譯) 문체가 원전의 문체와 큰 차이를 보이게 되자, 문체상으로 원전에 비해 볼품없이 되어 버린 한역경전은 어쩔 수 없다 하더라도 불전을 가찬했을 때의 본래의 멋을 되살리기 위해 한어의 음율 체계에 맞추어 새로이 창작한 중국식 송찬문이 만들어졌기 때문이다. 그 결과 문체상 어색한 번역문인 경전의 문장을 노래할 때는 전독(轉讀)이라 하고, 음률에 맞도록 한문으로 창작한 송찬문을 노래할 경우는 범패(梵唄)라고 불렀던 것이다.[55]

그런데 전독(轉讀)과 범패는 불경의 인도식 구연(口演) 방식이 중국식으로 토착화되는 과정에 생겨난 필연적 산물이라는 점에서 그 가치를 인정할 수 있으나, 이 양자는 단순히 창경(唱經)에만 머물러 효과적으로 불교 교리를 보급하여 불교 신앙을 확산시키는 데는 여전히 한계

54 여기서 오중(五衆)이란 출가한 다섯 종류의 불교 신도 즉 비구(比丘), 비구니(比丘尼), 학계녀(學戒女)[식차마나(式叉摩那)], 사미(沙彌), 사미니(沙彌尼)를 가리킨다. 오온(五蘊) 혹은 오음(五陰)이라고도 한다.

55 조명화(曺明和), 앞의 논문, 51~52쪽.

를 지니고 있었다. 일반대중의 입장에서는 여전히 불경을 이해한다는 것이 어려웠기 때문에 전독(轉讀)과 범패(梵唄)보다 좀 더 친근하고 통속적인 새로운 포교 방법이 요구된 것이다. 즉 경전을 낭송하더라도 좀 더 평이한 해설과 흥미 있는 비유담을 덧붙이는 등의 방법을 강구하여 대중적 취향에 접근해갈 필요가 있었던 것이다. 이렇게 해서 또 하나의 새로운 대중 포교 방식으로 등장한 것은 바로 '창도(唱導)'였다.

창도(唱導)는 강창문학의 내원을 이해하는 데 있어 전독(轉讀)과 범패와 함께 중요한 의미를 갖는데 그 이유는, 창도(唱導)는 성창(聲唱)을 위주로 하는 전독(轉讀), 범패와 함께 사원에서 행하여지는 설화적 양식의 틀을 형성하여 나중에 '강창'이라는 중국 속문학의 한 형식으로 자리를 잡게 되었으며 중당 무렵에는 창도사로 불리는 승려들이 불교의식을 주관하는 주요한 위치에 있었기 때문이다.

창도(唱導)에 관해서는 혜교(慧皎)의 『고승전(高僧傳)』에 그 구체적인 성격과 내용에 대해서 자세히 언급하고 있다. 먼저 창도(唱導)의 기본적인 성격을 파악할 수 있는 대목을 보기로 하자.

> 창도(唱導)라는 것은 불법(佛法)의 이치(理致)를 선창(宣唱)함으로써 중생들의 마음을 개발시키고 인도하는 것이다. 옛날 불법이 처음 전하여졌을 때에는 모두들 모여서 불타의 이름을 선창하고 형식에 의거하여 예불을 바쳤다. 한밤중이 되어 자리한 사람들이 모두 피로가 심하게 되면 사람들이 정신을 차리게 하기 위하여 따로 원숙한 대덕을 청하여 자리에 올라 설법하게 하니, 그는 간혹 인연담을 여러 가지 서술하기도 하고 혹은 비유를 끌어들이기도 했다. 그 후 여산(廬山)의 혜원(慧遠)이 도업이 바르고 훌륭하며 풍채가 준수하고 재주가 뛰어난데, 매번 재회가 있을 때마다 스스로 높은 자리에

올라 몸소 창도의 우두머리가 되어 먼저 삼세의 인과를 밝히고 재회의 대의를 구분하여 주었다. 후에 그것이 전수되어 마침내 영구한 법칙이 되었다.

唱導者, 蓋以宣唱法理, 開導衆心也. 昔佛法初傳, 于時齊集, 止宣唱佛名, 依文致禮. 至中宵疲極, 事資啓悟, 乃別請宿德, 昇座說法. 或雜序因緣, 或傍引譬喩, 其後廬山釋慧遠, 道業貞華, 風才秀發, 每至齋集, 輒自昇高座, 躬爲導首. 先明三世因果, 却辯一齋大意, 後代傳受, 遂成永則.

위 인용문에서는 창도(唱導)의 槪念과 그 由來가 어떠한지에 대한 단서를 제공하고 있다. 즉 창도(唱導)는 성창(聲唱)과 개도(開導)의 합성어로, 청중들에게 불교의 교리를 설법할 때 가락을 넣은 소리로 연창하여 중생들의 닫힌 마음을 열어 불도의 세계로 인도한다는 의미를 내포하고 있다. 그리고 또 하나 중요한 사실은 창도(唱導)가 엄격한 격식과 절차에 의하여 의례적으로 진행되는 강경 의식에 속하는 것이 아니라 포교의 수단이라는 목적성을 가지고 경문을 근거로 하지 않으면서 인연담과 비유담같은 설화를 근거로 하여 행하여졌다는 점이다. 바로 이러한 특징은 후대에 창도가 전독(轉讀), 찬패(讚唄), 강경(講經) 등과 결합하여 사원문예(寺院文藝)의 설화적 양식이라는 틀을 형성하게 되는 중요한 기초를 이루게 된다.[56]

이처럼 창도는 심오한 경문을 전문적으로 강설(講說)하는 의례적인 강경(講經) 의식에서 벗어나 어느 정도 오락성과 통속성을 가미한 설화적 양식의 성격을 보이게 되는데, 창도사가 갖추어야 할 조건을 이야기하고 있는 다음 인용문에서 이를 확인할 수 있다.

---

56 조명화(曺明和), 앞의 논문, 30쪽.

무릇 창도(唱導)에서 귀중하게 여기는 것이 네 가지가 있으니, 소위 소리(聲色), 변설(辯舌), 재지(才智), 박학(博學)이 그것이다. 성색(聲色)이 아니면 대중들을 놀라게 할 수 없고, 변설(辯舌)이 아니면 시의적절하게 대응할 수 없고, 재지(才智)가 없으면 말에서 채용할만한 것이 없고, 박학(博學)하지 않으면 말에 근거가 없게 된다. 종소리 북소리를 울려 메아리가 퍼질 때 사부대중(四部大衆)이 마음을 놀래는 것이 성색(聲色)의 용도요, 말재주가 뛰어나 시의 적절하게 대처하며 빈틈없는 것이 변설(辯舌)의 용도요, 화려하고 풍성하게 꾸며 자유자재로 수식하는 것이 재지의 용도요, 경전과 논소를 잘 검토하고 사서(史書)에서 전거(典據)를 뽑아 인용하는 것이 박학(博學)의 용도이다. 이와 같은 네 가지 조건에 능숙하게 되면 사람에 따라 시의적절하게 대할 수 있다. 가령 청중이 출가한 승려들이라면, 일체의 무상함을 설하여 진실한 마음으로 참회할 것을 권장한다. 만약에 청중이 군주거나 부귀한 사람들이라면 세속의 서적 따위도 인용하면서 화려하고 풍성하게 설명한다. 만약에 전연 범속하고 어리석은 서민들이라면 구체적인 사물이나 보고 들은 사실들을 직접 설하여 보인다. 그리고 농민들에게는 신변의 일들을 설명하되 구체적인 죄와 허물을 지적한다.

> 夫唱導所貴, 其事四焉, 謂聲辯才博. 非聲則無以驚衆, 非辯則無以適時, 非才則言無可採, 非博則語無依據. 至若響韻鐘鼓, 則四衆驚心, 聲之爲用也. 辭吐俊發, 適會無差, 辯之爲用也. 綺製彫華, 文藻橫逸, 才之爲用也. 商推經論, 採撮書史, 博之爲用也. 若能善玆四事, 以適以人時. 如爲出家五衆則須切語無常, 苦陳懺悔. 若爲君王長者則須兼引俗典, 綺綜成辭. 若爲悠悠凡庶則須指事造形, 直談聞見. 若爲山民野處則須近局言辭, 陳斥罪目.

위 대목은 창도사(唱導師)가 구비해야 할 조건과 다양한 청중의 취향에 맞는 창도의 내용에 대하여 설명하고 있다. 우선 혜교(慧皎)는 창도(唱導)를 행하기 위해서는 성색(聲色)·변설(辯舌)·재지·박학의 네 가지 조건이 갖추어지지 않으면 안 된다고 이야기하고 있다. 부연해서 말하면 창도(唱導)를 행할 때에는 ① 억양과 굴신이 자연스럽고 강약과 완급이 자유로운 성색(聲色)으로 사람들의 마음을 힘 있게 끌어당겨 놓아주지 않아야 하며, ② 그때 그때의 형편에 따라 적당하게 처리하는 임기응변의 술(術)을 요령있게 행하는 변설로 사람들의 동의를 촉구하고 공감을 유도하며, ③ 날카로운 재주와 지혜에 의거한 풍성하고도 화려한 표현으로 사람의 귀를 통쾌하게 자극하여 앞으로 향하는 마음을 일으키며, ④ 증거가 될 만한 자료들을 널리 인용하고 전거(典據)를 자유롭게 설명하여 의심을 제거시키는 등의 네 가지 조건이 필요하다는 것이다. 이러한 조건들은 한결같이 청중의 마음과 귀 즉 대중의 취향과 요구를 강하게 의식하여 내세운 것으로 창도(唱導)라는 포교 방식이 뚜렷이 세속화된 성격을 지니고 있음을 드러내 준다. 그리고 혜교는 네 가지 조건 위에 다시 청중에게 상응하는 제재를 가지고 설교해야 함을 주지시키고 있다. 요컨대 청중들이 어떤 부류의 사람들인가를 알아서 듣는 사람에게 가장 적당한 이야기 거리를 골라 설법하는 것이야말로 가장 효과를 발휘한다는 것이다. 특히 창도(唱導)의 소재로써 불경에 국한되지 말고 경·사·제가(諸家) 등 세속의 서적 따위도 인용하여 화려하고 풍성하게 강설할 필요성을 언급하고 있는 것으로 볼 때 후대에 산출된 속강의 대본인 변문에 비불교적인 소재가 있게 된 원인은 여기서 찾을 수 있을 것이다.

종합하면, 강창문학의 성립과 연결시켜 볼 때 매우 중요한 의미를 갖는 전독과 범패와 창도(唱導)는 5세기 이후 불교도들이 대중포교의 효과를 위해 만들어낸 세 가지의 서로 다른 포교 방식이었다. 이 가운데 창도는 경문을 전독(轉讀)하는 창경(唱經)과는 상대적으로 설화성이 강한 고사(故事)를 성창(聲唱)하는 방식 위주로 진행되었다. 비록 '창(唱)'이라는 명칭이 붙어 있기는 했어도 전부 가창(歌唱)만으로 진행된 것이 아니라 무상(無常), 지옥(地獄), 이락(怡樂), 애감(哀感) 등의 소재를 담론함으로써 설화적 양식의 틀을 갖추고 있었던 것이다. 창도가 창설(唱說)[57] 혹은 창서(唱敍)[58]라는 별칭을 갖게 된 이유는 여기에서 찾아진다.[59] 이처럼 선창불도(宣唱佛道)하여 개도중심(開導衆心)하는데 목적을 두었던 창도는 청중의 흥미를 유발하고 포교의 효과를 높이기 위해 전문적인 설법에서 그 내용과 방법을 점차 통속적으로 변화시키게 되었고, 이로 인하여 당대(唐代)에 들어서는 정식강경의 방식을 더욱 벗어나 의식 자체를 연희화(演戲化)시키고 설법의 내용을 평이화・흥미화시킴으로써 마침내 서사화(敍事化)된 속강(俗講) 대본이 출현하게 된다.

57 창도(唱導)의 의미를 띠는 곳에 창설(唱說)이라는 용어를 사용하고 있는 부분을 들면 다음과 같다.「少而好學, 博通衆典, 唱說之功, 獨步當世」,『고승전(高僧傳)・담종전(曇宗傳)』,「復有釋僧意者, 亦善唱說, 制談經新聲, 哀亮有序.」(『고승전・담종전』),「有釋僧喜, 亦善唱說, 振譽于宋末齊初」,『도유전(道儒傳)』,「每率衆齋會, 常自爲唱導, 如此累時, 乃上聞于宋孝武, 大明六年敕爲新安寺出家, 于是專當唱說」,『혜중전(慧重傳)』

58 창도(唱導)의 의미를 띠는 곳에 창서(唱敍)라는 용어를 사용하고 있는 부분은 다음과 같다.「時江夏王道宗, 昔在京輦第多福會, 至于唱敍無非凱通.」,『속고승전(續高僧傳)・지개전(智凱傳)』

59 설보곤(薛寶琨)・포진배(鮑震培),『중국설창예술사론(中國說唱藝術史論)』, 花山文藝出版社, 1990, 12쪽.

제3절_ 속강 의식의 통속화

속강(俗講)이란 불교의 교리를 선전하고 운용하는 강경(講經) 방식의 하나이다. 그리고 속강(俗講)이란 말은 원래 '저속한 강경(講經)' 혹은 '통속적인 강경(講經)'의 의미를 갖고 있는 것은 아니었다. 돈황 문서 S.4417호와 P.3849호에 들어 있는 다음 인용문은 속강(俗講)이 일반적인 강경(講經)의 뜻으로 사용되고 있음을 보여 준다.

> 무릇 속강(俗講)을 할 적에는 먼저 범패를 한 다음 보살 두어 소리를 부르며 압좌문을 설한다.『온실경(溫室經)』을 찾아 창(唱)하는데 법사가 경전 제목을 창한다. 염불 한 소리가 있고서는 곧 개경(開經)이라고 말한다. 장엄(莊嚴)을 설하고는[60] 또 염불 한 소리를 하고 곧 일일이 그 경전제목의 글자를 하나하나 해설한다. 경전 본론을 설명하고는 십파라밀(十波羅蜜)[61] 등을 설한다. 염불찬을 염하고는 발원을 한다. 또 염불을 한번 하고 회향발원을 하고는 헤어진다. 무릇 강좌를 받기 위해 먼저 여러 불자에게 고한다. 곧 한 문장을 읽어 사주(使主)에게 감사의 표시를 한다. 이후『온실경(溫室經)』을 설한다. 강계(講戒) 등 칠문사과(七門事科)를 설한다. 곧 팔계(八戒)[62]를 설한다. 시주(施

60 설장엄(說莊嚴) : 강경 의식에서 개찬(開讚)이 있은 다음 다시 찬탄(讚歎)을 행하는 것을 '장엄(莊嚴)'이라고 한다.

61 십파라밀(十波羅蜜) : 불교 용어. '십승행(十勝行)'이라고도 한다. 보살(菩薩)의 열 가지 수행(修行) — 布施, 持戒, 忍, 精進, 定, 智慧, 方便善巧, 願(求滿足), 力, 智 — 을 말한다.

62 팔계(八戒) : 불교에서 재가 신도(거사)를 위해 제정한 여덟 가지의 금지 계율 — 살생하지 말 것, 도둑질하지 말 것, 음욕하지 말 것, 망령되이 말하지 말 것, 음주하지 말 것, 높고 넓으며 화려한 침상에 졸면서 앉아있지 말 것, 장식하거나 화장하지 말며 노래를 듣거나 춤을 보지 말 것, 때가 지나서 식사하지 말 것 — 을 말한다.

主)에게 발원한다. 염불로 인연을 맺는다. 회향발원하고 헤어진다.

『유마경(維摩經)』을 강할 때는 먼저 범패를 한 다음 관세음보살을 두어 번 염한 후 압좌문을 강설한다. 경문을 소창하는데 창일법사가 경제를 자설하면 개찬을 설하고 장엄을 한다. 염불 한 두 소리를 하고 법사는 경문을 셋으로 나누어 과판을 한다. 다시 염불 한 두 소리를 하고 경전 제명을 한 글자 한 글자씩 설명한 다음 경전에 들어가 인연담(因緣譚)과 비유담(譬喩譚)을 강설(講說)한다. 염불찬을 행한 다음 시주들이 각기 발원한다. 곧 회향 발원을 한 뒤 흩어진다.

> 夫爲俗講, 先作梵了, 次念菩薩兩聲, 說押座了, 索唱『溫室經』, 法師唱釋經題了, 念佛一聲了, 便說開經了, 便說莊嚴了, 念佛一聲, 便一一說其經題字了, 便說經本文了, 便說十波羅蜜等了, 便念佛讚了, 便發願了, 便又念佛一會了, 便迴發願取散云云. 夫爲受座, 先啓告請諸佛子, 便道一文, 表嘆使主了. 已後便說溫室經, 便說講戒等七門事科了, 便說八戒了, 便發願施主了, 便結緣念佛了, 迴向發願取散. 講『維摩經』先作梵. 次念觀世音菩薩三兩聲, 便說押座了. 便素唱經文了, 唱曰法師自說經題了. 便開贊了, 便莊嚴了, 便念佛一兩聲了. 法師科三分經文了. 念佛一兩聲, 便一一說其經題名字了, 便入經說緣喩了. 便說念佛贊了. 便施主各各發願了. 便迴向發願取散.[63]

속강(俗講)의 일정한 의식 절차[즉 범패(梵唄) → 압좌문(押座文) → 창경제(唱經題) → 념불(念佛) → 강설경문(講說經文) → 염불찬(念佛贊) → 발원(發願) → 해산(解散)의 순서]를 서술하고 있는 위 인용문에서 알 수 있듯이 속강(俗講)이란 표현만 다를 뿐 원래 강경(講經)과 구분되는 것이 아니었다. 이러한 사실은 일본승 엔닌(圓仁)의 『입당구법순례행기(入唐求法巡禮行

63 이것은 S.4417호에 기록되어 있는 것이다. P.3849호에도 속강(俗講) 의식의 절차가 기록되어 있는데 S.4417호와는 달리 "夫爲受座, 先啓告請諸佛子……" 이하의 부분이 빠져 있다.

記)』에 기록되어 있는 다음 인용문에서도 다시 한 번 확인된다.

> 正月 九日. 천자께서 오전 오후 4시경에 남쪽 교외의 [천단을] 참배하고 이른 아침에 성으로 돌아와 단봉루(丹鳳樓)에 행차했다. 연호를 개성(開成) 6년(841)에서 회창(會昌) 元年으로 바꾸었다. 또한 천자께서는 좌・우가의 일곱 절에서 속인들을 위한 강의(俗講)를 시작하라는 칙령을 내렸다. 좌가에는 네 곳의 절이 있는데, 첫째로 자성사에서는 운화사의 사자대덕(賜紫大德)[64] 해안법사로 하여금 『화엄경』을 강하게 하고, 둘째로 보수사에서는 좌가의 승록(僧錄)[65]으로서 삼교(三教)를 강론하는 사자인가대덕(賜紫引駕大德)[66] 체허법사로 하여금 『법화경』을 강의하게 하며, 셋째로 보리사에서는 초복사의 내공봉(內供奉)[67]으로서 삼교를 강론하는 대덕 제고법사로 하여금 『열반경』을 강의하게 하고, 넷째로 경공사는 광영법사로 하여금 강의하도록 했다.
>
> 우가(右街)에는 세 곳의 절이 있는데, 첫째로 회창사에서는 내공봉으로서 삼교를 강론하고 자의(紫衣)를 하사받고 천자의 좌우에서 벼슬하면서 천자의 언행을 기록했던 고승 문숙법사(文淑法師)로 하여금 『법화경』을 강의하게 하였는데, 그는 이 성 안에서 속인들을 위한 강의를 하는데 첫째가는 인물이다. 둘째로 혜일사와 숭복사에서는 누가 강의를 하는지 알 수 없다.
>
> 또한 도교도 강의하라는 칙령이 있었다. 따라서 좌가에서는 새로이 검남

64 사자대덕(賜紫大德) : 자의(紫衣)를 하사받은 덕이 높은 고승을 말한다.

65 승록(僧錄) : 승관(僧官)으로서 승려의 일을 기록하는 직책을 맡고 있다. 당나라 때인 서기 807년 단보(端甫)가 취임하여 좌. 우가(左. 右街)의 일을 기록한 것이 시초이다.

66 사자인가대덕(賜紫引駕大德) : 자의(紫衣)를 하사받았고 타는 물건에 물건을 싣고 궁중에 들어가 참관할 수 있는 자격을 지닌 고승을 말한다.

67 내공봉(內供奉) : 궁중에서 공봉하는 승려를 말한다.

도로부터 태청궁의 내공봉인 구령비(矩令費)를 불러 올려 현진관(玄眞觀)[68]에서 『남화경(南華經)』[69] 등의 경전을 강의하게 했다. 우가의 다른 한 곳의 이름은 알 수 없다.

이 모든 것들은 천자의 명에 따른 강의로서 태화(太和) 9년(835) 이래 폐강하였던 것을 이제 다시 개강한 것이다. 이 강의는 정월 보름에 시작하여 2월 보름에 끝난다.

> 正月九日五更拜南郡了, 早朝歸城, 幸在丹鳳樓. 改年號開成六年爲會昌元年. 乃敕于左右街七寺開俗講. 左街四處, 此貲經寺, 令雲花寺賜紫大德海岸法師講『華嚴經』, 保壽寺, 令左街僧錄三教講論賜紫引駕大德體虛法師講『法華經』, 菩提寺, 令招福寺內供奉三教講論大德齊高法師講『涅槃經』. 景公寺, 令光影法師講. 右街三處, 會昌寺, 令內供奉三教講論賜紫引駕起居大德文漵法師講『法華經』. 城中俗講, 此法師爲第一. 惠日寺.崇福寺, 講法師未得其名. 又敕開講道教. 左街令敕新從劍南道召太淸宮內供奉矩令費于玄眞觀講『南華』等經. 右街一處, 未得其名. 皆奉敕講. 從太和九年以來廢講, 今上新開, 正月十五日起首至二月十五日罷.[70]

여기서도 속강(俗講)이란 말은 황제의 칙명을 받아 대승불교(大乘佛教)의 최고 경전인 『법화경(法華經)』, 『화엄경(華嚴經)』, 『열반경(涅槃經)』 등을 한달 간에 걸쳐 강의하였던 正式 강경(講經)임을 나타내고

68 현진관(玄眞觀) : 좌가(左街)의 숭인방(崇仁坊) 서남쪽 모퉁이에 있다.

69 『남화경(南華經)』 : 장자(莊子)의 저서인 『장자(莊子)』의 別名이다. 남화(南華)는 남화진인의 약칭으로서 당(唐)의 천보(天寶) 원년에 현종(玄宗)이 장자(莊子)에게 추증(追贈)한 호(號)이다. 『남화진경』이라고도 한다.

70 이외에 『입당구법순례행기(入唐求法巡禮行記)』에서 속강(俗講)에 관해 기록하고 있는 조는 다음과 같다. ① 동년 9月 : "9월 1일 양가의 모든 사찰에 속강을 열도록 칙명을 내렸다.(九月一日勅兩街諸寺, 開俗講.)" ② 회창(會昌) 2年 : "正月 초하루 모든 사찰이 속강(俗講)을 열다.(正月一日諸寺開俗講.)" ③ 회창(會昌) 이년 오월 "오월에 칙명을 받들어 속강(俗講)을 열었는데 양가(兩街)에 각각 다섯 강좌이다.(五月, 奉勅開俗講, 兩街各五座.)"

있다. 또 속강에서 강의를 맡았던 체허(體虛), 제고(齊高), 광영(光影), 문숙(文淑) 등의 법사들이 궁중에 들어가 황제의 측근에 기거하면서 융숭한 대접을 받으며 예불을 맡았던 덕이 높은 고승들이었다는 점도 속강 의식이 결코 흥미 위주의 저속한 성격만을 띠지는 않았으리라는 것을 짐작하게 한다.

그런데 이렇게 일반적인 강경(講經)과 다름없었던 속강(俗講) 의식은 당대(唐代) 특히 중당(中唐) 이후[71] 자연스럽게 통속화의 길을 걸으면서 정식강경(正式講經)과는 구별되는 변칙강경(變則講經)의 양상을 나타낸다. 일본승 엔닌(圓仁)의 『불설관보현보살행법경기(佛說觀普賢菩薩行法經記)』(대장경(大藏經), 권56)와 엔닌(圓仁) 『구법기(求法記)』에 기록되어 있는 다음 두 인용문을 보자.

> ① 이른 바 강경(講經)는 당대(唐代)에 두 가지 방식이 존재했다. 첫 번째는 속강(俗講)이다. 그 해 3월이 되면 사유에 따라 시행되었다. 단지 남녀만이 모였으며 물자를 받칠 것을 권유하여 사원을 짓는 자금으로 충당하였다. 이 때문에 속강(俗講)라 한다. 두 번째는 승강(僧講)이다. 안거(安居) 기간에 달마다 불법을 전수하는 강의가 시행되었다. 예로부터 양사에서는 모두 관청에 보고한 후 허락을 얻은 다음 시행하였다. 만약 그렇게 하지 않으면 사원은 관청으로부터 문책을 받았다.
>
> 言講者, 唐土兩講. 一, 俗講. 卽年三月就緣修之, 只會男女, 勸之輸物, 充造寺資, 故言俗講. 二, 僧講. 安居月傳法講是上來兩寺皆申所司, 蒙判行之. 若不然者, 寺被官責.

71 당대 속강(俗講)에 대한 최초의 기록은 헌종(憲宗) 원화(元和, 806~820) 시기인데, 속강승(俗講僧) 문서(文溆)에 대한 기록이 경종(敬宗, 825~827). 문종(文宗, 827~840). 무종(武宗, 841~846). 선종(宣宗, 847~860)에 이르기까지 두루 등장하는 것으로 보아 속강(俗講)은 중당(中唐) 이후 매우 성행한 것으로 추정된다.

② 또 당나라에는 화속법사의 풍습이 있는데, 이는 일본의 비교법사(飛教法師)[72]와 같다. 세상살이에 있어서의 무상함(無常), 괴로움(苦), 헛됨(空)과 같은 것의 이치를 설명함으로써 남녀 불제자를 이끄는 사람을 화속법사라고 부른다.

又有化俗法師, 與本國導飛教法師同也. 說世間無常苦空之理, 化導男弟子女弟子, 呼導化俗法師也.[73]

인용문 ①의 속강(俗講)이란 대속강경(對俗講經) 즉 속인들을 위한 강경(lecture for layman)을 말하며, ②의 화속법사(化俗法師)란 일반인들이 알아듣기 쉽게 평이한 표현으로 교리를 설명하여 민중을 교화시키는 승려를 말한다. 당대(唐代)에 들어와 불법(佛法) 홍포(弘布)의 대중적 효과를 기하기 위해 속인들을 위한 속강이 개설되고 속강법사가 출현한 것은 그동안 엄숙한 의식 절차에 의하여 경전 해설을 중심으로 행하여지던 강경 방식이 너무 형식적이고 난해하여 일반인들이 쉽게 이해할 수 없었을 뿐만 아니라 일반 대중의 흥미와 관심을 일으킬 수 없었기 때문이다. 따라서 심오한 경문을 전문적으로 해설하는 정식강경의 방식을 벗어나 강의방식을 세속인의 취향에 맞게 통속화시키는 방법을 찾게 되었고 그 결과 등장한 것이 바로 속강(俗講)과 속강법사(俗講法師)였다.

한편 속강(俗講)은 육조(六朝) 이래의 전독(轉讀)・범패(梵唄)・창도(唱導)라는 세 가지 전교(傳教) 방식의 전통 하에서 이루어진 것인데, 이 세 가지 중에서 창도(唱導)는 속강과 가장 밀접한 관련을 갖는다.[74] 앞

72 비교법사(飛教法師) : 절의 취지문을 전하면서 탁발하는 승려를 말한다.

73 엔닌(圓仁), 『입당구법순례행기(入唐求法巡禮行記)』, 서기 838년 11월 24일 조.

서 설명한 바와 같이 창도(唱導)는 대재(大齋)나 강경회(講經會)에서 일반인들을 대상으로 하여 그들의 흥미를 끌기 위하여 행한 수단으로서 나타난 방식이기 때문에 강경(講經)과 융합되는 것이 당연한 일이었을 것이며, 나중에는 사원에서의 대재나 법회에서 경제(經題)만을 내걸고 창도만을 행할 정도로 오히려 강경보다 더욱 성행을 하게 되는 국면을 맞이하게 되었다.[75] 무엇보다 창도는 경문에 얽매이지 않고 인연담(因緣譚)과 비유담(譬喩譚) 같은 흥미 있고 설화적인 것을 소재로 삼았던 점과 불경 이외에 사서(史書)와 제자서(諸子書) 등 세속 서적 따위도 수용하여 설법했던 점이 대중의 호응을 받았던 주요 요인인데, 이는 당대(唐代)에 들어와 대중적 세속 담으로 발전한 속강 의식의 통속화와 결부되어 서사문학적 색채를 띤 강창문학을 형성시키게 된다.

74 다음 도표는 창도(唱導)와 속강(俗講)의 특징을 대비한 것으로 이를 통해 우리는 양자가 매우 밀접한 연관이 있음을 확인할 수 있다.(도표 출처 : 설보곤・포진배, 앞의 책, 20쪽)

전교방식 / 항목	창도(唱導)	속강(俗講)
유행시기	六朝－隋	唐－宋初(中晩唐 極盛)
지점	사원과 궁전	사원과 궁전
설창시간	늦은 밤(새벽까지)	대낮(혹은 새벽)에서 황혼 무렵까지
설창인	도사(導師)	법사, 도강, 도사
청중	승, 민, 군, 신(僧, 民, 君, 臣)	속인 위주(민, 군)
저본	창도문(唱導文) : 실전(失傳)	강경문, 변문 등의 문체
형식	歌唱事緣, 說唱兼備	俗講經義, 歌唱事緣, 說唱兼備
기원	재회법집(齋會法集)	황제 칙명에 의한 개강
목적	도속교화(導俗敎化)	도속교화, 오락, 포시초빙(布施招聘)

75 손병국, 『강창－운문(韻文)과 산문(散文)의 융합(融合)』, 『불교문학이란 무엇인가』, 동화출판사, 1991, 159쪽.

제3장 돈황 강창문학의 서사 체계

제1절_ 제재와 형태

1) 불교고사계 강창

'불교고사계 강창(佛敎故事系 講唱)'은 불경 고사, 석가모니 고사, 석가모니 제자 고사 및 그밖의 불가고사를 소재로 취하고 있는 작품유형을 말한다. 그리고 '불교고사계 강창'은 다시 외적 형태에 따라 ① 압좌문(押座文), ② 강경문(講經文), ③ 변문(變文) / 변(變) / 인연(因緣) / 연기(緣起) 세 유형으로 나누어진다. 각 유형별 특징은 다음과 같다.

(1) 압좌문 押座文

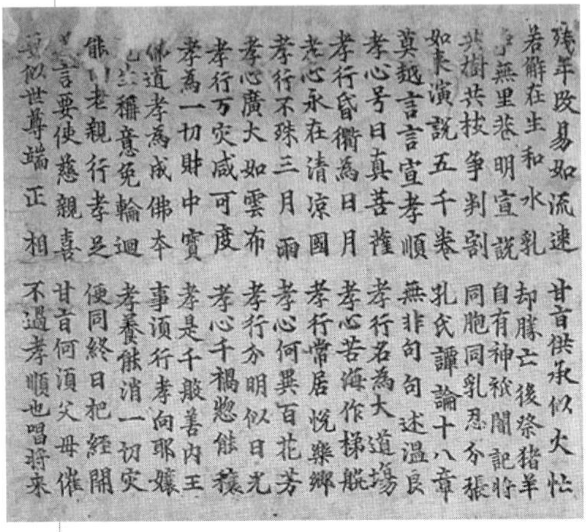

故圓鑒大師二十四孝押座文 S7

'압좌문'의 의미를 축자해석(逐字解釋)하면 다음과 같다. 즉, '압'(押)字는 '진압(鎭壓)한다' 혹은 '진정(鎭靜)시킨다'는 의미의 '압'(壓) 자와 통하고, '좌'(座)는 청중의 '좌석(座席)'을 뜻하며, '문'(文)자는 창(唱)으로 부른 글을 의미하는 '창문(唱文)'과 통한다. 따라서 압좌문이란 '청중들의 좌석을 진압하는 글'이라고 풀이할 수 있다.[76] 좀더 풀어 말하면 압좌문은 본격적인 불경 강의에 들어가기 전에 청중의 마음을 전일(專一)하게 만들기 위한 수단으로 그날 강의할 내용을 요약하거나 집회의 사유, 강경(講經)의 공덕, 불덕의 칭송, 효(孝) 따위의 보편적인 덕

76 압좌문에 대한 이와 같은 해석은 상달(向達)(「당대속강고(唐代俗講攷)」, 『돈황변문논문록(敦煌變文論文錄)』 상, 상해고적출판사, 51~52쪽)과 손해제(孫楷第)(「당대속강궤범과 그 본래 체재(唐代俗講軌範與其本之體裁)」, 『돈황변문논문록』 上, 상해고적출판사, 118쪽)의 의견을 따른 것이다. 상달(向達)은 압좌(押座)의 압(押)을 '압'(壓)의 뜻으로 보고 청중을 진압하여 조용히 잘 듣게 하기 위한 것이며, 또 압자에는 '은괄(隱括)'의 뜻이 들어 있어 경문전체(經文全體)를 은근히 개괄함으로써 다음 글을 이끌어내는 기능을 한다고 풀이하고 있다. 손해제(孫楷第)도 비슷한 의미로 해석하여 압(押)자는 진압의 압(壓)과 통하고 좌자(座字)는 사좌(四座)의 좌(座)와 통하는 글자로 보고 있다. 한편 상달(向達)과 손해제(孫楷第)의 견해와는 달리 압(押)자를 저당(抵當) 혹은 저압(抵押)으로 풀이하여 변상과 관련시키거나, 불좌대(佛座臺) 밑에 넣어두는 명문(銘文)을 압좌文이라고 해석하는 학자도 있다. 그러나 압좌문에 대한 해석은 상달(向達)과 손해제(孫楷第)의 주장이 가장 타당하다.(압좌문의 의미에 대한 기존의 해석에 대해서는 조명화(曺明和)의 논문 106~107쪽에서 비교적 상세히 다루고 있어 도움이 된다.)

목을 음악적 효과를 발휘한 창(唱)으로 읊은 글[77]을 말한다. 먼저 압좌문으로 현존하는 텍스트로는 다음과 같은 것들이 있다.

순서	제목	사권편호(寫卷編號)
1	「팔상압좌문(八相押座文)」[78]	S.2440
2	「삼신압좌문(三身押座文)」[79]	S.2440
3	「유마경압좌문(維摩經押座文)」	S.2440 P.3210 S.1441 P.2122
4	「온실경강창압좌문(溫室經講唱押座文)」	S.2440 S.3210
5	「고원감대사이십사효압좌문(故圓鑒大師二十四孝押座文)」	S.7 P.3361 S.3728
6	「좌가승록대사압좌문(左街僧錄大師壓座文)」	S.3728
7	「압좌문」(1)	S.2044
8	「압좌문」(2)	S.4474 S.2440
9	「압좌문」(3) 러시아 돈황권자(敦煌卷子)	109호

이상 9편은 반중규(潘重規)의 『돈황변문집신서(敦煌變文集新書)』 제1권에 실려 있는 것으로 압좌문이란 명칭이 정식으로 붙어 있는 독자적인 사권(寫卷)이다. 한편 강경문, 변문, 인연 등의 텍스트 앞에 덧붙어 있거나, 정식 제명(題名)이 붙어 있지 않은 압좌문으로는 다음과 같은 것들이 존재한다.

---

77 조명화(曺明和), 앞의 논문, 154쪽 참조.

78 팔상(八相)이란 석가(釋迦) 일생의 경력 중 여덟 가지 상(相) 곧 주태(住胎), 영해(嬰孩), 애욕(愛欲), 락고행(樂苦行), 항마(降魔), 성도(成道), 전법륜(轉法輪), 입멸(入滅)을 말한다. 一說에는 수태(受胎), 강생(降生), 처궁(處宮), 출가(出家), 성불(成佛), 항마(降魔), 설법(說法), 열반(涅槃)이라고도 한다. 「팔상압좌문」은 중간에 잔결이 있으며, 앞뒤의 문맥이 연결되지 않는 4부분으로 구성되어 있다. 이에 대하여 조명화(曺明和)는 「팔상압좌문」(S.2440)이 제목에 맞는 압좌문 하나와 다른 내용의 압좌문 하나 내지는 두 개가 함께 섞인 것으로 보고 있다.(조명화(曺明和), 앞의 논문, 113쪽)

79 '삼신(三身)'이란 부처의 본체인 법신(法身), 법신의 과보(果報)에 의해서 나타나는 중덕원만(衆德圓滿)의 몸인 보신(報身), 중생을 제도하기 위하여 나타나는 몸인 응신(應身) 이 세 가지를 말한다. 「삼신압좌문」은 7언 위주의 운문(韻文) 28구와 해좌문(解座文)으로 보이는 4구로 구성되어 있다.

순서	제목	사권편호(寫卷編號)
1	「항마변압좌문(降魔變押座文)」[80]	P.2187 S.3491
2	「빈파사라왕후궁채녀공덕의공양탑생천인연변압좌문(頻婆娑羅王后宮 綵女功德意供養塔生天因緣變押座文)」	S.3491 P.3051 P.2187
3	「실달태자수도인연압좌문(悉達太子修道因緣押座文)」	S.3711 S.5892
4	「장흥사년중흥전응성절강경문압좌문(長興四年中興殿應聖節講經文押座文)」	P.3808
5	「불설아미타경강경문압좌문(佛說阿彌陀經講經文押座文)」	P.2122 P.3210 北京殷62
6	「우란분경강경문압좌문(盂蘭盆經講經文押座文)」	돈황권자본 32호
7	「태자성도경일권압좌문(太子成道經一卷押座文)」	P.2999 S.548 S.2352
8	「부지명변문(不知名變文)」(1)[81]	P.3128

이상 8편과 앞의 9편을 합친 17편의 압좌문 텍스트의 기본적인 특징을 서사 체제의 측면에서 간략히 정리하면 다음과 같다.

첫째, 압좌문은 입화(入話) 기능을 한다. 앞에서 언급하였듯이 압좌문은 정식 강의를 시작하기에 앞서 청중들의 이목을 집중시키기 위하여 짧은 시간 동안 창(唱)으로 읊는 것이다. 정화(正話)에 앞서 입화(入話)의 기능을 하고 있는 압좌문의 특징을 도면으로 설명하면 다음과 같다.

80 「항마변압좌문(降魔變押座文)」은 「파마변(破魔變)」 앞부분에 실려 있다. 『변문집(變文集)』에는 명칭이 「항마변신압좌문」으로 '신'(神)자가 덧붙어 있는데 P.2187에는 '신'자가 붙어 있지 않다.(반중규(潘重規)의 교기(校記) 참조)

81 이 사권에 대하여 『변문집』 교기에 다음과 같이 기록하고 있다. "본 사권의 편호는 P.3128이며, 원래 표제(標題)가 누락(漏落)되어 있다. 무슨 경전을 연역(演繹)했는지 알 수 없어 우선 「부지명변문(不知名變文)」이라고 붙여 놓는다. 왕중민(王重民)은 압좌문의 한 종류인 듯하다고 말한 바 있다." 또 반중규(潘重規)는 "이 사권은 두루마리 배면에 쓰여져 있다. 이 글 앞에 한 단락이 있는데 역시 압좌문의 하나인 듯하다. 압좌문류를 초사(抄寫)해서 넣은 것으로 보인다."는 견해를 피력하여 「부지명변문」(1)이 압좌문의 한 종류일 것으로 추정하고 있다.

입화		정화
압좌문	→	본강
경전의 입화	→	경전의 본내용 강의
변문의 입화	→	변문의 본내용 강의
인연의 입화	→	인연의 본내용 강의

위 도면에서 볼 수 있듯이, 압좌문은 강경문, 변문, 인연 등 모든 불경계강창 작품에서 본론에 들어가기 전에 전개하는 서언으로 볼 수 있다. 예를 들면, 「유마경압좌문(維摩經押座文)」, 「온실경강창압좌문(溫室經講唱押座文)」, 「우란분경압좌문(盂蘭盆經押座文)」은 각 경전을 본격적으로 강의하기에 앞서 먼저 그 줄거리를 읊고 있고, 「항마변압좌문(降魔變押座文)」은 부처가 수도과정에서 악마를 물리치는 고사를 전개하기 전에 인간 생사의 무상함을 설(說)하고 있다. 또 「실달태자수도인연(悉達太子修道因緣)」의 압좌문은 실달태자(悉達太子)의 일대기를 7언 60구의 운문으로 읊은 것이고, 「태자성도경(太子成道經)」의 압좌문은 석가모니불의 팔상 중 오상(五相)을 42구의 운문으로 읊고 있다. 이러한 것들은 모두 하나의 작품에서 입화의 기능을 담당하고 있는 압좌문의 구체적인 사례들이다.

둘째, 압좌문은 운문이 위주가 되지만 설백(說白)을 곁들이는 등 다양한 형태를 보여주고 있다. '육조시대 이래 장시간의 지루함을 피하기 위하여 법회시작 전에 가성이 뛰어난 법사가 인연담 따위를 음창(吟唱)하던 창도문(唱導文)의 전통이 이어져 내려와 입화의 기능을 담당'[82] 한 압좌문은 어떤 정형(定型)이 있었던 것은 아니었다. 따라서 압

82 조명화(曺明和), 앞의 논문, 154쪽.

좌문의 형식을 보면, 7언구 위주의 운문 형식, 7언에 4언구와 8언구를 섞은 운문 형식, 처음에 산문체로 설백(說白)을 한 다음 운문으로 읊거나 운문 중간에 설백을 삽입한 산운조합(散韻組合) 형식 등 다양한 면모를 보이고 있다.

셋째, 압좌문의 내용은 강의할 경전 줄거리의 요약, 법화경(法華經) 같은 경전의 칭송, 인생의 무상함, 봉불법(逢佛法)의 희유함, 석가불의 일대기, 청법(聽法)의 공덕 등으로 대체로 불교적인 내용을 취하고 있다. 그러나 압좌문의 내용이 모두 불교적인 것은 아니다. 「고원감대사이십사효압좌문(故圓鑒大師二十四孝押座文)」은 원감대사의 효에 대한 견해를 서술한 것으로 역대 중국의 효자들을 나열하고 있으며, 황제의 응성절(應聖節)에 행해진 「장흥사년중흥전응성절강경문압좌문(長興四年中興殿應聖節講經文押座文)」에서는 황제의 위덕(威德)을 읊고 있어 비불교적 성향을 보이고 있다. 이는 불경계강창이 역사계강창으로 그 제재가 확대되는 현상이 변문뿐만 아니라 압좌문에서도 나타나고 있음을 보여 준다.

넷째, 압좌문 가운데는 독립적인 체제로의 변모 가능성과 서사적 양식으로 발전 가능성이 내포된 작품도 발견된다. 112句의 장편 운문으로 되어 있는 「고원감대사이십사효압좌문(故圓鑒大師二十四孝押座文)」은 불교 교리를 내면화하고 있지만 표면적으로는 오히려 비불교적인 를 강조하고 있는 점과 한 작품의 서두를 장식하는 보조 기능에서 한층 발전하여 다분히 독자적인 체제의 작품을 이루고 있는 점에서 매우 주목된다. 먼저 「고원감대사이십사효압좌문」의 앞부분 일부를 보면 다음과 같다.

1 세상의 복덕과 지혜

2 여래(如來)보다 뛰어난 이 없도다.

3 용모는 단정 엄숙하고

4 신통력을 자유자재로 발휘하시 도다.

5 부처의 존귀한 몸을 어찌해야 얻을 수 있으리오?

6 근본적으로 효도하고 순종하는 것으로부터 온다네.

7 모름지기 효도를 알면 선이 무궁해지는지라

8 삼교(三教)(소승(小乘), 대승(大乘), 유식종(唯識宗)에서 널리 찬양했노라.

9 만약 양친에게 효도하고 순종할 수 있으면

10 곧 천불을 초치하여 행동거지(行動擧止)를 보호하게 되리라.

11 목련은 이미 어머니 청제부인을 구했고

12 우리 부처님께서는 부친의 관을 어깨에 짊어 지셨네.

13 만대 역사서에서 순임금을 노래했고

14 천년 동안 사람들은 입으로 효자 왕상(王祥)[83]을 찬양했네.

15 자애로운 까마귀 어려서는 어미가 먹여 주고 어미가 늙으면 반대로 자식이 먹여주니 [짐승이지만] 오히려 고마움을 가슴에 품고 있고

16 기러기는 비로소 날 수 있게 되면 이내 행렬에 들어 가네.

17 곽거는 효도하기 위해 친자식을 매장하기를 원했고

18 노래는 즐거이 비단 옷을 입혀 드렸네.

19 가장 어려운 일은 충정을 더럽히는 것이니

20 하늘을 경솔히 기만하는 것은 쉽지 않는 법이라네.

(…후략…)

83 왕상(王祥) : 『진서(晉書) · 왕상전(王祥傳)』에 나오는 지극한 孝子이다.

1 世間[84]福惠[85]　　2 莫越如來

3 相好[86]端嚴　　4 神通自在.

5 佛身尊貴因何得?　　6 根本曾行孝順來.

7 須知孝道善無壇,　　8 三教之中廣讚揚.

9 若向二親能孝順,　　10 便招千佛護行藏.

11 目連已救靑提母,　　12 我佛肩舁淨飯王.[87]

13 萬代史書謌舜主,　　14 千年人口讚王祥.

15 慈烏返哺猶懷感,　　16 鴻雁纔飛便著行.

17 郭巨願埋親子息,　　18 老萊歡著綵衣裳.

19 最難詎惑謾夷貇,　　20 不易輕欺對上蒼.

이 압좌문은 효(孝)를 통해 불덕(佛德)을 이루어야 한다는 대중 교화적인 색채가 짙은 작품으로 1~10구까지는 효의 공덕을 찬양하고 있고, 11구 이하는 목련(目連), 순자(舜子), 왕상(王祥), 곽거(郭巨), 노래(老萊) 등 역대 중국의 효자들을 나열하면서 찬양하고 있다. 이 텍스트의 무엇보다 주요한 특색은 불교와 중국 고유사상과의 결합이란 차원에서 유교의 효 윤리로 이야기 소재가 확대 변이되어 있고, 역사 고사와 비유담을 많이 서술함으로써 교술적이고 이념적인 색채가 약화되고 서사적 이야기로의 발전이나 혹은 연계 가능성을 내포하고 있다는

84 세간(世間) : '간(間)'자는 『변문집(變文集)』에 '문'(門)으로 되어 있으나 '간'(間)자가 의미에 합당하다.

85 복혜(福惠) : 여기서 '복'은 복덕(福德)을 말하고 '혜'는 지혜를 일컫는다.

86 상호(相好) : 불교 용어. 용모 혹은 인상(人相)을 의미한다. 정의(情誼) 혹은 친분(親分)을 뜻하기도 한다.

87 정반왕(淨飯王) : 『변문집』에는 '정범왕(淨梵王)'으로 되어 있으나 범(梵)을 반(飯)으로 정정하는 것이 옳다.

점이다. 만약 이 압좌문이 입화의 기능으로 활용되었다면 — 마지막 구절이 '불과효순야창장래(不過孝順也唱將來)'로 되어 있는 것으로 보아 뒤이어 본강(本講)이 이어졌으리라 짐작된다 — 아마도 본이야기는 「목련경강경문(目連經講經文)」 등과 같은 효사상을 고취하는 내용이 뒤따랐을 것이며, 그 구조는 서사성이 매우 짙었을 것으로 짐작된다. 한편 「고원감대사이십사효압좌문(故圓鑒大師二十四孝押座文)」이란 제목으로 보면 이 압좌문은 이 자체가 독립적인 작품으로 불려지기도 했던 것 같다. 이에 대하여는 조명화(曺明和)도 "애초에는 압좌문이 강경하기 전의 入話 기능으로 짧게 가송되거나 전독되다가, 그러한 형식을 빌어 길이도 점점 더 길어지는 한편 압좌문 자체 내에서도 한 가지 주제를 설정하여 독립적으로 전송할 수 있는 작품들이 나오게 되지 않았나 생각된다"[88]는 견해를 피력하여 「고원감대사이십사효압좌문(故圓鑒大師二十四孝押座文)」가 독립적으로 음창(吟唱)되었을 가능성을 열어 놓고 있다. 이와같이 압좌문에서 볼 수 있는 소재의 확대, 서사화 가능성, 독립적인 작품화 등의 특징은 사문(詞文) 장르의 연원과 형성 과정을 압좌문과 연계하여 추적할 수 있는 실마리를 던져주는 점에서 커다란 의미를 갖는다.

(2) 강경문 講經文

강경문의 의미를 축자해석(逐字解釋)하면 불경을 강의(강술)한 문헌으로 풀이할 수 있다. 강경문은 '속강경문(俗講經文)'으로도 불리는데

88 조명화(曺明和), 앞의 논문, 121쪽.

그 이유는 강경문이 속강(俗講) 화본(話本)의 최초 형식이었을 것으로 생각되기 때문이다. 돈황 강창 텍스트 가운데 가장 기본적인 체제로써 변문의 초기 형태로 간주되는 강경문은 돈황 강창문학의 연원과 그 장르적 특성을 밝힐 수 있는 많은 단서가 내재되어 있는 매우 중요한 문헌인데 현존하는 강경문 텍스트로는 다음과 같은 것들이 있다.

순서	제목	사권편호(寫卷編號)
1	「장흥사년중흥전응성절강경문(長興四年中興殿應聖節講經文)」[89]	P.3808
2	「금강반야파라밀경강경문(金剛般若波羅蜜經講經文)」	P.2133
3	「불설아미타경강경문(佛說阿彌陀經講經文)」(1)	P.2931
4	「불설아미타경강경문」(2)	P.6551
5	「불설아미타경강경문」(3)	P.2955
6	「불설아미타경강경문」(4)	P.2122
7	「묘법연화경강경문(妙法蓮華經講經文)」(1)	P.2305
8	「묘법연화경강경문」(2)	P.2133
9	「유마힐경강경문(維摩詰經講經文)」(1)	P.4571
10	「유마힐경강경문」(2)	P.3872
11	「유마힐경강경문」(3)	P.2122
12	「유마힐경강경문」(4)	P.2292
13	「유마힐경강경문」(5)=「지세보살(持世菩薩)」	P.3097
14	「유마힐경강경문」(6)=「문수문질(文殊問疾)」『돈황령습(敦煌零拾)』	
15	「불설관미륵보살상생두솔천경강경문(佛說觀彌勒菩薩上生兜率天經講 經文)」	P.3093
16	「무상경강경문(無常經講經文)」	P.2305
17	「부모은중경강경문(父母恩重經講經文)」(1)	P.2418
18	「부모은중경강경문(父母恩重經講經文)」(2)	북경하자12號
19	「유마쇄금(維摩碎金)」	러시아F.101호
20	「유마힐소설경강경문(維摩詰所說經講經文)」	러시아F.252호
21	「십길상강경문(十吉祥講經文)』	러시아F.223호
22	「쌍은기(雙恩記)」	레닌그라드자료
23	「우란분경강경문(盂蘭盆經講經文)」	『돈황권자』 32호

이상 23편의 텍스트는 『신서(新書)』 제2권에 수록되어 있는 것으로 『변문집』에 수록되어 있는 18편(1~18)을 기반으로 러시아에 소장되어 있는 4편(19~22)과 타이베이(臺北) 중앙도서관에 소장되어 있는 1편(23 「우란분경강경문」)을 추가하여 모아 놓은 것이다.[90] 또 위 23편의 강경문 텍스트 가운데 '강경문'이란 명칭이 정식으로 붙어 있는 것은 「장흥사년중흥전응성절강경문」이 유일하고 나머지는 그 내용과 체제가 「장흥사년중흥전응성절강경문」과 유사한 특징을 보이고 있는 점 때문에 '강경문'으로 명명된 것이다.

돈황 강창 텍스트 가운데 그 중요성에 비추어 이제까지 다소 소홀히 다루어져 온 감이 없지 않은 강경문의 기본적인 특징을 간략히 정리하면 다음과 같다.

첫째, 강경문 중에는 경전(經典)의 주소(注疏)처럼 축자 해설하는 강

89 「장흥사년중흥전응성절강경문」이란 제목은 앞에 붙어 있으며, 뒤에는 『인왕반야경초(仁王般若經抄)』라는 다른 제목이 붙어 있다. 전제(前題)는 당시의 역사적 배경에 입각하여 붙인 것이며, 후제(後題)는 내용에 의거하여 붙인 것이다. 그리고 전체 내용은 『인왕호국반야파라밀다경』 서분(序分) 중의 다섯 가지 성취를 강술(講述)하고 있다.

90 『신서』에 수록된 23편을 모두 강경문으로 분류하지 않고, 이 가운데 몇 개의 텍스트는 강경문에서 제외해야 한다는 견해도 존재한다. 예컨대, 조명화(曺明和)는 왕중민(王重民)의 견해를 참고하여 『무상경강경문』을 해좌문(解座文)으로 분류하고 있으며, 『십길상강경문』도 『유마힐경강경문』의 일부로 보아 제외시키고 있다. 또 『유마힐경강경문』(3)도 『유마힐경』의 불국품(佛國品)과 방편품(方便品) 두 품을 각각 34구와 36구의 운문(韻文)으로 줄여서 읊고 있는 점을 들어 강경문에서 제외시켰다. 이렇게 해서 남은 강경문은 모두 20편이 되는데 조명화는 이를 일일강경문(一日講經文)과 인경강경문(引經講經文)으로 분류하고 있다.

- 일일강경문: ①「장흥사년중흥전응성절강경문」, ②「불설아미타경강경문」(2), ③「불설아미타경강경문」(4), ④「불설관미륵보살상생두솔천경강경문」, ⑤「우란분경강경문」
- 인경강경문: ①「쌍은기(雙恩記)」, ②「금강반야파라밀경강경문」, ③「불설아미타경강경문」(1), ④「불설아미타경강경문」(3), ⑤「묘법연화경강경문」(1), ⑥「묘법연화경강경문」(2), ⑦「유마힐경강경문」(1), ⑧「유마힐경강경문」(2), ⑨「유마힐경강경문」(4), ⑩「유마힐경강경문」(5), ⑪「유마힐경강경문」(6), ⑫「유마쇄금」, ⑭「유마힐소설경강경문」, ⑮「부모은중경강경문(父母恩重經講經文)」(1), ⑯「부모은중경강경문」

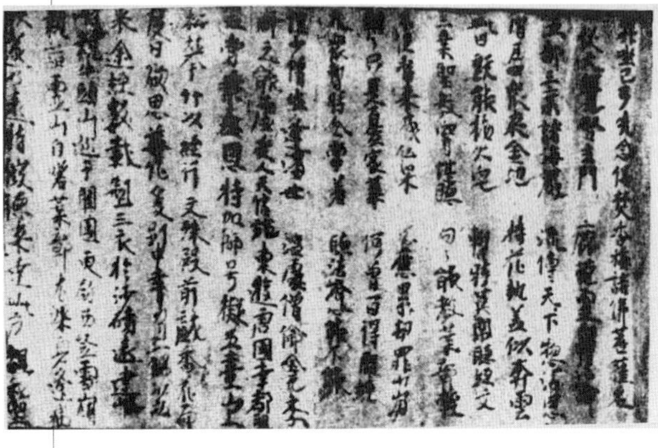

佛說阿彌陀經講經文 S6551

경문이 있는 반면, 경전상의 한 장면씩을 극화(劇化)시켜 흥취를 더하게 만든 것도 있고, 경전 한 품 전체의 대의를 운문으로 낭송한 것도 있으며, 경전의 제명(題名)만을 자세히 해설한 뒤 나머지는 대개 설명만으로 끝내는 것(「불설관미륵보살상생두솔천경강경문(佛說觀彌勒菩薩上生兜率天經講經文)」) 등 여러 가지가 있다.[91] 또 이러한 강경문은 다시 하나의 의식을 갖춘 행사로서의 불경을 기록한 것(일일강경문, 一日講經文)과 불법을 전수하기 위해 불경을 강의한 것(인경강경문, 引經講經文) 두 가지 구분할 수 있다.[92]

둘째, 불경은 기본적으로 서분(序分)-정종분(正宗分)-유통분(流通分)의 삼단(三段) 체제로 구성되어 있다. 따라서 불경에 의거하여 강설한 강경문의 체제는 불경의 삼단(三段) 체제와 매우 밀접한 관련을 맺고 있는 바 그 구체적인 활용 방식은 다음과 같다.

---

91 조명화(曺明和)(앞의 논문, 156~159쪽 참조)는 이러한 네 가지 분류에 입각하여 『신서(新書)』에 수록된 23편을 모두 강경문으로 분류해서는 않되며 이 가운데 몇 개의 텍스트는 강경문에서 제외해야 한다고 주장한다. 즉, 조명화(曺明和)는 왕중민(王重民)의 견해를 참고하여 『무상경강경문(無常經講經文)』을 해좌문(解座文)으로 분류하고 있으며, 『십길상강경문(十吉祥講經文)』도 『유마힐경강경문(維摩詰經講經文)』의 일부로 보아 강경문에서 제외시키고 있다. 또 『유마힐경강경문(維摩詰經講經文)』(3)도 『유마힐경(維摩詰經)』의 불국품(佛國品)과 방편품(方便品) 두 품을 각각 34구와 36구의 운문(韻文)으로 략송(略頌)하고 있는 점을 들어 강경문에서 제외시켰다.

92 조명화(曺明和), 앞의 논문, 156~158 쪽 참조.

① 불경의 서분 부분만을 인용하여 강설한 강경문이 있다. 예를 들면, 「장흥사년중흥전응성절강경문(長興四年中興殿應聖節講經文)」과 「불설아미타경강경문(佛說阿彌陀經講經文)」(P.2931)은 서분(序分) 부분을 강설한 것이다.

② 불경(佛經) 정종분(正宗分)의 일부를 인용하여 강설한 강경문이 있다. 예컨대, 「금강반야파라밀다경강경문(金剛般若波羅蜜多經講經文)」은 정종분(正宗分) 중 일체동관분(一體同觀分) 제18, 법계통화분(法界通化分) 제19, 이색리상분(離色離相分) 제20, 비설소설분(非說所說分) 제21, 무법가득분(無法可得分) 제19, 정심행선분(淨心行善分) 제23 등을 인용 강설한 것이다. 또 「묘법연화경강경문(妙法蓮華經講經文)」(P.2305)은 정종분 중 보탑품(寶塔品)을 강설한 것이고, 「유마힐경강경문(維摩詰經講經文)」(S.4571)은 정종분(正宗分) 중 불국품(佛國品)을 인용 강설하고 있고, 「유마힐경강경문(維摩詰經講經文)」(S.3872)은 방편품(方便品)을, 「유마힐경강경문(維摩詰經講經文)」(P.2292)은 보살품(菩薩品)을, 「유마힐경강경문(維摩詰經講經文)」(북경광자(北京光字)94)은 보살품(菩薩品)의 일부분을, 「유마힐경강경문(維摩詰經講經文)」(『돈황령습(敦煌零拾)』소재(所載)는 문질품(問疾品)을 인용 강설하고 있다.

③ 서분(序分)을 인용 강설한 후 정종분(正宗分)을 계속해서 강설한 강경문. 「목련구모변문(目連救母變文)」(S.2614, 북경성자(北京成字)96)은 서분(序分)을 인용 강설한 후 이어서 정종분(正宗分)을 인용 강설하고 있다.

셋째, 장편 장회소설의 형식을 연상시키는 체제적 특징이 발견된다. 위에 열거한 23편의 강경문 가운데는 『아미타경(阿彌陀經)』을 강설한 것이 4종, 『법화경(法華經)』을 강설한 것이 3종, 『유마힐경』을 강설한 것이 7종, 『부모은중경(父母恩重經)』을 강설한 것이 2종이 있다.

이것들은 모두 하나의 불경을 토대로 강설한 것으로 각 사권은 독립성을 유지하면서 서로 연속되어 있다. 다시 말해 이들 강경문 텍스트들은 한 날 한 자리에서 연속적으로 강설한 것이 아니라 강설자가 여러 번으로 나누어 이야기를 진행한 것으로 볼 수 있다. 예컨대, 『유마힐경』을 강설한 「유마힐경강경문(維摩詰經講經文)」 각 사권의 내용과 체제를 보기로 하자.

「유마힐경강경문」(1) 경문의 시작 부분

「유마힐경강경문」(2) 사리불(舍利弗) 이야기

「유마힐경강경문」(4) 광엄(光嚴) 이야기

「유마힐경강경문」(5) 지세(持世) 이야기

「유마힐경강경문」(6) 문수(文殊) 이야기

「유마힐소설경강경문(維摩詰所說經講經文)」 선덕(善德) 이야기

「유마힐경강경문」(1)은 『유마힐경』의 서두 부분을 강설하고 있고, 나머지는 『유마힐경』에 등장하는 인물인 사리불(舍利弗), 광엄(光嚴), 지세(持世), 문수(文殊), 선덕(善德) 등을 각 사권에서 한 사람씩 차례대로 강설하고 있다. 이는 「유마힐경강경문」 텍스트가 동일한 작품이 아니라 각기 독립적인 작품임을 보여 주는 것이다. 또 『유마힐경강경문』(4)의 필사자가 "이것은 제20권 문서를 기록한 것이다.(寫此第廿卷文書)"라는 말을 남기고 있고, 『부모은중경강경문(父母恩重經講經文)』 뒷부분에 「유속제육(誘俗第六)」이라는 후제(後題)가 달려 있는 것으로 보아 현존하는 부분 외에 상당한 권수가 존재하고 있었다는 것을 알 수 있다. 이러한 사실은 모두 속강 법회에서 강설자가 하나의 불경을

여러 번에 걸쳐 이야기하기 편리하도록 편폭을 나누고, 또 매회의 강설은 각기 독립적인 분절의 성격을 갖도록 하여 강의의 짜임새를 기했음을 말해 준다. 이러한 강설 방식은 후대 장회소설에서 긴 편폭을 적당히 분절하여 이야기를 끌어간 것과 매우 유사하다고 할 수 있다.

넷째, 기본적으로 강경문은 서민층보다는 승려나 학식이 높은 인사들을 대상으로 행해진 불경 강의록의 성격을 띠고 있어,[93] 종교적 교화성이 매우 강하고 문체는 변려문과 정련된 운문을 자주 사용하는 등 우아하고 장중한 풍격을 보이고 있다. 그러나 강경문이 오로지 엄숙한 분위기와 강한 의식성(儀式性)을 보이는 것은 아니다. 강경문의 통속화 과정이 불경변문을 만들어낸 것에서 알 수 있듯이 강경문 내에는 대중적이고 통속적인 요소도 내포되어 있다. 예를 들면, 「장흥사년중흥전응성절강경문(長興四年中興殿應聖節講經文)」에는 당대(唐代)의 민가(民歌)가 채용되어 있고, 「묘법연화경강경문(妙法蓮華經講經文)」에서는 황제를 조롱하는 대목이 보이며, 「불설관미륵보살상생두솔천경강경문(佛說觀彌勒菩薩上生兜率天經講經文)」에는 지방의 민속에 대하여 묘사하고 있다. 또 『쌍은기(雙恩記)』와 같은 작품은 '경(經) — 설백(說白) — 창(唱)'의 전형적인 강경문 체제를 보이면서 서사문학적 색채가 매우 짙다. 이러한 점들은 모두 강경문의 통속적이고 설화적인 변모 양상을 보여주는 것들로 강경문 자체에 변문 양식을

93 예컨대, 강경문에서 경문을 인용한 다음 신(信), 공덕, 방편(方便), 불덕찬탄(佛德贊嘆) 등 불교 교리의 핵심 개념을 해설하거나 부처의 위대한 공덕을 가송(歌頌)하고 있는 것을 볼 수 있다. 또 「佛說阿彌陀經講經文」(P.2122) 중 지옥의 고통을 읊은 창부(唱部)에 "바라옵건대 사가(私家)의 인연을 버리고 와서 불법을 들어, 죄악을 지은 몸으로 삼도를 건너지 마옵소서(願舍家緣來聽法, 不作三塗罪根身)"라는 문구가 있는데 이는 당시 강경(講經)을 들은 청중이 출가인이었음을 말해 준다.

낳는 서사문학적 원천이 내재되어 있음을 보여 준다.

이상의 논술은 강경문에서 볼 수 있는 주요 특징만을 간략히 정리한 것인데 이를 다시 도표로 개괄하면 아래와 같다.[94]

항목 \ 유형		강경문(講經文)
연원		불교의 강경(講經) 의식 [6조 이래의 창도, 전독 등]
체제	구식(句式)	강창조합체 : 1) 강부－병문 혹은 산문 2) 창부(唱部)－5언과 7언 위주
	운식(韻式)	1) 강부가 병문인 경우 압운이 불규칙하다. 2) 창부(唱部)는 절대 다수가 우구운(偶句韻)으로 압운하며, 일부분이 頭韻, 間隔韻, 交叉韻, 暗韻 등으로 압운되어 있다. 3) 창부(唱部)는 대부분 전운(轉韻)한다.
	언어(言語)	1) 강부(講部)는 병구(駢句) 혹은 구어체. 2) 창부(唱部)는 정련된 운문구 혹은 구어체.
	구조	1) 압좌문(押座文) → 창경(唱經) → 강설(講說)[강부(講部)＋창부(唱部)] → 해좌문(解座文) → 회향발원문(迴向發願文) 2) 경(經) → 백(白) → 창(唱)의 3단계 형식.
내용	제재(題材)	대승경전(大乘經典)에서 취한 것이 많다.
	풍격	1) 종교적 교화성과 엄숙한 의식성 2) 인연담(因緣譚)이나 비유담(譬喩譚)을 통한 흥미성과 서사성을 가미.
연행	방식	강설(講說)과 가창(歌唱)의 적절한 조화.
	기예	속강(俗講)
	장소	사원 혹은 궁정
	청중	출가승 혹은 지식층
	연행자	승려 : 법사 / 도강 / 유나사(維那師)

94 아래의 도표는 『중국돈황학사』(임가평(林家平)・영강(寧强)・라화경(羅華慶), 북경어언학원출판사, 1992, 636~636쪽) 제5편 제9장 제5절 「敦煌說唱文學類型,淵源與體制再探」의 도표를 기초로 필자가 수정 보완한 것이다.

(3) 변變 / 변문變文 / 인연因緣 / 연緣 / 연기緣起 / 기記 / 화話 / 음吟

불교고사계강창 가운데 텍스트의 제목이 변, 변문, 인연, 연, 연기, 기, 화, 음 등으로 되어 있는 것을 모두 열거하면 아래와 같다.

변 / 변문

순서	제목	사권편호(寫卷編號)
1	「대목건련명간구모변문병도일권병서(大目乾連冥間救母變文幷圖一卷幷序)」	P.2614 P.2319 P.3485 P.3107 P.4988 S.370 北平盈76, 麗85, 霜89
2	「팔상변(八相變)」[95]	北平雲字24호, 北平乃字80호
3	「파마변문(破魔變文)」[96]	P.2187 S.3491
4	「항마변문일권(降魔變文一卷)」[97]	S.5511 S.4398 P.4615 P.4524
5	「태자성도변문(太子成道變文)」(1)	P.3496 北平推字79호
6	「태자성도변문」(2)	S.4480
7	「태자성도변문」(3)	S.4128
8	「태자성도변문」(4)	S.4633
9	「태자성도변문」(5)	S.3096
10	「태자성도경일권(太子成道經一卷)」[98]	P.2999 S.548 S.2682 S.2352 P.2924 P.2299 S.4626 北平潛80호
11	「목련변문(目連變文)」	北平成字79호
12	「지옥변문(地獄變文)」	北平衣字33號(=「비유경변문(譬喩經變文)」)[99]

95 「팔상변(八相變)」은 바로 석가의 일대기를 수태(受胎), 강생(降生), 처궁(處宮), 출가(出家), 성불(成佛), 항마(降魔), 설법(說法), 열반(涅槃) 등으로 나누어 서술하고 있는 작품이다.

96 부처가 장차 성도(成道)하려 할 무렵 마왕 파순이 수도(修道)를 방해하자 부처가 이를 물리친다는 내용이다. 특이 사항은 「빈파사라왕후궁채녀공덕의공양탑생천인연변(頻婆娑羅王后宮綵女功德意供養塔生天因緣變)」과 동일한 압좌문을 사용하고 있다는 점이다.

97 부처의 제자 사리불(舍利弗)과 육사(六師)의 제자 노도차(勞度差)와의 다툼을 그리고 있는 작품으로 불교와 타교(他教)와의 다툼을 볼 수 있다는 면에서 흥미 있다. 전체 이야기는 5단계로 짜여 있는데, 육사(六師)가 보산(寶山), 수우(水牛), 칠보지(七寶池), 독룡(毒龍), 악귀(惡鬼) 등으로 조화를 불리자 사리불(舍利弗)은 금강보저(金剛寶杵), 사자, 코끼리, 금시조(金翅鳥), 대천왕(大天王) 등을 이용하여 이를 물리친다.

98 『태자단응본기경(太子端應本起經)』, 『보요경(普曜經)』, 『방광대장엄경(方廣大莊嚴經)』,

인연(因緣) / 연(緣)

순서	제목	사권편호(寫卷編號)
1	「실달태자수도인연(悉達太子修道因緣)」[100]	일본 용곡대학(龍谷大學) 소장본, S.3711 S.5892
2	「사수인연(四獸因緣)」[101]	P.2187
3	「환희국왕연(歡喜國王緣)」[102]	P.3375

『과거현재인과경(過去現在因果經)』, 『불본행집경(佛本行集經)』, 『석가보(釋迦譜)』 등의 경전에 실려 있는 고사에서 유래한 것으로 『태자성도변문(太子成道變文)』의 저본으로 추정되는 텍스트이다. 불경의 고사를 강술한 후 가찬(歌贊)으로 종결하는 체제로 되어 있으며 맨뒤에 '교주음(敎主吟)'과 '실달태자찬(悉達太子贊)' 두 수가 붙어 있다. 모두 8권으로 이루어져 있다. 이 작품의 내용은 석가모니가 세상에 태어나기 이전 과거세의 갖가지 공덕을 쌓은 일, 태어난 후 출가하여 불도를 이룬 일, 수도 정진하여 보리과를 얻게 되는 일, 여러 악마를 물리치는 일, 하산하여 여러 중생들을 인도하는 일 등을 담고 있다.

99 창(唱)과 백(白)을 겸비하고 있으며 단 두 쪽만이 남아 있다. 『비유경(譬喩經)』에서 유래했다 하여 「비유경변문(譬喩經變文)」로 불린다. 그러나 『비유경』 원전에 이글이 없는 것으로 보아 중국에서 생겨난 『비유경』에서 유래한 것으로 보인다. 또 『지옥경(地獄經)』도 위경(僞經)으로 대장경(大藏經)에는 실려 있지 않다.

100 석가모니불의 일대기를 그린 팔상변(八相變) 중의 하나로 전체 줄거리에서 한 대목만을 강설한 작품이다. 이 텍스트는 압좌문 → 본강(本講) → 게송(偈頌)의 순서로 강설된 전형적인 강창체 작품이다. 본강의 앞부분에서는 실달태자(悉達太子)가 도솔천에서 내려와서부터 아들 라후라가 삭발하고서 불제자가 되는 장면까지의 내용을 담고 있고, 뒷부분에서는 실달태자가 성을 나서 출가하는 대목에서부터 그의 비(妃) 야수다라가 태자도 없는 사이에 수태하게 되자 부왕이 노하여 모자를 불덩이 속에 집어 넣으려 하매 부처님께 구원을 청하는 내용을 담고 있다.

101 전반의 강부(講部)와 후반의 창부(唱部) 두 단락으로 구성되어 있는 것이 「상문서(相問書)」, 「아가서(齖䶗書)」 등의 체재와 유사하다. 이 때문에 반중규(潘重規)는 『신서(新書)』에서 이들 작품들과 함께 제7권에 수록하고 있다. 이 작품의 구조와 줄거리는 다음과 같다. ① 강부(講部) : 가시(迦尸)라고 하는 나라는 오곡이 풍부하고 재난이 없이 태평성대를 누리고 있었다. 이 나라의 왕과 왕비, 태자는 나라가 태평한 것이 서로 자기의 공덕이라고 주장한다. 신선에게 물어본 결과 숲속의 가비라조, 토끼, 원숭이, 코끼리 네 마리의 짐승이 서로 은혜와 정의를 베푼 때문임을 알게 된다. (또 하나의 삽화적인 이야기가 전개된다.) 새, 코끼리, 원숭이, 토끼 네 마리 짐승이 나이의 서열을 定하게 되는 연유를 서술하고 있다. 이야기를 마치고 여래가 대중에게 은애(恩愛)와 의리(義理)를 실천할 것을 고한다. ② 창부(唱部) : 네 마리 짐승처럼 은의를 베풀어 성불할 것을 음창(吟唱)한다.

102 전형적인 강창체로 이루어져 있다. 환희국(歡喜國)의 환희왕(歡喜王)과 유상(有相) 왕비의 서정적 사랑을 불교의 공덕과 연계시킨 작품이다. 아리땁고 착한 환희국의 왕비가 중병(重病)에 걸려 7일 후 생을 하직해야 하나 돈독한 불심에서 연유하여 이승에서 환생

인연변

순서	제목	사권편호(寫卷編號)
1	「빈파사라왕후궁채녀(頻婆娑羅王后宮綵女)	S.3491 P.3051 P.2187
2	「공덕의공양탑생천인연변(功德意供養塔生天因緣變)」[103]	

연기

순서	제목	사권편호(寫卷編號)
1	「목련연기(目連緣起)」[104]	P.2193
2	「추녀연기(醜女緣起)」[105]	S.4511 P.3048 S.2114 P.3592 P.2945
3	「난타출가연기(難陀出家緣起)」[106]	S.2324

기 / 화 / 음

순서	제목	사권편호(寫卷編號)
1	「지원인유기(祇園因由記)」[107]	P.2344 P.3784(=「지원도기(祇園圖記)」)
2	「여산원공화(廬山遠公話)」[108]	S.2073
3	「추음일본(秋吟一本)」(1)[109]	P.3618
4	「추음일본」(2)[110]	P.4980(=「권인포시문(勸人布施文)」)

한 후 환희왕과 다시 만나 해후한다는 내용이다.

103 이 작품은 『찬집백연경(撰集百緣鯨)』 권6에 실려 있는 「공덕의공양탑생천연(功德意供養塔生天緣)」 이야기에서 유래한 것이다. 이 사권(寫卷)은 『파마변문(破魔變文)』 뒤에 초사(抄寫)되어 있으며 「파마변문(破魔變文)」과 동일한 압좌문을 사용하고 있다. 내용은 빈파사라왕(頻婆娑羅王)의 后宮 채녀(后宮 綵女) 공덕의(인명)가 불탑(佛塔)에 공양한 인연으로 도리천(忉利天)에서 태어난 일을 담고 있다. 이 텍스트는 중간에 아도세태자(阿闍世太子)가 부왕을 살해하고 공덕의(功德意)가 탑을 청소하고 공양한 연유로 피살된 부분이 빠져 있는 것으로 보아 원사권 중 1 / 2만이 남은 것으로 추정된다.

104 목련 고사를 이야기한 작품 중 완정한 체제를 갖추고 있는 텍스트이다. 「목련연기」의 이야기 구조는 발단, 전개, 절정, 대단원 등 각 단계별로 명확히 구분되어 있다. 즉, 전체 구조는 ① 목련의 집안 소개 및 인물 성격 묘사 → ② 지옥의 편력 → ③ 어머니 상봉 및 어머니 구하는 방법 → ④ 중국 역대의 효자를 들며 목련의 효를 찬양하는 순서로 짜여져 있다.

105 『현우경(賢愚經)』 권2 「파사익왕금강품제팔(波斯匿王金剛品第八)」의 이야기에서 유래한 작품이다. 작품 내용은 석가와 나이가 같고 석가가 성도하던 해에 왕위에 즉위한 파사익왕(波斯匿王, Prasenajit)의 아내 마리부인이 낳은 추한 딸 파도라(波闍羅, 원주(原注) : 진언금강(晉言金剛))가 전생의 악업으로 추한 모습을 갖게 된 일을 이야기하고 있다.

106 부처가 그를 추종하는 제자 난타(難陀)를 이끌고 출가 수행한다는 내용을 담고 있다.

107 『현우경(賢愚經)』 第10권 「수달기정사품제41(須達起精舍品第41)」의 이야기에 바탕을

든 것으로 기수급고독원(祇樹給孤獨園) 정사(精舍)의 건립 유래에 관한 이야기를 담고 있다. 기수급고독원은 기원정사(祇園精舍)라고도 하는데 부처님께 귀의한 신도 급고독 장자(長者)가 제타태자의 땅을 사서 승단에 절을 지어 올리고자 하였으나 급고독 장자의 신심에 감복한 제타태자가 땅을 회사하여 건립한 절. 급고독 장자는 항상 빈궁한 사람들에게 먹을 것을 보시하였으므로 고독한 사람들을 돕는(급고독) 장자라고 불린다.

108 돈황 강창 텍스트 가운데 유일하게 '화'(話)라는 표제가 붙어 있는 작품으로, 당대(唐代)의 대표적인 화본(話本)으로 간주되고 있다. 「려산원공화」의 주요 특징은 소개하면 다음과 같다. ① 불교문학적 색채가 매우 강하다. 작품의 주제 자체가 이미 불교적 성격이 농후하며, 이야기 중간에 강경의 내용을 그대로 삽입하고 있는 데서도 불교 포교적인 특색을 읽을 수 있다. 또 강경의 실제 상황을 묘사한 대목(복광사(福光寺)에서 도안(道安)과 혜원(慧遠)의 문답 장면)이 들어 있기도 하다. ② 구어체를 사용하는 동시에 적지 않은 병문(騈文)이 들어 있어 소위 '전기체(傳奇體)'的 특색을 보여 준다. ③ 설화인의 자문자답, 인물 대화에 偈의 활용 등 후대 시화(詩話)에서 볼 수 있는 체재를 갖추고 있다. 이처럼 설화인의 수법이 강하게 녹아있기 때문에 「려산원공화」는 돈황 사권 중 가장 전형적인 화본으로 간주되기도 한다. 한편 이 작품의 줄거리를 단계별로 정리하면 다음과 같다. ① 제1장면 : 입화적(入話的) 성격의 운문과 간단한 혜원(惠遠)의 가계소개 및 그의 구도출행(求道出行) ② 제2장면 : 열반경소초(涅槃經疏抄)를 쓰다. 수개월 안거하는 동안 몰려드는 청중에게 열반경의 이치를 강설하고 열반경소초를 쓴다. ③ 제3장면 : 백장(白莊)의 도적무리를 따르다. ④ 제4장면 : 운경(雲慶), 도안화상(道安和尙)에게 열반경소초를 전수하고 열반경소초를 전해받은 도안(道安)은 동도(東都) 복광사(福光寺)에서 강석(講席)을 열어 국중제일(國中第一)의 법사(法師)가 된다. ⑤ 제5장면 : 몸을 팔아 전생의 빚을 갚고 최상공의 집으로 들어가다. ⑥ 제6장면 : 최상공(崔相公)과 선경(善慶)의 설법(說法). ⑦ 제7장면 : 도안(道安)과 혜원(惠遠)이 격렬한 논쟁을 벌이다. ⑧ 제8장면 : 상공은 혜원의 일을 황제께 아뢰고, 황제는 원공을 궁으로 모셔와 수년간 그를 후하게 공양한다. ⑨ 제9장면 : 려산으로 돌아와 수행하던 중 '무상한 인생과 덧없는 속세'라는 생각이 들자 상계(上界)로 귀의한다.

109 『변문집(變文集)』 교기(校記)에 "제목이 원래 있다. 전문(校記)이 범음불찬권(梵音佛讚卷) 끝부문과 연이어 초사되어 있다."고 되어 있다. 이 사권(寫卷)은 병문(騈文)으로 된 강부(講部) 다음에 창부(唱部)가 뒤따르는 강창체 작품이다. 이러한 체제 때문에 학계에서는 이 사권을 변문으로 보아야 한다는 주장과 이에 반대하는 주장이 대립되어 있다. 필자는 이 텍스트가 「추음일본(秋吟一本)」이라는 정식 제명(題名)을 가지고 있으므로 강경문(講經文) 이후 발생한 불경계강창(佛經系講唱)의 다양한 유형 중 하나라고 보는 것이 타당하고 본다.

110 이 작품은 서두의 짧은 산문(두 줄) 다음에 장편의 창사(唱詞)가 뒤따르고 있다. 반중규(潘重規)는 『신서(新書)』 교기(校記)에서 이 사권에 대하여 다음과 같이 말하고 있다. "이 사권은 P.3618 「추음일본(秋吟一本)」과 같은 성질의 작품으로 승려가 하안거(夏安居) 이후 민간을 돌아다니면서 한의 포시(寒衣 布施)를 모집하는 창본(唱本)이다. 음창(吟唱)의 시기가 가을이라 「추음(秋吟)」이라고 부른 것이다. P.3618 「추음일본(秋吟一本)」은 원래 제목이 있으나 이 사권에는 제목이 없다. 문인(門人) 곽장성(郭長城)이 『돈

이상의 작품들은 소위 '불경변문(佛經變文)' 혹은 '불경고사변문(佛經故事變文)'에 속하는 것들로 '강경문의 방계(傍系) 작품'이라 할 수 있다. 여기서 '강경문의 방계 작품'이란 이 작품들이 강경(講經) 본래의 취지를 내면화하면서 새로운 체재로 변이된 모습을 하고 있음을 의미한다. 이처럼 변, 변문, 연기, 인연, 연, 기, 화, 음 등의 작품을 제명(題名)과 형식상의 차이에도 불구하고 '불경변문(佛經變文)' 혹은 '강경문의 방계 작품'으로 한꺼번에 묶어서 검토하는 이유는 다음과 같다.

① 이들 작품은 모두 불교적 제재를 취하고 있는 불교고사계강창(佛教故事系講唱)에 속하면서, 압좌문(押座文), 강경문(講經文)과의 차이가 뚜렷하다.

② 변/변문은 강창구조로 된 동일 유형의 작품이며, 인연/연 역시 강창구조로 이루어진 동일 유형의 작품이다. 변/변문과 인연/연이 동일한 체재의 작품이라는 사실은 무엇보다 백(白)－창(唱)의 2단계 형식에서 찾아진다. 또 전형적인 강창체 작품인 「頻婆娑羅王后宮綵女功德意供養塔生天因緣變(빈바사라왕의 후궁 채녀 공덕의가 탑에 공양하여 하늘에서 환생한 이야기)」(p.3491)[111]을 보면, 인연과 변을 합친 인연변을 제명(題名)으로 하고 있고 다시 작품 중간 — 압좌문이 끝난 바로 다음 — 에 「공덕의공양탑생천연(功德意供養塔生天緣)」이란 제목을 달고 있는 바 이러한 현상은 '변, 인

황변문집(敦煌變文集)』에 실려 있지 않은 것을 발견하였기에 보완하는 의미에서 수록하고 임시로 제목을 「추음일본」이라고 한다."

111 이 작품은 『찬집백연경(撰集百緣鯨)』 권6에 실려 있는 「공덕의공양탑생천연(功德意供養塔生天緣)」 이야기(故事)에서 유래한 것이다. 이 사권(寫卷)은 『파마변문(破魔變文)』 뒤에 초사(抄寫)되어 있으며 「파마변문」과 동일한 압좌문을 사용하고 있다. 내용은 빈파사라왕(頻婆娑羅王)의 후궁 채녀(綵女) 공덕의(인명)가 불탑(佛塔)에 공양한 인연으로 도리천(忉利天)에서 태어난 일을 담고 있다. 이 텍스트는 중간에 아도세태자(阿闍世太子)가 부왕을 살해하고 공덕의가 탑을 청소하고 공양한 연유로 피살된 부분이 빠져 있는 것으로 보아 원사권 중 1/2만이 남은 것으로 추정된다.

연, 연' 등의 명칭이 작품 제목으로 쓰일 때 커다란 구분없이 통용되었을 보여 주는 것이다. 따라서 '변, 변문'과 '인연, 연, 인연변'은 동일 유형의 작품군으로 볼 수 있다.

③ 사건 전후의 연유(緣由)를 서술했다는 뜻에서 붙인 연기 역시 강창구조로 되어 있어 변문과 인연의 문체와는 본질적인 차이가 없음을 알 수 있다. 일부 학자는 연기의 기능을 본이야기에 앞서 좌석을 정돈하는 역할을 했던 압좌문과 유사한 것으로 보기도 하지만 압좌문과는 구별해서 보아야 한다.[112] 연기가 압좌문과 차이가 있고 변문, 인연 등의 문체와 다르지 않다는 사실은 가나오까 쇼우꼬우(金岡照光)의 다음 주장이 좋은 참고가 된다. "압좌문은 강경문 및 변문의 입화, 즉 프롤로그 기능을 지닌 7언을 위주로 하는 운문체로 그 길이는 일정치 않으나 대개 "창장래(唱將來)"라는 관용구로 끝을 맺는 일정한 형식을 지니고 있다. 이와 비교해 연기(목련연기(目連緣起), 추녀연기(醜女緣起) 등은 모두 백(白)과 창(唱)의 2단계 형식으로 되어 있는 것으로 변문의 문체와는 본질적으로 다른 점이 없다. 특히 P. 3048「추녀연기(醜女緣起)」는 미제(尾題) 부분에 '위에서 이야기한 醜變은(上來所說醜變)'이라는 한 구가 있어 수제(首題)의 '추녀연기(醜女緣起)'와 대조해 본다면 변과 연기 사이에 본질적인 차이가 없다는 것을 분명히 알 수 있다. 또 추녀연기 S. 4551本에는 '금강추녀연기일본(金剛醜女緣起一本)'이라는 미제가 있고, S. 2114본에는 '추녀금강연(醜女金剛緣)'이란 제목이 있기에 변문과 공통적인 것으로 연, 인연이라는 명칭도 있

112 연기과 압좌문의 기능을 동일시한 학자로는 상달(向達)과 고국번(高國藩)을 들 수 있다. 상달(向達)은 「당대속강고(唐代俗講攷)」에서 "연기와 압좌문의 작용은 같다."고 주장했으며, 고국번도 『돈황민간문학연구(敦煌民間文學硏究)』에서 「목련연기(目連緣起)」를 예로 들며 연기와 압좌문의 기능을 동일시하고 있다. 그러나 「목련연기」에서 보이는 입화 기능적 특성은 강경문의 해체화와 전문화 과정에서 생겨난 강경문 방계 작품의 변이 현상으로 연기에만 나타나는 것은 아니다.(이에 대해서는 뒤에서 부연 설명하기로 한다.) 따라서 연기를 압좌문과 동일시하거나 독립적인 유형으로 간주하는 것은 타당하지 않다.

다는 것이 판명되었다. 그 구조에 있어 백과(白) 창(唱)의 2단계 형식으로 되어 있고, 또 문체는 변문과 같으나 운문 부분에 '측'(側), '음'(吟), '단음(斷吟)' 등의 음창(吟唱)의 부호가 있기도 하고, 운문과 산문이 만나는 곳에 '관세음보살 불자(觀世音菩薩 佛子)' 등의 화성(和聲)이 들어가기도 하는 것 등 강경문과 유사한 부분도 있다. 그러나 강경문의 첫 번째 조건이라 할 수 있는 '경(經)'이 안 보이는 것을 본다면 변문에 더욱 가까운 체제라 할 수 있을 것이다."[113] 이와같이 연기는 인연과 별 차이가 없고 변문적 성격을 강하게 내포하고 있으므로 변문, 인연 등과 구별하여 독립적인 유형으로 다룰 필요가 없다.

④ 기/화/음을 제명으로 하고 있는 네 개의 텍스트 가운데 「지원인유기(祇園因由記)」와 「여산원공화(廬山遠公話)」는 산문체의 작품이며, 「추음일본(秋吟一本)」(1)과 「추음일본」(2)는 강창체의 작품이다. 먼저 흔히 '화본(話本)'으로 분류되는 산문체의 두 작품을 인연, 변문 계통(系統)의 작품으로 볼 수 있는 근거는 다음과 같다. 「지원인유기(祇園因由記)」의 경우 '인유(因由)'라는 말이 '인연'과 같은 의미로 쓰였기 때문에 인연, 연기, 연 등으로 제한(題) 작품과 동일한 계통이라 할 수 있다. 즉 '인유기(因由記)'라는 제명(題名)은 '인연변(因緣變)'과 유사한 계통으로써 변문의 별체(別體)라 할 수 있다. 「여산원공화(廬山遠公話)」는 '화(話)'라는 제목이 분명히 붙어 있고 문체 또한 완전히 산문체여서 '변문(變文)'이 아닌 '화본(話本)'으로 간주하는 경향이 우세하지만, 작품 내에 강경(講經)의 내용이 직접 들어 있고 또 게의(偈) 삽입에서 나타나듯이 강(講)-창(唱)의 구조를 보이고 있어 강경문에서 파생된 변문의 별체로 보는 것이 합리적이다. 한편 「추음일본」(1)과 「추음일본」(2)는 대중들에게 포시(布施)를 권유하려는 목적으로 불려 진

113 가나오까 쇼우꼬우(金岡照光), 앞의 책, 9쪽.

것으로 강경문의 방계 작품으로 보아 큰 무리가 없다.

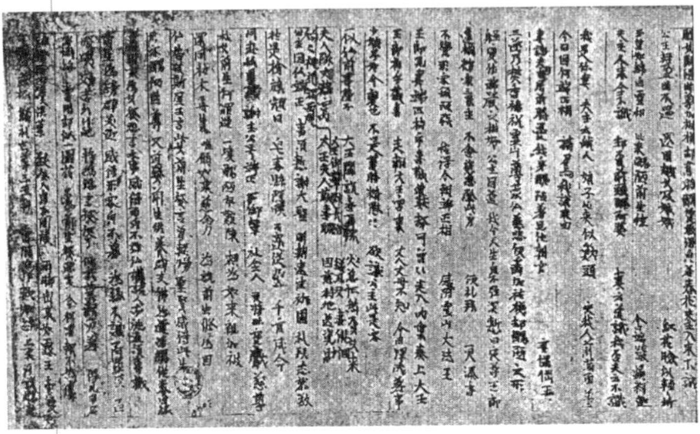

추녀연기(醜女緣起) P.3048

이처럼 강경문에서 파생되어 다양한 제명(題名)과 체재로 발전한 이들 작품의 특징을 좀 더 구체적으로 살펴보면 다음과 같다.

첫째, 강경문과 위 열거한 24편의 차이점은 다음과 같다. i) 강경문은 기본적으로 '경(經) → 설(說) → 창(唱)'의 체제로 되어 있어 도강(都講)이 경문을 직접 음창(吟唱)하지만 불교변문류(變文類)에서는 창경(唱經)이 생략되고 '설과(說) 창(唱)'만으로 짜여져 있다. 이는 흥미성이 떨어지고 난해하기조차 한 '창경' 부분이 일반 청중의 통속적 취향과 부합되지 않아 자연스럽게 탈락한 것이라 할 수 있다. ii) 강경문은 불경을 직접 인용하면서 강의하는 것이기 때문에 경전 문구에 내포된 불교적 의미를 상세히 해설하는데 치중한다. 따라서 강경문은 수행과 선행을 강조하는 교훈적 주제의식이 강하다. 반면 불교변문류에서는 일반 대중의 교화에 용이한 우화성과 설화성을 구비한 인연담(因緣譚)과 비유담(比喻譚)이 주로 활용된다. 따라서 불교변문류는 강경문에 보이는 경전지향성(經典指向性)을 잃지 않은 채 통속성과 흥미성이 가미되어 있다. iii) 강경문이 『아미타경(阿彌陀經)』, 『법화경(法華經』, 『열반경(涅槃經)』, 『유마힐경(維摩詰經)』, 『부모은중경(父母恩重經)』, 『우란분경(盂蘭盆經)』 등의 경전 전체를 대상으로 상세하게 강설하고 있는데 반해, 불교변문류는 경전에 근거하여 서사성을 지닌 핵심적 삽화를 확대. 부연하는 서술 방식을 취하고 있다. iv) 이상 세 가지는 강경문과 불경변문류의 대비에서 발견되는 대조적이고 상이한 특징들이지만 절대성을 띠는 것은 아니다. 강경문 가운데는 불경변문류 만큼이나 흥미성과 설화성을 갖추면서 통속화된 작품이 존재하니, 「유마힐경강경문(維摩詰經講經文)」과 「쌍은기(雙恩記)」 등이 바로 그러하다. 또 불교변문류 속에는 수행(修行)과 선행(善行)을 강조하면서 부처를 찬양하는 성지향성(聖指向性)이 강경문 만큼이나 두드러진 작품도 존재하니, 「태자성도경일권(太子成道經一卷)」, 「태자성도경변문(太子成道經變文)」, 「실달태자수도인연(悉達太子修道因緣)」 등 석가 고사의 작품들과 대중들에게 포시(布施)를 권장한 「추음일본」(2)이 그에 속한다. 이러한 현상은 강경문의 통속화가 종결된 후 불교변문류가 생겨난 것이 아니라 그 과도기에 통속적 색채가 짙은 강경문과 성지향성이 강한 불교변문류가 동시에 유행했기 때문일 가능성이 높다.

둘째, 불교의 서사물(敍事物)이라 할 수 있는 불교변문류는 제재상 세 유형으로 구분되는데 위경류(僞經類), 불조고사류, 불가고사류(佛家故事類)가 그것이다. 세 유형에 해당하는 개별 작품은 다음과 같다.

유형 1. 위경류

순서	제목
1	「태자성도경1권(太子成道經一卷)」

유형 2. 불조고사류

순서	제목
1	「태자성도변문(太子成道變文)」(1)
2	「태자성도변문」(2)
3	「태자성도변문」(3)
4	「태자성도변문」(4)
5	「태자성도변문」(5)
6	「팔상변(八相變)」
7	「파마변문(破魔變文)」
8	「항마변문일권(降魔變文一卷)」
9	「실달태자수도인연(悉達太子修道因緣)」
10	「난타출가연기(難陀出家緣起)」
11	「지원인유기(祇園因由記)」

유형 3. 불가고사류

순서	제목
1	「대목건련명간구모변문병도일권병서(大目乾連冥間救母變文幷圖一卷幷序)」
2	「목련변문(目連變文)」
3	「목련연기」
4	「지옥변문(地獄變文)」(=「비유경변문(譬喻經變文)」)
5	「빈파사라왕후궁채녀공덕의공양탑생천인연변(頻婆娑羅王后宮綵女功德意供養塔生天因緣變)」
6	「환희국왕연(歡喜國王緣)」
7	「추녀연기(醜女緣起)」
8	「여산원공화(廬山遠公話)」
9	「사수인연(四獸因緣)」
10	「추음일본(秋吟一本)」(1)
11	「추음일본」(2) (=「권인포시문(勸人布施文)」)

먼저 위경류(僞經類)는 표제(標題)를 경전화(經典化)하고 있지만 본격경전과는 그 체재나 성질을 달리하는 위찬경(僞撰經)으로서, 경전의 변형(變形) 내지 서사문학화(敍事文學化)로 규정되고 있다. 그러나 이

작품들은 그 연원적 저본이라고 할 수 있는 관련경전을 충실히 재현하고 있기 때문에 경전의 체재.성질과 결코 무관하지 않다.[114] 예컨대, 「태자성도경(太子成道經)」에서 그러한 면모를 살필 수 있다. 즉 「태자성도경」의 구조를 보면, 개찬(開贊) → 압좌문 → 설고사(說故事) → 회향발원문(迴向發願文) → 염불찬(念佛贊)의 구조로 되어 있는데[115] 이는 정식강경(正式講經)의 원형적 구조를 갖추고 있는 것으로 의식성(儀式性)과 신성성(神聖性)을 강하게 드러낸 것이라 할 수 있다. 그러나 「태자성도경」은 게송(偈頌)을 다수 삽입하여 강창형식을 취하고 있는 점에서 알 수 있듯이 설법(說法)의 대본으로 가창되었을 가능성이 높고, 또 모태 경전의 내용을 과감히 생략하거나 확대 · 부연 서술[116]한 흔적을 찾을 수 있어 경전의 변형인 변문적 성격을 드러내고 있다. 그리고 이러한 점은 「태자성도변문」 등 불조고사변문류(佛祖故事變文類)에 이르면 경전에 대한 모방성이 좀 더 약화되는 방향으로 전개된다.

불조고사류는 위경류인 「태자성도경」과 마찬가지로 석가의 일대기(一代記)를 다룬 작품으로 경전지향성을 어느 정도 내포하고 있지만 위경류와는 큰 차이가 있다. 우선 불조고사류는 표제로 태자성도경(太子成道

114 경일남(景一男), 앞의 논문, 41쪽.

115 「태자성도경(太子成道經)」은 맨 처음 석가가 과거세에 행한 공덕으로 인하여 도솔천에서 태어나게 됨을 찬미하고 있다. 그 다음 압좌문이 이어지고, 이것이 끝나면 본격적으로 석가의 일대기가 설(說)해지는데, 석가 이야기는 잉태, 출생, 결혼, 출유(出遊), 출가, 아내의 해산 등으로 순서로 서술된다. 뒷부분에는 '日食一麻或一麥'에서 '來遲莫遣阿婆嗔'까지의 가음(歌吟) 단락이 있고, 부록으로 '실달태자찬(悉達太子讚)' 1수(一首)가 수록되어 있다. 여기서 가음 부분은 '회향발원문(迴向發願文)'에 해당하고 부록의 '실달태자찬' 일수는 염불찬(念佛贊)이다.(김태관(金泰寬), 『돈황변문 「태자성도경」, 「팔상변(八相變)」, 「파마변(破魔變)」, 「항마변(降魔變)」과 불경 비교 연구』, 대만, 국립정치대학 석사논문, 1984, 57쪽 참조)

116 김태관(金泰寬), 앞의 논문, 148쪽 참조.

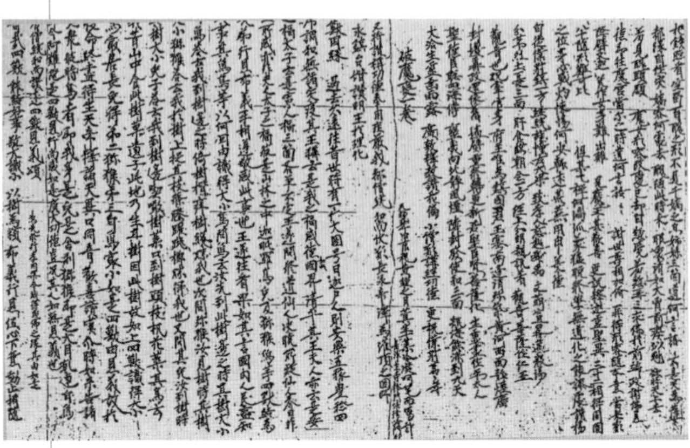

파마변(破魔變) P.2187

經)을 사용하고 있지 않아 경전적 성격이 약화되어 있으며, 서사 체재의 측면에서는 일반 대중들의 교화에 용이한 설화성과 흥미성을 구비하고 있어 설법의 태본으로 쉽게 활용될 수 있다. 특히 불조고사류는 석가가 출생하여 성도(成道)하기까지의 여러 모습 가운데 하나의 사건을 확대 서술하고 있어 서사화(敍事化)가 보다 진척되어 있는 것을 볼 수 있다.

불가고사류는 석가제자 · 불탑(佛塔) · 불사(佛舍) · 고승(高僧) 등에 얽힌 인연을 밝힌 강창작품을 말하며, 위경류 · 불조고사류와 마찬가지로 불교의 이상을 근간으로 하고 있다. 그러나 불가고사류의 작품은 그 제재나 내용이 불교고사계강창(佛教故事系講唱)에서는 가장 경전지향성(經典指向性)이 약화된 통속적 서사물(敍事物)이라 할 수 있다. 예컨대, 종교이념이 아닌 사회윤리(효사상(孝思想)를 표면화하고 있는 「목련변문(目連變文)」, 과거세의 업보와 저승에서의 고통과 환생을 설함으로써 속인들을 교화하고자 한 「추녀연기(醜女緣起)」 · 「지옥변문(地獄變文)」 · 「환희국왕연(歡喜國王緣)」 · 「功德意供養塔生天因緣變」, 오락적 성격이 짙게 배어있는 「사수인연(四獸因緣)」, 장편적 서사구조를 취하고 있는 「여산원공화(廬山遠公話)」 등은 모두 위경류나 불조고사류에 비해 대중적 흥미를 유발시키고 감화력을 높이기 위해 통속성과 서사성을 한층 극

대화하고 있는 작품들이다. 불교고사계강창(佛教故事系講唱) 중 불가고사류에서 볼 수 있는 이와 같은 속지향적(俗指向的) 서사화는 그 정도가 확대되면서 결국 역사 제재를 수용하는 국면으로까지 발전한다.

셋째, 불교변문류의 형태는 기본적으로 산운조합체(散韻組合體)가 대다수를 차지하고 있으나 산문체(散文體), 운문(韻文)體, 대화체(對話體) 등 변문의 별체라고 볼 수 있는 작품이 들어 있다. 우선 형태별로 불경변문류를 재분류하면 다음과 같다.

산운(散韻) 조합체(組合體)
- 「태자성도경일권(太子成道經一卷)」
- 「태자성도변문(太子成道變文)」(1)
- 「태자성도변문(太子成道變文)」(2)
- 「태자성도변문(太子成道變文)」(3)
- 「태자성도변문(太子成道變文)」(4)
- 「태자성도변문(太子成道變文)」(5)
- 「팔상변(八相變)」
- 「파마변문(破魔變文)」
- 「항마변문1권(降魔變文一卷)」
- 「실달태자수도인연(悉達太子修道因緣)」
- 「난타출가연기(難陀出家緣起)」
- 「대목건련명간구모변문병도일권병서(大目乾連冥間救母變文幷圖一卷幷序)」
- 「목련변문(目連變文)」
- 「지옥변문(地獄變文)」(「비유경변문(譬喩經變文)」)
- 「목련연기(目連緣起)」
- 「빈파사라왕후궁채녀공덕의공양탑생천인연변(頻婆娑羅王后宮綵女功德意供養塔生天因緣變)」
- 「환희국왕연(歡喜國王緣)」
- 「추녀연기(醜女緣起)」
- 「추음일본(秋吟一本)」(1)

산문체(散文體)
- 「여산원공화(廬山遠公話)」
- 「지원인유기(祇園因由記)」

대화체(對話體) —— 「사수인연(四獸因緣)」

운문체(韻文體) —— 「추음일본(秋吟一本)」(2)(=「권인포시문(勸人布施文)」)

여기서 산운조합(散韻組合)의 강창체(講唱體) 이외에 다른 형태의 존재에 대해서는 다음과 같은 해석이 가능하다. i)강경문의 '경(經)-설(說)-창(唱)' 형식에서 '경(經)'이 생략되고 '설(說)+창(唱)' 구조의 새로운 형식이 출현되는 단계에서 다양한 변이체(變異體)를 스스로 모색하고 타장르의 형식과 상호 교섭하는 등 개방적이고 수용적인 분위기에서 체재 실험이 진행되고 있었던 것으로 보인다. 변문의 별칭으로서의 다양한 제명(題名) — 인연, 연, 인연변, 기, 연기 등 — 이 사용된 만큼이나 실제 형식에서도 산문체, 대화체, 운문체 등의 별체를 허용하는 융통성을 보였던 것이다. ii)다양한 형태의 출현은 강경 방식의 해체화(解體化) 및 전문화 현상과 어느 정도 관련이 있는 것으로 보인다. 즉, 강경(講經) 방식 중 '설고사(說故事)' 부분이 독립 확대되어 변문을 산출했듯이 입화(入話)의 기능을 했던 압좌문 등의 부분도 점차 독자적 형식으로 자리잡아갔던 듯하다. 이는 '오늘 그대를 위하여 이 일을 이야기했으니, 내일 아침 일찍 와서 진짜 강경(講經)을 들으소서(今日爲君宣此事, 明朝早來聽眞經)'라는 문구를 통해 본강(本講)과 구별되는 독립적 기능을 가지고 있었음을 확인할 수 있는 「목련연기(目連緣起)」, 1인 단막극에 적합한 「사수인연(四獸因緣)」, 유화승(遊化僧)이 청중의 포시(布施)를 위해 활용했던 「추음일본(秋吟一本)」 등의 존재를 통해 복잡한 강경 의식이 단일하고 전문적인 양식으로 변모하였음을 확인할 수 있다. iii) 이러한 다양한 형태의 출현은 불교고사계강창(佛敎故事系講唱) 자체에 국한된 것은 결코 아니었다. 즉, 불경계강창의 확대로 생겨난 역사계강창에서도 이러한 현상은 그대로 나타난다. 예컨대, 정식제명이 붙은 산문체의 「순자변(舜子變)」과 「유가태자변(劉家太子變)」이 바로 그러하다. 이 두 작품은 변문 형식이 강창체만으로 정형화된 것이 아니라 다양한 형태로 이루어져 있었음을 상징적으로 보여 주는 것으로 강경문의 고정 체계가 변형화되면서 제명, 제재, 형식 등 다방면이 새롭게 변모하였음을 말해 준다. 이처럼 불교고사계강창(佛敎故事系講唱)의 형태 변화는 중국고사계강창(中國故事系講唱)과의 긴밀한 상호 관련 속에서 이루어진다.

이상은 불교 변문류의 주요 특징만을 논술한 것인데 기타 몇 가지 사항을 추가하여 정리하면 다음 도표와 같다.

<table>
<tr><th colspan="2">항목 / 류형</th><th>불교고사계 변문(佛敎故事系 變文)</th></tr>
<tr><td colspan="2">연원</td><td>불교의 강경(講經) 의식 (六朝 이래의 창도(唱導), 전독(轉讀) 등)</td></tr>
<tr><td rowspan="4">체제</td><td>구식
(句式)</td><td>강창조합체 : 1) 강부－병문 혹은 산문
2) 창부(唱部)－5언과 7언 위주</td></tr>
<tr><td>운식
(韻式)</td><td>1) 강부가 병문인 경우 압운이 불규칙하다.
2) 창부(唱部)는 절대 다수가 우구운(偶句韻)으로 압운하며, 일부분이두운, 간격운, 교차운, 암운 등으로 압운되어 있다.
3) 창부(唱部)는 대부분 전운한다.</td></tr>
<tr><td>언어</td><td>1) 강부는 병구 혹은 구어체로 되어 있다.
2) 창부(唱部)는 대체로 구어체이다.</td></tr>
<tr><td>구조</td><td>1) 경문의 인용(창경)이 생략되어 있다.
2) 강부와 창부(唱部)의 결합.</td></tr>
<tr><td rowspan="2">내용</td><td>유형</td><td>1) 위경류
2) 불조고사류
3) 불가고사류</td></tr>
<tr><td>풍격</td><td>1) 종교적 설법의 성격을 지니고 있으나 흥미성이 한층 강 화되어 있다.
2) 주로 인연담이나 비유담 위주로 전개.</td></tr>
<tr><td rowspan="4">연행</td><td>방식</td><td>1) 설(說)(화자의 해설)+백(白)(인물의 대화)+창(唱)(노래)
2) 도화(圖畵)를 중간에 삽입하기도 했다.</td></tr>
<tr><td>기예</td><td>속강(俗講)</td></tr>
<tr><td>장소</td><td>사원 혹은 궁정</td></tr>
<tr><td>연행자</td><td>승려 : 속강법사</td></tr>
<tr><td colspan="2">영향</td><td>송(宋) 이후의 강창 / 소설 / 희곡</td></tr>
</table>

2) 중국고사계中國故事系 강창講唱

불교고사계강창과 양립하는 중국고사계강창이란 작품의 소재를 불교고사에서 취하지 않고 중국고사에서 취하고 있는 강창작품을 가리킨다. 또 불교고사계강창을 압좌문, 강경문, 변문 등의 유형으로 구분하는 방식이 일반적으로 통용되고 있음에 반해 중국고사계강창의 경우는 변문, 화본, 사문(詞文), 민간부(民間賦) 등의 유형으로 구분하는 방식이 일반화되어 있다. 이러한 분류는 앞에서 언급한 바와 같이 변문과 중국 전통양식의 연관성을 중시하는 중국학계의 의도적 분류라는 측면이 없지 않으나 이제까지의 분류법 가운데 가장 널리 통용되고 있고, 돈황 강창문학을 변문 이외의 다른 양식의 측면에서의 연구를 촉진하는 장점이 있으므로 이를 차용하여 중국고사계강창의 본질적 성격을 살펴보기로 한다.[117]

117 돈황 강창문학을 강경문, 변문, 화본, 사문, 민간부 등으로 구분하는 중국학계의 일반적 분류를 따르지 않고 다른 분류법을 제시하고 있는 경우도 볼 수 있으니 일본 의 가나오까 쇼우꼬우(金岡照光)과 한국의 유태규(兪泰揆)가 바로 그러하다. 가나오까 쇼우꼬우는 형태론(形態論)에 주안점을 두고 돈황 문학을 분류한다는 취지 하에 강창체(講唱體), 산문체(散文體), 운문체(韻文體) 세 유형으로 구분하고 있다. 가나오까 쇼우꼬우의 이러한 분류는 비록 형태론 속에 내포된 각 장르의 본질적 성격을 규명하는 데에는 미흡함을 보여주고 있으나 중국적 분류에 얽매이지 않고 돈황 문학을 바라볼 수 있게 해준다는 점에서 나름대로 의미가 있다. 또 최근 유태규의 박사논문 『돈황강사변문연구(敦煌講史變文硏究)』(성균관대 박사논문, 1993.10)에서도 화본, 사문, 민간부를 독립시키지 않고 돈황 강창문학을('變文'으로 통칭하면서) 불경고사변문과 비불경고사변문으로 나누고 비불경고사변문을 다시 내용에 근거하여 강사변문(講史變文), 시사변문(時事變文), 설화변문(說話變文) 세 유형으로 구분하고 있다. 그리고 비불경고사변문의 각 유형에는 다음 작품들을 소속시키고 있다. ① 강사변문(講史變文) : 「오자서변문(伍子胥變文)」, 「한장왕릉변문(漢將王陵變文)」, 「착계포전문(捉季布傳文)」, 「이릉변문(李陵變文)」, 「왕소군변문(王昭君變文)」, 「소무이릉집별사(蘇武李陵執別詞)」, 「계포시영(季布詩詠)」, 「한금호화본(韓擒虎話本)」 등 ② 시사변문(時事變文) : 「장의조변문(張義潮變文)」, 「장회심변문(張淮深變文)」 등 ③ 설화변문(說話變文) : 「맹강녀변문(孟姜女變文)」, 「동영변문(董永變文)」, 「순자변(舜子變)」, 「추호변

(1) 변문 變文

불교고사계강창 중의 변문을 불교고사계 변문이라 칭한다면, 중국고사계강창 중의 변문은 중국고사계 변문이라 칭할 수 있다. 중국고사계 변문이란 중국 역사서에 수록되어 있는 이야기나 민간에서 구전되어 온 이야기를 서사화한 강창작품을 말하는데 『변문집』과 『신서(新書)』에 '변' 혹은 '변문'이란 표제가 붙어 있는 것은 다음과 같다.[118]

순서	제목	사권편호(寫卷編號)
1	「순자변(舜子變)」[119]	S.4654 p.2721(=「순자지효변문(舜子至孝變文)」)
2	「맹강녀변문(孟姜女變文)」[120]	S.5039
3	「왕소군변문(王昭君變文)」[121]	p.2553
4	「한팔년초멸한흥왕릉변(漢八年楚滅漢興王陵變)」	S.5437p.3867 P.3627(1)(=「한장왕릉변(漢將王陵變)」=「왕릉변(王陵變)」)[122] S.3627(2)
5	「이릉변문(李陵變文)」[123] 北平圖書館 所藏本	
6	「장의조변문(張義潮變文)」[124]	P.2962
7	「장회심변문(張淮深變文)」[125]	P.3451
8	「오자서변문(伍子胥變文)」[126]	P.3213 S.6331 S.328P.2794
9	「부지명변문(不知名變文)」(2)[127]	S.4327(=「사사만어화(師師謾語話)」)

문(秋胡變文)」, 「전한유가태자변(前漢劉家太子變)」, 「여산원공화(廬山遠公話)」, 「당태종입명기(唐太宗入冥記)」, 「엽정능시(葉淨能詩)」, 「한붕부(韓朋賦)」, 「안자부(晏子賦)」, 「공자항탁상문서(孔子項托相問書)」, 「연자부(鷰子賦)」, 「다주론(茶酒論)」, 「하녀부사(下女夫詞)」, 「아가서(齖䶗書)」, 「백조명(百鳥名)」, 「수신기(搜神記)」, 「효자전(孝子傳)」 등. 유태규(俞泰揆)의 이러한 분류 방법은 내용에 주안점을 두어 분류한 것인데, 지나치게 '변문'의 개념과 범주를 확대하고 있어 변문과 타양식 사이에 발견되는 차이점과 관련성을 밝히기 어려운 문제점을 안고 있다.

118 조명화(曺明和)(앞의 논문, 103~105쪽 참조)는 변문 작품 중 비불교소재(非佛教素材)의 변문으로 「부지명변문(不知名變文)」(2), 「오자서변문(伍子胥變文)」, 「맹강녀변문(孟姜女變文)」, 「한장왕릉변문(漢將王陵變文)」, 「이릉변문(李陵變文)」, 「왕소군변문(王昭君變文)」, 「장의조변문(張義潮變文)」, 「장회심변문(張淮深變文)」, 「순자변(舜子變)」, 「백조명(百鳥名)」 등 10편을 들고 있다. 여기서 「백조명」은 사문으로 다루는 것이 타당하고, 속부(俗賦)에 넣은 「추호변문(秋胡變文)」은 변문으로 분류하는 것이 합리적이다.

119 일명(一名) 「순자지효변문(舜子至孝變文)」이라고도 하는데 원래 제목이 붙어 있는 작품이다. 내용은 다음과 같다. 순자(舜子)의 아비 고수(瞽叟)는 경솔하게도 후처(後妻)의 말을 믿고 여러 차례 전처(前妻)의 아들 순자를 살해하려고 한다. 순자는 상제(上帝)의 도움을 얻어 역산(歷山)으로 달아나 농사를 짓는다. 10년 후 순자는 수확한 쌀을 시장에 내다팔다 우연히 쌀을 사는 계모를 만나게 된다. 순자는 수차에 걸쳐 쌀 판 돈을 계모의 쌀 주머니 속에 몰래 넣어주다 고수(瞽叟)의 의심을 받게 된다. 당시 고수(瞽叟)는 두 눈이 먼 상태였는데 계모의 부축을 받아 시장에 이르러 순자의 목소리를 듣고는 부자가 상면하게 된다. 순자가 혀로 아비의 눈을 핥자 다시 눈을 뜨게 되고, 어미 역시 정신을 차리고 벙어리인 동생도 다시 말을 할 수 있게 된다. 이 이야기는 『사기.본기(史記.本紀)』와 『효자전(孝子傳)』에 실려 있다. 전통 희극 「대순경전(大舜耕田)」과 내용이 비슷하다.

120 「맹강녀변문」이란 제목은 가제(假題)이며, 사권(寫卷)은 매우 훼손되어 있다. 잔본(殘本)의 내용은 다음과 같다. 맹강녀는 남편 기량(杞梁)이 장성에서 죽었다는 소식을 듣고 크게 통곡하자 장성(長城)이 무너져 내리고 해골이 사막에 두루 널려 있다. 강녀는 남편의 시신을 찾을 길이 없자 손가락을 물어뜯어 피를 내자 남편의 해골 속으로 피가 흘러들어 남편의 시신임을 알아낸다. 강녀는 제문을 지어 남편의 유골에 제사를 지낸다.

121 상하 두 권으로 되어 있고, 원래 제목이 적혀 있지 않아 가제한 작품이다. 줄거리는 다음과 같다. 왕소군(王昭君)은 단우(單于)를 따라 흉노(匈奴)에 도착하여 원제(元帝)를 그리며 우울한 나날을 보낸다. 단우(單于)는 연지황후(煙脂皇后)에 봉하여 극진히 대우한다. 한번은 왕소군의 마음을 달래주기 위해 소군을 동반하고 사냥을 나서나 오히려 소군으로 하여금 향수를 자극하여 병들어 죽음에 이르게 한다. 단우(單于)는 성대히 장례를 치러주고, 한(漢)의 애제(哀帝)는 사신을 보내 선우를 위로하고 귀국길에 소군의 무덤에 제사를 올린다. 제문에 왕소군(王昭君)의 공로와 희생으로 한(漢)과 흉노가 우의를 회복하게 된 것을 칭송한다. 왕소군(王昭君) 이야기는 『한서.흉노전(漢書.匈奴傳)』에 보인다. 또 원(元) 잡극(雜劇) 『한궁추(漢宮秋)』, 명(明) 전기 『화융기(和戎記)』, 잡극(雜劇) 『소군출새(昭君出塞)』 등도 왕소군을 제재로 한 작품인데, 왕소군(王昭君)이 새북(塞北)에서 투신자살하는 것으로 다르게 묘사하고 있다.

122 『변문집』 교기(校記)에 "이 변문은 다섯 권의 소책자(小冊子)가 현존하고 있으나 실제로는 세 권의 사본에 해당한다."고 기술하고 있다. 여기서 다섯 권의 소책자라고 한 것은 P.3627호 사권이 세 부분으로 나뉘어져 있기 때문이다. 왕릉(王陵)이야기는 『사기(史記)』, 『한서(漢書)』, 『열녀전(烈女傳)』 등에 보인다.

123 이 사권은 완정본(完整本)이 아닌 잔본으로 원래 제목이 없는 것을 내용과 문체에 의거하여 가제(假題)한 것이다. 이릉(李陵)의 군대에 패배했던 단우는 다시 수만의 군대를 이끌고 와서 이릉을 추적한다. 곤궁에 처한 이릉은 북을 올려 병사들을 독려하려고 하나 북이 울리지 않는다. 진지를 수색하여 적군에 도움을 준 두 명의 여인을 사로잡아 참수하니 북이 저절로 울리기 시작한다. 선우는 연전연패하여 회군하려고 생각할 무렵 이릉의 부하인 관감(管敢)이 투항하여 이릉 군대의 군량과 무기가 고갈되었음을 알려주어 선우는 다시 이릉을 공격한다. 이릉(李陵)은 오천의 병사로 선우의 십만 군에 대항하는 것이 중과부적임을 깨닫고 결국 단우에게 투항한다. 이릉(李陵)은 차후 귀국할 요량으로 우선 단우에게 충성을 맹세하고 우교왕(右校王)의 직책을 하사받는다. 이 소식을 들은 한(漢) 황제가 이릉의 가족을 처형하려

고 하자 사마천이 만류하여 죽음을 면한다. 그러나 단우에 투항한 한장(漢將) 이서(李緖)가 한궁에 큰 타격을 입히고 자신이 바로 이릉(李陵)이라고 거짓말을 한 결과 이릉의 노모와 처자는 처형당하고 사마천은 宮刑에 처해진다. 그후 한(漢) 사신으로부터 가족의 소식을 전해 들은 이릉(李陵)은 더 이상 고국을 그리워하지 않게 된다. 흉노에 투항한 이릉의 이야기를 다룬 작품으로는 「이릉변문(李陵變文)」 외에 「소무이릉집별사(蘇武李陵執別詞)」가 있다.

124 제명은 가제(假題)이며 내용은 다음과 같다. 당대(唐代) 대중년간(大中年間) 귀의군(歸義軍) 절도사 장의조(張義潮)가 군대를 통솔하여 토혼(吐渾)과 회골(回鶻) 귀족를 격퇴하고, 당나라 사신 왕서장(王瑞章)과 진원홍(陳元弘)을 도와 약탈당한 국서를 되가져온다.

125 제목은 가제(假題)이며 줄거리는 다음과 같다. 장의조(張義潮)의 아들 張淮深은 부친을 뒤이어 귀의군(歸義軍) 절도사가 되나 회골군(回鶻軍)과 싸워 패배한다. 당 황제는 사신을 파견하여 위문하고 장회심(張淮深)은 장회심(張淮深)에서 사신(使臣)을 맞이한다. 사신이 돌아간 후 회골군(回鶻軍)이 다시 쳐들어오자 張淮深은 군대를 이끌고 격퇴시킨다. 이 작품의 이야기는 역사적 사실과 부합하는 것으로 당시의 역사적 상황을 그린 것이다.

126 일명 「오자서소설(伍子胥小說)」 혹은 「오자서시화(伍子胥詩話)」라고도 한다. 현존하는 것은 잔본이며 제목도 원래 없다. 역사계변문 중 가장 장편의 작품이며 문학성도 매우 뛰어나다. 전체 줄거리의 구성은 ① 집안내력 → ② 부형의 죽음 → ③ 도망 → ④ 망명 → ⑤ 복수(復讐) → ⑥누명으로 인한 위기 → ⑦ 죽음 → ⑧ 吳나라의 멸망 → ⑨ 백공(白公) 승의(勝) 죽음 → ⑩사마천(司馬遷) 찬(贊)의 순서로 되어 있다. 내용을 요약하면 다음과 같다. ① 오자서(伍子胥)의 집안은 대대로 초왕(楚王)을 섬겼으나 비무기(費無忌)의 농간으로 오자서(伍子胥)의 아버지 오사(伍奢)와 형 오상(伍尙)이 죽음을 당하고 오자서(伍子胥)는 吳나라로 도망간다. 도망가는 오자서(伍子胥)는 어부의 도움으로 강을 건너고 吳에 망명한다. 이 때 오나라에서는 공자 광(光)이 요왕(僚王)을 죽이고, 스스로 왕위에 올라 합려왕(闔廬王)이 되는데, 합려왕(闔廬王)은 오자서(伍子胥)를 불러 국사를 의논한다. 오왕(吳王)은 오자서(伍子胥)와 손무(孫武)의 도움으로 초나라에 쳐들어간다. 오자서(伍子胥)는 초나라의 수도 영(郢)에 입성하여 평왕의 시체를 무덤에서 꺼내 채찍질 한다. 그 후 합려왕(闔廬王)의 뒤를 이어 부차왕(夫差王)이 즉위하면서 오자서(伍子胥)를 멀리 한다. 오왕(吳王)이 제(齊)나라를 치려 하자 오자서(伍子胥)가 월(越)나라를 먼저 쳐야 하다고 간한다. 그러나 오왕 부차(夫差)는 간신 백비(伯嚭)가 오자서(伍子胥)를 모함하는 말을 믿고 자결을 명하니, 오자서(伍子胥)는 자신의 눈을 성의 동문에 매달아 오나라의 멸망을 볼 수 있게 해달라는 유언을 남기고 죽는다.9년 뒤 오나라는 월나라에 의해 끝내 멸망하고, 부차(夫差)와 백비(伯嚭)는 모두 죽음을 맞는다. (초나라 태자 건(建)의 아들) 백공(白公) 승(勝)이 반란을 도모하다 산속으로 달아나 자살하고, 섭공(葉公)은 석걸(石乞)을 삶아 죽이고 혜공(惠公)을 다시 왕으로 세운다. 태사공(太史公)의 찬(贊) : 「오자서(伍子胥)는 참고 견디어 공명을 이룬 열대부(烈大夫)다. 백공(白公)도 임금만 되려 하지 않았다면 성공했을 것이다.」

127 이 사권에 대하여 『변문집』 교기(校記)에 다음과 같이 기술하고 있다. "이 사권의 편호는 S.4327호이며 표제가 원래 빠져 있다. 체제가 변문 형식으로 되어 있어 우선 「부지명변문(不知名變文)」이라 붙여 놓는다.」 이 사권은 단 한 쪽의 분량만이 남아 있어 체제와 내용을 정확히 밝혀내기 어려운 것이 사실이다. 현존하는 부분의 구조가 강부 한 단락과 8구의 창부(唱部)로 되어 있어 변문이라는 명칭을 붙여 놓은 듯하다.

이상 9편의 중국고사계 변문에 내포된 주요 특징과 의미를 분석하면 다음과 같다.

첫째, 소재(素材)를 기준으로 중국고사계 변문을 다시 분류하면, 역사고사류, 시사류, 민간고사류 세 유형으로 나누어진다.

유형 1. 역사고사류

순서	제목
1	「한팔년초멸한흥왕릉변(漢八年楚滅漢興王陵變)」(=「한장왕릉변(漢將王陵變)」=「왕릉변(王陵變)」)
2	「이릉변문(李陵變文)」
3	「오자서변문(伍子胥變文)」
4	「왕소군변문(王昭君變文)」

유형 2. 시사류

순서	제목
1	「장의조변문(張義潮變文)」
2	「장회심변문(張淮深變文)」

유형 3. 민간고사류

순서	제목
1	「맹강녀변문(孟姜女變文)」
2	「순자변(舜子變)」(=「순자지효변문(舜子至孝變文)」)

먼저 역사고사류(歷史故事類)는 『좌전(左傳)』, 『국어(國語)』, 『사기(史記)』, 『한서(漢書)』 등 정식 역사서에 수록된 고사를 기반으로 형성된 변문을 가리킨다. 예컨대, 「한장왕릉변(漢將王陵變)」은 『사기(史記)·진승상세가(陳丞相世家)』와 『한서(漢書)·왕릉전(王陵傳)』에서 비롯되었으며, 「이릉변문(李陵變文)」은 『사기(史記)·이장군열전(李將軍列

傳)』, 『한서(漢書)·이광전(李廣傳)』의 이릉(李陵)이야기에서 유래하며, 「오자서열전(伍子胥列傳)」은 『좌전(左傳)』, 『국어(國語)』, 『사기(史記)·오자서열전(伍子胥列傳)』, 『오월춘추(吳越春秋)』 등에 기재된 오자서(伍子胥)이야기를 기반으로 성립된 것이다. 또 『한서(漢書).원제기(元帝紀)』, 『한서(漢書)·흉노전(匈奴傳)』, 『후한서(後漢書)·남흉노전(南匈奴傳)』 등에 보이는 왕소군(王昭君) 이야기에 기반을 둔 「왕소군변문」도 역사고사류에 넣을 수 있다. 이처럼 과거의 역사적 인물과 그에 얽힌 사건을 다루고 있는 것이 바로 역사고사류 변문이다.

시사류(時事類)는 과거 왕조의 역사고사를 다룬 것이 아니라 그 당시의 역사적 인물과 사건에서 소재를 취한 강창작품을 말한다. 위의 「장의조변문(張義潮變文)」과 「장회심변문(張淮深變文)」은 당(唐) 대중년간(大中年間, 847~860)[128]의 영웅적 인물 장의조(張義潮)와 장회심(張淮深) 부자가 토번(吐蕃)에 의해 강탈당한 당(唐)의 국토를 수복하는 사건[129]을 다루고 있는 강창작품이다. 이들 두 작품은 당대의 사건을 다루고 있기 때문에 역사고사류(歷史故事類)와 구분하여 시사류(時事類) 변문이라 일컫고 있다.

민간고사류는 사서에 수록되어 있지 않고 주로 민간에 유전(流傳)되는 이야기(故事)를 다룬 변문을 말한다. 또 사서에 수록되었다 할지라도 주로 민간에서 유전된 결과 변이현상이 우세한 변문 역시 민간

128 대중(大中)은 원래 당(唐) 선종(宣宗)의 년호로써 서기 847년에서 859까지를 가리킨다. 그러나 선종(宣宗)을 뒤이은 당(唐) 의종(懿宗)이 재위기간(859~860) 동안 년 호를 고치지 않고 그대로 사용하였기 때문에 대중년간(大中年間)은 서기 847년에서 860년까지가 되었다.

129 당(唐) 천보(天寶)년간 안사지난이 일어나자 토번은 이 틈을 이용하여 변경에 침입하여 당의 영토를 점령하는 사건이 발생한다. 그후 대중(大中) 4년(850) 토번에서 내란이 발생하자 귀의군(歸義軍) 절도사 장의조(張義潮)는 군대를 이끌고 출정하여 당(唐)의 국토를 수복하는 功을 세운다. 「장의조변문(張義潮變文)」은 이 사건을 다룬 강창작품이다.

고사류에 넣을 수 있다. 예컨대, 위 작품 중 「맹강녀변문(孟姜女變文)」은 주로 민가(民歌)나 설화 등을 통해 지속적으로 민간에서 口傳되어 온 이야기이므로 민간고사류로 보는데 별 무리가 없다. 또 「순자변(舜子變)」은 『상서・요순(상서(尙書)・堯舜)』과 『사기(史記)・오제본기(五帝本紀)』에 순자(舜子) 이야기(故事)가 실려 있어 역사고사류로 볼 수도 있으나 내용을 보면 순자에 읽힌 역사적 사건을 다루고 있지 않고 설화적인 성향을 띠고 있어 대체로 민간고사류(民間故事類)로 보는 것이 합리적이다.[130]

둘째, 중국고사계 변문은 불교고사계 변문에서 발전한 것이다. 중국고사계 변문이 과연 불교고사계 변문에서 발전되었는가 하는 문제는 앞에서 거론한 바와 같이 이를 긍정하는 영향설과 비판하는 자생설(自生說) 두 견해가 양립하고 있어 쉽사리 결론을 내리기 어렵다. 그러나 다음 몇 가지 현상은 중국고사계 변문이 불교고사계 변문의 영향하에 성립하였음을 뚜렷이 보여 준다. i) 불교고사계 변문은 기본적으로 백(白)-창(唱)의 2단형식으로 되어 있고 중간에 변상도(變相圖)를 활용하였음을 보여주는 문구(文句)인 '×××處(×××장면)', '看×××處(×××장면을 보시오.)', '看×××處, 若爲(×××장면을 보면 다음과 같다.)', '×××處, 若爲陳說(×××장면에서 말할 것 같으면)', '×××處, 謹爲陳說

130 「순자변(舜子變)」을 민간고사류로 간주하는 학자로는 고국번(高國藩)과 유태규(兪泰揆)를 들 수 있다. 고국번(高國藩)(『돈황민간문학』, 24쪽 참조)은 변문을 민간고사변문, 역사전설변문, 불교고사변문으로 구분하면서 「순자변(舜子變)」을 민간고사변문으로 다루고 있다.(『돈황민간문학(敦煌民間文學)』, 24쪽 참조) 또 유태규(兪泰揆)는 변문을 강사변문, 시사변문, 설화변문으로 구분하고서 「순자변(舜子變)」을 설화변문으로 분류하고 있다.(앞의 박사논문, 56쪽) 또 왕민진(王玫珍)도 『상서(尙書)』와 『사기(史記)』의 순자(舜子) 이야기가 신화적인 색채가 전혀 없음을 들어 「순자변(舜子變)」은 사전(史傳)에서 유래한 것이 아니라 별도의 민간 고사에서 비롯되었을 것으로 보고 있다. 왕민진(王玫珍), 『돈황 속문학 16편 연구(敦煌俗文學十六篇研究)』, 대만, 국립성공대학 석사논문, 1988, 52쪽 참조.

(×××장면에서 삼가 말하건대)' 등이 들어 있다. 한편 중국고사계 변문에서도 특정 장면을 강조하거나 전환할 때 '.....處', '看.....處', '.....處, 若爲陳說', '.....處, 謹爲陳說' 등의 문구가 사용되고 있어 불교고사계 변문과의 연관성을 확인시켜 준다.[131] ii) 불교고사계 변문에서 강부(講部)와 창부(唱部)의 결합방식으로는 강부의 내용을 창부(唱部)가 그대로 뒤이어 서술하는 연속형, 강부의 내용을 창부(唱部)로 반복 서술하는 중복형, 강부의 내용 중 극적 상황, 인물의 심리 등을 창부(唱部)를 통해 강조하는 강조형 세 가지가 활용되고 있는데 이와같은 강창 구조는 중국고사계 변문에서도 동일하게 발견된다. iii) 불교고사계 변문 중 정확한 창작연대를 확인할 수 있는 작품 중 가장 이른 것은 서기 742~755년 사이에 창작된 「항마변문(降魔變文)」이다.[132] 이 「항마변문(降魔變文)」은 불교고사변문이나 중국고사변문을 막론하고 변문 중에서는 가장 일찍 창작된 텍스트로 이보다 앞서 창작되었다고 볼 수 있는 다른 변문 작품은 발견되지 않는다.[133] 따라서 「항마변문(降魔變

131 불교고사변문과 중국고사변문에서 '看....處' 혹은 '看.....處, 若爲陳說' 등의 문구를 사용하고 있는 대목은 다음과 같다. [불교고사변문의 예] 「대목건련명간구모변문병도일권병서(大目乾連冥間救母變文并圖一卷并序)」 중: 「목련을 만나자 멀리서 "화상은 오지 마시오. 이것은 좋은 곳이 아닙니다. 이곳은 지옥의 길입니다. 서쪽의 검은 연기 속에는 늘 지옥 중의 독기가 서려 있는데, 화상이 쬐었다가는 재로 변해버릴 것입니다."라고 말하는 장면.(逢着目連, 遙報言.. "和尙莫來, 此間不是好道, 此是地獄之路.西邊黑煉之中, 總是獄中毒氣着, 和尙化爲灰塵處.)」 [중국고사변문의 예] : ①「이릉변문(李陵變文)」 중: 「이릉이 선우와 불 속에서 싸우는 장면을 보라.(看李陵共單于火中戰處)」 ②「왕릉변문(王陵變文)」 중: 「왕릉의 노모와 처자를 주벌하는 장면을 말할 것 같으면(誅陵老母妻子處, 若爲陳說.)」

132 「항마변문(降魔變文)」의 창작연대를 AD 742~755 사이로 추정하는 것은 앞부분 첫단락의 '개원천보성문신무응도황제(開元天寶聖文神武應道皇帝)'라는 현종(玄宗)의 휘호(徽號)에 근거한다. 사실(史實)에 따르면 현종(玄宗)의 이 휘호(徽號)는 천보(天寶) 7년(748) 5월 13일부터 천보(天寶) 8년(749) 閏6월 5일까지 사용되었기 때문에 다수의 학자들이 「항마변문(降魔變文)」은 바로 당(唐) 현종(玄宗) 천보(天寶)년간(742~755)에 지어진 것으로 보고 있다.

133 중국학계에서는 「항마변문(降魔變文)」보다 앞서 창작된 중국고사변문의 존재 사실을 들어 불교고사변문에서 중국고사변문이 파생되었음을 인정하지 않는 주장도 존재한다.

文)」의 존재는 중국고사변문이 불교고사변문보다 뒤늦게 발전하였음을 말해 준다. 이상에서 논한 세 가지 특징은 중국고사변문이 불교고사변문으로부터 파생되었음을 무엇보다 뚜렷이 입증한다.

셋째, 중국고사계 변문의 제재와 주제를 면밀히 고찰해보면, 시대적 보편이념을 강조하는 '이념강조형(理念强調型)' 작품과 사회현실에 대한 비판정신이 담긴 '현실비판형(現實批判型)' 작품이 공존하고 있음을 엿볼 수 있다. 예컨대, 충의, 절개, 효사상 등을 주제의식화하고 있는 「한장왕릉변(漢將王陵變)」, 「장의조변문(張義潮變文)」, 「장회심변문(張淮深變文)」, 「왕소군변문(王昭君變文)」, 「순자변(舜子變)」 등이 이념강조형(理念强調型) 작품이라면, 황제의 실정과 무지에 대한 비판을 가하고 있는 「오자서변문(伍子胥變文)」과 「이릉변문(李陵變文)」, 부역 징발로 인해 남편을 잃은 아내의 고통을 읊고 있는 「孟姜女變文」은 현실비판형(現實批判型) 작품이라고 할 수 있다. 이렇게 두 유형이 존재하는 사실은 당시 변문이 지배층의 요구를 충족시키는 방향으로 창작되었을 뿐만 아니라 하류층을 의식한 작품도 생산함으로써 그 영역이 확대 발전하였음을 말해 준다.

넷째, 변문은 당(唐) 후기에 들어 창부(唱部)의 기능이 감소되고 강부가 중심이 되는 방향으로 변모하게 된다. 이는 원사권(原寫卷)에 제

예컨대, 「순자변(舜子變)」의 창작연대에 대하여 사해평(謝海平)과 곡금량(曲金良)은 수대(隋代) 이전 서기 424~580으로 잡아 「항마변문(降魔變文)」보다 빠르다고 주장하고 있고, 「오자서변문(伍子胥變文)」(가제(假題)의 성립시기에 대해서도 고국번(高國藩)과 사해평(謝海平)은 초당(初唐)에서 현종조(玄宗朝) 사이에 성립한 작품으로 보고 있다. 그러나 나종도(羅宗濤)가 '강사변문의 시대는 강경변문 작품보다 일찍 출현한 것으로 보기 어렵다.(至於講史變文的時代, …… 大體看來, 不容易早出講經變文的篇章)'고 주장한 바와 같이 창부(唱部)의 기능이 현저히 약화된 「순자변(舜子變)」과 강창작품 중 가장 짜임새있는 구조를 보여주고 있는 「오자서변문(伍子胥變文)」은 모두 당(唐) 후기에 변문이 변화발전하면서 생겨난 것으로 보는 것이 타당하다.

명(題名)이 '변' 혹은 '변문'으로 되어 있는 작품을 통해서 그 실마리를 발견할 수 있다. 먼저 돈황 강창 텍스트 가운데 변 혹은 변문이란 제명이 실제로 붙어 있는 것은 다음과 같다.

불교고사변문

제목	사권편호
「대목건련명간구모변문병도1권병서(大目乾連冥間救母變文幷圖一卷幷序)」	S.2614
「대목건련명간구모변문1권병서(大目乾連冥間救母變文一卷幷序)」	P.3319
「대목건련명간구모변문1권(大目乾連冥間救母變文一卷)」	P.2319
「대목건련변문1권(大目犍連變文一卷)」	P.2319
「대목건련명간구모변문(大目乾連冥間救母變文)」	P.3485
「대목건련변문1권(大目犍連變文一卷)」	北平盈字 76
「팔상변(八相變)」	北平雲子 24
「파마변(破魔變)」	P.2187
「항마변1권(降魔變一卷)」	S.4398
「항마변문1권(降魔變文一卷)」	S.5511
「빈파사라왕후궁채녀공덕의공양탑생천인연변(頻婆娑羅王后宮綵女功德意供養塔生天因緣變)」	S.3491

중국고사변문

제목	사권편호
「한장왕릉변(漢將王陵變)」	S.5437
「한장왕릉변(漢將王陵變)」	北京大藏編號不詳
「한팔년초멸한흥왕릉변1포(漢八年楚滅漢興王陵變一鋪)」	P.3627
「유가태자변1권(劉家太子變一卷)」	P.3645
「순자변(舜子變)」	S.4654
「순자지효변문1권(舜子至孝變文一卷)」	P.2721

변문의 변이 과정과 관련하여 위 텍스트들의 상호 연관성은 두 가지 측면에서 해석할 수 있다. i)바로 앞에서 설명하였지만 「목련변문(目連變文)」과 「항마변문(降魔變文)」 등에 보이는 '看×××處', '看×××處, 若爲陳說' 등의 상투어(常套語)가 「한장왕릉변(漢將王陵變)」에도 그대로 보이는 점, 연속형 서술 방식을 동일하게 사용하고 있는 점 그리고 「대목건련명간구모변문병도일권병서(大目乾連冥間救母變文幷圖一卷幷序)」와 「한팔년초멸한흥왕릉변일포(漢八年楚滅漢興王陵變一鋪)」에 그림을 활용했음을 나타내는 '병도(幷圖)'와 '일포(一鋪)'라는 용어가 들어 있는 점 등은 근본적으로 불교고사계 변문에서 중국고사계 변문이 파생되었음을 보여 준다. ii) 중국고사계 변문의 형식을 보면, 「한장왕릉변(漢將王陵變)」이 백(白)-창(唱)의 2단계 형식을 보이고 있음에 반해 「유가태자변(劉家太子變)」과 「순자변(舜子變)」은 창부(唱部)의 기능이 생략된 산문체(散文體)로 이루어져 있다. 또 「유가태자변」(P.3645)은 首題가 「전한유가태자전(前漢劉家太子傳)」으로 되어 있어 변문이 '전(傳)'과 같은 다른 장르명을 수용하고 있었음을 알 수 있다. 이처럼 「劉家太子變」과 「순자변(舜子變)」에 보이는 산문체로의 변이와 타 장르명의 차용 현상은 바로 변문이 다른 여러 장르와 교섭하면서 타 장르에 활력을 부여하는 동시에 그 자신은 새로운 장르로 이동해간 것으로 해석된다.

이상으로 중국고사변문에 내포된 주요 특징에 대하여 살펴보았는데, 이를 총괄적으로 정리하여 도표화하면 다음과 같다.

류형 \ 항목		중국고사계 변문
연원		1) 육조(六朝) 이래의 창도, 전독 등 2) 강경문과 불교고사변문 3) 민간 설화
체제	구식 (句式)	강창조합체 : 1) 강부—병문 혹은 산문 2)창부(唱部)—5언과 7언 위주
	운식 (韻式)	1) 강부가 병문인 경우 압운이 불규칙하다. 2) 창부(唱部)는 절대 다수가 우구운(偶句韻)으로 압운하 며, 일부분이 두운, 간격운, 교차운, 암운 등으로 압운되어 있다. 3) 창부(唱部)는 대부분 전운한다.
	언어	1) 강부는 병구 혹은 구어체로 되어 있다. 2) 창부(唱部)는 대체로 구어체이다.
	구조	1) 연속형 2) 중복형 3) 강조형
내용	제재	1) 역사고사류 2) 시사류 3) 민간고사류
	주제	1) 이념강조형(理念强調型) 2) 현실비판형(現實批判型)
	풍격	종교적 혹은 사회적 이데올로기를 근간으로 하면서도 한층 서사문학적 색채가 짙다.
연행	방식	1) 說(화자의 해설)+白(인물의 대화)+唱(노래) 2) 도화(圖畵)를 중간에 삽입하기도 했다.
	기예	속강(俗講)
	장소	사원 / 궁정 / 민간
	연행자	속강법사 / 민간설창인

(2) 화본 話本

돈황 강창작품의 다양한 유형 중 — 현재 돈황 강창문학에 대한 중국학계의 일반적인 유형 분류법에 있어서 — '화본(話本)'이란 백(白)-창(唱)의 2단계 형식을 탈피하여 창부(唱部)의 기능이 현저히 약화되거나 생략된 채 산문체의 강부(講部) 위주로 이루어진 텍스트를 일컫는다. 중국고사계 강창작품(講唱作品) 가운데 어느 작품을 '화본(話本)'으로 간주할 것인가에 대해서는 학자들마다 견해차가 있으나 대체로 다음 작품들을 '화본(話本)'으로 다루고 있다. (아래에 열거하는 작품을 화본(話本)으로 평가하는 가장 주요한 기준은 '산문체(散文體) 형식'이라는 점에 있다.)

순서	제목	사권편호(寫卷編號)
1	구도흥(句道興)「수신기(搜神記)」[134]	S.525 S.6022 P.2656 P.5545
2	「효자전(孝子傳)」[135]	P.2621 S.5776 S.389 P.3536 P.3680
3	「전한유가태자전(前漢劉家太子傳)」[136]	P.3645 S.5547 P.4692 P.4051
4	「한금호화본(韓擒虎話本)」[137]	S.2144
5	「당태종입명기(唐太宗入冥記)」[138]	S.2630
6	「엽정능시(葉淨能詩)」[139]	S.6836
7	「추호소설(秋胡小說)」(=「추호변문」)[140]	S.133

134 돈황 강창문학 텍스트 중 작자의 이름이 표기되어 있는 유일한 작품이다. 구도흥(句道興)이란 인물의 활동연대는 불분명한데 대체로 당대(唐代)人이거나 당(唐)이전 인물일 것으로 추정하고 있다. 서명(書名)이 간보(干寶)의 『수신기(搜神記)』와 동일하나 간보 『수신기(搜神記)』의 잔본(殘本)은 아니다. 구도흥(句道興) 『수신기(搜神記)』에 수록되어 있는 이야기는 대부분 당대(唐代) 이전의 고사인 것으로 보아 그가 참고한 것은 위진남북조(魏晋南北朝) 시대의 자료였던 것으로 생각된다. 또 시대를 정확히 알 수 없는 『직종전(織終傳)』, 『이물지(異物志)』, 『진전(晉傳)』, 『요언전(妖言傳)』, 『박물전(博物傳)』, 『남요황기(南妖皇記)』, 『태사(太史)』 등의 서적에서 고사를 인용하고 있는데 이 문헌들은 당시 민간에서 유통되고 있던 통속물이었던 것으로 보인다. [정의중(程毅中), 앞의 책, 74쪽 참조] 구도흥(句道興) 『수신기(搜神記)』 속에 수록되어 있는 몇 가지 고사를 소개하면 다음과 같다. ① 신도도(辛道度) 이야기 : 진문왕(秦文王) 딸의 혼귀(魂鬼)와 신도도(辛道度)가 서로 사랑하여 결혼한 후 삼일을 보내고 이별하면서 기념으로 금침(金枕)을 요구한다. 후에 신도도는 금침(金枕)을 팔았는데 진왕(秦王)의 부인이 딸의 장례 때 사용한 물건임을 알고 신도도를 사위로 여겨 부마도위(駙馬都尉)에 봉한다. 이 신도도 이야기에 대하여 정의중(程毅中)은 신도도를 부마도위(駙馬都尉)에 봉한 것은 진대(晉代) 이전의 제도가 아님을 들어 남북조(南北朝) 이후에 출현한 것이라고 주장한다. ② 왕경백(王景伯) 이야기 : 왕경백(王景伯)이 거문고(琴)를 타자 여귀(女鬼)가 와서 듣는다. 두 사람은 거문고를

타고 시를 짓고 이를 기념하기 위해 서로 물건을 교환한다. 이 이야기는 구본(句本)『수신기』 속에서 비교적 장편에 속하는데 탈자(脫字)와 오자가 매우 많다. ③ 동영(董永) 이야기 : 간보(干寶)『수신기(搜神記)』에 비하여 상세한 편이며 문체는 비교적 통속적이고 줄거리는 후대의『동영우선전(董永遇仙傳)』에 가깝다. 그러나 선녀가 동중(董仲)이란 아들을 낳고 아들이 어머니를 찾는 대목이 빠져 있다.「동영변문(董永變文)(혹 동영사문)」과 비교할 때 구본(句本)『수신기(搜神記)』의 이야기가 일찍 생겨난 것으로 보인다. ④ 전곤륜(田昆侖) 이야기 : 전곤륜 이야기는 동영(董永)이야기와 유사한데 효도와 천명 사상을 강조하지 않고 사람과 귀신의 연애 사건만을 서술하고 있다. 줄거리는 다음과 같다. 전곤륜과 선녀가 전장(田章)이란 아들을 낳고 아들은 모친을 찾아 함께 하늘로 올라가 천서 여덟 권을 얻어 해박한 지식을 얻게 된 후 지상에 내려와 관리가 된다. 전곤륜 이야기는 동영 고사와 매우 비슷하며 전곤륜이 선녀의 옷을 감추어 하늘로 날아가지 못하게 하는 것 역시 민간고사에 자주 보이는 모티브이다. 전곤륜 이야기는 구본(句本)『수신기(搜神記)』 중에서 가장 긴 이야기에 해당한다. 이상서 소개한 구본(句本)『수신기(搜神記)』의 이야기를 육조지괴(六朝志怪)와 비교해보면 변화된 부분이 보이는데 이 때문에 어떤 사람은 구본(句本)『수신기(搜神記)』를 '당대(唐代) 설화 초기단계의 화본'이라고 여기기도 한다. 반면 정의중(程毅中)은 이 텍스트와 돈황본「여산원공화(廬山遠公話)」의 풍격이 비슷한 점을 들어 설화인이 참고한 저본 즉 후대의『녹창신화(綠窓新話)』,『취옹담록(醉翁談錄)』의 류로 간주하고 있다.

135 『수신기(搜神記)』와 유사한 텍스트로 제목이 없는 것을 내용에 의거하여「효자전(孝子傳)」이라 명명하였다. 다섯 종류의 돈황 초본(抄本)을 합쳐 놓은 매우 특수한 체재의 작품이다.「효자전(孝子傳)」 다섯 권 중 두 권은 고대 사전(史傳) 속의 효子 이야기를 발췌해 놓아 유서(類書)의 성격을 띠고 있고, 나머지 세 권은 매 이야기를 시로 종결지음으로써 설창문학(說唱文學)의 체재를 보이고 있다. 예컨대, 순자(舜子), 곽거(郭巨), 왕포(王褒), 문양(文讓), 왕무자(王武子) 등의 이야기는 설(說)－창(唱) 구조로 되어 있는 것들로 모두 말미에 시가 있다. 정의중(程毅中)은 말미의 시가 변문의 창사(唱詞) 혹은 해좌사(解座詞)로 사용되었을 가능성이 있다고 보고 있다.(정의중, 앞의 책, 76쪽)

136 이 사권에는 원래 제목이 붙어 있는데, 앞에는「전한유가태자전(前漢劉家太子傳)」이라고 되어 있고 뒤에는「전한유가태자전(前漢劉家太子傳)」이라고 적혀 있다. 이는 유가태자(劉家太子) 이야기의 작품 제목으로 '전(傳)'과 '변'이 동시에 사용되고 있었음을 보여준다. 또 '창사(唱詞)나 시가(詩歌) 없이 산문만으로 완전한 체제를 이루고 있는 것으로 보아 변문의 별체이거나 창사(唱詞)가 생략된 축소본일 가능성이 있다.(정의중,『당대(唐代)소설사화』, 문화예술출판사, 91쪽 참조) 이 작품의 줄거리는 다음과 같다. ① 한(漢) 황제의 태자는 왕망(王莽)의 정권 찬탈로 인해 남양(南陽)으로 도망가 부왕이 이야기한 한 장로(張老)를 찾아간다. ② 왕망은 태자 체포령을 내리고 태자는 성외로 벗어나 한 농부을 만나 지하에 숨어 쌀알 일곱 톨을 입에 물고, 대나무 통으로 숨을 쉬며 지낸다. ③ 어려움을 벗어난 후 곤륜산(崑崙山)에 올라가 태백성을 찾고 최후에 다시 군대를 일으켜 한나라를 수복한다. ④ 부록 : 유가태자(劉家太子) 이야기를 마친 다음 부록으로 서왕모(西王母), 동방삭(東方朔), 송옥(宋玉), 연소왕(燕昭王), 동현(董賢) 네 사람의 이야기를 실어 놓고 있다. 유가태자(劉家太子)와 관계없는 이야기를 부록으로 실어 놓고 있

는 것에 대하여 정의중은 이 사권이 설화인의 자료본임을 증명하는 것이라고 주장한다. 또 「전한유가태자전(前漢劉家太子傳)」의 문자가 상당히 간소하고 조잡한 점, 뒷부분의 서왕모(西王母) 이야기가 『사기(史記)』에는 없고 구도흥(句道興) 『수신기(搜神記)』에는 들어 있는 점, 부록의 송옥(宋玉) 이야기의 출처로 거론한 『동현기(同賢記)』라는 책이 당대(唐代) 『조옥집(雕玉集)』에 보이는 점 등을 들어 부록의 네 가지 이야기를 화본의 요약으로 간주하고 있다.(정의중, 앞의 책, 91쪽)

137 이 작품은 시찬(詩贊)이 없고 전체가 산문(散文)으로 서술되어 있으며 대화체가 많다. 원문에 제목이 없으나 맨끝에 '[여기서] 화본이 끝나며, 초사할 때 결코 생략하지 않았다.(畵本既終, 并無抄略)'는 말이 있어 화본(話本)으로 간주한다. (이때 '화본(畵本)'을 '화본(話本)'의 의미로 풀이한다.) 이 작품의 줄거리는 다음과 같다. ① 회창(會昌) 년간 법난(法難)의 때였다. 법화화상(法華和尚)의 강논을 듣던 팔대해룡왕(八大海龍王)이 양견(楊堅)의 병을 고칠 수 있는 약을 주면서 후일 그가 불법을 부흥시킬 수 있도록 부탁한다. ② 법화화상(法華和尚)은 양견(楊堅)의 두통을 고쳐 주고 황제의 조서(詔書)를 받고 하루 늦게 가면 천명을 받아 황제가 될 것이라고 알려 준다. ③ 점괘로 장차 양견(楊堅)이 황제에 오르리라는 것을 안 황제는 양견(楊堅)을 죽이기 위해 조서(詔書)를 내리나 황후가 준 독주를 먹고 숨을 거두고 양견이 황제의 자리에 오른다. ④ 양견(楊堅)이 황제가 된 것에 不服하는 진왕(陳王)이 소마가(蕭磨呵)와 주라후(周羅侯)를 파견하여 수(隋)를 공격하자 황제 양견은 양소(楊素), 하약필(賀若弼), 한금호(韓衾虎)로 하여금 대항하게 한다. ⑤ 한금호(韓擒虎)가 지략을 발휘하여 소마가(蕭磨呵)를 패배시키고 다시 임만노(任蠻奴)를 물리친 후 진왕(陳王)마저 사로잡는다. 이에 끝까지 대항하던 주라후(周羅侯)의 항복을 받아내고 귀국의 길에 오른다. ⑥ 수(隋)와 전쟁을 하기 위해 단우가 사신을 보내오자 활쏘기 시합에서 한금호(韓衾虎)가 나서 경이(驚異)한 활솜씨를 보인 후 화친의 사신으로 나선다. ⑦ 번국(蕃國)에 도착하여 번왕(蕃王) 앞에서 경탄할만한 활 솜씨를 보여 번왕(蕃王)을 굴복시킨 후 귀국한다. ⑧ 오도장군(五道將軍)이 한금호(韓衾虎)를 저승으로 데려가기 위해 오자 한금호는 황제와 가족에게 이별을 고하고 구름을 타고 이승을 떠난다.

138 수미(首尾)가 모두 결락(缺落)되어 있고 중간 부분만이 남아 있으며 제목도 빠져 있다. 왕국유(王國維), 노신(魯迅), 주소량(周紹良) 이래 「당태종입명기(唐太宗入冥記)」란 이름을 사용하고 있다. 당태종(唐太宗) 이세민(李世民)이 건성(建成)과 원길(元吉)을 죽였기 때문에 생혼(生魂)이 음사(陰司)에 붙들려가고 염라대왕은 재판관 최자옥(崔子玉)에게 심문하라고 분부한다. 건성과 원길이 음사(陰司)에 고발장을 올리자 당태종(唐太宗)을 대질(對質)한다. 최자옥이 당태종에게 손가락질하며 겁을 주자 당태종은 재물을 최자옥에게 바치고 또 관직을 줄 것을 허락한다. 최자옥(崔子玉)은 사사로이 판결문을 수정하여 당태종이 10년을 더 천자 노릇을 할 수 있도록 해준다.

139 원제목이 「엽정능시(葉淨能詩)」이다. 이 텍스트의 제목에 대하여 장석후(張錫厚)는 제목의 '시(詩)'자를 '화(話)'자로 보아야 한다고 주장하며, 호사영(胡士瑩)은 '시(詩)'자는 '전(傳)'字가 되어야 한다고 주장한다. 또 김영화(金榮華)는 원래 '시화(詩話)'라는 제목이 붙어 있었는데 '화(話)'자가 생략되었을 것이라고 본다. 이 작품은 시찬(詩贊)이 없이 전체가 산문으로 서술되어 있으며 말미에 당현종(唐玄宗) 제문(祭文) 한 수(首)가 있는데 비록 압운(押韻)되어 있으나 시(詩)로 보기는 어렵다. 도교(道敎)의 방술(方術)을 찬양하는 내용을 담고 있는 작품

중국고사계 강창작품(講唱作品) 중 이상 7편이 화본(話本)으로 간주되는 대표적 작품인데 — 불교고사계 강창작품(講唱作品)인 「여산원공화(廬山遠公話)」와 「지원인유기(祇園因由記)」를 포함시키면 화본 작품은 총 9편이 된다 — 이를 중심으로 돈황 강창문학에서 화본(話本)이 차지하는 의미를 살펴보기로 한다.

첫째, 돈황 강창문학의 다양한 유형 중 화본(話本)을 사문(詞文), 민간

의 줄거리를 정리하면 다음과 같다. [전결(前缺)] ① 도문(道門)에 귀의한 엽정능(葉淨能)은 신인(神人)에게서 책(符本) 한권을 얻어 놀라운 도술을 터득하고 대라왕(大羅王)의 시험을 이겨낸다. ② 산신취녀(山神娶女) : 악신(岳神)이 현령(縣令)의 아내를 탈취해가자 엽정능(葉淨能)이 도술을 부려 구해 준다. 엽정능(葉淨能)의 소문이 장안에 두루 퍼지다. ③ 구호제병(驅狐除病) : 여우를 죽여 강태청 딸의 매병(魅病)을 제거해주다. 현종은 엽정능의 제자가 되고 백성들도 도교를 숭상하다. ④ 술지고락(術止鼓樂) : 황제가 고력사(高力士)의 건의를 받아들여 엽정능(葉淨能)을 시험하자 정능(淨能)이 도술(道術)을 부려 북소리를 그치게 한다. ⑤ 주옹도사(酒瓮道士) : 엽정능(葉淨能)이 술동아리를 도사로 변화시키는 도술로 현종(玄宗) 황제를 즐겁게 하고 고력사를 감탄케 하다. ⑥ 신송용퇴(神送龍腿) : 엽정능(葉淨能)이 도술(道術)로 신인(神人)으로 하여금 용(龍)다리를 가져오게 하여 현종(玄宗)에게 바치다. ⑦ 천한구우(天旱求雨) : 가뭄에 엽정능(葉淨能)이 도술(道術)로 오악(五嶽)과 사독(四瀆)을 모아 비를 내리게 하다. ⑧ 만리관등(萬里觀燈) : 엽정능(葉淨能)이 만리(萬里)나 떨어져 있는 촉천(蜀川) 검남(劍南)으로 황제를 모시고 가서 연등을 관람하고 장안으로 돌아오다. 검남(劍南)의 관리와 백성들이 황제가 두루 돌아다니는 것을 알고 멋대로 법령을 행하지 않는다. ⑨ 주순자사(奏詢子嗣) : 엽정능(葉淨能)이 도술(道術)로 황후가 후사(後嗣)를 가질 수 없음을 알아내 황제에게 알려주다. (10) 오유월궁(遨遊月宮) : 엽정능(葉淨能)이 도술을 부려 황제를 모시고 월궁(月宮)에 가서 구경하고 돌아오다. (11) 겁미생변(劫美生變) : 아리따운 궁녀(宮女)를 엽정능(葉淨能)이 범한 것을 황제가 알고 죽이려하자 엽정능(葉淨能)은 도술을 부려 황제곁을 떠나 대라궁(大羅宮)으로 돌아가다. 황제가 엽정능을 그리워하며 제문(祭文)을 통곡하며 읊다. 이상에서 이야기한 여러 가지 고사 가운데 현종(玄宗)이 연등(燃燈)을 관람한 일은 『유괴록(幽怪錄)』, 『도장(道藏)』 등에 실려 있고, 월궁에 가서 노닌 일은 『용성록(龍城錄)』, 『이문록(異聞錄)』, 『당일사(唐逸史)』, 『명황잡록(明皇雜錄)』 등에 보인다.

140 노신(魯迅)의 『중국소설사략(中國小說史略)』에서 「추호소설(秋胡小說)」로 부른 이 작품은 『변문집(變文集)』과 『신서(新書)』에서는 「추호변문(秋胡變文)」으로 되어 있다. 앞뒤 부분이 모두 결손(缺損)되어 있으며, 남아 있는 부분 또한 다른 텍스트에 비해 결자(缺字)와 오자가 매우 많다. 전체 줄거리 구조는 다음과 같다. [전결(前缺)] ① 집을 떠나 재상이 된 추호(秋胡) → ② 집에서 시어머니를 정성껏 봉양하면서 절개를 지키고 있는 추호처(秋胡妻) → ③ 추호는 귀향을 요청하고 진왕은 그를 허락한다. → ④ 귀향길에 뽕잎 따는 미녀를 유혹한 추호(秋胡)를 추호처(秋胡妻)는 남편으로 받아들이기를 거부한다. [후결(後缺)] 원(元) 잡극(雜劇)과 전통극목(傳統劇目)에 「추호희처(秋胡戲妻)」가 있는데 내용이 엇비슷하다.

부(民間賦)과 함께 독립화시킨 중국측의 분류법에는 중화중심주의적 해석의 편향성이 내포되어 있다. 이는 무엇보다 압좌문(押座文), 강경문, 변문이 인도 불경문학의 외래형식과 밀접한 연관을 맺고 있는 반면 화본(話本), 사문(詞文), 민간부(民間賦) 세 유형은 중국문학의 전통형식을 계승한 것으로 해석할 수 있다는 점과 관련이 있다. 다시 말해, 돈황 강창문학을 분류함에 있어 다수의 중국학자들이 화본(話本), 사문(詞文), 민간부(民間賦)를 독립적인 유형으로 특화시키고 있는 이유는 돈황 강창문학의 출현을 설화(說話), 서사민가(敍事民歌), 한 대잡부(漢代雜賦) 등 중국의 전통적 문학형식과 연계된 것으로 해석하려는 데 있다.[141] 이는 1980년대 이후 출판된 수많은 중국소설사(中國小說史), 중국곡예사(中國曲藝史), 중국설창예술사(中國說唱藝術史) 등에서 기본 논리로 확고히 자리 잡아 가고 있다. 일례로, 설보곤(薛寶琨)・포진배(鮑震培) 두 사람이 공저(共著)한 『중국설창예술사론(中國說唱藝術史論)』(화산문예출판사(花山文藝出版社), 1990) 속의 화본(話本)에 대한 다음 기술(記述)은 최근 중국학계의 시각이 어떠한가를 명확히 보여 준다.

> 속강(俗講) 설창(說唱)의 전체적인 발전 추세는 속인(俗人)을 계도(啓導)하고 교화시키는 방식으로부터 속인(俗人)을 즐겁게 하고 속인(俗人)의 취향에 영합하는 방식으로 옮아갔다. 이에 따라 설창(說唱)의 내용을 속인속사(俗人俗事)에서 취하고 현실사회의 문제를 설창(說唱)의 핵심으로 삼았으며, 아울

141 예컨대, 돈황 강창문학 연구에 있어 일본학계를 대표하는 가나오까 쇼우꼬우(金岡照光)가 돈황 문학문헌을 강창체류(講唱體類) / 산문체(散文體)류 / 운문체(韻文體)류로 삼분하고 있는 것과 달리 중국 대륙의 호사영(胡士瑩), 고국번(高國藩), 장홍훈(張鴻勛), 설보곤(薛寶琨), 포진배(鮑震培), 정의중(程毅中) 등과 대만, 임총명(林聰明) 등은 모두 강경문, 변문 외에 화본(話本), 사문(詞文), 俗賦(민간부) 등을 독립적 유형의 작품으로 배열하고 있다.

러 민간 통속문예의 우수한 전통을 계승 발전시켰다. 그 결과 한위(漢魏) 이래의 민간 통속문예의 주요 형식이 모두 속강(俗講) 설창(說唱) 내에서 수용되면서 형식상 다양한 변화가 야기되었다. 그 변화의 방법은 두 가지였다. (一) 산운조합(散韻組合)의 형식을 분리하여, 「여산원공화(廬山遠公話)」, 「한금호화본(韓擒虎話本)」, 「엽정능화(葉淨能話)」, 「당태종입명기(唐太宗入冥記)」, 「유가태자전(劉家太子傳)」 등과 같은 순수 산문체 서술 방식의 화본(話本)과 「계포시영(季布詩詠)」, 「계포매진사문(季布罵陣詞文)」, 「소무이릉집별사(蘇武李陵執別詞)」 등과 같은 순운문체 서술 방식의 창본(唱本)을 만들어냈다. (二) 한위잡부(漢魏雜賦)로부터 발전하여 「안자부(晏子賦)」, 「연자부(鷰子賦)」, 「공자항탁상문서(孔子項托相問書)」, 「차와 술 이야기(茶酒論)」, 「하녀부사(下女夫詞)」 등의 잡부문체(雜賦文體)와 「백조명(百鳥名)」, 「아가서(齖䶗書)」와 같은 유희적 작품이 출현하였다.

따라서 속강(俗講) 문체(文體)는 '전래(傳來)'와 '전환(轉換)'의 두 과정을 거쳐 변화 발전하였음을 알 수 있다. '전래(傳來)'의 첫 번째 공헌은 인도의 불경문체를 빌어와 산운조합(散韻組合)의 새로운 설창문체로 전환시킨 것이다. 그리고 '전래(傳來)'의 두 번째 공헌은 사전산문(史傳散文), 서사민가(敍事民歌), 잡부(雜賦) 등의 전통을 계승하고 수용함으로써 이러한 전통을 다시금 인식하고 새롭게 발전시켜 민간문예의 기동성을 갖춘 종합적 설창예술로 전환시킨 것이다.[142]

142 설보곤 · 포진배(薛寶琨 · 鮑震培), 『중국설창예술사론(中國說唱藝術史論)』, 화산문예출판사, 1990, 29~30쪽. "俗講說唱的發展總趨勢是由導俗.化俗走向悅俗.媚俗, 不僅內容取材于俗人俗事, 把現實和社會作爲講唱的核心, 而且形成繼承發揚了民間通俗文藝的優秀傳統, 漢魏以來民間通俗文藝的主要形式都在俗講說唱中得到了表現和發展, 形式上呈現靈活多樣的變化. 其變化的方法有兩個. 一是將韻散組合的形式分解開來, 産生了像「여산원공화(廬山遠公話)」, 「한금호화본(韓擒虎話本)」, 「엽정능화(葉淨陵話)」, 「당태종입명기(唐太宗入冥記)」, 「유가태자전(劉家太子傳)」 那樣以純散文敍寫的話本和像「계포

위 인용문은 속강(俗講)의 성행(盛行)으로 급속히 발전한 당대(唐代) 강창예술(說唱藝術)이 통속화되면서 중국고사나 현실 문제를 내용으로 한 작품들이 생겨났고, 아울러 민간 통속문예의 전통 형식을 수용함으로써 산운조합(散韻組合)의 변문 형식이 산문체(散文體)의 화본(話本), 운문체(韻文體)의 사문(詞文), 잡부체(雜賦體)의 민간부(民間賦)로 전환(轉換)되었다고 주장하고 있다. 그리고 이러한 견해는 둘째 단락의 논술에서 확인되듯이 문화교류에 있어서 외래문화로부터의 '전래(傳來)'와 자국문화(自國文化)으로의 '전환(轉換)' — 원문(原文)에서는 '나래(拿來)'와 '전화(轉化)' — 관계를 주로 '중국식 토착화(土着化) 현상'에 초점을 두고 해석한 것이다. 그 결과 강경문, 변문, 인연(因緣), 압좌문(押座文) 등 불교고사계 강창으로부터 화본(話本), 사문(詞文), 민간부(民間賦)를 분리함으로써 불교고사계 강창과 중국고사계 강창 상호간의 관련성 및 불교고사계 강창의 소설사적 의미가 간과되고 있다. 특히 변문과 화본(話本)을 별개의 체재로 분리하여 중국소설의 발전과정을 화본(話本) 중심으로 해석함으로써 변문의 가치가 축소평가되는 현상을 낳고 있다.

둘째, 돈황 강창문학의 유형 분류에 있어서 화본(話本)을 특화시킨 다음 순산문체 형식의 작품만을 화본(話本)으로 간주함으로써 화본(話

시영(季布詩詠)」, 「계포매진사문(季布罵陣詞文)」, 「소무이릉집별사(蘇武李陵執別詞)」那樣以純韻文敍寫的唱本. 二是漢魏雜賦演化而來的, 如「안자부(晏子賦)」, 「연자부(鷰子賦)」, 「공자항탁상문서(孔子項托相問書)」, 「다주론(茶酒論)」, 「하녀부사(下女夫詞)」 等雜賦文體, 甚至有像「백조명(百鳥名)」, 「아가서(齖䶗書)」 那樣的游戲筆墨. 可以看出, 俗講文體的生發演化經過了這樣兩個拿來和轉化的過程. 第一拿來是引進借鑒印度佛經文體, 轉化成韻散相間的新型說唱文體;第二個拿來是吸收繼承史傳散文, 敍事民歌和雜賦傳統, 并對這個傳統重新認識, 重新發現, 重新組合, 轉化爲具備民間文藝機動靈活功能的綜合性說唱藝術."

本)의 개념과 범주에 혼동을 초래하고 있다. '화본(話本)'의 개념을 설화(說話)의 저본(底本)이라 정의할 때 송대(宋代) 설화사가(說話四家)가 출현하기 전단계의 당대(唐代) 설화의 저본(底本)은 오직 산문체(散文體) 형식만으로 되어 있다고 보기는 어렵다. 그보다 당대(唐代) 화본(話本)은 산문체(散文體), 강창체(講唱體), 운문체(韻文體), 대화체(對話體) 등 다양한 형태를 띠고 있었을 가능성이 높다. 즉, 위에서 화본(話本)으로 열거한 6편 외에 변문, 사문(詞文), 민간부(民間賦) 텍스트 가운데 당시 설화인의 저본(底本)으로 보여지는 작품이 존재하는 것이다. 일례로, 순산문체 형식으로 되어 있는 「순자변(舜子變)」과 「한붕부(韓朋賦)」는 위의 화본(話本) 형식과 유사한 체제를 띠고 있어 이를 화본(話本)에서 제외시켜야 할 이유를 발견하기 어렵다. 이러한 측면 때문에 중국학자들은 화본(話本) 작품의 선정에 있어서 커다란 혼란을 보이고 있다. 예컨대, 이건(李騫)은 돈황 화본을 원시(原始) 단계의 작품·과도기(過渡期) 단계의 작품·후기 단계의 작품 세 부류로 나누고, 원시 단계의 작품으로는 「수신기(搜神記)」와 「효자전(孝子傳)」을, 과도기 단계의 작품으로는 「순자변(舜子變)」·「추호변문(秋胡變文)」·「유가태자전(劉家太子傳)」·「안자부(晏子賦)」·「한붕부(韓朋賦)」·「연자부(燕子賦)」·「다주론(茶酒論)」·「아가서(齖䶗書)」 등을, 후기 단계의 작품으로는 「여산원공화(廬山遠公話)」·「한금호화본(韓擒虎話本)」·「엽정능시(葉淨能詩)」·「당태종입명기(唐太宗入冥記)」 등을 들고 있으며,[143] 예종지(倪鍾之)는 이건(李騫)의 초기 단계와 후기 단계의 작품분류에 대해서는 긍정적이나, 과도기(過渡期) 단계로 내세웠던 작품 가운데 「한붕부(韓朋賦)」·「순자변

143 「당화본초탐(唐話本初探)」, 『돈황 변문화본 연구(敦煌變文話本硏究)』, 요녕(遼寧)대학 출판사, 1987, pp.12~48.

(舜子變)」·「추호변문(秋胡變文)」 등의 작품들을 화본(話本)에 포함시키지 않고 새로운 문체로 보아 속부(俗賦)에 포함시키고 있다.[144] 또 장홍훈(張鴻勛)은 「추호(秋胡)」·「여산원공화(廬山遠公話)」·「한금호화본(韓擒虎話本)」·「당태종입명기(唐太宗入冥記)」·「엽정능시(葉淨能詩)」를 화본(話本)으로 보고 있고,[145] 장석후(張錫厚)는 「여산원공화(廬山遠公話)」·「한금호화본(韓擒虎話本)」·「엽정능시(葉淨能詩)」·「당태종입명기(唐太宗入冥記)」와 함께 「추호변문(秋胡變文)」·「孔子項托相問書」를 화본(話本)에 넣고 있으며,[146] 호사영(胡士瑩)은 「여산원공화(廬山遠公話)」, 「한금호화본(韓擒虎話本)」, 「사사만어화(師師慢語話)」(「부지명변문(不知名變文)」, S.4327), 「당태종입명기(唐太宗入冥記)」, 「추호소설(秋胡小說)」, 「엽정능시(葉淨能詩)」를 화본(話本)으로 다루고 있다.[147] 그리고 정의중(程毅中)은 「여산원공화(廬山遠公話)」·「한금호화본(韓擒虎話本)」·「엽정능시(葉淨能詩)」·「당태종입명기(唐太宗入冥記)」·「추호변문

144 예종지(倪鍾之), 『중국곡예사』, 춘풍(春風)문예출판사, pp.91~102.

145 「돈황 강창문학작품 속 이야기의 변화 고찰(敦煌講唱文學作品故事流變考略)」, 『당대(唐代)문학논총』, 섬서(陝西)인민출판사, 1986.

146 『돈황문학(敦煌文學)』, pp.102~113 참조.

147 호사영(胡士瑩)은 화본(話本)에 대한 주요 관점을 소개하면 다음과 같다. : 「당대(唐代)의 설화는 작품명이 기록에 남아 있지 않아 현재 그 실상을 파악할 방법이 없다. 시인(市人)소설(민간소설을 말한다－필자주) 중에 편작(扁鵲) 이야기를 강설한 것이 있는데 이것이 설화의 일종일 가능성이 있으나 애석하게도 화본(話本)이 전해지지 않는다. 돈황 석실에서 발견된 문헌 가운데 화본(話本)으로 간주할 수 있는 것은 「여산원공화(廬山遠公話)」, 「한금호화본(韓擒虎話本)」, 「사사만어화(師師慢語話)」 세 종류이다. 특히 수미(首尾)가 완전한 앞의 두 작품은 화본(話本)의 초기 모습을 뚜렷이 보여주고 있다. 세 번째 작품은 잔결된 부분이 많은데 그 내용과 '화(話)'라는 글자가 붙어 있는 것으로 보아 소설가의 이야기에 해당한다. 이 세 종류의 작품은 줄거리가 비교적 간단하고 언어도 그리 통속적이지는 않지만 송대 화본의 선구였음에 의심의 여지가 없다. 그밖에 「당태종입명기(唐太宗入冥記)」, 「추호소설(秋胡小說)」, 「엽정능화(葉淨陵話)」 등은 비록 대부분이 종교를 선전하고 있는 작품이지만 모두 당시 민간 단편소설의 형식을 채용하고 있어 송(宋) 화본(話本)에 직접적인 영향을 주고 있다.」(앞의 책, 30~31쪽)

(秋胡變文)」, 「전한유가태자전(前漢劉家太子傳)」 외에 「오자서변문(伍子胥變文)」과 「지원인유기(祇園因由記)」를 화본(話本)에 포함시키고 있다.[148] 이렇게 논자들마다 화본(話本) 작품의 선정에 있어 혼란을 보이고 있는 것은 돈황 강창 텍스트의 제목이 불분명한데서 연유하지만 근본적으로는 화본(話本)의 개념과 기준을 논자들마다 달리 규정하고 있기 때문으로 볼 수 있다.

그런데 위의 여러 논자들 가운데 이건(李騫)의 화본(話本)에 대한 이해 방식은 주목할 필요가 있어 보인다. 왜냐하면 다른 논자들이 대부분 산문체 형식 여부를 기준으로 화본(話本) 작품을 선정하고 있는데 반해서 이건(李騫)은 당(唐) 화본(話本)이 변문, 전(傳), 부(賦), 서(書) 등 다른 형식과 교섭했던 과도기를 인정하고 「순자변(舜子變)」·「안자부(晏子賦)」·「한붕부(韓朋賦)」·「연자부(鷰子賦)」·「다주론(茶酒論)」·「아가서(齖䶗書)」 등을 화본(話本)에 편입시켜 이해하고 있기 때문이다. 변(變), 전(傳), 부(賦), 서(書) 등 타양식과 당대(唐代) 화본(話本)과의 관계에 대한 이건(李騫)의 언급을 인용하면 다음과 같다.

> 변(變), 전(傳), 부(賦), 서(書) 등 다양하고 복잡한 형식은 고사를 강설하는 형식이 아직 정형화되어 있지 않았음을 말해준다. 이 때문에 어떤 사람은 전통문체 가운데 '노래하지 않고 음송(吟誦)(不歌而誦)하는' 장점(長點)을 가진 '부(賦)'체를 취하여 이야기를 강설(講說)했다고 생각한다. 또 어떤 사람은 고사를 강설한 다음 노래 한 가락을 부르는 것이 적합하기 때문에 강설 위주에 가곡(歌曲)을 덧붙인 '서(書)'의 형식을 차용했다고 생각한다.

148 「속부(俗賦)·사문(詞文)·통속(通俗)소설」, 『중국고대·근대문학연구』, 1988.10.

물론 어떤 것은 시작하자마자 산문체를 사용하여 이야기를 강술(講述)하기도 했다. 이러한 강술문체(講述文體)의 부정형성은 바로 「순자변(舜子變)」·「추호변문(秋胡變文)」·「유가태자전(劉家太子傳)」·「안자부(晏子賦)」·「한붕부(韓朋賦)」·「연자부(燕子賦)」·「다주론(茶酒論)」·「아가서(齖齣書)」 등이 원시(原始)형태의 화본(話本) 형식에서 정형화된 화본(話本) 형식으로 넘어가는 과도기의 작품임을 말해준다.[149]

위 인용문의 언급처럼 당대(唐代) 화본(話本)이 과연 원시 단계의 작품(「수신기(搜神記)」와 「효자전(孝子傳)」)으로부터 과도기 단계의 작품(「순자변(舜子變)」·「안자부(晏子賦)」·「한붕부(韓朋賦)」·「연자부(鷰子賦)」·「다주론(茶酒論)」·「아가서(齖齣書)」 등)으로 발전한 다음 정형화된 후기 단계의 작품(「여산원공화(廬山遠公話)」·「한금호화본(韓擒虎話本)」·「엽정능시(葉淨能詩)」·「당태종입명기(唐太宗入冥記)」 등)을 만들어내었는지는 좀더 상세한 고찰을 요한다. 다만 여기서 당(唐) 화본(話本)을 산문체 형식에 국한시키지 않고 화본(話本)의 단계적 변천 과정을 주시한 점과 과도기(過渡期)의 화본(話本)이 변(變), 전(傳), 부(賦), 서(書) 등 다른 형식과 상호 교섭했을 가능성을 거론하고 있는 점은 매우 중요한 의미를 갖는다. 왜냐하면 이러한 시각은 순산문체 형식의 텍스트를 화본(話本)으로 간주하는 기존의 잘못된 인식을 수정하고, 각 유형 간의 교섭 현상에 입각하여 화본(話本)의 개념과 범주를 새롭게 규정할 수 있는 단초를 제공하고 있기 때문이다. 따라서 이와 같은 이건(李騫)의 문제의식을 비판적으로 수용하는 측면에서 볼 때 향후 돈황 화본(話本) 텍스

149 이건(李騫), 「당화본초탐(唐話本初探)」, 앞의 책, 34~35쪽.

트에 대한 연구는 화본의 개념과 범주를 근본적으로 재검토하면서 진행되지 않으면 안 될 것이다.

이상에서는 돈황 화본 텍스트의 기본적인 성격과 기존 연구의 몇 가지 문제점에 대하여 논술하였다. 이를 토대로 돈황 화본 텍스트의 주요 특징을 도표화하여 정리하면 다음과 같다.

류형	항목	화본(話本)
체제	句式	산문구. 장단에 구속되지 않는다.
	韻式	무운(無韻)
	언어	구어체
	구조	설고사(說故事)
내용	제재	1) 역사인물 2) 종교고사 3) 명기(名妓) / 명의(名醫) 고사
	풍격	신기한 색채.
연행	방식	산문설서(散文說書)
	기예	설화
	장소	사가(私家), 재연(齋筵), 궁정(宮庭)
	연행자	설화인

(3) 사문 詞文

'사문(詞文)'이란 전편(全篇)이 운문(韻文)으로 구성되어 있어 「창(唱)」만 하고 강설(講說)은 하지 않는 강창작품(講唱作品)을 말한다. 돈황 강창 텍스트에서 '사문(詞文)'으로 분류되는 것을 열거(列擧)하면 다음과 같다.

순서	제목	사권편호(寫卷編號)
1	「착계포전문일권(捉季布傳文一卷)」[150] (=「大漢三年季布罵陣詞文一卷」)	P.3697 P.2747 P.2648 P.3386 P.3197 S.5440 S.2056 S.5439 S.5441 S.1156
2	「동영사문(董永詞文)」(=「董永變文」)[151]	S.2204
3	「계포시영(季布詩詠)」[152]	P.3645 S.1156
4	「연자부(鷰子賦)」(2)[153]	P.2653
5	「하녀부사(下女夫詞)」[154]	P.3350 S.3877 S.5949 S.5515 P.3893 P.3909 P.2976
6	「백조명(百鳥名)」[155](=「백조명-군신의장(百鳥名-君臣儀仗)」)	P.3595

150 이 텍스트는 「계포를 체포하는 이야기(捉季布傳文一卷)」이라는 제목 이외에 작품 첫머리에 '대한(大漢) 3년 초나라 장수 계포가 한나라 진영(陣營)에 욕을 하니 한왕(漢王)은 여러 신하에게 수치스러워 군마(軍馬)를 거둔다는 이야기(大漢三年楚將季布罵陣漢王羞恥群臣拔馬收軍詞文)'라는 상황 설명어가 달려 있으며, 끝에는 '대한삼년계포매진사문1권(大漢三年季布罵陣詞文一卷)'이라는 미제(尾題)가 붙어 있다. 이 작품의 줄거리를 단계별로 정리하면 다음과 같다. ① 초나라와 한나라 사이에 전쟁이 벌어져 초나라 장수 계포(季布)가 유방(劉邦)에게 욕을 하는 계책을 써서 유방의 군대를 물리치나, 진영을 다시 정비한 유방에 의해 초는 멸망하고 항우(項羽)는 도망하다 자결한다. ② 유방은 자신에게 욕을 한 계포를 체포하라는 체포령을 내리고 계포는 옛 친구 주씨(周氏)의 도움을 받아 숨어 지낸다. ③ 한왕(漢王)은 계포를 숨겨주는 자는 육친을 멸한다는 포고문을 내린다. ④ 계포는 꾀를 내어 유방(劉邦)의 특사 주해(朱解)에게 팔려 간다. ⑤ 주해(朱解)에게 자신이 계포임을 고하고 주연을 베풀게 한다. ⑥ 주연(酒宴)에 온 조정(朝庭)의 중신(重臣) 하후영(夏侯嬰)과 소하(蕭何)에게 한왕(漢王)에게 상소해 줄 것을 부탁한다. ⑦ 상소를 받은 유방은 계포 체포령의 폐해를 듣고 계포의 체포를 중단시키고 천금까지 하사(下賜)한다. ⑧ 계포(季布)와 대면한 한왕(漢王)은 옛날 생각에 계포를 체포하려하자 후대의 비난거리가 될 것이라는 계포의 말을 듣고 사면하고 태수라는 관직을 제수한다. ⑨ 계포는 주해를 찾아가 보답하고 득의양양하게 귀향한다. 이 작품은 전편이 7언구이며 640구가 일운도저(一韻到底)로 되어 있다. 강창 텍스트 가운데 매우 드문 장편 서사시의 체재를 하고 있다.

151 원래 제목이 결손되어 있어 「동영변문(董永變文)」으로 칭하기도 하고 「동영사문(董永詞文)」이라 부르기도 한다. 또 사권 속에 "효감선현설동영(孝感先賢說董永)"이라는 구가 있는데, 여기서 '효감(孝感)'이란 현명(縣名)으로 보아 편성연대를 만당(晩唐) 함통(咸通)(860~874) 이후로 추정하고 있다.(장홍훈(張鴻勛), 『돈황강창문학작품선주(敦煌講唱文學作品選注)』, 감숙(甘肅)인민출판사, 31~32쪽 참조) 이 사권에 대하여 왕중민(王重民)(『변문집(變文集)』 교기(校記) 참조)은 "글 내용의 앞뒤가 서로 맞지 않는 곳이 많은 것으로 보아 원본에는 백과 창이 모두 있었을 것으로 의심된다. 이 사권은 단지 창사(唱詞)만이 남은 것으로 설백은 수록되어 있지 않다.(文義多有前後不相銜接處, 疑原本有白有唱, 此則只存唱詞, 而未錄說白.)"고 하여 원 텍스트에는 강부(講部)가 존재했을 것이라고 주장한 바 있다.(『변문집(變文集)』 교기(校記) 참조) 그러나 임총명(林聰明)같은 학자는 「동

영사문(董永詞文)」은 장편의 운문으로 내용이 완정하여 본래 산문이 있을 필요가 없다고 주장한다.[임총명, 『돈황속문학연구(敦煌俗文學研究)』 참조] 장홍훈(張鴻勛)도 임총명(林聰明)과 같이 이 작품을 사문으로 보아 다음과 같이 주장하고 있다. "변문의 문체는 설(說)과 창(唱)이 겸비되어 있는 것이 통례이다. 그리고 전체가 창사(唱詞)일 경우 다소(多少)를 막론하고 절대로 한 운(韻)으로 압운하는 법이 없다. 그런데 「동영(董永)」은 陽唐韻으로 압운하고 있어 변문의 창사(唱詞)體와는 매우 다르다. 이는 사문(詞文)체와 유사하다." 동영(董永)에 관한 이야기는 유향(劉向) 『효자전(孝子傳)』, 조식(曹植)의 『영지편(靈芝篇)』, 『수신기(搜神記)』, 『태평어람(太平御覽)』 권4 「효자도(孝子圖)」 등에 보인다. 송원(宋元) 화본(話本) 「동영우선전(董永遇仙傳)」, 명 전기(明傳奇) 「직금기(織錦記)」, 희곡(戲曲) 전통극목 「천선배(天仙配)」 등도 동영(董永)과 선녀의 결합 이야기를 다루고 있는데 내용은 다소 차이가 있다. 「동영사문(董永詞文)」의 줄거리는 다음과 같다. ① 효행의 중요성에 대한 화자(話者)의 강설(講說) ② 15세에 양친(兩親)을 여위게 된 동영(董永)은 자신의 몸을 팔아 부친의 빈소를 차린다. ③ 부친 무덤의 봉분이 끝나고 哭을 마치고 귀향하는 길에 여인을 만나 百年偕老의 약속을 한다. ④ 선녀 아내가 짠 훌륭한 비단을 내다 판다. ⑤ 오랫동안 지상에 거주해 천상으로 돌아가게 된 선녀는 동영에게 아이를 맡기고 동영과 눈물의 이별을 한다. ⑥ 동영(董永)의 아들 동중(董仲)이 7세가 되었을 때 어손빈의 도움으로 어머니가 선녀인 것을 알게 되고 연못 가에서 모친을 만난다. ⑦ 선녀는 금병을 주면서 손빈에게 주라고 한다. ⑧ 손빈이 금병을 받자 저절로 소장하고 있던 천서(天書)가 붙타버리고 60장만이 남는다. ⑨ 이후 인간은 천상의 일을 알 수 없게 된다.

152 앞부분에 한 단락의 산문(散文)이 있고, 뒤에는 장편의 창사(唱詞)로 되어 있다. 이 사권의 수제(首題)는 「계포시영(季布詩詠)」이며 미제(尾題)는 「계포일권(季布一卷)」이다. 이 사권(寫卷)의 제목에 대하여 『변문집(變文集)』 교기(校記)에 "이 시(詩)는 장량(張良)의 이야기를 읊은 것인데 어째서 앞뒤 모두에 季布를 제목으로 하고 있는지 모르겠다."고 기술하고 있다. 과연 사권의 제목이 잘못된 것인지의 여부는 확인하기 어려운데, 어떤 사람은 계포(季布)이야기 중에서 가창(歌唱)할만한 한 부분을 따로 떼어낸 것이라 주장하기도 한다. 한편 '天福四年□□□□□四日記'라고 되어 있는 것으로 보아 이 사권(寫卷)이 5대(五代) 시기에 쓰여진 것임을 알 수 있다. 이 작품의 줄거리 구조는 다음과 같다. ① 산문 : 초나라는 멸망하고 한나라가 흥기하며 장량(張良)은 초가(楚歌)를 불러 초나라 군대를 물리쳤네. ② 가요(歌謠) : 초나라 군영을 포위하고 사방에서 초가를 부르네 ③ 사(詞) : 효행의 중요성 강조→위태로운 초나라 군대와 고향을 그리워하는 초나라 병사→불리한 전세(戰勢)의 항우(項羽) 하늘이 버리도다. 이러한 작품의 내용에 대하여 고국번(高國藩)은 다음과 같이 해설하고 있다. "한(漢) 통일(統一)을 지향하던 유방은 먼저 많은 공신을 이성왕(異姓王)으로 봉하여 그들을 포용한 대제국을 건설하려고 하였는데, 초왕(楚王) 한신(韓信) 등 몇몇 대야심가들은 스스로 땅을 차지하여 왕이라고 칭하고는 유방의 통일 정책을 받아들이지 않았다. 이에 유방은 통일을 열망한 백성의 뜻에 부응하여 그들을 하나 하나 제거하였다. 바로 이 작품은 유방이 대야심가인 초왕(楚王) 한신(韓信)을 정벌하는 상황을 묘사하고 있다. 지모가 뛰어난 장량(張良)은 한신(韓信)이 포악하다는 사실을 깨닫고, 한신(韓信)을 제거하려는 유방의 정책에 동조하여, 초패왕 항우를 제거한 방법으로 초왕 한신의 군대를 와해시킨다."(고국번(高國藩), 『돈황민간문학(敦煌民間文學)』 참조)

이상 일곱 작품을 중심으로 기존 사문(詞文)논의 문제점과 '사문(詞文)' 양식의 기본적인 성격에 대하여 살펴보기로 한다. 먼저 기존 사문(詞文)논의 문제점은 다음과 같다.

첫째, 사문(詞文) 가운데는 순(純)운문체(韻文體)가 아닌 텍스트들이 '사문(詞文)'에 포함되어 있다. 돈황 강창작품(講唱作品) 가운데 '사문(詞文)'으로 다루고 있는 작품을 보면, 앞에서 언급한 純운문체(韻文體) 작품 외에 본격적인 이야기 전개는 「창(唱)」으로 하면서 「창(唱)」 앞에

153 5언시체로 되어 있는 「연자부(鷰子賦)」(2)는 漢賦體의 형식에 문언체와 구어체를 겸하고 있는 「연자부(鷰子賦)」(1)과 문체, 등장인물, 서술언어 등 내부 구조에 있어서 많은 차이를 보이고 있다. 따라서 제목이 비록 '부(賦)'로 되어 있으나 '사문(詞文)'으로 분류하는 것이 합리적이다. 이 작품의 줄거리는 다음과 같다. ① 입화시(入話詩) : 참새와 제비가 개원가(開元歌)를 부르노라. ② 화자의 해설 : 제비는 봄 되어 돌아오나, 참새가 제비의 집을 차지하고 있네. ③ 제비와 참새가 서로 자기 집이라고 주장한다. ④ 참새와 제비가 각기 자신의 신분을 자랑한다. ⑤ 제비가 참새를 봉황에게 고소한다. ⑥ 제비와 참새가 봉황 앞에서 자기주장을 편다. ⑦ 봉황이 제비에게 집을 돌려주라고 판결한다. ⑧ 話者의 발언 : 제비와 참새 모두 책하면서 화해할 것을 권고. ⑨ 참새가 제비에게 사과하고 제비 역시 돈을 받고 집을 팔겠노라고 한다.

154 이 작품은 학자에 따라서 사문(詞文)에 넣기도 하고 민간부(民間賦)로 분류하기도 하나 사실상 문학 텍스트로 보기 어렵다. 아마도 이 사권(寫卷)은 신랑신부의 혼례의(婚禮儀)를 기록한 의례서식(儀禮書式)이었을 것으로 짐작된다. 이 텍스트의 구조는 다음과 같다. ① 대화문 : 신부의 집을 찾아온 남자(신랑)과 여인과의 대화 ② 대화시(對話詩) : 술을 올리며 남녀가 시를 읊는다. ③ 대화시 : 말에서 내리기를 청하며 남녀가 시를 읊는다. ④ 대화시 : 침상에서 내려오기를 청하며 남녀가 시를 읊는다. ⑤ 의식 순서에 따라 읊는 시(詩) : 여자집 대문을 논하며 부르는 노래 → 중문(中門)에 이르러 부르는 노래 → 퇴(堆)에 이르러 읊는 노래 → 당기(堂基)에 이르러 부르는 노래 → 봉쇄시(逢鏁詩) → 당문(堂門)에 이르러 부르는 노래 → 장막을 걷으며 부르는 노래 → 부채를 제거하는 노래 → 동뇌반을 읊은 노래 → 사모관대를 제거하며 부르는 노래 → 꽃을 제거하며 부르는 노래 → 옷을 벗기며 부르는 노래 → 머리발을 합치며 부르는 노래 → 머리를 빗으며 부르는 노래 → 손가락 끝을 연계시키며 부르는 노래 → 사람들이 벗어나면서 부르는 노래 → 주렴을 내리며 부르는 노래.

155 수미(首尾)가 완전하고 앞뒤에 각각 제목이 적혀 있다. 두루마리 끝에 경인년(庚寅年)12월이라고 기록되어 있는데 이는 당(唐) 덕종(德宗) 건중(建中)2년(781)에서 당(唐) 선종(宣宗) 대중(大中)4년(850) 사이에 해당한다. 토번이 돈황을 관할할 무렵에는 초권, 벽화 등에 년도를 기록하는 것이 관례였으므로 '경인년(庚寅年)'은 당(唐) 헌종(憲宗) 원화(元和)5년(810)일 가능성이 있다. 「백조명(百鳥名)」은 아무리 늦어도 이때 편성된 것으로 보인다.(장홍훈(張鴻勛), 앞의 책, 42쪽 참조) 이 사권은 두 단락의 운문(韻文)으로 되어 있으며, 매 운문(韻文) 단락 앞에는 짧은 산문이 덧붙어 있다. 운문(韻文) 위주의 작품이기 때문에 대체로 '사문(詞文)'으로 취급한다.

짧은 「강(講)」이 덧붙어 있는 강창작품(講唱作品)도 사문(詞文)에 포함시키고 있다. 예컨대, 위에 나열한 작품 가운데 「계포사문(季布詞文)」, 「계포시영(季布詩詠)」, 「백조명(百鳥名)」은 모두 맨 앞에 짧은 산문체 서술이 붙어 있다. 또 제명이 '사(詞)'로 되어 있기 때문에 '사문(詞文)'에 집어넣어 이해하는 작품도 있는데 「하녀부사(下女夫詞)」가 그 경우에 해당한다. 또 위에 열거한 텍스트 중의 체재와 판이한 성격을 지닌 「소무이릉집별사(蘇武李陵執別詞)」를 '사문(詞文)'으로 분류하는 학자도 있다. 이상의 현상들은 사문(詞文)의 양식적 특징에 대한 명확한 규정이 제대로 정립되어 있지 않음을 말해주는 것으로 사문(詞文)의 개념과 범주가 근본적으로 재검토되어야 함을 말해 준다.

둘째, 앞서 화본(話本)에서 언급하였듯이, 돈황 강창작품(講唱作品)의 분류에서 사문(詞文)을 독립화시킨 것은 전통양식의 계승. 발전이란 측면에서 돈황 강창작품을 유형화하는 과정에서 생겨난 결과라 할 수 있다. 이는 사문의 연원에 대한 고국번의 다음과 같은 주장에서 드러난다.

> 돈황 민간사문은 〈공작동남비(孔雀東南飛)〉 〈목란사(木蘭辭)〉 등 중국 고대의 민간서사시로부터 생산 발전되어 나온 것이다. 당대(唐代) 이후에 정식으로 발전하여 7언 위주의 체재를 이루었다. 이것은 바로 당대 민간에서 창작된 순수한 운문서사시형(韻文敍事詩型)의 연창작품(演唱作品)으로, 중국의 민간연창문학이 당대에 창조적으로 발전하였음을 보여주고 있다.[156]

156 고국번(高國藩), 『돈황민간문학』, 연경(聯經), 대만, 94쪽 참조.

기본적으로 민간 구비서사시와 사문(詞文)의 관련성은 어느 정도 인정되지 않을 수 없다. 그러나 강창 장르인 사문(詞文)가 오로지 서사민가(敍事民歌)에서 유래했다고 단정하기에는 해결되지 않는 물음들이 너무 많이 남는다. 예컨대, 7언체 위주의 서술 방식은 과연 서사민가에서 발전한 것인가, 「창(唱)」 중간에 삽입되는 산문적 서술은 어디서 유래한 것인가 등의 문제가 그것이다. 필자의 견해로는 이와 같은 문제를 해결하기 위해서는 압좌문(押座文)과 사문(詞文)의 대비 연구가 필요하다고 본다. 왜냐하면 강경의식의 통속화 현상으로 인해 불교고사계 강창이 중국고사계 강창으로 확대 발전되는 과정에서 '사문(詞文)' 형식이 생겨났을 가능성이 있기 때문이다. 이를 위해서는 강경의식에서 압좌문의 독립화 현상 및 압좌문의 구성 원리에 대한 면밀한 분석이 가해져야 할 것이다.

이상의 문제점을 염두에 두면서 사문(詞文)의 기본적인 특징에 대하여 도표를 통해 개괄적으로 정리하면 다음과 같다.

유형 \ 항목		사문(詞文)	
체제	구식	5언구 작품도 존재하나, 대부분은 7언구 위주이다.	
	운식	1) 기본적으로 일운도저(一韻到底), 부분적으로 전운(轉韻). 2) 극히 일부분이 기우구(奇偶句). 모두 압운(押韻)한다.	
	언어	구어체	
	구조	직연고사(直演故事). 짧은 산문체 서술이 삽입되어 있다.	
내용	제재	1) 역사전설	2) 민간고사
	풍격	1) 민간문학적 색채가 짙다	2) 강건, 청신, 소박
연행	방식	운문창본(韻文唱本)	
	기예		
	장소		
	연행자	사인(詞人)	

(4) 민간부 民間賦

'속부(俗賦)' 혹은 '고사부(故事賦)'라고 불리는 '민간부(民間賦)'를 돈황 강창문학의 독자적 형태로 구분한 것에는 화본(話本), 사문(詞文)의 경우와 같이 돈황 강창문학을 중국 전통양식의 계승 시각에서 해석하려는 의도성이 내재되어 있다. 이는 민간부(民間賦)의 개념과 범주가 화본(話本)과 사문(詞文)처럼 애매모호한 데서 그 문제점이 드러난다. 돈황 강창문학의 유형 분류에서 '민간부(民間賦)(혹은 속부(俗賦)' 항목을 독립시키고 한중 학자들이 어떠한 텍스트를 민간부(民間賦)로 간주하고 있는가를 도표를 통해 고찰하기로 하자.

국내 저작의 돈황 민간부(민간부) 분류

분류자	명칭	대상 작품
허세욱	속부	『한붕부(韓朋賦)』, 『연자부(鷰子賦)』, 『안자부(晏子賦)』, 『공자항탁상문서(孔子項託相問書)』, 『다주론(茶酒論)』, 『계포매진사문(季布罵陣詞文)』
조명화	속부	『한붕부(韓朋賦)』, 『연자부(鷰子賦)』(1), 『안자부)晏子賦)』, 『공자항탁상문서(孔子項託相問書)』, 『다주론(茶酒論)』, 『아가서(齖齣書)』, 『소무이릉집별사(蘇武李陵執別詞)』, 『추호변문(秋胡變文)』, 『하녀부사(下女賦詞)』

중국 저작의 돈황 민간부 분류

분류자	명칭	대상 작품
호사영(胡士瑩)	속부	『한붕부(韓朋賦)』, 『연자부(鷰子賦)』, 『안자부(晏子賦)』, 『공자항탁상문서(孔子項託相問書)』, 『다주론(茶酒論)』, 『아가서(齖齣書)』
정의중(程毅中)	고사부	『한붕부(韓朋賦)』, 『연자부(鷰子賦)』, 『안자부(晏子賦)』, 『공자항탁상문서(孔子項託相問書)』, 『다주론(茶酒論)』, 『맹강녀변문(孟姜女變文)』, 『순자지효변문(舜子至孝變文)』,
장석후(張錫厚)	속부	『한붕부(韓朋賦)』, 『연자부(鷰子賦)』, 『안자부(晏子賦)』, 『韓朋賦』, 『鷰子賦』, 『晏子賦』
예종지(倪鍾之)	속부	『한붕부(韓朋賦)』, 『연자부(鷰子賦)』, 『안자부(晏子賦)』, 『공자항탁상문서(孔子項託相問書)』, 『다주론(茶酒論)』

왕경숙 (王慶菽)	백화부	『한붕부(韓朋賦)』, 『연자부(鷰子賦)』, 『안자부(晏子賦)』, 『공자항탁상문서(孔子項託相問書)』, 『다주론(茶酒論)』, 『하녀부사(下女賦詞)』
유국은 (游國恩)	속부	『한붕부(韓朋賦)』, 『연자부(鷰子賦)』, 『안자부(晏子賦)』, 『공자항탁상문서(孔子項託相問書)』, 『다주론(茶酒論)』
장홍훈 (張鴻勛)	고사부	『한붕부(韓朋賦)』, 『연자부(鷰子賦)』(1), 『안자부(晏子賦)』, 『공자항탁상문서(孔子項託相問書)』, 『다주론(茶酒論)』『아가서(齖魺書)』
『설창예술간사』	속부	『한붕부(韓朋賦)』, 『연자부(鷰子賦)』, 『안자부(晏子賦)』, 『공자항탁상문서(孔子項託相問書)』, 『다주론(茶酒論)』『아가서(齖魺書)』

위 도표에서 나타나듯이 돈황 강창작품(講唱作品) 중 어느 것을 민간부(民間賦)로 넣을 것인가에 대해서는 학자들마다 견해차를 드러내고 있다. 그러나 「한붕 이야기(한붕부(韓朋賦)」, 「제비 이야기(연자부(鷰子賦)」(1), 「안자 이야기(안자부(晏子賦), 「공자와 소년 항탁의 문답 이야기(공자항탁상문서(孔子項託相問書)」, 「차와 술 이야기(다주론(茶酒論), 「신부 아가(齖魺) 이야기(아가서(齖魺書)」 등 여섯 작품은 대부분의 학자들이 민간부(民間賦)에 넣어서 이해하고 있음을 알 수 있다. 따라서 필자는 이 여섯 작품을 민간부의 일차적 대상으로 선정하고, 여기에 사문(詞文) 형식과 판이한 체재를 보이고 있는 「소무와 이릉의 이별 이야기(소무이릉집별사(蘇武李陵執別詞)」를 추가하여 총 일곱 작품을 민간부(民間賦)의 범주로 확정하고자 한다.

순서	제목	사권편호(寫卷編號)
1	「한붕부(韓朋賦)」(=「한빙부(韓凭賦)」)[157]	P.2653 P.2922 S.3227 S.3873 S.4901 S.3904
2	「연자부(鷰子賦)」(1)[158]	P.2653 P.2491 P.3666 P.3757 S.6267 S.214 S.554
3	「안자부(晏子賦)」[159]	P.2564 P.3460 P.3716 P.3821 S.6332 P.2647
4	「공자항탁상문서(孔子項托相問書)」[160] (=「孔子項托相詩」)	P.3883 P.3833 P.3225 P.3754 P.3882 S.5529 S.5674 S.5530 S.1392 S.395 S.2941
5	「차와 술 이야기(茶酒論)」[161]	P.2718 P.3910 P.2972 P.2875 S.5774 S.406
6	「아가서일권(齖魺書一卷)」[162]	P.2564 P.2633 S.4129
7	「소무이릉집별사(蘇武李陵執別詞)」[163]	P.3595

157 한붕(韓朋)과 그의 처에 대한 비극적 이야기는 『열이전(列異傳)』, 『수신기(搜神記)』, 『예문류취(藝文類聚)』, 『법원주림(法苑珠林)』, 『영표록이(嶺表錄異)』, 『태평어람(太平御覽)』, 『태평환우기(太平寰宇記)』 등에 기재되어 있다. 이 작품의 성립시기에 대하여는 현재까지 여러 가지 주장이 제기되고 있으니 ① 당대(唐代)성립설 ② 당말(唐末)－송초(宋初) 성립설 ③ 북위말(北魏末)－초당(初唐)성립설이 바로 그것이다. 이 작품의 줄거리는 다음과 같다. 〈1〉 어질고 효성이 지극한 선비 '한붕'이 있어 벼슬하기 위해 집을 떠나면서 아름답고 정숙한 '정부'를 아내로 얻고 서로 절개를 지킬 것을 맹세한다. 〈2〉 송나라에 머물며 6년이 넘도록 소식이 없는 한붕에게 한붕의 아내가 편지를 보내고, 송왕은 이 편지를 주워 읽고 한붕처를 빼앗기 위해 사신 양백를 한붕처에게 보낸다. 〈3〉 사신이 한붕의 집에 도착하여 한붕모를 속여 한붕처를 데리고 떠난다. 〈4〉 송왕은 정부를 황후를 삼고 극진히 대우하나 정부가 절개를 굽히지 않자 한붕을 참혹하게 구타한 후 청릉대로 보낸다. 〈5〉 한붕의 아내가 남편을 찾아 청릉대로 가나 한붕이 자살한다. 〈6〉 정부는 송왕에게 한붕을 장사지내 줄 것을 요청하여 허락받은 후 무덤에 뛰어들어 자살한다. 〈7〉 무덤 속에서 푸른 돌과 흰 돌이 나오고 계수나무와 오동나무가 자라 서로 얽히며 원앙새가 되어 고향으로 날아간다. 〈8〉 원앙새에서 깃털이 떨어져 송왕이 이를 주어 몸에 문지르니 목이 떨어져 나가고 송나라는 3년이 못되어 멸망하고 양백 부자도 변방으로 유배된다.

158 우화부(寓話賦)라 할 수 있는 「연자부(鷰子賦)」는 체제가 완전히 다른 두 텍스트가 있는데, 「연자부(鷰子賦)」(1)은 사육언체(四六言體)의 한부체(漢賦體) 형식으로 되어 있는 반면에 「연자부(鷰子賦)」(2)는 오언 시가체의 형식을 띠고 있다. 「연자부(鷰子賦)」(1)은 다음 두 가지 측면 즉 한부체(漢賦體)의 전형적 구법(句法)인 4언구(四言句)와 6언구(六言句)를 위주로 서술하고 있는 점과 문인부(文人賦)에 통상적으로 활용되는 평시(評詩) 형태의 시 두 편이 마지막에 붙어 있는 점에서 문인부(文人賦)의 문체적 특성을 보여 준다. 그러나 연행 텍스트로서의 성격을 내포하고 있는 「연자부(鷰子賦)」(1)은 다음 몇 가지 점에서 문인부(文人賦)와 뚜렷한 차이를 보여 준다. 첫째, 문인부(文人賦)와는 달리 관운(官韻)의 규칙을 준수하지 않고 있다. 둘째, 많은 방언과 속어를 사용하고 있다. 셋째, 구연(口演)하기에 적합한 문답 형식의 대화가 대부분을 차지한다. 넷째, 문인부(文人賦)에서 볼 수 있는 '평시(評詩)' 체제를 도입하고 있으나 연행용(演行用)으로 변이되어 있다. 이상 네 가지 특징에서 알 수 있듯이 갑 본은 독자를 대상으로 쓰인 열람용(閱覽用) 텍스트가 아니라 당시 민간에서 구술되던 이야기가 전통적인 부체 형식과 결합하여 이루어진 연행 텍스트에 가깝다는 것을 알 수 있다. 「연자부(鷰子賦)』(1)의 줄거리를 정리하면 다음과 같다. 〈1〉 제비 부부가 애써 마련한 보금자리를 참새가 차지한다. 〈2〉 항의하는 제비를 참새 부부가 두들겨 팬다. 〈3〉 제비가 봉황에게 고소장을 제출한다. 〈4〉 뱁새가 참새를 봉황에게 붙잡아 온다. 〈4〉 변명하는 참새를 봉황이 혼을 내고 감옥에 가둔다. 〈5〉 감옥에서 심문관이 참새를 심문한다. 〈6〉 봉황은 참새의 공로를 고려해 석방하고 제비와 화해한다. 〈7〉 홍학(鴻鶴)이 참새와 제비에게 훈계하다. 〈8〉 제비와 참새의 화답시(和答詩) → 홍학(鴻鶴)의 화답시(和答詩) → 제비와 참새의 화답 시

159 반중규(潘重規)는 『신서(新書)』 교기(校記)에서 P.3757호와 P.2647호에 대하여 다음과 같이 언급하고 있다. "P.3757호는 22쪽으로 된 소책자로 「장부백세편(丈夫百歲篇)」, 「여인백세편(女人百歲篇)」, 「십이시행효문(十二時行孝文)」 및 곡자(曲子) 「감황은(減皇恩)」 등이 초사(抄寫)되어 있으며 마지막 두 쪽에 「안자부일수(晏子賦一首)」가 초사되어 있다."

또 "P.2647호는 다섯 장의 황색 종이로 되어 있으며 정면과 사방의 경계가 있다. 『대승무량수종요경(大乘無量壽宗要經)』이 초사(抄寫)되어 있는데 수미(首尾)가 완전하다. 끝부분에 작은 글씨로 '이가흥(李加興)'이란 초사자(抄寫者)의 이름이 적혀 있다. 뒷면에 「안자부(晏子賦)」 6行이 초사되어 있다. 「안자부(晏子賦)」는 제목을 抄하지 않은 채 「齊國之臣昔爲晏子, 使於梁國, 至梁王門外, 問是何國者, 齊國人也. 晏子王問曰.形容何似……」라고 기록되어 있는데, 아마도 이 글을 쓴 자가 기억에 의거하여 서투르게 적은 흔적이 보이는 것으로 보아 초사(抄寫)한 글이 아닌 듯하다." 이 사권(寫卷)은 창부(唱部)가 없이 전체가 대화체 산문(散文)으로 되어 있으며 길이도 매우 짧다. 내용은 제(齊)나라의 안자(晏子)가 양(梁)나라에 사신으로 가서 양왕(梁王)과 재치있는 문답을 주고 받는 이야기를 다루고 있다.

160 돈황 강창 텍스트 가운데 가장 많은 13종의 초사본(抄寫本)이 남아 있다. 이는 당시 공자(孔子)와 항탁(項托) 이야기가 널리 유행했음을 시사한다. 13종의 사권 중 『상문서(相問書)』의 성립연대 추정에 도움을 주는 것은 S.395D호와 P.3833호 두 문헌이다. 먼저 S.395호는 초사년도가 AD 943년임을 나타내는 '천복(天福)8년癸卯歲十一月十日海王寺學郎張□保記.'의 표시가 두루마리 끝부분에 있고, P.3833호는 『상문서(相問書)』의 성립연대를 100년 이상 끌어내릴 수 있는 '병신년 이월(丙申年二月)'이라는 표지 — 장홍훈(張鴻勛)의 고증에 따르면 '병신년(丙申年)'은 당(唐) 헌종(憲宗) 원화(元和)11년(816)에 해당한다 — 가 있다. 『상문서(相問書)』의 구성은 문답으로 짜여진 전반의 강부(講部)와 7언 56구로 이루어진 후반(後半)의 창부(唱部)로 나누어지는데 줄거리를 간추리면 다음과 같다. [전반의 문답부] 공자가 유람하던 중 소년 항탁을 만나 논쟁을 벌이나 총명한 항탁을 이길 수 없다. [후반의 창부(唱部)] ⟨1⟩ 말재주가 뛰어난 7세 소년 항탁은 학문을 위해 입산한다. ⟨2⟩ 공자는 항탁의 부모에게 약초를 맡기고 건망증이 있는 항탁의 부모는 공자의 약초를 태워 버린다. ⟨3⟩ 약초를 찾으러 온 공자는 보상받는 대신 항탁의 소재를 알아낸다. ⟨4⟩ 공자는 항탁을 찾아가 칼로 난도질한다. ⟨5⟩ 항탁은 죽으면서 자신의 피를 보관하라고 부모에게 부탁한다. ⟨6⟩ 부모가 항탁의 피를 대나무에게 쏟아 붇자 대나무는 대장군으로 변해 공자와 재결투를 한다. ⟨7⟩ 항탁이 죽자 마을에서 묘당에 안치하고 제사를 지내준다.

161 「차와 술 이야기(다주론(茶酒論)」 사권은 『변문집』과 『신서(新書)』의 원문 편찬(編纂)에 사용된 P.2718호 사권을 포함해 현재까지 모두 여섯 종류가 남아 있다. 반중규(潘重規)는 『신서(新書)』 「차와 술 이야기(다주론茶酒論)」 교기(校記)에서 P.3910호에 대하여 다음과 같이 적고 있다. "소책자(小冊子)이며 직선으로 줄이 쳐져 있다. 글씨체는 졸렬하다. 앞뒤에 모두 표제(標題)가 있다. 첫 行에 '기묘년정월십팔일음노아계학자(己卯年正月十八日陰奴兒界學子)'라는 표제(標題)가 달려 있고 이 뒤에 『차와 술 이야기(다주론(茶酒論)』, 『신합천문황제감태신(新合千文皇帝感台辛)』, 『신합효경황제감태신 (新合孝經皇帝感台辛)』, 위장(韋莊)의 『진부음(秦婦吟)』 등이 수록되어 있다. 마지막 행에 '癸未年二月六日淨土寺彌趙負住左手辶書'라는 표시가 보인다." 「차와 술 이야기(다주론(茶酒論)」 두루마리는 돈황에서 출토된 사권 중 유일하게 작가가 진사(進士) 출신의 왕부(王敷)라는 인물로 밝혀져 있으며, 문체도 다른 작품들에 비해 구문(句文)이 매우 정제되어 있고 박학다식함이 표출되어 있다. 이는 내용상 사회를 풍자하거나 비판하는 점이 없어 점잖은 상층인사들에게도 두루 향유되었을 가능성이 있는 이 텍스트를 통해 작가가 자신의 문재(文才)를 드러내는 데 도움이 된다고 생각하여 이름을 남겨 놓았던 것으로 보인다. 한편 「차와 술 이야기(다주론茶酒論)」을 민간부(民間賦)로 간주하는 이유는 다음 두 가지 점에 있다. 첫째, 「차와 술 이야기(다주론茶酒論)」은 부체(賦體)의 기본적인 골격인 '[서(序)] → [일문일답] → [결(結)]'의 삼 단계 형식을 갖추고 있다.

이상 일곱 작품을 중심으로 민간부(民間賦)의 본질적 특성에 대하여 논술하면 다음과 같다.

첫째, 돈황 강창작품(講唱作品) 중 원제(原題)가 「부(賦)」인 작품이 발견되는 것으로 볼 때, 한 대(漢代) 잡부(雜賦)와 같은 전통형식이 당대(唐代)에 이르기까지 민간에서 꾸준히 전승되고 있었음에는 틀림없는 듯하다. 전형적인 부체적(賦體的) 특성을 보이는 「연자부(鷰子賦)」(1)의 존재가 이를 입증한다. 그러나 5언체(五言體) 「연자부(鷰子賦)」(2)의 존재에서 알 수 있듯이 당시의 민간부(民間賦)는 결코 특정한 형태만을 고집하지 않고 류동성(流動性)을 띠었던 것으로 보인다. 그리고 이는 민간부(民間賦)가 전통형식의 단순한 전승에서 생겨난 것이 아니라 타

둘째, 4언체(四言體)와 6언체(六言體)가 결합된 부(賦)의 전형적인 문체 형식을 갖추고 있다.

162 「아가서(齖䶗書)」는 내용과 형식상 아가신부문, 십이시곡문(齖䶗新婦文, 十二時曲文) 그리고 주사(呪詞) 세 부분으로 나뉘는데 이에 대해서는 두 가지 견해가 있다. 첫째는 세 부분을 하나로 묶어 동일한 작품으로 보고, 십이시곡(十二時曲)의 삽입 의미를 남편이 학문을 열심히 닦아 성공하여 아녀자를 돌보아야 한다는 경계의 뜻이 담긴 것으로 해석한다. 이와 같은 주장을 편 사람은 왕경숙(王慶菽)이다. 둘째는 십이시곡문(十二時曲文)과 주사(呪詞)가 「아가서(齖䶗書)」의 본내용과 관련이 없으므로 잘못 삽입된 것으로 보아야 한다는 견해가 있다. 이러한 주장을 펴는 사람은 항초(項楚)로 그는 『돈황변문선주(敦煌變文選注)』에서 십이시곡문(十二時曲文)을 뺀 채 『아가서일권(齖䶗書一卷)』을 싣고 있다. 「아가서(齖䶗書)」는 표면적으로는 여자의 출가 후 덕행을 훈계(訓戒)하는 내용으로 되어 있으나 이면(裏面)에는 중세 봉건사회에서 여성해방을 추구하는 정신이 스며 있다. 전체 줄거리를 단락별로 정리하면 다음과 같다. ① 아가신부문(齖䶗新婦文) : 자유로운 생활을 추구하는 신부 아가(齖䶗)가 이혼서를 쓰고 나오다. ② 십이시(十二時) : 학문, 충절, 우정의 가치를 노래한다. ③ 주사(呪詞) : 아가(齖䶗) 신부(新婦)의 항변(抗辯) ④ 시(詩) : 후세 시인의 평(評)

163 장편의 산문이 앞에 놓여 있고 화답시(和答詩) 2수로 끝을 맺고 있는 이 작품을 어느 유형에 소속시킬 것인가는 매우 어려운 문제이다. 어떤 학자는 '사(詞)'라는 제목에 착안하여 사문(詞文)으로 간주하고, 어떤 학자는 부(賦)로 분류하기도 하며, 어떤 학자는 변문에 집어넣기도 한다. 이 작품의 줄거리 구조는 다음과 같다. ①오랑캐 땅에서의 이별주를 들게 된 상황을 묘사 → ② 소무(蘇武), 한증(韓曾), 이릉(李陵) 세 사람의 대화가 전개됨 → ③오랑캐 땅에 몸을 담고 있는 이릉을 꾸짖는 소무(蘇武) → ④ 이릉(李陵)이 소무(蘇武)에게 전후 사정을 이야기하고 돌아가신 노모(老母)의 무덤에 자신을 대신해 배향해 줄 것을 부탁하다. → ⑤ 이릉(李陵)의 시(詩) → ⑥ 소무(蘇武)의 화답시(和答詩)

장르와의 교섭하면서 자체적으로 변이. 발전하였음을 시사한다.

둘째, 민간부(民間賦)의 진정한 가치는 전통형식의 계승이라는 측면보다는 그 당시 민중 연행문학의 존재를 보여주는 구체적 문헌이라는 데 있다. 특히 이는 변문이나 화본(話本)에서 찾기 힘든 민간부만이 지니고 있는 건강한 비판정신에서 확인할 수 있다. 예컨대, 봉건 체재의 최고 권력자인 왕(王)의 횡포(橫暴)에 정면 도전한 「한붕 이야기(韓朋賦)」, 중세 시대의 이념적 지주(支柱)라 할 수 있는 성인(聖人) 공자(孔子)를 우자(愚者)와 살인자(殺人者)로 풍자한 「공자항탁상문서(孔子項託相問書)」, 시집살이의 질곡에서 과감히 벗어나는 「아가서(齖𪘨書)」 등 중상류층의 문학에서 찾아볼 수 없는 평민적 저항정신이 짙게 배어 있는 것이다.

이상에서는 민간부의 범주와 주요 특징에 대하여 간략하게 논술하였다. 이상의 논의를 보충하는 의미에서 민간부(民間賦)의 특성을 도표를 통해 정리하면 다음과 같다.

류형 \ 항목		민간부(民間賦)
체제	구식	1) 4・6언 위주 2) 부분적으로 산문체 서술
	운식	1) 격구(隔句) 압운(押韻) 2) 한편에 약간의 운을 바꾼다
	언어	일반 대중들이 이해하기 쉬운 구어체
	구조	1) 이야기를 직접 강설(講說) 2) 서(序) → 주객문답(主客問答) → 의론(議論) 3) 문답체 위주
내용	제재	1) 역사고사 2) 민간고사
	풍격	1) 민중의 건강한 비판정신 함유 2) 평민적 비장미(悲壯美)와 유쾌한 해학성(諧謔性)
연행	방식	운송체(韻誦體)
	기예	재담(才談)
	장소	시정 / 궁정 / 사원(市井 / 宮庭 / 寺院)
	연행자	민간설창인

제2절_ 주제 유형

돈황 강창문학의 주제 유형을 어떻게 나누는 것이 가장 합리적인가에 대하여는 아직까지 확고한 정설이 세워져 있지 않다. 다만 현재까지의 연구 결과로 볼 때 '주제 분류'에 가장 가까운 것은 '제재'를 중심으로 구분한 다음 분류법이다.

〈도표〉 돈황 강창문학의 제재 분류164

불교고사계 강창	중국고사계 강창
1) 불경고사류(佛經故事類)	1) 역사고사류(歷史故事類)
2) 석가고사류(釋迦故事類)	2) 민간고사류(民間故事類)
3) 불가고사류(佛家故事類)	3) 당대시사류(當代時事類)

돈황 강창문학을 먼저 대제재(大題材)에 따라 불교고사계(佛教故事系)와 중국고사계(中國故事系)로 이분한 다음 소 제재를 중심으로 다시 세 유형으로 나눈 위의 분류법은 돈황 강창문학의 내용적 특성을 나름대로 정리하고 있다는 면에서 의미가 있다. 그리고 엄밀한 의미에서 '주제(subject matter)'라는 용어는 제재, 모티브(motif), 내용 등의 개념

164 이와 같은 도표를 작성하는 데 참고한 주요 학자의 견해를 소개하면 다음과 같다. ① 고국번(高國藩)(『돈황민간문학』, 연경출판사, 대만, 1994) : 돈황 문학을 민간변문, 강경문, 민간고사부(民間故事賦), 민간사문(民間詞文), 민간화본(民間話本), 곡자사(曲子詞) 등으로 구분하고, 민간변문(民間變文)은 다시 민간고사변문(民間故事變文), 역사고사변문(歷史故事變文), 불교고사변문(佛教故事變文)으로 삼분하고 있다. ② 반중규(潘重規)(『돈황변문집신서』, 중국문화대학, 대만) : 돈황 변문의 내용과 형식에 의거하여 제1유형 불경, 불가고사강창(佛家故事講唱)과 제2유형 중국고사강창(中國故事講唱)으로 양분한 다음 제1유형을 다시 '불경을 강설한 것 / 석가모니의 성불고사(成佛故事)를 강설한 것 / 불제자, 불교고사를 강설한 것'으로 삼분하고, 제2유형은 형식만을 고려하여 '유설유창체(有說有唱體) / 유설무창(有說無唱)혹은 무설유창(無說有唱)체 / 대화체'로 삼분하고 있다.

과 동의어로 간주될 만큼 그 차이가 아주 미세하므로 위의 분류를 '주제적 분류'가 아니라고 부정하기는 어렵다. 그러나 주제의 의미를 '작품 내면을 구성하고 있는 세계 이해의 방식'이라는 측면으로 바라볼 때 위의 분류법은 커다란 한계를 지니고 있다. 왜냐하면 제재론에 입각한 위의 분류 방식으로는 돈황 강창문학 텍스트 속에 내포된 '세계 이해의 상반된 가치규범' 및 그 '공존현상'을 읽어낼 수 없기 때문이다. 이러한 점에서 볼 때 우리 나라의 판소리 연구에서 작품 속에 두 개의 주제가 양면에 공존. 대립하고 있음을 밝히기 위해 일찍부터 도입되었던 '양면성', '이원성' 개념과 이에 대한 논의는 돈황 강창문학의 주제를 이해하는 데 시사하는 바가 크다.[165] 따라서 본고에서는 판소리 주제의 이중적 현상을 염두에 두면서[166] 돈황 강창문학에 대한 기존의 제재분류 방식의 한계를 극복하기 위해 돈황 강창문학의 주제를 다음과 같이 세 유형으로 나누어 분석하고자 한다.

---

165 판소리 주제의 다층성(多層性)에 관한 기존의 논의에서 주목되는 견해는 다음 세 가지이다. ① 대립. 공존하는 두 개의 주제를 '표면적 주제'와 '이면적 주제'로 구분한 양면성론 ② 판소리에 '상층지향성과 민중지향성'이 공존하고 있음을 주목한 이원성론(二元性論) ③ 양면성론(兩面性論)과 이원성론(二元性論)의 극복하고 사회사적 배경과 변모에 따른 판소리 주제의 굴절양상을 검토하기 위해 '근원적 주제' '실질적 주제', '표피적 주제'로 삼분한 임진택론(林賑澤論).(임진택, 「이야기와 판소리」, 『민중연희의 창조』, 창작과비평사, 173~175쪽 참조). 이상의 판소리 주제에 대한 분석이론들은 돈황 강창문학의 주제 유형과 유사성이 발견된다는 점에서 비교 연구의 가치를 지닌다. 다만, 우리나라의 판소리와 돈황 강창문학을 비교할 때 중요한 차이점이 하나 있으니, 그것은 판소리 주제의 이중성(二重性)과 굴절현상이 주로 통시적 측면에서 고찰되는 반면 돈황 강창문학에 있어서는 그러한 현상이 공시적 차원에서도 검토될 수 있다는 점이다.

166 단, 판소리의 양면성이 주로 통시적 측면에서 논의되고 있는 것과 달리 본고에서는 공시적 차원에서 돈황 강창작품의 주제를 분석할 것이다. 판소리와 달리 돈황 강창문학의 주제를 공시적 측면에서 분석 가능한 것은 당대(唐代)의 구비 연행문학 텍스트인 돈황의 강창작품이 다수 현전(現傳)하고 있는 사실과 상하층에 걸쳐 돈황 강창문학이 두루 향유되고 있던 점에서 연유한다.

돈황 강창작품의 주제 유형		
제1유형	지배이념형(支配理念型)	중세 사회의 지배적 이념을 지향.
제2유형	현실비판형(現實批判型)	현실에 대한 비판과 풍자.
제3유형	절충화해형(折衷和解型)	현실에 대한 부정과 긍정을 절충.

먼저 제1유형은 중세 사회의 중심적 가치 관념을 일방적으로 지향하는 작품을 말하며, 제2유형은 소외된 공동체 속에서 싹튼 민중들의 부정적, 비판적 의식을 담고 있는 작품을 가리킨다. 그리고 제3유형은 지배계층과 현실사회에 대한 부정과 긍정을 동시에 내함(內含)함으로써 제1유형과 제2유형의 주제가 혼재되어 있는 현상이 보이는 작품을 말한다. 이상 세 유형의 주제 사이에 얽혀있는 상호 역학관계를 도면으로 다시 정리하면 다음과 같다.

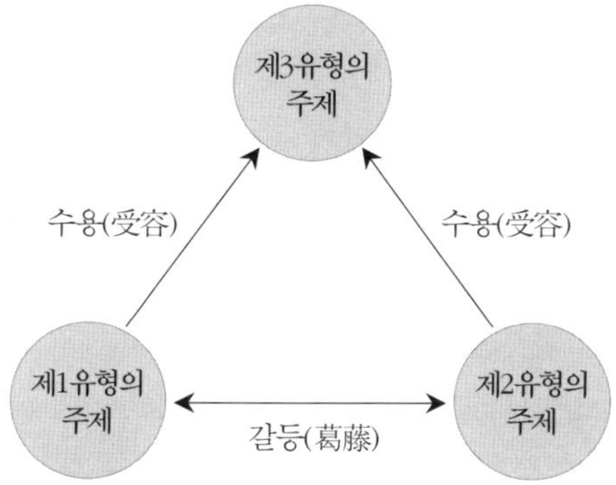

여기서 제1유형의 주제와 제2유형의 주제는 지배계층과 피지배계층의 상반된 의식을 담고 있는 점에서 서로 대립・갈등한다. 반면 제3유형의 주제는 제1유형의 주제와 제2유형의 주제 양자를 모두 수용하는 절충성을 보여주고 있다. 이처럼 돈황 강창문학의 주제 유형은 어

느 한 가지만으로 귀착시킬 수 없는 중층적인 양상을 띤다는 점에서 세밀한 주의를 요한다.

그러면 이와 같이 다면적인 양상을 보이는 돈황 강창문학의 주제 유형을 실제 텍스트 분석과 곁들여 하나씩 살펴보기로 하자.

1) 제1유형 : 지배이념형支配理念型

지배이념형이란 중세 사회의 보편적 이념 — 예컨대 충(忠). 효(孝). 열(烈). 의(義) 사상과 불교적 이념 — 을 일방적으로 지향하고 있는 작품을 말한다. 여기서 '보편 이념의 일방적 지향'이란 중세적 질서와 봉건체제의 옹호 그리고 지배적 종교이념에 대한 추종이 주제에 노골적으로 표면화되어 있음을 의미한다. 이처럼 그 시대의 지배적인 사회이념을 충실히 구현하고 있는 제1유형의 주제를 구체적으로 세분하고 그에 해당하는 대표적인 텍스트를 예로 들면 다음과 같다.

제1유형의 주제		대표작품
1	효의 권장	「부모은중경강경문(父母恩重經講文)」「이십사효압좌문(二十四孝押座文)」 「순자지효변문(舜子至孝變文)」 등
2	충과 열	「한장왕릉변(漢將王陵變)」, 「장의조 장군 이야기(張義潮變文)」, 「장회심변문(張淮深變文)」, 「왕소군변문(王昭君變文)」, 「한금호화본(韓擒虎話本)」 등
3	불교적 세계관 홍포(弘布)	불교고사계 강창의 대부분
4	왕공 · 귀족(王公 · 貴族)의 위용 가송(偉容 歌頌)	「백조명(百鳥名)」 등

위에 열거한 '지배이념형' 작품을 보면, 대부분 민중연행문학(제2유형)에서 발견되는 현실에 대한 풍자성과 비판성 대신에 왕족·귀족 등 상류층의 정서에 의존하여 영웅적이고 숭고하며 가송적인 색채를 띠고 있다. 또 사회의 상위규범을 일방적으로 지지하므로 겉으로 드러난 표면적 주제와 내면적 주제가 서로 이반되는 현상이 나타나지 않는다.

그러면 위 도표에 열거된 '지배이념형(支配理念型)' 텍스트 가운데 중세사회의 중심적 가치이념이라 할 수 있는 효와 충을 주제로 삼고 있는 작품을 분석하기로 하자.

(1) 텍스트 사례 1 : 「순자의 지극한 효행 이야기순자지효변문(舜子至孝變文)」

「순자의 지극한 효행 이야기(순자지효변문)」는 부모의 모진 박해를 딛고 '효행(孝行)'을 쌓아 현세적 행복을 구현하는 내용을 담고 있다. 먼저 전체 줄거리를 단계별로 요약 소개하면 다음과 같다. ① 순자(舜子)의 친어머니 악등부인이 일찍 세상을 떠나자 순자의 아비 고수(瞽叟)는 계모를 얻는다. ② 순자의 아비가 장사하러 요양성(遼陽城)으로 가서 여러 해 동안 돌아오지 않는다. ③ 고수가 돌아온다는 말을 듣고 계모는 순자를 모함할 계획을 세운다. 계모는 순자에게 복숭아를 따게 하고 나무 아래서 자신의 다리를 찔러 상처를 낸 후 고수가 돌아오자 순자가 한 짓이라고 거짓말을 한다. ④ 고수가 돌아와 순자를 나무에 매달아 놓고 채찍질하니 선혈이 낭자하다. ⑤ 그후 계모와 고수는 순자를 죽일 계획을 세운다. ⑥ 첫 번째 살해 계획, 순자로 하여금 창고를 수리하게 하고 밑에서 불을 지르나 순자는 두 개의 삿갓을 날개

삼아 창고를 내려 온다. ⑦ 두 번째 살해 계획 : 순자로 하여금 우물을 파게하고 큰 돌로 우물을 막아버리나 순자는 석가의 도움을 얻어 동쪽 우물로 탈출한다. ⑧ 순자는 어머니 산소에서 어머니의 가르침을 듣고 역산(歷山)으로 달아나 농사를 짓는다. ⑨ 10년 후 순자는 수확한 쌀을 시장에 내다팔다 우연히 쌀을 사는 계모를 만나게 된다. 순자는 수차에 걸쳐 쌀 판 돈을 계모의 쌀 주머니 속에 몰래 넣어주다 고수(瞽叟)의 의심을 받게 된다. 당시 고수(瞽叟)는 두 눈이 먼 상태였는데 계모의 부축을 받아 시장에 이르러 순자의 목소리를 듣고는 부자가 상면하게 된다. ⑩ 순자가 혀로 아비의 눈을 핥자 다시 눈을 뜨게 되고, 어미 역시 정신을 차리고 벙어리인 동생도 다시 말을 할 수 있게 된다. ⑪ 순자는 부모를 모시고 고향으로 돌아간다. 순자는 순자의 애비가 계모를 죽이려하자 계모를 살려주니 천하에 순자의 이름이 전해졌다. 요임금은 이를 듣고 두 딸을 주고, 아울러 제위(帝位)를 순자에게 물려준다. ⑫ 시(詩)로 순자의 효행을 가송(歌頌)한다.

이상의 전체 줄거리 가운데 ① ④ ⑫에 해당되는 부분을 읽어보기로 하자.

①

요(堯)임금께서 나라를 다스리던 시절에는 날마다 온갖 상서로운 징조가 나타났다. 순자(舜子)의 친어머니가 안채에 있었는데 이분이 바로 악등부인(樂登夫人)이다. 악등부인은 병에 걸려 자리에 누운 지 3년이 지나도록 일어나지 못했다. 夫人은 고수(瞽叟)를 불러 말하기를.. "소첩은 당신께 이 불쌍하고 외로운 자식들을 남겨 놓고 갑니다. 원컨대, 당신은 애들을 학대하고 때리지 마십시오." 고수가 부인에게 말하길 "사람에게는 모두 질병이 있는 법이라오. 부인은 반드시 치료될 것이오." 말을 마치자 숨을 거두었다. 순자는 삼년 동안 효도를 다하여 천일 동안 소복을 몸에 걸쳤다.

(…중략…)

④

계모는 고수가 돌아온다는 말을 듣고 마음속으로 즉시 계획을 꾸몄다. 큰 소리로 순자를 불러 말하길.. "만약 아버님이 돌아오신다는 것이 사실이라면 집안에 준비해 놓은 것이 없어 걱정이구나. 내가 후원의 과일을 보니 매우 좋은 붉은 복숭아가 신선한 맛을 내고 있더구나. 네가 복숭아를 따준다면 어찌 집안일을 돕는 것이 아니겠느냐?" 순자는 복숭아를 따라는 말을 듣고 당시 마음속으로 즐거워했다. 순자가 나무 위에 올라 복숭아를 따는데 계모도 나무 밑에 이르렀다. 그녀는 자신의 머리를 풀고 손에 금비녀를 뽑아 들고 자신의 다리를 찌르며 큰 소리로 순자를 부르며 말하기를.. "네놈이 효순한 녀석이라면 어찌해서 나무에서 내려와 계모의 찔린 상처를 간호하지 않는단 말이냐?" 순자는 이 말을 듣고 거짓말이 아니라고 여겨 황급히 나무에서 내려 왔다.

방안에 누워 있은 지 이삼일이 지나지 않아 고수가 집에 돌아 왔다. 고수는 집에 도착 즉시 자신의 방에 가보니 후처가 침상에 누워 일어나지 못하고 있었다. 고수가 묻기를.. "이전에 내가 돌아왔을 때는 심히 기뻐하더니만, 오늘은 집에 돌아온 나를 보고 침상에 누운 채 일어나지도 않는 구려. 혹시 이웃과 다투기라도 했소? 아니면 유행병에라도 걸렸단 말이오?" 후처는 홀연히 이 말을 듣고는 주르르 눈물을 떨구며, "당신이 요양에 가시고 난 후 소첩에게 집안일을 당부하셨지요. 전처의 자식은 불효한지라 소첩이 후원에서 복숭아를 따는 것을 보고는 나무 아래 지독한 가시덤불을 많이 묻어 두었지요. 결국 저는 두 다리를 찔려 종기가 되었고 그 통증이 심장과 골수에까지 이르렀답니다. 저는 당시 곧바로 관가에 알릴까 마음먹다가 부부의 의리를 생각해 참았답니다. 당신께서 만일 믿지 못하시면 다리 위의 종기 고름을 보세요. 아름다운 저를 봐서라도 자식을 문초할 마음이 생기기를 바랍니다.?"

고수가 순자를 불러 말하길.. "애비가 잠시 요양에 가면서 너에게 집안일을 당부했거늘 어인 연고로 집안에서 불효한 행위를 하였느냐? 어머니가 나무에 올라 복숭아를 딸 때 나무 밑에 지독한 가시덤불을 많이 매장해두어 어미의 두 다리를 찔러 종기를 생기게 한 것이 누구더냐?" 순자는 마음속으로 이미 알고 있었으나 어미의 마음을 상하게 할까봐 두려웠다. 또 순자는 모든 죄과를 엎드려 고할 경우 어미에게 연루될까 걱정되었다. "자식된 몸으로 천번 만번 무거운 죄를 지었사오니 오로지 아버님의 꾸짖음에 따르겠나이다." 고수는 홀연히 이 말을 듣고 진노할 수도 기뻐할 수도 없었다. 큰 소리로 말하길. "상이야! 아비에게 회초리 세 대를 가져오너라. 내 이놈을 심하게 때려 주겠다." 상아는 회초리를 가져 오라는 말을 듣고 어미의 방으로 달려 들어가 고하길.. "아버님이 저에게 회초리를 가져오라 하시면서 형을 심하게 때리시겠다고 하셔요." 후처가 고수에게 말하길. "자식이 죄를 지으면 반드시 매질을 해야 하는 법이니 사정을 봐주지 마세요." 상아가 회초리를 가져오자 여러 개 가운데 가장 거친 것을 뽑아 대충 두어 개를 묶었다. 순자의 머리를 정원 나무 꼭대기에 매달아 놓고 목에서부터 종아리까지 매질을 하니 선혈이 이곳저곳 땅을 뿌려졌다.

고수가 순자를 매질하니, 온갖 새들은 울부짖고 자오새는 계속해서 피를 씻어준다. 순자는 효순한 사람인지라 하늘나라의 부처님께서 모든 사실을 아시고는 노인으로 변하여 인간 세상에 내려와 순을 구제하여 매 맞지 않은 상태로 만드셨다. 순자는 곧 서당으로 돌아가, 먼저 『논어(論語)』와 『효경

(孝經)』을 읽고, 다음에 『모시(毛詩)』와 『예기(禮記)』를 읽었다.

⑫

시에 이렇게 읊고 있다.

고수는 우물을 막고 스스로 눈이 멀었고,
순자는 역산에 가서 밭을 갈았네.
쌀을 가지고 익주로 가 부모를 만나
혀로써 눈을 핥으니 다시 밝아졌네.

또 이런 시도 있다.

부모에게 효성이 지극하여 하늘도 감동하니
순자는 우물을 파다 은전을 얻었네.
부모는 돌로 막아 순자를 눌러 죽이려 하였지만
(순자는) 판 우물이 동쪽으로 연결되어 있음을 감지했네.

①

堯王里(理)化之時, 日洛(落)千般祥瑞. 舜有親阿孃在堂, 樂登夫人便是. 樂登夫人染疾在床, 三年不豈(起), 夫人喚言苦嗽(瞽叟).. 「立有姑(孤)男姑(孤)女, 流(留)在兒胥手頂(頭), 願夫莫令邊(鞭)恥. 苦嗽(瞽叟)報言娘子.. 「問疾病愡有, 婦人大須攝治, 」道了命終. 舜子三年持孝, 淡眼(服)十(千)日寡(掛)體.

④

後阿孃聞道苦嗽到來, 心里當時設計, 高聲喚言舜子.. 「實若是阿耶來, 家裏苦無供備, 阿孃見後薗果子, 非常最好, 紅桃先(鮮)味. 我若嘀(摘)得桃來, 豈不是於家了事!」舜子問(聞)道摘桃, 心裏當時歡喜. 舜子上樹摘桃, 阿孃也到樹底. 解散自家頭計, 拔取金釵手裏, 次(刺)破自家脚上, 高聲喚言舜子.. 「我子是孝順之男, 豈不下樹與阿孃看次(刺).」舜子聞言, 將爲是眞無爲(僞), 舜子卽忙下樹. 房中臥地不起, 不經三兩□□□□□□, 叟來至. 瞽叟入到宅門, 直到自家房□□□後妻向床上臥地不起. 瞽叟問言娘子.. 「前後見我不歸[167], 得甚能歡能喜? 今日見我歸家, 床上臥不起, 爲復是隣里相爭, 爲復天行時氣[168]?」後妻忽聞此言, 滿目摧摧下淚.. 「自從夫去遼陽, 遣妾勾當家事, 前家男女不孝, 見妾後園摘桃, 樹下多里(埋)惡刺, 刺我兩脚成瘡, 疼痛直連心髓. 當時便擬見官, 我看夫妻之義. 老夫若也不信, 脚掌上見有膿水. 見妾頭黑面白, 異生豬狗之心.」

瞽叟喚言舜子.. 「阿耶暫到遼陽, 遣子勾當家事, 緣甚於家不孝? 阿孃上樹摘桃, 樹下多埋惡刺, 刺他兩脚成瘡, 這個是阿誰不是?」舜子心自知之, 恐傷母情, 舜子與招伏罪過, 又恐帶累阿孃. 「己身是兒, 千重萬過, 一任阿耶鞭恥.」瞽叟忽聞此言, 聞嗔且不可嗔, 聞喜且不可喜, 高聲喚言.. 「象兒! 與阿耶三條荊杖來, 與打殺前家歌(哥)子.」象兒聞道取荊杖, 走入阿孃房裏, 報云.. 「阿耶交兒取杖, 打殺前家歌(哥)子!」後妻報言瞽叟.. 「男女罪過須打, 更莫交分疎道理.」象兒取得荊杖到來, 數中揀一條[粗]牛力, 約重三兩便不是. 把荀子頭髮, 懸在中庭樹地, 從項決到脚脥, 鮮血遍流灑地.

瞽叟打舜子, 感得百鳥自鳴, 慈烏洒血不止. 舜子是孝順之男, 上界帝釋知委, 化一老人, 便往下界, 來至方便與舜, 猶如不打相似. 舜卽歸來書堂裏, 先念論語孝經, 後讀毛詩禮記.

⑫

167 전후견아불귀(前後見我不歸) : '전후'는 이전의 여러 차례를 말한다. '불귀(不歸)'의 '不'자는 의미 없이 쓰인 것으로 해석하지 않는 것이 문맥에 맞는다.

168 천행시기(天行時氣) : 계절성 유행병을 말한다.

其詩曰..

瞽叟塡井自目盲 舜子從來歷山耕

將米冀都逢父母 以舌舐眼再還明

又詩曰..

孝順父母感於天 舜子淘井得銀錢

父母拋石壓舜子 感得穿井東家連

「순자변(舜子變)」이 중세적 가치규준인 '효사상(孝思想)'을 매개로 한 '지배이념형(支配理念型)' 작품이라는 사실은 다음 두 가지 점에서 드러난다.

첫째, 각박한 현실 속에서 고난 받는 피해자 층으로 순자(舜子)를 형상화시키고 있는 것이 아니라 중세적 지배이념으로서의 '효'(孝)를 굳게 견디어나가는 인물로 그리고 있다. 이는 위의 다음 두 대목에서 드러난다.

① 순자의 머리를 정원 나무 꼭대기에 매달아 놓고 목에서부터 종아리까지 매질을 하니 선혈이 이곳 저곳 땅을 뿌려졌다. 고수가 순자를 매질하니, 온갖 새들은 울부짖고 자오새는 계속해서 피를 씻어준다. 순자는 효순한 사람인지라 하늘나라의 부처님께서 모든 사실을 아시고는 노인으로 변하여 인간 세상에 내려와 순을 구제하여 매 맞지 않은 상태로 만드셨다. 순자는 곧 서당으로 돌아가, 먼저 『논어(論語)』와 『효경(孝經)』을 읽고, 다음에 『모시(毛詩)』와 『예기(禮記)』를 읽었다.(원문은 위 인용문 참조.)

② 순자는 목숨을 부지 못할가 두려워 두 개의 삿갓을 날개 삼아 하늘을

날듯이 창고를 내려왔다. 순자에게는 군왕(君王)의 도가 있어 지신(地神)이 그를 보호하여 주었기 때문에 조금도 불에 데지 않고 해를 입지 않았다. 서당으로 돌아와서 먼저 『논어(論語)』와 『효경(孝經)』을 읽고 후에 『모시(毛詩)』와 『예기(禮記)』를 읽었다.

舜子恐大命不存, 權把二個笠子爲ム鳥, 騰空飛下倉舍. 舜子是有道君王, 感得地神擁起遂不燒, 毫毛不損. 歸來書堂院裏, 先念論語孝經, 後讀毛詩禮記.

①은 계모의 모함 때문에 선혈이 낭자하도록 매질을 당한 순자(舜子)가 주변의 짐승과 부처님의 도움을 얻어 상처가 원상회복되고 그 후 취하는 행동을 그리고 있고, ②는 계모가 창고를 불태워 순자를 죽이려는 위기를 모면한 후의 행동을 묘사하고 있다. 두 장면에서 위기를 벗어나는 계기는 모두 위로부터 주어진다. 즉, 한번은 부처님의 도움에 의해, 또 한 번은 지신(地神)의 보호에 의해 살아나는 것이다. 그리고 두 장면 모두 사지에서 탈출한 순자가 취한 행동이란 서당에 들어가 『논어(論語)』, 『효경(孝經)』, 『모시(毛詩)』, 『예기(禮記)』를 읽는 것이다. 이처럼 주인공 순자는 곤궁한 현실의 피해자로 그려지는 것이 아니라 언제나 그의 고난은 삽시간에 (위로부터) 해소되며 해소된 즉시 중세적 보편이념인 '효'를 지키려는 노력을 지속해간다. 여기에는 지배이념에 대한 부정적. 비판적 의식이 스며들 여지가 전혀 마련되어 있지 않다. 중세적 지배이념을 일방적으로 옹호하는 제1유형의 특색은 바로 여기에 있다.

둘째, 「순자변(舜子變)」에는 중세사회의 두 지배이념인 불교의 이념과 유교의 효 논리(孝倫理)가 결합되어 있다. 이는 다음 두 대목에서 확연히 드러난다.

③ 순자는 효순한 사람인지라 하늘나라의 부처님께서 이를 아시고는 노인으로 변하여 인간 세상에 내려와 순을 구제하여 주니 매 맞은 곳이 씻은 듯이 낳았다. (위 인용문 중에서)

④ 상계의 황제 석가모니는 남몰래 은전 500문을 내려 보내 우물 속에 넣어 두었다...... 석가모니는 황룡(黃龍)으로 변하여 순자를 인도해 구멍을 뚫어 동쪽 집의 우물로 나가게 하였다.

上界帝釋, 密降銀錢五百文, 入於井中......帝釋變作一黃龍, 引舜通穴往東家井出.

③과 ④는 모두 순자(舜子)가 위기를 극복하는 장면인데, 고난을 구원하는 자는 다름아닌 석가모니이다. 돈황 강창문학 텍스트 가운데는 이처럼 불법(佛法)의 홍포(弘布)를 위해 유교적 효 윤리를 매개로 삼은 작품이 수없이 많으니 「부모은중경강경문(父母恩重經講經文)」, 「목련변문(目連變文)」, 「고원감대사이십사효압좌문(故圓鑒大師二十四孝押座文)」, 「동영변문(董永變文)」 등이 그것이다. 이러한 작품들의 존재는 중세의 보편 이념인 두 지배이념이 자신의 사회적 가치와 지위를 강화하기 위해서 자연스럽게 결합된 것이라 할 수 있다.

(2) 텍스트 사례 2 : 「한나라 장수 왕릉 이야기한장왕릉변(漢將王陵變)」

「한나라 장수 왕릉 이야기(漢將王陵變)」는 한왕실(漢王室)에 충절(忠節)을 다하고 목숨까지 바친 왕릉모자(王陵母子)에 대한 이야기로 전체 줄거리는 다음과 같다. ① 한나라와 초나라가 교전하여 항우(項羽)의 초군(楚軍)이 유방(劉邦)의 한군(漢軍)을 격퇴한다. 그러자 한 장(漢

將) 왕릉(王陵)과 관영(灌嬰)이 군대를 통솔하고 초군(楚軍) 공략에 나선다. ② 초장(楚將) 계포(季布)가 삼엄한 경계를 폈으나 왕릉(王陵)과 관영(灌嬰)은 적진을 유린하고 무사히 귀국한다. ③ 초군이 패했다는 소식을 들은 항우는 왕릉을 체포하기 위해 종리말로 하여금 왕릉의 모친을 인질로 잡아 오게 한다. ④ 초왕(楚王)은 릉모(陵母)에게 모진 고문을 가하고 서신으로 王陵을 불러낼 것을 강요하나 릉모(陵母)는 오히려 한왕을 잘 보필하라는 말을 한다. ⑤ 초(楚)에 사신(使臣)으로 간 한 장(漢將) 노관(盧綰)이 돌아오면서 이 사실이 한왕과 왕릉에게 알려진다. 노관이 릉모(陵母)를 구하기 위해 적진을 향한다. ⑥ 릉모(陵母)는 초왕을 속여 검(劍)을 받아 노관 앞에서 한왕에게 충성하라는 말을 남기고 자결한다. ⑦ 노관이 귀국하여 릉모(陵母)의 자결 소식을 한왕과 왕릉에게 전하자, 한왕은 릉모를 제사지내고 태부인에 봉한다. 이 때 릉모(陵母)는 초 진영에서 검은 구름을 타고 공중에서 한왕에게 사의를 표한다. 한왕(漢王)은 왕릉(王陵)에 대한 걱정을 말라고 당부하면서 만호를 하사하여 보답하겠다는 약속을 한다.

이상의 전체 줄거리에서 ① 부분에 해당되는 앞부분을 먼저 읽어 보기로 하자.

> 옛날 유방과 항우가 자웅을 다툴 적에 세 척의 칼로 중원의 난리를 다스리려했던 시절이 기억난다. (그 당시 두 영웅은) 동쪽 우임금의 위대한 업적을 생각하고, 서쪽의 강한 진(秦)나라를 안정시키고자 하였다. 이 때문에 안장이 말등짝을 떠나지 못했고 갑옷이 몸에서 떨어지지 않았다. 일흔 두 차례의 큰 전쟁과 서른 세 차례의 작은 전쟁이 벌어졌으나, 언제나 유방은 초패왕 항우에게 패배하였다. 한고조 황제는 대전에 앉아 장량(張良)을 대전 앞으

로 가까이 불렀다. 장량은 부름을 받고 대전 앞에 총총걸음으로 나아가 배례하여 예를 하고 만세를 불렀다. 한(漢)황제가 장량에게 이르기를.. “삼군의 장사들이 백성들의 고통의 소리를 거두고자 과인이 칙령을 선포하노니, 과인을 원망하는 사람은 누구든지 대전에 올라와 과인의 목을 쳐 초패왕에게 헌상하라.” 삼군은 모두 이 말을 듣고서 목이 메도록 슬피 울면서 무기를 들고 한왕에게서 삼십보 떨어진 곳에서 야영하였다. 밤이 이슥하여 일경이 지났을 때 좌선봉병마사겸어사대부 왕릉과 우선봉명바사겸어사대부 권영 두 장군은 서로 의논하여 초의 진영을 기습하기로 하였다. 장량(張良)이 관영(灌嬰)을 불러 말하였다. “적진을 기습하려면 먼저 주상의 명령을 받은 뒤에 행하시오. 만일 주상의 명령을 받지 않는다면 어찌 적을 기습할 수 있겠소?” 두 장군이 당시 한밤중에 찾아왔기 때문에 황제는 깜짝 놀라 등 뒤에서 땀이 흠씬 흘렀다. 한 황제가 두 장군을 불러 말하였다. “짐이 명령을 내려 부르지 않았거늘 어째서 두 장군은 한밤중에 오셨소?” 마침내 두 장군을 대전 가까이 오게 하고 말하였다. “짐에게 천명이 없음이 분명하도다. 단번에 어전에 올라와 과인의 목을 쳐 서쪽의 초패왕에게 헌상하라.” 이에 왕릉이 고하였다. “제가 주상을 섬기면서 어찌 그럴 수 있겠는지요? 저는 폐하께서 싸울 때마다 패배하시기에 오늘밤 초의 진영을 기습하여 폐하의 마음을 흡족하게 하려 한 것입니다.” 황제는 이 말을 듣고 크게 기뻐하면서 조궁(彫弓) 두 쌍과 보전(寶箭) 이백 개를 하사하고는, 두 장군에게 분부하기를.. “일을 마치고 신속히 귀환하여 짐이 근심하지 않도록 하라.” 두 장군은 주상께 하직을 고하고는 곧 적진을 기습하러 갔다. 이 그림부터 바로 변문이 시작된다.

때는 한고조 유방 5년
매번 왕을 섬긴 이래

날카로운 보검은 오래도록 활집에 꽂지 못했고
조궁의 활시위는 세 차례나 갈아주었네.
왕릉(王陵)이 말하길.. "대부는 오늘밤 출정하시오.
초나라의 군대는 반드시 패배할 것이외다.
선발한 여러 신하를 버려서는 아니 되오.
장군은 갑옷을 입고 속히 말에 오르시오."
대부(大夫) 관영(灌嬰)이 화답하여 말하길..
"검을 뽑아 한고조 황제를 섬긴 이래
큰 전쟁을 일찍이 수십 차례나 치렀지요.
팽성에서의 작은 전투는 헤아릴 수도 없어
온몸에는 칼자국 투성이지요.
오늘밤 초의 진영을 베어버릴 뿐만 아니라
선두의 풍화전(風火戰) 또한 격퇴시킬 것이외다.
백우(白羽)를 꽂은 새로운 화살 일백쌍이나 되고
용검(龍劍)은 처음 날을 세운 것이라 날카롭기가 서리 같지요.
만약 오늘밤 항우를 만나게 되면
목을 베어 우리 왕께 바치겠나이다."

두 장군은 한왕에게 작별 인사를 하고 군문을 나서 말을 당겨 말안장에 올라타니 사람은 마치 번개와 같고 말은 유성과 흡사하다. 열흘이 지나지 않아 우군의 경계 지역에 이르렀다. 왕릉이 관영에게 말했다.. "두 황제가 천하를 양분하고 있는 지금 여기서 남쪽으로 한나라 진영과의 거리가 20리요, 북쪽으로 항우 진영과의 거리 역시 20리지요." 왕릉이 또 말했다.. "좌장 정요(丁腰)와 우장 옹씨(雍氏)는 각기 군마 일백여기를 통솔하고 우선 우거진 풀 더미 속에 매복하고 있으라." 정요(丁腰)가 옹씨(雍氏)에게 말했다.. "추측하건대 한장이 장차 이곳을 순영하리라 생각하오." 두 장군는 이 계획에 따르기로 했다. 초군을 풀어 주고 협로산(峽路山)에 이르러 말을 매어 놓았다. 왕릉은 몸에 입었던 젖은 속옷을 벗어 그것으로 표기하기를.. "적진을 칠 때는 먼저 도착하더라도 기다리고, 늦게 도착하더라도 기다리라. 대부는 반드시 이를 기억해두어 초군의 계략에 빠지지 않도록 하라." 자리문에 이르러 (상대편) 순찰하는 신호를 탐지해 들었다. 시간이 차츰 흘러 이경이 다하고 삼경에 접어들 무렵 적진을 공격하기 알맞은 시기를 엿보고 있었다.

한편 항우는 장막 안에서 한참 잠을 자고 있던 차에 갑자기 정신이 혼미해지고 마음이 불안하여 놀라 깨어 보니 온몸에 땀 투성이었다. 육십만 명으로 오화진을 펼친 수많은 군사의 휘황찬란한 모습은 간담을 서늘하게 하고 눈부시게 위용을 펼쳤는데, 항우가 드디어 고성을 지른다.. "장막 앞에 당직자가 없느냐?" 계포가 칼을 움켜쥐고.. "패왕을 받드는 당직자 대령이오." "어째서 당직이면서 과인과 삼백 장사들을 통솔하고 순찰을 하지 않느냐?" 계포는 분부를 받들겠다는 대답을 하고 그대로 삼백 명을 통솔하고 즉각 순찰을 떠났다. (…중략…) 두 장수가 적진을 치던 곳(장면)을 삼가 서술한다.

항우(項羽)의 정병은 육십만이요,
그의 군대는 오화진(五花陣)을 펼치고 있네.
(항우의) 장수와 병졸들은 한밤중에 모두 잠이 들어
한나라 장수가 몰래 진중(陣中)에 침입한 줄도 모르는구나.
왕릉이 칼을 들어 남쪽을 치자
병사들은 꿈속에서 혼비백산.

장막 속에서 여전히 잠에 빠져 있을 때
난도질당하니 어찌 성명(姓名)이나마 식별 하리오?
어둠 속에서 칼 휘두르는 소리 요란하고
장막 앞에 시체가 어지럽게 널려 있네.
항우(項羽)가 병사를 이끌고 북쪽에 이르렀다는데
뜻밖에도 남쪽에 관영이 버티고 있다네.
관영이 장막을 제치고 종횡으로 적을 무찌르니,
오늘밤 피바다를 만들 작정이로구나.
항우가 연거푸 재앙이라고 소리를 치나
제문(諸門)에서 날뛰는 병사들을 달랠 수 없네.
두 장수가 진영을 넘어 몇 리를 지나오는데
뒤에서는 아우성 소리만이 들려오네.

憶昔劉項起義爭雄, 三尺白刀, 博(撥)亂中原.東思禹帝, 西定强秦.鞍不離馬背, 甲不離將身.大陳(陣)[169]七十二陳, 小陳三十三陳, 陳陳皆輸他西楚霸王[170].唯有漢高皇帝大殿而坐, 詔其張良, 附近殿前.張良聞詔, 趨至殿前, 拜儛禮中(終), 叫呼萬歲.漢帝謂張良曰..「三軍將士, 受其楚痛之聲, 與寡人宣其口來力.號令三軍, 怨寡人者, 任居上殿, 摽寡人首, 送與西覇楚王.」三軍聞語, 哽噎悲啼, 皆負戈甲, 去漢王三十步地遠下營去.夜至一更已盡, 左先鋒兵馬使兼御史大夫王陵, 右先鋒兵馬使兼御史大夫灌嬰, 二將商量, 擬往楚家斫營.張良謂灌嬰曰..「凡人斫營, 先辭他上命., 若不辭他上命, 何名爲斫營!」二將當時夜半越對, 諕得皇帝洽背汗流.漢帝謂二人曰..「朕之無其詔命, 何得夜半二人越對!」遂詔二大臣, 附近殿前..「莫朕無天分, 一任上殿, 摽寡人首, 送與

169 陳 : 陳은 陣과 통한다. 한 차례 交戰하는 것을 一陣이라 한다.
170 西楚霸王 : 항우(項羽)가 咸京에 진입한 후 내세운 封號이다.

西楚霸王亦得!」王陵奏曰..「臣緣事主[171], 爭敢如然!臣見陛下頻戰頻輸, 今夜二將擬往[楚家]斫營, 擬切我王本情.」皇帝聞奏, 龍顔大悅, 開庫賜彫弓兩張, 寶箭二百隻, 分付與二大臣..「事了早廻, 莫令朕之遠憂.」二將辭王, 便往斫營處, [從此]一鋪, 便是變初.

此是高皇八九年, 自從每每事王前,

寶劍利拔長離韋肖, 彫弓每每換三弦.

陵語「大夫今夜出, 楚家軍號總須藊,

選揀諸臣去不得, 將軍擐甲速攀鞍.」

灌嬰大夫和曰..

「自從揮劍事高皇, 大戰曾經數十場,

小陣彭原都無數, 遍體渾身刀劍瘡.

不但今夜斫營去, 前頭風火亦須湯.

白羽新彫一百雙, 龍劍初磨利若霜,

儻若今夜逢項羽, 斬首將來獻我王.」

二將辭王已訖, 走出軍門, 禾莫(秣)馬攀 , 人如電掣, 馬似流星, 不經旬日之間, 便到右軍界首.王陵謂灌嬰曰..「此雙后分天下之日, 南去漢營二十里, 北去項羽營二十里.」王陵又謂曰..「左將丁要[172], 右將雍氏, 各營馬軍一百餘騎, 且在深草潛藏.」丁腰謂雍氏曰..「斷於漢將此處, 敢爲巡營.」二將聽得此事.放過楚軍, 到峽路山, 絆却馬脚.王陵脫著體汗衫, 掇一標記..「听營, 先到先待, 後到後待, 大夫大須審記, 莫落他楚家奸.」便榍紫離門探聽更號.玉漏相傳, 二更四點, 臨入三更, 看看則是斫營時節.項羽帳

171 신연사주(臣緣事主) : 여기서 '緣'자는 아무런 뜻이 없는 글자이다.
172 요(要) : 원문에는 '요(要)'자 밑에 '월(月)'자가 붙어 있다.

中盛寢之次, 不覺0精神恍惚, 神思不安, 然警覺, 遍體汗流. 人是六十萬之人, 營是五花之營, 遭遭亻族亻族, 忄韋忄韋惶惶, 令(冷)人肝膽, 奪人眠光. 項羽遂乃高喝.. 「帳前莫有當直使者無?」季布捉刀.. 「奉霸王當直!」「旣是當直, 與寡人領將三百將士, 何不巡營一遭!」季布應聲唱諾, 領三百將士, 當時便往巡營. [中略] 二將斫營處, 謹爲陳說..

羽下精兵六十萬, 團軍下却五花營.

將士夜深渾睡著, 不知漢將入偸營.

王陵撻刀南伴斫, 將士初從夢裏驚.

從帳下來猶未醒, 亂煞何曾識姓名.

暗地行刀聲劈劈, 帳前死者亂蹤(縱)橫,

項羽領兵地北面, 不那南邊有灌嬰.

灌嬰揭幕蹤橫斫, 直擬今霄(宵)作血坑.

項羽連聲唱禍事, 不遣諸門亂出兵.

二將驀營行數里, 在後唯聞相煞聲.

위 인용은 한(漢)나라의 용장(勇將) 왕릉(王陵)이 항시 항우(項羽)에게 패해 온 한고조(漢高祖) 유방(劉邦)을 위해 항우(項羽) 진영(陣營)을 공략하는 장면을 그리고 있다. 그런데 「한나라 장수 왕릉 이야기(漢將王陵變)」이 충(忠)과 열(烈)을 주제의식으로 삼아 중세적 질서를 옹호하고 있음은 무엇보다 작중 인물의 행위와 사건의 전개에서 나타난다.

역사소설에 등장하는 인물들은 흔히 특정 가치 관념을 대변하는 경우가 많은데, 그 중 유방과 항우는 정통 왕실과 비정통 왕실을 대칭지우는 상징적 인물로 차용되곤 한다. 「한나라 장수 왕릉 이야기(漢將王陵變)」 속의 작중 인물 유방과 항우는 그 대표적인 사례라고 할 수 있으니, 한고조(漢高祖) 유방(劉邦)은 당 왕실(唐王室)을 비유하고 초패왕(楚覇王) 항우(項羽)는 이적(夷賊)을 비유한다고 볼 수 있다. 이처럼 항우를 방해자(妨害者)로 놓은 반면 유방은 충절의 대상 인물로 설정하고 있는 「한나라 장수 왕릉 이야기(한장왕릉변漢將王陵變)」은 모든 사건이 하나같이 유방(劉邦)에 대한 충절(忠節)을 지향하는 사건 — 위 인용문에 묘사되어 있는 왕릉이 항우의 진영을 공략하여 격퇴시키는 사건과 후반부의 왕릉모(王陵母)의 자결 사건이 이를 대표한다 — 으로 구성되어 있다. 즉, 한고조(漢高祖)로 비유되는 왕실(王室)에 대한 충절의식(忠節意識)이 구심적 세계관으로 작품 전체를 지배하고 있는 것이다.

이렇게 중세적 가치규준인 '충과 열'을 강조하고 있는 「한나라 장수 왕릉 이야기(漢將王陵變)」의 주제적 성격은 유방(劉邦)을 천한 인물로 비꼬아 그리고 있는 「계포매진사문(季布罵陣詞文)」의 다음 대목과의 비교를 통해 보다 명확히 드러난다.

> 遙望漢王招手罵, 멀리 한왕을 바라보며 삿대질 하면서 꾸짖는데
> 發言可以動乾坤. 내뱉는 말이 천지를 진동할만 하였다.
> 高聲直噉呼劉季 목청 높여 곧바로 소리치기를, "유방!
> 公是徐州豊縣人, 그대는 서주 풍현 사람으로
> 母解緝麻居村墅, 어머니는 길쌈을 하면서 촌에서 거주하였고
> 父能牧放住鄕村. 아버지는 방목하며 시골에서 살았지.
> 公曾泗水爲亭長, 그대는 일찌기 사수의 정장이 되었지만
> 久於闤闠受飢貧. 오랫동안 저자의 거리에서 굶주림에 시달렸지.
> 因接秦家離亂後, 진나라가 망한 뒤를 이어서
> 自號爲王假亂眞. 스스로 왕이라고 일컬으니 가소롭기 그지없구나.

鴉鳥如何披鳳翼? 까마귀가 어떻게 봉황의 날개를 펼칠 수 있겠는가?
黿龜爭敢掛龍鱗! 거북이가 어찌 감히 용의 비늘을 걸칠 수 있겠는가!
百戰百輸天不佑, 백번 싸워도 백번 지고 하늘은 돕지 않을 것이며
士卒三分折二分. 병사들은 삼분의 이를 잃게 될 것이다.
何不草繩而自縛, 어찌 새끼줄로 제 몸을 묶고서
歸降我王乞寬恩, 우리 왕에게 항복해 넓은 은혜를 구걸하지 않는가.
更若執迷誇鬪敵, 만약 혼미한 성정을 고집하고서 지나치게 대항하다가
活捉生擒放沒因. 살아서 붙잡히는 날이면 방면할 이유가 없다."

위 대목은 항우(項羽)의 신하 계포가 항우(項羽)를 위기에서 구출하기 위해 욕지거리로 항우(項羽)의 천한 과거를 폭로하는 장면이다. 여기서도 알 수 있듯이 「계포매진사문(季布罵陣詞文)」에서는 "권세막강하고 야심가였던 유방을 폄하시키고, 오히려 패장이면서 약자의 입장으로 전락한 계포에게 탁월한 지모를 부여하여 유방의 이중적이면서 탐욕스러운 행동을 비판. 풍자"하고 있다. 이는 "「계포매진사문(季布罵陣詞文)」의 설창자가 유방의 야심 때문에 고통을 겪었던 민중의 입장을 이해하고 동정하였던 인물이었기 때문으로 생각된다."[173] 반면 「한나라 장수 왕릉 이야기(漢將王陵變)」에서는 유방(劉邦)을 희화(戲化)시킨 장면이라든가 하급병사의 고충에 대한 묘사 부분은 찾아볼 수 없고 오직 유방(劉邦)에 대한 지극한 충절이 줄거리의 핵을 이루고 있다. 이러한 대조적 현상은 바로 「한나라 장수 왕릉 이야기(漢將王陵變)」이 피지배층의 입장에서 서술된 작품이 아니라 지배계층의 가치규준을 철

173 유태규(兪泰揆), 앞의 논문, 137쪽.

저히 지향하는 '지배이념형(支配理念型)' 작품이라는 것을 보여 준다.

(3) 텍스트 사례 3 : 「장의조 장군 이야기장의조변문(張義潮變文)」

「장의조 장군 이야기(장의조변문張義潮變文)」가 성립되는 역사적 배경은 다음과 같다. 당대(唐代)는 안사지난(安史之亂) 이후 국력이 차츰 쇠퇴한 결과 서북지구의 하서(河西), 롱우(隴右) 등 여러 주가 토번(吐蕃)의 귀족들에 의해 점령된다. 그 후 당선종(唐宣宗) 대중(大中) 년간에 사주(沙州)의 장의조(張義潮) 장군이 토번의 내란을 틈타 이주(伊州), 사주(沙州) 등 여러 州를 수복하고 당(唐) 나라에 귀의하자 당(唐) 왕실에서는 장의조(張義潮)를 귀의군 절도사로 임명하여 서북지구를 다스리게 한다. 「장의조 장군 이야기(장의조변문張義潮變文)」는 바로 이 당시의 일을 다룬 작품으로 토번군(吐蕃軍)을 물리치는 장의조(張義潮) 장군의 영웅적 행위와 국토 회복의 기쁨을 그리고 있다. 「장의조 장군 이야기(장의조변문張義潮變文)」 가운데 한 대목을 보기로 하자.

> 돈황 북쪽 천리에 이주(伊州)가 있고 이주(伊州) 서쪽에는 납직현(納職縣)[174]이 있다. 그 당시 회골(回鶻)[175]과 토군(吐軍)이 그곳에 거주하면서 자주 이주 지방에 쳐들어와 사람을 붙잡아 가고 가축을 탈취하는 등 잠시도 평안할 날이 없었다. 복사(僕射)[176]는 대중(大中) 10년[177] 6월 6일 친히 군

174 납직(納職) : '납직'은 이주(伊州)에 소속된 현(縣)의 이름이다.

175 회골(回鶻) : 회골은 회흘(回紇)을 말한다. 당대(唐代) 서부(西部)의 소수민족을 일컫는다.

176 복사(僕射) : 장의조(張義潮)의 관직명(官職名)이다. 장의조는 처음에 상서(尙書)로 임명되었으며, 그후 복사(僕射), 태보(太保)의 직위가 추가되었다.

177 대중(大中) : 당(唐)나라 헌종(憲宗)의 연호이다. 대중 10년은 서기 856년에 해당한다.

대를 통솔하여 오랑캐를 정벌하기 위해 나섰다. 열흘이 안되어 납직성(納職城)에 도착했다. 도적들은 한나라 군대가 갑작스레 도착하려하는 것을 미리 염두에 두지 않아서 전혀 대비를 하지 않았다. 아군(我軍)은 드디어 갖가지 변화무쌍한 진법(陣法)을 펼치면서 사방에서 협공을 가했다. 변방의 오랑캐들은 놀라 흩어져 남북 쪽으로 도망쳤다. 한군(漢軍)은 승세(勝勢)를 타고 바짝 뒤 쫓아 추격하니, 불과 50리도 못가고 횡사한 적들의 시체가 들판에 가득하다.

돈황의 상장군이요 한나(漢)라 제후인 장의조(張義潮)가
서융(西戎)의 통치권에서 벗어나 天子의 궁전(宮殿)[178]으로 귀의하였네.
성주(聖主)께서 서북 지구를 다스리도록 맡기시니
오직 흉노(匈奴)가 불구대천의 원수로다.
어제 오랑캐가 이주 지방을 침범하여
변방의 백성들을 겁탈해 밤낮으로 근심에 잠겨 있다는
소식을 전해 들었네.
원수(元帥)(장의조)는 진노(震怒)하여 양미간(兩眉間)을 치켜뜨고
즉각 출병(出兵)하여 수복(收復)을 위한 원정을 떠났네.
양군이 서로 만나 용호상박(龍虎相搏)의 전투를 벌이니
납직성 서쪽에 붉은 피가 낭자하네.
의기(意氣)와 문무를 갖춘 우리 장군
변방의 오랑캐를 위협하니 기세가 드높네.
개와 양같은 오랑캐들이 당군(唐軍)의 승리를 보고

178 원문의 봉루(鳳樓)는 천자의 궁전을 말한다.

별처럼 흩어진 군대를 거두어 돌아가네.

멀리서 온 지금 모름지기 토벌해야 하리.

바짝 뒤쫓아 적을 잡아야지 어찌 쉴 수 있겠는가?

많은 적군은 활을 맞고 사막 전쟁터에서 죽고

날카로운 병기에 의해 오랑캐 머리가 잘리네.

찬란한 붉은 깃발은 눈부시니

전단(田單)이 화우진(火牛陣)을 펼쳐 적군을 물리친 것보다 손색이 없네.

신통한 자질을 갖춘 우리 主上 조화를 부리어

잔악한 오랑캐를 하나도 남김없이 물리치네.

燉煌北一千里鎭伊州城西有納職縣, 其時回鶻及吐渾居住在彼, 頻來抄劫伊州, 俘虜人物, 侵奪畜牧, 曾無暫安.僕射乃於大中十年六月六日, 親統甲兵, 詣彼擊逐伐除.不經旬日中間, 即至納職城.賊等不虞漢兵忽到, 都無準備之心.我軍遂列鳥雲之陣, 四面急攻.蕃賊䴥狂, 星分南北, 漢軍得勢, 押背便追.不過五十里之間, 煞戮橫屍遍野處..

燉煌上將漢諸侯, 棄却西戎朝鳳樓.

聖主委令權右地[179], 但是兇奴盡總讎.

昨聞獫狁侵伊鎭[180], 俘劫邊甿旦夕憂.,

元戎叱咤揚眉怒, 當即行兵出遠收.

兩軍相見如龍鬪, 納職城西亦血流.

我將軍意氣懷文武, 威脅蕃渾膽已浮.

---

179 권우지(權右地) : '권'은 천자의 통치를 대신하는 권한을 갖게 되었음을 말한다. '우지(右地)'는 서부 지구를 말한다.

180 험윤(獫狁) : 토번(吐蕃), 회골(回鶻) 등 북방의 소수민족을 말한다.

犬羊纔見唐軍勝, 星散迴兵所在抽.

遠來今日須誅剪, 押背擒羅豈肯休.

千人中矢沙場殪, 銛鍔𦥑刂㑲墜賊頭.

才閃鑠紅旗晶耀日, 不忝[181]田丹(單)縱火牛.[182]

漢主神資通造化, 歹欠却殘凶總不留.

위 대목에서 확인되듯이 「장의조 장군 이야기(張義潮變文)」는 「한나라 장수 왕릉 이야기」와 마찬가지로 여기서 왕실에 충절을 다하는 장의조 장군의 영웅적 기개와 공훈을 일방적으로 찬양하고 있음을 알 수 있다. 예컨대, 위의 인용 중 다음 대목을 살펴보기로 하자.

> "돈황의 상장군이요 한(漢)나라 제후(諸侯)인 장의조(張義潮) / 서융(西戎)을 버리고 천자의 궁전으로 향하네. / 성주(聖主)께서 서북 지구를 다스리도록 맡기시니 / 오직 흉노(匈奴)가 불구대천의 원수로다. / 어제 오랑캐가 이주 지방을 침범하여 / 변방의 백성들을 겁탈했다는 것을 듣고 밤낮으로 근심하네. / 원수(장의조)는 진노(震怒)하여 양미간(兩眉間)을 치켜뜨고 / 즉각 출병하여 수복(收復)을 위한 원정을 떠났네."

이 부분에서는 변방 민중들의 고된 삶에 대한 묘사나 토번군에 대한 원망의 목소리는 전혀 찾아지지 않고 오직 장의조(張義潮)의 위용(偉容)과 충정(衷情)을 가송(歌頌)하고 있을 뿐이다. 이는 이 작품이 민

181 불첨(不忝) : 불손우(不遜于) 즉 '~에 못지 않다.'라는 뜻이다.

182 전단종화우(田單縱火牛) : 전국시대 때 제(齊)나라의 전단(田單)이 화우진(火牛陣)으로 연(燕)나라 군대를 크게 격파한 일을 말한다.

중의 입장을 대변한 것이 아니라 지배층에 대한 충절을 기본 정절(情節)로 삼고 있음을 보여 준다. 따라서 「장의조 장군 이야기(張義潮變文)」는 지배계층을 주요 청중으로 여겨 그들의 의식과 취향을 일방적으로 지향하는 '지배이념형(支配理念型)' 작품이라고 할 수 있다.

이상으로 중세 사회의 보편적 가치규준을 일방적으로 지지하고 있는 지배이념형(支配理念型) 作品에 대하여 살펴보았다. 다음은 '지배이념형(支配理念型)' 작품과 대립, 갈등의 관계에 있는 '현실비판형(現實批判型)' 작품에 대하여 검토하기로 하겠다.

2) 제2유형 : 현실비판형

'현실비판형(現實批判型)'은 중세 사회의 구조적 모순에서 야기된 부조리한 현실에 대한 부정적・비판적 의식이 담겨 있는 작품을 말한다. 돈황 강창문학 텍스트 가운데 민중의 건강한 비판의식이 담겨 있는 주요 작품을 들면 다음과 같다.

현실비판형의 주제		대표작품
1	지배층의 횡포에 대한 도전과 항거.	「한붕부(韓朋賦)」
2	중세의 지배이념인 유교에 대한 풍자적 비판.	「공자항탁상문서(孔子項托相問書)」
3	전쟁에 따른 서민의 비애를 고발.	「맹강녀변문(孟姜女變文)」
4	봉건사회에서의 여성 해방 추구.	「아가서(齖䶗書)」

'지배이념형(支配理念型)' 작품이 사회 지배층의 정서를 반영하여 영

웅적 비장미와 숭고미를 띠는 데 반하여, '현실비판형(現實批判型)' 작품은 허세와 위선에 가득 차있는 기존 지배세력에 대한 민중의 날카로운 비판정신이 평민적 비장미(悲壯美)과 해학미(諧謔美)으로 표출되고 있다. 예컨대, 「한붕 이야기(韓朋賦)」와 「맹강녀변문(孟姜女變文)」은 누선(淚線)을 자극하는 서민 부부의 비애 그림으로써 부조리한 사회를 고발하고 있고, 「공자항탁상문서(孔子項托相問書)』와 「아가서(齖䶗書)」는 민중의 건강한 해학과 웃음을 통해 지배적 사회관념의 허위를 질타하고 있다.

그러면 위 도표에 나열된 '현실비판형(現實批判型)'의 대표작품 가운데 비장미(悲壯美)를 담고 있는 「한붕 이야기(韓朋賦)」와 해학성이 강한 「공자항탁상문서(孔子項托相問書)」 두 편을 선별하여 검토하기로 한다.

(1) 텍스트 사례 1 : 「한붕 이야기한붕부(韓朋賦)」

「한붕 이야기(韓朋賦)」는 돈황 강창문학 텍스트 가운데 가장 민중 지향성이 강하게 나타나 있는 작품으로, 최고 권력자인 왕의 횡포와 억압에 대한 도전과 극복을 주제로 삼고 있다. 먼저 「한붕 이야기(韓朋賦)」의 전체 줄거리를 단락별로 소개하면 다음과 같다.

[발단] ① 어질고 효성이 지극한 선비 '한붕'이 있었음.
①－1 벼슬하고 집을 떠나기 위해 결혼하고자 함.
①－2 아름답고 정숙한 '정부'를 아내로 얻음.
①－3 한붕 부부는 절개를 지킬 것을 서로 맹세함.

[전개] ①−4 송나라에 머물며 한붕은 6년이 넘도록 소식이 없음.

①−5 한붕의 아내가 한붕에게 편지를 보냄.

①−6 한붕 처의 애달픈 시(詩) 삽입.

①−7 한붕은 아내의 편지를 궁중에서 잃어버림.

①−8 송왕이 편지를 주워 읽고 한붕 처를 탐함.

①−9 사신 양백이 한붕 처를 유인하러 떠남.

[위기1] ② 사신이 한붕의 집에 도착.

②−1 한붕의 어머니를 속임.

②−2 정부가 거짓이라고 말하나 시어머니는 깨닫지 못함.

②−3 정부가 드디어 송왕의 궁전으로 떠남.

②−4 뒤늦게 시어머니는 대성통곡함.

[위기2] ②−5 송나라 궁전에 드디어 도착.

②−6 송왕은 정부를 황후로 삼음.

②−7 정부가 병으로 눕게 됨.

②−8 송왕이 설득하나 정부는 절개를 굳게 지킴.

②−9 간신 양백이 한붕을 해치라고 간언함.

②−10 한붕이 참혹하게 구타당한 후 청릉대로 보내짐.

[절정1] ③−1 한붕의 아내가 청릉대로 떠남.

③−2 한붕은 수치수러워 아내를 보고 얼굴을 가림.

③−3 정부가 자신의 절개를 이야기함.

③−4 한붕이 아내를 원망하여 질책함.

③−5 아내의 서신을 받아보고 한붕이 자살함.

[절정2] ③−6 송왕이 정부의 서신에 담긴 수수께끼를 읽음.

③−7 양백이 수수께끼를 풀어 정부의 절개를 이야기.

③－8 정부는 송왕에게 한붕을 장사지내 줄 것을 요청.

③－9 한붕의 묘에 보내 줄 것을 송왕에게 간청.

③－10 정부가 삼천의 시종을 거느리고 무덤으로 떠남.

[절정3] ③－11 한붕의 무덤에서 대성통곡함.

③－12 정부가 무덤에 뛰어들어 자살함.

③－13 사자를 파견하여 송왕에게 보고함.

[하강] ④ 무덤 속에서 푸른 돌과 흰 돌이 나옴.

④－1 송왕이 마주 보고 묻게 함.

④－2 계수나무와 오동나무가 자라 서로 얽힘.

④－3 송왕이 베어내게 하니 나무에서 피가 흐름.

④－4 한붕 부부의 피는 원앙새가 되어 고향으로 날아감.

[결말] ⑤ 원앙새에서 깃털이 떨어짐.

⑤－1 송왕이 깃털을 몸에 문지르자 광채가 남.

⑤－2 이를 다시 몸에 문지르니 목이 떨어져 나감.

⑤－3 송나라는 3년이 못되어 멸망함.

⑤－4 양백 부자도 변방으로 유배됨.

이상의 전체 줄거리 가운데 최고 통치자의 잔악한 횡포와 억압에 의해서 짓밟힌 서민층의 비애를 가장 절실하게 표현하고 있는 대목은 [위기2]와 [절정3]에 해당하는 다음 부분이다.

①

정부는 입궁한 후에도 슬픔에 잠겨 우울해하다가 결국 몸져눕게 되었다.

송왕이 말했다.. "그대는 서민의 아내였다가 이제는 한 나라의 국모가 되었는데 어찌 즐겁지 않소? 비단옷을 입고 입에 맞는 음식을 먹을 수 있으며 황문시랑이 항시 좌우에서 모시는데 어찌 즐겁지 않고 기쁘지 않다는 말이오?"

정부가 대답했다.. "친정 부모를 떠나 시집을 가 한붕을 섬기었던 몸, 생과 사는 각기 정해진 명(命)에 따라 다르고 부귀와 빈천도 사람마다 차이가 있는 법이지요. 갈대는 땅에서 자라고, 가지나무는 총생하며, 승냥이와 이리는 제각기 짝을 이루고, 꿩. 토끼도 각기 작을 이루지요. 물고기와 자라는 물에서 노닐며 높은 담을 달가와하지 않고, 제비와 참새는 때지어 날며, 봉황을 부러워하지 않지요. 첩은 서인의 아내이므로 송왕의 아내가 되는 것이 즐겁지 않답니다."

부인이 수심과 근심만 가득할 뿐 즐거워하지 않자 송왕이 말했다.. "부인이 수심에 가득하여 남편을 그리워하고 있으니 누가 그녀를 설득할 수 있겠는가?"

양백이 대답했다.. "신이 능히 간할 수 있습니다. 한붕은 나이가 아직 서른 미만인 이십여세로 빼어난 용모, 검은 머리발, 흰 피부 그리고 옥 같은 치아와 구슬 같은 귀를 지니고 있습니다. 바로 이 때문에 그를 사모하며, 마음이 즐겁지 않은 것입니다. 필히 한붕의 몸에 해를 입혀 죄수의 무리로 만들어야 합니다." 송왕은 드디어 이 말을 듣고 즉시 한붕의 얼굴을 구타하여 이빨을 부러뜨렸다. 또 낡은 옷을 입히고 청릉대를 건축하도록 했다. 정부는 이 소식을 듣고 비통하여 간장이 끊어지는 듯하였다. 또 가슴 속의 원한이 한시도 떠나지 않았다.

貞夫入宮, 憔悴不樂, 臥病不起. 宋王曰.. 「卿是庶人之妻, 今爲一國之母. 有何不樂! 衣卽綾羅, 食卽咨口[183]. 黃門侍郎[184], 恒在左右. 有何不樂, 亦不歡喜.」 貞夫答

183 원문의 '자(咨)'자는 '자(恣)'자로 써야 한다. 자구(咨口) : 아무거나 잘 먹는다는 의미이다. 즉 음식이 입에 맞는 것을 뜻한다. 『광홍명집(廣弘明集)』 권29 양무제(梁武帝)의 『정업

曰..「辭家別親, 出事韓朋[185], 生死有處[186], 貴賤有殊[187], 蘆葦有地, 荊棘有藂[188], 豺狼有伴, 雉兎有雙. 魚鱉有水, 不樂高堂, 燕雀群飛, 不樂鳳凰[189]. 妾是庶人之妻, 不樂宋王之婦.」夫人愁憂不樂, 王曰..「夫人愁思, 誰能諫之?」梁伯對曰..「臣能諫之. 朋年[三十]未滿, 二十有餘, 姿容窈窕, 黑髮素絲[190], 齒如珂珮[191], 耳如懸珠. 是以念之,

부서(淨業賦序)』에 다음과 같은 기록이 있다. "나는 베옷을 입었지만(벼슬하고 있지는 않지만) 아무거나 맛있게 잘 먹는다.(我是布衣, 甘肥恣口)." 또『대장엄경론(大莊嚴經論)』 권2에 다음과 같은 기록이 있다. "먹은 많은 음식은 갖가지로 입에 맞았다.(所食諸肴饍, 百味恣其口)" 또『초학기(初學記)』 권30에서『포박자(抱朴子)』의 일문(佚文)을 인용한 것에 다음과 같은 기록이 있다. "거북이나 뱀 등이 몸을 감추었다면 먹고자하는 기운이 생긴 때로서, 여름에는 입에 맞아도(많이 먹어도) 많이 여위고, 겨울에는 칩거해도 매우 살이 찐다.(龜蛇潛蟄則食氣, 夏恣口而甚瘦, 冬穴蟄而大肥)"

184 황문시랑(黃門侍郎) : 궁정에서 황제의 측근에 있는 직관의 명칭이다. 여기서는 환관(宦官)을 의미한다. 한대(漢代)에 궁정의 황문령(黃門令)등의 관직에게 일이 주어졌는데 모두 환관들이 담당하였기 때문에 후에 점점 '황문(黃門)'이라 불리었다.

185 사(事): 모시는 것을 의미한다. 옛날에는 여자가 시집가는 것을 남편을 섬기는 것으로 여겼기 때문에 이와 같은 표현을 썼다.

186 생사유처(生死有處) : 생과 사가 모두 정해져 있음을 의미하는 것이다. 돈황본(敦煌本)『왕소군변문(王昭君變文)』에 다음과 같은 기록이 있다. "생과 사는 모두 정해져 있다하나 총명한 비(妃)가 갑자기 덧없는 인생을 따르게 된 것이 안타깝다.(故知生有地, 死有處, 可惜明妃, 奄從風燭.)"

187 귀천유수(貴賤有殊) : 귀천(貴賤)의 차별이 모두 정해져있음을 의미하는 것이다. 돈황본(敦煌本) 왕범지시(王梵志詩)에 다음과 같은 기록이 있다. "귀(貴)와 천(賤)은 다른 것으로 전생의 업보에 기인한다.(貴賤既有殊, 業報前生植.)"

188 총(藂) : '총(藂)'자의 원문 글자에는 '의(衣)'가 붙어 있다. '총(叢)'자와 같은 의미이다.

189 이 네 구절과 후세에 유행한『조작가(鳥鵲歌)』의 문장이 대체로 같다.『조작가』에 다음과 같은 구절이 있다. "까마귀가 쌍쌍이 나니 봉황이 부럽지 않구나. 나는 평민이지만 송왕을 좋아하지 않는다오.(鳥鵲雙飛, 不樂鳳凰. 妾是庶人, 不樂宋王.)"

190 사(絲) :『변문집(變文集)』 교기(校紀)에 다음과 같은 기록이 있다. "'사(絲)'자는 원래 '실(失)'자로 갑.병권(甲.丙卷)에 의거하여 바꾼다." 원권(原卷)에 의하면 '실(失)'자는 '肤?자의 오자로서 '膚'와 같은 의미이다.(장례홍(蔣禮鴻)의 설이다.)

191 가패(珂珮): 옥대(玉帶)를 의미한다. 또 '가패(珂佩)'라고도 한다.『구당서. 직관지이(舊唐書. 職官志二)』에 다음과 같은 기록이 있다. "대체로 백관의 관홀(冠笏), 傘(우산)과 수레의 휘장, 가(珂)와 패(佩) 등에는 차이가 있다.(凡百僚冠笏, 傘幰, 珂佩, 各有差.)" 또 돈황본『이릉변문(李陵變文)』에 다음과 같은 기록이 있다. "다시 옥대를 하사한 이래로 백옥은 활이나 말안장의 장식품이 되었다.(由(猶)更賜其珂珮, 白玉裝弓勒鞅.)" 또 조개껍데기가 연결된 허리띠 역시 '가패(珂珮)'라 한다.『태평어람(太平御覽)』 권942에서『운남기(雲南記)』를 인용한 대목에 다음과 같은 기록이 있다. "신안(新安)의 만부인(蠻婦

情意勿樂. 唯須疾害朋身, 以爲囚徒.」宋王遂取其言[192], 卽打韓朋雙板齒落. 幷着故破之衣裳[193], 使築靑陵之臺[194]. 貞夫聞之, 痛切忓[肝]腸, 情中煩寃[怨], 無時不思.

②

아내(貞夫)는 이 말을 듣고는 고개를 숙이고 떠나는데 눈물이 비오듯 흐른다. 즉시 앞치마 비단 세 치를 찢은 다음 이빨로 피를 내 서신을 써서 화살에 달아 한붕에게 쏘아 보냈다. 한붕은 이 서신을 받아보고는 즉시 자살했다.

송왕은 이 소식을 듣고 경악하여 여러 대신들에게.. "자살했느냐 아니면 다른 사람에게 죽임을 당했느냐?" 양백이 대답했다.. "한붕이 죽었을 때 손상을 입은 곳이 없었고 단지 세 치의 하얀 비단이 한붕의 머리 아래 매달려 있었습니다." 송왕은 즉시 편지를 취해 읽어 보았다. 정부의 편지에는 다음과 같이 쓰여 있었다.

장마 비 그칠 줄 모르는데
물고기는 연못 속에서 노니네.
큰 북은 소리가 없고

人)... 고동과 대합 껍질을 뚫어 연결한 것을 허리에 둘렀는데 이를 가패(珂珮)라 한다.(新安蠻婦人.... 又繞腰以螺蛤穿繫之, 謂之珂珮.)"

192 취(取) : '따르다(복종하다.)'라는 의미이다.

193 고파(故破) : 허름하고 낡았다는 의미이다. '고(故)'는 낡았다는 뜻이다. 『조야첨재(朝野僉載)』 권1에 다음과 같은 기록이 있다. "하나뿐인 아들이 8살에 죽자 아내는 시복(時服)으로 염을 함에 엄숙하게 벗겨 낡은 자리로 시신을 말았다.(一子八歲卒, 妻殮以時服, 莊剝取, 以故席裹屍.)"

194 청릉지대(淸陵之臺) : '청릉대(靑陵臺)'를 말한다. 『태평어람(太平御覽)』 권178에서 『술이기(述異記)』를 인용한 대목에 다음과 같은 기록이 있다. "운주(鄆州)의 수창현(須昌縣) 서구성(犀丘城)에 청릉대(靑陵臺)가 있는데 송왕(宋王)이 한풍(韓馮)으로 하여금 축성한 것이다.(鄆州須昌縣有犀丘城靑陵臺, 宋王令韓憑築者.)"

작은 북도 소리 없네.

송왕은 말했다.. "누가 이 글의 의미를 해석할 수 있겠느냐?" 양백이 대답했다.. "신이 해석할 수 있습니다. 장마비가 줄기차게 내린다는 것은 그녀의 눈물을 말함이요, 물고기가 연못 가운데서 노닌다는 것은 그녀의 마음을 의미하고, 큰 북이 소리가 없다함은 그녀의 기상을 말하고, 작은 북이 소리가 없다함은 그녀의 생각을 말합니다. 천하에 이와 같은 말을 하다니, 그녀의 의리가 대단합니다." 정부는 말했다.. "한붕이 이미 죽었으니 다시 무슨 말을 하리오? 단지 원하는 것은 대왕께서 은혜를 베푸시어 예로써 그를 장사지내주면 후세의 사람들에게 어찌 이롭지 않겠습니까?" 송왕은 사람을 성의 동쪽에 파견하여 일백 장의 넓이로 묘를 파고 삼공(三公)의 예로써 장사지내 주었다. 정부는 가서 보기를 원한다며 감히 오래 머물지는 않겠노라고 했다. 송왕은 허락하고 흰 수레를 타게 하고 앞뒤에 삼천 여인의 시종을 붙여 묘소로 가게 하였다. 정부는 수레에 내려 묘를 세 바퀴 돌아보고는 서글프게 통곡하니 그 소리는 구름에까지 퍼졌다. 묘에 임하여 그대를 부르거늘 그대는 듣지 못하느뇨? 고개를 돌려 백관을 돌아보며 말하길.. "하늘은 이 은혜에 보답해 줄 것이오. 듣건대, 한 마리의 말은 두 안장을 하지 않는다 하며, 한 아녀자는 두 지아비를 섬기지 않는다 합니다." 말을 채 마치기도 전에 무덤 안의 내실로 들어가 염산을 옷에 뿌리니 스믈스믈 녹아들어 갔다. 좌우의 신하들이 붙잡았으나 손에서 사라져 버렸다. 여러 관리들은 황망하고 두려워 모두 가슴을 쳤다. 즉시 사자를 파견하여 송왕에게 보고 했다.

송왕은 이 말을 듣고 매우 진노하여 침상 머리맡의 칼을 뽑아서 신하 대여섯 명을 죽여 버렸다. 나는 듯이 수레로 달려가 모든 관리들을 집합시켰다. 하늘에서 큰 비가 내려 묘 속으로 흘러들어 그녀를 건지기가 어려웠다. 양백이 송왕에게 간하길.. "일만 명이 죽었더라도 생존한 경우는 한 차례도 없을 것입니다." 송왕은 즉시 사람을 파견하여 찾게 하였지만, 정부는 보이지 않고 오직 두 개의 푸르고 흰 돌만이 있을 뿐이었다. 송왕은 그것을 보고는 푸른 돌은 길 동쪽에 묻고 흰 돌은 서쪽에 묻었다. 길 동쪽에서는 계수나무가 자라고 서쪽에서는 오동나무가 자라났다. 가지와 잎새가 서로 어우러지고, 뿌리는 서로 얽히었으며 아래에는 흐르는 샘물이 있어서, 길을 끊어놓아 지나다닐 수 없었다. 송왕이 출유하여 그것을 보고 물었다.. "무슨 나무인가?" 양백이 대답했다.. "그것은 한붕의 나무입니다." 송왕이 물었다.. "누가 그 의미를 해석할 수 있겠느냐?" 양백은 대답했다.. "그것은 신이 할 수 있습니다. 가지가 서로 어울림은 그들의 뜻입니다. 잎이 서로 어우러짐은 사랑입니다. 뿌리가 서로 얽히어 있는 것은 기입니다. 아래에 흐르는 샘은 눈물입니다." 송왕은 사람을 파견하여 그 나무를 베어버렸다. 사흘 밤낮 동안 피가 넘쳐흘렀다. 두 나무 조각이 물에 떨어져 두 마리의 원앙으로 변한 다음, 나래를 치며 높이 날아 고향으로 돌아갔다. 오직 아름다운 한 개의 깃털만을 남겼을 뿐이다. 송왕이 그것을 주워 몸에 문지르자 몸에서 광채가 났다. 다만 그의 머리 부분만이 광채가 나지 않았다. 이에 송왕은 그것으로 머리를 문질러주었는데, 그만 그의 머리통이 떨어져 버렸다. 서민의 아내를 빼앗고 어진 사람을 살해하더니 3년이 안되어 송나라는 멸망하였다. 양백의 부자는 변방으로 유배되었다. 선을 행하면 복을 얻고 악을 행하면 재앙을 받는다.

貞夫聞語, 低頭却行, 淚下如雨. 卽裂裙前三寸之帛, 卓齒取血[195], 且作私書, 繫箭

195 탁(卓) : '공격하다'의 의미이다. 『태평광기(太平廣記)』 권108의 『이거(李琚)』(『보응기(報應記)』에 나옴)에 다음과 같은 기록이 있다... 「나는 승려 도안(道安)이오. 나쁜 병폐가 생겨날 때 머리를 두 번 내려치면 이와 같이 도심이 견고해질 수 있을 것이오.(我是道安和尙, 作病卓頭兩下, 願得爾道心堅固.)」 또 『구오대사.왕박전(舊五代史.王朴傳)』에 다음과 같은 기록이 있다. "관 앞에 이르러 옥도끼를 들고 내리치니, 서너 사람이 놀랐

頭上, 射與韓朋. 朋得此書, 便卽自死. 宋王聞之, 心中驚愕, 卽問諸臣..「若爲自死? 爲人所煞?[196]」梁伯對曰..「韓朋死時, 無有傷損之處. 唯有三寸素書, 繫在朋頭下.」宋王卽取讀之. 貞夫書曰..「天雨霖霖, 魚游池中, 大鼓無聲, 小鼓無音.」宋王曰..「誰能辨之?」梁伯對曰..「臣能辨之. 天雨霖霖是其淚, 魚游池中是其意, 大鼓無聲是其氣, 小鼓無音是其思[197]. 天下是其言, 其義大矣哉.」貞夫曰..「韓朋已死, 何更再言. 唯願大王有恩, 以禮葬之, 可不得利後人[198].」宋王卽遣人城東, 軨百丈之壙(壙)[199], 三公葬之禮也. 貞夫乞往觀看, 不敢久停. 宋王許之. 令乘素車, 前後事(侍)從, 三千餘人, 往到墓所. 貞夫下車, 繞墓三匝, 嗥啼悲哭, 聲入雲中, 臨壙(壙)喚君, 君亦不聞. 迴頭辭百官..「天能報此恩. 蓋聞一馬不被二安(鞍), 一女不事二夫.[200]」言語未訖, 遂卽至室,

---

다.(及柩前, 以所執玉鉞卓地而慟者數四.)"

196 若爲自死, 爲人所煞 : '스스로 죽은 것인가 아니면 다른 사람에 의해 살해된 것인가?'라는 의미이다. '약위(若爲)……, 위(爲)……'는 선택 구문에 사용하는 연사(連詞)다.

197 사(思) : '정서, 마음'을 뜻한다. 거성(去聲)으로 읽어야 한다. 유종원(柳宗元)의 『등유주성루기장정봉련사주(登柳州城樓寄漳汀封連四州)』에 다음과 같은 기록이 있다. "성 위의 높은 누대에서 바라보니 넓은 황무지가 보이는데, 서글픈 마음은 바다와 하늘같이 참으로 아득하네.(城上高樓接大荒, 海天愁思正茫茫.)"

198 가부(可不) : '어찌 …이 아니겠는가?'라는 의미이다.

199 『변문집(變文集)』 교기(校記)에 다음과 같은 기록이 있다. "갑권(甲卷)의 '전(軨)'자는 '전(栓)'자이다." 또 『신서(新書)』 교기에 다음과 같은 기록이 있다. "『용감수감(龍龕手鑑)』의 수부(手部)에 「二俗, 其月反, 正作拴」 그리고 『광운(廣韻)』 입성(入聲) 십월에 다음과 같은 기록이 있다. "굴(掘)은 기월반(其月反)이다." 그러므로 '拴'자는 '굴(掘)'의 속자(俗字)다. 또 돈황 사본에서 '木'과 '才' 두 변은 종종 구분하지 않고 사용하고 있는 것을 볼 수 있다. 따라서 갑권(甲卷)의 '전(栓)'은 '전(拴)'이다. 또 '전(軨)'은 '전(拴)'자를 잘못 쓴 것이다. 여기서는 백장(百丈)이나 되는 깊은 구덩이를 파서 한붕의 장례를 치르는 것을 의미한다. 아래 문장의 '유인전지(遺人拴之)'에서의 '전(拴)'도 마찬가지이다.

200 일마불피이안(一馬不被二鞍), 일녀불사이부(一女不事二夫) : 속담이다. 『사기(史記)』 「전단렬전(田單列傳)」에 다음과 같은 기록이 있다. "충신(忠臣)은 두 임금을 섬기지 않고, 정녀(貞女)는 남편을 바꾸지 않는다.(忠臣不事二君, 貞女不更二夫.)" 또 『원사(元史)』 「열녀전(列女傳)」의 기록에 의하면 변량(汴梁)(후량(後梁)및 북송(北宋)의 도읍지)의 맹지강(孟志剛)의 아내가 다음과 같이 말하였다. "내가 듣기로 한마리의 말은 두 안장을 하지 않는다 합니다. 나의 남편이 이미 죽었다면 그의 무덤에 같이 묻히게 해주세요.(我聞一馬不被兩鞍, 我夫旣死, 願和他同穴共棺.)"

苦酒浸衣[201], 遂脆如葱[202], 左攬右攬, 隨手而無. 百官忙怕, 皆悉搥胸. 卽遣使者, 走報宋王. 王聞此語, 甚大嗔怒, 床頭取劍, 煞臣四五. 飛輪來走[203], 百官集聚. 天下大雨, 水流壙(壙)中, 難可得取. 梁伯諫王曰.. 「只有万死, 無有一生.」 宋王卽遣人掘之. 不見貞夫, 唯得兩石, 一靑一白. 宋王覩之, 靑石埋於道東, 白石埋於道西. 道東生於桂樹, 道西生於梧桐. 枝枝相當[204], 葉葉相籠[205], 根下相連, 下有流泉, 絶道不通. 宋王出遊見之, 問曰.. 「此是何樹?」 梁伯對曰.. 「此是韓朋之樹.」 「誰能解之?」 梁伯對曰.. 「臣能解之. 枝枝相當是其意, 葉葉相籠是其恩, 根下相連是其氣, 下有流泉是其淚.」 宋王卽遣人誅伐之. 三日三夜, 血流汪汪. 二札落水[206], 變成雙鴛鴦[207], 擧翅高飛, 還我本

201 고주(苦酒) : '식초'를 뜻한다. 『석명. 석음식(釋名. 釋飮食)』에 다음과 같은 기록이 있다. "고주(苦酒)란 진한 독성이 강한 것으로 매우 시다.(苦酒, 醇毒甚者酢苦也.)" 『안자춘추(晏子春秋)』에는. "난초의 뿌리를 3년 두어 숙성시켜 그것을 식초에 담가두면 군자가 가까이 못하고 서민도 가지지 못한다.(蘭本三年而成, 湛之苦酒, 則君子不近, 庶人不佩.)"는 기록이 있다. 또 『태평어람(太平御覽)』 권866에서 인용한 『위명신주(魏名臣奏)』에 다음과 같은 기록이 있다. "오늘날 관에서 고주(苦酒)를 판매하는데, 백성과 더불어 송곳 끝만 한 이익을 다투고 있다.(今官販苦酒, 與百姓爭錐刀之末.)" 여기서 '고주(苦酒)'란 식초를 말한다. 때문에 『오록.지리지(吳錄.地理志)』에 다음과 같은 기록이 있다. "오왕(吳王)이 성을 건축할 때 고초를 넣어다 하여 오늘날 세상에서 '고주성(苦酒城)'이라 한다(吳王築城以貯醯, 今俗呼苦酒城.)." 또 가사협(賈思勰)의 『제민요술(齊民要術)』9에서 인용한 육기(陸璣)의 『초목조수충어소(草木鳥獸蟲魚疏)』에 다음과 같은 기록이 있다. "접여는 식초에 절여 김치를 만들었다.(接余, 以苦酒浸之爲菹)"

202 뒷부분에 빠진 글자가 있는 것으로 보인다. 여기서는 아내(貞夫)가 스스로 누대 아래로 투신한 것을 말한다.

203 비륜(飛輪) : '날아가는 수레'라는 의미이다. 즉 수레를 날아갈 듯이 빨리 모는 것을 말한다.

204 상당(相當) : '서로 마주본다'는 의미이다. 조식(曹植)의 『염가행(艶歌行)』에 다음과 같은 기록이 있다. "계북문을 나서 멀리 오랑캐 땅의 뽕나무를 보니, 가지는 서로 엉겨 있고, 잎은 서로 마주보고 있었다.(出自薊北門, 遙望胡地桑, 枝枝自相値, 葉葉自相當)" 그리고 잠삼(岑參)의 『배적원외조추등부서루인정원중제공(陪狄員外早秋登府西樓因呈院中諸公)』에 다음과 같은 기록이 있다. "항상 장의(張儀)의 누대를 사랑하였는데 서산과 마침 서로 마주보고 있구나.(常愛張儀樓, 西山正相當)"

205 상롱(相籠) : 서로 덮어준다는 의미이다.

206 찰(札): 나무 조각을 의미한다. 『서양잡조(西陽雜俎)』 전집 권9의 『도협(盜俠)』에 다음과 같은 기록이 있다. "위(韋)가 말을 세우고 나무에 기대어 서있는데 하늘에 번개가 국장(鞠杖)처럼 서로 이어지는 것을 보았다. 그 형세가 나무의 끝으로 점점 가까이 이르자 어떤 물건이 어지러이 앞에 떨어지는 것을 느꼈다. 위가 돌아보니 목찰(木札)이었다. 잠시

鄕. 唯有一毛羽, 甚好端正[208]. 宋王得之, 遂卽摩拂其身[209], 大好光彩. 唯有項上未好, 卽將摩拂項上, 其頭卽落. 生奪庶人之妻, 枉殺賢良. 未至三年, 宋國滅亡. 梁伯父子, 配在邊疆[210]. 行善獲福, 行惡得殃.

인용 ①은 송왕이 한붕의 아내(貞夫)를 빼앗아 궁정으로 데리고 들어오나 정부가 남편을 그리는 마음을 버리지 않자 한붕을 가혹하게 구타하여 변방으로 쫓아버리는 장면이다. 그리고 인용 ②는 비운(悲

후 쌓인 목판이 무릎에까지 올라왔다.(韋下馬負一樹, 見空中有電光相逐如鞠杖, 勢漸逼樹杪, 覺物紛紛墜其前, 韋視之, 乃木札也, 積札埋至膝.)"

207 쌍원앙(雙鴛鴦) : 민간의 전설에 의하면 '한붕이 새로 변한 것'을 가리킨다. 유순(劉恂)의 『영표록이(嶺表錄異)』에 다음과 같은 기록이 있다. "한붕조(韓朋鳥)란 물오리와 갈매기 따위를 말한다. 이 새는 항상 쌍쌍이 날고 시냇가나 포구에 떠있다. 물새 중에서 자색 원앙, 원앙, 푸른색 백로 등은 모두 영북(호남성)에 사는데 오로지 한붕조만을 그곳에서 볼 수 없다." 간보(干寶)의 『수신기(搜神記)』에 다음과 같은 기록이 있다. "대부 한붕의 아내가 아름다워 송왕이 그녀를 빼앗았다. 한붕이 송왕을 원망하자 왕은 그를 죄수로 만들었고, 한붕은 드디어 자살하였다. 아내가 이에 몰래 그 옷을 썩게하고 왕과 등대로 올라가서는 그 아래로 떨어져 자살하였다. 좌우의 신하가 그 옷을 잡아당겼으나 옷이 썩어 잡을 수가 없었다. 허리띠에 유서를 써서 말하길, '원컨대 시체를 한씨 집안에 돌려주어 합장케 해주기 바랍니다.'라고 하였다. 이에 왕은 화를 내며 매장함에 두 무덤을 마주보게 하였다. 밤이 지나자 갑자기 두 무덤 위에서 오동나무가 솟아났다. 그 뿌리는 아래에서 만나고, 가지는 위에서 이어져 있었다. 또 원앙같은 새가 오더니 그 나무에서 항상 살면서 아침 저녁으로 슬프게 울었다." 남인(南人)들은 이 새를 한붕(韓朋)부부의 순수한 영혼이라 말한다. 때문에 한씨(韓氏)라고 이름지었다.(韓朋鳥者, 乃鳧鷖之類, 此鳥每雙飛, 泛溪浦. 水禽中鸂鶒, 鴛鴦, 鵁鶄, 嶺北皆有之, 惟韓朋鳥未之見也. 按干寶『搜神記』云.. "大夫韓朋, 其妻美, 宋康王奪之. 朋怨, 王囚之, 朋遂自殺. 妻乃陰腐其衣, 王與之登臺, 自投臺下. 左右捉衣, 衣不勝手. 遺書於帶曰.. 願以屍還韓氏而合葬. 王怒, 令埋之, 二塚相望. 經夜, 忽見有梓木生二塚之上, 根交於下, 枝連其上. 又有鳥如鴛鴦, 桓棲其樹, 朝暮悲鳴." 南人謂此禽卽韓朋夫婦之精魂, 故以韓氏名之.)

208 단정(端正) : 아름다움을 의미한다. 한유(韓愈)의 『한식일출유(寒食日出遊)』에 다음과 같은 기록이 있다. "분분히 진흙과 먼지 흩날려 떨어지니, 새로이 단장한 아름다움에 비할 길 없네.(紛紛落盡泥與塵, 不共新妝比端正)"

209 마불(摩拂) : '문지르다. 마찰하다'의 의미이다.

210 배(配) : '유배를 가다. 추방되다'라는 의미이다. 『당율소의(唐律疏議)』 권3에 다음과 같은 기록이 있다. "죄인의 추방에는 응당 유배란 것이 있는데 세 번의 유배는 일 년의 부역에 해당한다.(請犯流配者, 三流俱役一年)"

運)의 한붕 부부가 차례로 자살하자 노한 송왕이 한붕 부부의 무덤을 떼어놓아 만날 수 없게 하나 수목과 원앙새로 다시 짝을 짓고 송왕은 천벌을 받아 죽는 장면이다.

①과 ②는 한붕 부부가 부당한 지배자에 의해 고통을 당하는 모습을 묘사한 대목들인데 갈등 구조를 명확히 하기 위해 도면화하면 다음과 같다.

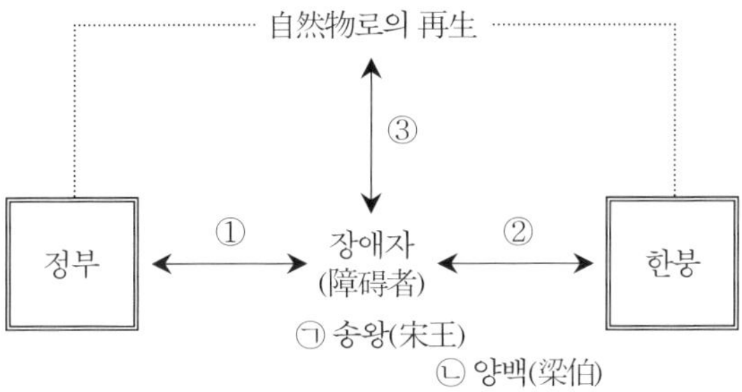

① 아내(貞夫)를 강탈.
② 한붕(韓朋)을 죄수로 만들어 청릉대에 보냄.
③ 한붕(韓朋) 부부가 자살한 후 무덤을 분리시키고 상사수(相思樹)를 자름.

도면에서 확인되듯이 「한붕부(韓朋賦)」에서는 힘없는 서민 부부와 부정적 대립관계(①, ②, ③)를 이루면서 횡포를 자행하는 송왕과 간신 양백이 장애자로서 크게 부각되어 있다. 반면 남녀 간의 정절 문제에 해당되는 한붕 부부 두 사람 사이의 애정적 대립 구조는 매우 약화되어 있다. 이는 「한붕부」의 갈등 구조가 개인적인 성격을 넘어서 근본적으로 사회문제로 치환되어 있음을 의미한다.[211] 한붕과 그의 아내

211 「한붕부」에서 현상되고 있는 남녀 간의 갈등은 당(唐) 전기(傳奇)에서 보이는 그것 — 당 전기 애정류(愛情類)에서 장애요소가 남녀 주인공 본인에 의해 촉발되거나 제3의 여인

정부 사이에 갈등이 유발되는 것은 전적으로 당사자의 변심 때문이 아니라 부당한 외부적 핍박이 장애가 되어 발생한 것이다. 여기에서 우리는 「한붕부」가 한붕 부부의 숭고하고 지순한 사랑을 주제로 하는 작품이 아니라 서민의 저항의식을 바탕으로 불합리하고 잔악한 현실에 대한 항거가 본질적 주제임을 알 수 있다. 이는 특히 유교 봉건사회의 최고 권력자요 신성불가침의 존재인 왕을 비판의 대상으로 삼음으로써 지배계층의 극심한 횡포에 정면 도전하고 있는 당시 민중의식의 성장을 확인시켜 준다.

(2) 텍스트 사례 2 : 「공자와 소년 항탁의 문답 이야기공자항탁상문서(孔子項托相問書)」

「한붕부」가 봉건사회의 최고 권력자인 왕의 횡포와 억압에 대하여 정면으로 도전한 작품이라면, 「공자와 소년 항탁의 문답 이야기(孔子項托相問書)」(이하 「상문서(相問書)」로 약칭.)는 봉건사회의 이념적 지주인 성인(聖人) 공자(孔子)를 어리석고 교활한 인물로 우회 풍자한 현실비판 형 작품이다. 희극적인 전반의 문답부와 비극적인 후반의 해설부로 나뉘어 있는 「상문서」의 줄거리를 단계별로 정리하면 다음과 같다.

<u>전반부 : 문답부</u>

① 공자가 유람하던 중 한 소년을 만난다.

② 소년에게 다른 아이들은 모두 장난을 하는데 왜 하지 않느냐고 묻는다.

(혹은 남자)에 의해서 유발된다 — 과는 판이하게 다르다. 여기서 당대(唐代) 민중적 서사문학과 사대부적 서사문학의 차이를 뚜렷이 발견할 수 있다.

③ 항탁은 손해만 되는데 왜 하겠느냐고 반문한다.

④ 공자가 항탁에게 흙성에 앉아 수레를 피하지 않는 이유를 묻는다.

⑤ 항탁은 성이 수레를 피한다는 말을 들은 적이 있냐고 반문한다.

⑥ 공자가 항탁이 총명하다고 칭찬한다.

⑦ 항탁은 천지자연의 이치일 뿐인데 왜 우열을 따지느냐고 핀잔한다.

⑧ 공자가 여러 가지 어려운 수수께끼를 낸다.

⑨ 항탁이 모두 맞춘다.

⑩ 공자가 같이 천하를 주유하자고 권한다.

⑪ 항탁은 집에서 어른들께 순종하고 동생을 가르쳐야 한다고 거절한다.

⑫ 공자가 주사위 도박을 하자고 권한다.

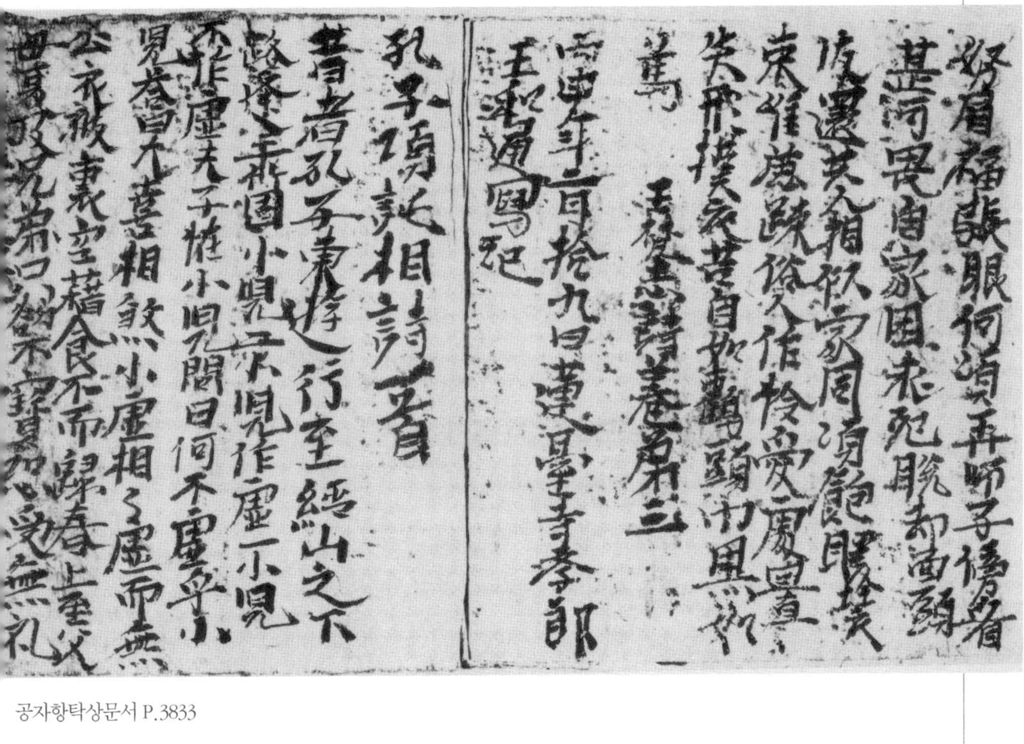

공자항탁상문서 P.3833

⑬ 항탁은 무익한 일인데 무엇하러 배우느냐고 거절한다.

⑭ 공자가 함께 천하를 평등하게 만들자고 권한다.

⑮ 항탁은 천하가 평등해질 수 없는 이유를 말한다.

⑯ 공자가 수수께끼를 낸다.

⑰ 항탁이 모두 맞춘다.

⑱ 공자가 부부와 부모 중 어느 쌍이 친하냐고 묻는다.

⑲ 항탁은 부모가 친하다고 답하자,

⑳ 공자는 부부가 더 친하다고 주장한다.

㉑ 항탁은 색시는 다시 얻을 수 있지만 부모는 다시 얻을 수 없으므로 부모가 더 친하다며 주장을 뒤엎는다.

㉒ 거꾸로 항탁이 공자에게 묻는다.

㉓ 공자가 답하지만 항탁이 다시 틀린 이유를 조목조목 댄다.

㉔ 공자가 어려운 문제를 낸다.

㉕ 항탁이 모두 맞춘다.

㉖ 공자가 후생이 가외(可畏)라고 한탄한다.

㉗ 공자가 자신보다 총명한 항탁에게 살의(殺意)를 갖는다.

후반부 : 해설부(解說部)

① 설화자(說話者)의 해설이 시작됨

② 항탁은 불과 7세인데 말재주가 뛰어났다.

③ 항탁은 학문을 위해 입산한다.

④ 공자는 항탁의 모친에게 약초를 맡긴다.

⑤ 건망증이 있는 항탁의 모친은 공자의 약초를 태워 버린다.

⑥ 약초를 찾으러 온 공자는 보상받는 대신 항탁의 소재를 알아낸다.

⑦ 공자는 깊은 산중에 있는 항탁의 거처를 찾아낸다.

⑧ 스승과 공부하고 있는 항탁을 공자가 칼로 난도질한다.

⑨ 항탁은 죽으면서 자신의 피를 보관하라고 모친에게 부탁한다.

⑩ 모친이 항탁의 피를 대나무에게 쏟아 붇자,

⑪ 대나무는 대장군 항탁으로 변해 공자와 재결투를 한다.

⑫ 싸움에서 항탁이 죽자 공자가 당황해 한다.

⑬ 마을에서 항탁을 묘당에 안치하고 제사를 지내준다.

안사지난(安史之亂) 이후 소외된 공동체 속에서 팽창하고 있던 민중적 저항의식과 유교적 권위의 퇴색을 엿볼 수 있는 「상문서」는 작중인물 공자와 항탁(項托)을 통해 당시의 사회적 대립상이 우회적으로 대리 표출되어 있다. 작품 속에서 공자와 항탁(項托)의 대립. 갈등양상이 비유하는 의미를 도식화하면 다음과 같다.

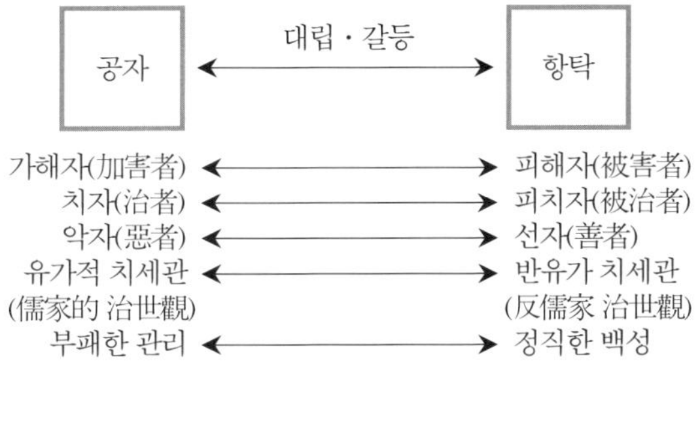

도해의 대립상은 전체구조상 문답부에서는 문항과 답항의 내용을 통해 비유적으로 표현되고, 해설부에서는 중심인물의 행동묘사를 통해 표현하고 있다. 그러나 사건의 전개과정 즉, '문답에서 공자의 패배 → 항탁을 해칠 각오 → 항탁의 죽음 → 항탁의 부활'에서 파악되듯

이 공자의 패배로 끝나는 문답부에서 이미 공자라는 비유적 형상에 내포된 상층사회의 불합리성이 풍자적으로 폭로되어 있다. 좀 더 상세히 문답부의 구조를 살펴보면, 유머와 수수께끼가 웃음을 불러 일으키는 ①~⑤와 ⑯~㉖는 연희판에서의 흥미적 효과를 위해 삽입된 것으로 볼 수 있고, ⑥~⑮까지가 바로 사대부 지배층에 대한 서민의 비판의식이 엿보이는 부분이다. 그리고 ⑥~⑮ 부분은 다시 二分하여 그 현실비판성을 분석할 수 있다.

첫째, 사대부 군자면 누구나 추구하는 입신양명(立身揚名)의 야망 속에 담겨 있는 허위성을 비판하고 있다. 모름지기 '치국평천하(治國平天下)'란 군자의 이상을 실현하기 위해 천하를 주유하는 공자가 총명한 항탁에게 동참하기를 권하자 항탁이 내놓은 답변은 '제가(齊家)'의 논리였다.

> 공자 왈, "총명하구나! 총명해! 내 너와 함께 천하를 주유했으면 하는데 그럴 수 있겠느냐?" 소년 왈, "저는 가지 않아요. 저는 엄한 부친이 계셔서 시중을 들어야 하며 자애로운 어머님이 계시므로 봉양해드려야 해요. 또 큰 형님이 계셔 순종해야 하고 밑에 아우가 있어 가르쳐야 해요. 이 때문에 당신을 따라 갈 수 없어요."
>
> 夫子曰∶"善哉!善哉! 吾與汝共遊天下, 可得已否?"小兒答曰∶"吾不遊也.吾有嚴父, 當須侍之, 吾有慈母, 當須養之, 吾有長兄, 當須順之, 吾有小弟, 當須教之.所以不得隨君去也."

여기서 항탁이 사대부의 욕망인 '치국평천하'를 거부하고 축소지향적 태도로 '제가(齊家)'를 강조한 이유는, '위민'과 '애민(愛民)' 근본해야 하는 지배계급인 사대부들이 공인의 도리와는 거리가 먼 개인적 사욕과 정치경제적 특권만을 추구하고 있는 것에 대해 '자기반성'을 요구하기 위해서였다. 이러한 사실은 그 다음 이어지는 문답에서 치자에 대한 풍자적 비판을 통해 확인된다.

> 공자 왈, "내 수레 속에 바둑이 있는데 내기시합 하는 것이 어떻겠느냐?" 소년 왈, "저는 노름 같은 것 안해요. 천자가 노름을 좋아하면 풍우(風雨)를 기대할 수 없고, 제후가 노름을 좋아하면 국사가 다스려지지 아니하고, 관리가 노름을 좋아하면 행정처리가 늦어지고, 농부가 노름을 좋아하면 농사의 시기를 잃고, 학생이 노름을 좋아하면 시서(詩書)를 읽는 것을 잊어버리지요. 아이가 노름을 좋아하면 종아리를 맞게 되니 이런 놀이는 무익한 일인데 무엇 하러 그것을 배우겠습니까?"
>
> 夫子曰:"吾車中有雙陸局, 共汝博戲何如?" 小兒答曰:"吾不博戲也. 天下好博, 風雨無期, 諸侯好博, 國事不治, 吏人好博, 文案稽遲. 農人好博, 耕種失時. 學生好博, 忘讀書詩. 小兒好博, 笞撻及之. 此是無益之事, 何用學之?"

천하를 인정(仁政)으로 다스려보고자 천하를 주유하고 항탁에게도 이에 대한 동참을 요구하던 공자가 느닷없이 주사위 도박을 하자고 한다. 이는 이야기 구조에서 의도적 장치에 해당되는데 여기서 작가(설화자)가 드러내고자 한 것은 '平天下'의 기치란 대의명분에 불과할 뿐이고 노름같은 개인적 향락을 지향하는 치자의 실제모습을 폭로하는데 있다. 그러나 상층사회에 대한 비판이 어느 정도 개방된 당시의 시대상황에서도 직접적인 정치비판이 용인되기는 쉽지 않았을 것이다. 이 때문에 민중연희판에서는 우회적 화술과 오락성 삽화를 가미함으로써 비판이 가져오는 긴장을 해소하여 현실의 벽을 뚫고 나가려 한다. 위 인용문에서도 그러한 방식이 활용되고 있다. 즉, 치자가 노름을 좋아할 경우 야기되는 폐해를 나열한 다음 농부와 학생의 문제점도 아울러 들먹이고 마지막으로 "아이가 노름을 좋아하면 종아리를 맞게 되니 이런 무익한 일을 무엇하러 배우겠느냐"고 희화적 반문으로 끝맺은 대목이 바로 그것이다. 이렇게 『상문서』는 전체구조상 희극성과 비극성이 조화를 이루고 있음과 동시에 세부적으로는 비판적 사회의식이 야기하는 긴장을 오락적 효과로 해소시켜 나가는 복합구조의 양상을 띤다.

둘째, 신분제의 모순을 풍자하고 있다. 공자가 천하를 주유한 목적은 자신의 이상을 구현할 수 있는 군주를 찾기 위해서였다. 『논어』의 많은 부분이 사군(事君) 원리와 방법에 대한 문답으로 가득한 것이 이를 증명한다. 또 유가의 정치원리 안에는 기본적으로 '군주 자체의 불가결(不可缺)과 함께 군주의 정치에 참여하는 사인층(士人層) 특권적인 지위를 계급지배의 정당성으로 합리화'[212] 하고 있다. 그런데 『상문서』에는 신분해방론으로 간주될 수 있는 그 당시로서는 상상조차 하기 힘든 이야기를 공자 자신이 적극 제기하는 것으로 되어 있다.

> 공자 왈, "내 너와 천하를 평정했으면 하는데 하겠느냐?" 소년 왈, "천하는 평정될 수 없습니다. 높은 산이 있을 수 있고, 강과 바다가 있을 수도 있으며, 공경이 있고 노비가 있는 경우도 있으니 이 때문에 평등해질 수 없습니다." 공자 왈, "내 너와 높은 산을 깎아버리고 강과 바다를 막아버리고, 공경을 제

212 이성규(李成珪), 「제자(諸子) 학과 사상의 이해」, 『강좌중국사(講座中國史)』 I, 지식산업사, 1989, 184쪽.

> 거하고, 노비를 없애면 천하가 고르게 될 터인데 어째서 평정하지 못한단 말이냐?" 소년 왈, "높은 산을 평평하게 하면 금수가 의지할 곳이 없게 되고, 강과 바다를 막아버리면 물고기가 살 곳이 없어지고, 공경을 제거하면 사람이 시비로 다투게 되고, 노비를 없애면 군자는 누구를 시키겠습니까?"
>
> 夫子曰:"吾與汝平却天下, 可得已否?" 小兒答曰:"天下不可平也. 或有高山, 或有江海, 或有公卿, 或有奴婢, 是以不可平也."

문답의 진행과정을 볼 때, '공경(公卿) 제거하고 노비(奴婢) 없애 천하를 평등하게' 하는 신분해방론을 항탁이 주장하지 않고 오히려 그는 '공경을 제거하면 사람이 시비로 다투게 되고, 노비를 없애면 군자는 누구를 부리겠느냐'면서 不可함을 말하는 반면, 수동적이어야 할 공자가 '천하평등론'을 적극 제기하고 나서는 장면은 참으로 아이러니(irony)하다. 그러나 이 역시 우회적 화술을 차용한 것일 뿐이다. 민중의 입장에서 보자면, 애당초 신분이 철폐된 사회란 중세사회에서는 꿈속의 유토피아에서나 가능한 것이었고 또 그러한 생각을 기층민중의 신분으로 직접 발설하기란 거의 불가능하였을 것이다. 그러나 신분제라는 봉건적 질곡을 넘으려는 염원은 언제나 민중의 가슴속에서 견고히 자리하고 있었고 어떠한 방식으로든 그 표출통로를 마련하려 했을 것이다. 이러한 상황 속에서 민중들이 그 해법으로 찾아낸 것은 바로 지배층의 이념적 지주인 공자로 하여금 신분 타파론을 주장하게 하고 피지배층으로 형상화된 항탁으로 하여금 그를 부정하게 하는 역설적이고 골계적인 풍자방식이었다. 이는 '정면으로 투쟁할 수도 체념적으로 패배할 수도 없는 진퇴유곡의 입장에서 서민들이 택한 유일한 탈출구'[213]였다.

이상과 같이 지배층의 형상으로 그려져 있는 공자와 피지배층을 대변하는 인물 항탁은 이야기 구조 속에서 완전히 분리되어 대립 갈등하는데 그 속에는 당시 유교적 도덕률의 퇴락과 신분적 제약에 대한 민중들의 부정적. 비판적 의식이 우회적인 방법 — 풍자와 해학 — 으로 담겨 있다.

이상에서는 소외된 공동체 속에서 성장한 민중의 저항의식을 평민적 비장과 해학으로 표출하고 '현실비판형(現實批判型)' 작품에 대하여 살펴보았다. 다음은 '지배이념형(支配理念型)'의 주제와 '현실비판형(現實批判型)'의 주제를 결합시키고 있는 '절충화해형(折衷和解型)' 대하여 논술하기로 한다.

3) 제3유형 : 절충화해형折衷和解型

'절충화해형'은 두 개의 주제 즉, 민중의 건강하고 발랄한 비판과 봉건 체제의 유지에 이바지하는 중세적 지배이념이 한 작품 내에서 대립하는 동시에 화해하는 이중성을 보이는 작품을 말한다. '절충화해형'의 주요 특징은 표면적으로는 중세적 가치규준을 지향하고 있지만 내면적으로는 서민의 비판의식이 잠재되어 있는 데 있다. 돈황 강창문학 텍스트 가운데 이와 같이 중세적 가치규준과 서민적인 비판의식이 화해를 이루고 있는 주요 작품을 선별하면 다음과 같다.

213 인권환(印權煥), 「〈토끼전〉의 서민의식과 풍자성」, 『판소리의 이해』, 창작과비평사, 1978, 245쪽.

<table>
<tr><th colspan="3">절충화해형의 두 가지 주제</th><th>대표작품</th></tr>
<tr><td rowspan="2">1</td><td>표면적 주제</td><td>우애</td><td rowspan="2">「제비 이야기」</td></tr>
<tr><td>내면적 주제</td><td>지배층의 횡포와 류랑민의 고충 폭로</td></tr>
<tr><td rowspan="2">2</td><td>표면적 주제</td><td>지혜</td><td rowspan="2">「계포매진사문」</td></tr>
<tr><td>내면적 주제</td><td>봉건군주의 탐욕 비판</td></tr>
<tr><td rowspan="2">3</td><td>표면적 주제</td><td>충 / 효</td><td rowspan="2">「오자서변문」</td></tr>
<tr><td>내면적 주제</td><td>폭군에 대한 저항</td></tr>
</table>

위의 도표에서 드러나는 바와 같이 제3유형 주제가 이중적(二重的) 현상을 보이는 이유에 대하여는 두 측면에서 해석할 수 있다. 첫째, 민중의식의 시대적 한계를 드러내고 있는 것으로 볼 수 있다. 즉, 불합리하고 부조리한 현실에 정면적인 도전이 불가능한 봉건적 사회구조의 불리한 여건이 이와 같은 화해상황으로 나타나고 있는 것이다. 둘째, 지배층의 의식을 고려하지 않을 수 없었던 작가(혹은 연행자)에 의한 화해(和解) 구도의 의도적 설정이다. 위에서 절충화해형으로 간주한 세 작품은 기본적으로 구술(口述)형 작품이지만 문어적(文語的) 요소가 빈번히 발견되는 것으로 보아 문자적 조어(造語) 능력을 갖춘 지식인에 의하여 창작된 듯하다. (이러한 문체적 특징은 구어체적 성향이 농후한 현실비판형 작품과 구별되는 주요한 일면이기도 하다.) 그리고 이처럼 문체에 보이는 지식인적 성향은 단순히 기술적 측면에 국한되는 것이 아니라 내용의 전개 방식에도 반영된 것으로 볼 수 있다. 즉, 지식인으로서의 작가(혹은 연행자)는 텍스트(혹은 연행물)의 1차적 향유자인 일반 민중의 소외 의식을 수용함과 동시에 2차적 향유자인 지배층의 의식도 아울러 수렴한 것이다. 그러면 이와 같이 이중적 가치 지향을 보이고 있는 제3유형의 주제를 「제비 이야기(연자부鷰子賦)」를 통하여 확인해보기로 한다.

텍스트 사례 : 「제비 이야기연자부(鷰子賦)」

체제가 전혀 다른 두 종류의 텍스트 — 한부체(漢賦體)의 「제비 이야기(연자부(鷰子賦)」(1)과 오언 시가체(五言 詩歌體)의 「제비 이야기(연자부(鷰子賦)』(2) — 가 존재[214]하는 「제비 이야기(연자부(鷰子賦)」는 당대(唐代) 중엽(中葉) 지방의 토호들이 조정의 괄호정책(括戶政策)[215]을 역이용하여 도호(逃戶) 신분의 서민들에게 부리는 횡포를 참새에 비유하여 풍자적으로 폭로하고 있는 작품이다. 먼저 「제비 이야기」의

214 우화부(寓話賦)라 할 수 있는 「제비 이야기(연자부(鷰子賦)」는 체제가 완전히 다른 두 텍스트가 있는데, 「제비 이야기」(1)은 46언체(四六言體)의 한부체(漢賦體) 형식으로 되어 있는 반면에 「제비 이야기(연자부(鷰子賦)」(2)는 5언 시가체의 형식을 띠고 있다. 두 텍스트를 비교 분석한 결과를 도면화하면 다음과 같다.

항목＼텍스트	『제비 이야기』 1	『제비 이야기』 2
문체	4.6언 한부체	5언 시가체
문체 풍격	서면화 + 구어화	완전 구어화
연원	선진(先秦) 이래 민간 잡부	문답형식의 5언체 민간강창
작가	학식과 문재를 겸한 문인	민간 설창인
성립시기	개원(開元) 9년~24년(A.D 721~736)	조씨 귀의군(歸義軍) 시기
전고 인용	史傳의 記錄과 거의 同一	전고(典故) 사용이 부정확
등장인물	제비와 참새 / 참새 부인과 아이들 / 봉황 / 뱁새 / 때까치와 비둘기 / 옥리(獄吏) / 심문관(審問官) / 홍학(鴻鶴)	제비와 참새 / 봉황
제제	참새의 제비집 강탈과 고소	참새의 제비집 강탈과 고소
주제	지배층의 횡포와 유랑민의 고난	지배층의 횡포와 유랑민의 고난
서술 형식	문답체 위주의 서술로 4언이 위주이고 중간 육언이 삽입된 산문체. 작가의 해설과 대화 그리고 노래가 혼합되어 있다.	문답체 위주의 서술로 전체가 5언시체로 이루어져 있다. 그 안에 작가의 해설과 대화 그리고 노래가 곁들여져 있다.
장르 교섭	문인부(文人賦)과의 교섭 가능성	민간講唱과 교섭
연행 형태	2人 이상의 연행자	1인극

215 괄호정책(括戶政策)이란 호적에 기재된 본관으로부터 도망한 도호(逃戶)와 적외(籍外)의 전(田)을 찾아내 국가가 다시 이를 장악하는 정책을 말한다.

전체 줄거리를 단계별로 요약하여 소개하면 다음과 같다.

① 제비 부부가 애써 마련한 보금자리를 참새가 차지하고 항의하는 제비를 참새 부부가 두들겨 팬다. 제비가 봉황에게 고소장을 제출한다.

② 뱁새가 참새를 붙잡아 봉황에게 데리고 온다.

③ 변명하는 참새를 봉황이 혼을 내고 감옥에 가둔다.

④ 감옥에서 심문관이 참새를 심문한다.

⑤ 봉황은 참새의 공로를 고려해 석방하고 제비와 화해케 한다.

⑥ 홍학(鴻鶴)이 참새와 제비에게 훈계한다.

⑦ 제비와 참새의 화답시(和答詩) → 홍학(鴻鶴)의 화답시(和答詩) → 제비와 참새의 화답시(和答詩).

이상의 전체 줄거리 중 참새가 제비의 집을 강탈하여 대립을 유발하는 장면 ①의 대목을 살펴보기로 한다.

①

음력 2월 한 쌍의 제비가 하늘을 날고 있었다. 그들 부부는 집을 짓고자 서로 의논하였다. 동서로 거리를 측량하고 남북으로 상서로움을 점쳐보았다. 태세장군의 별자리만 피한다면 자연히 복을 얻고 재앙은 없을 것이라. 나무 꼭대기의 가지를 가져다 진흙을 쌓아 굴을 짓고, 이곳을 들보를 잡고 오르도록 하였으며, 풀을 엮어서는 침상을 만들었다. 안전하게 위험의 염려가 없도록 위험한 장소에 둥지를 만들지 않았다. 점을 쳐서 좋은 주거지를 선택하고 드디어 큰 들보에 의탁하였다. 집짓기를 가까스로 끝내고 잠시 제방의 저수지에 갔다.

한편 노란 참새란 놈이 있었으니, 머리를 치켜세워 깎은 그는 길거리를 배회하면서 강자에게는 아부하고 약자는 업신여기고 다녔다. 그는 마침 제비가 집에 없는 것을 보고는 집에 들어가 노략질하였다. 그러다가 제비의 집이 참신하고 깨끗한 것을 보고 어거지로 점령해버렸다. 참새의 부인과 아

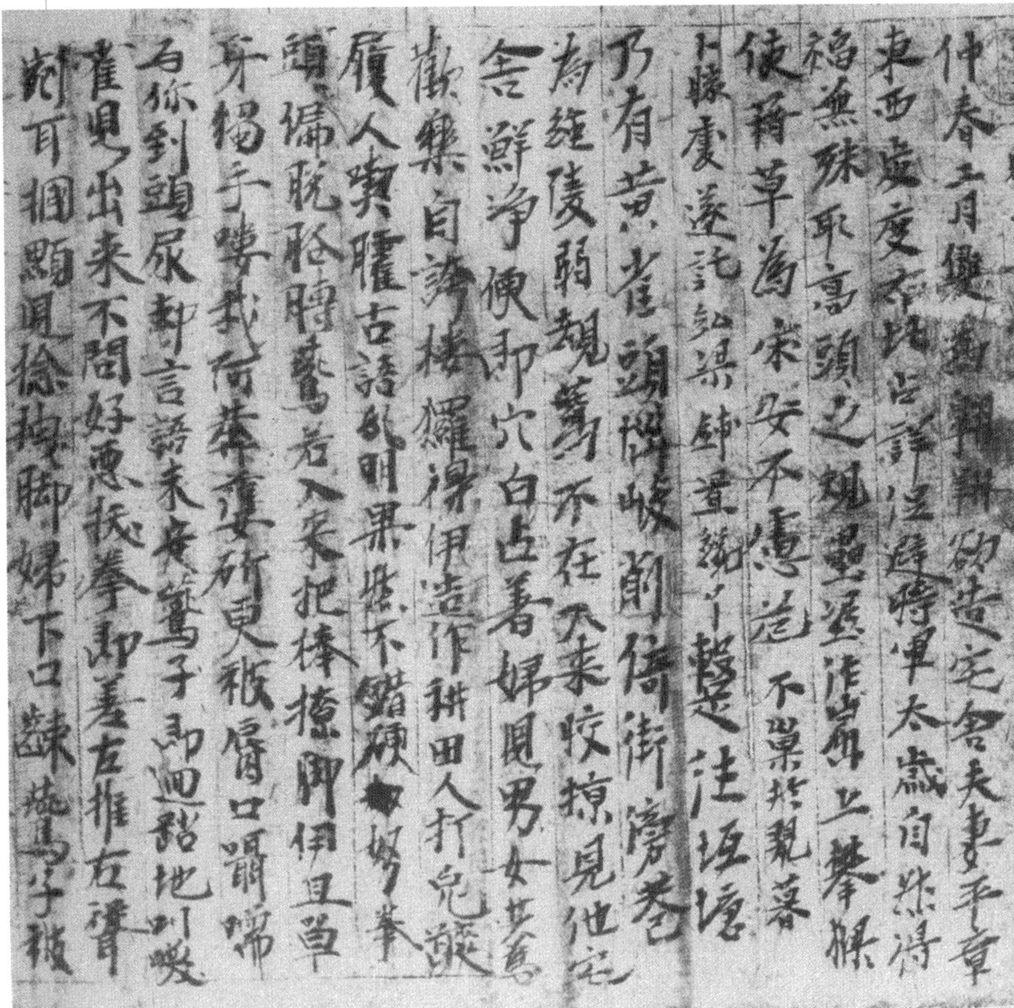

연자부 P.2491

이들은 모두 기뻐하며 자신들의 솜씨라고 자랑하였다. “그가 지은 집을 얻었구나. 밭을 경작하는 사람이 토끼를 잡기 마련이요, 돈이 있는 사람이 고기국을 먹기 마련이라는 옛 격언은 분명하며, 과연 틀림이 없구나. 꼿꼿하고 당당하게 주먹을 쥐고 웃통을 벗고 있다가, 제비가 들어오면 몽둥이를 잡고 다리를 부러뜨려야지. 그는 홀홀단신이니 내가 어떻게 하더라도 별 수 없을 것이며, 내게 한 마디 불평도 하지 못할 것이다. 너와 함께 머리에서 발끝까지 오줌을 끼얹어 주자구나.”

말을 채 마치기도 전에 제비가 돌아와서는 펄쩍 뛰며 참새를 부른다. 참새는 밖으로 나와서는 좋다, 싫다 묻지도 않고, 주먹을 빼어 들고 즉시 제비를 두들겨 팼다. 오른쪽 왼쪽으로 밀어내고, 귀를 비틀고 빰을 후려치며, 참새 새끼는 다리를 잡아당기고, 참새 아내는 입으로 깨문다. 두들겨 맞은 제비는 시체가 가소로울 만큼 엉망친창이 되어 머리를 들 수 없고, 눈을 뜰 수도 없었다. 제비 부부는 마주 바라보며 설움에 복받쳐 소리 내어 울며, “표범 꼬리의 별자리를 밟은 적이 없거늘, 무슨 연고로 뜻밖에 참새의 재앙을 만났단 말인가?”하고는 마침내 봉황에게 가서 상소문을 올렸다.

仲春二月, 雙鷰翱翔, 欲造宅舍, 夫妻平章.[216] 東西步度,[217] 南北占詳,[218] 但避將軍太歲,[219] 自然得福無殃.取高頭之規, 壘泥作窟, 上攀樑使, 藉草爲床.安不慮危,

216 평장(平章) : 의논하다는 의미이다.『안씨가훈(顔氏家訓』「풍조(風操)」에 다음과 같은 말이 있다.「近在議曹, 共平章百官秩祿.」

217 보도(步度) : 집을 짓기 전에 걸음으로 거리를 측량하여 화복(禍福)을 미리 추산하여 보는 것을 의미한다. 돈황본『항마변문(降魔變文)』에 다음과 같은 기록이 있다. “卽共舍利弗相隨, 步度東西, 按行南北.”

218 점상(占詳) : 자세히 길조(吉兆)를 관찰하여 길흉(吉凶)을 판단하는 것을 말한다. 통상적으로는 ‘점상(占相)’이란 말을 쓴다.『후한서.우후전(後漢書.虞詡傳)』에 다음과 같은 기록이 있다. “詡乃占相地執, 築營壁百八十所.”

219 장군태세(將軍太歲) : ‘태세’는 고대 천문학에서 상상으로 붙인 별자리 이름으로 세성(歲星)(木星)과는 정반대의 위치에 있다. 방사(方士)들의 무술(巫術)에서는 태세대장군이

不巢於翠暮(幕), 卜勝而處, 遂託弘梁. 鋪置纔了, 蹔往坻塘, 乃有黃雀, 頭腦峻削, 倚街傍巷, 爲强凌弱, 覩鷰不在, 入來皎(挍)掠. 見他宅舍鮮淨, 便卽兀自占着. 婦兒男女, 共爲歡樂, 自誇樓羅. 「得伊造作, 耕田人打兎, 蹠履人喫月霍, 古語分明, 果然不錯. 硬努拳頭, 偏脫胳膊. 鷰若入來, 把棒撩脚. 伊且單身獨手, 嘍我阿莽[220]薩斫, 更被唇口囁嚅, 與你到頭尿却.」言語未定, 鷰子卽廻, 踏地叫喚. 雀兒出來, 不問好惡, 拔拳卽差, 左推右聳, 剜耳摑顋, 兒捻拽脚, 婦下口齒束. 鷰子被打, 可笑屍骸, 頭不能擧, 眼不能開. 夫妻相對, 氣咽聲哀, 「不曾觸犯豹尾, 緣沒橫羅(罹)鳥災?」 遂往鳳凰邊下, 下牒分析.

「제비 이야기」의 배경이 되고 있는 시대는 양세법이 실시되기 이전으로 당대(唐代) 전반기의 조용조(租庸調)를 근간으로 하는 국가구조가 한계에 이르러 사회에 뚜렷한 변화의 양상이 보이던 때였다. 당조(唐朝)는 7세기 후반부터 균전제(均田制), 조용조(租庸調), 부병제(府兵制)를 중심으로 하는 지배체제가 동요의 조짐을 나타내기 시작했고, 그 단적인 표현이 바로 도호(逃戶)였다.[221] 도호(逃戶)란 부역(賦役)을 기피하기 위해 호적이 있는 본관으로부터 도망(逃亡) · 유산(流散) · 유리(流離)하여 타향에서 부식(浮食)하는 사람들로 균전제(均田制)의 지배에서 벗어난 사람을 말한다.[222] 그 당시 도호의 발생은 국가재정에 상당한 결손을 초래하였으니, 무후(武后, 690~705 재위)시기 위

있는 방향을 흉방(凶方)이라 하여 그곳에다 건축하는 것을 피한다. 청(淸) 조익(趙翼) 『해여총고(陔餘叢考)』 권34 「태세대장군」에 다음과 같은 기록이 있다. "術家有太歲大將軍之說, 動土者必避其方."

220 살(薩) : 원문에는 밑에 '녀(女)'자가 붙어 있다.(孽)

221 신성곤(辛聖坤), 「당송변혁기론(唐宋變革期論)」, 『강좌중국사(講座中國史)』 3권, 지식산업사, 25쪽.

222 나카가와 마나부(中川學), 「唐代の逃戶 · 浮客 · 客戶に關する覺書」, 『일교총서(一橋叢書)』, 50-3, 1963, 70~71쪽.

사립(韋嗣立)의 "지금 천하의 호구 중 도망한 사람이 반을 넘어 조조(租調)가 멸(滅)하여 국용이 부족합니다"[223]는 말과 현종(玄宗, 712~756 재위) 시기 손평자(孫平子)의 "양기(兩畿)의 호구 반이 도망하였다"[224]는 말에서 도호문제(逃戶問題)의 심각성을 엿볼 수 있다.[225] 『전당시(全唐詩)』에는 일반 서민이 가혹한 조세와 징병을 못 이겨 도호화(逃戶化)하는 실상을 읊은 장위(張謂)의 시 『대북주노옹답(代北州老翁答)』가 남아 있다.

負薪老翁往北州 땔나무 맨 노인 북주로 가니
北望鄉關生客愁 북쪽에서 고향 바라보니 객수 생겨나네.
自言老翁有三者 노인이 말하길 내게 아들이 셋 있었으나
兩人已向黃沙死 두 녀석은 이미 사막에서 죽고
如今小兒新長成 지금 막내가 장성하였는데
明年聞道又徵兵 내년에 또 징병된다고 하는구나.
定知此別必零落 분명한 것은 이번에 이별하면 반드시 영영 헤어져
不及相隨同死生 서로 생사를 함께 할 수 없으리라.
盡將田宅借鄰伍 이웃에 온갖 전택을 빌려 주고
且復伶俜去鄉土 향토를 떠나 방랑하려 하네.[226]

이처럼 도호(逃戶)가 날로 증가하자 당조(唐朝)는 개원(開元, 713~741) 시기부터 탄도금지령(攤逃禁止令)을 내려 이를 억제하려 하였고, 또

223 『구당서(舊唐書)』 권88 「위사립전(韋嗣立傳)」, 2867쪽.
224 『전당문(全唐文)』 권335 「손평자(孫平子)」, 「請耐孝和皇帝封事)」, 3399쪽.
225 정순모(鄭淳模), 앞의 논문, 11쪽.
226 『전당시(全唐詩)』 권197 「장위시(張謂詩)」, 459쪽.

괄호정책(括戶政策)과 5, 6년간의 부세(賦稅)면제 또는 경감(輕減)조치로 도호(逃戶)를 제도 내에 흡수하여 객호로서 제도화하고 이들을 재파악하고자 하였다. 또 당조(唐朝)는 귀환(歸還)가능성이 없는 도사호(逃死戶)의 도기전(逃棄田)을 관수(官收)하여 이미 제도상 공인된 객호에게 급여함으로써 도호(逃戶)가 다시 승전자(承佃者)로써 등장하였고 기우지(寄寓地)에서 새로 전지(田地)를 획득한 도호(逃戶)가 다시 편호화(編戶化)하기도 하였다.[227] 특히 괄호정책(括戶政策)은 개원(開元) 11년(723) 우문융(宇文融)의 건의에 따라 적극적으로 시행되어 그 결과 개원(開元) 12년까지 80만호의 도호(逃戶)와 이에 상당하는 전토를 찾아내어 도호(逃戶)를 합법적인 객호(客戶)로 재파악하였다. 「제비 이야기」에는 이러한 괄호정책에 대한 구체적인 언급이 보인다. 예컨대 甲本의 "조정에서 도호(逃戶)를 찾아내라는 칙령을 내렸다(明勅括客)"는 말과 을본의 "천자께서 지금 도호를 찾고 있다(宅家今括客)"는 말이 그것이다. 그러나 도호(逃戶)화하는 것을 막고 또 이미 도호(逃戶)가 되어 버린 자는 객호로 합법화시키려는 조정의 '괄호정책(括戶政策)'은 결국 실패하고 마는데, 그 이유는 제도상의 미비(未備)[228]와 지방 토호와 관리(官吏)들의 착취, 횡포 때문이었다.

「제비 이야기」는 바로 조정의 괄호정책(括戶政策)을 역이용하여 도호(逃戶) 신분의 서민들을 괴롭히는 지방 토호의 횡포와 착취를 참새에 비유하여 풍자적으로 폭로하고 있다.

이 점은 이야기 첫머리부터 보인다. 제비는 "가을 겨울에는 석굴에

227 나카가와 마나부(中川學), 「唐代の流庸について」, 『동양사연구』 26-2, 1967, 8쪽.

228 탄도금지령(攤逃禁止令)이 내려졌던 개원시기(713~741) 주자사(州刺史) 등 지방관의 성적은 호구수에 따라 평가되었기 때문에 도호(逃戶)가 발생해도 이를 호적에서 삭제하지 않고 린친(隣親)에게 대납(代納)시켜 탄도(攤逃)의 폐(弊)는 더욱 더 만연하게 되었다.

서 숨어 살며 봄과 여름에는 인간과 더불어 지내고, 2월이 오면 정원의 나무에서 살다가 8월에는 산으로 돌아가는"[229] 철새로서 본시 일정한 주거지가 없다. 이러한 제비는 바로 당대(唐代) 중엽 과중한 세금을 피하기 위하여 고향을 떠난 도호(逃戶) 신분의 서민을 비유한다. 그런데 유랑 신세의 제비가 모처럼 안전하고 깨끗한 곳을 찾아 둥지를 지었으나 잠시 집을 비운 사이에 못된 참새가 제비의 집을 보고는 어거지로 점령해 버린다. 여기서 참새는 높은 사람에게는 아부하고 서민에게는 착취와 횡포를 부리는[230] 당시 그 지방 토호를 비유한다. 제비의 집을 강탈한 참새와 그의 식구들은 얼마 후 제비가 집으로 돌아와 펄쩍 뛰며 항의하자

> 좋은지 싫은지 묻지도 않고, 주먹을 빼어 들고 냅다 제비를 두둘겨 팬다. 오른쪽으로 밀다가는 왼쪽으로 번쩍 들고, 귀를 도려내고 뺨을 후려치며, 참새 아이들은 다리를 잡아당기고 비틀고, 참새 아내는 입으로 깨문다. 두들겨 맞은 제비는 시체가 가소로울 만큼 엉망친창이 되어 머리를 들 수 없고, 눈을 뜰 수도 없다. (원문은 위 인용문 〈1〉 참조)

이렇게 비참하게 두들겨 맞아 쫓겨난 제비는 참새를 고소하여 다음과 같은 상소문을 봉황에게 올린다.

> "저는 미천하고 가난하게 살아오다 집 한 채를 지었는데, 참새에게 강탈

229 을본(乙本) :「秋冬石窟隱, 春夏在人間. 二月來投藂, 八月却歸山.)

230 갑본에서 참새의 이러한 태도를 묘사하고 있는 부분이 보인다. "한편 노란 참새란 놈이 있었으니, 머리를 치켜세워 깎은 그는 길거리를 배회하면서 강자에게는 아부하고 약자는 업신여기고 다녔다.(乃有黃雀, 頭腦峻削, 倚街傍巷, 爲强凌弱.)"

을 당했습니다. 그는 저에게 도호(逃戶)를 찾아내어 관청에 바쳐 정식으로 등록시켜야 한다며 매우 위협하고 있습니다. 또 호적을 이탈하여 왕의 세역(稅役)에 응하지 않았으므로 관리에게 곤장을 맞게 하고, 담주·애주·상주·백주 같은 먼 곳으로 유배시키겠다고 합니다. 그리고 들까치는 자신의 종형제요, 갈매기는 자신의 백부로서 주현의 장관으로 친척들이 여기저기 깔려있다고 말합니다. 이러한 상황에서 제가 자신을 소송 걸더라도 전혀 이익이 없을 것이니, 빨리 문 앞을 떠날 것이요, 잠시라도 지체하면 봉변을 당할 것이라고 협박합니다. 저는 분함을 이기지 못하여 이치를 따지다가, 머리를 잡힌 채 끌려가 옷이 찢기며 주먹으로 여기저기 두들겨 맞았습니다. 참새 식구 여러 사람이 합세하여 두들겨 팼습니다. 저는 구타를 당하여 털과 날개가 상하여 일어날 수 없을 정도로 목숨이 조석에 달렸습니다. 바라옵건대 조사를 하시어 흑백을 가리어 주시옵소서. 분통함을 이기지 못하여 왕에게 의법 조처할 것을 청하는 바입니다."

鷰子單貧, 造得一宅, 乃被雀兒强奪, 仍自更著恐赫, 云明勑括客, 標入正格. 阿你浦逃落藉, 不曾見你膺王役, 終遣官人棒脊, 流向擔崖, 象白. 雲野鵲是我表丈人, 求鳥 鳩是我家伯, 州縣長官, 瓜蘿親戚. 是你下牒言我, 共你到頭, 幷亦火急離我門前, 少時終須喫搁. 鷰子不分(忿), 以理從索, 遂被撮頭拖曳, 捉衣撦擘, 遼亂尊拳, 交横禿剔. 父子數人, 共相敲擊. 鷰子被打, 傷毛墮翮, 起止不能, 命垂朝夕. 伏乞檢驗, 見有青赤, 不勝寃屈, 請王科責.

위 상소문에서는 제비와 참새의 그 당시 사회적 신분이 드러나 있다. 즉 제비는 본향(本鄕)을 이탈하여 타향에 기우(寄寓)하는 도호(逃戶) 또는 객호(客戶)로서 만약 관청에 적발되면 엄중한 처벌을 받아야 하는 불안한 처지이고, 참새는 그 지방의 토호이자 유력자(有力者)로 볼 수 있다. 그리고 참새는 도호라는 제비 신분의 약점을 이용하여 제비의 소유권을 갈취하려 하고 있다. 이와 유사한 사회 풍자적 서술은 을 본에서도 보인다.

鷰子語雀兒.. 제비가 참새에게 말했다.
好得輒行非, "정말 행실이 못됐구나!
問君向者語, 네 놈이 방금 한 말을 들어 보니,
元本未相知. 애초에 이 집을 알지 못했다고 하였다지?
一冬來居住, 겨울내내 이곳에 거주하면서
溫暖養妻兒, 따뜻하게 처자를 먹여 살려왔다.
計你合慙愧, 네가 감탄해왔다는 것을 아는데,
却被怨辯之! 오히려 원망을 품고 변명해대느냐?"

雀兒語鷰子.. 참새가 제비에게 말했다.
恩澤莫大言, "은택에 대해 크게 떠벌리지 말며,
高聲定無理, 고성에는 본시 이치가 담겨 있지 않은 법,
不假觜頭喧. 주둥이 가지고 떠들지마라.
官司有道理, 관청에는 도리가 있으니
正敕見明宣. 명백한 판결을 내려 시비를 밝혀 줄 것이다.
空閑石得坐, 빈 집에 가만히 앉아 있었거늘
雀兒起(豈)自專. 내가 어찌 제멋대로 굴었단 말이냐

鷰子語雀兒.. 제비가 참새에게 말했다.
好得合頭癡. "정말 한심한 몸이로구나!

向吾宅裏坐, 내 집에 앉아서

却捉主人欺, 오히려 주인을 속이다니.

如今見我索, 지금 내가 눈으로 보았으니

荒(謊)語說官司. 관청에서나 엉뚱한 소리 해보거라.

養蝦蟇[231]得痃病, 뚜끼비를 기르다 죽을 병을 얻어 돼질 놈

報你定無疑. 네를 관가에 알려 처벌받게 하겠다.

雀兒語鷰子. 참새가 제비에게 말했다.

不由君事觜頭. "네 놈은 입 주둥이를 놀리지 마라.

問君行坐處, 네 몸에게 묻겠는데 거주지가 어디냐?

元本住何州? 원래 어느 고을에서 살았느냐? ㅎ120

宅家今括客, 천자께서 도호(逃戶)를 찾아내라는 칙령을 내렸는데

特勑捉浮逃, 특히 도망쳐 떠돌아다니는 놈을 체포하고 있다.

黠兒別設誚, 네가 총명하다면 문초당하지 말고,

轉急且抽頭. 마음을 바꿔먹고 몸이나 내빼거라."

이 대목은 집을 강탈당한 제비가 참새에게 항의하는 장면이다. 여기서도 참새는 정부의 괄호정책(括戶政策)을 역이용하여 도호인 제비를 위협하고 있는데 이는 당시 지방사회의 축도(縮圖)로서 지방 토호에게 시달림을 받는 도호(逃戶)들의 생활상을 반영한 것이라 할 수 있다.

231 묘(墓) : '묘(墓)'자의 원자는 아래에 '토(土)'가 아니라 '충(虫)'으로 되어 있다.

이처럼 「제비 이야기」에서는 당시 지방 토호들이 도호(逃戶)에게 횡포를 부리고 그들의 재산을 사유화하는 현상을 희화(戱化)된 참새와 제비의 언어와 표현을 통해 고발하고 있다.

그런데 「제비 이야기」는 동시대 유랑민들의 고달픈 삶을 고발하는 현실 풍자성을 보이지만 이러한 서민문학적 비판정신은 작품의 결말부까지 일관되게 유지되지 않는다. 즉, 위로부터의 '화해의 국면'을 설정하여 대립과 갈등을 해소하고 있다. 「제비 이야기」에서 제비와 참새가 화해하는 대목은 다음과 같다.

> 심문관이 말했다. "너는 계속 시치미를 떼겠느냐 아니면 순순히 물러나겠느냐? 남의 집을 강탈하고서도 겸손할 줄 모르고, 오히려 흉악하게도 그를 두들겨 패 곤궁하게 만들었다. 너는 왕법을 어긴 죄인이라, 봉황께서 나에게 심문할 것을 명령하셨다. 내일 이른 아침 재판이 열리면 필시 단번에 결단날 것이다. 곤장 열 대면 이미 생사의 경계선을 넘어서게 되고, 이어 반 시각이 지나지 않아 죽음에 이를 것이다. 곤장 맞을 등짝이나 잘 준비해둘 것이지, 어찌 감언이설로 유혹하려 하느냐?"
>
> 참새는 놀라 숨을 멈춘 채, 심문서를 받아들고 더욱 고민한다.
>
> 질문 : "제비가 스스로 집을 지어 생활하고 있거늘, 어찌 감히 사납게 강탈했단 말이냐?"
>
> 답변 : "제 아이의 이름은 '뇌자(腦子)'이온데, 늙은 까마귀에 뒤쫓아오는 바람에 도망가다 위험한지 가릴 새도 없는지라 구멍을 보자마자 잠시 제비집에 머물러 잡히지 않을 수 있었습니다. 사실은 피난하기 위해서였고, 사정이 워낙 급했기 때문이었지 결코 강탈한 것이 아닙니다. 원컨대 왕께서는 굽어 살펴주시옵소서."

질문 : "피난이라고 말했는데, 그러면 어째서 위협했으며 더구나 두들겨 패서 날개까지 부러뜨렸느냐? 나라에는 형법이 있으니 이는 곤장 일백 대에 해당되느니라. 어떤 별다른 이유가 있었다면 분명히 밝히거라!"

답변 : "단지 저는 아이와 피난하기 위해 잠시 제비의 집에 머물렀을 뿐입니다. 텅 비어있어 잠시 휴식했을 뿐입니다. 그런데 제비가 돌아왔기에 나아가서 감사의 말을 하려고 했는데, 사유를 헤아리지도 않고 까닭 없이 욕을 해댔습니다. 제비 두목이 저를 봉왕님께 끌고 가기에, 분함을 참지 못하고 서로 싸우게 되었던 것입니다. 제비는 날개가 부러졌다고 말하나, 저 역시 지금 다리가 부러져있습니다. 둘의 상처가 서로 비슷할 것입니다. 만약 제비집에 거주한 것을 가지고 논죄하시려면, 청컨대 그 대가를 지불하도록 해 주십시오. 이제 법대로 처분해 주시면 감히 군소리하지 않겠습니다. 저에게 '상주국'의 공훈이 있음을 헤아리시어, 속죄의 대가를 지불할 수 있기를 청원하는 바입니다."

질문 : "집을 강탈하고 위협한 죄는 용서할 수 없다. 그런데 높은 공훈이 있다 했는데, 이전에 어디에서 공을 세웠느냐?"

답변 : "저는 과거 정관 19년(645) 대장군이 요동을 정벌하실 때, 군대에 투신하여 그 당시 선봉에 배치되었습니다. 저는 말을 타지도 않고, 손에 활을 들지도 않았지만, 입으로 뜸쑥 불을 물어다가 회오리바람에 실려 보내, 그 결과 고구려가 멸망하였습니다. 이 때문에 상주국의 관직을 하사받았고, 여러 통의 표창장을 지니게 되었습니다. 사실 여부를 알아보시려면 『산해경』을 찾아보시지요."

봉황이 판결했다. "참새가 거만하게도 제비의 집을 강탈하였다기에 그 연유를 추궁했으나 애당초 자신의 죄를 인정하지 않는구나. 그리고 그는 상주국의 공훈을 가지고 있어 속죄가 될 만하니 감옥에 오래 머물게 하지 말라.

즉시 석방하도록 하고 번거로이 다시 심문하는 일이 없도록 하라."

참새는 풀려나게 되자 이루 말할 수 없이 즐거웠다. 곧 그는 제비를 찾아가 함께 술 두 되를 마시고는, "근래에 얼마 전 제가 잘못을 범했는데 선생께서 어여쁘게 생각해 주십시오. 지금 이후로 선생을 어떻게 받들어 모셔야 할지 알겠습니다. 남 앞이나 그 사람을 등진 곳에서 수군거리지 않겠습니다." 제비와 참새는 화해하고서 이웃에서 함께 살았다.

本典曰..「你欲放鈍, 爲當退頼, 奪他宅舍, 不解卑口孫(遜), 却事兇孻, 打他見困. 你是王法罪人, 鳳凰命我責問. 明日早起過案, 必是更著一頓. 杖十已過關天, 去死不過半寸. 但辦脊背祇承, 何用密箄相骨彥(口顔).」雀兒被嚇, 更害氣咽, 把得問頭, 特地更悶.問..「鷰子造舍, 擬自存活, 何得孻豪, 輒敢强奪?」仰答..「但雀兒明(兒)明(名)惱(腦)子, 交被老烏趁急, 走不擇險, 逢孔卽入, 蹔投鷰舍, 勉(免)被拘執. 實緣避難, 事有急疾, 亦非强奪, 願王體悉.」又問..「旣稱避難, 何得恐赫(嚇), 仍更躧打, 使令墜翮, 國有常刑, 合笞決一百.有何別理, 以自明白?」仰答..「但雀兒祇緣腦子避難, 蹔時留連鷰舍.旣見空閑, 蹔歇解卸.鷰子到來, [卽欲向前詞謝, 不悉事由, 望風惡罵. 父子團頭, 牽及上下, 忿不思難, 便卽相打.鷰子旣稱墜翮, 雀兒今亦跛跨, 兩家損處, 彼此相亞. 若欲確論坐宅, 請乞酬其宅價.今欲據法科繩, 實卽不敢咋呀. 見有上柱國熏, 請與收贖罪價.」又問..「奪宅恐嚇, 罪不可容, 旣有高勳, 先於何處立功?」仰答..「但雀兒去貞觀十九年, 大將軍征討遼東, 雀兒投募充傔, 當時配入先鋒, 身不騎馬, 手不彎弓, 口銜艾火, 送著上風.高麗遂滅, 因此立功, 一例蒙上柱國, 見有勳告數通.必其欲得磨勘, 請檢山海經中.」

鳳凰判云..「雀兒剔禿, 强奪鷰屋, 推問根由, 元無臣伏.旣有上柱國勳收贖, 不可久留在獄, 宜卽適放, 勿煩案責.」雀兒得出, 憙不自勝, 遂喚鷰子, 且飮二升.「比來觸誤, 請公哀矜, 從今已後, 別解祇承, 人前并地, 莫更口仍口仍.」燕雀旣和, 行至隣并.

위 대목은 참새가 제비의 집을 강탈한 罪로 관청에서 심문을 받지만 봉황(鳳凰)이 너그러운 판결을 내려 옥에서 풀려나 제비와 화해를 하는 해피엔딩(happyending)의 장면이다. 참새의 횡포를 풍자적으로 고발함으로써 당시 도호(逃戶) 신분의 서민층이 겪는 고충을 폭로하던 「제비 이야기」의 줄거리는 이 대목에 이르러 대립과 갈등을 해소하고 화해와 타협으로 내닫는다. 이러한 결말 처리는 '현실비판형(現實批判型)' 작품인 「한붕부(韓朋賦)」와 「상문서」에서 화해 상황의 설정 없이 비극적 결말부를 배치함으로써 비판정신을 지속시키고 있는 것과는 커다란 차이가 있다. 그리고 이처럼 대립과 화해 그리고 비판과 옹호가 혼재되어 있는 '절충화해형(折衷和解型)' 작품의 이중(二重)적 현상에 대해서는 앞에서 두 가지로 해석한 바 있는데 — 즉, 불합리하고 부조리한 현실에 정면적인 도전이 불가능한 상황에서의 민중의식의 한계성과, 지배층의 취향을 고려하지 않을 수 없었던 지식층 작가(혹은 연행자)에 의한 화해(和解) 구도(構圖)의 의도적 설정이 그것이다. —「제비 이야기」의 경우는 위로부터의 요구가 작품 주제에 반영된 것으로 보인다. 즉, 참새가 정관 19년(645) 나라에서 요동을 정벌할 때 군대에 투신하여 공훈을 세운 것을 빌미로 봉황이 석방 판결을 내리는 사건의 이면에는, 피해자인 제비의 입장이 철저히 배제되고 — 위 인용문 다음 장면에서 신하인 홍학(鴻鶴)이 등장하여 제비가 지나치게 완고하고 우둔하여 시비를 걸었다고 질책하는 대목에서도 이를 다시 한 번 확인할 수 있다. — 참새가 은연중에 봉건사회의 지배이념인 '충(忠)'의 실현자로 탈바꿈되며, 법률의 엄정함이 아닌 君主(봉황)의 은택으로 갈등이 해소되고 있음을 볼 수 있는데, 이는 평서민(平庶民)의 원망(願望)을 수렴한 것으로 볼 수 없는 철저하게 위로부터 주어진 결말 구도라 할 수 있다. 이를 통해 우리는 '절충화해형(折衷和解型)'

작품에 서민층의 건강한 풍자 정신과 중세적 가치규준에 대한 옹호 관념이 공존하고 있음을 볼 수 있다.

제3절_ 서술 유형

원래 강경(講經) 법회(法會)는 불법(佛法)의 전수를 근본 목적으로 하기 때문에 강경(講經)의 내용이 경전 해석을 벗어나지 않았다. 즉, 정식 강경(講經)은 경론적(經論的) 성격에 충실히 따라 경전(經典)의 강의나 해석(解釋)을 벗어나지 않았던 것이다. 그러나 당대(唐代)에 들어와 일반 대중들에 대한 불교측의 포교활동이 활발해져 강경(講經)대상이 중류층(中流層)과 하류층(下流層)으로 확대되면서, 강경(講經) 방식은 대중적 효과를 기하기 위해 설화성과 흥미성이 가미된 변칙강경(變則講經)의 형태로 변모하게 된다. 다시 말하면 강경의 본래 목적에 충실한 정식강경이 대중포교의 효과를 달성하기 위해 설법(說法)의 내용과 형식을 통속화한 형태로 변모시킨 것이다. 돈황 강창 텍스트 속에 문학작품의 차원으로 발전하지 못하고 경론적(經論的) 성격이 강한 텍스트[예컨대, 강경(講經)문과 압좌문(押座文)]와 경전의 해설을 벗어나 인연담(因緣譚)·신이담(神異譚)·비불교적(非佛教的) 세속담(世俗譚) 등을 서사화(敍事化)하거나 연희화(演戲化)한 텍스트가 존재하는 것은 바로 대중포교(大衆布教)의 통속화에 따른 강경(講經)방식의 변모(變貌) 양상(樣相)과 깊은 관련이 있다.

이와 같이 강창문학은 경론적(經論的) 성향(性向)이 강한 정식강경(講經)이 대중교화에 효과적인 변칙강경(變則講經)으로 탈바꿈하는 과정에서 새로운 문학적 현상을 만들어내는 바, '다양한 서사 유형의 출현'이 그것이다. 강경(講經)의식의 통속화에 따른 다양한 서사 유형은 1) 의식지향형(儀式指向型) 2) 서사지향형(敍事指向型) 3) 연희지향형(演戲指向型) 셋으로 분류하여 이해할 수 있다.

1) **의식지향형**儀式指向型

당(唐)나라 시대에 행해진 강경(講經)의식을 구체적으로 기록하고 있는 史料는 매우 드물다. 다만 다행하게도 일본 승려 엔닌(圓仁)이 서기 838년 중국으로 건너갔다가 다시 일본으로 돌아간 847년까지 9년 반 동안 광대한 당제국(唐帝國)을 여행하면서 쓴 『입당구법순례행기(入唐求法巡禮行記)』가 남아있어 당시 강경(講經)의식의 일면을 엿볼 수 있다.

다음 인용은 엔닌이 서기 839년 11월 22일 당(唐) 등주(登州) 문등현(文登縣) 적산촌(赤山村)에 세워진 신라인 승원(僧院) 법화원(法花院)에서 행해진 강경(講經)의식에 대하여 기록한 것인데, 이를 통해 순불교적인 정식강경(講經)이 어떠한 사람들에 의하여, 어떠한 장소에서, 어떠한 의식 절차에 의하여 행하여졌는가를 살펴보기로 한다.

1. 일일 강경(講經) 의식

오전 8시경에 종을 친다. 긴 종소리가 나면 강사(講師)와 도강(都講)[232] 두

명이 법당으로 들어온다. 대중들은 먼저 들어와 줄을 지어 앉아 있다. 강사와 독사(讀師)가 법당으로 들어오자 한 목소리로 길게 찬불한다. 그러면 강사가 올라와 북좌에 앉고 도강이 남좌에 앉자 찬불을 멈춘다. 이때 아랫자리의 한 승려가 범패로 "이 불경을 어찌 할 것인가"하고 읊조린다. 범패가 끝나면 남좌에 앉은 독사가 오늘 강의할 경의 제목을 발표하고 그 불경을 길게 읊는데 그의 목소리는 상당히 떨렸다. 불경을 읊는 동안 대중들은 세 번 꽃을 뿌리는데, 꽃을 뿌릴 때마다 저마다 다른 찬가를 외웠다. 불경을 읊은 후 다시 그 제목을 짧게 읽었다. 강사는 불경의 제목을 펴들고 불경을 세 부분(三門)으로 나누어 대의를 설명한다. 불경의 내용을 다 설명하자 사무담당의 승려인 유나사가 오늘의 행사가 있게 된 이유를 읽는다. 그 글에는 생명의 무상함과 고인의 공덕과 그의 죽은 날짜가 함께 기록되어 있다. 알고 본즉 등주 자사는 성이 오이고 이름은 각이어서 당시 사람들이 오사군이라고 불렀다. 휘가 셋이 있으니 명, 기, 급이었다. 명일이라 함은 내일을 뜻한다. 청주 절도사의 성은 위로서 당시 사람들은 위상서라고 불렀는데 휘는 없다.

辰時打鐘. 長打擬了, 講師都講二人入堂. 大衆先入列坐. 講師讀師入堂之會, 大衆同音稱嘆佛名長引. 其講師登北座, 都講登南座了, 讚佛便止. 時有下座一僧作梵, 云何於此經等一行偈也. 作梵了, 南座唱經題目所謂唱經長引, 音多有屈曲. 唱經之會大衆三遍散花, 每散花時各有所頌. 唱經了便短音唱題目. 講師開經目三門, 分別述經大意. 釋經題目, 竟有維那師, 擺讀申事興所由. 其狀中具載无常道理, 亡者功能亡逝日數. 知登州刺史, 姓烏名角, 時人喚烏使君. 有三諱字明綺給也. 明日卽遵來日. 青州節度使姓韋, 時人喚韋尚, 書無諱字也.[233]

232 도강(都講) : 다음에 나오는 독사(讀師)를 가리킨다. 경・론(經・論)을 강설하는 법회에서 강사와 상대하여 높은 자리에 올라 경(經)의 제목을 읽는 등의 일을 맡는다.

233 엔닌(圓仁), 『입당구법순례행기(入唐求法巡禮行記)』, 일본: 중공문고(中公文庫), 253~254쪽 참조.

위 인용문에서 기술하고 있는 '일일 불경강의(一日 佛經講義)'의 의식 절차를 정리하면 다음과 같다.

① 종소리가 나면 강사와 도강 두 사람이 법당으로 들어온다.

② 대중들이 자리를 잡는다.

③ 강사(講師)와 독사(讀師)[234]가 들어올 때 대중들이 찬불한다.

④ 강사(講師)가 북좌(北座)에 앉고 도강(都講)이 남좌(南座)에 앉으면 찬불을 멈 춘다.

⑤ 아랫자리의 한 승려가 범패를 읊조린다.

⑥ 범패가 끝나면 독사가 경의 제목을 발표하고 불경을 길게 읊는다.

⑦ 불경을 읊는 동안 대중들은 꽃을 뿌리면서 저마다 외운다.

⑧ 불경을 읊는 것이 끝나면 다시 제목을 부른다.

⑨ 강사(講師)가 불경(佛經)의 제목을 펴들고 불경(佛經)을 세 부분(三門)으로 나누어 설명한다.

⑩ 그 후 유나사(維那師)가 오늘 행사의 이유를 밝힌 글을 읽는다.

2. 연속 강경(講經) 의식

오전 8시경에 강의를 알리는 종을 쳐 대중들에게 알리면, 얼마의 시간이 흐른 다음 대중이 강당으로 들어온다. 다시 대중에게 자리를 잡도록 알리는 종을 치면 강사가 법당으로 올라와 고좌(高座)[235]에 앉고 대중은 같은 목소

234 독사(讀師) : 경・론(經・論)을 강설(講說)하는 법회에 강사와 상대하여 높은 자리에 올라 경의 제목을 읽는 등의 일을 맡는 직책.

235 고좌(高座) : 강사(講師)・도사(導師) 또는 계사(戒師) 등을 위하여 한층 높게 마련한 자리. 또는 그들에 대한 존칭.

리로 탄불하는데, 그 음곡은 모두가 신라의 것이지 당음이 아니다. 강사가 자리에 오르면 부처의 이름을 외치던 소리가 멈춘다. 이때 아랫자리에 있는 승려가 범패를 외는데 이는 전적으로 당나라 풍속이다. 그가 외는 구절은 "이 불경을 어찌 할 것인가" 등 한 행이다. "바라옵건대 부처께서는 미묘함과 비밀스러움을 열어 주소서"라는 구절에 도달하면 대중은 일제히 계율의 향기로운 향기(戒香),[236] 해탈의 향기로운 향기(解脫香)[237] 등을 합창한다. 범패를 읊기를 마치면 강사가 불경의 제목을 읊으면서 불경을 세 부분(三門)[238]으로 나누어 해설하였다.

그 다음 유나사(維那師)[239]가 앞으로 나와 고좌에서 먼저 오늘 모임의 이유를 설명하고 시주(施主)의 이름과 그들이 기부한 품목을 밝힌다. 그것이 끝나자 그 문서를 강사에게 넘겨준다. 강사는 주미(麈尾)를 잡고 시주 한 사람의 이름을 일일이 들면서 스스로 발원한다. 발원(發願)을 마치면 논의자들이 문제를 제기하고 질문을 한다. 문제가 제기되는 동안 강사는 주미를 들어 질문자의 말을 듣는다. 질문자가 질문을 마치면 주미를 들었다 놓으면서 질문해 준 것을 사례한 뒤 대답한다. 질문을 하고 그에 대답하는 방법은 일본과 같지만, 다만 교리상의 난점을 지적하는 방법은 약간 다르다. 강사가 손을 옆으로 하여 세 번을 오르내린 뒤 질문에 답하기 전에 어떤 논의자가 마치 화가 난 사람과 같이 온몸의 힘을 쥐어짜 갑자기 큰 소리로 질문을 한다. 강사는 질문을 받으면 다시 그것을 되돌리지 않고 대답한다.

---

236 계향(戒香) : 계(戒)를 잘 지키면 덕이 저절로 갖추어져, 향기가 사방에 퍼지는 것과 같이 남의 마음에 공경심을 일으키게 함.

237 해탈향(解脫香) : 마음에 속박이 없고, 선악(善惡)의 구별을 생각하지 않으며 자유자재함.

238 여기서는 불강(佛講)의 셋으로 나눈 서분(序分) · 정종분(正宗分) · 류통분(流通分)을 의미한다.

239 유나사(維那師) : 도유나(都維那) 곧 강유(綱維)를 가리킨다.

논의를 마치면 독경(讀經)에 들어간다. 강의를 마치면 대중들은 한 목소리로 길게 찬불을 하는데 그 가운데는 회향사(迴向詞)[240]가 들어 있다. 강사가 자리에서 내려오는 동안 한 승려가 "이 세상에 있는 것은 마치 잡히지 않는 공허함과 같은 것이다"라고 외친다. 그 음세(音勢)는 일본과 매우 비슷하다. 강사가 예반(禮盤)[241]에 올라가면 한 승려가 삼례(三禮)[242]를 외고 다시 대중과 강사가 한 목소리로 삼례를 따라 외운 뒤 법당을 나서 방으로 돌아간다.

[다음날] 다시 복강사(覆講師)[243] 한 명이 고좌의 남쪽 아래에 앉아 그 전날 강사가 강의한 문장에 관하여 대화를 나눈다. 복강사(覆講師)가 중대한 의미가 있다고 여겨지는 구절에 이르면, 강사는 흑판에 하나하나 그 단어를 쓰고 복강사가 이것을 읽는다. 그 전날 강의한 문장[강문]의 읽기를 마치면, 강사는 즉시 다음 문장을 읽는다. 매일 하는 일이 이와 같다.

辰時打講經鍾, 打驚衆鍾訖. 良久之會, 大衆上堂. 方定衆鍾, 講師上堂, 登高座間, 大衆同音, 称嘆佛名, 音曲一依新羅, 不似唐音. 講師登座訖, 称佛名便停. 時有下座一僧作梵, 一據唐風, 卽云何於此經等一行偈矣. 至願佛開微密句, 大衆同音唱云.. 戒香定香鮮脫香等頌. 梵唄訖, 講師唱經題目, 便開題, 分別三門. 釋題目訖, 維那師出來, 於高座前, 讀申會興之由, 及施主別名, 所施物色. 申訖, 便以其狀轉与講師. 講師把麈尾一一申拳施主名, 獨自誓願. 誓願訖, 論義者論端擧問. 擧問之間, 講師拳麈尾, 聞問者語, 擧問了, 便傾麈尾, 卽還擧之. 謝問便答, 帖問帖答, 与本國同, 但難儀式稍別, 側手三下, 後申解白前, 卒爾指申難, 聲如大嗔人, 盡音呼諍.講師蒙難, 但答, 不返難. 論義了, 入文讀經. 講訖, 大衆同音, 長音讚嘆, 讚嘆語中有廻向詞. 講師下座, 一僧唱處

240 회향사(廻向詞) : 공덕(功德)을 온갖 중생(衆生)에게 베푸는 기원문.
241 예반(禮盤) : 부처님께 예배하기 위하여 오르는 높은 자리.
242 삼례(三禮) : 신(身)・구(口)・의(意)의 삼업(三業)으로써 경의를 표하여 세 번 예배함.
243 복강사(覆講師) : 강의를 반복하여 들려주는 사람.

世界如虛空偈, 音勢頗似本國. 講師昇禮盤, 一僧唱三禮了, 講師大衆同音, 出堂歸房. 更有覆講師一人, 在高座南, 下座便讀講師昨所講文, 至如含義句. 講師牒文釋義了, 覆講亦讀. 讀盡昨所講文了, 講師卽讀次文. 每日如斯.[244]

위 인용문에서 기술하고 있는 '연속 불경강의(佛經講義)'의 의식 절차를 정리하면 다음과 같다.

① 종을 쳐 대중들에게 강의 시작을 알린다.

② 대중이 자리를 잡으면 강사(講師)가 법당(法堂)으로 들어 온다.

③ 강사가 고좌에 앉을 때까지 대중들은 탄불을 한다.

④ 강사가 자리에 오르면 탄불을 멈춘다.

⑤ 아랫자리에 있는 한 승려가 범패(梵唄)를 외운다.

⑥ 대중들이 계향(戒香).탈계향(脫戒香) 등을 합창한다.

⑦ 범패(梵唄)가 끝나면 강사(講師)는 불경 제목을 읊으면서 불경을 세 부분 (三門)으로 나누어 해설한다.

⑧ 불경 강의를 마치면 유나사(維那師)가 앞으로 나와 오늘 모임의 이유를 설명하고 시주의 이름과 물건을 밝힌 후 그 문서를 강사에게 넘겨준다.

⑨ 강사는 시주의 이름을 들면서 발원한다.

⑩ 논의자들이 질문을 제기한다.

⑪ 강사는 질문에 감사하며 대답한다.

⑫ 한 논의자가 나서 큰 소리로 외치며 논박한다.

⑬ 강사가 그에 대하여 다시 대답한다.

---

244 엔닌(圓仁), 앞의 책, 253~254쪽 참조.

⑭ 논의를 마치면 독경(讀經)에 들어 간다.

⑮ 강의를 마치면 대중들이 찬불한다.

⑯ 강사가 강좌(講座)를 내려가 예반(禮盤)으로 올라간다.

⑰ 한 승려가 삼례(三禮)를 외운다.

⑱ 대중과 강사(講師가 한 목소리로 삼례(三禮)를 따라 외운 뒤 법당을 나온다.

⑲ [다음날]

⑳ 복강사(覆講師)가 전날 강사가 강의한 문장에 관하여 대화를 나눈다.

㉑ 중대한 의미가 담겨 있는 구절이 있으면 그 대목을 문장으로 만들어 그 뜻을 풀이하고 읽는다.

㉒ 전날 강의한 문장을 다 읽게 되면 다음 문장을 읽는다.

㉓ 매일 하는 일이 이와 같다.

위의 두 인용문을 통해 알 수 있듯이 당(唐)나라 시대의 불경 강의는 하루에 끝마치는 '일일 강경(講經)'과 여러 달 동안 매일 계속되는 '연속 강경(講經)'이 있었다.[245] '일일 강경(講經)'은 고인의 추모 행사와 같

245 엔닌의 일기에서 '일일 강경(講經)'에 대한 기술은 인용문 〈1〉이 유일한 예이며, '연속 강경(講經)'에 대해서는 인용문 〈2〉 외에도 다른 곳에서 많이 서술하고 있는 것을 볼 수 있다. 예를 들면, 엔닌은 서기 841년 正月 9日 황제가 수도 장안 7개 사찰에서 일반 시민을 위한 강의(俗講)를 개설하도록 허락한 사실을 기록하고 있다. 그리고 여기서의 '속강(俗講)'은 일반 시민들을 대상으로 행해진 강경(講經)을 말하는 것으로 '정식강경(講經)'의 성격을 지니고 있었던 것으로 보인다. 또 엔닌의 일기에는 '일일 강경(講經)'과 '연속 강경(講經)'에 대한 소개 외에 '송경(誦經) 의식'에 대하여 다음과 같이 기록하고 있다. "당(唐)나라에서는 이를 일컬어 염경(念經)이라 한다. 종이 울리고 대중들이 자리를 잡으면, 아랫자리의 한 승려가 일어나 북을 치며, "만물의 일체를 공경하고 상주 삼보께 경례하라."고 읊조린다. 그 때 한 승려가 "如來妙色身" 등 두 행의 범패를 읊는데 그 음이 대체로 당나라 것과 같다. 범패를 읊는 동안 한 사람이 향 그릇을 들고 대중들 앞으로 걸어 다니는데 발걸음을 빨리 했다가 멈추었다 한다. 대중들은 한 목소리로 『마가반야(摩訶般若)』

은 특별한 기념일에 행해졌으며, '연속 강경(講經)'은 정기적으로 개설되어 1개월 혹은 그 이상 계속되었다. 그런데 여기서 무엇보다 주의를 요하는 부분은 위의 '1일 강경(講經)'이나 '연속 강경(講經)'과 같이 순수하게 종교성만을 지향하는 정식강경(講經)에서 불경(佛經)이 어떤 방식으로 강의되었느냐 하는 것이다. 이에 대하여 위 인용문 ①, ②는 두 가지 중요한 사실을 말해 준다. 첫째, 엄숙한 의식 절차에 큰 비중을 둔 탓에 '불경의 인용과 해설'이 매우 형식적으로 행해졌음을 알 수 있다. 예컨대, 위의 '일일 강경(講經)'과 '연속 강경(講經)'에서 도강(都講)이 그날 강의할 경전(經典)의 제목을 창(唱)한 다음 강사(講師)가 장편의 불경 전체를 서분(序分), 정종분(正宗分), 유통분(流通分) 세 부분으로 나누어 당일 한 번의 강의로 끝마친 것은 당시의 설법이 매우 의식적이었을 뿐 대중들이 이해하기 쉽고 흥미를 느끼게끔 하는 설화적이거나 통속적인 성향을 지니지 않았음을 의미한다. 둘째, '연속 불경(佛經) 강의(講義)'은 1개월 혹은 그 이상에 걸쳐 진행된 것으로 경전(經典)의 충실한 해설・강의에서 벗어나지 않았음을 알 수 있다. 이는 인용문 ②에서 복강사(覆講師)가 전날 강사(講師)가 강론했던 경전(經典)의 법의를 다시 강술하고 있는 것에서 드러난다. 부연해 설명

의 제목을 수십 번 외운다. 이 때 한 승려가 이렇게 송경(誦經)하는 이유를 설명한다. 대중들은 목소리로 송경하는데, 어떤 때는 책을 보고 어떤 때는 책을 보지 않는다. 송경을 마치고 도사가 혼자서 "부처님께 귀의하리로다. 불법에 귀의하리로다. 스님께 귀의하리로다."하고 읊은 다음 부처님과 보살의 이름을 외운다. 도사가 "나무십이대원"을 읊으면 대중들은 "약사유리광불"을 외우고, 도사가 "나무약사야"를 읊으면 대중들은 한 목소리로 "유리광불"을 외우고 도사가 "나무대자대비"를 읊으면 대중들은 한 목소리로 "관세음보살"을 외우는데, 그 나머지고 모두 이와 같다. 예불이 끝나면 도사가 회향사로 발원을 마치는데, 이 대목은 다소 길다. 회향사를 마친 뒤 도사가 '발심'이라고 말하면, 대중들도 역시 같은 목소리로 발심이라고 읊는다. 그런 다음 도사가 발원을 읊고 이를 마치면 삼보께 정례를 드린다. 그 뒤 시주는 시주물을 들고 앉아 있고 도사가 주원을 한 다음 흩어져 돌아간다."(엔닌(圓仁), 『구법기(求法記)』, 서기(西紀) 839년 11월 22일조)

하면 다음과 같다. 강사(講師), 도강(都講), 논의자 등에 의하여 행해졌던 강경(講經)은 비교적 높은 지식수준에 달했던 자들만이 이해할 수 있었고, 일반대중에게는 난해한 것이었다. 이 때문에 강사(講師)의 본강(本講)이 행해진 다음날 복강사(覆講師)가 일반대중들이 쉽게 이해할 수 있도록 다시 강의해주었던 것이다. 즉, 당시의 '연속 강의(講義)'는 정식강경(講經)에 해당하는 본강(本講)과 변칙강경(變則講經)에 가까운 복강(覆講)으로 양분(兩分)되어 진행되었던 것이다.[246] 이러한 점[복강사(覆講師)의 등장]은 정식강경(講經)이 서사적으로 발전할 수 있는 계기를 마련한 것이지만 그보다는 정식강경(講經)이 아직은 경론(經論)的 성격을 벗어나지 못하고 있음을 보여준다.

돈황 강창문학 텍스트 가운데는 이처럼 종교의식성을 뚜렷이 드러내고 있는 텍스트들이 존재하는 바, 그 대표적 사례로 다음의 작품들을 들 수 있다.

(1) 텍스트 사례 1 : 「불설아미타경강경문佛說阿彌陀經講經文」(2)

돈황본 「불설아미타경강경문」은 네 종류의 텍스트가 남아 있다. 그 가운데 「불설아미타경강경문」(2)는 불교 법회(法會)의 의식 절차를 그대로 기술하고 있어 「장흥사년(長興四年)(934)중흥전응성절강경문」과 함께 가장 종교성과 의식성이 두드러진 모습을 보이고 있다. 다음 인용은 「불설아미타경강경문」(2)의 서두 부분인데 이를 통해 강경(講

246 일본의 미치하타 료수(道端良秀)(『당대불교사の연구』, 법장관, 1981)는 복강사(覆講師)가 등장하는 이러한 형태의 강경을 당대(唐代) 속강(俗講)에 이르는 과도기적 단계로 본다. 즉, 복강(覆講)제도의 독립화된 형태가 속강(俗講)이라고 보는 것이다.

經)문의 의식성을 확인해보기로 한다.

올라가 좌정하고 나서, 먼저 게(偈)를 읊고 분향(焚香)하며 여러 부처와 보살의 이름을 부른다.

스스로 큰 깨달음을 이루고나서 현묘한 불문(佛門)을 열어,
녹원(鹿苑)[247]과 영산(靈山)[248]에서 법륜(法輪)[249]을 전하도다.
오부(五部) 삼승(三乘)[250]의 제(諸) 보장(寶藏)이
천하에 유전되어 모두에게 은혜를 적셔주도다.
승니와 사부대중(四部大衆)[251]들이 부처님이 계신 곳으로 오는데,
꽃과 덮개를 가지고서 몰려드는 구름처럼 오는구나.
이날은 이미 세상을 등지고,
잠시 소란을 멈추고 경문을 듣노라.
삼승(三乘)의 성스런 가르침은 진실로 들을만 하노니
구구절절 가르침으로 경솔함을 막아주도다.
응당 와서 불과(佛果)[252]를 이룰 뿐만 아니라

247 녹원(鹿苑) : 녹야원(鹿野苑)을 말한다. 중인도에 있는 임원(林苑)이다. 부처가 성도한 후 처음으로 설법한 곳이다.

248 영산(靈山) : 불교 용어. 영취산(靈鷲山)의 준말이다. 중인도의 산 이름이다. 석가가 설법한 곳으로 독수리같다 — 혹은 독수리가 많이 산다 — 는 데서 생겨난 이름이다.

249 법륜 : 부처의 교법(敎法)을 말한다. 불법의 힘을 전륜성왕(轉輪聖王)이 가진 산악도 평탄하게 만들 수 있는 보륜(寶輪)의 힘에 견주어서 이른 말이다.

250 삼승(三乘) : 불교 용어. 중생(衆生)들을 교화(敎化)시켜 해탈의 경지에 이르게 하는 세 가지 방법 즉 성문(聲聞). 연각(緣覺), 보살(菩薩)(혹불)을 말한다.

251 사중(四衆) : 사부제자(四部弟子) 혹은 사부중(四部衆)이라고도 한다. 사중에는 두 부류가 있다. 가) 불제자사중(佛弟子四衆):비구(比丘), 비구니(比丘尼), 남거사(男居士), 여거사(女居士) 나) 출가사중(出家四衆):비구(比丘), 비구니(比丘尼), 사미(沙彌), 사미니(沙彌尼)

반드시 겹겹이 산더미같이 쌓인 죄가 무너지리라.

아침마다 집안일을 근심할 뿐이니

일찍이 언제 하루라도 불경(佛經)을 들은 적이 있으리오?

대중들은 잠시 합장하고

불법을 들어 마음을 바르게 할 수 있겠는가? 없겠는가?

다만 젊은 중이 태어나 혼탁한 세상을 만나니

곳곳에 중들이 넘쳐나지만 전혀 배울 것이 없구나.

(…중략…)

참회(懺悔)[253]를 마치고 삼귀(三歸)[254] 즉 부처(佛), 불법(法), 승려(僧)에 귀의(歸依)하고 다시 다섯 가지의 계율(五戒)[255]을 지키면 곧 원하는 도움을 받게 되고 행복과 지혜가 원만하며 장차 불과(佛果)를 구하여 길이 윤회를 면하게 되리라. 반드시 삼귀를 받으면 사악한 도에 빠지는 것을 면하리니, 부처님께 귀의하는 이는 지옥에 떨어지지 않으며, 불법에 귀의하는 이는 악귀의 몸을 받지 않으며, 승려에 귀의하는 이는 짐승으로 태어나지 않으리라. 불문의 신도들이여, 이 삼귀(三歸)를 받을 수 있겠는가 없겠는가? 원하는가? 원하지 않는가? 부처님의 이름을 부른다. 불자(佛子)

삼보(三寶)[256]에 귀의하면 복을 받음은 말할 것도 없고,

252 불과(佛果) : 불교 용어. 성불(成佛)의 증과(證果).

253 참회(懺悔) : 불교 도덕을 실천하는 중요한 행사로 스스로 범한 죄를 뉘우쳐 용서를 비는 일을 말한다. 참회는 그 방법과 성질에 따라서 포살(布薩), 자자(自恣), 삼종참법(三種懺法), 삼품참회(三品懺悔) 등의 종류가 있다.

254 삼귀(三歸) : 불교 용어. 부처(佛), 불법(法), 승려(僧)에 귀의하는 것을 삼귀(三歸)라고 한다. 또 경전(經典)을 염송(念誦)하는 자가 항시 염송(念誦)하는 "南無歸依佛, 南無歸依法, 南無歸依僧" 세 구절을 일컫기도 한다.

255 5계(五戒) : 불교 신도가 지켜야 할 다섯 가지의 계율 즉, 살생하지 말 것, 음란한 짓을 하지 말 것, 도둑질하지 말 것, 망령된 말을 하지 말 것, 음주하지 말 것 등을 말한다.

삼도(三塗)[257]에 떨어져 고난을 받는 것을 면하리라.
미래에 불과(佛果)를 이루게 되고
거듭거듭 침륜에서 벗어나리라는 것을 알게 되리라.

어찌 할 것인가, 어찌 할 것인가, 어찌 할 것인가? 세 차례 설한다. 부처님께 귀의하면 사람들에게 존경받고, 불법에 귀의하면 욕계(欲界)에서 존중받으며, 승려에게 귀의하면 대중들에게 존경받노라. 세 차례 설한다. 문도(門徒) 제자들이여, 부처에 귀의하는 이는 어느 부처에 귀의하겠는가? 마니불은 아니며, 파사불도 아니며, 화요불도 아니며, 바로 청정한 불덕을 지닌 몸(법신(法身)이요 원만한 깨달음을 이루신 몸(보신(報身)이요 수없이 변신하시는 석가모니불을 말하는 것이로다. 法(불법)에 귀의한다는 것은 바로 오천권의 장경을 법도로 삼는 것을 말한다. 승려에 귀의한다는 것은 출가하는 것을 말한다.

昇坐已了, 先念偈, 焚香, 稱諸佛薩名.

自從大覺啓玄門, 鹿苑靈山轉法論(輪).
五部三乘諸海藏, 流傳天下總沾恩.
僧尼四衆來金地, 持花執蓋似奔雲.
此日旣能抛火宅, 暫時莫閙聽經文.
三乘聖教實堪聽, 句句能教業鄣輕.

256 삼보(三寶) : 불교 용어. 불보(佛寶), 승보(僧寶), 법보(法寶) 세 가지를 가리킨다.
257 삼도(三塗) : 불교 용어. 화도(火塗)인 지옥도, 도도(刀塗)인 아귀도(餓鬼道), 혈도(血塗)인 축생도(畜生道) 세 가지를 말한다.

不但當來成佛果, 必應累劫罪山崩.

朝朝只是憂家(業), 何曾一日得聞經.

大衆暫時合掌着, 聽法(齊)心能不能?

但少僧生逢濁世, 濫處僧倫全無學.

(…中略…)

懺悔已了, 此受三歸, 復持五戒, 便得行願相扶, 福智圓滿, 將永佛果, 永曉(免)輪廻. 必受三歸, 免沈邪道, 歸依佛者, 不隨(墮)地獄. 歸依法者, 不受鬼身. 歸依僧者, 不作畜生. 門徒弟子, 受此三歸, 能不能, 願不願? 稱佛名. 佛子

歸依三寶福難陳, 免落三途受苦辛,

不但未來成佛果, 定知累劫出沈淪.

那謨那耶, 那謨捺摩耶, 那謨僧伽耶, 三說. 歸依佛兩足尊, 歸依法離欲尊, 歸依僧衆中尊, 三說. 門徒弟子, 言歸依佛者, 歸依何佛? 且不是磨(摩)尼佛, 又不是波斯佛, 亦不是火祆佛, 乃是清淨法身, 圓滿報身, 千百億化身釋迦牟尼佛. 歸依法者, 乃五千卷藏經, 名之爲法. 歸依僧者, 號出家.

위 인용문을 통해 알 수 있듯이 「불설아미타경강경문(佛說阿彌陀經講經文)」(2)는 속세의 악업과 번뇌를 끊고 불문에 귀의할 것을 권하는 불교 법회의 강론적 성격이 짙게 드러나 있다. 특히 법회(法會) 의식을 묘사하고 있는 구절 — 예컨대, '올라가 앉아 먼저 게(偈)를 읊고 분향(焚香)하며 여러 부처와 보살의 이름을 부른다', '신도들이여, 부처(佛)・불법(法)・승려(僧)에 귀의할 수 있겠는가 없겠는가? 원하는가? 원하지 않는가? 부처님의 이름을 부른다', '어찌 할 것인가, 어찌 할 것인가, 어찌 할 것인가? 세 차례 설한다' 등 — 이 그대로 보이고, 신도들이 합창해야 할 곳에 '불자(佛子)'라는 표시를 해 둔 것은 이 텍스트가 의식용이라는 것을 뚜렷이 확인시켜 준다. 따라서 이 강경(講經)文 텍스트를 가지고 서사문학적 논의를 하기는 힘들다.[258]

(2) 텍스트 사례 2 : 「부모은중경강경문父母恩重經講經文」(1).(2)

『부모은중경(父母恩重經)』은 부모님의 깊은 은혜를 강설(講說)한 경전(經典)으로 원제는 『불설대보부모은중경(佛說大報父母恩重經)』이며, 부처님이 직접 설하신 경전이 아니기 때문에 위경(僞經)으로 분류된다. 돈황 강창문학 텍스트 중에는 『부모은중경』을 해설, 강의한 「부모은중경강경문」(1)과 「부모은중경강경문」(2) 두 종류의 강경(講經)文 텍스트가 남아 있는데, 각 텍스트에서 일부분씩을 발췌하여 종교 의식적 요소를 살펴보기로 한다.

「부모은중경강경문」(1)

경(經)

부처님께서 아난(阿難)에게 말씀하셨다. "내가 중생들을 보건대 모양은 비록 인간의 부류에 속하지만 마음과 행실이 어리석고 어두워서 부모님의 크신 은혜를 생각하지 아니하고 공경하는 마음을 내지 않으며 자비로운 마음이 없도다."

258 다만 경(經)-백(白)-창(唱)의 구조를 보이면서 다분히 문학화되어 있는 「불설아미타경강경문(佛說阿彌陀經講經文)」(4)가 남아 있어 「불설아미타경강경문」 텍스트들이 '서사화(敍事化)'와 전혀 무관하지는 않음을 보여주고 있다.

백(白)

방금 창(唱)한 경전(經典)의 구절은 세존께서 질책하신 것이다. 이전에 부모님에게는 열 가지 은덕이 있으니 모두 부모의 양육하심이요 양친의 노고이신 것이다. 云云.[259] 세존께서 말씀하셨다. "아난(阿難)아! 내가 사바세계의 모든 중생을 보건대 비록 사람의 모습을 갖추고 있으나 부모님의 큰 은덕을 알지 못하고 보답하지 않고 보은(報恩)의 마음을 내지 않는도다. 命이 다하면 반드시 삼도(三塗)[260]에 떨어져 영원히 벗어나지 못하리라."

창(唱)

애석하게도 세상의 남녀들은
성장해서도 보답할 생각을 않는 도다.
아직껏 효도의 마음을 수양하지 않으니
헛되이 학습했을 뿐 쓸모가 없도다.
비록 어리석어 거역하는 일이 많지만
부모는 수저 집는 일을 시도한다.[261]
단지 집에서 주관하는 것은 아이의 마음을 즐겁게 하는 것일 뿐
어찌 문밖에 명예로운 소문이 전해지는 것을 생각 하리오?
더울 때는 (자식보다) 더욱 덥게 지내는 것을 사랑이라 여기고,
추울 때도 (자식보다) 더눅 춥게 지내는 것을 어른의 거동으로 여기네.
자식이 즐거워하면 온 집안이 비로소 평안해지고

259 '운운(云云)' 두 글자는 원권 P.2418호에는 들어있으나 『돈황변문집(敦煌變文集)』에는 빠져 있다.
260 삼도(三塗)란 화도(火塗) 곧 지옥도(地獄道), 도도(刀塗) 곧 아귀도(餓鬼道), 혈도(血塗) 곧 축생도(畜生道)를 말한다.
261 차근차근 가르침을 의미한다.

자식이 화를 내면 온 집안이 불안하도다.
분주히 돌아다니고 달이고 끓이는 수고를 하면서도
어찌 조금이라도 알아주기를 바랬으리오?
멋대로 떠나가서는 돌아오려 하지 않고
부모를 등한시하고 타향으로 떠나는구나.
일찍이 견문을 좋아하는 이와 사귀지 않고
부질없이 악당들과 짝을 이루는구나.
집안에서는 항시 부모의 말씀을 혐오하더니,
밖에서는 오히려 다른 사람의 말을 믿네.
대단히 어리석고 미련하여 깨닫지 못하고
제멋대로 심신을 놀려 허물을 일삼는구나.
부처님께서는 말씀하시길.
"이와 같이 은덕을 거역한 다섯 사람은
죽어 좋은 곳으로 가리라고 생각지 말라.
겹겹의 지옥은 무슨 이유로 생겼으리오,
단지 인간세계의 오역인(五逆人)을 위해서니라.
날이 추운 것을 불문하고 달이고 끓이는 죄를 받을 것이며
연월을 따지지 않고 몸을 두들겨 맞으리라.
저절로 도리를 안했음이 알려져 단죄(斷罪)가 뒤따르리니
불쌍히 보아달라고 엎드려 간청하더라도 고생을 할 것이라.
설사 그대가 인간세에 태어나더라도
늙어 죽을 때까지 춥고 가난하리라."

經.. 佛告阿難, 我觀衆生, 雖沾人品, 心行愚懞, 不思耶娘, 有大恩德, 不生恭敬, 无有人(仁)慈. 此唱經文, 是世尊呵責也. 前來父母有十種恩德, 皆父母之養育, 是二親之劬勞. 云云 世尊道.. 阿難, 我觀娑婆世界一切衆生, 雖具人相, 不知耶娘有大恩德, 不生酬答, 不解報恩. 命終必墮三途, 永劫不逢出離.

傷嗟世上人男女, 成長了不能返思慮.,
未省修治孝順心, 空將習學无憑據.
縱愚癡, 多拞(抵)拒, 父母試眞木菜 匙筯.,
只管於家弄性(靈), 爭知門外傳聲譽.
熱時太熱爲恩怜, 寒卽盡寒爲臺舉.,
兒喜渾家始得安, 兒嗔一舍無情緒.
盡驅馳, 受煎煮, 豈解酌量些子許,
容易抛離不肯皈(歸), 等閑弃背他鄉土.
不曾結識好知聞, 空是剜荆惡伴侶.,
家內長慊父母言, 外頭却信他人語.
大愚癡, 不覺悟, 恣縱身心起辜負.,
佛道如斯五逆人, 莫覓託生好去處.
重重地獄有何因, 只爲閻浮五逆人.,
莫問歲寒煎煮罪, 不論年月擣磨身.
自知无理從搥斵, 伏請哀兢(矜)任苦辛.
縱尒却來人世內, 從生至老是寒貧.

「부모은중경강경문」(2)

경(經)

經 : 「공경하는 마음을 내지 않으며 은혜를 저버리고 덕을 배반하며 자비

한 마음이 없고 효도하지 아니하는도다.」

백(白)

과거 구십일겁(九十一劫)에 한 죄인이 있어 부모에게 효도하지 않고 항시 오역(五逆)을 행하여 죽은 후 큰 구덩이의 지옥에 떨어지고 머리 위에 쇠로 만든 수레 바퀴를 두르고 있었다. 머리 위만이 아니었다.

창(唱)

죄의 뿌리가 깊고 무거운 것은
모두 양친에게 불효한 데서 기인하네.
이에 구덩이 속으로 두들겨 맞고 떨어져
항시 머리에 쇠로 만든 수레바퀴를 이고 있도다.
천겁(千劫) 만겁(萬劫)이 지나더라도
언제나 인간의 몸으로 돌아올지 알 수 없도다.
한번 이 속으로 떨어지면 천만겁이 지나도록
밤낮으로 항시 고통을 받노라.
이는 효도하지 않아 깊은 구덩이에 떨어진 것이라
고통 받는 것을 잠시도 멈출 방도가 없노라.
밤낮으로 쇠수레 바퀴를 머리 위에 둔 채
어느덧 백겁이 지나고 천생의 시간이 흘렀도다.
그대에게 권하노니 효를 행하기는 소홀히 여기지 말며,
세심하게 자신의 몸을 헤아릴 것이라.
쓴 것은 삼키고 단 것은 토하는 것이 어른의 행동이니
부모의 은덕을 저버리지 않아야 하리.

받들어 모시고 순종하여 마음을 편안하게 해드리면
부모는 오래도록 기쁨에 젖어 있을 것이라.
효행하면 길이 경사(經史)에 기록되어
줄곧 만대에 걸쳐 널리 전승될 것이라.
아기를 잉태한 열달 동안 수많은 고통을 겪으면서도
심신을 거동함에 언제나 조심조심.
도강(都講) 승려(闍黎[262])가 기력(氣力)을 다해
무거운 짐을 짊어진 것 같은 (산모에 대해) 창(唱)하리라.

경(經)

경(經) : "어머니가 아기를 잉태한 열 달 동안은 일어서고 앉는 것이 편하지 않아서 마치 무거운 짐을 진 사람과 같고 음식을 잘 내리지 못하여 큰 병에 걸린 것 같나 니라."

經云.. 不生恭敬, 弃恩(德)輩(背)恩, 无有人(仁)慈, 不孝禮儀.過去九十一劫, 有一罪人不孝父母, 常行五逆, 死後當墮大坑地獄, 頭上長有鐵輪盤旋.不惟頂上.

直爲罪根深重, 都緣不孝二親,
從此撲入坑中, 常有鐵輪在頂.
動經千劫萬劫, 不知早晚復人身.
一落此中千萬劫, 晝夜常受苦身,
爲緣不孝墮深坑, 受苦无因得暫停.

262 도려(闍黎) : 아도려(阿闍黎)(아사리) 즉 사범(師範)이 되는 승려를 말한다.

晝夜鐵輪居頂上, 早經百劫與千生,

勸君行孝莫因循, 子細思量這個身.

咽苦吐甘檯擧得, 莫敎孤負阿孃恩.

供承隨順遺心安, 父母時長見喜歡,

孝行永標經史上, 直敎萬代廣流傳.

懷耽十月千般苦, 起坐身心早晩安.

都講闍黎著氣力, 如擎重擔唱看看.

經云.. 阿孃懷子, 十月間(艱)辛.起坐不安, 如擎重擔., 飮食不下, 如長病人.

위에 인용한 「부모은중경강경문」(1)과 「부모은중경강경문」(2)의 부분은 『부모은중경』 중 중생(衆生)들의 갖가지 불효를 부처가 꾸짖고 있는 경전(經典)의 한 대목에 대한 상세한 해설 강의이다.[263] 그리고 그 체재를 보면, '경(經) → 백(白) → 창(唱) → 경(經)'의 순으로 되어 있는데 이는 「부모은중경강경문」이 정식 불경강의의 대본으로 사용되기에 충분함을 보여 준다. 또 (『부모은중경』 자체가 근본적으로 소설적 구성을 갖추고 있지 않은 경전인 것에서 연원하지만), 위의 「부모은중경강경문」에서 경

263 『부모은중경』의 구성은 다음과 같다. 부처님께서 아난과 함께 여행하다가 길가에 뒹구는 뼈무더기를 보고 절을 한다. 아난이 "왜 절을 하십니까?"라고 묻자 부처님께서는 "끝없는 옛적부터 금생에 이르는 동안 육도중생(六道衆生)이 다 나의 부모형제 아님이 없다."고 말씀하신다. 이것이 『부모은중경』의 시작이다. 또 부처님께서는 아난에게 그 뼈의 남녀 성별을 구분해주며 아기를 낳아 기른 어머니의 고통과 열 가지 크신 은혜(십중대은(十重大恩))를 설하신다. 그 열 가지 속에는 자식들이 저지르는 온갖 불효의 형태를 매우 적나라하게 설하고 있다. 그리고 부모의 은혜에 보답하는 길을 설한다. 뿐만 아니라 온갖 불효의 과보로 지옥의 고통을 설명한다. 끝으로 아난과 법회에 모인 대중들이 효행을 서원하고 이 경이 후세까지 계승 발전하도록 유언하는 데에서 이 『부모은중경』은 막을 내리고 있다. 일지(一指) 역, 『부모은중경・관음경 외』, 민족사, 135~136쪽 참조.

전의 구절에 대하여 부연 해설하고 노래로 읊은 부분(경 다음의 백과 창 부분)을 보면, 불교의 자비, 인과응보, 시은보은의 사상을 바탕으로 세속 윤리인 '효'를 일깨우는 교술적 성격을 강하게 띠고 있어 통속성을 지닌 불교적 서사물과는 다소 거리가 있다고 할 수 있다. 그러나 세간의 오염을 정화하고 번뇌로부터의 해탈을 지향하는 난해한 불교적 철리를 일상적인 세속윤리인 '효'와 동일시함으로써 대중포교의 통속화 현상을 강하게 풍기고 있다. 『부모은중경』에 보이는 이러한 불교적 보은 정신의 세속화 경향은 「부모은중경강경문」의 서술 체재에 다소 반영되어 통속적 서사화의 가능성을 낳고 있는 바 위 인용문 중 '不孝의 후과로 얻게 되는 고통'을 읊고 있는 창부(唱部)가 바로 그러하다.

(3) 텍스트 사례 3 : 「불설관미륵보살상생두솔천경강경문佛說觀彌勒菩薩上生兜率天經講經文」

다음 인용은 「불설관미륵보살(佛說觀彌勒菩薩)[264]상생두솔천경강경문(上生兜率天經講經文)」의 일부분인데 이를 통해 정식강경의 종교의식的 성향을 살펴보기로 한다.

강(講)

이상으로 '보살(菩薩)' 두 글자에 대한 해설을 마친다. 다음은 '상생(上生)' 두 글자를 풀이하기로 한다. 「소(疏)」에 다음과 같이 해석하고 있다.. "상생(上生)이란 승천(昇天)한다는 말이다. 즉 미륵보살이 그 당시 인간 세상에서 열반한 후 도솔천으로 올라가 태어남을 말한다."

264 미륵보살(彌勒菩薩) : 석가모니의 입멸 후 오십 육억 칠천만년을 지나서 이 세상에 나타나 중생을 인도한다는 보살.

문(問)

문(問): 상생(上生)하는데 얼마의 시간이 걸렸는지요?

답(答)

답(答) : 이로부터 12년이 경과하였노라. 이를 아는 까닭은 불경 속에서 해답을 구한 것이니, '12년이 지나고'부터 '자금색(紫金色)의 몸이 마치 수백 수천의 해처럼 금빛 찬란한 모양을 하고서 도솔천으로 올랐다.'까지의 구절이 바로 그것이다. 이때 미륵이 인간세를 이별하고 천궁으로 가려고 하니, 이에 신령스런 빛을 드러내며 곧 하늘로 올라갔다. 구름이 발 아래 생겨나고, 안개가 신체 주변을 둘러싸고, 바람이 칠보의 관을 흔들고, 향기가 육주의 의복을 끌어 당겼다. 지척에 있는 달을 바라보며 인간 세상을 보니 아득할 따름이네. 신선의 악대(樂隊)가 은은히 앞에서 인도하고 천녀(天女)들이 줄지어 뒤따르니 한 줄기 광명이 경외(敬畏)롭네.

창(唱)

미륵이 당시 현신하여,

눈 깜짝할 사이에 하늘로 오르네.

상서로운 구름 화살처럼 은하수를 가로지르고,

상서로운 기운 별처럼 월궁을 건너네.

수천의 선녀들 찬란한 안개를 타고,

수만의 용신들 향기로운 바람을 흩날리네.

미처 본국을 헤아릴 겨를도 없이

어느새 하늘가의 정원에 도착했네.

경(經)

경전(經典)에 이르기를.. 「몸의 舍利(遺骨) 금상을 주조한 듯 동요하지 않았다. 몸에서 발하는 둥그런 빛 속에 한 首의 '능엄삼매반야파라밀(楞嚴三昧般若波羅蜜)'이 들어 있고 글자는 명료하였다. 당시 모든 천상 사람들은 즉시 신묘한 탑을 지어 사리(舍利)에 공양(供養)했다.」

上來解菩薩二字已竟.從此解上生二字者.疏云.. 上生卽往昇, 卽彌勒菩薩當日之時, 於人間般涅盤後, 上生兜率也.問.. 上生來多少時節?答.. 從此經後十二年.所以知者, 下內果經佛答云..「却後十二年」等至「身紫金色, 光明艶赫, 如百千日, 上至兜率陁天」是也.於是彌勒旣辭人世, 欲往天宮, 乃現神通, 便昇空裏.雲生足下, 霧擁身邊, 風遙(搖)七寶之冠, 香惹六銖之服, 見月輪之咫尺, 覩世界而微忙(茫).仙樂隱隱以引前, 天女依依而後送, 一道光明可畏..

彌勒當時旣現通, 一彈指傾(頃)便昇空,
祥雲似箭橫銀漢, 瑞氣如星度月宮.
仙女千群乘綵霧, 龍神萬隊散香風.
未容本國商量次, 便到天邊內院中.

經云..「其身舍利, 如鑄金像, 不動不搖.身圓光中, 有首楞嚴三昧般若波羅蜜, 字義炳然.時諸天人, 尋卽爲起衆寶妙塔, 供養舍利.」

돈황 사본 「불설관미륵보살상생두솔천경강경문(佛說觀彌勒菩薩上生兜率天經講經文)」은 불경 『불설관미륵보살상생두솔천경(佛說觀彌勒菩薩上生兜率天經)』의 제목을 해석한 것으로, 현존하는 사권(寫卷)은

'보살상생두솔천(菩薩上生兜率天)' 부분을 '보살', '상생', '두솔(兜率)', '천'으로 나누어 하나씩 풀이하고 있고 '불설관미륵(佛說觀彌勒)' 부분에 대한 해석은 빠져 있다. 위 인용문은 '상생(上生)' 두 글자에 대한 해설 부분인데, 강사(講師)와 논의자(論議者) 그리고 도강(都講) 세 사람에 의해서 강설(講說) → 질문(質問) → 대답(對答) → 창(唱) → 경(經)의 순서로 불경강의가 진행되고 있음을 엿볼 수 있다. 즉, 강사(講師)가 경전 제목 중의 '상생(上生)' 두 글자에 대한 풀이를 하자 논의자(論議者)가 질문을 하고 다시 강사(講師)가 이에 대해서 답변하며, 창으로 문답식 강의를 일단락을 짓는다. 그 다음 도강(都講)이 창경(唱經)함으로써 다시 강의를 지속시키고 있다. 이러한 방식은 정식강경(正式講經)의 의식성을 나타내는 것으로써 「불설관미륵보살상생두솔천경강경문(佛說觀彌勒菩薩上生兜率天經講經文)」이 근본적으로 종교의식에 사용된 경론적(經論的) 성격이 짙은 텍스트임을 보여 준다. 그러나 강사(講師)의 답변 부분과 운문(韻文)의 창부(唱部)에서 미륵보살이 도솔천으로 승천하는 과정을 형상적으로 묘사하고 있는 점은 강경(講經)문이 서사적으로 발전할 수 있는 가능성이 있음을 보여 준다.

2) 서사지향형敍事指向型

앞에서 살펴보았듯이, 순수하게 종교 의식적 성향을 띠는 정식강경(正式講經)은 주로 출가승(出家僧)이나 불심(佛心)이 돈독한 상류층(上流層)을 대상으로 엄숙하고 장중한 분위기에서 진행되었다. 또 그 강의 방식은 난해한 원전(原典)의 자구(字句)를 일일이 들어가며 심오한 불법(佛法)을 전문적으로 강의하였기 때문에 신앙심 내지 지식 수준이 낮은 일반 대중들의 입장에서는 그리 흥미 있는 것이 못되었다. 따라서 당대(唐代)에 들어와 불교의 대중화를 추진해야 했던 불교 측에서는 일반 대중들이 쉽게 이해하고 흥미를 느낄 수 있는 새로운 강경 방식을 강구하지 않을 수 없었다. 그 결과 생겨난 것이 바로 전문적인 경론적(經論的) 성격을 벗어나 인연담(因緣譚)과 비유담(譬喩譚)을 위주로 통속적으로 설법하는 변칙강경(變則講經)이었다. 변칙강경(變則講經)은 출가승보다는 주로 일반 속인들을 대상으로 개설되었기 때문에 '속강(俗講)'이라고 불렸는데, 일본승 원진(圓珍)의 『불설관보현보살행법경기(佛說觀普賢菩薩行法經記)』(대장경, 권56)와 엔닌(圓仁) 『구법기(求法記)』에는 속강에 대하여 다음과 같이 기록하고 있다.

① 이른 바 강경(講經)은 당대(唐代)에 두 가지 방식이 존재했다. 첫 번째는 속강이다. 그해 3월 사유에 따라 시행되었다. 단지 남녀만이 모였으며 물자를 받칠 것을 권유하여 사원을 짓는 자금으로 충당하였다. 이 때문에 속강이라 한다. 두 번째는 승강(僧講)이다. 안거 기간에 달마다 불법을 전수하는 강의가 시행되었다. 예로부터 양사에서는 모두 관청에 보고한 후 허락을 얻은 다음 시행하였다. 만약 그렇게 하지 않으면 사원은 관청으로부터 문책을 받았다.

言講者, 唐土兩講. 一, 俗講. 卽年三月就緣修之, 只會男女, 勸之輸物, 充造寺資, 故言俗講. 二, 僧講. 安居月傳法講是上來兩寺皆申所司. 蒙判行之, 若不然者, 寺被官責.

② 또 당(唐)나라에는 화속법사의 풍습이 있는데, 이는 일본의 비교법사(飛教法師)[265]와 같다. 세상살이에 있어서의 무상함(無常), 괴로움(苦), 헛

됨(空)과 같은 것의 이치를 설명함으로써 남녀 불제자를 이끄는 사람을 화속법사라고 부른다.

又有化俗法師與本國導飛教法師同也. 說世間無常苦空之理化導男弟子女弟子呼導化俗法師也.[266]

인용문 ②의 속강(俗講)이란 대속강경(對俗講經) 즉 속인들을 위한 강경(lecture for layman)을 말하며, ②의 화속법사(化俗法師)란 일반인들이 알아듣기 쉽게 평이한 표현으로 교리를 설명하여 민중을 교화시키는 승려를 말한다. 당대(唐代)에 들어와 불법(佛法) 홍포(弘布)의 대중적 효과를 기하기 위해 속인들을 위한 속강이 개설되고 속강법사가 출현한 것은 그동안 엄숙한 의식 절차에 의하여 경전 해설을 중심으로 행하여지던 강경 방식(正式講經)이 너무 형식적이고 난해하여 일반인들이 쉽게 이해할 수 없었을 뿐만 아니라 일반 대중의 흥미와 관심을 일으킬 수 없었기 때문이다. 따라서 심오한 경문을 전문적으로 해설하는 정식강경의 방식을 벗어나 강의방식을 세속인의 취향에 맞게 통속화시키는 방법을 찾게 되었고 그 결과 등장한 것이 바로 속강(俗講)과 속강법사(俗講法師)였다.

이처럼 속강(俗講)은 경전(經典)자체의 엄격한 해석에 치중하거나 불교적 철리만을 내세우지 않고 경전(經典)의 내용을 쉽고 재미있게 강의함으로써 서사문학적 색채를 띠게 되는데, 다음 작품들이 그를 입증한다.

265 비교법사(飛敎法師) : 절의 취지문을 전하면서 탁발하는 승려를 말한다.
266 圓仁, 『입당구법순례행기(入唐求法巡禮行記)』, 서기 838년 11월 24일 조.

(1) 텍스트 사례 1 : 「지은과 보은 이야기쌍은기(雙恩記)」

돈황본 「지은과 보은 이야기(쌍은기(雙恩記)」는 1973년 3월 러시아의 멜리예프 교수가 홍콩에서 반중규(潘重規)에게 기증하여 『돈황변문집신서(敦煌變文集新書)』에 수록된 작품으로, 멜리예프가 편찬한 『돈황권자목록(敦煌卷子目錄)』 제1책에는 「불보은경강경문(佛報恩經講經文)」으로 되어 있다.[267] 이 때문에 「지은과 보은 이야기(쌍은기(雙恩記)」는 유형 분류시 대체로 강경문으로 간주된다. 「지은과 보은 이야기(쌍은기(雙恩記)」라는 제목은 '은혜를 알아야 은혜에 보답할 수 있다.(惟知恩, 乃能報恩)'는 말에서 유래한 것으로 '지은'과 '보은' 둘을 합쳐 '쌍은'이라 하였다. 현존하는 「지은과 보은 이야기(쌍은기(雙恩記)」는 제3권(「지은과 보은 이야기(쌍은기(雙恩記)제삼」), 제7권(「지은과 보은 이야기(雙恩記)제칠」), 제11권(「불보은경제십일(佛報恩經第十一)」) 세 권을 모은 것인데, 제3권은 『대방편품불보은경.서품제일(大方便品佛報恩經.序品第一)』 중에서 한 대목을, 제7권은 동경(同經) 「악우품제육(惡友品第六)」 중의 한 대목을, 제11권은 「악우품제6(惡友品第六) 중의 한 대목을 강설한 것이다.

돈황본 강경문 가운데 「지은과 보은 이야기(쌍은기(雙恩記)」는 통속성과 서사지향성(敍事指向性)이 강한 텍스트인데 다음 인용문에서 확인해보기로 한다.

267 항초(項楚), 『돈황변문선주(敦煌變文選注)』, 파촉서사(巴蜀書社), 799~800쪽 참조.

경(經)

경(經) : 이제는 악우(惡友)[268]가 여의주를 지켜야 할 차례였는데, 그는 형이 잠들어 눕자 곧 일어나 두 개의 마른 대나무를 구해 형의 두 눈을 찌르고는 여의주를 빼앗아 갔다.

백(白)

악우(惡友)는 계획을 짜서 형이 잠들 때를 계산하고, 여의주를 지킬 순서가 되자 두 개의 마른 대나무를 구했다. 게송(偈頌)으로 다음과 같이 읊는다.

창(唱)

여로(旅路)가 고달프면 잠이 매우 깊은 법,
선우태자는 깊은 잠에 빠져 들었네.
선우태자는 여의주를 지키려는 마음이 있었으나
악인의 계획은 이미 마음속에 싹텄네.
지리를 헤아려보니 쫓아가기 어렵고,
천하를 올려다보니 아직 날이 밝지 않았네.
두 개의 날카로운 대나무 가지로 눈을 상하게 하고,
여의주를 훔쳐 밤새 도망가네.

백(白)

선우태자는 눈을 찔리고 나자 계속하여 악우(惡友)의 이름을 불렀다. "악우야! 악우야! 여기 도적놈이 내 두 눈을 상하게 했어!" (악우가) 이미 떠난

268 악우(惡友)은 사람 이름으로 선우태자(善友太子)의 동생이다.

것을 알지 못하고 불러도 대답 없자, 더욱 큰 소리로 불러댔다. "악인(惡人)이시여! 악인이시여! 내 눈은 이미 상했으니, 만약 여의주를 원하신다면 마음대로 가지고 가세요. (다만) 내 동생만은 상하게 하지 말아주세요. 내 동생은 어리고 세상물정을 모른다오." 허공에 대고 도적에게 말했다.

창(唱)

바다의 보물 여의주를 마음대로 가져가세요,
내 따로 보관해두지 않았답니다.
오직 걱정스러운 것은 내 동생이 어려서 세상물정 모르는 일,
부디 바라옵건대 자비를 베푸시어 해치지 말아 주소서.

백(白)

이와 같이 불러대며 부탁하였으나 대답하는 이가 아무도 없었다. 그러나 마침내 수신(樹神)을 감화시켰다.

경(經)

그러므로 이하의 경전에 다음과 같이 이야기하고 있다. 「이와 같이 큰 소리로 불러대자, 소리가 신명을 움직였으나 오래도록 응답이 없었다. 이 때 수신(樹神)이 소리를 내어 말하였다. "당신의 아우가 바로 악한 도적으로 당신의 두 눈을 찌르고는 여의주를 가지고 가버렸다오. 당신은 어찌하여 악우의 이름을 부르고 있단 말이오?"」

창(唱)

게송(偈頌)으로 고하였다.

동생이 없는데도 큰 소리로 자꾸 불러대어,
깊이 잠겨있는 하늘의 사자 용신(龍神)을 감동시켰다오.
여의주를 훔쳐 간 것은 여의주를 원해서가 아니며,
당신의 눈을 상하게 한 것은 바로 당신의 혈육이라오.
그의 목숨을 구해달라고 헛되이 말하지 마시길,
은애(恩愛)를 배반하였는데 오히려 그의 몸을 걱정하는구려.
만약 동생의 소식을 알고자 한다면,
바로 대나무 막대기로 일을 벌인 사람이라네.

백(白)

선우태자가 말하였다. "괴롭도다! 괴로워! 어찌 이런 일이 있을 줄 알았겠는가?"

창(唱)

하늘을 바라보며 깊은 밤 더욱 더 통곡하고,
두 눈의 통증은 고통스러워 견디기 힘드네.
그가 질투하는 마음이 있었던 것을 쉽게 알 수 없었는데,
어찌하여 마른 대나무를 꺼내 들었단 말인가,
무엇이 원수이고, 무엇이 골육인지,
얼굴에 닿은 잡초 끝에 피가 흘러내리네.
본시 진실한 형제가 되려 하였거늘,
뉘 알았으랴, 그의 마음속에 독이 들어 있을 줄을.
도적이 침입하였다고 착각하였으니,
이처럼 어리석은 행동은 고금에 한탄할만한 일이네.

여의주는 악한(惡漢)이 야밤에 가져가고,

피는 마른 대나무를 타고 흘러 풀들을 적시네.

이러저러한 말들을 많이 하였더니 상처가 심해지고,

통곡하기를 그치자 통증이 더욱 심해지네.

장차 자비를 행하여 진짜 내 동생으로 삼으려 하였더니,

누가 마음속에 이러한 독기를 품고 있을 줄 알았으랴.

몸과 마음이 한 몸이었거늘 (악행을 저지르고) 어디로 돌아갔을까?

(동생에 대한) 철석같던 마음이 무너져 내리는구나.

달리는 짐승은 발굽을 굽히고 불쌍하게 바라보고,

나는 새들은 날개를 거두고 모두 슬퍼하는구나.

밤새 내내 아무 일 없이 도망갔을 뿐만 아니라,

먼 길을 가기 위해 땅을 파서 묻었다네.

惡友가 여의주를 가지고 도망갔는데,

어느 나라로 갔을까? 이제 經을 唱하리라.

經 : 爾時惡友次應守珠, 其兄眠臥, 卽起求二乾竹刺兄兩目, 奪珠而去. 惡友設計, 算兄睡着, 次當守珠.求二乾竹(片).

偈曰...

道途辛苦睡深更, 善友沈然夢寢成.

上土(士)保持雖意在, 惡人計校已心生.

酌量地里應難趁 顧望天何(河)必未明.

取二竹枝(簽)眠損, 偸珠連夜發先行.

善友旣被簽目損, 連喚惡友名字..「惡友!惡友!此有大賊, 損我兩目.」不知已先去矣.旣喚不應, 又更大聲唱叫..「惡人!惡人!我目已損, 若要珠, 任將去.莫損我弟, 我弟癡幼.」望空叫喚, 語賊曰..

海寶摩尼一任將, 自緣不解別收藏.

却憂我弟年癡騃, 伏願慈悲莫損傷.

如是叫喚求囑, 亦無人應, 遂咸(感)樹神.故下經云.. 如是高唱, 聲動神祇, 經久不應.爾時樹神卽發聲言..「汝弟惡友是汝惡賊, 刺汝兩目, 持珠而去, 汝今喚惡友[何]爲?」

以偈告曰..

不在高聲唱叫頻, 更深空使動龍神.

偸珠將去非珠願, 損汝眼傷是汝親.

休費語言求彼命, 謾[□]恩愛惜他身.

要知賢弟今消息, 便是將筌(簽)下手人.

善友曰..「苦哉!苦哉!何知此事!」

仰天深夜倍號哭, 雙眼痛兮痛難觸.

不易知他嫉妬情, 如何拔得乾枯竹.

何怨酬(仇), 何骨肉, 合面草(頭)血流漉.

比者將爲眞弟兄, 誰知有此心中毒.

錯疑錯爲賊來侵, 此行乖差嘆(嘆)古今.

珠逐惡人星夜去, 血隨乾竹草頭霖(淋).

語多種種傷無盡, 哭斷聲聲痛轉深.

將爲慈悲眞我弟, 誰知懷此毒身心.

和身合面嫩(懶)能廻, 石作心肝見也摧

走獸曲蹄咸悵望, 飛禽斂翅盡悲哀.

不唯永夜無辜逝, 兼向長途(絶)主埋.

惡友旣將珠走去, 還向何國土也唱將來.

「지은과 보은 이야기(雙恩記)」 중 위 대목은 동생 악우태자(惡友太子)가 형인 선우태자(善友太子)를 해치고 여의주를 빼앗아 도망가는 장면으로, 『불보은경』의 짤막한 한 구절 — "이제는 악우(惡友)가 여의주를 지켜야 할 차례였는데, 그는 형이 잠들어 눕자 곧 일어나 두 개의 마른 대나무를 구해 형의 두 눈을 찌르고는 여의주를 빼앗아 갔다." — 을 확대·부연하여 강설한 것이다.[269]

269 「지은과 보은 이야기(雙恩記)」의 전체 줄거리는 다음과 같다. "바라나이국의 왕에게는 선우태자(善友太子)와 악우태자(惡友太子) 두 아들이 있었다. 한번은 선우태자가 궁전 밖으로 나가 농부, 직공(織工), 도살인, 수렵인 등을 보고는 중생들이 고통스럽게 노동하고 죄악을 짓는 것을 애달게 여겨 드디어 부왕의 창고를 열어 대중들에게 나누어 주었다. 또 시종 500인으로 하여금 바다 속에 들어가 여의주를 채취하여 모든 중생들에게 나누어 주게 하였다. 그 때 악우태자도 함께 동행했다. 갖가지 위험을 거쳐 선우태자 혼자 용궁에 들어가 여의주를 얻어 돌아가는 길에 동생인 악우태자와 만났다. 악우태자는 야밤에 마른 대나무로 선우태자의 두 눈을 찔러 상하게 하고는 여의주를 훔쳐 귀국하여서는 선우태자가 이미 죽었다고 거짓말을 하였다. 선우태자는 두 눈을 잃고 여기저기 떠돌아다니다 이사발국(利師跋國)에 이르렀다. 그곳에서 한 목동이 소리나는 거문고를 주어 도성(都城) 안에서 거문고 연주로 걸식하면서 살아가게 해주었다. 그런데 그 나라 국왕의 정원지기가 선우태자를 고용하여 정원의 새들을 보호하게 하였다. 그 나라의 공주는 선우(善友)의 거문고 소리를 듣고 그를 매우 사모하여 드디어 선우(善友)와 동거(同居)하게 되었다. 두 사람의 간절한 바람은 기적을 만들어내어 선우태자는 두 눈을 뜨게 되고 자신의 신분을 드러낸다. 그리고 이사발국(利師跋國)의 왕은 공주가 선우태자의 배필이 되는 것을 허락한다. 이에 선우태자와 아내가 고국으로 돌아오자 부모가 지극히 기뻐하

이처럼 경전(經典)의 한 구절을 확장하여 이야기하고 있는 「지은과 보은 이야기(쌍은기(雙恩記)」의 서술 방식은 다음 몇 가지 점에서 중요한 의미를 갖는다. 첫째, 「지은과 보은 이야기(쌍은기(雙恩記)」는 강경문 중에 정식강경의 대본뿐만 아니라 변칙강경(變則講經)(속강(俗講)의 대본도 존재했을 가능성을 시사한다. 이는 「지은과 보은 이야기(쌍은기(雙恩記)」가 강경문에서 변문(혹은 인연(因緣)으로 발전되는 과도기의 작품과 관계있음을 말해준다. 둘째, 「지은과 보은 이야기(쌍은기(雙恩記)」는 경전의 체재와 내용에 근거하고 있지만 경전 속의 흥미있는 한 대목을 대폭 확장하여 강설하고 있다. 즉, 「지은과 보은 이야기(쌍은기(雙恩記)」는 강경문의 전형적인 형식인 경(經) → 백(白) → 창(唱)의 서술 방식을 취하고 있지만 '경전(經典) 인용' 부분만 생략하면 변문의 서사 체재에 거의 접근해 있다. 셋째, 강경문에서는 게송(偈頌) 등 삽입시가(挿入詩歌)가 일반적으로 화자(話者)의 교술적인 목소리를 담고 있으나 「지은과 보은 이야기(쌍은기(雙恩記)」 속의 시가 기능을 보면 화자의 교술적인 목소리를 일방적으로 전달하는 것이 아니라 등장인물이 처한 상황을 묘사하거나 인물의 정서(情緖)를 진솔하게 표현하고 있다. 이는 강설자가 대중(大衆)적 흥미를 유발시키고 감화력(感化力)을 높이기 위해 통속적으로 변화시킨 것이라 할 수 있다. 그리고 이러한 문학적 진술 방식을 통하여 「지은과 보은 이야기(쌍은기(雙恩記)」는 한층 서사문학적 형태에 접근하고 있다.

고 안보였던 눈도 뜨게 된다. 하늘에서 옷와 음식 등 일곱 가지 보물을 비 오듯이 내려주어 일체 중생들은 모두 충족하게 되고 악우태자(惡友太子)도 용서를 얻는다."

(2) 텍스트 사례 2 : 「마왕을 격파하는 이야기파마변(破魔變)」

변칙강경(變則講經)이 급속히 성행하면서 나타난 현상 가운데 가장 주목되는 것은 역시 불교고사계(佛教故事系) 변문의 등장이라 할 수 있다. 전술한 바와 같이 석가고사류와 불가고사류로 나누어지는 불교고사계 변문은 인욕(忍辱), 포시(布施) 등의 수행(修行)과 선행(善行)을 강조하고 있는 점에서 종교 교화성을 벗어나지 않고 있지만, 강경문에 비해 속(俗)을 지향하는 정도가 극대화되어 있는 불교적 서사물이라 할 수 있다. 다음 인용문은 석가의 성도담(成道譚)을 강설[270]한 「마왕을 격파하는 이야기」의 한 대목으로 석가모니가 마왕의 세 딸이 결혼하자고 유혹하는 것을 물리치고 성불하는 내용이다. 이를 통해 변문이 강경문에 비해 어떠한 측면에서 서사 방식 상 진전을 보이고 있는지 살펴보기로 한다.

> 마왕은 전세(戰勢)가 불리한 것을 보고는 군대를 수습하여 天上으로 되돌아갔다. 자신의 힘이 열세인 것도 모르고 여래를 해치려 했다는 생각이 문득 들자 분노의 마음이 더욱 가시지 않았다. 그 후 정전(正殿)에 단정히 들어 앉아 향나무 침상(枕牀)[271]에 기대어 팔짱을 끼고 입술을 깨물며 분을 삭이고 있었다. 한편 마왕에게는 세 딸이 있었는데 父王의 기분이 언짢음을

270 석가모니의 고행(苦行)과 성도(成道)에 얽힌 이야기는 『불본행집경(佛本行集經)』 등 각종 불경(佛經)에서 찾아볼 수 있으며, 돈황 강창작품 속에도 「태자성도경(太子成道經)」, 「태자성도변문(太子成道變文)」, 「실달태자수도인연(悉達太子修道因緣)」, 「팔상변(八相變)」, 「파마변문(破魔變文)」, 「난타출가연기(難陀出家緣起)」, 「지원도기(祇園圖記)」 등 다수를 이룬다.

271 향림(香林) : 원문에는 '향림(香林)'으로 되어 있으나 '향상(香牀)'으로 고쳐야 한다. '향상(香牀)'은 향나무로 만든 침상을 말한다.

보고 앞으로 나아가 大王에게 말했다.

근자에 안색이 바뀌신 듯한데
어인 일로 근심하시고 기분이 좋지 않으신지요?
혹시 천상에 난리라도 났는지요?
아니면 궁중에 불안한 일이 있는지요?
아니면 국경의 일을 근심하시는지요?
아니면 여러 딸들을 근심하시는지요?
오직 바라옵건대 부왕께서는 인자하심을 베푸시어
지금 저희를 위해 연유를 말씀해 주시옵소서.

부왕(父王)이 말하길..

너희들을 근심하는 것이 아니란다.
너희들은 이미 성장하지 않았느냐.
또 국경의 일을 근심하는 것도 아니란다.
천궁은 쾌락하니 어찌 근심하겠느냐?
내가 이러는 연유는 정반왕(淨飯王) 싯달타가
근자에 이미 정각(正覺)[272]을 이루었기 때문이란다.
차마 지금 그가 출가하는 것을 보고 있을 수 없으니,
우리 무리들을 교화시킬까봐 두렵구나.
만약 그가 교화하는 때가 되면

272 정각(正覺)이란 부처를 가리키는 열 가지 명칭 중의 하나이다.

우리 무리의 모든 제자들을 변화시킬 것이다.
나는 지금 무슨 계책을 세워
애당초 출가하지 못하게 할 수 있을 런지?

이에 딸 셋이 드디어 앞으로 나서며 부왕에게 아뢴다..

석가여래는 어려서 깊은 궁에 살았으니
남녀의 즐거움을 어찌 끊을 수 있겠는지요?
하물며 저와 같은 미모라면
필시 환락에 탐닉할 것이지요.
바라옵건대 제가 지금 인간 세상에 내려가서
그를 혼란케 하여 성불(成佛)하지 못하게 하겠나이다.
반드시 그의 마음을 동요시켜
깨달음에 이르지 못하게 하겠나이다.

마왕은 이 계책을 듣고는 몹시 기뻐하였다. 이에 창고의 화려한 비단을 내어 여종에게 단장을 맡기니, 매미 모양의 귀밑머리를 늘어뜨리고, 봉황 무늬의 비녀를 비스듬히 꽂고, 몸에는 채색 비단을 두르고, 팔에는 영롱한 옥팔찌를 휘감았다. 동가(東家)의 여인도 실로 이만 못하며, 강남의 미녀도 확실히 이에 미치지 못하리라. 옥같은 외모 눈같이 흰 것이 낙수의 여신 복비에 뽐 낼만 하네. 꽃같이 붉은 얼굴 무산(巫山) 신녀(神女)의 외모를 업신여길 만하네. 여신의 미모 나라를 기울게 할 만하도다. 그녀의 나부끼는 오색찬란한 옷 위에 햇볕이 내리쬐네. 선녀가 뒤따르며 보석 가득한 화려한 가리개로 시중을 들고, 직녀는 앞을 인도하면서 향기 나는 부채를 부치니 그 향기

길에 가득하네. 육궁의 궁녀를 불러 모아 좌측에서 보행하게 하고, 일국부인(一國夫人)으로 하여금 우측에 동석하게 하네. 곧 하늘로부터 부처 앞에 이르러 가무(歌舞)를 가지런히 펼치고 관현악을 연주하여 이르기를..

실상을 논하면 지극히 화려한 인물이요,
용모로 말하면 유독 봄날보다 뛰어나다네.
몸에는 천궁(天宮)의 진귀한 옷을 둘렀으며,
발에는 무산(巫山)의 한 조각구름을 밟고 있네.

첫째 딸이 말하길.. "세존이시여! 세존이시여! 인간이 세상에 태어나 얼마나 살겠는지요? 영화를 누려보지도 못하고 헛되이 세월을 보내게 마련이지요. 저의 미모는 실로 세상에 둘도 없으며, 스스로 떠벌릴 수 없을 만큼 인간 세상에는 드물답니다. 그러므로 서로 도와 천년을 다하기를 맹세합니다. 비천한 저를 버리지 마시와 영원히 부처님과 함께 부부가 되었으면 하나이다."

여인이 말하길..

권하옵건대 그대는 성불하지 마시옵소서.
하필 고난에 마음을 두시고 미혹됨에 집착하시는지요?
제가 자애로운 부친을 버리고 인간 세상에 내려왔사오니
진실로 바라옵건대 이 몸과 부부가 되어 주시옵소서.

부처님이 말씀하시길..

내 지금 크게 깨달음을 얻어
설법을 마음으로 받들어 중생을 교화시키기를 원하노라.
고해(苦海) 가운데 뗏목(船筏)의 가르침을 이루려 하노니
어찌 그대와 부부가 되기를 원하겠는가?

둘째 딸이 말하길.. "세존이시여! 세존이시여! 금륜왕씨요 황제의 자손이시면서 왕위를 버리시고 홀로 산중에 적막하게 계시는군요. 제가 지금 온 것은 다른 뜻이 없사옵고 산중에서 같이 거하면서 청소하고 향 피우고 물이나 뜨고자 해서이옵니다. 세존이 계시지 않을 때 제가 집을 간수할 수 있을 것이옵니다."

여인이 말하길..

저는 화려한 비단 치마 입기를 좋아하여,
사향을 태우지 않고 자연 향기 그대로이지요.
제가 자애로운 부친을 버리고 인간 세상에 내려왔사오니
맹세컨대 섬섬옥수로 황금 침상을 청소하고자 하옵니다.

부처님이 말하길..

내가 있는 현세는 매 순간마다 변화무쌍하니,
어느 곳에선들 조금이라도 향을 태우지 않을 수 있으랴.
부처님의 사선(四禪)은 청정을 근본으로 하노니,
어찌 그대가 금상을 청소해주길 원하겠는가?

셋째 딸이 말하길.. "세존이시여! 세존이시여! 저는 나이가 어려 부모님께서 편애하시고, 단정함은 그 누구도 비할 수 없으며, 저만큼 총명한 사람은 드물답니다. 도리천의 군주인 범왕(梵王)이 자주 방문하였으나 부모님께서는 그가 비천하다고 꺼리셔서 신부로 주지 않았답니다. 제가 보건대 세존께서는 단정하시고 또 정반왕의 태자로서 삼단(글쓰기를 잘하고, 칼 다루기를 잘하며, 말을 잘함)과 육예를 모두 갖추시고 문무를 모두 겸비하셨더군요. 이에 부모를 버리고 인간 세상으로 내려왔사오니, 감히 부처님의 아내가 될 수 없다면 좌구(座具)만이라도 오래도록 받들기를 진정 바라나이다."

여인이 말하길..

이 몸의 나이는 15세 청춘이니,
흡사 부용꽃이 물가에 피어오른 듯하답니다.
도리천의 군주 범왕이 자주 찾아왔으나,
부모님께서는 비천함을 꺼리시어 허락하지를 않았답니다.
그대를 보건대 문무가 모두 완전하고
육예와 삼단 또한 빼어나군요.
저는 자애로운 부친을 버리고 인간 세상에 내려왔으니
승려가 되지 마시옵소서.

부처님이 말씀하시길..

그대는 지금 여인의 몸을 버려야 합당하리니,
이전부터 불도(佛道)를 방해한 연유이기 때문이니라.

어서 속히 천상으로 돌아갈 것이지,
사람을 어지럽혀 혼란시키지 말라.

마녀(魔女)는 세존(世尊)의 말을 믿지 않고 함부로 망발을 부려 다소 부처님을 번민케 했다. 이에 세존께서는 황금빛의 팔을 드리워 마녀의 몸을 가리키니 세 마녀는 일시에 늙은 할망구로 변해 버렸다. 눈은 커다란 붉은 쟁반과 같았고, 얼굴은 그을린 재와 같았으며, 이마는 넓고 머리는 뾰족하고, 가슴은 높고 코는 구부정하였으며, 눈썹은 하얗고 입은 파랗고, 면피는 가죽으로 싼 해골 같고, 몸의 길이는 한결같이 젓가락 끝에 꽂힌 만두 같았다. 온 몸에 화려한 비단을 둘렀던 것이 두 폭의 베치마로 변해 버렸고, 머리에 꽂았던 비녀는 한 마리의 뱀으로 변했다. 몸은 구부정하고 목이 오그라진 것이 흡사 얼어붙은 늙은 올빼미 같았다. 구부정한 허리 긴 다리는 마치 늦가을의 솔개 같았다. 온몸이 우스꽝스럽게도 매우 해골과 같았는지라 세 마녀는 서로 보고서는 안색이 창백해졌다. 마음속으로 굴복하지 않고 거울을 비춰보니 남아 있는 것은 온갖 추한 외형만이 남아 있고, 그토록 아리따웠던 용모는 보이질 않았다. 세 자매는 무슨 말을 했을 것인가?

하늘이 벌을 내린 것이 아니라
모두 스스로 재앙을 불러일으킨 것이네.
요염했던 용모 어디로 가버리고
추악한 모습만이 이제 남았구나.
눈동자는 화염 같고
앞가슴의 혹은 흡사 언덕과 같네.
천상으로 돌아가려 하나

추한 얼굴을 볼까 부끄럽구나.

세 마녀는 선녀의 미모가 변하여 추악한 몰골로 된 것을 참담해 했다. 또 천궁에 모습을 드러내는 것이 부끄러워 되돌아갈 생각도 못했다. 드디어 부처님 앞에 무릎을 꿇고는 재삼 간청했다. 당시 무슨 말을 했을 것인가?

◎ 전생의 악업이 깊은 것을 깨닫지 못하고
곧 인간계에 내려와 바라쌍수림에 이르렀나이다.
부모의 은혜가 중하기에
마귀의 힘이 강하지 않음을 헤아리지 못하고
여래를 혼란시키는 죄업을 많이 지었나이다.
용모가 변해버려 원망스러움이 심하오니
원컨대 석가께서는 자애로움을 베푸시어
이전의 죄과를 잊으시고 자비심을 내어 주소서.

魔王見此陣勢似輸, 且還抽軍, 廻歸天上. 不察自家力劣, 輒擬惱害如來, 忿怒之情, 尙猶未息. 然後端居正殿, 反據香林(牀), 扼腕揚眉, 舖脣叵耐. 魔王有其三女, 忽見父王不樂, 遂卽向前啓白大王..

近日恰似改形容, 何故憂其情不樂!
爲復諸天相惱亂? 爲復宮中有不安?
爲復憂其國境事? 爲復憂念諸女身?
惟願父王有慈愍, 如今爲女說來由.

父王道云云..

不是憂念諸女身,	汝等自然已成長;
也不憂其國境事,	天宮快樂更何憂!
吾緣淨飯悉達多,	近日已於成(成於)正覺,
叵耐見伊今出世,	應恐化盡我門徒.
若使交(敎)他敎化時,	化盡門徒諸弟子;
我卽如今設何計,	除滅不交(敎)出世間.

於是三女遂卽進步向前, 諮白父王云云..

瞿曇[273]少小在深宮,	色境歡娛爭斷得?
沒(況)是後生身美貌,	整(正)是貪歡逐樂時.
我今齊願下閻浮,	惱亂不交(敎)令證果.
必使見伊心退後,	不成無上大菩提.

魔王聞說斯計, 歡喜非常. 庫內綾羅, 任奴粧束. 側抽蟬鬢, 斜揷鳳釵, 身掛綾羅, 臂纏瓔珞. 東隣美女, 實是不如, 南國娉人, 灼然不及. 玉貌似雪, 徒誇洛浦之容, 朱臉如花, 謾說巫山之貌. 行風(雲)行雨, 傾國傾城. 人漂(飄)五色之衣, 日照三珠(銖)之服. 仙娥從後, 持寶盖以後隨, 織女引前, 扇香風而塞路. 召六宮彩女, 發在左邊, 命一國夫人, 分居右面. 直從上界, 來到佛前. 歌舞齊施, 管絃競奏云云.

273 구담(瞿曇)이란 범어(梵語) gautama를 음역한 것으로 석가여래가 속세에 있을 때의 성(姓)이다. 전하여 석가여래 혹은 부처를 가리킨다.

論情實是綾羅人, 若說容儀獨超春.

身掛天宮三珠(銖)服, 足躡巫山一行(片)雲云云.

第一女道.. "世尊! 世尊! 人生在世, 能得幾時? 不作榮華, 虛生過日. 奴家美貌, 實是無雙. 不合自誇, 人間少有. 故來相事, 誓盡千年. 不棄卑微, 永共佛爲琴瑟."

女道.. "勸君莫證大菩提, 何必將心苦執迷?

我捨慈親來下界, 情願將身作夫妻."

佛云.. "我今願證大菩提, 說法將心化群迷.

苦海之中爲船筏, 阿誰要你作夫妻!"

第二女道.. "世尊! 世尊! 金輪王氏, 帝子王孫, 抛却王位, 獨在山中寂寞. 我今來意, 更無別心, 欲擬伴在山中, 掃地焚香取水. 世尊不在之時, 我解看家守舍."

女道.. "奴家愛着綺羅裳, 不勳沉麝自然香.

我捨慈親來下界, 誓將纖手掃金床."

佛道.. "我今念念是無常, 何處少有不燒香.

佛座四禪本清淨, 阿誰要你掃金床."

第三女道.. "世尊! 世尊! 奴家年幼, 父母偏憐, 端正無雙, 聰明少有. 帝釋梵王, 頻來問訊, 父母嫌伊門卑, 令不交(不令教)作新婦. 我見世尊端整(正), 又是淨飯王子, 三端六藝並全, 文武兩般雙備. 是以抛却父母, 故來下界閻浮, 不敢與佛爲妻, 情願長擎座具."

女道.. "阿奴身年十五春, 恰似芙蓉出水濱.

帝釋梵王頻來問, 父母嫌卑不許人.

見君文武並皆全, 六藝三端又超群.

我捨慈親來下界, 不要將身作師僧."

佛道.. "汝今早合捨汝(女)身, 只爲從前障佛因,

大(火)急速須歸上界, 更莫紛紜惱亂人."

魔女不信世尊之言, 謾發强詞, 輕惱於佛. 於是世尊垂金色臂, 指魔女身, 三箇一時化作老母. 且眼如珠(朱)盞, 面似火曹(熷), 額闊頭尖, 胸高鼻曲, 髮黃齒黑, 眉白口靑, 面皺如皮裹髑髏, 項長一似筯頭食追 子. 渾身錦繡, 變成兩幅布裙, 頭上梳釵, 變作一團亂蛇. 身腌項縮, 恰似害凍老鵶, 腰曲脚長, 一似過秋穀鷗. 渾身笑具, 甚是屍骸. 三箇相看, 面無顏色. 心中不分, 把鏡照看, 空留百醜之形, 不見千嬌之貌. 姉妹三箇, 道何言語..

不是天爲孽[274],	都緣自作灾.
嬌容何處去?	醜陋此時來.
眼裏晴如火,	胸前瘦似魁,
欲歸天上去,	羞見醜頭顋.

魔女三人, 變却姮娥之軀, 自慚醜陋之軀, 羞見天宮, 求歸不得. 遂卽佛前足胡 跪, 啓請再三. 當爾之時, 道何言語..

不悟前生業障深,	直來下界詣雙林.
蓋爲父母恩義重,	不料魔家力來(未)强.

274 얼(孽) : 원문에는 글자의 하단의 '자(子)'자가 '여(女)'자로 되어 있는데 둘 다 같은 글자이다.

惱亂如來多罪障,　　　　容儀變却受怨沉.

惟願釋迦生慈憫,　　　　捨記莫記生念心.

먼저 「파마변(破魔變)」의 전체 내용을 요약하면 다음과 같다. ① 석가모니가 6년의 苦行 끝에 깨달음을 얻어 성불(成佛)하려하자 마왕은 이를 크게 두려워한다. ② 마왕은 석가모니가 성불하지 못하도록 군대를 파견해 무력으로 위협하나 수포로 돌아간다. ③ 다시 마왕은 자신의 세 딸을 석가모니에게 보내 속세를 떠나지 못하도록 유혹하지만 이 역시 실패로 돌아간다. ④ 이와 같이 석가모니는 조금도 동요하지 않고 바른 마음을 견지함으로서 드디어 마왕을 굴복시킨다. 「파마변」의 전체 줄거리 ①, ②, ③, ④ 가운데 위 대목은 ③에 해당되는 부분으로, 석가모니의 성불을 무력(武力)으로 방해하려는 계획에 실패한 마왕이 자신의 세 딸을 차례로 보내 유혹하나 석가가 다시 이를 물리치는 장면을 묘사하고 있다. 이 대목을 중심으로 「파마변」의 서사 방식과 그 특징을 몇 가지로 분석하기로 한다.

첫째, 「파마변」은 변문 공연의 연행(演行) 절차를 알 수 있는 귀중한 자료이다. 돈황본 「파마변」의 구조는 압좌문(押座文) → 회향사(迴向詞)[축송사(祝頌詞)] → '석가가 마왕을 격파하는 본이야기(파마고사)' → 송사(頌辭)로 되어 있다. 여기서 본이야기인 '파마 이야기' 앞뒤에 의식용 언사(言辭)가 덧붙어 있는 사실은 당시 '변문의 강창 공연'이 하나의 공적인 의식 행사 속에 포함되어 진행되었음을 보여준다. 이를 근거로 항초(項楚)는 「파마변」이 후량시기(後粱時期) 사주(沙州) 지방의 통치자였던 조씨(曹氏) 가족을 위하여 강창된 작품이라고는 견해를 피력하고 있다.[275] 「파마변」이 갖고 있는 이러한 성격은 당시 출가승

(出家僧)이나 상류층(上流層)을 대상으로 한 엄격한 정식강경(正式講經)이 통속적인 속강(俗講)형태로 변모하는 과정에서 강창 공연을 주관할 수 있는 경제력을 지닌 상류층(上流層)의 후원이 큰 비중을 차지했음을 의미한다. 즉, 속강(俗講)의식에서의 변문 공연은 속인들을 위한 불경강의(佛經講義)임에는 틀림없으나 주요 청중이 상류층(上流層)이었기 때문에 — 당시의 변문 공연에는 중하류층도 청중으로 참여하였을 가능성을 배제할 수는 없으나 후원자인 상류층 가족을 위해 개설된 사실에 주목하는 것이 중요하다 — 그들의 취향을 먼저 의식해야 했을 것으로 짐작된다. 「파마변」이 종교적 주제의식을 우선시하면서 — 이는 속강승 문숙의 설법 내용이 경론적 성격에서 완전히 벗어나는 대중적 세속담을 상설함으로써 당시 지배층의 노여움을 사 유배당한 사실과 대조되는 점에서 흥미를 끈다 — 통속적인 서사 방식으로 구현하고 있는 것은 여기에서 연유한다.

둘째, 강경문에서 보았던 경전(經典) 引用이나 설교투의 언사(言辭) 대신 쉽고 일상적인 어투로 인물 간의 대화, 배경 묘사, 심리 표현 등을 위주로 서술하고 있다. 「파마변」은 경전(經典)을 해석(解釋). 강의(講義)하는데 목적이 있는 것이 아니라 하나의 이야기(故事)를 확대, 부연하여 장편 서사화하고 있다는 점에서 강경문의 발전된 모습을 확인할 수 있다.

셋째, 연행적(演行的) 서사물(敍事物)로서의 특징이 뚜렷하다. 위 인용문의 서술 방식을 보면, 등장인물 다섯 사람 간의 대화 장면 — 즉, 마왕과 세 딸의 전반부 대화 장면과 석가모니와 세 딸과의 후반부 대

275 항초(項楚), 앞의 책, 448~449쪽 참조.

화 장면 — 이 서술의 핵심을 이루고 있는데 이는 매우 희극적(戱劇的)인 체재로써, 이 작품이 연행을 염두에 두고 장편 서사화 되었음을 보여 준다.

넷째, 삽입 시가의 기능면에서도 발전된 면모를 보이고 있다. 강경문의 삽입 시가에서는 강설자의 교술적인 목소리를 많이 들을 수 있으나, 위의 「파마변(破魔變)」에서 볼 수 있듯이 변문에 이르게 되면 화자(話者)의 직접적인 목소리보다 인물 자신의 목소리가 시가 속에서 많이 발견된다. 특히 위 인용문에서 인물 간의 대화가 삽입 시가를 통해 이루어지고 있는 점은 강경문에서 찾아보기 어려운 것으로 서술방식의 통속성을 확인할 수 있는 좋은 사례이다. 또 삽입 시가에서 화자가 인물의 목소리를 대신하고 있는 점(앞의 인용문 중 ◎표 한 마지막 삽입 시가)도 서사 방식상의 주목할 만한 발전이라고 지적할 수 있다.

이상에서 살펴본 「파마변(破魔變)」의 서사 방식은 종교 의식성을 띠는 정식강경 대본의 내용과 체재를 통속적이고 서사지향적인 것으로 상당 부분 발전시킨 것으로써 불교적 서사물의 극점을 이루었다고 평가할 수 있다. 동시에 불교고사계 변문의 이러한 내용과 체재는 더욱 통속화되어 비불교적인 대중적 세속담까지도 수용함으로써 중국이야기(故事)계 강창의 성행을 가져오게 된다.

3) 연희지향형演戱指向型

돈황 강창 텍스트 가운데는 짧막한 소희(笑戱)(혹은 소극)라고 할 수 있는 작품이 있으니 「사수인연(四獸因緣)」, 「안자부(晏子賦)」, 「공자항탁상문서(孔子項托相問書)」, 「다주론(茶酒論)」, 「아가서(齖䶗書)」, 「연자부(鷰子賦)」 등이 바로 그것이다. 이러한 작품들이 강경문, 변문(變文), 화본(話本) 등과 어떠한 관계에 있는가에 대해서는 아직까지 본격적인 연구가 이루어지지 못하고 있는 형편인데, 이를 국문학계의 판소리 형성계기론과 결부지어 볼 때 한 가지 주목되는 점이 발견된다.

국문학계에서 '민중연행의 현장예술', '창악적 구비서사시', '희곡적 구비율문', '전통적 연행문학', '극음악', '구비서사문학', '민중적 종합예술' 등 다양한 표현으로 설명해온 판소리의 형성계기에 대하여는 여러 가지 설이 존재하는데 그 가운데 '소학지희설(笑謔之戲說)'이 있다. 이는 일찍이 김동욱(金東旭)이 판소리의 민속 성을 거론하면서 주장한 것으로 그의 주요 논점은 다음과 같다.

> 광대 판소리는 송만재(宋晩載) 「관우희(觀優戲)」에서 제시한 대로 광대 판놀음의 한 하부 구조가 된다는 사실 속에 그 민족적 좌표를 엿볼 수 있다.
>
> 송만재(宋晩載)의 「관우희(觀優戲)」는 이의 성립 당시의 민속적 연예의 만화경적 투사인 것으로 그가 목격하고 들은 연예 형태가 잡연히 섞여 있는 것으로 보인다. 여기에서 가곡 · 음률 · 별곡 · 판소리 · 줄타기 · 땅재주 · 呈才놀음 · 배희(俳戲) · 광대소학지희(廣大笑謔之戲) · 무가(巫歌) · 괴뢰희(傀儡戲) 등 여러 형태 속에 판소리가 끼여 있다. 그러므로 판소리는 애초부터 독립되어 존재한 것이 아니고 이 판놀음 속에 끼어 존재한 것이다. 이 분리는 필자는 경제적인 여건으로 보았다. 다수인이 몰려다니는 판놀음에서 고수와 단둘이서 짝지어 다니는 판소리로 — 여기에 판소리 발생의 경제적 여건과 판소리가 고도로 예술성과 문학성을 지닐 수 있는 기연이 있는

것이다. 이렇게 판소리가 민속적인 저급 창자들인 광대계급에서 비롯하였으면서도 그들이 보다 높은 예술성을 지니면서부터 그것은 서민에서 멀어져 갔다. 이리하여 그들은 양반 구미에 맞게 사설을 개조했고 더 나아가서 민속적인 데서 멀어져 갔다.[276]

판소리의 형성계기에 대한 김동욱(金東旭)의 위 견해에서 다양한 민간 연예가 종합적으로 공연되었던 판놀음의 여러 종목 속에 판소리와 함께 '광대소학지희(廣大笑謔之戲)'가 끼여 있다는 지적은 돈황 강창 텍스트 가운데 단막극 형태의 '소희(笑戲) 작품'의 존재에 대하여 다음과 같은 추측을 낳게 한다. 즉, 당대(唐代) 사원에서 열린 불교 법회(法會)에서는 강경(講經) 이외의 다양한 연행(演行) 형태가 종합적으로 공연되었는데, 그 가운데 우리나라의 '광대소학지희'와 유사한 연행물(演行物)의 대본이 바로 돈황 소희 작품이 아닐까 하는 생각을 갖게 하는 것이다. 사실 이는 추측을 넘어서서 그러할 가능성을 확인할 수 있는바 다음 인용문들이 그 근거가 된다.

① 불교 사원에서 큰 법회를 열게 되면, 백희(百戲)가 뜰에서 공연되었다.

佛寺設大會, 百戲在庭.[277]

② 능가경게(楞伽經偈)에 이르기를.. "마음은 연기를 다듬는 것과 같고, 뜻은 연기를 조화시키는 것과 같고, 오식(五識)[278]은 반려(伴侶)이고, 망상

276 김동욱, 「판소리사 연구의 제 문제」, 『판소리의 이해』, 창작과비평사, 80쪽.

277 이작(李綽), 『상서고실(尚書故實)』, 단옥명(段玉明), 『중국 시정문화와 전통곡예(中國市井文化與傳統曲藝)』, 길림교육출판사, 138~139쪽에서 재인용.

278 오식(五識) : 불교 용어. 오근에 의하여 일어나는 색 · 성 · 향 · 미 · 촉(色聲香味觸)의 다섯 가지 심식(心識)을 말한다.

(妄想)은 여러 가지의 연기를 바라보는 것이다. 선 채로 가무(歌舞)하는 사람은 다른 사람의 박자를 따라 하는데 박자가 느리면 걸음도 느리고 박자가 빠르면 걸음도 빠르다. 마치 연기자가 여러 악기를 가지고 희장(戲場)의 지역에서 각종 연희를 행하는 것과 같은바 마음의 연기 역시 이와 같다."

楞伽經偈云.. "心爲工技兒, 意如和伎者, 五識爲伴侶, 妄想觀伎衆. 如歌舞立技之人, 隨他拍轉, 拍緩則步緩, 拍急則步急. 如彼技兒, 取諸樂器, 於戲場地, 作種種戲, 心之伎兒亦復如是."[279]

③ 복양군(濮陽郡)에 속생(續生)이라는 사람이 있었다...... 매년 4월 8일 시장에 개설된 연희 공연장에는 어느 곳에나 속생(續生)이 있었다. 장효공이란 고을 사람은 이를 믿지 못하고 직접 자신이 희장(戲場)에 가서 보니 속생을 대면할 수 있었다. 또 하인을 시켜 다른 공연장에 가 살펴보도록 했다. 그러자 하인이 다녀와서 보고하기를 공연장 마다 모두 그가 있었다고 했다. 이후 그를 남다르게 여겼다.

濮陽郡有續生者, ... 每四月八日, 市場戲處, 皆有續生. 郡人張孝恭不信, 自在戲場, 對一續生, 又遣奴子往諸處看驗. 奴子來報, 場場悉有, 以此異之.[280]

위 인용문(특히 고딕체 부분)에서 알 수 있듯이 당대(唐代) 사원의 법회(法會)에서는 엄숙한 강경의식이 다양한 연희 형태와 함께 공연되었고, 특히 민간의 연희 공연물이 매우 인기를 끌어 사원 주변에 별도의 민간오락장인 희장(戲場)을 설치하기도 했다. 그런데 사원의 법회(法會)와 그 주변의 희장(戲場) 등에서 어떠한 연희들이 공연되었는지는

279 『종경록(宗鏡錄)』 권3 『대송오월국혜일영명사주지각선사연수집(大宋吳越國慧日永明寺主智覺禪師延壽集)』

280 『태평광기(太平廣記)』 권83, 속생(續生)조 『광고금오행기(廣古今五行記)』

현재까지 정확히 밝혀지고 있지 않다. 다만 곽식(郭湜) 『고력사외전(高力士外傳)』에서 언급하고 있는 강경(講經), 논의, 전변(轉變), 설화와 소위(所謂) 희장(戲場)의 3대 공연물인 백희(百戲), 희극(戲劇), 잡기(雜伎) 등[281]이 당시 사원 축제 행사의 대표적인 연희 형태였을 것으로 짐작된다. 이러한 관점을 가지고 볼 때 돈황 강창 텍스트에서 발견되는 일련의 유희성 작품들에 대해서는 다음과 같은 추측성 단정을 내릴 수 있다. 첫째, 법회(法會)가 끝난 뒤에 일반 대중들을 위해 행해진 연희물이었을 가능성이 있다. 전통적으로 각종 불사나 재회(齋會) 뒤에는 대체로 재담·축원·덕담·무용·잡희 등이 이어지는 데, 그 중 재담·덕담과 잡희 과정에서는 서사적 구연물이 등장할 수 있다.[282] 돈황의 유희성 텍스트 중 「사수인연(四獸因緣)」과 같은 작품은 아마도 재담. 덕담. 잡희에 능한 연희승(演戲僧)이 설창(說唱)한 작품이었을 가능성이 짙다. 둘째, 사원의 축제 행사 때 공연된 다양한 민간 연희 형태의 한 과목으로, 우리나라의 광대 판놀음에서 판소리와 함께 끼여 있었던 '광대소학지희(廣大笑謔之戲)'유에 가까운 구연물(口演物)로 민간 설창인(說唱人)에 의하여 연행(演行)되었을 것으로 짐작된다. 짤막한 길이에 풍부한 해학성과 풍자성을 담고 있는 「안자부(晏子賦)」, 「다주론(茶酒論)」, 「공자항탁상문서(孔子項托相問書)」, 「아가서(齖䶗書)」 등이 그에 해당한다.

그러면 『돈황변문집(敦煌變文集)』 가운데 소희(혹은 소극) 작품이라 할 수 있는 「사수인연(四獸因緣)」, 「안자부(晏子賦)」, 「다주론(茶酒論)」, 「공자항탁상문서(孔子項托相問書)」, 「아가서(齖䶗書)」, 「연자부(鷰子賦)」 가

281 단옥명(段玉明), 앞의 책, 140쪽 참조.

282 사재동(史在東), 『불교계 국문소설의 형성과정 연구』, 충남대 박사논문, 1977, 106쪽.

운데 몇 작품을 선별하여 그 속에 담긴 오락성(娛樂性)과 연희지향성(演戲指向性)을 살펴보기로 한다.

(1) 텍스트 사례 1 : 「네 마리 짐승 이야기사수인연(四獸因緣)」

불교이야기계 강창 텍스트 가운데 '소희적(笑戲的) 작품'에 가장 가까운 「네 마리 짐승 이야기」(P.2187)의 전문을 소개하면 다음과 같다.

> 아주 멀고 오랜 옛날 가시(迦尸)라고 불리는 큰 나라가 있었다. 그 나라의 사람들은 안락하게 생활하고, 오곡이 풍부했으며, 사시사철 평온하여 재난이라고는 없었다. 그 나라의 왕이 말했다.. "내가 천복을 얻어 이처럼 온 세상이 감화되고, 나라가 청렴하고 평화롭구나." 그러자 왕비가 말했다.. "저의 복(福)이지요." 태자가 말했다.. "이는 소자의 복이지요." 이처럼 세 사람이 각기 자기 탓이라고 주장하는 바람에 누구 때문에 나라가 잘 다스려지고 있는지 결정할 수 없었다. 이에 왕은 도를 닦고 있는 신선에게 물어, 이 의문을 확실히 밝히기로 했다. 신선이 대답했다.. "왕의 감화 때문이 아니며, 왕비와 태자의 복도 아니지요. 저 숲 속에는 가비라조(伽毘羅鳥), 토끼, 원숭이, 코끼리 등 네 마리의 짐승이 살고 있지요. 그들이 서로 의형제를 맺어 은애(恩愛)와 의리를 베풀고 서로 존경하면서 지내기 때문에 하늘이 감화된 것입니다." 왕이 가서 보니 신선의 말과 같았다. 나라 안의 백성들이 모두 이 일을 알았다.
>
> 그러면 코끼리와 새 등은 어떻게 해서 나이 차이를 알게 되었을까? 새가 코끼리에게 물었다.. "네가 처음 이 나무 곁에 도착했을 때, 그 나무의 키가 얼마나 되더냐?" 흰 코끼리가 말했다.. "내가 이 나무 곁에 이르렀을 때, 나

무에 기대어 종기를 긁으면서 보니 내 키보다 조금 크더구나." 다음은 원숭이에게 물었다.. "네가 나무를 보았을 때 그 나무의 키가 얼마나 되더냐?" 원숭이가 답했다.. "내가 나무에 도착했을 때 나무 위에서 그 가지를 잡고 펄쩍 뛰어다녔으니, 나보다 컸다고 보아야지." 또 토끼에게 물었다.. "네가 나무에 도착했을 때는 나무의 키가 얼마나 되더냐?" 토끼가 대답했다.. "나는 나무 곁에 도착해서 나무 잎을 갉아 먹는데, 내 입이 나무 꼭대기에 닿았고 다리는 꽃잎보다 길더구나." 새가 말했다.. "내가 옛날에 산속에서 이 나무의 열매를 먹고, 그 씨를 땅에 뿌린 결과 이 나무가 생기게 된 거야." 이 나무 사건을 계기로 네 마리의 짐승들은 서로 나이의 서열을 정하게 되었다. 새가 가장 나이가 많았으며, 토끼가 두 번째, 원숭이는 세 번째, 흰 코끼리는 막내가 되었다. 이처럼 네 마리의 짐승은 서로 은혜로웠기 때문에 후에 명을 마치고 모두 천상계에 다시 태어났다. 제석천과 천상계의 부처들이 이구동성으로 즐거워하며 칭찬했다.

이 때 여래가 대중들에게 고했다. "그 당시의 새는 나요, 토끼는 사리이며, 원숭이는 대목건련이고, 흰 코끼리는 지금의 아난타다. 네 마리의 짐승이 은혜를 실행하여 쌓아 감동을 주거늘, 하물며 사람이 은애(恩愛)와 의리(義理)가 없을 수 있겠는가?" 먼저 효행을 잘 닦아서 지금 하늘에서 감동하여 성불의 인연을 내려주시니, (가시국이 평온한 것은) 이에서 연유한다.

당(唐) 승통화상(僧統和尚)이 네 마리 짐승의 은애와 의리를 칭송(稱頌)했다.

기이하도다! 네 마리 짐승이
좋은 결실 맺을 수 있었네.

어른을 공경하고 나이 어린 것을 깨닫기 위해
나무로써 비유를 삼았도다.
의리를 베풀고 은애를 행하며
공손히 마음을 낮추도다.
행동거지를 서로 같이 하여
힘든 일을 마다하지 않는구나.
흉금을 함께 하고 소매를 맞잡으니
도타운 우정 비할 바가 없도다.
세상을 감화시켜 청렴하고 평화롭게 만드니
재앙이 일어나지 않는 도다.
비와 바람이 제 때에 찾아오고
길조와 상서로움이 감응되어 나타나도다.
가시국의 백성들은
즐겁기 그지없도다.
성스러운 가르침을 세상에 드날리니
천상계의 부처들이 찬미하도다.
후에 성불하게 되었나니
행복의 원인은 이에서 유래했도다.

過去久遠, 往昔世時, 有一個大國號曰迦尸. 人則安樂, 五稼豊稔, 四序造化, 無諸災疫. 其王稱云..「是我之福感德如此, 國界淸平.」其王夫人亦云..「是妾之福.」太子云..「是寡人福.」三箇各爭不定, 王遂問修道仙人, 決曉所疑. 仙人答曰..「非王所感, 亦非夫人太子之福. 彼是山林之中, 迦毗羅鳥, 兎, 及獼猴, 象鳥等四獸, 結爲兄弟, 行恩布義, 互相遵(尊)敬, 感此事也.」王遂往看, 果如其言. 國內人民, 盡知此事. 其象鳥等,以何因由識得大小? 鳥問象云..「汝先到此樹邊之時, 其樹大小?」白象答曰..「我到樹邊之時, 倚樹指痒, 樹纔勝我也.」次問獼猴..「汝見樹時, 其樹大小?」獼猴答云..「我於樹上捉其枝條騰躍跳擲, 勝得我也.」又問其兎..「汝到樹冞, 其樹大小?」兎子答曰..「我到樹邊, 喫嚪樹葉, 口到樹頭, 枝木丶刀 花葉.」其鳥云..「我昔山中食此樹菓, 遺子此地, 乃生其樹.」因此樹故, 如上四獸, 識得大小. 鳥最居長, 兎得第二, 獼猴第三, 白象最小. 如是四獸, 由恩義故, 於後命終, 盡得生天, 帝釋諸天, 異口同音, 歡喜讚嘆. 爾時如來告諸大衆, 彼時鳥者, 卽我身是, 免是舍利, 獼猴卽是大目乾連, 白象卽今阿難陁是. 四獸行恩, 尙感如是廣大功德, 豈况其人, 如無恩義. 爲先修行孝因果, 今感得成佛之緣, 其由如是. 唐僧統和尙讚述死守恩義頌.

奇哉四獸 能結好事
敬大識小 以樹爲類
布義行恩 低心下意
動止相隨 匪辭重累
連襟綴袖 陳雷莫比
感世淸平 災殃不起
風雨順時 吉祥呈瑞
迦尸國人 無不歡喜
聖敎稱揚 諸天讚美
後得成佛 福因由此.

「네 마리 짐승 이야기(사수인연四獸因緣)」은 새, 토끼, 원숭이, 코끼리 네 마리의 짐승이 장유의 서렬(序列)을 정하여 서로 공경하고 의리를 베풀어 천상계(天上界)에 다시 태어난 이야기(故事)를 내용으로 하

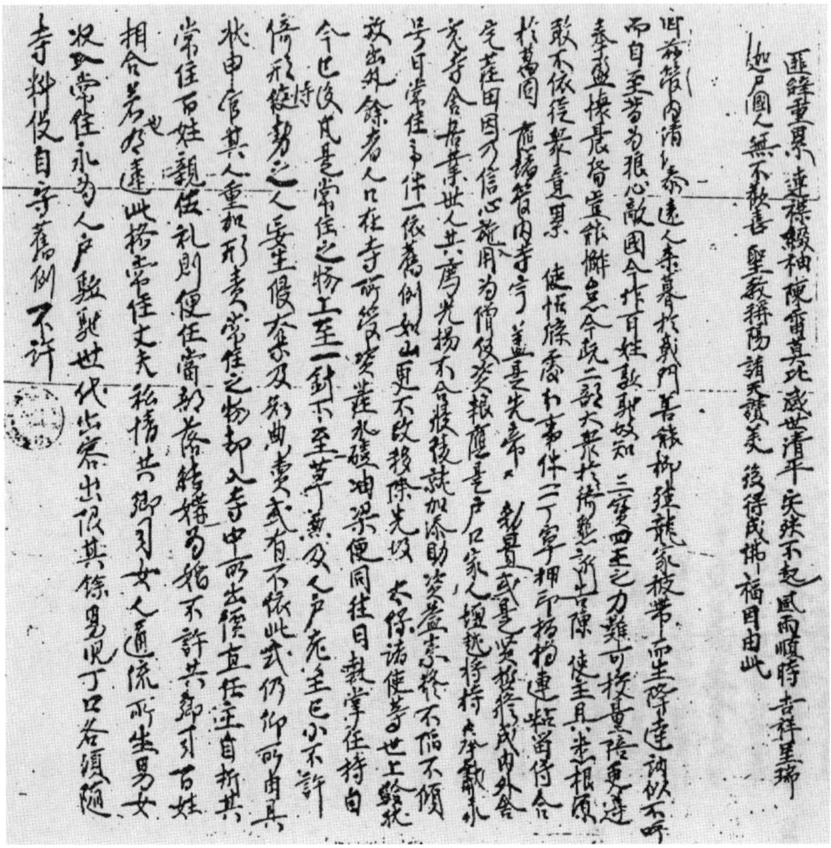

사수인연(四獸因緣) P.2187

는 우화적(寓話的)인 이야기이다. 이처럼 '네 마리 짐승 이야기'를 활용하여 웃어른에 대한 공경과 효행의 공덕을 강조하는 교훈적 주제의식으로 구성되어 있는 이 작품은 일반 대중 누구나 쉽게 이해할 수 있는 구어(口語)로 이루어져 있는 점과 오락적 삽화(揷話)를 가미한 연희적(演戲的) 성격의 단편이라는 점에서 강경문, 변문(變文) 등과 변별된다. 특히 이 작품은 짜임새 있는 서사 구조를 갖추고 있기보다는 재담

성(才談性)을 띈 짧은 대화체로 이루어져 있는 점으로 보아, 엄숙한 분위기의 사원(寺院) 법회(法會)가 끝난 후 마련된 여흥의 시간이나 대중 포교를 위해 려항시정(閭巷市井)을 순행(巡行)할 때 연희승(演戲僧)에 의해 활용된 연행(演行) 대본이었던 것으로 보인다.

(2) 텍스트 사례 2 : 「안자부晏子賦」

중국고사계 강창 텍스트 가운데 해학성(諧謔性)이 매우 짙은 「안자부(晏子賦)」를 소개하면 다음과 같다.[283]

옛날 제(齊)나라의 안자(晏子)가 양(梁)나라에 사신(使臣)으로 갔다. 양왕

283 현재까지 남아있는 「안자부(晏子賦)」의 사권(寫卷)은 모두 여섯 종류가 있는데, 이에 대하여 반중규(潘重規)는 교기(校記)에서 다음과 같이 언급하고 있다. 〈1〉 P.2564 : "여섯 장으로 된 이 두루마리는 맨 앞에 『안자부(晏子賦)일수』를 초사하고 있는데 모두 29行으로 되어 있다. 『안자부(晏子賦)』 다음에는 『아가신부문(齖䶗新婦文)』이 기록되어 있고 또 그 다음에는 『태공가교(太公家教)』 일권이 수록되어 있다." 〈2〉 P.3757 : "22쪽으로 된 소책자다. 『장부백세편(丈夫百歲篇)』, 『여인백세편(女人百歲篇)』, 『십이시행효문(十二時行孝文)』 및 곡자(曲子) 『감황은(感皇恩)』 등이 초사되어 있다. 마지막 두 쪽에 『안자부(晏子賦)일수』가 초사되어 있다." 〈3〉 P.3716 : "열 장의 황색 종이로 되어 있고 사방 경계가 있다. 정면에 『사문홍진유가론(沙門洪眞瑜伽論)』 제 십일 권과 제 십이 권이 쓰여 있다. 그리고 뒷면에는 『신집서의(新集書儀)』 1권이 초사(抄寫)되어 있으며 "天成五年庚寅歲五月十五日燉煌伎術院禮生張儒通"이라는 제기(題記)가 적혀 있다. 또 왕범지시 일권(王梵志詩一卷), 『안자부(晏子賦)』 일수 24행, 조흡(趙洽) 『추녀부(醜女賦)』 일수(一首) 16行, 『백조명(百鳥名)』 6행이 수록되어 있다. 또 종이 뒷면과 연결되는 부분에 사문(沙門) 홍진(洪眞)의 사인(Sign)이 붉은 글씨로 쓰여 있다." 〈4〉 P.2647 : "다섯 장의 황색 종이로 되어 있으며 정면과 사방의 경계가 있다. 『대승무량수종요경(大乘無量壽宗要經)』이 초사(抄寫)되어 있는데 수미가 완전하다. 끝부분에 작은 글씨로 '이가흥(李加興)'이란 초사자(抄寫者)의 이름이 적혀 있다. 뒷면에 『안자 이야기(晏子賦)』 6행이 초사되어 있다. 『안자부(晏子賦)』는 제목을 초(抄)하지 않은 채 "齊國之臣昔爲晏子, 使於梁國, 至梁王門外, 問是何國者, 齊國人也. 晏子王問曰.形容何似……"라고 기록되어 있는데, 아마도 이 글을 쓴 자가 기억에 의거하여 서투르게 적은 흔적이 보이는 것으로 보아 초사(抄寫)한 글이 아닌 듯하다."

(梁王) 왈, "그 사람 생김이 어떻더냐?" 신하(臣下) 왈, "사신(使臣) 안자(晏子)는 까만 눈에 푸르뎅뎅한 얼굴로 몹시 누추한데다, 입술은 치아를 덮지 못하고 머리칼은 귀에 닿지 아니하고 허리는 곧게 다리로 이어지지 않아서, 그 얼굴을 보면 사람 꼴이 아닙니다."

양왕(梁王)이 안자(晏子)를 접견함에 마침내 작은 문으로 그를 불러 들였다. 양왕(梁王) 왈, "경은 어떤 사람이기에 개문으로 들어왔소?" 안자(晏子) 왈, "왕께서 만일 사람이 쓰는 문을 만드셨다면 사람이 들락거리는 문으로 불러들였을 테지만 개의 문을 만드시고, 개문으로 저를 불러들이셨는데, 무슨 부끄러움이 있겠습니까? " 양왕(梁王) 왈, "제나라에는 인재가 없어서 그대를 보내왔구려?" 안자(晏子) 왈, "제나라에는 72명의 대신이 있사온데 모두 총명하고 슬기롭지요. 따라서 그들을 슬기 있는 나라로 보냈고, 소인 같은 무지한 사람은 무지한 나라로 파견하였나이다."

양왕(梁王) 왈, "그대가 무지한 것은 그렇다 합시다. 그런데 경은 왜 그리 왜소하오?" 안자(晏子) 왈, "오동나무는 비록 키가 크지만 속은 비어있고, 우물물은 비록 깊지만 물고기가 없지요. 다섯 자나 되는 큰 뱀은 작은 거미를 무서워하고, 석치의 작은 굴대빗장으로 수레바퀴를 제동하니, 크다고 이로울 것이 무엇이며, 작다고 해로울 것이 무엇입니까?"

양왕(梁王) 왈, "작고 왜소한 것은 그렇다 칩시다. 어째서 검은 피부색을 하고 있소?" 안자(晏子) 왈, "검은 것은 천지의 본성이지요. 검은 양의 고기를 어찌 먹지 않을 수 있겠습니까? 검은 소가 수레를 끈다하여 어찌 힘이 없겠습니까? 검은 개가 토끼를 쫓는다고 어찌 잡지 못하겠습니까? 검은 닭이 길게 운다고 어찌 규칙이 없겠습니까? 기러기와 학은 비록 희지만 들과 밭에서 자라고, 초상을 치르는 수레는 비록 희지만 항시 죽은 사람을 싣지요. 옻나무는 비록 검지만 맨 앞을 향해 있고, 묵은 비록 검지만 왕의 곁에 있지요. 뽕의 열매를 딸 때는 언제나 검은 것을 먼저 맛보지요. 이러한 사실을 안다면 어찌 하얀 것을 보고서 유익하다고 말하겠습니까?" 안자(晏子) 왈, "칼은 비록 세 척 밖에 안 되지만 능히 사방을 정벌할 수 있고, 기린은 비록 작지만 성군의 상서로운 징조를 나타내고, 화살은 비록 작지만 맹호를 죽이며, 작은 쇠몽둥이로 큰 북을 울릴 수 있지요. 이를 알면 큰 것을 보고서 어찌 유익하다고 말하겠습니까?"

양왕(梁王) 왈, "그대가 작고 왜소한 것은 그렇다 칩시다. 그대의 선조는 누구인지요?" 안자(晏子) 왈, " 멥쌀은 더러운 흙에서 나오는 법이지요. 또 건강한 자는 공을 논하지만, 나약한 자는 고달픔을 이야기하지요. 지금 신이 왕과 함께 이야기하고 있거늘 어찌 굳이 저의 선조를 물으시는지요?"

양왕(梁王) 왈, "그대는 천지의 강기와 음양의 본성을 안다면 대답해 보라. 무엇이 아비가 되고, 무엇이 어미가 되는가? 무엇이 왼쪽이 되고 무엇이 오른쪽이 되는가? 무엇이 지아비가 되고 무엇이 지어미가 되는가? 무엇이 겉이 되고 무엇이 안이 되는가? 바람은 어디에서 유래하고, 서리는 어디에서 내려오며, 이슬은 어디에서 생겨나는가? 하늘과 땅의 거리는 서로 몇 만 리나 되는가? 누가 군자이고 누가 소인인가?" 안자(晏子) 왈, "구구 팔십일이 천지의 강기요 팔구 칠십이가 음양의 본성이지요. 하늘이 아비가 되고, 땅은 어미가 되고, 해는 지아비가 되고, 달은 지어미가 되고, 남방은 밖이고, 북방은 안이고, 동쪽은 좌측이고, 서쪽은 우측이고, 바람은 높은 산에서 나오고, 비는 강과 바다에서 나오고, 서리는 푸른 하늘에서 나오고, 이슬은 온갖 풀에서 생겨나지요. 하늘과 땅의 거리는 일억 구천 구백 구십 구리이지요. 부귀한 사람이 군자이고, 가난한 자가 소인이지요. 말을 함에 막힘이 없는 자가 명실 공히 군자지요."

昔者齊[284]晏子[285], 使於梁國[286]爲使. 梁王問左右曰..「其人形容何似?」左右對曰..「使者晏子, 極其醜陋, 面目青黑, 且脣不附齒, 髮不附耳, 腰不附踝, 旣貌觀占(瞻), 不成人也.」梁王見晏子, 遂喚從小門而入. 梁王問曰..「卿是何人, 從吾狗門而入?」晏子對王曰..「王若置造人家之門, 卽從人門而入, 君是狗家, 卽從狗門而入. 有何恥乎?」梁王曰..「齊國無人, 遣卿來!」晏子對曰..「齊國大臣七十二相[287], 幷是聰明智慧, 故使向智量之國去, 臣最無智, 遣使無智國來也.」梁王曰..「不道卿無智, 何以短小?」晏子對王曰..「梧桐樹雖大裏空虛, 井水雖深裏無魚, 五尺大蛇怯蜘蛛, 三寸車割[288]制車輪. 得長何益, 得短何嫌!」梁王曰..「不道卿短小, 何以黑色?」晏子對王曰..「黑者天地之性也. 黑羊之肉, 豈可不食? 黑牛賀車, 豈可無力?黑狗趂[289]兎, 豈可不得?黑雞長鳴, 豈可無則[290]? 鴻鶴雖白, 長在野田, 喪車雖白, 恒載死人. 漆雖黑向其前[291], 墨挺雖黑在王邊. 採桑椹黑者先嘗[292]. 方知此言見白何益!」又晏子對王曰[293]..「劍雖三

---

284 제(齊) : 주대(周代) 제후국(諸侯國)의 이름이다. 현재의 산동 북부 지방에 위치해 있었으며, 도읍(都邑)은 영구(營丘)(후에는 임치(臨淄)라고 불렀다)였다.

285 안자(晏子) : 춘추시대 제(齊)나라의 대부(大夫)였던 안영(晏嬰, ?~B.C500)을 말한다. 자는 평중(平仲)이었으며 이유(夷維, 현재의 산동 고밀현(高密縣)) 사람이다. 부친 약(환자)弱(桓子)의 뒤를 이어 제(齊)나라의 경(卿)으로 영공(靈公), 장공(莊公), 경공(景公) 삼대(三代) 동안 벼슬을 살았다. 절약하고 검소한 행동으로 제후들에게 명성을 드날렸다.

286 전국칠웅(戰國七雄) 중의 하나로 위(魏)나라를 말한다. B.C362년 위나라의 혜왕(惠王)이 도읍(都邑)을 대양(大梁, 현재의 河南 開封)으로 천도(遷都)하면서 국명을 양(梁)으로 바꾸었다.

287 상(相) : 제나라 때 처음으로 좌상(左相)과 우상(右相)을 두어 백관(百官)의 우두머리로 삼았다. 안자(晏子)가 '칠십이상(七十二相)'이라고 말한 것은 수가 많다고 말하는 것이지 실제 인원을 가리킨 것은 아니다.

288 거할(車轄) : 수레바퀴를 굴대에 끼고 벗어지지 않게 하느라 굴대머리에 내리지르는 큰 못을 말한다.

289 진(趂) : '진(趁)'과 동일한 의미로 추적한다는 의미이다.

290 진(趂) : 법칙(法則)을 말한다. 닭은 때를 맞추어 규칙적으로 운다. 비록 검은 닭이라도 때에 맞춰 울 수 있으면 역시 법칙을 지니고 있다고 보아야 한다.

291 '향(向)자는 '향(享)'자와 통하며, 향용(享用)한다는 의미이다. 기물(器物)의 가장 바깥쪽에 칠을 하기 때문에 '향기전(向其前)'이라 한 것이다.

292 잘 익은 뽕과 버섯은 검은 색을 띠기 때문에 캐는 사람이 먼저 맛보기 쉽다. 따라서 '먼저 먹는다(先食)'고 한 것이다.

尺, 能定四方, 麒麟雖小, 聖君瑞應[294], 箭雖小, 煞猛虎, 小鎚能鳴大鼓, 方知此言見大何益!」 梁王問曰..「不道卿短小, 卿先祖是誰?」晏子對王曰..「體有[295]於喪生於事, 粳粮稻米出於糞土, 健兒[296]論功, 儜兒[297]說苦, 今臣共其王言, 何勞問其先祖!」 王乃問晏子曰..「汝知天地之綱紀, 陰陽之本姓(性), 何者爲公?何者爲母?何者爲左?何者爲友?何者爲夫?何者爲婦?何者爲表?何者爲裏?風從何處出?雨從何處來?霜從何處下?露從何處生?天地相去幾千萬里?何者是君子?何者是小人?」 晏子對曰..「九九八十一, 天地之綱紀, 八九七十二, 陰陽之本性. 天爲公, 地爲母, 日爲夫, 月爲婦, 南爲表, 北爲裏, 東爲左, 西爲右, 風出高山, 雨出江海, 霜出青天, 露出百草. 天地相去萬萬九千九百九十九里. 富貴是君子, 貧者是小人. 出語不窮, 是名君子也[298].

당대(唐代) 이전 안자(晏子) 이야기를 기록하고 있는 문헌으로 대표적인 것은 『사기, 안자열전(史記.晏子列傳)』과 『안자춘추(晏子春秋)』인

293 『돈황변문집(敦煌變文集)』 교기(校記)에 이 부분에 대하여 다음과 같이 기록하고 있다. "안자(晏子)가 왕에게 말한 '검수삼척(劍雖三尺)'부터 '견대하익(見大何益)'까지의 단락에 대하여 계공(啓功)선생은 "잘못 기술된 것이 확실하다. 당연히 '得長何益, 得短何嫌' 뒷부분에 놓여야 한다. 양왕이 안자가 작달막하고 왜소한 것을 비난하자, 안자는 먼저 짧은 것을 논박한 다음 이어서 작은 것에 대하여 논박한다. 그런 연후에 양왕은 다시 검은 것을 들먹여 희롱한다. 따라서 작은 것을 논박한 이 단락은 당연히 검은 색에 대하여 이야기한 앞부분에 놓여야 한다. 그러나 『안자 이야기(晏子賦)』의 세 사권(寫卷)이 모두 이렇게 된 것을 보면 당시 착간(錯簡)에 근거하여 초사(抄寫)했다는 것을 알 수 있다."고 말하고 있다."

294 서응(瑞應) : 고대에는 성군(聖君)에게 하늘이 상서로운 징조를 내보인다는 미신(迷信)을 믿었다.

295 체유(體有) : 의미가 명확하지 않다. P.3460에는 "유격생어소(有檄生於所)"라고 되어 있는데 더욱 뜻이 통하지 않는다. 아마도 탈자(脫字)나 오자(誤字)가 있는 듯하다.

296 건아(健兒) : 장사(壯士)를 의미한다. 특히 용감한 군사를 지칭할 때 자주 사용한다.

297 녕아(儜兒) : 나약하고 졸렬한 자를 말한다.

298 『돈황변문집(敦煌變文集)』 교기(校記)에 다음과 같이 기록되어 있다. "계공(啓功)선생은 "빈한한 자는 소인이고 부귀한 자는 군자다. 언변이 궁색하지 않은 것도 빈한하지 않은 조건의 하나에 해당하므로 군자라고 칭할 수 있다"고 말했다."

데, 양자 중 「안자부(晏子賦)」는 기록적 성격을 지니고 있는 『사기. 안자열전(史記. 晏子列傳)』보다는 구전적 색채가 짙은 『안자춘추』의 이야기(故事)를 바탕으로 변이 · 발전된 작품이다.[299] 「안자부(晏子賦)」를 '광대소학지희(廣大笑謔之戲)'유의 민간 연희로 볼 수 있는 오락적. 연희적 특징은 다음과 같다. i) 「안자부(晏子賦)」는 안자(晏子)와 양왕(梁王) 2인의 희극적 대화로 전개되고 있다. ii) 양왕(梁王)의 질문에 대한 안자(晏子)의 답변은 매우 재치있고 해학성이 풍부하다. 특히 안자(晏子)와 양왕(梁王)과의 마지막 문답 — 위 인용문중 고딕체 부분.[300] — 은 당대(唐代) 이전의 안자(晏子) 설화에서는 보이지 않는 부분으로 당대(唐代)의 「안자 이야기(晏子賦)」가 오락성에 치중한 연희적 성향으로 계속 확장. 발전되었음을 보여 준다.

(3) 텍스트 사례 3 : 「차와 술 이야기다주론(茶酒論)」

먼저 차와 술이 서로 자신의 공을 자랑하는 「차와 술 이야기」를 소개하면 다음과 같다.

> 외람되지만 저는 다음과 같은 말을 들은 바 있습니다. 일찍이 신농 황제는 온갖 풀을 맛본 다음 이로부터 오곡(五穀)을 나누었지요. 또 헌원 황제는

299 『사기(史記)』는 주지하다시피 한 무제(漢 武帝)의 비서장(秘書長)으로 사관(史官)의 직책에 있던 사마천(司馬遷)이 저술한 것으로 당시의 지배 이데올로기라 할 수 있는 유교적 가치관이 근저에 놓여 있으며 기록적 성격이 짙다. 반면 『안자춘추』는 안자(晏子)가 저술한 것으로 알려져 있으나 체제는 안자(晏子)의 일화(逸話)를 모아 제3자 시점에서 기술하는 형식을 취하고 있으며 구전적 성격이 강하다.

300 이 대목은 「공자항탁상문서(孔子項託相問書)」에도 유사한 내용이 들어 있는 것으로 보아 그 당시 민간에서 유행했던 수수께끼를 연희 인이 공연에 채용한 것으로 보인다.

의복 만드는 법을 후세 사람들에게 가르쳐 주었지요. 창힐이 문자를 만든 다음 공자의 유가가 뿌리를 내리게 되었지요. 처음부터 상세히 설명할 수 없어 요약적으로 진술하였습니다.

이제 질문을 하지요. 차와 술 중 누가 공훈(功勳)이 있다고 할 수 있는지요? 누가 비천하고 보잘 것 없으며, 누가 존귀하다고 말할 수 있는지요? 오늘 각자가 논거를 세울 터인데, 뛰어난 자가 먼저 화려한 내력을 말해 봅시다.

차(茶) 왈, "여러분은 떠들지 말고, 잠깐 이야기를 들어 보소. 온갖 풀의 우두머리요, 수많은 나무 가운데 꽃이라 할 수 있지요. 귀한 꽃술과 소중한 싹을 따는 까닭에 명초라 하고 차라 하지요. 제후의 저택에 바쳐지고, 제왕의 거처에 올려집니다. 사시사철 신선한 맛을 제공하기에, 일생 동안 영화를 누리지요. 자연히 존귀할 수밖에 없지요, 어찌 과장해서 이야기했겠습니까?"

술 왈, "가소로운 소리구나! 자고로 지금까지 차는 천박했고 술은 고귀했다. 한 잔의 술이 강에 뛰어들게 하여, 삼군이 취하여 죽기를 맹세했네. 군왕은 술을 마시고 신하에게 두려움 없이 의사를 개진하게 하였으며, 여러 신하들은 술을 마시고 황제를 위해 만세를 불렀다네. 죽은 이와 운명을 결정할 때 신령께서 술의 맛을 음미하시네. 술이라는 음식은 인간에게 결코 악의가 없지요. 술에는 법도가 있으니 인의예지가 그것이지요. 애당초 존귀하니 어찌 비교할 수 있겠습니까?"

차 왈, "너는 이런 소리도 듣지 못했느냐? 부량과 엄주 등 모든 나라에서 와서 구하는데, 촉산과 몽산의 정상과 고개를 넘고, 서성과 태호를 지나 노비를 사며, 월군과 여항의 금 비단으로 주머니를 만들어 오지요. 천자의 비단은 세상에 드물지요. 상인들이 와서 구하느라 배와 수레가 시끌벅적하지요. 이를 가지고 따지면 누가 더 천박하다고 해야 할지요?"

술 왈, “너는 이런 소리를 듣지 못했느냐? 제지방의 술은 물을 섞지 않은 비단과 바꿀 수 있고, 구온(九醞)이란 포도주는 몸에서 윤기가 나지요. 옥주와 경장은 신선들이 마시는 술이요, 국화주와 죽엽주는 군왕이 교유할 때 마셨던 술이라. 중산주와 조모주는 달콤하기 그지없지요. 한 번 취하면 삼년이 가 고금에 전해진답니다. 각 지방을 예절바르고 겸양하게 하고, 군부를 조화시키지요. 네 머리로 공연히 애써봤자 헛수고이니라.”

차 왈, “이 몸 명초는 온갖 나무의 중심으로써, 어떤 것은 백옥과 같고, 어떤 것은 황금과 같지요. 유명하고 덕이 높은 고승들이 깊은 산 속에 은거하여 참선할 때, 차를 마시며 대화함으로써 졸음을 제거할 수 있었지요. 미륵을 공양하고 관음보살에게 봉헌되면서, 천겁만겁의 오랜 기간 여러 부처님들이 흠모하였지요. 술은 가산을 탕진하게 하고, 두루 사악하고 음란한 짓을 하게 하지요. 석잔 이상을 마시게 되면 사람들을 깊은 죄에 빠지게 하지요.”

술 왈, “한 잔에 삼문씩 받아서 언제 부자가 되겠느냐? 술은 고귀한 사람들과 어울리고 공경들이 흠모하는 것이다. 일찍이 조왕으로 하여금 비파를 타게 하였으며, 진왕으로 하여금 장구를 치게 하였다. 차로는 노래를 청할 수도 춤을 추게 할 수도 없지요. 차를 마시면 요통이 생기며, 많이 마시면 배탈이 나게 하지요. 하루에 열 잔을 마시면 내장이 부글부글하고 소리 나지요. 만약 삼년을 복용하면, 물 배탈이 나서 고통을 호소하게 되지요.”

차 왈, “저는 나이 삼십에 명성을 얻어 띠를 두르고 낯을 씻고 머리를 빗고 다녔지요. 강과 바다를 건너 금빛 찬란한 궁실로 들어갔지요. 저자거리에 가면 진열대에 놓일 겨를도 없이 몰려드는 사람이 사 가버려 돈과 재물이 넘친답니다. 말하는 사이에 금새 부자가 되어, 다음날 아침이나 후일을 기다릴 필요가 없지요. 그대는 사람을 혼미하고 어리석게 만들고, 많이 마시면 떠들썩하게 하지요. 길거리에서 무고한 사람에게 시비를 걸어 등짝에 적어도 곤장 열일곱 대는 맞게 하지요."

술 왈, "어찌 옛날 고대 재인들을 보지 못하오? 그들은 시로 읊었지요. '목마를 때 술 한 잔, 생명을 기를 수 있네.' 또 '술은 근심을 없애주는 약이로다.'라고 했고, 또 '술은 현명함을 길러 준다.'라고도 했지요. 고인들의 술은 지금까지 전해지지요. 차값은 싸서 다섯 그릇에 삼문이지만, 술은 싼 것이 반잔에 칠문이나 하지요. 술에게 자리를 사양하고, 예의를 다하시오. 국가에서 음악을 연주할 때는 술을 근본으로 여기오. 아침나절 차를 마시고 감히 관현악을 연주할 수 있겠는지요?"

차 왈, "그대는 '사내는 십 사오 세에 술집을 가까이하지 말라.'는 말을 듣지 못했소? 또 그대는 성성조(狌狌鳥)가 술 때문에 몸을 망친 것을 보지 못했소? 방금 그대는 차를 마시면 병이 나고 술을 마시면 현명해진다고 했는데, 술에는 얼굴이 노래지고 수척해지는 병이 있다는 말은 들었어도 차에 중풍이나 어지럼병이 있다는 말을 듣지 못했구려. 인도의 아도세왕은 술 때문에 아버지를 죽이고 어머니를 해쳤으며, 유령은 술 때문에 삼년을 관 속에서 지내야 했소. 술을 마시면 눈을 부릅뜨고 성내며 싸움질해, 고소장에 술에 취해 횡포를 부렸다고 쓰이게 되지요. 허나 차에 취해 서로 다투었다는 이야기를 들어본 적은 없지요. 그대는 곤장을 경감해달라고 청원하고, 관리에게 집안의 금전을 수색 당함을 면치 못할 것이오. 큰 형틀을 목에 걸고, 등에는 서까래를 짊어져야 할 것이오. 즉시 향 피우고 술을 끊고, 염불을 외면서 평생 마시지 않겠다고 하늘에 맹세해야 곤란을 면하기를 기대할 수 있을 것이오."

둘은 서로 싸우느라 물이 곁에 있는지도 몰랐다. 물이 차와 술에게 말했다. "두 사람은 어째서 다투시오? 누구나 상대방을 인정하면서, 각자의 공을 헤아려야 합니다. 말로 서로 비방하며 서를 말하면 동으로 반박하는군요. 인생에는 네 가지 큰 것이 있으니 땅과 물과 불과 바람이 그것입니다. 차가 물을 얻지 못하면 어떤 모습이 되겠습니까? 술이 물을 얻지 못하면 어떻게 될까요? 쌀누룩을 마른 채로 먹으면 위장을 해치고, 차 조각을 마른 채로 먹으면 목구멍을 상하게 하지요. 만물은 모름지기 물을 필요로 하며, 오곡은 물을 으뜸으로 여기지요. 위로는 하늘의 형상에 호응하고 아래로는 길흉을 따르지요. 양자강, 황하, 회수, 제수는 제가 있어야 소통되지요. 저는 천지를 물거품으로 휩쓸 수도 있고, 물고기나 용을 말라 죽게 할 수도 있습니다. 요임금 시절 9년의 재앙은 바로 제가 그 중에 있었기 때문인데, 천하가 흠모하고 받들며 만백성이 따르는 것에 감화되었지요. 오히려 저도 재능 있고 성스럽다고 말하지 않건만, 두 분이 어째서 공을 다투시는지요? 지금 이후로는 반드시 화목하고 친하게 지내도록 하시지요. 주점은 돈을 벌게 되고, 찻집도 결코 곤궁하지 않을 것입니다. 나이로 형과 아우를 정하면 선후가 분명해질 것입니다. 만약 누군가가 이 책을 읽는다면 영원토록 술로 망하고 차로 병이 드는 해로움은 없을 것입니다."

970년 1월 14일 지술원 제자 염해진이 자필로 기록하다.

竊見[301]神農[302]曾嘗百草, 五穀從此得分, 軒轅[303]致(製)[304]其衣服, 流傳教示後人. 倉頡致其文字[305], 孔丘闡化儒因.不可從頭細說, 撮其樞要之陳[306]. 輒問茶之與

301 절견(竊見) : '절'(竊)은 외람되다는 뜻이고, '견(見)'은 듣는다(聞)는 의미를 지닌다. 따라서 '절견(竊見)'은 '외람되이 들은 바를 이야기 한다'는 말로 보통 문장 앞에서 겸사(謙辭)로 쓰인다.

302 신농(神農) : 전설상(傳說上)의 중국 고대 제왕이다. 『태평어람(太平御覽)』(권78)에서 인용한 육경(陸景) 『전략(典略)』에 다음과 같은 기록이 보인다. "신농상백초(神農嘗百草), 상오곡(嘗五穀), 증민내립식(蒸民乃粒食)."

303 헌원(軒轅) : 황제를 말한다. 『사기(史記)』「오제본기(五帝本紀)」에 다음과 같은 기록이 있다. "皇帝者, 少典之子, 姓公孫, 名曰軒轅."

304 원문의 '치(致)'자는 '제(製)'자로 수정해야 마땅하다.

305 창힐(倉頡)이 처음 문자를 만들었다고 전해진다. 허신(許愼) 『설문해자서(說文解字叙)』에 다음과 같은 기록이 있다. "皇帝之史倉頡, 見鳥獸蹏迒之迹, 知分理之可相別異也, 初造書契."

酒, 兩箇誰有功勳? 阿誰即合卑小, 阿誰即合稱尊? 今日各須立理, 强者先(光)飾一門. 茶乃出來言曰.. 「諸人莫鬧, 聽說些些. 百草之首, 萬木之花, 貴之取蘂, 重之摘芽, 呼之茗草, 號之作茶. 貢五侯宅, 奉帝王家, 時新獻入, 一世榮華. 自然尊貴, 何用論誇!」酒乃出來.. 「可笑詞說! 自古至今, 茶賤酒貴. 單(簞)醪投河, 三軍告醉. 君王飮之, 叫呼萬歲, 群臣飮之, 賜卿無畏. 和死定生, 神明歆氣. 酒食向人, 終無惡意, 有酒有令, 人(仁)義禮智. 自合稱尊, 何勞比類!」茶爲酒曰.. 「阿你不聞道, 浮梁歙州, 萬國來求, 蜀川流頂, 其山驀嶺, 舒城太胡(湖), 買婢買奴, 越郡餘杭, 金帛爲囊. 素紫天子, 人間亦少, 商客來求, 舡車塞紹. 據車蹤由, 阿誰合少?」

酒爲茶曰.. 「阿你不問(聞)道, 劑酒乾和, 博錦博羅, 蒲桃九醞, 於身有潤. 玉酒瓊漿, 仙人盃觴, 菊花竹葉, 君王交接, 中山趙母, 甘石甘 美苦. 一醉三年, 流傳今古. 禮讓鄕閭, 調和軍府. 阿你頭腦, 不須乾努.」

茶爲酒曰.. 「我之茗草, 萬木之心, 或白如玉, 或似黃金. 明(名)僧大德, 幽隱禪林, 飮之語話, 能去昏沉. 供養彌勒, 奉獻觀音, 千劫萬劫, 諸佛相欽. 酒能破家散宅, 廣作邪婬, 打却三盞已後, 令人只是罪深.」

酒爲茶曰.. 「三文一瓷, 何年得富, 酒通貴人, 公卿所慕. 曾道(遣)趙主彈琴, 秦王擊缶, 不可把茶請歌, 不可爲茶交舞. 茶吃只是膏疼, 多吃令人患肚, 一日打却十盃, 腸脹又同衙鼓. 若也服之三年, 養蝦蟆得水病報苦.」

茶爲酒曰.. 「我三十成名, 束帶巾櫛. 驀海其江, 來朝今室. 將到市鄽, 安排未畢, 人來買之, 錢財盈溢. 言下便得富饒. 不在明朝後日, 阿你酒能昏亂, 喫了多饒啾口即, 街中羅織平人, 脊上少須十七.」

酒爲茶曰.. 「豈不見古人才子, 吟詩盡道, 渴來一盞, 能生養命. 又道.. 酒是消愁藥. 又道.. 酒能養賢. 古人糟粕, 今乃流傳. 茶賤三文五碗, 酒賤中(盅)半七文. 致酒謝坐,

306 대강(大綱)만을 진술한다는 의미이다. 공씨(孔氏) 『상서서(尙書序)』에 다음과 같은 기록이 있다. "芟夷煩亂, 剪截浮辭, 擧其宏綱, 撮其機要."

禮讓周旋, 國家音樂, 本爲酒泉. 終朝喫你茶水, 敢動些些管絃!」

茶爲酒曰..「阿你不見道, 男兒十四五, 莫與酒家親, 君不見生生鳥, 爲酒喪其身. 阿你即道.. 茶喫發病, 酒喫養賢, 即見道有酒黃酒病, 不見道有茶瘋茶顚? 阿闍世王爲酒殺父害母, 劉零(伶)爲酒一死三年. 喫了張眉竪眼, 怒鬥宣拳, 狀上只言鹿豪酒醉, 不曾有茶醉相言, 不免求首杖子, 本典索錢. 大枷木盖 項, 背上拋(抛)椓(椽). 便即燒香斷酒, 念佛求天, 終身不喫, 望免迍邅.」兩個政爭人我, 不知水在傍邊. 水爲茶酒曰..「阿你兩箇, 何用忩忩[307]? 阿誰許你, 各擬論功! 言詞相毁, 道西說東. 人生四大, 地水火風. 茶不得水, 作何相貌? 酒不得水, 作甚形容? 米麴乾喫, 損人腸胃, 茶片乾喫, 只糲破喉嚨. 萬物須水, 五穀之宗, 上應乾象, 下順吉凶. 江河淮濟, 有我即通, 亦能漂蕩天地, 亦能涸煞魚龍. 堯時九年災跡, 只緣我在其中, 感得天下欽奉, 萬姓依從. 由自不說能聖, 兩個何用爭功? 從今已後, 切須和同, 酒店發富, 茶坊不窮. 長爲兄弟, 須得始終. 若人讀之一本, 永世不害酒顚茶風.」

茶酒論一卷

開寶三年壬申歲正月十四日知術院弟子閻海眞自手書記.

「차와 술 이야기」는 음식문화의 변화가 몰고 온 당대(唐代) 사회상의 한 단면 — 술 대신 차를 이용하는 사람들이 늘어나는 현상 — 을 엿볼 수 있는 귀중한 작품으로 다음과 같은 삼단 구성체계로 되어 있다.

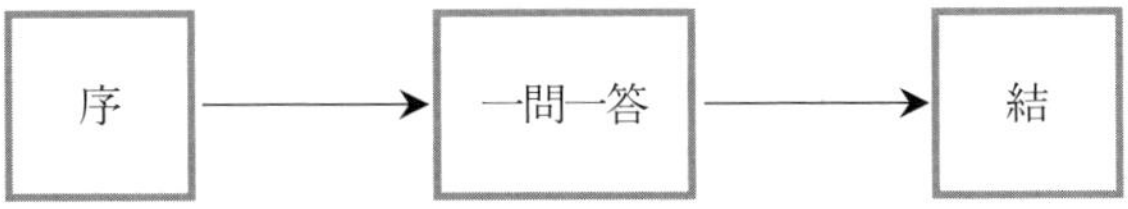

307 총총(忩忩) : 화를 내는 모습을 나타내는 말이다.

삼단 구성의 단락별 짜임새는, 우선 서두 부분에서 화자가 직접 등장하여 차와 술에게 누가 더 존귀한지 따져보자며 싸움을 붙이고, 중간 부분에서는 차와 술이 직접 일문일답으로 서로 자기 자랑을 늘어놓으며 막상막하의 공방전을 벌인다. 그리고 결말부에서는 중재자인 물이 등장하여 서로의 장단점을 이야기하면서 화해시키는 것으로 끝을 맺는다. 「차와 술 이야기」가 서사문학성보다는 오락성과 연희성을 중시하는 '소극(笑劇)'적 특징으로 다음과 같은 점을 지적할 수 있다. 첫째, 차와 술이 서로 자기의 공을 자랑하는 대화 내용이 교훈적 색채가 거의 배제된 상태로 변질될 만큼 매우 해학적이다. 둘째, 이야기꾼이 등장하여 진술하는 대목이 보인다. 또 문답식 대화가 전체 서술 구조에서 핵심을 이룬다. 이러한 점들은 「차와 술 이야기」가 교훈성보다는 오락성을, 서사문학성보다는 연희지향성을 띠는 소극류(笑劇類)의 작품임을 말해주고 있다.

이와 같이 돈황 강창문학에는 의식지향형(儀式指向型)과 서사지향형(敍事指向型) 양자에 속하지 않는 제3의 서술 형식으로 짤막한 길이에 풍부한 해학성과 풍자성을 담고 있는 '연희지향형(演戲指向型)' 구연물(口演物)이 존재했음을 알 수 있다.

제4장 돈황 강창문학의 연행양상

제1절_ 연행 원리

돈황 강창문학 텍스트는 말(白)로 하는 '강(講)'과 노래로 부르는 '창(唱)'이 서로 교체되면서 진술(陳述)되는 특징을 보인다. 이와 같은 「강(講)」+「창(唱)」의 문학적 진술 방식은 읽히는 것을 목적으로 쓴 일반 중국 고대소설이 기록자의 입장에서 서술된 것과는 달리 강창문학이 구연 행위와 밀접한 관련이 있음을 보여주는 것이다. 이 절에서는 강창문학의 진술 방식이 일반 고대소설에서처럼 작자의 서술과 인물의 대화를 단조롭게 교체해 나가는 것이 아니라, 연행 현장의 필요에 따라 서사 시점과 삽입시가(插入詩歌)가 어떻게 운용되고, 구비연행의 구체적인 근거로는 어떠한 것을 들 수 있는지에 대해 논술하기로 한다.

1) 서사 시점의 운용

시점(視點)은 서술자가 서사적 사건을 누구의 시각에서 보느냐와 관련된 문제이다. 일반적으로 서사 시점은 ① 작중인물의 마음과 사건의 진행을 뒤에서 모두 꿰뚫어 보는 '전지적 시점' ② 화자가 작중인물과 함께 사물을 인식하거나 화자 자신이 바로 작중인물이 되는 '제한적 시점' ③ 등장인물의 마음속을 들여다봄이 없이 바깥에 나타나는 동작 · 표정 · 대화만을 기술하는 '객관적 시점'으로 구분된다.[308]

문학 텍스트가 '읽기(reading)'를 상정하고 쓰여질 때와 관중의 '보기(看)' 혹은 청중의 '듣기(聽)'를 전제하고 쓸 때 그 서사 시점은 질적으로 현격한 차이를 나타낸다. 먼저 전자의 경우 기록자가 곧 작가의 기능을 한다. 그 결과 작가는 자신의 기억에 의존하여 이야기를 기록화하고 그에 따라 서술 언어는 자연히 관찰자 시점의 획일성을 띠게 된다. 반면 후자의 경우 작가는 단순한 기록자가 아니라 이야기를 구술하는 연행자(설화자)의 성격을 띤다. 따라서 작가는 연행 현장의 요구를 적극 수렴하여 관찰자 시점이 아닌 인물 적 시점에서 다양한 발화 방식을 만들어낸다.

---

308 진평원(陳平原), 『중국소설 서사모식의 전변(中國小說敍事模式的轉變)』(상해인민출판사, 66쪽)은 중국소설의 서사시점의 변천을 논하면서 퍼시 러보크, 츠베탕 토도로프, 제라르 쥬네트의 이론을 참고하여 서사 시점을 〈1〉 전지적 서사 〈2〉 제한적 서사 〈3〉 순객관적 서사로 三分하고 있다. 또 김천혜, 『소설 구조의 이론』(문학과지성사, 1990 초판, 100~129쪽 참조)은 시점에 관한 주요 개념과 이론을 다음과 같이 정리하고 있다. 〈1〉 영미의 시점 이론(토마스 어젤, Yhomas Uzzell) : ① 전지적 시점 ② 주인물 시점 ③ 부인물 시점 ④ 객관적 시점, 〈2〉 프랑스의 시점 이론(장 푸이용, Jean Pouillon) : ① 뒤로부터의 시점 ② 동반적 시점 ③ 밖으로부터의 시점, 〈3〉 독일(獨逸)의 시점 이론(프란츠 슈탄첼, F.K.Stanzel) : ① 기록자적 시점 ② 1인칭 시점 ③ 인물적 시점, 〈4〉 김천혜의 시점 이론 : ① 1인칭 객관적 시점 ② 1인칭 전지적 시점 ③ 3인칭 객관적 시점 ④ 3인칭 전지적 시점.

중국 고대소설은 대체로 '전지적(全知的) 관찰자(觀察者) 시점(視點)'에서 서술과 대화를 단순히 교체해 나가는 경향이 강하다고 할 수 있다. 이는 중국 소설의 서사 시점의 변천 과정을 면밀히 추적한 진평원(陳平原)이 '당 전기(唐 傳奇), 명청(明淸) 의화본(擬話本), 필기소설(筆記小說), 장편소설(長篇小說) 등에서 제한적 서사 시점을 운용한 사례를 찾을 수 있으나' "총체적으로 말해, 중국 고대백화소설의 서술은 대부분 전지전능한 설화인의 입을 통해서 이루어졌다"[309]고 평가하고 있는 것에서 확인된다. 그러나 돈황 강창 텍스트를 대상으로 서사 시점을 분석해보면, 중국 고대소설의 상위 장르 — '당 전기(唐 傳奇), 명청(明淸) 의화본(擬話本), 필기소설(筆記小說), 장편소설(長篇小說) 등을 상위 장르로 보면, 민중 현장을 중심으로 연행된 강창문학은 중국 고대소설의 하위 장르라 할 수 있다 — 에 보이는 단일한 서사 방식과는 뚜렷이 변별되는 특징을 발견할 수 있으니, '서사 시점(視點)의 복합적 운용'이 바로 그것이다.

'서사 시점(視點)의 복합적 운용'이란 서사 시점이 전지적 시점에 국한되지 않고 제한적 시점, 인물 시점, 순 객관적 시점 등이 각양각색의 형태로 운용되고 있는 것을 의미한다. 여기서 일반 고대소설과 강창문학 텍스트의 서사 방식을 시점의 측면에서 대비할 때 가장 변별적인 특징으로 지적할 수 있는 것은, 작중 인물의 언어와 지각을 서술자가 진술하는 대리적 서술(代理的 敍述)(대신해서 이야기하기, substitutionary)과, 서술자 및 작중 인물의 이중적 시점이 빈번히 발견된다는 사실이다. 특히 돈황 강창문학의 서사 방식에서는 서술자의 객관적인 서술

309 진평원(陳平原), 앞의 책, 67쪽. "但總的來說, 中國古代白話小說的敍述大都是借用一介全知全能的說書人的口吻."

중간에 작중 인물의 독백이 느닷없이 끼어드는 시점의 상호 침투 현상이 가장 많이 발견된다.

그러면 돈황 강창문학 텍스트에서 서사 시점이 전지적 시점에 국한되지 않고 어떻게 운용되고 있는지를 구체적인 사례를 통하여 살펴보기로 하자.

다음은 「맹강녀변문(孟姜女變文)」 중 맹강녀가 무수한 해골 가운데 죽은 남편의 시신을 찾아내는 애절한 장면인데, 여기서 우리는 대리적 서술의 가장 전형적인 사례를 목도할 수 있다.

> 통곡을 마친 후 슬프고 상심한 그녀는 남편을 애타게 그리워하며 시신 속으로 뛰어 드네. 탄복하도다! 정조 굳은 마음씨여, 더 더욱 울분을 느끼게 하는구나. 해골은 무수하고, 죽은 사람은 한 둘이 아니로구나. 해골이 여기저기 널려 있으니 어떻게 남편의 것을 찾는단 말인가? 그녀는 손가락을 물어뜯어 피를 받아 장성에 쏟는 것으로 일편단심을 표시하고, 그녀 남편의 해골을 찾는다.

① 맹강녀는 통곡하며 어떻게 찾느냐고 울부짖고
옥같이 하얀 해골들은 사막 속에 흩어져 있네.
② 무덤의 봉분에는 표시가 있다 했거늘
수많은 해골 가운데 어느 것이 남편이려나.
① 오호라, 애달프구나. 가려내기 어려워라.
이 광경 사람으로 하여금 서러움을 야기 시키네.
하나하나 가져다가 뒤적여 살펴보면서
손가락 물어뜯어 피를 흘려 일일이 시험해 보네.
② 만일 남편이라면 피가 해골 속으로 들어갈 것이오,

내 남편 기량이 아니라면 피는 흘러 버릴 것이라.
결국 찾아내어 귀향할 수 있으려나.
행여 어긋나지 않기만을 바라네.
① 통곡에 목이 잠겨 소리는 막혔고,
두 눈물만 길게 흘러 그칠 줄 모르네.
② 황천이 만약 인정을 거스르신다면,
이 몸도 함께 장성에서 죽으리라.

哭之以(已)畢, 必神哀失, 懊惱其夫, 掩縱亡沒. 歡此貞心, 更加憤鬱, 髑髏無數, 死人非一, 骸骨縱橫, 憑何取實. 咬指取血, 皎長城已(以)表單(丹)心, 選其夫骨.

姜女哭道何取此,	玉貌散在黃沙裏,
爲言墳隴有標題,	壞壞髑髏若箇是?
嗚呼哀哉難簡擇,	見卽令人愁思起,
一一捻取自看之,	咬指取血從頭試.
若是兒夫血入骨,	不是杞梁血相離.
果報認得却廻還,	幸願不須相惟(違)棄.
大哭咽喉聲已閉,	雙眼長流淚難止.,
黃天忽爾逆人情,	賤妾同向長城死.

위 예문의 밑줄 친 고딕체 부분에서 ①는 화자(서술자)의 직접적인 진술로 보여지는 부분이고, ②는 작중 인물인 맹강녀가 직접 발언하였다고 생각되는 부분이다. 그런데 위 인용문의 삽입시가는'강부(講部)'에서 서술한 이야기를 화자(話者)가 다시 한 번 중복 서술한 것으로 원래

話者 자신의 설명적 진술이라고 할 수 있다. 그러나 위에서 표시한대로 삽입시가의 지문은 화자 → 작중인물 → 화자 → 작중인물 → 화자 → 작중인물 순으로 시점을 교체하면서 진술하고 있다. 또 화자의 직접적인 발화로 보이는 부분인 "오호라, 애달프구나. 가려내기 어려워라. / 이 광경 보기만 해도 서러움을 야기 시키네. / 하나하나 가져다가 뒤적여 살펴보면서 / 손가락 물어뜯어 피를 흘려 일일이 시험해 보네." 가운데 '오호라, 애달프구나. 가려내기 어려워라. / 이 광경 사람으로 하여금 서러움을 야기 시키네.' 대목은 서술자의 진술이라 할 수 있지만 맹강녀(孟姜女)의 발언으로 여겨질 만큼 인물 시점화(視點化)되어 있다. 이와 같이 「맹강녀변문(孟姜女變文)」의 진술 방식은 서술자 시점으로 일관되지 않고 중간에 화자(話者)가 빈번히 작중 인물이 되어 발화(發話)하는 '대리적 진술'로 이루어져 있다. 다음은 「한붕 이야기」에서 발견되는 시점(視點)의 상호 공존 현상의 예를 살펴보기로 하자.

① 옛날에 어진 선비가 있었으니 성은 한이요 이름은 붕이었다. 그는 어려서 외로이 자랐는데 아버지를 여읜 후 늙은 어머니가 홀로 그를 길렀다. 그는 몸가짐이 올바랐고 효행이 지극하였다. 한붕의 어머니는 아들에게 멀리 가서 벼슬을 하라고 주장했다. 그는 어머니가 홀로 집에서 계시게 되는 것을 염려하여 어진 아내를 맞았다. 선녀 같이 아름다운 성공(成公)은 방년 17 세로 이름은 정부(貞夫)였다. 그녀는 매우 어질고 지극히 숭고한 마음가짐을 지녔으며, 화사하고 아리따운 모습은 천하에 비할 데가 없었다. 그녀는 비록 여인의 몸이었으나 경서에 훤히 밝았고 글재주는 천부적이었다. 시집온 지 삼일 만에 합방을 하게 되었다. <u>그대와 함께 각자 정절을 지킬 것을 맹세했으면 해요. 그대가 다른 여인을 맞이하지 않고 물고기와 물처럼 항시 같이 하신</u>

다면, 저 역시 개가하지 아니하고 죽을 때까지 한 지아비만을 섬기겠어요.

昔有賢士, 姓韓名朋, 少小孤單, 遭喪遂失其父, 獨養老母. 謹身行孝, 用身爲主意遠仕, 憶母獨注, 故娶賢妻. 成功(公)素女[310], 始年十七, 名曰貞夫. 已賢至聖, 明顯絶華, 形容窈窕, 天下更無. 雖是女人身, 明解經書, 凡所造作, 皆今天符. 入門三日, 意合同居. 共君作誓, 各守其軀. 君亦不須再取婦, 如魚如水, 妾亦不再改嫁, 死事一夫.

위 예문 ①은 「한붕 이야기(韓朋賦)」의 첫 도입 부분으로 작가는 한붕 부부가 인연을 맺어 백년 가약하는 장면을 서술하고 있다. 그런데 이 단락의 마지막 문장(밑줄 친 고딕체 문장)은 그 형식적인 문구상의 표시로 판단하면 서술자의 발언에 해당되지만, 언어 선택과 내용을 보면 분명 작중 인물인 한붕 아내의 말이다. 이는 서술자의 진술에 쓰여야 할 삼인칭 어구 '붕(朋)'과 '처(妻)' 대신에 '군(君)'과 '첩(妾)'이 사용된 것에서 서술자가 작중인물 정부(貞夫)인양 발언하고 있음을 확인할 수 있다. 「한붕 이야기」에는 이와 같은 대리적 서술의 사례가 매우 많이 발견되는데, 몇 개의 예를 더 들어보기로 하자.

② 한붕은 집을 나선 후 송나라에서 벼슬을 사는 동안 기약한 3년이 지나가 버렸고 6년이 되어서도 돌아가지 않았다. 한붕의 어머니는 그를 생각할

310 성공소녀[成功(公)素女] : '성공(成功)'은 '성공(成公)'으로 고쳐야 의미가 통한다. '성곤(成公)'은 성(姓)을 말하며, '소녀(素女)'는 선녀(仙女)를 일컫는다. '성공소녀(成公素女)'라는 말은 『수신기(搜神記)』 권1 「현초조(弦超條)」에 보인다. "위나라 제북군에서 종사연이라는 직책을 맡고 있는 현초의 자는 의기(義起)였다. 가평 연간(AD 249~254)에 혼자서 야밤에 잠을 자는데 한 신녀(神女)가 그를 좇아오는 꿈을 꾸었다. 그녀는 스스로 천상의 옥녀라 했으니, 원래는 동군 사람으로 성(姓)은 성공(成公)이요 자는 지경(知瓊)으로 어려서 부모를 여의자 천제가 가엽게 여겨 인간계로 내려 보내 지아비를 맞이하게 한 것이다.(魏濟北郡從事掾弦超, 字義起. 以嘉平中夜獨宿, 夢有神女來從之, 自稱天上玉女, 東郡人, 姓成公, 字知瓊. 早失父母, 天帝哀其孤苦, 遣令下嫁從夫.)"

적이면 원망스러운 마음이 솟았고, 그의 아내는 그리운 마음에 내심 붓을 들어 편지를 쓸 작정을 하였다. 편지의 문장은 고우면서도 화려한 것이 마치 주옥과 같았다. 인편에 편지를 보내고저 하나 남들이 말 많을까 두려웁네. 새에게 부치고자 하나 새는 늘 높이 날아 어쩔 수 없네. 바람에 부치고자 하나 바람은 허공에서 불고 있어 어쩔 수 없네. 편지에 만약 정감이 있다면 곧바로 남편 앞에 이를 것이요, 편지에 만약 정감이 없다면 초목 속에 썩어져 버릴 것이라. 서신은 분명 정감이 있었던지라 곧바로 한붕에게 전해졌다.

韓朋出遊, 仕於宋國, 期去三年, 六秋不歸. 朋母憶之, 心煩惚, 其妻念之, 內自發心, 忽自執筆, 遂字造書. 其文斑斑, 文辭碎金, 如珠如玉. 意欲寄書與人, 恐人多言, 意欲寄書與鳥, 鳥恒高飛, 意欲寄書與風, 風在空虛. 書若有感, 直到朋前, 書若無感, 零落草間. 其書有感, 直到朋前.

③ 드디어 베틀에서 내려와 사신에게 사죄하니, 천년만년이 지나도록 다시는 베틀을 잡지 못하네. 깊은 우물물 언제나 길어 보려나? 따스한 밥솥 언제나 데워 보려나? 안반의 침상 언제나 누워 보려나? 드넓은 뜰 앞 언제나 쓸어 보려나? 푸르디푸른 정원의 채소 언제나 주워 보려나? 집을 나서며 서글피 우니 이웃 마을 사람들도 애달파 하네. 고개를 떨어뜨리고 떠나는데, 눈물이 비 오듯 쏟아지네. 당상에 올라 손님에게 절을 올리니 사자가 수레를 끌고 오네. 정부가 수레에 오르자 질풍같이 내달리네. 한붕의 어머니는 뒤에서 하늘과 땅을 부르며 대성통곡하니 이웃 마을 사람들 놀라서 몰려드네.

遂下金機, 謝其王事, 千秋萬歲, 不當復織. 井水淇淇(湛湛), 何時取汝? 釜竈庛庛, 何時吹汝?床廗閨房, 何時臥汝?庭前蕩蕩, 何時掃汝?園菜青青, 何時拾汝?出入悲啼, 隣里酸楚, 低頭却行, 淚下如雨. 上堂拜客, 使者扶譽(轝). 貞夫上車, 疾如風雨. 朋母於後, 呼天喚地, 號咷大哭, 隣里驚聚.

먼저 단락 ②의 앞부분은 서술자의 객관적 진술이라 할 수 있고, 고딕체 뒷부분은 서술자의 언어에 속하지만 실제로는 작중 인물의 발화이다. 그리고 맨 마지막 문장은 다시 서술자의 진술이다. 따라서 위 구문은 서술자 → 작중인물 → 서술자로 발화의 주체가 전환되고 있는 혼성구문이라 할 수 있다. 특히 밑줄 친 고딕체 부분은 서술자 자신의 말과 인물의 말 사이에 경계선을 제거하고 작중인물의 내면으로 직접 파고 들고 있다. 이 말은 서술자의 입을 통해서 나온 말이지만, 그 정조는 정부의 내심에서 발화된 것으로 한층 생동적이고 애절한 분위기를 이끌고 있다. 작가와 인물은 서로의 감정을 교융하며 혼융된 목소리를 내뱉고 있는 것이다. 이처럼 예문 ①에서는 서술자가 인물의 내적 독백을 대신해 이야기하고 있는 것을 목격할 수 있다.

위 예문 ③에도 서술자의 진술에 작중인물의 말이 섞여 있다. 이 단락 전체는 작가의 진술에 해당되지만, 예문 ②와 같이 발화의 주체가 서술자 → 인물 → 서술자(혹은 서술자 → 인물)로 이동되고 있다. 예문 ③의 고딕체 문장은 주인공 정부(貞夫)가 집을 떠나면서 정들었던 집안의 물건들을 보고 솟구치는 서글픈 감정을 내적 독백으로 이야기한 것이다.

이상으로 예문 ① ② ③을 통해 살펴보았듯이 「한붕 이야기」에는 서술자가 자신의 단일한 목소리를 지양하고 연행 현장의 요구에 맞추어 인물의 음성이 배어 있는 대리적 서술 방식을 빈번히 사용하고 있다. 다음은 「계포시영(季布詩詠)」 가운데 포착되는 '대리적 진술(陳述)'의 사례를 보기로 하자.

초나라 병사들은 그 노래 소리를 듣고 두 눈에 눈물을 흘리며,

병기와 깃발을 모두 버리고,
삼삼오오 파도처럼 다투어 흩어지며,
각자 군영에서 집으로 돌아갈 것을 생각하네.
바로 삼경 반에 이르러서야
초왕은 비로소 상황을 깨닫고,
별이 새겨진 검을 빼들고 군영 밖으로 나오니,
앞서 다섯 별이 다투어 교차하는 것이 보이네.
대장부인 이 몸이
어찌하여 지금 하늘가에서 패배하는가?
5, 6년 정벌하느라 쓴 아픔 겪었는데,
팽성 해하에서 결국 패배를 맛보는구나.
때를 잃어 불리하니 하늘이 나를 버리는구나.
하늘이 나를 버리시니 이를 어찌하랴?
한때는 산을 송두리째 뽑고 솥을 들 정도의 항우였건만,
지금 이 순간은 도망가지 않는다면 네 어찌할 소냐!
천금을 준대도 노두춘(老頭春)(술명)을 바꾸지 않고,
계단 앞에 취해 누워서 빈곤함을 잊어보려는데,
세상에 너에게 이러한 술은 없고,
3분의 2 정도의 병사를 잃은 쓴 고통만을 맛보게 하는구나.

楚卒聞言雙淚垂, 器械槍旗總拋却,
三三五五總波濤(逃), 各自思歸營幕內.
恰至三更半, 楚王然始覺,
攢星拔劍出營來, 早見五星競交楷.
切藉精神大丈夫, 奈何今日天邊輸.

五六年[來]征戰苦,	彭城垓下會一輸.
失時不利[天喪余],	天喪奈何,
旣有拔山擧頂(鼎)羽,	此時不忘(亡)若何爲!
千金不傳老頭春,	醉臥階前忘却貧,
世上若也無此物,	三分愁煞二分人.

위 예문은 장량(張良)의 꾀에 넘어가 초나라의 군대가 산산이 흩어지자 초패왕 항우가 낙심해하는 장면이다. 여기서 '대리적 진술(陳述)'의 문장은 바로 밑줄 친 고딕체 문장이다. 이 부분은 바로 전의 「계포가 유방의 진영에 욕을 한 이야기」와 동일한 대리적 진술의 사례로, 서술자의 설명적 진술이 전개되다가 중간부분에 이르러 잠시 작중 인물의 독백적 진술이 삽입된 후 다시 서술자 시점으로 되돌아가고 있다.

「계포시영(季布詩詠)」과 유사한 대리적 서술의 사례는 「계포가 유방의 진영에 욕을 한 이야기(季布罵陣詞文)」과 「왕소군 이야기(王昭君變文)」 속에서도 목격할 수 있다.

①

이 때 한왕은 황제의 업적을 일으켜
낙양에서 등극하여 황제를 칭하였다.
백성은 각기 생업에 몰두하고 변방도 잠잠해졌으며
먼 지방 사람들도 새 삶을 얻게 되어 만민이 기뻐하였다.
성덕이 드높아 전쟁이 종식되었고
황제의 은혜가 넓고 넓어 오로지 학문 수양에 힘썼다.
마음속으로는 아직 계포를 못 죽인 것을 늘 생각하여

항상 용안의 이맛살이 펴지지 않았다.

마침내 천하에 칙령을 선포하였다.

「간흉을 추적하고 역신을 수색하라.

붙잡으면 상금을 얻고 만호의 관직을 누릴 것이지만

숨겨준다면 칼을 내려 일가족을 몰살하리라'」

열흘 만에 칙령의 내용은 천하에 널리 퍼져

주와 현은 물론 시골구석까지 전달되었다.

계포는 황제의 원한을 알고는

놀랍고 미칠듯하여 정신을 잃을 정도였다.

세상에 숨을 곳이 없음을 한탄하며

세상은 넓지만 숨을 곳이 드물 자 크게 근심하였다.

마침내 역산의 계곡 안으로 들어가

죽음을 피해 몸을 숨기고 있었다.

밤에는 마을에 내려와 밥을 훔쳐 먹었고

낮에는 숲속에 들어가 짐승들과 함께 지냈다.

해와 달을 싫어하고 별들을 좋아하였으며

사람을 만날까 두려워서 낮에는 숨고 밤에 다녔다.

대장부가 이러한 액난을 만난 것은

모두가 성군을 알아보지 못한 데서 연유한 것이다.

이와 같이 밤낮으로 신변의 위태로움을 근심하면서

수시로 자신의 기세가 구름처럼 부질없음을 한탄하였다.

<u>한왕이 등극한 후 줄곧</u>

<u>백성들은 고난에서 벗어나 모두들 기뻐하건만</u>

<u>오직 나만 지은 죄가 무거워 목숨을 근심하고 있으니</u>

도대체 어찌하여 이렇게 되었단 말인가?

스스로 목숨을 끊거나 그에게 죽음을 당할 날이 분명 있는 법,

온천하에 애달게도 의지할 데가 없구나.

허기와 갈증을 참으려 했으나 더 이상은 버텨내기 어렵구나.

하는 수 없이 옛 친구의 정분에 기대어 보리라.

초저녁에 날이 어두워지고 인적이 드물어지자

담을 넘어 곧장 마구간 문으로 들어갔다.

是時漢帝興皇業, 洛陽登極獨稱尊.

四人樂業三邊靜, 八表來甦萬姓忻.

聖德巍巍而偃武, 皇恩蕩蕩盡修文.

心念未能誅季布, 常是龍顏眉不分,

遂令出勅於天下, 遣捉艱兇搜逆臣.

捉得賞金官萬戶, 藏隱封刀斬一門.

旬日勅文天下遍, 不論州縣配鄉村.

季布得知皇帝恨, 驚狂莫不喪神魂.

唯嗟世上無藏處, 天寬地窄大愁人.

遂入歷山谿谷內, 偷生避死隱藏身.

夜則村墅偷飧饌, 曉入山林伴獸群.

嫌日月, 愛星辰, 晝潛暮出怕逢人.

大丈夫兒遭此難, 都緣不識聖明君.

如斯旦夕愁危難, 時時自嘆氣如雲.

一自漢王登九五, 黎庶昭蘇萬姓忻.

唯我罪濃憂性命, 究竟如何問此身.

自刎他誅應有日, 沖天入地若無因.

忍飢受渴終難過, 須投分義舊情親.

初更乍黑人行少, 越牆直入馬坊門.

②

한(漢)나라 궁녀가 시름에 차 읊조리는데 이민족의 왕은 온화하게 웃으니, 시름에 가득차 이별을 한스러워함을 어찌 알리오? 관현악을 말 위에서 비스듬히 연주하며 거리에서 음악을 항상 연주하는구나. 시종들이 쓸쓸해하는 모습 마치 부모를 잃은 집안 같고, 하녀들도 실의에 빠진 모양 흡사 패잔병과 같네. 장자가 "좋아하는 것은 날개를 만들어 길이 전하고, 싫어하는 것은 부스럼을 만들어 버린다." "좋아하면 살기를 바라고, 싫어하면 죽기를 바란다."고 한 것은 무엇을 말한 것일까? 이몸이 들으니 "변방의 북쪽에 사는 자는 강과 바다에 만호의 배가 있음을 알지 못하고, 강남에 사는 사람은 변방 북쪽에 천일 동안 눈이 내려 있음을 알지 못한다"고 하니 이것은 고통이 다시 더 중한 고통이 되고 원망이 다시 더 중한 원망이 됨이라. 길 떠난 지 수개월에 여정이 다해가는데 멀리서 우짖으며 둥지로 신속히 돌아가는 새 멈추지도 않는구나. 장수의 막장에 이르니 성곽이라곤 보이지 않고 덩그러니 산천만 남아 있네.

漢女愁吟, 蕃王口笅(笑)和, 寧知惆悵, 恨別聲哀, 管絃馬上横彈, 即會途間常奏.侍從寂寞, 如同喪孝之家, 遣妾攢蚖, 仗(狀)似敗兵之將.莊子云何者..「所好成毛羽, 惡者城(成)瘡癬.」[311]「愛之欲求生, 惡之欲求死.」妾聞..「居塞北者, 不知江海有萬斛之舟

311 所好成毛羽, 惡者城(成)瘡癬. : 원래 이 구절(句節)은 『장자(莊子)』에는 없고, 『문선(文選)』 권2「장형(張衡)」의「서경부(西京賦)』에 보인다. 이 구절에 대하여 장선(張銑)은 다음과 같이 주를 달고 있다. "이는 변사(辯士)가 애호하는 자를 칭찬하면 날개가 돋게 하지만, 싫어하는 자를 폄하하면 생채기가 생겨나게 함을 말한다. 유(痏) 또한 창(瘡)이다. (言此辯士所好者譽之使生羽毛, 惡者毀之令生瘡痏.痏亦瘡)"

工, 居江南之人, 不知塞北有千日之雪.」此及苦復重苦, 怨復重怨. 行經數月, 途程向盡, 歸家渧遙, 迅昔不停. 卽至牙帳, 吏無城郭, 空有山川.

위 예문 ①은 한고조(漢高祖) 유방(劉邦)이 항우(項羽)를 물리치고 황제의 자리에 등극한 후 과거에 자신에게 수치스런 욕을 했던 계포를 체포하기 위해 각지에 현상금을 내걸어 추적하자 계포가 온갖 고난을 겪으며 도망 다니는 장면이다. 그리고 예문 ②는 왕소군(王昭君)이 한나라를 떠나 호지(胡地)로 가는 장면을 묘사한 대목이다. 위 두 예문은 기본적으로 서술자의 설명적 진술 부분에 해당된다. 그러나 중간 부분의 밑줄 친 고딕체 문장에 이르게 되면 서술자(敍述者)의 발화(發話)가 어느덧 작중 인물의 독백적 진술로 대체되고 있다. 예컨대, 예문 ①에서는 작중 인물 계포의 내적 독백이 서술자의 직접 서술을 대신하고 있으며, 예문 ②에서는 서술자의 간섭 없이 왕소군의 말이 서술자의 진술을 대신하고 있다. 즉, 위의 두 인용문에서는 서술자의 진술과 작중 인물의 독백이 경계선 없이 자유로이 넘나드는 시점(視點)의 상호 침투 현상을 보여주고 있는 것이다. 여기서 우리는 강창문학의 서사 방식이 지니고 있는 독특한 원리로서의 '대리적 진술' 사례를 다시 한 번 목격할 수 있다.

다음은 작중 인물의 언어와 감정에 서술자가 개입하는 '이중시점적 진술'의 사례를 살펴보기로 하자. 이는 「오자서 이야기(伍子胥變文)」의 다음 대목에서 목격할 수 있다.

자서(子胥)는 길을 떠나 짙푸른 산속에 당도하여, 검에 기대어 슬피 노래하며 탄식하여 말하길..

자서(子胥)는 분노하여 길게 한숨을 쉬는데,
사내대장부가 억울하게 액운을 만났으니 얼마나 안타까우랴?
법망(法網)이 엄중한지라 도망갈 길 막혀버려,
숨을 곳 없는 나를 낭패스럽게 만드네.
목마르고 배고프나 배를 채울 음식도 없네.
광야에서 날개 짓 해보지만 짝(의지할 바)을 잃었네.
멀리 장강(長江)에는 거센 바람 높은 파도소리 들리고
산악은 높디높아 은하수에 맞닿았네.
궁벽하고 후미진 곳 건너갈 배는 없고
어떡하면 강남 기슭에 이를까?
하늘이 만약 人心을 거슬러
이곳에서 벗어나지 못하면 살아남기 어려울 것이라.

子胥行至莽湯山間, 按劍悲歌而歎曰
子胥發忿乃長吁, 大丈夫屈厄何嗟嘆.
天網恢恢道路窮, 使我恓惶沒投竄.
渴乏無食可充腸, 迴野連翩而失伴.
遙聞天塹足風波, 山岳岧嶢接雲漢.
窮洲隈際絶舟船, 若爲得達江南岸?
上蒼儻若逆人心, 不免此處生留難.

위 대목은 초(楚)나라 평왕(平王)에 의해 쫓기는 도망자 오자서가 비참하고 절망적인 상황에 이르러 탄식하여 말하는 장면이다. 여기서 “검에 기대고 서글프게 노래하며 탄식하여 말하길(按劍悲歌而歎曰)”의 ‘탄왈(歎曰)’이라는 용어가 시사하듯이 그 다음에 나오는 삽입시가의 첫 부분("자서(子胥)는 분노하여 길게 한숨을 쉬고는 / 사내대장부가 억울하게 액운을 만났으니 얼마나 안타까우랴?")은 오자서 자신의 탄식하는 말이라 할 수 있다. 그러나 이 부분은 서술자의 설명적 진술에 해당하는 것으로 오자서의 발화(發話)로 보기 어렵다. 이와 같이, 돈황 강창문학 텍스트에는 작중 인물의 발화에 서술자가 직접 개입하여 진술하는 또 다른 유형의 이중시점적 진술 방식이 존재한다.

이상의 여러 사례를 통하여 우리는 기록자의 입장에서 진술되는 일반 고대소설의 단일한 서사 방식과 달리 돈황 강창문학의 서사 방식은 구연자의 입장에서 대리적 진술과 이중시점적 진술 등 다양한 서사 시점을 운용하고 있음을 살펴보았다. 다음은 돈황 강창문학의 독특한 서술 방식인 삽입시가(揷入詩歌)의 기능에 대하여 검토하기로 한다.

2) 삽입시가揷入詩歌(=창唱)[312]의 기능

강창문학 텍스트 중간에 '삽입된 시가(詩歌)(=창(唱)'는 보조(補助) 기능과 주 기능 두 가지 측면에서 분석할 수 있다. 먼저 서사체 텍스트에서 보조적 기능을 맡고 있는 '삽입시가(揷入詩歌)'로는 전기소설(傳奇小說), 화본소설(話本小說), 장회소설(章回小說) 등에 삽입되어 있는 '고시(古詩)', '절구(絶句)', '율시(律詩)', '민요(民謠)', '사(詞)', '게송(偈頌)', '운문적(韻文的) 진술 부분' 등을 들 수 있다. 이러한 류의 '삽입시가(揷入詩

312 본고에서는 '삽입시가(揷入詩歌)'의 개념을 강창문학 텍스트에서 산문적 서술 중간에 들어있는 운문적 서술('唱部')을 총칭하는 말로 사용하였다.

歌)'는 어디까지나 산문적 서술을 보조하는 기능만을 수행한다. 반면, 서사 방식상 주도적 기능을 수행하고 있는 '삽입시가(挿入詩歌)'는 강창문학 텍스트에서 찾아진다. 이때의 삽입시가(挿入詩歌)는 산문적 진술과 대등한 위치에서 독자적인 서술적 기능을 담당하면서 이야기 서술에 있어서 생동하고 다양한 구성 체계를 만들어낸다. 우리가 강창문학의 연행(演行) 원리를 해명하기 위해서 서사 시점(視點) 외에 '삽입시가(挿入詩歌)의 기능'에 주목해야 하는 이유는 여기에서 찾아진다.

누언(累言)한 바와 같이 강창문학은 말(說白)로 하는 '강(講)'과 노래(歌唱)하거나 읊조리는 '창(唱)'의 교체 구조로 되어 있다. 따라서 강창문학 삽입시가의 기능이 갖는 본질적인 성격을 규명하기 위해서는 「강(講)」과 「창(唱)」의 상호 연계성을 염두에 두지 않으면 안 된다. 이제까지의 견해로 볼 때, 「강(講)」과 「창(唱)」의 조합 방식은 대체로 다음 세 유형으로 나누어진다.

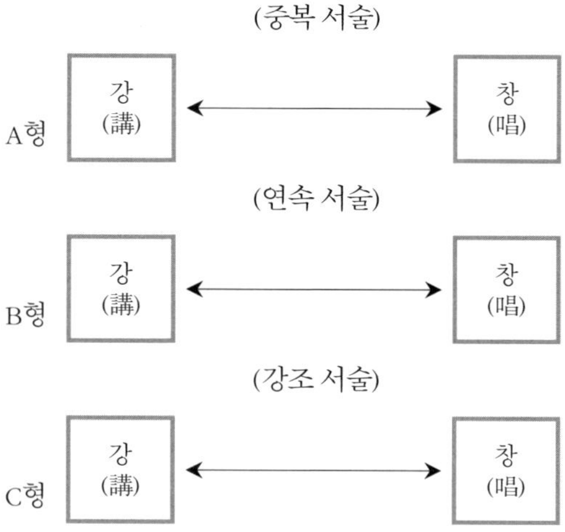

먼저 A형은 산문적 서술로 된 「강(講)」의 내용을 「창(唱)」에서 반복 서술하는 형식이며, B형은 「강(講)」 다음에 오는 이야기를 운문적 서술의 「창(唱)」으로 이어가는 형식이며, C형은 「강(講)」의 이야기를 「창(唱)」에서 부연・확장함으로써 강조의 효과를 만들어내는 서술 형식이다. 이렇게 강창문학의 서사 방식은 삽입시가인 「창(唱)」의 기능에 따라 다양한 구성 체계를 만들어낸다.[313] 그러면 A, B, C 세 유형의 서사 방식을 구체적인 예문을 통해 확인해보기로 하자.

A형 : 중복 서술(「환희국왕연(歡喜國王緣)」 중에서)

강(講)

유상부인(有相夫人)은 용모가 단정하고 노래에도 능했다. 하루는 궁전에서 춤을 추고 바야흐로 노래를 하는데 환희국왕이 왕비 신변에 감도는 기운을 보고 그녀가 칠일 후 사망하리라는 것을 알게 되었다. 이에 왕은 비통해하고 슬픔에 잠겼다. 유상부인은 왕이 눈물을 흘리는 것을 보고 그 이유를 알 수 없는지라 춤을 멈추고는 몸가짐을 가다듬었다. 관세음보살 불자(佛子)

창(唱)

단(斷) 이제 막 가무(歌舞)를 하는데 괴이한 조짐이 있자
왕이 홀연히 연회 도중 눈물을 떨구시네.
다시 이야기한들 서로 가슴만 아플 것인지라
말을 할까 말까 머뭇거리네.

313 돈황 강창문학의 서사 방식을 이와 같이 세 유형으로 구분한 중국의 학자로 고국번(高國藩)을 들 수 있다. 그는 변문의 문체 구조를 제1종 함접식(銜接式), 제2종 중복식(重複式), 제3종 강조식(强調式)으로 三分하여 논술하고 있다.(『돈황민간문학』, 연경(聯經), 44~48쪽 참조)

바라옵건대 왕께서는 좋고 나쁨에 대하여 지금 말씀하시어
아랫사람들로 하여금 마음을 어지럽게 하지 마소서.
왕은 직접 질문을 받고서도
줄곧 슬퍼하기만 할 뿐 말하기 어려워하네.

這有[相]夫人顔貌平正, 又復能歌. 一日殿中起舞, 正歌之次, 歡喜國王見這夫人面上身邊[一道]氣色, 知其有相, 七日身亡. 王乃含悲, 心懷惆悵. 有於(相)夫人見王垂涙, 不測事由, 舞有罷歛容儀.[云了] 觀世音菩薩 佛子

斷 臣今歌舞有詞乖, 王忽延(筵)中涙落來,
爲復言詞相觸悟(牾) 爲當去就柮(拙)旋迴.
希王善惡如今說, 莫使宮嬪總亂猜,
皇帝旣遭親顧問, 一場惆悵口亂開.

「환희국왕 이야기(歡喜國王緣)」는 환희국의 환희왕과 왕비 유상부인(有相夫人)의 애틋한 사랑을 불교의 공덕과 연계시키고 있는 작품이다. 이 작품의 전체 내용은 아리땁고 착한 환희국의 왕비가 중병(重病)에 걸려 7일 후 생을 하직해야 하나 돈독한 불심(佛心)으로 말미암아 이승에서 환생한 후 환희왕과 다시 만나 해후한다는 것이다. 전체 줄거리 가운데 위 인용문은 곱고 선한 왕비 유상부인이 칠일 후 사망하리라는 것을 알게 된 환희왕이 차마 왕비에게 사실을 알려주지 못하고 고뇌하는 장면이다. 여기서 「강(講)」+「창(唱)」의 서술 구조를 분석해보면, 「강(講)」의 내용을 「창(唱)」에서 반복해서 기술하고 있는 '중복 서술형'임을 알 수 있다. 다음은 삽입시가(揷入詩歌)가 '연속 서술'의 기능을 하는 경우로, 「한장왕릉변(漢將王陵變)」

의 한 대목을 들어 살펴보기로 하자.

B型 : 연속 서술(「한장왕릉변(漢將王陵變)」 중에서)

강(講)

왕릉의 어미를 협박하여 이르기를.. "서신을 써서 아들을 부르겠소? 아니면 거절하겠소?" 이에 왕릉의 어미가 말했다.

창(唱)

무도한 장군은 바로 항우요
병졸들의 정신은 마치 이리떼와 같네.
한장 왕릉이 적진을 기습하자,
사람을 보내어 그의 어미를 체포하네.
드디어 결박하여 끌어와서는
활시위를 얹어 활을 잔뜩 제끼며 몹시 화를 내네.
눈앞이 아찔할 것이나 넋을 잃지 말고
정신을 가다듬어 내 말을 들으라.
"어째서 네 아들은 한왕을 섬기면서
몰래 우리 진영을 급습하였는가?
지금 화급히 왕릉을 체포코자 하니
청컨대 편지를 써서 명령을 따르시오.
만일 왕릉이 초 진영에 오지 않는다면
오래도록 이곳에서 고초를 겪게 될 것이다!"
왕릉의 모친은 천성적으로 현명한 여인인지라,
왕릉을 부르라는 얘기를 듣고 슬픔에 잠겼다.

비록 여자이긴 하지만 지조와 절개를 품고 있어,
목청 높여 패왕에게 대답했다.
"초와 한이 천하를 쟁취하려고 싸운 이래
모든 백성들이 놀래어 불안에 떨고 있소.
기습한 일은 본시 왕릉의 잘못인데,
무고한 노모가 무슨 잘못이 있단 말이오?
다시 처음부터 어찌하란 말이요.
우러러 다만 상천에 고할 따름이요.
한나라가 존속하여 제왕의 궁궐에서 조회를 받기를 바라노니,
이 늙은 몸은 달게 황천에 가겠소이다."

초패왕(楚霸王)은 이 말을 듣고 더욱 크게 진노한다.

嚇協(脅)陵母言云..「肯修書詔兒已不?」其母遂爲陳說..

無道將軍是項羽, 步卒精神若狼虎.

漢將王陵來斫營, 發使交人捉他母,

遂將生杖引將來, 搭箭彎弓如(而)大怒.

三魂眞(莫)遣掌前飛, 收什精神聽我語..

「何得交兒仕漢王, 竊盜偸蹤斫營去!

如今火急要王陵, 但願修書須命取.

若不得王陵入楚來, 常向此間爲受苦.」

陵母天生有大賢, 聞喚王陵意慘然,

須是女兒懷智節, 高聲便答霸王言..

「自從楚漢爭天下, 萬姓惶惶總不安.

斫營比是王陵過, 無辜老母有何愆?」

更欲從頭知有道, 仰面惟稱告上天..

但願漢存朝帝闕, 老身甘奉入黃泉!」

위 대목은 초패왕(楚霸王) 항우(項羽)가 왕릉(王陵)을 유인하여 체포하기 위해 왕릉의 어미에게 편지를 쓰도록 강요하자 왕릉모가 이를 거부하며 한(漢)에 충절(忠節)을 지키겠노라고 답변하는 장면이다. 여기서 「강(講)」과 「창(唱)」의 서술 구조를 보면, 「강(講)」부의 산문적 진술을 받아 「창(唱)」이 그 다음 장면 — 즉, 초나라 장수의 협박에 응대하는 장면 — 을 연속해서 진술하고 있다. 이처럼 연속 서술식 (B型)에서의 삽입시가(插入詩歌)(창부(唱部)는 「강(講)」의 보완적 서술에 그치지 않고 산문적 서술과 대등한 위치에서 독자적 서술의 기능을 담당하고 있다. 다음은 삽입시가(插入詩歌)가 '강조 서술(强調 敍述)'의 기능을 하고 있는 예를 「오자서변문(伍子胥變文)」에서 살펴보기로 하자.

C형 : 강조 서술(「오자서변문(伍子胥變文)」 중에서)

강(講)

자서(子胥)는 부인이 자신을 알아보았다는 것을 알았지만 말하지 않았다. 대장부가 눈앞의 일도 달성하지 않았는데 부인이 자신을 알아보니 어찌 작은 일에 얽매여 대의를 그르치겠는가. 열사는 바위덩이를 안고 길을 가다 이를 부러뜨려 못 알아보게 했다. 낮이면 해를 보고 밤이면 별을 보고 쉬지 않고 달려가, 마침내 吳江의 북쪽 기슭에 도달했다. 사람들이 덮칠까 걱정되어 갈대밭에 몸을 숨기고 엎드려 칼을 끌어당겨 슬피 노래하며 탄식하여 말하길..

창(唱)

강물은 아득하고 물결은 일어나네.

하늘과 연이어져 얕게 혹은 깊게 용솟음치네.

모래바람 일어나 은하를 가리고

맑은 바람 파도를 일으키니 수풀을 꺾는 것 같구나.

흰 풀이 두루 퍼져 평원을 덮고 있고,

푸른 버들은 길가 양 기슭에 늘어져 있네.

까마귀 까치 먹이 찾아 두루 섞여 가로지르고

어룡(魚龍)은 꿈틀대며 요란을 떠네.

물범[314]이 뛰어 놀고 수달이 장난치며 다투어 달아나네.

수없이 돌다보니 나도 모르게 긴 탄식이 나오네.

홀연 아버지와 형이 억울하게 죽은 것을 생각하니

오장 육부가 뒤틀리네.

봇ㄱ수의 한스러움을 생각하고 침통해하노니,

오늘 (적과) 서로 만나도 내 목숨 버리지 않으리라.

만일 내 운명이 이 강에서 다한다면

죽고 사는 문제는 오늘밤 결판나리라.

내 육신이 큰 파도에 휩쓸리는 것은 마다하지 않겠으나

아버지와 형의 복수는 끝내 그만두지 않으리.

하늘이 풀을 눕히는 것은 바람 때문이니,

또한 하늘의 위력에 감화된 것이라네.

---

314 수묘(水猫) : 물고기를 잡아먹는 물에 사는 짐승. 유월(兪樾), 「차향실삼초(茶香室三鈔)」에서 청(淸) 왕배순(王培筍)의 「청우루수필(聽雨樓隨筆)」을 이용하여 이에 대해 설명하고 있다.

비가(悲歌)를 끝낸 후 강변에 이르러 멀리 바라보니, 오직 드넓은 강물만 보였으니 어떻게 건너려나?

子胥被婦識認, 更亦不言. 丈夫未達於前, 遂被婦人相識, 豈緣小事, 敗我大儀. 列士抱石而行, 遂卽打其齒落. 晝卽看日, 夜乃觀星, 奔走不停, 遂至吳江北岸. 慮恐有人相掩, 潛身伏於蘆中, 按劍悲歌而歎曰..

「江水淼漫波濤擧, 連天沸或淺或深,
飛沙蓬勃遮雲漢, 淸風激浪喩摧林.
白草遍野覆平原, 綠柳分行垂兩岸,
鳥鵲拾食遍交橫, 魚龍踊躍而撩亂.
水猫遊健戱爭奔, 千迴不覺長吁嘆.
忽憶父兄枉被誅 卽得五內心腸爛.
思量讐恨痛哀嗟, 今日相逢不相捨,
我若命盡此江潭, 死活總看今日夜.
不辭骸骨掩長波, 父兄之讐終不斷,
上蒼靡草總由風, 還是諸天威力化.」

悲歌以[已]了, 行至江邊遠盼, 唯見江潭廣闊, 如何得渡!

위 대목은 오자서(伍子胥)가 도주하던 중 잠시 부인을 만났으나 모른 척하고 헤어져 갈대밭에 몸을 숨기고 엎드려 자신의 비참한 신세를 탄식하는 장면이다. 이 장면에서 삽입된 「창(唱)」은 「강(講)」의 내용을 반복하거나 「강(講)」 다음에 이어지는 장면의 이야기를 연속해서 진술하고 있는 것이 아니다. 여기서 「창(唱)」의 기능은 오직 비참한 오자서(伍子胥)의 심정을 증폭시켜 전달하기 위해 일단 장면을 고정시켜 놓고 오자서의 독백적 진술을 「창(唱)」으로 읊고 있다. 이처럼 '강조 서술형(敍述型)'에서의 특정한 장면이나 인물의 심리를 강조하기 위한 목적에서 삽입시가(挿入詩歌)(=창(唱)의 기능이 활용되고 있다.

이상에서는 「창(唱)」의 기능에 따라 강창문학의 서술 구조가 세 유형으로 나누어질 수 있음을 논술하였다. 그런데 이러한 세 유형은 「강(講)」+「창(唱)」의 교체적 진술이 강창문학 텍스트 내에서 어떠한 방식으로 이루어지고 있는가 하는 것을 어느 정도 해명하고는 있으나, 강창문학 장르의 본질적 성격을 파악했다고 하기에는 미흡하다. 따라서 필자는 강창문학의 장르적 본질을 좀더 명확히 규명하기 위해 '삽입시가(挿入詩歌)'의 진술 유형을 1) 교술적 진술 2)서정적 진술 3)서사적 진술 4)희곡적 진술 네 가지로 구분하여 논술하고자 한다.

(1) 교술적 진술 敎述的 陳述

'교술적 진술'이란 종교적 교리나 유교적 도덕률을 화자가 직접 이야기하는 것으로 '작가의 주제적 정시(呈示)'라고 할 수 있다. 사원의 강경 법회와 밀접한 관련이 있는 돈황 강창문학 텍스트에서는 삽입시가(挿入詩歌)의 '교술적 진술'이 서사성이 강한 작품보다는 종교적 색채를 띠는 작품에서 주로 목격되는데, 「부모은중경강경문(父母恩重經講經文)」(1) 중의 다음 예문이 그를 입증한다.

경(經)

경(經) : 「부처님께서 아난(阿難)에게 말씀하셨다. "내가 중생들을 보건대 모양은 비록 인간의 부류에 속하지만 마음과 행실이 어리석고 어두워서 부모님의 크신 은혜를 생각하지 아니하고 공경하는 마음을 내지 않으며 자비로운 마음이 없도다."」

백(白)

방금 창(唱)한 경전(經典)의 구절은 세존께서 질책하신 것이다. 이전에 부모님에게는 열 가지 은덕이 있으니 모두 부모의 양육하심이요 양친의 노고이신 것이다. 云云.[315] 세존께서 말씀하셨다. "아난(阿難)아! 내가 사바세계의 모든 중생을 보건대 비록 사람의 모습을 갖추고 있으나 부모님의 큰 은덕을 알지 못하고 보답하지 않고 報恩의 마음을 내지 않는도다. 命이 다하면 반드시 삼도(三塗)[316]에 떨어져 영원히 벗어나지 못하리라."

창(唱)

애석하게도 세상의 남녀들은
성장해서도 보답할 생각을 않는 도다.
아직껏 효도의 마음을 수양하지 않으니
헛되이 학습했을 뿐 쓸모가 없도다.
비록 어리석어 거역하는 일이 많지만
부모는 수저 집는 일을 시도한다.[317]

315 '운운(云云)' 두 글자는 원권 P.2418호에는 들어있으나 『돈황변문집』에는 빠져 있다.

316 삼도(三塗)란 화도(火塗) 곧 지옥도, 도도(刀塗) 곧 아귀도(餓鬼道), 혈도(血塗) 곧 축생도(畜生道)를 말한다.

317 차근차근 가르침을 의미한다.

단지 집에서 주관하는 것은 아이의 마음을 즐겁게 하는 것일 뿐
어찌 문밖에 명예로운 소문이 전해지는 것을 생각 하리오?
더울 때는 (자식보다) 더욱 덥게 지내는 것을 사랑이라 여기고,
추울 때도 (자식보다) 더욱 춥게 지내는 것을 어른의 거동으로 여기네.
자식이 즐거워하면 온 집안이 비로소 평안해지고
자식이 화를 내면 온 집안이 불안하도다.
분주히 돌아다니고 달이고 끓이는 수고를 하면서도
어찌 조금이라도 알아주기를 바랐으리오.
멋대로 떠나가서는 돌아 오려하지 않고
부모를 등한시하고 타향으로 떠나는구나.
일찍이 견문을 좋아하는 이와 사귀지 않고
부질없이 악당들과 짝을 이루는구나.
집안에서는 항시 부모의 말씀을 혐오하더니,
밖에서는 오히려 다른 사람의 말을 믿네.
대단히 어리석고 미련하여 깨닫지 못하고
제멋대로 심신을 놀려 허물을 일삼는구나.
부처님께서는 말씀하시길.
"이와 같이 은덕을 거역한 다섯 사람은
죽어 좋은 곳으로 가리라고 생각지 말라.
겹겹의 지옥은 무슨 이유로 생겼으리오,
단지 인간세계의 오역인(五逆人)을 위해서니라.
날이 추운 것을 불문하고 달이고 끓이는 죄를 받을 것이며
연월을 따지지 않고 몸을 두들겨 맞으리라.
저절로 도리를 안했음이 알려져 단죄(斷罪)가 뒤따르리니

불쌍히 보아달라고 엎드려 간청하더라도 고생을 할 것이라.
설사 그대가 인간세(人間世)에 태어나더라도
늙어 죽을 때까지 춥고 가난하리라."[318]

위 대목은 부처님이 제자 아난(阿難)에게 "중생들이 외양은 비록 인간의 모습을 하고 있지만 마음과 행실이 어리석고 어두워서 부모님의 크신 은혜를 생각하지 아니하고 부모님을 공경하는 마음을 내지 않으며 은혜를 저버리고 덕을 배반하며 자비한 마음이 없어서 효도하지 아니하며 의리를 저버린다."는 훈계의 말을 해설. 강의한 것이다. 그리고 강경문 양식의 전형이라 할 수 있는 '경(經) → 강(講) → 창(唱)'의 서술 구조를 이루고 있는 위 예문의 삽입시가(揷入詩歌)에서는 세상 남녀들이 갖가지 불효 행위를 뉘우치고 효심을 회복할 것을 종교적 설법으로 서술자가 직접 이야기하고 있다. 이는 곧 위의 삽입시가(揷入詩歌)가 '교술적 진술'임을 말해 준다.

다음은 「여산원공화(廬山遠公話)」 속에서 찾아지는 삽입시가(揷入詩歌)의 '교술적(敎述的) 진술'의 사례를 보기로 하자.

게(偈) 1

금년에는 반드시 내년이 있거늘,
어찌 내년의 곡식을 씨 뿌리지 않으리오.
지금 인생은 반드시 내세의 삶이 있거늘
어찌 내세의 복을 닦지 않으리오.

今年定是有來年 / 如何不種來年穀. 今生定是有來生 / 如何不修來生福.

318 원문은 「제3장 제3절 서술 형식」 (1) 의식지향형(儀式指向型) 참조.

게(偈) 2

오랜 옛날부터 깊은 은혜를 입어

육도(六道)의 윤회가 곳곳에 두루 미치니,

만일 금생에 용감히 끊고 물리치지 않으면,

원수가 되어 서로 보복함이 어느 때에 그치겠는가.

自從曠劫[319]受深流, / 六道輪迴處處遇, 若不今生猛斷却 / 寃家相報幾時休.

게(偈) 3

몸은 생겼으나 지혜가 아직 생겨나지 않고,

지혜가 생겨나니 몸이 이미 늙어버리네.

몸은 지혜가 더디게 생겨남을 원망하고,

지혜는 몸이 이르게 생겨남을 원망하네.

몸과 지혜는 서로 만나지 못한 채로

일찍이 몇 번이나 늙음을 보냈던가.

몸과 지혜가 서로 만나게 된다면

곧 불도(佛道)를 이루리라.

身生智未生 / 智生身已老. 身恨智生遲 / 智恨身生早.

身智不相逢 / 曾經幾度老. 身智若相逢 / 卽得成佛道.

「여산원공화(廬山遠公話)」에는 모두 일곱 군데에 '게송(偈頌)'이 삽입되어 있는데, 위에 예로 든 게송v(偈頌)에서 교술적 진술 방식을 엿볼 수 있다. 위의 게송(偈頌)이 교술적 진술이라는 것은 "금생에는 반

319 미래의 오랜 시간을 영겁(永劫)이라 하는데 대하여, 광겁(曠劫)은 과거의 오랜 시간을 말한다.

드시 내생(來生)이 있거늘, 어찌 내생(來生)의 복을 닦지 않는가", "만일 금생에 용감히 끊어 물리치지 않으면, 원수가 되어 서로 보복함이 어느 때 그치겠는가?", "몸과 지혜가 서로 만나게 된다면 곧 불도(佛道)를 이루리라" 등의 구절에서와 같이 불교적 이념을 서술자가 직접 교설하고 있는 것에서 확인된다.

다음은 「온갖 새 이야기(백조명(百鳥名)」의 첫 부분인데, 여기서도 삽입시가(揷入詩歌)가 교술적 기능으로 활용되고 있음을 볼 수 있다.

강(講)

때는 이월이 다가고 비로소 삼춘이 시작될 무렵이라. 숲속의 온 갓 새는 날개 짓하고 물고기는 물에서 활기차게 노네. 꽃이 만발하여 휘황찬란한 색을 발하네. 꽃은 처음 피어나 해님보고 웃고, 잎은 향기를 머금고 언덕에서 나부끼네. 산에서는 호랑이가 대장이요 새 중에는 봉황이 으뜸이라. 이때 봉황이 이르면 모든 새들이 운집하는데 의장을 갖추는 등 한결같이 인군(人君)을 본뜨네.

창(唱)

백학은 신분이 재상이요
고니새는 직간하는 충신이라.
비취새는 탄핵하는 신하요
도요새는 무관(武官)을 맡은 장군이라.
매는 육군(六軍)의 신책이요
공작왕은 궁문을 전담하고

호택조는 별당을 알고
세질자는 통사사인이요
기러기는 예부를 담당하고
홍학은 태사로 천문을 담당하고
일월조는 밤에 성상을 관찰하고
적자아는 낮에 구름의 기운을 바라보고
돌궐새는 접대 장소를 담당하고
노지는 구름의 기운을 관할하고
인니조는 재기가 없어서
오로지 향촌에서 춤추고
백련대는 색깔이 은빛을 내며
오래동안 산 속에서 따로 무리지어 살고,
봉황이 수풀에서 나타났다는 말을 들으면
남녀 할 것 없이 모두들 모여 든다.

是時二月向盡, 纔始三春. 百鳥林中而弄翼, 魚翫水而躍鱗, 花照勺(灼)色輝鮮, 花初發而笑日, 葉含芳而起津. 山有大蟲爲長, 鳥有鳳凰爲尊. 是時之鳥卽至, 雨集雲奔, 排備儀仗, 一慠(放)[320]人君.

白鶴身爲宰相, 　　山床鳥 朝鳥(庶鳥 古鳥)直諫忠臣,
翠碧鳥爲執侍御, 　　鵮子爲遊奕將軍,
倉鳥(蒼)鷹作六軍神策, 　　孔雀王專知禁門,

320 慠(放) : '방효(倣效)' 즉 '본뜨다'는 의미이다.

護澤鳥偏知別當,　　細辶至 子通事舍人,

鴻雁專知禮部,　　鴻鶴太史修門,

日月鳥夜觀星象,　　赤觜雅晝望煙雲,

突厥鳥權知蕃館,　　老鴉專望煙雲,

印尾鳥爲無才技,　　專心遏舞郷村.

白練帶, 色如銀,　　久在山間別作羣.

聞道鳳凰林裏現,　　將男挾女悉來臻.

「백조명(百鳥名)」은 의식에서 신하들이 임금을 호위하는 것을 조수(鳥獸)를 의인화(擬人化)하는 수법으로 가송(歌頌)한 작품이다.[321] 「백조명(百鳥名)」의 전체 줄거리와 구조는 다음과 같다. ① 강부(講部) : 때는 화사한 봄날 봉황새가 나타나니 뭇 새들이 운집하여 마치 군신의 모임처럼 자리를 정돈한다. ② 창부(唱部) : 봉황의 주변에 나열해 있는 백학, 고니새, 비취새 등 갖가지 새의 특징을 노래한다. 이 새들은 봉황이 수풀에 나타났다는 말을 듣고 함께 온다. ③ 강부(講部) : 쌍쌍이 날던 새들도 부름을 받고 감히 지체하지 않는다. ④ 창부(唱部) : 갖가지 새의 특징을 노래한다. 이 새들은 봉황이 숲속에 나타났다는 말을 듣고는 모두 와서 알현한다.

「백조명(百鳥名)」의 첫 단락(①, ②)에 해당하는 위 인용문 속의 '삽입시가(挿入詩歌)' 부분은 여러 새의 본질적 속성을 군신에 비유하여 파노라마(panorama)식으로 개술함으로써 조정 의식의 전경을 연상케 하

321 「백조명(百鳥名)」은 제목 다음에 '군신의장(君臣儀仗)'이라는 보충 설명어가 붙어 있다. 여기서 '의장(儀仗)'이란 말은 의식에 참가하는 호위(護衛)를 의미하는 것으로 「백조명」이 군신(君臣)이 함께 한 의식 행사를 가송(歌頌)한 작품임을 알려 준다.

고 있다. 특히 서술자의 목소리로 국왕을 상징하는 봉황 주위의 여러 새를 재상(宰相), 충신(忠臣), 간관(諫官), 장군 등에 비유하여 진술하고 있는 것은 위의 삽입시가(揷入詩歌)가 '교술적 진술 방식'에 속하는 '준주제적(準主題的) 진술'임을 보여 주고 있다. 이처럼 돈황 강창문학 텍스트의 삽입시가는 이념적 주제를 서술자가 직접 이야기하는 '교술적(敎述的) 진술' 외에 사건의 개관적인 진술을 통하여 준주제적 성격을 띠는 '교술적(敎述的) 진술'의 예를 찾아볼 수 있다.

이상에서는 종교적 가르침이나 이념적 주제를 표출하고 있는 삽입시가(揷入詩歌)의 교술적 진술 기능에 대하여 살펴보았다. 다음은 삽입시가(揷入詩歌)의 '서정적 진술' 기능에 대하여 알아보기로 한다.

(2) 서정적 진술

'서정적 진술'이란 주관적 정서 즉 인간적 정감을 표출하는 것을 말한다. 이때 정감 표출의 주체는 작중 인물 자신이 될 수도 있고 서술자가 작중 인물의 정서를 대리 표출할 수도 있다. 이러한 서정적 진술은 '주관적 · 내면적 呈示'라고 할 수 있다. 강창문학에서 '창(唱)' 부분에 의한 서정적 진술은 인물의 내면 정감이나 주변 묘사를 리듬감 있는 언어로 실감나게 전달함으로써 청중으로 하여금 연행 현장의 이야기에 한층 몰입하게 하는 효과를 발휘한다.

돈황 강창문학 텍스트 가운데 삽입시가(揷入詩歌)의 '서정적 진술'은 문학적 색채가 짙은 강창 텍스트 대부분에서 발견되는데, 「한붕이야기(한붕 이야기)」에 들어 있는 다음 삽입시가는 '서정적 진술'의 전형적인 예를 보여주고 있다.

강(講)

한붕은 서신을 받고는 그 말뜻을 이해하였는데 거기에는 다음과 같이 쓰여 있었다.

창(唱)

넓디넓은 하얀 물은
거센 파도 굽이치며 흐르고
밝디 밝은 명월은
뜬 구름이 막고 있네.
푸르디푸른 물은
여름과 겨울 때가 있나니
시기를 잃고 파종하지 않으면
벼와 콩이 자라지 못한다네.
만물이 성장하려면
자연의 시기를 어겨서는 안 된다오.
오랜 동안 상면하지 못하니
마음은 그리움뿐이네.
백 년 동안 서로 절개를 지키기로 하였건만
좋은 시절 한 때 뿐이었네.
그대는 어버이가 그립지 않은지요.
늙은 어머니의 마음은 서글프답니다.
저는 홀로 외로워하며

밤마다 항시 혼자서 침상에 들고
언제나 커다란 근심을 품고 지내지요.
듣건대
새들도 짝을 잃으면
그 소리 애처롭고
해 저물어 홀로 둥지에 들어서는
긴긴 밤을 쓸쓸하게 지내지요.
태산이 처음 생겨났을 때
위아래가 높고 가팔랐으니
위에는 한 쌍의 새가 있고
아래에는 천년이나 된 신비한 거북이 있었지요.
밤낮을 노닐며 즐기다가는
언제나 함께 되돌아갔지요.
저는 지금 무슨 죄가 있어
밝은 나날을 보낼 수 없는지요.
바닷물은 거세게 흐르나니
바람도 없이 파도치네.
사람을 성공시키는 경우는 적고,
사람을 파멸시키는 경우는 많네.
남산에 새가 있고
북산에 그물을 펼쳐 놓았다 할지라도
새가 높이 난다면
그물을 펼쳐 놓은 들
그대가 다만 평안하시다면

저 또한 딴 마음 없답니다.

韓朋得書, 解讀其言. 詩曰..「浩浩白水, 迴波如(而)流. 皎皎明月, 浮雲暎之. 青青之水, 冬夏有時. 失時不種, 禾豆不滋, 萬物吐化, 不違天時. 久不相見, 心中在思. 百年相守, 竟好一時, 君不憶親, 老母心悲. 妻獨單弱, 夜常孤栖, 常懷大憂. 蓋聞百鳥失伴, 其聲哀哀, 日暮獨宿, 夜長栖栖. 太山初生, 高下崔嵬. 上有雙鳥, 下有神龜, 晝夜遊戲, 恒則同(歸). 妾今何罪, 獨無光暉. 海水蕩蕩, 無風自波, 成人者少, 破人者多. 南山有鳥, 北山張羅, 鳥自高飛, 羅當奈何. 君但平安, 妾亦無他.

전체 이야기 구조에서 위 대목은 집을 떠난 지 6년이 넘도록 돌아오지 않는 남편에게 아내인 정부(貞夫)가 서신을 보낸 장면이다. 그리고 정부의 편지글은 시로 읊어져 있는데, 공연 당시는 노래로 불렀을 가능성이 크다. 여기서 삽입된 시는 곧 작중인물 정부(貞夫)의 언어인데, 작가는 논리적이고 건조한 언어를 배제하고 "시기를 잃고 파종하지 않으면, 벼와 콩이 자라지 못한다네", "새들도 짝을 잃으면, 그 소리 애처롭고, 해 저물어 홀로 둥지에 들어서는, 긴긴 밤을 쓸쓸하게 지내지요" 등의 적절한 비유적 언사를 통해 작중 인물의 애절한 정서를 표현하고 있다. 특히 작가는 삽입가사(挿入歌詞)에서 자신의 목소리를 철저히 배제하고 작중 인물인 정부(貞夫)의 입장에서 이야기함으로써 서정적 진술의 효과를 배가시키고 있다. 다음은 「오자서변문(伍子胥變文)」 속의 삽입시가(挿入詩歌)에 보이는 서정적 진술의 보기이다.

강(講)

자서(子胥)는 어부에게 입은 은혜를 생각하며 목이 메고 비감하여 울음이 멈추지 않았다. 곧 비가(悲歌)를 지어 탄식하길..

창(唱)

큰 강물은 한없이 넓고,
구름과 강물이 서로 잇닿아 있네.
애통하고 애통한 마음이여 참기 어렵고,
괴롭고 괴로운 마음이여 원수를 갚으리라.
자고(自古)로 인생살이에는 이별이 있고,
생사부귀(生死富貴)는 모두 하늘에 달려있거늘.
선생은 저의 무엇을 한(恨)하시어
끝내 강 한가운데서 배를 뒤엎으셨는지요?
파도에 배를 휩쓸어 침몰시키니,
맺힌 원한 울부짖으며 처절히 애통해하는구나.
서글픈 마음 간장(肝腸)을 도려내는 듯하여
도중에 눈물이 옷깃을 적시는 것을 막을 수 없구나.
오(吳)나라 땅 바라보이나 이를 수 없고,
초왕(楚王) 있는 곳 생각하니 회한이 사무치네.
만일 현명한 군주 만나 벼슬하게 된다면
영웅의 일편단심 펼쳐보리라.

子胥愧荷魚人, 哽咽悲啼不已, 遂作悲歌而歎曰..

大江水兮淼無邊 雲與水兮相接連.,
痛兮痛兮難可忍, 苦兮苦兮寃復寃.
自古人情有離別 生死富貴總關天,
先生恨胥何勿事, 遂向江中而覆船.

波浪舟兮浮沒沈, 唱寃枉兮痛切深,

一寸愁腸似刀割, 途中不禁淚沾襟.

望吳邦兮不可到, 思帝鄉兮懷恨深,

儻値明主得遷達, 施展英雄一片心.

위 대목은 오자서(伍子胥)의 도망(逃走)을 도와 준 어부(漁夫)가 강물에서 배를 뒤엎어 자살하자 오자서가 비가(悲歌)를 지어 자신의 심정을 토로하는 장면이다. 여기서 「강(講)」의 장면을 확장하여 오자서(伍子胥)의 탄식(歎息)을 강조 서술하고 있는 「창(唱)」 부분은, "애통하고 애통한 마음 참기 어렵고, 한없는 원망에 괴롭고 괴롭도다", "오(吳)나라 땅 바라보이나 이를 수 없고, 초왕(楚王) 있는 곳 생각하니 회한이 사무치네. 만일 현명한 군주를 만나 벼슬하게 된다면, 영웅의 일편단심 펼쳐보리라" 등의 구절에서 알 수 있듯이 주관적 정서를 표출하고 있어 '서정적 진술'의 기능으로 삽입시가가 활용되고 있음을 알 수 있다. 다음은 「계포시영(季布詩詠)」[322]에서 삽입시가가 서정적 진술의 기능을 수행하고 있는 사례를 보기로 하자.

창(唱)

가요(歌謠)에 이르길..

「금년 가을바람이 서늘할 제 해자를 건넜는데,

가을 이슬 어지럽게 흩날리더니 산골짜기에 서리로 가득 채우는구나.

322 「계포시영(季布詩詠)」은 張良의 이야기를 다룬 작품인데 왠일인지 제목에는 계포(季布)를 언급하고 있다. 아마도 「계포시영」이란 제목에는 착오가 있는 것으로 보인다.

대장부 높은 관직을 얻었다고,
어찌 부모님을 잊으랴.
사람은 누구나 부모 덕분에 태어나고,
태어난 자식은 또한 부모님에 의하여 양육되나니,
3년 동안 품안에서 모유를 먹지 않았다면,
육척의 몸 어디에서 자랐겠는가!
자식을 기르는 것은 다만 집안일을 주관하도록 하며,
사시사철 맛있는 음식으로 부모를 봉양하도록 하려함인데,
맛있는 음식으로 전혀 봉양하지 않고,
부모를 버리고 헛되이 세상을 구제하려 하네.
전쟁을 치룬지 이미 여러 해,
백번 싸워 모두 패배하여 생명이 위태롭구나.
꿈속에서 때로 창 아래 누워 있다가,
놀래 깨어나 보면 본래 북소리 들리는 변방에 있네.
천만 병사들 어느 곳에서 철수하고,
서신은 언제나 오고 가려나.
전마는 항시 고삐에 매어져 있고,
화살은 밤마다 시위를 당기지 않는 때가 없구나.
급속히 사람을 늙게 하고,
신속히 사람을 조급하게 하는구나.
관산(關山)에 큰 돌이 가로질러 있어 길이 다니기가 어려운데,
어느 것이 고향 가는 길인지?」

詞曰..

今年蕭率度壕梁, 玉霜芬芬滿潤霜.,
丈夫既得高官職, 如何忘却阿耶孃.
人總俱從父母生, 生子還從父母養,
三年不食胸前乳, 六尺之軀何處長!
養兒只合知家計, 四時八節供食甘食危(甘脆),
食甘食危(甘脆)由來總不供, 抛却耶孃虛度世.
耽人負戰已數年, 百戰百傷命轉然,
夢時(裏)有時槍下臥, 覺來原在鼙鼓邊,
千萬之卒何處徹(撤), 雁足之書早脫(晩)廻.
戰馬有時恒被着, 一弓無夜不張弦.
急兮急兮催人老, 速兮速兮催人早,
開(關)山磻石尊(礡)路行難, 那箇是我家鄉道?

「계포시영(季布詩詠)」은 장량(張良)이 초군(楚軍)과의 전쟁에서 초(楚)나라 가요(歌謠)를 불러 초나라 군사의 마음을 동요시키는 계책으로 초나라를 물리치는 이야기이다. 그리고 위에 인용한 「사(詞)」는 「계포시영(季布詩詠)」의 삽입된 것으로 장량(張良)의 군사가 불렀던 '초가(楚歌)'이다. 그리고 위 인용의 다음 구절,

"전쟁을 치룬지 이미 여러 해,
백번 싸워 모두 패배하여 생명이 위태롭구나.
꿈속에서 때로 창 아래 누워 있다가,

놀래 깨어나 보면 본래 북소리 들리는 변방에 있네.

천만 병사들 어느 곳에서 철수하고,

서신은 언제나 오고 가려나.

전마는 항시 고삐에 매어져 있고,

화살은 밤마다 시위를 당기지 않는 때가 없구나."[323]

에서 확인되듯이 '초가(楚歌)'는 전쟁 나간 군사들의 향수심을 자극하기에 충분하도록 서술자가 초나라 군사의 애절한 심정을 인물시점(視點)에서 진술하게 표현하고 있다. 즉, '초가(楚歌)'는 장량(張良)이 초나라 군사들로 하여금 고향 생각을 불러 일으켜 전쟁 의욕을 잃게 한 결과 초군의 패배를 가져오는 결정적인 계기를 만들어내는 중요 장치로써, 서정적 진술로 되어 있다.

이상에서는 작중 인물의 주관적 정서를 표현하는 삽입시가의 서정적 진술 기능에 대하여 살펴보았다. 다음은 삽입시가(揷入詩歌)의 '서사적 진술' 기능에 대하여 논술하기로 한다.

(3) 서사적 진술

'서사적 진술'이란 시간적 질서와 공간의 기초 위에서 사건을 기술함을 말한다. 서사적 진술이 교술적·서정적·희극적 진술과 뚜렷이 구분되는 점은 작가 및 작중 인물의 이중적 시점이 교체해 간다는 점

323 원문은 위 인용문 참조.

에 있다. 무엇보다 서사적 진술 방식은 강창문학이 서사 장르에 포함될 수 있음을 확인시켜 주는 요소로 대체로 「강부(講部)」에서 많이 발견된다. 그러나 「창부(唱部)」에서도 특정 장면을 확장·강조하기 위하여 서사적 진술이 빈번히 활용되고 있는 것을 볼 수 있다.

그러면 돈황 강창문학 텍스트에서 삽입시가(揷入詩歌)의 '서사적(敍事的) 진술'의 구체적인 사례를 들어보기로 하자. 다음은 「오자서변문(伍子胥變文)」에서 발췌한 삽입시가(揷入詩歌)인데 '서사적 진술' 예를 보여주고 있다.

강(講)

바람이 불어와 귓가를 스치는데 빨래하는 소리가 들려왔다. 감히 앞으로 나아가 훔쳐보지도 못하고 몸을 숨기고 물러섰다.

창(唱)

오자서(伍子胥)는 영수(潁水) 가에 이르러는
목마르고 굶주려 더 이상 길을 가기 어려웠다.
멀리 허공에서 빨래 소리 들려오자
몸을 오그리고 그 자리에 멈춰 섰다.
이곳까지 사람이 들이닥칠까 두려워
살금살금 발걸음 옮기고 몸을 움cm려 나무 뒤에 숨었다.
오래도록 자세히 살펴보니 경계할 필요가 없기에
살짝 나무 사이로 슬그머니 곁눈질 해보았다.
나루터 곁에는 남자라곤 없고
단지 나이 어린 빨래하는 소녀만 보였다.

(오자서가) 물속으로 머리를 내밀어 빈번히 살펴보니,
물결 위로 옥 같은 팔뚝이 자주 들어 올려 지네.
즉시 앞으로 나가 구걸을 하자니
마음속에 의심이 생겨 머뭇머뭇하였다.
머뭇대며 선뜻 물어보지 못하고는,
주저주저하다 곧 고개를 숙이고 다가가려 하였다.

風來拂耳, 聞有打紗之聲, 不敢前盪, 隈形卽(却)立.

子胥行至潁水傍, 渴乏飢荒難進路.
遙聞空裏打紗聲, 屈節斜身便卽住.
慮恐此處人相掩, 捻脚攢形而映樹.
量(良)久穩審不須驚, 漸向樹間偸眼覷.
津傍更亦沒男夫, 唯見輕盈打紗女.
水底將頭百過窺, 波上玉腕千過擧.
卽欲向前從乞食, 心意懷疑生猶豫.
進退不敢輒諮量, 蜘躕卽欲低頭去.

위 대목은 오자서(伍子胥)가 초왕(楚王)의 체포령을 피해 도망(逃走)하던 중 영수(潁水) 근처에 도착한 장면이다. 여기서 「강(講)」은 오자서(伍子胥)가 강변에 숨어 있다 빨래 소리가 들려오자 멈칫하는 모습을 짤막하게 묘사하고 있다. 그리고 「강(講)」을 뒤이은 「창(唱)」은 「강(講)」의 장면을 강조 서술한 것이다. 즉, 목마르고 굶주린 오자서(伍子胥)가 취한 조심스런 행동 — 예컨대 다음 묘사 부분이 그러하다. : "멀리 허공에서 빨래 소리 들려오자 / 절개 꺾고 몸을 틀어 그 자리에 멈춰 섰다. / 이곳까지 사람이 들이닥칠까 두려워 / 살금살금 발걸음 옮기고 몸을 움추려 나무 뒤에 숨었다. / 오래도록 자세히 살펴보니 경계할 필요가 없기에 / 살짝 나무 사이로 슬그머니 곁눈질 해보았다." — 과 빨래하는 여인의 행동거지 — 예컨대, 다음 묘사 부분 : "물속으로 머리를 백번은 들여 보고 / 물결 위로 옥 같은 팔뚝을 수천 번 들어올렸다." — 를 섬세한 감각과 필치로 서술자가 직접 진술하고 있는 것이다. 따라서 위에서 인용한 '삽입시가(揷入詩歌)'는 '서사적 진술'이라 할 수 있다. 다음은 「계포시영(季布詩詠)」 속의 삽입시가에서 발견되는 '서사적 진술'의 보기이다.

강(講)

한고조(漢高祖) 황제가 팽성(彭城)에서 한신(韓信)을 불러 들이고[324], 해하(垓下)에 한 차례 전투를 치르니, 초나라는 멸망하고 한나라는 흥기하였다. 장량은 한신이 상당히 많은 적군을 죽이는 것을 보고 아뢰었다. "신이 초나라 가요를 불러서 초나라 군대를 물리치겠나이다."

창(唱)

노래로 읊는다.

「장량이 명령을 받들고 군영에 들어가서,

부하에게 속히 초나라 진영을 염탐할 것을 분부하고,

324 한신은 본래 초나라의 장수였으나 후에 유방의 진영으로 달아나 병사를 이끌고 출정하여 초군을 물리치는 공적을 세운다. 이 사건은 『사기(史記)』 「회음후열전(淮陰侯列傳)」에 기술되어 있다.

오늘밤 사오백 명을 선발하여,

초나라 가요를 가락에 맞추어 완전히 익히도록 하네.

장량의 계책은 매우 드문지라,

그날 밤 초나라 군영을 포위하고서는,

바로 삼경에 이르러 익숙한 가락소리로,

사방에서 모두 초나라 노래를 부르네.」

漢高皇帝詔得韓信於彭城, 垓下作一陣, 楚滅漢興.張良見韓信煞人交(較)多. 張良奏曰..「臣且唱楚謌, 散却楚軍.」謌曰..

張良奏命入中宮(營), 處分阿郎速暫聽,

今夜揀人三五百, 解踏楚歌總須呈.

張良設計甚希有, 其夜圍得楚家營,

恰至三更調練熟, 四畔齊唱楚歌聲.

「계포시영(季布詩詠)」에는 두 수의 '삽입가요(插入歌謠)' — 가(謌)와 사(詞) — 가 들어 있는데, 한 수(首)는 서사적 진술로 되어 있고, 한 수 — 장량(張良)의 군사가 부른 초가(楚歌) — 는 서정적 진술로 되어 있다. 위에서 인용한 삽입시가 「가(謌)」는 장량(張良)이 부하들에게 초나라 진영을 감시하라고 분부하고, 군사를 선발하여 초가를 익히고, 초군의 진영을 포위하여 군사들로 하여금 초가를 부르게 하는 장면을 그리고 있다. 여기서 우리는 위의 삽입시가(插入詩歌)가 주관적 정감의 토로나 주제적 진술 혹은 극적 재현이 전혀 발견되지 않는 순수한 서사적 진술 형식임을 알 수 있다.

또 다른 서사적 진술의 삽입시가는 「환희국왕 이야기(歡喜國王緣)」

의 다음 예문에서 목도할 수 있다.

강(講)

이 부인은 용모가 아리땁고 부덕(婦德)이 밝게 드러나 해와 달이 비추는 모든 곳에 알려졌고 온천지에서 우러러 보았다. 왕은 애틋하게 여기어 밤낮으로 향기 가득한 왕비의 방을 떠나지 않으며 황금 대전에서 즐겁게 보냈다. 허나 이러한 부귀란 가소롭기 그지없는 것. 갑자기 하루아침에 나쁜 소식을 듣게 되었다.

창(唱)

① 측(側) 왕이 진정으로 편애하고 총애하였거늘,
측(側) 어이 그리 생명이 길지 못하단 말인가?
홀연히 가무를 할 무렵
유상 부인에게 죽음의 그림자가 두루 드리우네.
점점 병색(病色)이 깊어져
칠일 만에 세상을 떠나리라는 것을
성군(聖君)이 알고서는
주르르 눈물을 떨구네.
단(斷) 갑자기 부인의 안색이 혼미해지니
흐르는 눈물 줄기 막을 수 없네.
② 옥 같은 용모 끝내 흙으로 돌아가는 것이 분명한데.
부인이 재로 변하는 것을 어찌 견디리오?
이 청순한 봉황이 짝을 잃으니
후원의 아름다운 꽃과 참새는 뉘를 위하여 봄을 맞으리?

국왕은 이를 보고서 경악하고

모든 궁녀들 위로(慰勞) 말씀드리며 한 사람을 일깨우네.

這夫人容儀既麗, 婦德彌章(彰), 有日月處皆智(知), 滿乾坤而盡許.王之顧念, 日夕不離數(椒)房, 旦暮歡於金殿.如斯富貴, 可笑殊嚴.忽地一朝, 別聞惡事..

[側] 王即情偏寵, 其如命不長,

[側] 忽因歌舞次, 死於(相)千邊彰.

一道深[深]氣, 看看七日亡,

聖君纔見了, 流淚兩三行.

[斷] 忽地夫人氣色昏, 淚流如線莫能勝,

定知玉貌終皈七(土), 爭忍夫人化作塵.

這度清鸞纔失伴, 後迴花小(雀)爲誰春,

國王見此心驚怪, 嬪彩皆言悟一人.

「환희국왕 이야기(歡喜國王緣)」에서 위 대목은 아리따운 왕비와 금실 좋게 지내던 환희왕이 왕비가 칠일 후 사망하리라는 불길한 소식을 듣게 되는 장면이다.

위 예문의 삽입시가(揷入詩歌)는 환희왕이 왕비의 죽음을 예견하고 슬퍼하는 장면을 서술자의 목소리로 이야기하고 있는 서사적 진술에 해당한다. 그런데 위 삽입시가의 서사적 진술은 이중적인 양상을 띠고 있다. 먼저 밑줄 친 고딕체 부분 (A)와 (B)는 사건 전개에 대한 설명적 진술이 아니라 서술자가 작중 인물의 정감을 지각한 듯이 발언하고 있다. 반면 나머지 부분은 왕비가 가무(歌舞)를 행할 때 환희왕이 불길한 조짐을 보고 서글퍼하는 모습과 주위의 궁녀들이 취하는 태도를 서술자가 감정 개입을 절제하고 기술하고 있다. 이처럼 강창문학 텍스트의 삽입시가(插入詩歌)에는 서사적 진술의 본질적 특징인 작가의 시점과 작중 인물의 시점이 상호 공존하고 있다.

이상에서는 돈황 강창문학 텍스트의 삽입시가(插入詩歌)가 서사적 진술 기능을 수행하고 있음을 구체적인 예문을 통해 살펴보았다. 다음은 삽입시가의 희극적 진술 기능에 대하여 살펴보기로 한다.

(4) 희극적 진술

'희극적 진술(戱劇的 陳述)'이란 작중 인물 간의 대화 형식으로 서술하는 것을 말한다. 서술자의 개입 없이 작중 인물이 서로 대화를 주고받는 '희극적 진술'은 흔히 '劇的 再現(dramatic representation)'이란 말로 대치되기도 한다. 구비연행서사물(口碑演行敍事物)인 강창문학은 근본적으로 공연과 밀접한 관계를 맺고 있기 때문에 서술 방식에 대화체가 빈번히 사용되는 바, 이러한 대화체의 희극적 진술 방식은 삽입시가의 기능에서도 예외가 아니다.

돈황 강창문학 텍스트 가운데 삽입시가(插入詩歌)의 '희극적 진술'은 그리 많이 발견되지는 않으나, 어떤 강창문학 텍스트는 희극의 대본으로 보아도 무리가 없을 만큼 대언체(代言體)가 주축을 이루고 있는 것을 볼 수 있다. 돈황 강창문학 텍스트 가운데 삽입시가의 희극적 진술 성향이 가장 명백한 것은 「마왕을 격파하는 이야기(파마변(破魔變)」의 다음 대목이다.

강(講)

첫째 딸이 말하길..

"세존이시여! 세존이시여! 인간이 세상에 태어나 얼마나 살겠는지요? 영화를 누려보지도 못하고 헛되이 세월을 보내게 마련이지요. 저의 미모는 실로 세상에 둘도 없으며, 스스로 자랑해도 될 만큼 인간 세상에는 드물답니다. 그러므로 서로 도와 천년을 다하기를 맹세합니다. 비천한 저를 버리지 마시와 영원히 부처님과 함께 부부가 되었으면 하나이다."

창(唱)

여인이 말하길..

권하옵건대 그대는 성불하지 마옵소서.
하필 고난에 마음을 두시고 미혹됨에 집착하시는지요?
제가 자애로운 부친을 버리고 인간 세상에 내려왔사오니
진실로 바라옵건대 이 몸과 부부가 되어주시옵소서.

부처님이 말하길..

내 지금 크게 깨달음을 얻어
설법을 마음으로 받들어 중생을 교화시키기를 원하노라.
고해(苦海) 가운데 뗏목(船筏)의 가르침을 이루려 하노니
어찌 그대와 부부가 되기를 원하겠는가?

강(講)

둘째 딸이 말하길..

"세존이시여! 세존이시여! 금륜왕씨요 황제의 자손이시면서 왕위를 버리시고 홀로 산중에 적막하게 계시는군요. 제가 지금 온 것은 다른 뜻이 없사옵고 산중에서 같이 거하면서 청소하고 향 피우고 물이나 뜨고자 해서이옵니다. 세존이 계시지 않을 때 제가 집을 간수할 수 있을 것이옵니다."

창(唱)

여인이 말하길..

저는 화려한 비단 치마 입기를 좋아하여,
사향을 태우지 않고 자연 향기 그대로이지요.
제가 자애로운 부친을 버리고 인간 세상에 내려왔사오니
맹세컨대 섬섬옥수로 황금 침상을 청소하고자 하옵니다.

부처님이 말하길..

내가 있는 현세는 매 순간마다 변화무쌍하니,
어느 곳에선들 조금이라도 향을 태우지 않을 수 있으랴.
부처님의 사선(四禪)은 청정을 근본으로 하노니,
어찌 그대가 금상을 청소해주길 원하겠는가?

강(講)

셋째 딸이 말하길..

"세존이시여! 세존이시여! 저는 나이가 어려 부모님께서 편애하시고, 단정함은 그 누구도 비할 수 없으며, 저만큼 총명한 사람은 드물답니다. 도리천의 군주인 범왕(梵王)이 자주 방문하였으나 부모님께서는 그가 비천하다고 꺼리셔서 신부로 주지 않았답니다. 제가 보건대 세존께서는 단정하시고 또 정반왕의 태자로서 삼단(글쓰기를 잘하고, 칼 다루기를 잘하며, 말을 잘함)과 육예를 모두 갖추시고 문무를 모두 겸비하셨더군요. 이에 부모를 버리고 인간 세상으로 내려왔사오니, 감히 부처님의 아내가 될 수 없다면 좌구(座具)만이라도 오래도록 받들기를 진정 바라나이다."

창(唱)

여인이 말하길..

이 몸의 나이는 15세 청춘이니,
흡사 부용꽃이 물가에 피어 오른 듯 하답니다.
도리천의 군주 범왕이 자주 찾아왔으나,
부모님께서는 비천한 그를 꺼리시어 허락하지를 않았답니다.
그대를 보건대 문무가 모두 완전하고
육예와 삼단 또한 빼어나군요.
저는 자애로운 부친을 버리고 인간 세상에 내려왔으니
승려가 되지 마시옵소서.

부처님이 말하길..

그대는 지금 여인의 몸을 버려야 합당하리니,
이전부터 불도를 방해한 연유이기 때문이니라.
어서 속히 천상으로 돌아갈 것이지,
사람을 어지럽혀 혼란케 하지 말라.[325]

「파마변(破魔變)」은 석가모니가 마왕의 갖가지 훼방을 물리치고 성불(成佛)하는 이야기이다. 전체 줄거리에서 위 대목은 석가모니의 성불(成佛)을 두렵게 여긴 마왕이 자신의 세 딸을 보내 속세를 떠나지 못하도록 유혹하는 장면이다. 그런데 위 대목의 서술 형식을 보면, 서술자의 설명적 진술은 전혀 없고 오직 부처님과 마왕의 세 딸이 등장하여 대화를 주고받고 있다. 특히 삽입시가 부분은 마왕의 딸과 부처님 두 사람이 1:1로 대화를 나누고 있어 '희곡적 진술'임이 분명하다. 이 대목으로 볼 때 이 작품은 연행 당시 '극적 형태(劇的 形態)'로 진행되었을 가능성이 높다.

이와 같이 삽입시가(揷入詩歌)가 작중 인물 간의 대화 언어로 사용되고 있는 또다른 사례는 「빈바사라왕의 후궁 채녀 공덕의가 불탑에 공양한 연유로 도리천(忉利天)에서 환생한 이야기(頻婆娑羅王后宮綵女功德意供養塔生天因緣變)」(이하 「공덕의 이야기」로 약칭함.)에 보인다.

325 원문은 제3장 제3절 서술 형식 (1) 서사지향형(敍事指向型) 참조.

강(講)

그 때 여러 비구들이 지극히 청명한 아침에 부처님을 향하여 합장하고 세존에게 말했다.. "어제 밤 밝은 빛이 평상시보다 배나 되었답니다. 이는 제석범천입니까 아니면 사천왕자입니까? 이십팔 부 귀신대장(鬼神大將)인지 밤에 대나무 숲을 밝게 비추고 있습니다."

창(唱)

여러 비구들이 말했다..

"□□ 광명이 평상시보다 배로 빛을 발해
죽림과 선방을 밝게 비추고 있습니다.
이는 상계의 제석천입니까?
범중사천왕입니까?
□□ 불회 선림 안에서
능히 야밤에 상서로움을 나타내고 있습니다.
바라옵건대 세존께서는 중생들을 불쌍히 여기시어
어제 밤에 나타난 그 빛에 대해 해설해 주시옵소서."

강(講)

부처님께서 여러 비구들에게 말씀하셨다.. "이는 제석이 아니요, 또 범천 귀신대장도 아니란다. 이것은 빈파사라왕의 후궁 공덕의라는 이름을 갖고 있는 채녀가 탑에 공양했기 때문에 아도세왕에게 해를 입어 죽은 후 도리천에서 환생하여 지금 하계로 돌아와 나에게 공양하는 것으로 바로 저 빛이니라."

창(唱)

부처님께서 말씀하셨다..

"너희들이 어제 밤에 본 그 빛은
석범사천왕이 아니니라.
그것은 왕의 후궁 공덕의가
목숨을 아끼지 않고 불당을 청소하여
해를 당해 죽어 천상에 태어난 후
다시 하계에 돌아와 이곳에 이른 것이니라.
향기로운 꽃을 지니고 나에게 공양하니
밤에 상서로움이 나타난 것이니라."

[時諸比]丘, 至明淸旦, 合掌向佛, 白言世尊, 昨夜光明, 倍踰於常. 爲[時帝釋]梵天; 爲是四天王子(乎)?廿八部鬼神大將也. 令其夜分, 照耀竹林. 諸比丘道..

□□光明倍尋常, 照耀竹林及禪房,
爲是上界天帝釋? 爲是梵衆四天王?
□□佛會禪林內, 能令夜分現禎祥.
惟願世尊愍四衆, 解說昨夜見底光.

[佛告]諸比丘, 非是帝釋, 亦非梵天鬼神大將, 乃是頻婆娑羅王[后]宮綵女, 名功德意, 供養塔故, 爲阿闍世王被害命終, 生忉利天, 今還下界, 來供養我, 是彼光耳」 佛道..

汝等昨夜見底光, 非是釋梵四天王,

乃是王宮功德意 爲先捨命掃佛堂.

被害命終生天上, 還來下界至此方,

執持香花供養我, 令其夜分現禎祥.

「공덕의(功德意) 이야기」는 부왕(父王)인 빈파사라(頻婆娑羅)왕을 살해하고 왕위를 차지한 태자 아도세(阿闍世)가 부왕이 만든 불탑에 공양하지 말라는 명령을 내리나, 빈파사라왕의 후궁 채녀(綵女) 공덕의가 불탑에 공양하여 죽임을 당한 후 도리천에서 환생한다는 이야기이다.[326] 전체 줄거리에서 위 대목은 죽은 공덕의가 도리천(忉利天)에서 환생한 후 생긴 빛에 대하여 여러 비구들이 질문을 하자 부처님이 설명해주는 장면이다. 그런데 서술 방식상 위 대목은 「강(講)」과 「창(唱)」의 서술 언어가 모두 작중 인물의 발언으로 되어 있는 희곡적 진술 형태라 할 수 있다. 즉, 서술자의 직접적인 개입이 없이 여러 비구와 부처님이 서로 교체하여 발화(發話)하고 있을 뿐이다. 특히 위 예문

326 현존하는 돈황본 「공덕의 이야기」는 앞부분의 이야기가 빠진 채 뒷부분만이 남아 있다. 누락되어 있는 앞부분의 이야기를 경전(『찬집백연경(撰集百緣經)』 권6 「공덕의공양탑생천연(功德意供養塔生天緣)」)에서 옮기면 다음과 같다. "그 때 왕태자 아도세(阿闍世)는 제파달다(提婆達多)와 함께 음모를 꾸며 부왕을 살해하고 스스로 왕의 자리에 올랐다. 궁 안에 칙명을 내리기를 저 탑에 예배 공양을 드리지 말 것이며 이를 어긴 자는 죄로 다스리겠다고 했다. 그 후 7월 15일 승려들이 제멋대로 방자하게 지내고 있을 때 공덕의라는 한 궁녀가 생각하길.. " 이 탑은 대왕께서 지으신 것인데 지금 이렇게 더러워졌는데도 씻는 사람이 아무도 없구나. 내 이제 신도로서 몸이 찢기는 형벌을 받더라도 저 탑을 청소하여 향불을 피우고 등을 밝혀 공양하리라." 이렇게 작정을 하고 즉시 등을 밝히고 그 탑에 공양하였다. 그때 아도세왕이 멀리 누각 위에서 탑의 등이 밝혀져 있는 것을 보고는 크게 진노하였다. 즉시 사람을 파견해 누구의 짓인지 알아보게 했다. 공덕의가 등을 밝히고 공양하고 있는 것을 본 사자는 돌아와서 왕에게 그대로 아뢰었다. 왕은 불러 오라고 명한 후 그 연유를 물었다. 그때 공덕의는 즉시 왕에게 대답했다. "지금 이탑은 선왕께서 만드신 후 공양하던 것입니다. 오늘은 좋은 날인지라 청결하게 소제한 후 등을 밝혀 공양했답니다." 그때 아도세(阿闍世)는 이 말을 듣고 화가 倍로 치솟아 즉각 칼로 참살해 버렸다. 공덕의는 이처럼 착한 마음 탓에 목숨을 잃었으나 도리천(忉利天)에 태어나니 몸에서 광명이 발했다."

의 삽입시가(插入詩歌)는 부처님에게 하는 여러 비구의 말을 담고 있는데, 이는 작중 인물 간의 대화 형식으로 이루어지는 '희곡적 진술 기능'으로 삽입시가(插入詩歌)가 활용되고 있음을 보여준다.

이상에서 필자는 강창문학의 서사 방식에서 가장 독특한 특징이라고 할 수 있는 '삽입시가'의 다양한 기능 — 즉, 교술적 · 서정적 · 서사적 · 희곡적 진술 방식 — 에 대하여 살펴보았다. 그 결과 작가의 서술과 인물의 대화를 단조롭게 교체해 나가는 일반 고대소설과 달리 강창문학은 삽입시가의 다양한 기능을 매개로 모든 장르적 진술 방식을 수용하면서 소위 '다성곡적(多聲曲的) 목소리'를 내고 있음을 확인할 수 있었다. 그리고 이러한 현상은 장르의 미분화시기에 생성, 변이, 발전한 강창문학이 근본적으로 혼합 양식(mixed mode)적 특성을 장르적 본질로 하고 있음을 말해 준다.

3) 구비연행口碑演行의 근거

돈황 강창문학 텍스트는 다음과 같은 물음들 ① 현존 텍스트는 당시 강창인(講唱人)에 의해서 실제 구연(口演)된 연행대본인가? ② 기술 과정에서 작가의 창작적 개입 없이 기계적인 기억에 의해서 이루어진 것인가? ③ 실제 연행 과정에서 즉흥적으로 창작된 요소는 없었는가? ④ 독자(讀者)를 대상으로 한 독본용(讀本用) 문학작품은 아니었는가? 등에 대하여 아직까지 명확한 답변을 하지 못한 채 의문으로 남겨 놓고 있다. 이는 현존하는 돈황 강창문학 텍스트가 단일한 측면 — 구비문학 혹은 기록문학의 한 측면—에서 해석될 수 없는 복합적인 성격을 갖고 있음을 말해 준다.

그러나 돈황 강창문학의 본질적인 연행 원리를 규명하기 위해서는 현존 텍스트를 독자(讀者)를 대상으로 한 독본용(讀本用) 문학작품의 측면에서 접근하기보다는 청중을 대상으로 연행된 구비서사물의 측면에서 분석해 들어가는 것이 일차적으로 요구된다. 왜냐하면 돈황 강창문학 텍스트는 기록화 과정을 거치면서 기록문학적 성향으로 변이되었다고 보여지나, 기본적으로 강창문학은 '기술(記述)'보다는 '구술(口述)'을 위해 존재한 연행적(演行的) 구비서사물(口碑敍事物)이기 때문이다. 돈황 강창 텍스트가 연행자(이야기꾼 / 설창인 / 설화인)에 의하여 구술(口述)된 연행태본(演行台本)이었음을 나타내는 '구비연행(口碑演行)의 근거'는 다음과 같다.

첫째, 설화인의 기억(暗記)에 의해서 구술(口述)된 것으로 보이는 '반복적 되풀이(repitation)' 구문(句文)이 발견된다. 이는 두 개의 구문을 서로 비교함으로써 그 실상(實相)을 드러나는데, 「순자 이야기(순자변(舜子變)」 속의 다음 두 예문이 대표적인 보기이다.

①

계모는 순자를 보더니 악독한 마음이 더욱 발동하였다. "당신이 요양으로 간 후부터 소첩이 집안일을 모두 처리하였습니다. 전실 자식들은 불효하여 동원에서는 항상 술자리를 열었고 서원의 글방은 항시 닫혀있었습니다. 밤마다 나쁜 사람들과 어울려 집에 돌아오려고 하지 않았습니다. 논밭과 장원은 팔아버리고 요상한 술수로 남을 괴롭히는 것이나 배우고 다녔습니다. 큰 몽둥이로 때려도 또한 죽지 않으니, 만일 요임금이 아셨더라면, 저도 잘못이 있다고 연루를 시켰을 것입니다. 일을 해결하는 방법은 저와 이혼하여 저로 하여금 당신 곁을 떠나게 하는 것입니다." 고수가 부인에게 답하기를.. "사람의 목숨은 소중한 것이니 어찌하면 매로 다스려 그를 뉘우치게 하겠소? 계책이 있으면 서슴대지 말고 말해보시오. 네 당신에게 일임하리다." 계모는 고수에게 대답하였다. "매를 맞고도 뉘우치지 않는다면 만사가 끝난 것이지요. 매를 맞고 뉘우친 자라면 조그만 일은 이룰 수 있을 것입니다."

㉠ 이삼일 후 계모는 계책을 마련하였다. ㉡ 계모가 고수에게 말하였다. "소첩이 ㉢ 후원에 있는 창고를 보니 이삼년 내에 무너져 내릴 것 같습니다. 순자로 하여금 ㉣ 창고를 수리케 하고는 그때 주위에서 불을 질러 죽입시다." 고수가 부인에게 말하였다. "부인은 비록 여인이기는 하나 계책을 세우는 데는 빈틈이 없구려." 고수가 순자를 불러 말하였다. "㉤ 아비가 후원의 창고를 보니 이삼년 내에 무너져 내릴 것 같구나. (그러니) 네가 그 창고를 수리한다면 어찌 집안일을 돕는 것이 아니겠느냐?" ㉥ 순자는 창고를 수리하라는 말을 듣고 계모가 계획한 것이라는 것을 바로 알아차렸다.

後阿孃亦見舜子, 五毒嗔心便起.「自從夫去療陽, 遣妾勾當家事.前家男女不孝, 東院酒席開, 西院書堂常閉, 夜夜伴涉惡人, 不會歸來宅裏.買(賣)却田地莊園, 學得甚鬼禍術魅!大杖打又不死, 忽若堯王敕知, 兼我也遭帶累.解士(事)把我離書來, 交[我]離你眼去!」瞽叟報言娘子..「他緣人名致重, 如何打他鞭耻?有計但知說來, 一任與娘子鞭耻.」後妻報言瞽叟..「不鞭耻萬事絶言, 鞭耻者全不成小事.」不經兩三日中間, 後妻說得計成. 妻報瞽叟曰..「妾見後院空倉, 三二年來破碎, 交伊舜子修倉, 四畔放火燒死.」瞽叟報言娘子..「娘子雖是女人, 設計大能稱細.」瞽叟喚言舜子..「阿耶見後院倉, 三二年破碎., 阿耶若修得倉全, 豈不是兒於家了事」舜子聞道修倉, 便知是後阿娘設計.

②

계모는 또 순자를 보니 악독한 마음이 더욱 발동하였다. "당신이 요양으로 간 후부터 소첩이 집안일을 모두 처리하였습니다. 전실 자식들은 불효하여 동원에서는 항상 술자리를 열었고 서원의 글방은 항시 닫혀있었습니다. 밤마다 나쁜 사람들과 어울려 집에 돌아오려고 하지 않았습니다. 논밭과 장원은 팔아버리고 요상한 술수로 남을 괴롭히는 것이나 배우고 다녔습니다. 큰 몽둥이로 때려도 죽지 않고, ⓐ 누차 불을 질러도 타죽지 않더군요. 만일 요임금이 아셨더라면, 저도 잘못이 있다고 연루를 시켰을 것입니다. 일을 해결하는 방법은 저와 이혼하여 저로 하여금 당신 곁을 떠나게 하는 것입니다."

고수가 부인에게 답하기를.. "사람의 목숨은 소중한 것이니 어찌하면 매로 다스려 그를 뉘우치게 하겠소? 계책이 있으면 서슴대지 말고 말해보시오. 네 당신에게 일임하리다." 계모는 고수에게 대답하였다. "매를 맞고도 뉘우치지 않는다면 만사가 끝난 것이지요. 매를 맞고 뉘우친 자라면 조그만 일은 이룰 수 있을 것입니다."

ⓑ 열흘이 채 못 되어 계모는 계책을 마련하였다. "소첩이 ⓒ 대청 앞에 있는 마른 우물을 보니 이삼년 동안 물이 없습니다. 내에 말라버릴 것 같습니다. 순자로 하여금 ⓓ 우물을 파게하고는 큰 돌을 가져다 눌러 죽입시다." 고수가 부인에게 말하였다. "부인은 비록 여인이기는 하나 계책을 세우는 데는 빈틈이 없구려." 고수가 순자를 불러 말하였다. "ⓔ 아비가 대청 앞의 우물을 보니 이삼년 동안 물이 없더구나. 네가 우물을 파서 물을 나오게 한다면 어찌 집안일을 돕는 것이 아니겠느냐?" ⓕ 순자는 우물을 파라는 말을 듣고 마음속으로 알아차렸다.

後阿孃又見舜子, 五毒惡心便起.「自從夫去療陽, 遣妾勾當家事, 前家男女不孝, 東院酒市(席)常開, 西院書堂常閉, 夜夜伴涉惡人, 不會歸來宅裏. 買(賣)却田地莊園, 學得甚祟禍術魅, 大杖打又[不]死.三具火燒不彑文, 忽若堯王勅知, 兼我也遭帶累.解事把我離書來, 交我離你眼去.」瞽叟報言娘子..「緣人命致重, 如何但修理他.有計但知說來, 一任與娘子鞭恥.」後妻報言瞽叟..「不鞭恥萬事絶言, 鞭恥全成小事.」不經旬日中間, 後妻說得計成..「妾[見]廳前枯井, 三二年來無水, 交伊舜子淘井, 把取大石塡壓死.」瞽叟報言娘子..「娘子雖是女人, 設計大能精細.」高聲喚言舜子..「阿爺廳前枯井, 三二年來無水, 汝若淘井出水, 不是兒於家了事.」舜聞濤(淘)井, 心裏知之.

예문 ①과 예문 ②는 모두 「순자 이야기(舜子變)」에 들어 있는 구절이다. 예문 ①은 계모와 고수가 순자에게 창고를 수리하도록 시켜 올라가게 한 후 밑에서 불을 질러 죽이려는 계획을 꾸미는 이야기의 앞 대목이고, 예문 ②는 계모와 고수가 순자에게 우물을 파게 하여 우물 속에 가두어 죽이려는 계획을 꾸미는 이야기의 앞 대목이다. 그런데 여기서 두 예문을 비교해 보면 단락 전체가 거의 동일한 문투로 이루어져 있음을 알 수 있다. 다만, 이야기 내용이 창고 사건에서 우물 사건으로 바뀜에 따라 ⓐ가 추가되고,[327] 시간과 배경의 이동에 맞추기 위해 ㉠→ⓑ, ㉢→ⓒ, ㉣→ⓓ, ㉤→ⓔ, ㉥→ⓕ로 바뀌어져 있을 뿐이다.[328] 한 텍스트 내에서 이와 같은 반복적 단락이 발견된다는 사실은 「순자변(舜子變)」이 연행자가 미리 기억해 두었던 상투적 표현구를 활용하여 이야기를 전개한데서 생겨난 현상으로 보인다. 따라서 위의 예문에 보이는 반복적 되풀이는 돈황 강창문학 텍스트가 구

327 ㉡은 이야기꾼이 이야기하는 도중 자연스럽게 추가될 수 있는 상투적 어구에 불과하다.

328 이밖에도 「순자 이야기(순자부(舜子變)」 내에는 반복적 구절이 자주 발견되니 다음 구절이 바로 그러하다. ①−1 去時只道壹年, 三載不歸宅李(裏), ①−2 去時卽來一年, 三載不歸宅里. / ②−1 舜卽歸來書堂裏, 先念論語孝經, 後讀毛詩禮記. ②−2 歸來書堂院裏, 先念論語孝經, 後讀毛詩禮記.

비 연행된 하나의 근거가 된다.

둘째, 상이한 두 텍스트에서 설화인의 기억에 의하여 구술(口述)된 것으로 보이는 '유사한 구절(句節)'이 보인다. 이는 「안자부(晏子賦)」와 「공자와 소년 항탁의 문답 이야기(공자항탁상문서(孔子項托相問書)」 두 텍스트를 비교할 때 발견된다.

① 『안자부(晏子賦)』

왕이 곧 안자에게 묻기를.. "그대는 천지의 강기와 음양의 본성을 안다면 대답해 보라. 무엇이 아비가 되고, 무엇이 어미가 되는가? 무엇이 왼쪽이 되고, 무엇이 오른쪽이 되는가? 무엇이 지아비가 되고, 무엇이 지어미가 되는가? 무엇이 겉이 되고, 무엇이 안쪽이 되는가? 바람은 어디에서 나오고, 서리는 어디에서 내려오며, 이슬은 어디에서 생겨나는가? 하늘과 땅의 거리는 서로 몇 만리나 되는가? 누가 군자이고 누가 소인이겠느냐?"

안자(晏子) 답 왈.. "구구 팔십일이 천지의 강기요 팔구 칠십이가 음양의 본성이지요. 하늘이 아비가 되고, 땅은 어미가 되고, 해는 지아비가 되고, 달은 지어미가 되고, 남방은 밖이고, 북방은 안이고, 동쪽은 좌측이고, 서쪽은 우측이지요. 바람은 높은 산에서 나오고, 비는 강과 바다에서 나오고, 서리는 푸른 하늘에서 나오고, 이슬은 온갖 풀에서 생겨나지요. 하늘과 땅 사이의 거리는 일억 구천 구백 구십 구리이지요. 부귀한 사람이 군자이고, 가난한 자가 소인이지요. 말을 함에 막힘이 없는 자가 명실공히 군자지요."

王乃問晏子曰.. "汝知天地之綱紀, 陰陽之本姓(性), 何者爲公?何者爲母?何者爲左?何者爲友?何者爲夫?何者爲婦?何者爲表?何者爲裏?風從何處出?雨從何處來?霜從何處下?露從何處生?天地相去幾千萬里?何者是君子?何者是小人?" 晏子對曰.. "九九八十一, 天地之綱紀, 八九七十二, 陰陽之本性. 天爲公, 地爲母, 日爲夫, 月爲婦, 南爲表, 北爲裏, 東爲左, 西爲右, 風出高山, 雨出江海, 霜出靑天, 露出百草. 天地相去萬萬九千九百九十九里. 富貴是君子, 貧者是小人. 出語不窮, 是名君子也."

② 『공자항탁상문서(孔子項託相問書)』

공자 왈 : "너는 하늘의 높이가 얼마이고, 땅의 두께가 얼마이며, 하늘에는 몇 개의 기둥이 있고, 땅에는 몇 개의 기둥이 있고, 바람은 어디에서 불어오고, 비는 어디에서 생겨나고, 서리는 어느 곳에서 생겨나고, 이슬은 어느 곳에서 나오는지 알겠느냐?"

소년 왈 : "천지는 일억구천구백구십구리요, 땅의 두께는 하늘과 같습니다. 바람은 창오산에서 불어오고, 비는 높은 곳에서 시작되고, 서리는 하늘에서 생겨나고, 이슬은 온갖 풀에서 생겨나지요. 하늘에는 기둥이 없으며 땅에도 기둥이 없습니다. 사방의 구름을 가져다가 서로 지탱하여 기둥 삼을 뿐이니 괴이하게 여길 것이 무엇 있습니까?"

夫子問小兒曰 : "汝知天高幾許? 地厚幾丈? 天有幾樑? 地有幾柱? 風從何來? 雨從何起? 霜出邊? 露出何處?" 小兒答曰 : "天地相却萬萬九千九百九十里, 其地厚薄, 以天等同. 風出蒼吾(梧), 雨出高處, 霜出於天, 露出百草. 天亦無樑, 地亦無柱, 以四方雲而乃相扶, 故與爲柱, 有何怪乎?"

위 인용문 ①과 ②는 명석한 안자(晏子)와 항탁(項託)이 우자(愚者)로 희화(戲化)되어 있는 양왕(梁王)과 공자(孔子)가 낸 어려운 수수께끼를 모두 알아맞히는 장면으로 작중 인물만 다를 뿐 극중 상황이 매우 유사하다. 그런데 구비문학의 여러 형태에서 언어의 유희에 의존하는 수수께끼는 물음과 답이 비교적 안정되어 있다. 바꿔 말하면, 수수께끼는 구연술이 비교적 안정적이기 때문에 다른 이야기꾼에 의해서 유사한 물음과 답변이 충분히 행해질 수 있는 것이다. 따라서 위의 두 예문에서 바람, 서리, 이슬이 생겨나는 곳과 하늘과 땅 사이의 거리에 대한 물음과 답변이 엇비슷하다는 사실(두 예문의 밑줄 친 고딕체 부분 비교.)은 연행자(演行者)가 이 수수께끼를 머리속에 기억해 두었다가 새로운 내용에 섞어 구술한 것이었을 가능성이 높다. 따라서 위의 사례는 돈황 강창문학 텍스트의 구비연행성을 확인시켜주는 또 하나의 근거가 된다.

셋째, 이야기꾼이 등장하여 진술하는 대목이 보인다. 「차와 술 이야기(茶酒論)」의 첫머리인 아래 인용문에서 그러한 점이 확인된다.

> ① 외람되지만 저는 다음과 같은 말을 들은 바 있습니다. 일찍이 신농 황제는 온갖 풀을 맛본 다음 이로부터 오곡(五穀)을 나누었지요. 또 헌원 황제는 의복 만드는 법을 후세 사람들에게 가르쳐 주었지요. 창힐이 문자를 만든 다음 공자의 유가가 뿌리를 내리게 되었지요. 처음부터 상세히 설명할 수 없어 요약적으로 진술하였습니다.
>
> ② 이제 질문을 하지요. 차와 술 중 누가 공훈(功勳)이 있다고 할 수 있는지요? 누가 비천하고 보잘 것 없으며, 누가 존귀하다고 말할 수 있는지요? 오늘 각자가 논거를 세울 터인데, 뛰어난 자가 먼저 화려한 내력을 말해 보시지요.
>
> 竊見神農曾嘗百草, 五穀從此得分, 軒轅製其衣服, 流傳教示後人.倉頡致其文字, 孔丘闡化儒因.不可從頭細說, 撮其樞要之陳.輒問茶之與酒, 兩箇誰有功勳?阿誰即合卑小, 阿誰即合稱尊?今日各須立理, 強者光飾一門.

위에 제시된 두 인용문 중 (A)는 서술자가 이전에 자신이 들은 바를 이야기한다면서 옛날 황제와 성인의 뛰어난 점을 말하고 있는 대목이며, (B)는 차와 술에게 황제와 성인만큼 뛰어난 점을 각자 자랑해보라고 말싸움을 붙이는 대목이다. 그런데 위 인용문을 자세히 보면 이야기꾼이 청중을 앞에 놓고 행한 말투가 분명하다는 것을 알 수 있다. 예컨대, 위 인용문에서 '외람되게도 [다음과 같은 이야기를] 들었지요.(절견(竊見),'[329] '처음부터 상세히 설명할 수는 없습니다(不可從頭細說)', '이제 질문을 하지요(절견(竊見)' 등의 발화 주체는 바로 '나(我)'라고 할 수 있는데 여기서 '나'는 단순히 기록자를 지칭하는 것이 아니라 이야기꾼 자신을 가리킨다. 이는 일반적으로 기록문학 텍스트의 서술 방식이 기록자 시점인 제3인칭으로 이루어지는 것과는 커다란 차이를 보이는 것이다. 이러한 점은 「차와 술 이야기」가 이야기꾼 스스로에 의해서 구술될 수 있도록 쓰여 졌다는 것을 말해 준다.

넷째, 서술자가 설명적인 진술을 일방적으로 행하는 것이 아니라 문답식 대화가 전체 서술 구조의 핵심을 이룬다. 하나의 텍스트가 연행 대본인가 아닌가를 가늠하는 명확한 지표 중 하나는 인물의 대화가 그 텍스트 내에서 차지하는 위치를 살펴보는 일이다. 왜냐하면 구비연행물의 경우 서술자의 해설보다는 작중 인물 간의 대화가 연행물에서는 필수적으로 요구되기 때문이다. 이러한 측면에서 볼 때, 다음 두 텍스트는 흥미를 자아내기에 충분한 논쟁식 서술 형식을 취하고 있는 점에서 구비연행(口碑演行)의 가능성을 엿보게 한다.

329 절견(竊見) : 여기서 '견(見)'은 '문(聞)'의 의미를 갖는다.

①「연자 이야기(鷰子賦)」(2)

雀兒語鷰子.. 참새가 제비에게 왈..

側耳用心聽! "귀 기울여 정신 차려 듣거라!

如欲還君窟, 네 집을 되돌려 받으려거든

且定觜頭聲. 우선 입 주둥이나 바로잡도록 하거라.

赤雀由稱瑞, 붉은 참새는 상서로운 징조가 있다 하여,

兄弟在天庭, 형제들이 천자의 정원에 거주하면서

公王共執手, 임금과 손을 맞잡고 지내고 있음은

朝野悉知名. 세상이 모두 알고 있다.

一種居天地, 똑같이 천지에 살면서도

受果不相當. 받는 대우가 서로 다르구나.

麥熟我先食, 보리가 익으면 내가 먼저 먹고,

禾熟在前嘗. 벼가 익으면 앞서서 맛을 본다.

寒來及暑往, 추위가 닥쳐오고 더위가 지나가도

何曾別帝鄉? 언제 천자의 마을과 이별한 적이 있더냐?

子孫滿天下, 자손이 천하에 가득하고

父叔遍村坊. 부모 친척 온 땅에 두루 퍼져 있다.

自從能識別, 본디 식별할 수 있는지라,

慈母實心平. 자애로운 모친 실로 마음이 평안하다오.

恒思十善業, 항시 열 가지 선행(善行)을 생각하며

覺悟欲無常. 인생무상을 깨닫고자 하오.

飢恒飡五穀, 배고프면 언제나 오곡을 먹어

不煞一衆生. 한 마리의 생물도 죽이지 않는다네.

怜君是遠客, 애석하게도 그대는 먼 곳에서 온 나그네이니,

爲此不相爭. 이를 가지고 서로 다투지 맙시다.”

鸗子自咨嗟.. 제비가 탄식하며 왈...

不向雀兒誇. “그대에게 과장하지 않겠소이다.

飢恒食九醞, 배고프면 언제나 천하의 미주(美酒)를 먹고

渴卽飮丹砂. 갈증이 나면 장수한다는 단사수(丹砂水)를 먹지요.

不能別四海, 비록 세상과 이별할 수는 없으나

心裏戀洪牙. 마음속으로는 항시 신선되기를 생각하지요.

莫怪經冬隱, 겨울을 지내기 위해 숨는 것을 괴이하게 여기지 마세요.

只爲樂山家. 단지 산속 집을 좋아하기 때문이지요.

久住人憎賤, 오래 머물면 주인의 증오와 천대를 받지만

希來見喜歡, 드물게 방문하면 환영을 받지요.

爲此經冬隱, 여기서 겨울을 보내려는 것이지

不是怕飢寒. 굶주림과 추위가 두려워서가 아니지요.

幽巖實快樂, 깊은 바위는 실로 쾌락하고

山野打盤珊, 산과 들을 두루 돌아다닐 수 있답니다.

本擬將身看, 본시 내가 인간세상을 굽어보는 것이거늘

却被看人看. 오히려 사람들이 나를 쳐다보는 것으로 간주하지요.”

② 「차와 술 이야기」

술 왈, “너는 이런 소리를 듣지 못했느냐? 제지방의 술은 물을 섞지 않은 비단과 바꿀 수 있고, 구온(九醞)이란 포도주는 몸에서 윤기가 나지요. 옥주와 경장은 신선들이 마시는 술이요, 국화주와 죽엽주는 군왕이 교유할 때 마셨던 술이라. 중산주와 조모주는 달콤하기 그지없지요. 한 번 취하면 삼

년이 가 고금에 전해진답니다. 각 지방을 예절바르고 겸양하게 하고, 군부를 조화시키지요. 네 머리로 공연히 애써봤자 헛수고이니라."

차(茶) 왈, "이 몸 명초는 온갖 나무의 중심으로써, 어떤 것은 백옥과 같고, 어떤 것은 황금과 같지요. 유명하고 덕이 높은 고승들이 깊은 산 속에 은거하여 참선할 때, 차를 마시며 대화함으로써 졸음을 제거할 수 있었지요. 미륵을 공양하고 관음보살에게 봉헌되면서, 천겁만겁의 오랜 기간 여러 부처님들이 흠모하였지요. 술은 가산을 탕진하게 하고, 두루 사악하고 음란한 짓을 하게 하지요. 석잔 이상을 마시게 되면 사람들을 깊은 죄에 빠지게 하지요."

茶爲酒曰.. "阿你不聞道, 浮梁翕欠州, 萬國來求, 蜀川流頂, 其山驀嶺, 舒城太胡(湖), 買婢買奴, 越郡餘杭, 金帛爲囊.素紫天子, 人間亦少, 商客來求, 舡車塞紹. 據車蹤由, 阿誰合少?" 酒爲茶曰.. "阿你不問(聞)道, 劑(齊)酒乾和, 博錦博羅, 蒲桃九醞, 於身有潤. 玉酒瓊漿, 仙人盃觴, 菊花竹葉, 君王交接, 中山趙母, 甘甜(甜)美苦. 一醉三年, 流傳今古. 禮讓鄕閭, 調和軍府. 阿你頭惱(腦), 不須乾努." 茶爲酒曰.. "我之茗草, 萬木之心, 或白如玉, 或似黃金. 明(名)僧大德, 幽隱禪林, 飮之語話, 能去昏沉. 供養彌勒, 奉獻觀音, 千劫萬劫, 諸佛相欽. 酒能破家散宅, 廣作邪婬, 打却三盞已後, 令人只是罪深."

두 인용문을 통해 「연자부(鷰子賦)」와 「차와 술 이야기(茶酒論)」을 비교해보면 ① 문답식 서술 구조, ② 의인화된 등장인물, ③ 주 인물의 해학적인 논쟁, ④ 과장된 표현법 등 여러 면에서 유사성을 보인다. 그러나 두 텍스트에서 연행성을 확인해주는 가장 좋은 특징은 문답식 서술 구조에 있다. 위 예문에서 볼 수 있듯이 「연자부(鷰子賦)」(2)에서 발췌한 예문 ①은 참새와 제비가 서로 자신의 고귀함을 자랑하고 있는 대목으로, 참새가 먼저 자신은 황실에서 융숭한 대접을 받고 있다고 제비에게 과장하자 제비는 이에 질세라 자기는 산속에서 신선이 마시는 미주(美酒)와 단사수(丹砂水)를 먹고 산다며 맞대응하고 있다. 또 「차와 술 이야기」에서 발췌한 예문 ②에서도 차와 술이 번갈아 가며 각자 자신의 고귀함을 뽐내고 있다. 이와 같이 매우 해학적이고 오락적인 내용을 문답식 서술 형식으로 전개하고 있는 것은, 문인의

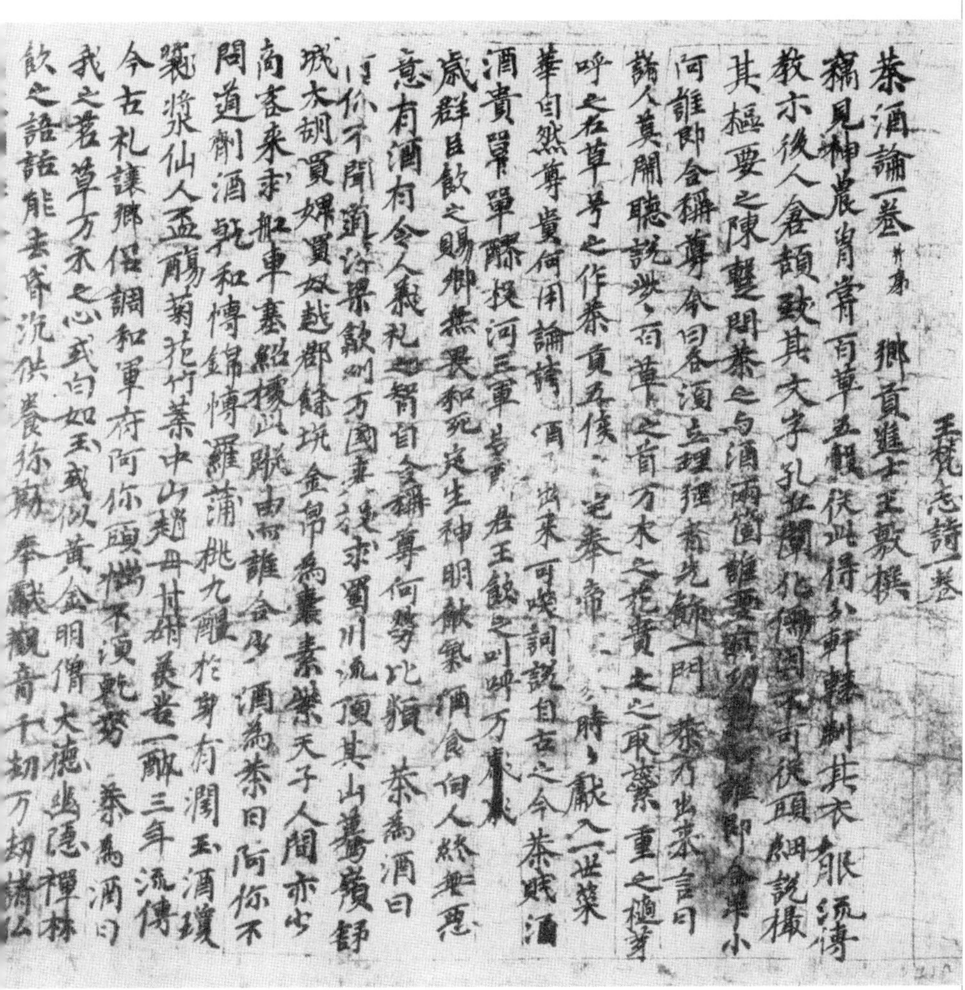

다주론(茶酒論) P.2718

기록물에서는 거의 찾아보기 어려운 현상으로 두 텍스트가 연행 현장의 청중을 의식하여 오락성이 가미된 재치 있는 논변으로 구술(口述)한 연행물임을 시사한다.

다섯째, (고급 장르요 기록 문학인) 문인의 시문(詩文)에 쓰이는 공식적인 용운법(用韻法)을 준수하지 않고 구연(口演)에 편리하게 용운(用韻)하고 있다. 시문(詩文)의 창작에 있어 운(韻)의 사용은 일정한 규칙에 따라야 하며, 특히 고대의 사대부 지식층에게 있어서는 학식의 고하를 가늠하는 기준으로 여길 만큼 그 엄격성이 강조되었다. 더구나 당새(唐代) 과거시험 과목의 하나로 채택되었던 부(賦)는 근체시(近體詩)와 함께 용운(用韻) 규칙의 철저한 준수를 요구받았다. 또 이를 위해 당대(唐代) 조정(朝廷)에서는 문인들이 시부 창작에 사용하는 용운법(用韻法)을 법제화하기 위해 운서(韻書)인 『절운(切韻)』 및 후대의 『당운(唐韻)』을 반포하기까지 하였다. 이러한 당시의 상황을 볼 때, 강창문학 텍스트가 독서용으로 쓰여 졌다면 관운(官韻)의 규칙을 의식하지 않을 수 없었을 것이다. 그러나 강창문학 텍스트 가운데는 『절운(切韻)』과 『당운(唐韻)』을 준수하지 않고 그 구속으로부터 벗어나 구어(口語)의 운(韻)에 의거하여 자유롭게 용운(用韻)한 작품이 발견되니 「연자부(鷰子賦)」(1)이 그러하다. 「연자부(鷰子賦)」(1)에서 발췌한 아래 예문을 보기로 하자.

①

言語未定, 鷰子卽廻△, 踏地叫喚.雀兒出來△, 不問好惡, 拔拳卽差△, 左推右聳, 剜耳△擱頤, 兒捻拽脚, 婦下口齕△.鷰子被打, 可笑屍骸△, 頭不能擧, 眼不能開.

②

「鷰子單貧, 造得一宅, 乃被雀兒强奪, 仍自更著恐嚇, 云明勅括客, 標入正格.阿你浦逃落藉, 不曾見你膺王役, 終遣官人棒脊, 流向擔崖, 象白.雲野鵲是我表丈人, 鳩鳩是我家伯, 州縣長官, 瓜蘿親戚.是你下牒言我, 共你到頭, 幷亦火急離我門前, 少時終須喫摑. 鷰子不分(忿), 以理從索, 遂被撮頭拖曳, 捉衣擠擘, 遼亂尊拳, 交横秃剔.父子數人, 共相敲擊.鷰子被打, 傷毛墮翮, 起止不能, 命垂朝夕.伏乞檢驗, 見有青赤, 不勝寃屈, 請王科責.」

예문 ①에서 △표한 字는 ‘회해가개(灰咍佳皆)’로 통운(通韻)하고 있고, ②에서 ●표한 자(字)는 ‘맥석후맥탁(陌昔侯麥鐸)’으로 통운(通韻)하고 있다. 즉, 양자는 모두 문인부(文人賦)의 경우 반드시 지켜야 하는 ‘독용동운례(獨用同韻例)’의 원칙을 위반하고 있음을 알 수 있다. 또 「연자부(鷰子賦)」(1) 전체를 분석해 보면, 27개의 운도(韻道) 중 5개만 ‘단용(單用)’ 혹은 ‘독용동운례(獨用同韻例)’에 부합할 뿐 22개의 운도(韻道)는 규칙에서 벗어나고 있다.[330] 이처럼 관운(官韻)의 규범을 준수하지 않고 당시 구어의 통운(通韻) 관습을 따르고 있는 것은 「연자부(鷰子賦)」(1)이 연행용 텍스트임을 반증한다.

여섯째, 암기에 의해 구연(口演)될 경우 생길 수 있는 ‘전고(典故)의 오류(誤謬)’가 발견된다.

다음 예문은 「연자부(鷰子賦)」(2)에서 발취한 것인데 ‘전고(典故)’를 잘못 사용하고 있는 부분이 보인다.

330 간도(簡濤), 「돈황본『연자부(燕子賦)』고론(考論)」, 『돈황연구』, 1986년 제2기, 102쪽.

昔聞古人語, 옛날 고인의 말에

三鬪始成親. 세 번 싸워야 친해진다고 하였느니라.

往者堯王聖, 과거에 성인이셨던 요임금은

攝位二十年. 이십년간 섭정을 하셨다.

鄭喬事四海, 정자산은 사방의 현자들을 사귈 때

對面卽爲婚 만난 즉시 친분을 맺었다.

元百在家患, 원백이 집에서 병을 앓고 있을 때

臣鄉千里期. 친구인 거경은 천리에서 달려와 약속을 지켰다.

燕王怨秦國, 연왕이 진나라를 원망할 때

位馬變爲驎. 말에 뿔이 돋아 기린처럼 변해버렸다.

併粮坐守死, 양식을 보태주고 앉아서 죽음을 기다리니,

萬代得稱傳. 만대에 열사로 그 이름 전해졌네.

百挑憶朝廷, 백도는 친구를 생각하여,

哽咽淚交連. 하염없이 오열했네.

斷馬有王義, 말을 죽여 왕을 仁義로 돌아오게 함은

由自不能分. 스스로 직분을 행할 수 없어서였네.

伍子胥伐楚, 오자서가 초나라를 정벌하니

二邑亦無言. 양나라와 정나라 둘 다 말이 없네.

不能攀古德, 고인의 덕은 오를 수 없나니

二人並鳥身. 두 사람은 모두 새의 몸이니라.

緣爭破壞窟, 파괴된 집을 가지고 다툼은

徒特費精神. 한갓 정신을 허비하는 것일 뿐이라오.

錢財如糞土, 돈과 재물은 분뇨와 같지만

人義重於山, 사람의 의리는 산보다 무겁다오.

鸗今實罪過, 제비는 지금 죄를 저질렀지만

雀兒莫生嗔. 참새는 성내지 말라.

이 대목은 참새와 제비의 다툼이 봉황의 판결에 의해 제비의 승리로 끝난 후 설화자가 "제비는 남에게 요구하지 말고, 참새는 성내지 말라(鸗子不求人, 雀兒莫生嗔)"고 충고하면서 두 사람을 화해시키기 위해 전고(典故)를 사용하여 옛날 우애가 두터웠던 사람들에 대해 이야기하는 부분이다.

여기서 설화자는 요(堯)임금, 정자산(鄭子産), 원백(元伯), 백도(伯桃), 오자서(伍子胥) 등을 그 사례로 들고 있는데, 이 부분에 유난히 인명의 오자가 많고 전고(典故)의 오류(誤謬)도 눈에 띈다. 예컨대, 원사권(原寫卷)에서 인명으로 사용하고 있는 '원백(元百), 신향(臣鄕), 백도(百挑), 오자서(伍子胥)'는 '원백(元伯), 거경(巨卿), 백도(伯桃), 오자서(伍子胥)'를 잘못 기록하고 있는 것으로 모두 수정해야 하는 것들이다. 또 고사(故事)의 인용에도 사전(史傳)의 기록과 차이가 있음을 볼 수 있다. 위 인용문의 밑줄 친 고딕체 부분은 좌백도(左伯桃)와 양각애(羊角哀)의 이야기(故事)를 들면서, 양각애(羊角哀)가 사지(死地)에서 식량이 떨어지자 친구(左伯桃)만이라도 살리기 위해 "양식을 보태 주고 [자신은] 앉아서 죽음을 맞이하니, 만대에 열사로 그 이름 전해졌네. 백도는 친구를 생각하여, 하염없이 오열했네(併粮坐守死, 萬代得稱傳. 百挑憶朝廷, 哽咽淚交連)"라고 서술하고 있다. 그러나 이는 『열사전(烈士傳)』의 기록과는 정반대이다. 『열사전(烈士傳)』에는 좌백도(左伯桃)가 친구를 위해 자신의 식량을 주고 나서 죽고, 양각애(羊角哀)가 살아남아 후일 재상이 되는 것으로 기술되어 있다.[331] 이러한 인명과 전고(典故)상의 오류는 필사과정에서의 착오로 여겨질 수 있으나 「연자부(鷰子賦)」(2)의 경우는 학식이 그리 높지 않은 작가가 — 연행자 본인일 가능성도 있다 — 주로 기억의 의존하여 기술한데서 발생된 것으로 보인다. 또 인용문 후미(後尾) "돈과 재물은 분뇨와 같지만, 사람의 의리는 산보다 무겁다오(錢財如糞土, 人義重於山)"의 어투는 강창에서 설화자가 흔히 쓰는 '강평(講評)'의 수법인데 이 또한 텍스트의 연행성을 시사한다.

이상에서는 연행자(演行者)(이야기꾼 / 설창인 / 설화인)에 의한 구연(口演) 가능성을 보여주는 구비연행(口碑演行)의 징후들을 돈황 강창문학 텍스트 내에서 찾아보았다. 이 가운데 '반복적 되풀이' 혹은 '상투적인 표현단위'에 대한 분석은 구비연행적 근거를 찾아내는 것을 뛰어 넘어 구비연행 서사물의 구성 원리를 밝힐 수 있는 중요한 단서를 제공한다. 특히 이는 우리나라 판소리 서사체의 특징을 규명하기 위해 적용되었던 '구전공식구이론(口傳公式句理論)(Oral-formulaic theory)'[332]과 맥

331 『태평어람(太平御覽)』 409卷에 인용된 『열사전(烈士傳)』에는 다음과 같이 기록되어 있다. "6국 시대(六國 時代) 때 양각애와 좌백도는 친구 사이였다. 초나라의 왕이 현명하다는 소문을 듣고 그곳에 함께 가서 벼슬살아 보기로 하였다. 양산에 이르렀을 때 눈보라를 만나 식량이 모두 떨어졌다. 좌백도는 두 사람 모두 무사할 수 없음을 깨닫고 드디어 자신의 식량을 보태어 양각애에게 주었다. 양각애가 초나라에 도착하자 초나라에서는 그를 上卿 벼슬에 등용하였다. 후에 좌백도의 시신을 거두어 장사지내 주었다. 그런데 좌백도의 무덤은 형장군의 陵과 매우 가까웠다. 좌백도가 양각애에게 말했다. "나는 밤낮으로 형장군에 의해 정벌을 당하고 있다네." 양각애는 병사를 증가시켰으나 승리 여부를 알 수 없었다. 그러자 양각애는 "내 지하에 가서 직접 보리라."하고는 스스로 목을 매어 자살했다(六國時, 羊角哀與左伯桃爲友.聞楚王賢, 俱往仕.至梁山, 逢雪, 糧盡, 度不全兩, 遂併糧與角哀.哀至楚, 楚用爲上卿.後來收葬伯桃, 伯桃墓逼近荊將軍陵, 而伯桃告云.."我日夜被荊將軍伐之."哀乃加兵, 未知勝否, 云.."我向地下看之."遂自刎死)."

332 구비서사시의 전승 및 원리로서 전 세계적으로 인정되고 있는 이른바 '구전공식구이론(口傳公式句理論)(Oral-formulaic theory)'을 우리나라의 판소리 사설 분석에 적용하여, 판소리 사설의 서사시적 구성 및 조직 원리, 판소리 서사체의 특징에 대하여 논술하고 있는 대표적인 논문은 김병국(金炳國)의 「구비서사시로서 본 판소리 사설의 구성방식」(『한

을 같이 하는 것으로 향후 연구의 진척에 따라서는 돈황 강창문학과 판소리의 본격적인 비교 연구로 발전시킬 수 있을 것이다.

제2절_ 생산자와 향유자

1) 생산자生產者

돈황 강창문학의 생산자는 텍스트를 직접 쓴 '작가', 텍스트를 대본으로 활용하여 구연한 '연행자', 텍스트를 초사(抄寫)한 '기록자(記錄者)' 세 부류로 분류할 수 있다. 이와 같이 돈황 강창문학의 생산자가 복잡한 양상을 보이는 이유는 기록문학의 경우 텍스트에 기록되어 있는 작가를 곧 그 작품을 창작한 사람으로 간주하여도 무리가 없지만, 강창과 같은 구비 연행문학은 대부분 설화적 사실을 담고 있어 입으로 구전되는 과정과 현장에서의 구연 행위, 그리고 텍스트가 기술된 상황 등을 고려하여 생산자가 누구인가를 판단해야 하기 때문이다. 그런데 강창문학 생산자의 세 부류는 텍스트에 기재되어 있는 서명과 그 밖의 기록을 참고할 때 다시 ① 작가와 연행자, ② 기록자로 양분하여 논할 수 있다. 이렇게 양분할 수 있는 근거는 강창문학이 본시 '연행과 창작의 동시 공존성'을 본질로 하고 있어 분리하기 어려운

국학보』 27, 일지사, 1982, 120~149쪽)이다.

점과 작가와 연행자와는 확실히 구분되는 기록자군이 별도로 존재하고 있다는 데 있다. 여기서는 이러한 현상에 유의하여 돈황 강창문학의 생산자에 대하여 검토하기로 한다.

(1) 작가와 연행자

일반적으로 기록문학(Written Literature)에 속하는 작품들은, 특정 개인이 문자를 수단으로 창작한 것으로 그 작품에는 항시 개인의 이름이 붙어 다니며 사회와 독자들은 이를 받아들인다. 그리고 이들 작품의 예술적 가치는 무엇보다 개인의 역량에 달려 있다. 왜냐하면 개인의 독특한 개성과 재능이 작품 수준의 고하(高下)를 결정짓는 주요 요인이기 때문이다. 반면 강창과 같은 구비문학(Oral Literature)은 그것을 향유하고 보존하는 사람들이 바로 이러한 예술을 수용하는 주체이자 곧 그것의 창조적인 참여자가 되며 입에서 입으로 전승되면서 발전한다는 점에서 집단창작성과 구비 연행성을 그 본질로 한다. 다음 인용문은 설화의 특징에 대해 언급한 것인데 이를 통해 구비문학 창작층의 성격이 기록문학과 어떻게 다른지를 파악할 수 있다.

> 설화(說話)는 반드시 한 사람 이상을 대상으로 하여 창조되고 구연된다. 즉 한 사람이 보고 들은 사실이 이야기 거리로 될 때 그것을 다른 사람에게 전하게 되어 설화(說話)의 전승과정이 이루어지는 것이다. 전하는 사람은 보통 그것을 더 상세하고 생동하게 전달하기 위해 거기에 자기의 주관적인 생각까지 보태어 전하게 된다. 이때 그것을 듣는 사람들은 단순히 듣는 데만 그치는 것이 아니라 들을 때에 생긴 감상이나 의문들을 제기함으로써 이

야기하는 사람은 즉석에서 계시를 받고 보충하거나 이야기를 더 합리적이고도 재미있게 발전시켜 나가게 된다. 이런 과정이 거듭되면서 이야기는 집체적 지혜에 의해 보충, 풍부해지고 세련되어 집체창조물로 완성되는 것이다. 만약 이 과정에 그것이 비교적 유능한 사람(이를 테면, 민간 예술인)에게 흡수되고 그것이 다시 그들의 입을 통해 구연(口演)될 때 이야기는 비교적 완전한 짜임새를 갖춘 민간문학 작품으로 완성되게 된다.[333]

위 단락에서 주목되는 점은 설화(說話)는 개인의 창조적 능력에 의해서가 아니라 전승과 구연(口演) 과정을 통하여 미적으로 완성된다는 사실이다. 즉 구비창작은 여러 세대를 거쳐 전승되는 과정에서 불필요하고 생기 없는 모든 요소들은 자연 도태되고, 모든 형상과 구조가 정교하게 다듬어지게 되는 것이다. 한편 설화는 전승과정에서 '비교적 유능한 사람'을 만나 구연(口演)되는 계기를 통해 비교적 완전한 짜임새를 갖춘 작품으로 발전할 수 있다. 그리고 여기서 '비교적 유능한 사람'이란 곧 설화를 구체적 텍스트로 창작한 사람(작가)일 수도 있고, 이를 연행한 사람(연행자)일 수도 있으며, 텍스트를 창작한 사람이 동시에 연행자일 수도 있다. 설화문학에서 작가와 연행자를 분리하여 이해하기 어렵고, 양자를 연계시킬 수밖에 없는 이유는 바로 여기에 있다. 그리고 이는 설화적 사실을 부르는 강창문학(Tale-Song Literature)의 경우에도 그대로 적용된다.

이와 같이 작가와 연행자의 미분화성에 주목하여 돈황 강창문학 텍스트의 창작 층을 고찰해보면, 승려, 문인, 민간설화(說唱)인 세 부

333 김금자, 「민간문학의 문예학적 특성」, 김선풍 · 김금자, 『한국민간문학개설』, 국학자료원, 26~27쪽.

류를 돈황 강창 텍스트의 작가 혹은 연행자로 거론할 수 있다.

① 승려(僧侶)

앞서 논술한 바와 같이, 강창문학은 원래 법회의 강경의식에서 불법의 홍보를 위한 목적으로 불교 경전의 강의나 해석에 사용되었던 설법의 대본에서 생겨난 것이다. 따라서 강경을 행하는 사람이나 이를 듣는 청중은 기본적으로 승려층이 중심을 이루었다. 그리고 법회의 강경은 원래 도강(都講)과 법사(法師) 두 승려에 의하여 진행되었다. 다음 기록은 당대(唐代) 이전 강경회(講經會)에서 불경 강의가 어떻게 진행되었고, 그 과정에서 도강과 법사의 역할이 어떠하였는지를 알려 준다.

> 또 일찍이 강경하는 날 여러 사람들에게 말씀하셨다.. "예전 도안 스님께서 강경하실 때마다 정좌 후에 언제나 도강으로 하여금 영령을 위하여 경전을 세 차례 성창(聲唱)하도록 하였는데 이 일은 폐지된 지 오래되었다."
>
> 又嘗於講日謂衆曰, 昔彌天釋道安, 每講於定座後, 常使都講等爲含靈轉經三契, 此事久廢.[334]

『유마경(維摩經)』을 강하는데 지둔(支遁)이 법사가 되고 허순(許詢)이 도강이 되었다. 지둔이 한 가지 문제의 해답을 풀이해내면 사람들은 모두 이제는 허순이 어려운 질문을 못하게 되리라고 말했다가, 허순이 한 가지 어려운 질문을 던지면 지둔이 다시는 풀이하지 못할 것이라고 말했다. 이처럼 두 사

334 『속고승전(續高僧傳)』 권5 「석승민조(釋僧旻條)」.

람은 쉬지 않고 문답을 주고받았다.

> 講維摩經, 遁爲法師, 許詢爲都講. 遁通一義, 衆人咸謂詢無以措難, 詢設一難, 亦謂遁不復能通. 如此至竟兩家不竭.[335]

동진(東晋)의 유명한 승려 도안(道安, 312~385)이 강경했을 때의 상황을 기록한 첫 번째 인용문과 지둔과 허순 두 승려가 문답식 강의로 『유마경(維摩經)』을 강의하고 있는 상황을 묘사하고 있는 두 번째 인용문은 모두 강경(講經) 의식이 법사(法師)와 도강(都講) 두 사람에 의해 진행되었음을 보여 준다. 그리고 무엇보다 중요한 사실은 도안(道安)과 지둔(支遁)이 맡았던 법사(法師)는 강경(講經) 의식을 주도하는 주인공(즉 의식을 主管하는 주례자)에 해당하며, 도강(都講)은 법사(法師)가 설법하기 전에 청중들에게 그날 강의하게 될 경전의 제목과 문장을 창하거나 법사와 함께 문답을 벌이는 보조진행자가 된다는 점이다. 이 때문에 주진행자인 법사(法師)에게는 성색(聲色), 변설(辯舌), 재지(才智), 박학(博學)의 네 가지 조건이 요구되었던 반면 도강(都講)에게는 주로 맑고 낭랑한 성량(聲量)을 요구하였다. 이처럼 법사(法師)와 도강(都講) 두 사람에 의하여 진행되었던 강경 의식은 당대(唐代)에 들어와 속강(俗講)에서도 그대로 지속되었다. 다음 두 인용문은 『불설아미타경강경문(佛說阿彌陀經講經文)』(P.2955)과 『팔상압좌문(八相押座文)』(S.2440)에서 발췌한 것인데 이를 통해 당대(唐代) 강경(講經) 의식에서도 도강(都講)이 엄연히 존재했다는 것을 알 수 있다.

---

335 『고승전(高僧傳)』 권4 「지둔조(支遁條)」.

도강(都講) 스님의 도덕은 높고
음률은 맑고 청명해 구르는 듯하네.
좋은 운에 궁상으로 아조를 뽑아내니
고성(高聲)의 목소리로 곧 창(唱)하리라.

都講闍梨[336]道德高, 音律淸泠能宛轉.
好韻宮商申雅調, 高著聲音唱將來.

서방 극락에는 백은대가 있으니
사부(四部) 중생(衆生)들은 불법(佛法)을 듣고 마음이 모두 열리리라.
불법(佛法)을 듣기를 원하는 자는 합장을 하리니
도강(都講)이 경전 제목을 곧 창하리라.

西方還有白銀臺, 四衆[337]聽法心總開.
願聞法者合掌着, 都講經題唱將來.

위 강경(講經)문과 압좌문(押座文)에서 확인되듯이 당대(唐代)에 이르러서도 강경(講經)은 창경(唱經)과 說唱의 조합으로 진행되었으며 도강(都講)이 창경(唱經)을 하면 뒤이어 법사(속강법사)가 설창(說唱)의 방식을 운용하여 경전에 내함 되어 있는 불법을 청중들에게 설법하였다. 그런데 당대(唐代)에 들어오게 되면 포교방식이 대중화되고 통속화되

336 사리(闍梨) : 승려의 칭호이다. 사범(師範)이 되는 승려를 말하는데 아사리(阿闍黎)라고도 한다.

337 사중(四衆) : 사부제자(四部弟子) 혹은 사부중(四部衆)이라고도 한다. 불제자(佛弟子) 사중(四衆)이란 곧 비구(比丘), 비구니(比丘尼), 남거사(男居士), 여거사(女居士)를 말한다. 또 출가사중(出家四衆)이 있는데 비구(比丘), 비구니(比丘尼), 사미(沙彌), 사미니(沙彌尼)가 이에 해당한다.

면서 강경 방식은, 좌중(座中)을 엄숙한 분위기로 만들면서 장엄한 형식미도 아울러 발휘했던 도강(都講)의 창경(唱經)이 생략되고, (속강)법사(法師) 일인이 평이하고 흥미 있는 고사를 중심으로 강창하는 방식으로 옮겨가게 된다. 개원(開元)19년(731) 4월 반포된 『시험 삼아 승려들에게 권장하는 조서(試勵僧尼敕)』에는 다음과 같은 기록이 있다.

> 최근 들어 승려들은 이러한 풍조가 더욱 심하다. 강설(講說)을 한답시고 민간인들을 현혹시키고 있다. 산림 계곡에서 조용히 참선하지 아니하고 오로지 재물을 거둬들인다. 인간을 구제할 수 있는 법도가 스스로 무너졌으니 참된 불교의 교리를 어디에 전파할 것인가? 사람에게 무익하고 세상을 좀먹고 있다. 간혹 주현을 들락거리면서 권위에 가탁하기도 하고, 마을을 돌아다니면서 포교행위를 마음대로 하고 다닌다. 무리를 모아서는 밤을 지새우기 일쑤이다. 옳지 않은 도(道)를 바로 잡지 않으면 이단이 흥기하게 되는 법이다. 금일 이후로는 승려가 경전의 법률을 강론하는 것 이외에는 일체를 금지한다. 하루 여섯 차례의 예참은 반드시 정해진 의식대로 하고, 오밤중에는 거행하지 않는 민간의 제도를 준수해야 한다.
>
> 近日僧尼, 此風尤甚. 因議講說, 眩惑閭閻. 谿谷無厭[338], 唯財是斂. 津梁[339]自壞, 其教安施? 無益于人, 有蠹于俗! 或出入州縣, 假托威權. 或巡曆村鄉, 恣行教化. 因其聚會, 便有宵宿. 左道不常, 異端斯起. 自今以後, 僧尼講律之外, 一切禁斷. 六時[340]禮

338 厭(염) : 세상을 등지고 은거하여 조용히 지내는 것을 말한다. 불교 용어에 '염리예토(厭離穢土)'라는 말이 있는데, 이는 더럽혀진 사바세계(娑婆世界)를 싫어하여 떠나는 것을 말한다.

339 진량(津梁) : 부처가 사람을 제도(濟度)하는 일을 말한다.

340 육시(六時) : 일주야(一晝夜)를 여섯 때로 나눈 신조(晨朝), 일중(日中), 일몰(日沒), 초야(初夜), 중야(中夜), 후야(後夜)를 말한다.

懺, 順依律儀. 午夜[341]不行, 宜守俗制.[342]

위 기록은 이미 8세기 초엽에 강경(講經)의 세속화 현상이 매우 심각하여 조정에서 칙령을 내려 승려들의 불법적인 포교 활동을 통제하였음을 보여 준다. 조용한 삼림 계곡에서 참선(參禪)하고 있어야 할 승려가 시정(市井)을 돌아다니면서 마구 포교행위를 하고, 더구나 강설을 한답시고 민간인들을 현혹시키고, 또 민간에서는 할 수 없는 야간에 법회를 연 다음 강설로 밤을 지새웠다고 기록하고 있는 것을 보면, 당대(唐代)의 강경 의식이 민간에서 얼마나 대중화되고 통속화된 형태로 유행되었던가를 짐작하게 해준다.[343] 그리고 이와 같이 강경을 빌미로 통속적인 강설을 늘어놓은 승려의 연행 방식은 더욱 발전해 8세기 후반 이후로는 문숙(文淑)과 같은 속강승(俗講僧)의 등장과 변문의 출현이라는 신조류(新潮流)를 낳게 된다.

정리하면, 도강(都講)과 법사 두 사람에 의하여 진행되던 강경(講經)은 당대(唐代)에 들어서도 그 명맥을 유지하지만, 점차 강경회가 통속화되면서는 도강(都講)의 창경(唱經)이 생략되고 법사 혼자서 설화적

341 오야(午夜) : '오밤중, 밤 열두 시, 자(子)의 시각, 야반(夜半)'을 말한다. 오(五)와 통용하여 오야(五夜)·오경(五更)의 뜻으로도 쓰인다.

342 『당대조령집(唐大詔令集)』, 권113.

343 『원각경대소초(圓覺經大疏鈔)』는 823년에서 827년 사이에 저술된 것이다) 권2에서 발췌한 다음 인용문도 강경회의 통속화 현상을 묘사하고 있다. "하물며 이 지방 사람들은 백 년여 동안 속강(俗講)이 유행하자 대부분 후대 사람들의 저작(著作)만을 별도로 구송(口誦)하고 민간인들의 취향에 맞는 시를 읊는 것으로 명성을 얻을 수 있었다. 매번 강설(講說)하는 것을 보면 百分의 一도 경전에 의거하여 진행하지 않았다. 설령 불교 경전을 지도하는 者까지도 제 마음대로 아무데서나 끌어다 사용하였지 경전 본래의 의미에 근거를 두지 않았다(況此方人, 百年以來, 俗講之流, 多是別誦後人撰造, 順合俗心之文, 作聲聞諷詠. 每上講說, 言百分中, 無一言是經是法. 設導經者, 亦是亂引雜用, 不依本血脈之義)."

이고 서사적인 고사를 위주로 하는 강창으로 변모하게 된다. 강창문학의 연행자라 할 수 있는 소위 속강(俗講) 법사의 이중적 성격은 바로 여기에서 찾아진다. 즉, 당대(唐代)의 속강(俗講) 법사는 불법을 전수하는 고유의 임무를 여전히 수행하는 정식강경의 연행자이면서, 동시에 대중적 요구와 시대적 조류를 수용한 결과 강경의 통속화라는 변칙강경을 진행하기도 했던 것이다.

다음은 돈황 강창문학의 작가 혹은 연행자로 판단되는 승려(법사(法師)들을 뽑아 본 것으로 이를 통해 당대(唐代) 강창문학의 창작 층과 승려와의 관계를 살펴보기로 한다.

㉠ 작가 : 보선(保宣)

'보선(保宣)'이란 승려는 강창 텍스트 「빈파사라왕의 후궁 채녀(綵女) 공덕의(功德意)(이름)가 불탑에 공양하여 도리천(忉利天)에서 환생(還生)한 이야기(빈파사라왕후궁채녀공덕의공양탑생천인연변(頻婆娑羅王后宮綵女功德意供養塔生天因緣變)」(이하에서는 「공덕의(功德意) 이야기」로 표기)의 작가로 추정되는 인물이다. 이하에서 거론되는 다른 승려들이 주로 연행자(演行者)(performer)의 성격을 지니고 있는 반면 보선(保宣)을 텍스트의 작가로 간주하는 근거는 「공덕의(功德意) 이야기」의 마지막 대목과 관련이 있다.

> 불법은 관대하고 드넓어 구제하고 헤아림이 끝이 없으며 지극한 마음으로 불도를 구하면 성과를 거두지 아니함이 없도다. 다만 내가([보선(保宣)을 지칭: 필자주] 불문에 들어 있으면서도 기예가 보잘 것 없고 사찰에 머물면서도 재주가 형편없어, 불경을 전교함에 근원에 미치지 못하고 불전을 강론함에 저

밑바닥의 것을 알지 못 하는 도다. 잠시 짧은 소견을 진술하여 비밀의 연유를 엮어 보았을 뿐이다. 부끄럽고 창피함을 무릎 쓰고 지극히 깊은 인연담과 비유담을 모아 본 것이다. 대주(大周) 광순(廣順)[344] 3년 계축세(癸丑歲)[345] 4월 20일 삼계사(三界寺) 선승 법보(法保)가 손수 초사(抄寫)해 기록하다.

> 佛法寬廣, 濟度无涯, 至心求道, 無不獲果. 但保宣空門薄藝, 梵宇荒才, 經教不便於根源, 論典罔知於底漠. 輒陳短見, 綴秘密之因由, 不懼羞慚, 緝甚深之緣喩. 維大周廣順參年癸丑歲肆月二十日三界寺禪僧法保自手寫記.

위 대목은 작품 후기에 해당하는 부분으로 보선(保宣)라는 승려가 자신이 「공덕의 이야기」를 짓게 된 연유를 겸손한 말투로 설명하고 있다. 즉 불도에 입문하고서도 재주가 부족하고 불법의 깊은 이치를 깨우치지 못하고 있지만, 창피함을 무릅쓰고 「공덕의 이야기」와 같은 깊은 의미를 담고 있는 인연담과 비유담을 모아 글을 지었다는 보선(保宣)의 말은 작가가 일반적으로 창작 후기에서 의례적으로 붙이는 겸사(謙辭)로 볼 수 있는 것이다. 이는 바로 보선(保宣)라는 승려가 다른 사람의 대본을 그대로 베끼거나 단순히 강설한 인물이 아닌 작가(writer)라는 것을 말해 준다. 그러나 그가 '진술했다(진(陳)', '엮었다(철(綴)', '모았다(집(緝)' 등의 말을 쓴 점과 「공덕의 이야기」는 『찬집백연경(撰集百緣經)』 권6에 있는 「공덕의공양탑생천연(功德意供養塔生天緣)」의 고사를 가져와 작성된 사실로 볼 때, 보선(保宣)은 기록문학의 개인 창작자와 같은 고유 의미의 원 작가라고는 할 수 없으며, 기존의 설화를 좀 더 짜임새 있고 흥미 있게 엮어낸 인물로 보는 것이 타당할 것이다.[346]

344 A.D.951~953.

345 A.D.953년.

㉡ 작가 : 석회도(石懷度)

연행자 : 장회보(張懷寶), 회감(懷感), 보무(普務), 오호의륜(五號義輪), 몽범문로(蒙氾文老)

위 여섯 사람의 명단은 『불성품(佛性品)』 제3단편(斷片)(S.6006)의 후기에 보이는데 이들이 기재되어 있는 부분을 직접 인용하면 다음과 같다.

> 천보 13년(751) 5월 13일 조정에서 베푸는 잔치를 구경하고 오후에 석회도(石懷度)와 함께 잠시 집에서 휴식을 취하고 있었다. 불법을 논하는 순서는, 회도(懷度)가 집필하고 회보(懷寶)는 강설하는 방식으로 『유성론(惟性論)』 한 권이 논술되었다. 가장 이름난 사람은 회보(懷寶)였고, 두 번째는 회감(懷感)이었으며, 세 번째인 보무(普務), 오호의륜(五號義輪), 몽범문로(蒙氾文老) 등은 해심거사(海深居士)라고 불렸다.
>
> 天寶六(十)三載[347]五月十三日, 因看酺樂[348], 午時共石懷度暫于家憩息. 論佛法次, 懷度執筆, 懷寶出語, 述惟性論一卷. 一名張懷寶, 二名懷減, 三名普務, 五號義輪, 蒙氾文老等號爲海深居士.

위의 인용문에서 주목을 끄는 대목은 『유성론(惟性論)』의 집필과

346 한편 보선(保宣)을 이 텍스트의 작가일 뿐만 아니라 직접 연행하기도 한 인물이었을 가능성을 완전히 배제하기는 어렵다. 다만 이를 객관적으로 입증할만한 자료는 현재까지 찾을 수는 없다.

347 원문에는 '천보육삼재(天寶六三載)'로 되어 있는데 이는 '천보육삼재(天寶十三載)'를 잘못 표기한 것으로 보인다.

348 포락(酺樂) : 포연(酺宴)이라고도 하며 조정에서 백성들에게 술과 음식(酒食)을 하사하며 베푸는 잔치를 말한다.

연행에 관련된 부분이다. 위 문맥만으로 고찰해 볼 때 석회도(石懷度)란 인물이 『유성론(惟性論)』을 집필한 작가이며, 장회보(張懷寶), 회감(懷感), 보무(普務), 오호의륜(五號義輪), 몽범문로(蒙氾文老) 등은 『유성론(惟性論)』을 강설한 演行者(講經人)였던 것으로 보인다.

㉢ 작가 : 운변(雲辯)

운변(雲辯)은 「고원감대사이십사효압좌문(故圓鑒大師二十四孝押座文)」(P.3361)의 작가였을 것으로 보여지는 승려이다. 이러한 판단은 「고원감대사이십사효압좌문(故圓鑒大師二十四孝押座文)」 첫머리의 다음 기록에 근거한 것이다.

> 좌승록(左僧錄)[349]의 임무를 맡고 있는 원감대사(圓鑒大師) 사자(賜紫) 운변(雲辯)이 저술하다.
>
> 左街僧錄圓鑒大師賜紫雲辯述.

운변(雲辯)은 「고원감대사이십사효압좌문(故圓鑒大師二十四孝押座文)」을 저술한 외에도 「좌가승록대사압좌문(左街僧錄大師押座文)」(S.3728), 「진십자비게(進十慈悲偈)」(S.4472), 「위연인유서(爲緣人遺書)」(S.4472) 등을 남기고 있는데, 이는 그가 당시의 유명한 작가라는 것을 반증한다.

349 좌승록(左僧錄) : 좌승록(左僧錄)이란 좌가(左街)의 승려들을 단속하는 임무를 맡고 있는 승관(僧官)을 말한다. 승록(僧錄)은 807년(원화 2년) 장안에 좌우 양가(兩街) 공덕사 아래 예속되면서 시작된다. 이 무렵부터 불교와 도교를 관장하는 속인(俗人) 공덕사 휘하에 불교의 승록이 파견되었으며, 특히 중앙의 승려에 관한 사무를 주관하게 되었다. 그러나 이 이전에도 승록에 대한 기록은 있다. 원래 승록은 중앙승관의 부관 즉 차관적인 성격을 지닌 사람으로 일컬어진다. 그래서 성당말기에 이르면 좌우가의 승록이 독립하게 된다.

한편 운화사(雲花寺)의 사자대덕(賜紫大德) 해안(海岸) 법사가 『화엄경(華嚴經)』을 강의한 바 있고, 보수사(保壽寺)의 좌가(左街) 승록(僧錄) 체허(體虛) 법사가 『법화경(法華經)』을 강의한 사례로 볼 때 운변(雲辯) 역시 당시의 유명한 강경인 중 하나였을 가능성을 배제하기 어렵다.

㉣ 연행자 : 해안(海岸), 체허(體虛), 제고(齊高), 광영(光影), 문숙(文淑)

엔닌(圓仁)의 『입당구법순례행기(入唐求法巡禮行記)』 서기 841년조에 등장하는 해안(海岸), 체허(體虛), 제고(齊高), 광영(光影), 문숙(文淑) 등 다섯명의 속강(俗講)법사는 당대(唐代)의 유명한 강경인들이다. 『구법기(求法記)』는 이들에 대하여 다음과 같이 기록하고 있다.

> 천자께서는 좌·우가의 일곱 절에서 속인들을 위한 강의(속강)를 시작하라는 칙령을 내렸다. 좌가에는 네 곳의 절이 있는데, 자성사에서는 운화사의 사자대덕(賜紫大德) 해안법사로 하여금 『화엄경(華嚴經)』을 강하게 하고, 보수사에서는 좌가의 승록(僧錄)으로서 三教[350]를 강론하는 사자(賜紫)·인가(引駕)·대덕(大德) 체허(體虛)법사로 하여금 『법화경(法華經)』을 강의하게 하며, 보리사에서는 초복사의 내공봉(內供奉)으로서 삼교를 강론하는 대덕 제고(齊高)법사로 하여금 『열반경(涅槃經)』을 강의하게 하고, 경공사는 광영(光影)법사로 하여금 강의하도록 했다. 우가(右街)에는 세 곳의 절이 있는데, [그 중] 회창사에서는 내공봉으로서 삼교를 강론하고 자의(紫衣)를 하사받고 천자의 좌우에서 벼슬하면서 천자의 언행을 기록했

350 삼교(三教) : 삼교시(三教時)를 말한다. 인도의 삼론종(三論宗) 지광(智光)이 불타의 일생의 설교를 심경구유(心境俱有), 경공심유(境空心有), 심경구공(心境俱空)의 셋으로 나눈 것.

던 고승 문숙(文淑)법사로 하여금 『법화경(法華經)』을 강의하게 하였는데, 그는 이 성 안에서 속인들을 위한 강의를 하는데 첫째가는 인물이다.

> 乃敕于左右街七寺開俗講. 左街四處. 此貲經寺, 令雲花寺賜紫大德海岸法師講『華嚴經』, 保壽寺, 令左街僧錄三教講論賜紫引駕大德體虛法師講『法華經』, 菩提寺, 令招福寺內供奉三教講論大德齊高法師講『涅槃經』. 景公寺, 令光影法師講. 右街三處. 會昌寺, 令內供奉三教講論賜紫引駕起居大德文淑法師講『法華經』. 城中俗講, 此法師爲第一.

여기서 천자의 칙명에 의하여 개설된 강경회를 속강(俗講)라고 칭하고 있는 이유는 속인들을 위한 불경 강의라는 의미에서일 뿐 결코 '저속한 강의'를 뜻하는 것은 아니다. 즉, 회창(會昌) 원년(元年)에 칙명(勅命)으로 개설된 속강(俗講)은 장안(長安)의 관가(官街) 지역에 위치한 일곱 군데의 사원에 특별히 허가한 공식적인 행사로 강경 형식은 완전히 의식적인 절차를 철저히 준수하여 행해졌으며, 강경의 내용 역시 경전에 담겨 있는 부처의 가르침을 청중들에게 설법하는 교훈적인 성격이 강했다고 할 수 있다. 그리고 해안(海岸), 체허(體虛), 제고(齊高), 광영(光影), 문숙(文淑) 등 5인(五人)의 속강(俗講)법사들은 당시의 수많은 강경인 중 가장 유명한 강경인이었던 것으로 보인다. 특히 당대(唐代)의 대표적인 속강승(俗講僧)으로 자주 거론되는 문숙(文淑)을 당시 장안의 속강법사 중 가장 인기가 있었던 것으로 기록하고 있는데, 여기서의 문숙(文淑) 법사는 강경을 빌어 외설스럽고 저속한 이야기를 했기 때문에 인기를 끈 것이 아니라 삼교(三教)토론과 정식강경(講經)에서 인연(因緣), 비유(因緣), 삽화(挿話), 전설(傳說) 등을 활용하여 흥미 위주로 강의를 진행했기 때문에 속강(俗講) 법사 중 가장 유명

해졌다고 보아야 할 것이다.[351]

㉤ 연행자 : 문숙(文淑)

문숙(文淑)은 당대(唐代)의 대표적인 속강승(俗講僧)으로 다른 강경승(講經僧)에 비해 문숙(文淑)에 대한 기록 자료는 비교적 많이 남아 있어 당시 속강승의 활동을 이해하는데 큰 도움이 된다.

속강승(俗講僧) 문숙(文淑)에 대한 가장 빠른 기록은 헌종(憲宗) 원화(元和)년간(806~820) 때에 보인다.

> 장안 평강방에 위치한 보리사 불전의 내조동벽에 그려져 있는 유마변(維摩變)에는 사리불(舍利弗)이 눈을 부라리며 싸우는 그림이 있는데, 원화(元和) 년간(806~820) 말에 속강승(俗講僧) 문서(文溆)가 그것을 장식(裝飾)했으나 지금은 필적이 거의 사라져 버렸다.
>
> 長安平康坊菩提寺佛殿內槽東壁維摩變, 舍利弗角而轉睞, 元和末俗講僧文溆裝之, 筆迹盡矣.[352]

문숙(文淑)의 이름이 문서(文溆)로 되어 있는 위 인용문에서 — 문숙(文淑)의 명칭은 문헌에 따라 문서(文溆) 혹은 문서(文敍)로 기록[353]되

351 또 위 인용문에서 문숙(文淑) 법사가 내공봉(內供奉)의 직책에 있었고 삼교강론(三教講論)을 했으며 사자(賜紫), 인가(引駕), 기거(起居), 대덕(大德) 등의 명예로운 관직을 지니고 있는 점을 보더라도 회창사(會昌寺)에서 문숙(文淑)은 『법화경(法華經)』을 정식으로 강의했지 사회적으로 문제를 야기할 정도의 외설적이고 저속한 강의를 하지는 않았을 것이라 생각된다.

352 단성식(段成式), 『유양잡저(酉陽雜葅)』 권5, 「사탑기(寺塔記)」.

353 각 문헌(文獻)에 따라 달리 기록하고 있는 속강승(俗講僧) 문숙(文淑)에 대한 명칭을 도표로 정리하면 다음과 같다.

어 있는데 이하에서는 문숙(文淑)으로 통일한다 — 속강승 문숙(文淑)이 9세기 초인 원화(元和)년간에 장안(長安)에서 활동하고 있었음을 알 수 있는데 이로 미루어 볼 때 문숙(文淑)은 이 시기 이후 20여 년간 속강승으로서의 명망을 얻었던 것으로 보인다. 또 보제사(菩提寺)에 있는 유마변(維摩變)이라는 벽화를 문숙(文淑)이 장식한 적이 있다고 기록하고 있는데, 이는 아마도 문숙(文淑)이 속강 의식에 활용하기 위한 목적으로 단장을 했었을 가능성이 있다.

헌종(憲宗)을 바로 뒤이은 목종(穆宗, 821~824) 때에도 문숙(文淑)이 활동한 기록을 찾을 수 있다.

> 장경(長慶) 년간(821~824)에 속강승 문서는 경전을 잘 음송하였다. 그의 목소리는 부드럽고 맑아 마을 사람들을 감동시켰다.
>
> 長慶中俗講僧文敍, 善吟經, 其聲宛暢, 感動里人.[354]

여기서는 속강승(俗講僧) 문숙(文淑)이 불경을 잘 음송하고(善吟經), 곱고 빼어난 목소리로 성창(聲唱)함으로써 마을 사람들에게 감동을 주었다는 사실을 파악할 수 있다. 그리고 이는 속강승의 연행 방식을 구체적으로 이해하는데 큰 도움이 된다. 즉 속강승의 강경 방식은 주

출처	속강승 문숙(文淑)에 대한 명칭
『구법기(求法記)』 841년	문숙(文淑)
『악부잡록(樂府雜錄)』	문서(文敍)
『유양잡저(酉陽雜葅)』, 권5	문숙(文淑)
『태평광기(太平廣記)』, 권254	문서(文漵)
『인화록(因話錄)』사, 각부	문서(文漵)

354 단안절(段安節), 『악부잡록(樂府雜錄)』, 「문서자(文漵子)」.

로 음송(吟誦)으로 진행되었으며, 중간에 삽입된 운문 등을 성창(聲唱)으로 진행하는 부분이 특히 청중의 많은 인기를 끌었던 사실을 말해 주고 있다.

목종(穆宗)을 뒤이어 왕위에 오른 경종(敬宗, 825~827) 때에도 문숙(文淑)이 활동한 기록이 남아 있다.

> 경종(敬宗) 보력(寶曆) 2년(826) 6월 己卯日 주상께서 흥복사에 납시어 승려 문서의 속강을 관람하시었다.
>
> 敬宗寶曆二年六月己卯, 上幸興福寺觀沙門文漵俗講.[355]

경종(敬宗) 황제가 직접 흥복사(興福寺)에 와서 문숙(文淑)의 속강(俗講)을 관람한 것을 볼 때, 이 시기에 문숙(文淑)은 속강(俗講)으로 장안(長安) 일대에 명성이 자자했던 것으로 보인다. 또 위 인용문에서 경종(敬宗)이 속강(俗講)을 '관람(觀)'했다고 기재되어 있는데, 이는 당시 속강에서 변상(變相)이 활용되거나 혹은 각종 기예(技藝)가 함께 공연되었던 것과 관련이 있는 듯하다.

또 경종(敬宗) 다음의 문종(文宗, 827~840) 때에도 문숙(文淑) 법사가 활동한 기록을 찾을 수 있다.

> 문종(文宗, 827~840)은 작은 피리를 잘 불었다. 당시 문서라는 법사가 궐내에 들어와 대덕승으로 있다가 어느 날 갑자기 죄를 얻어 유배당하였다. 그 후 그의 제자들이 궐내에 들어와서, 그들은 승원(僧院)의 서적을 거두어 집으로

355 『자치통감(資治通鑑)』「경종기(敬宗紀)」.

가져가서는 무리들을 모아 놓고 여전히 법사의 강성(講聲)을 연창(演唱)하였다. 주상께서는 그의 가성(歌聲)을 채용하여 '문서자(文漵子)'라는 곡조를 만들었다.

文宗善吹小管. 時法師文漵爲入內大德, 一日得罪流之. 弟子入內收拾院中籍入家具輩, 猶作法師講聲. 上採其聲爲文漵子.[356]

이 인용문에는 중요한 두 가지 사실이 내포되어 있다. 먼저 음악에 조예가 있던 문종(文宗)이 문숙(文淑)의 가성(歌聲)을 채용하여 '문숙자(文漵子)'라는 곡조를 만들었음을 알 수 있다. 그 다음은 문숙(文淑) 법사가 궁내에 들어와 고승으로 대우받으며 지내다가 갑자기 죄를 얻고 유배당한 일이 있었음을 알려 준다. 첫 번째 사항은 법사 문숙(文淑) 법사가 행한 '강성(講聲)'의 방식이 음악과 관련이 있음을 보여준다. 여기서 '강성(講聲)'이란 산문적인 강설(講說)의 방식과 음악성이 가미된 성창(聲唱)의 방식의 결합을 의미하는 것으로 보인다. 결국 이는 속강(俗講)이 서술적인 설백(說白)과 서정성과 음악성을 내함한 성창(聲唱)을 활용하여 연행되었음을 보여주는 예증(例證)이라 할 수 있다. 두 번째 사항은 문숙(文淑) 법사 개인의 영락(榮落)에 관련된 문제이기는 하나 이것이 중요한 의미를 갖는 이유는 속강 의식의 통속화 현상과 결부되어 나타난 사건으로 보이기 때문이다. 앞에서도 언급한 바 있지만, 중당(中唐) 이후 장경(長慶, 821~824)과 보력(寶曆, 821~827) 년간에 이르게 되면 강경 의식은 시대적 조류라고 할 수 있는 통속화와 대중화 추세가 상당히 정착되었던 것으로 보이는데, 무엇보다 속

356 『태평광기(太平廣記)』 권254.

인들을 위한 강경이었던 속강(俗講)과 이를 주관하는 속강승(俗講僧)이 이와 같은 흐름을 적극 활용하였던 것으로 보인다. 특히 속강승(俗講僧) 문숙(文淑)은 다른 누구보다도 대중적 취향을 잘 파악하고 있었고 그에 맞추어 속강(俗講)을 시행한 결과 커다란 인기를 얻을 수 있었던 듯하다. 그러나 관료나 근엄한 상류 지식층들은 속강승 문숙(文淑)의 이러한 행위를 저속하고 비도덕적이며 사회적 윤리에 저촉되는 것으로 보아 통제에 나서 결국 문숙(文淑)을 유배보내기에 이른 것으로 보인다. 문숙(文淑)이 유배당한 사정에 대해서는 조린(趙璘)의 「인화록(因話錄)」에 좀더 자세히 언급되어 있다.

> 문서(文漵)라는 승려는 공공연히 청중들을 모아 놓고 강설하였는데, 불교 경전(經典)을 빌어 행한 그의 이야기에는 음란하고 외설스럽지 않은 것이 없었다. 건달패들은 번갈아가며 선동하고 부추겨댔으며 어리석고 야한 남녀들은 그의 이야기를 즐겨 들었다. 청중들로 산사(山寺)는 시끌벅적했고 예(禮)까지 갖추어 그를 숭배하면서 화상(和尙)이라고 불렀다. 교방에서는 그의 성조를 본 따서 가곡(歌曲)을 만들었다. [이처럼] 서민 대중들은 쉽사리 유혹에 빠졌으나, 불교 신도들은 진리를 깨닫고 경문(經文)의 의미를 차츰 정확히 알게 되면서 그를 대단히 천시하였다. 근자에 어리석은 승려들은 자신의 이름을 공덕사(功德使)에 올려놓고는 관청을 두려워하지 않는다. 선비들도 그의 공연을 즐겨 보고서는 벼슬아치 보기를 원수보기보다 심하게 여긴다. 문서(文漵)라는 승려가 가장 심하여 앞뒤로 곤장을 맞고 변방으로 유배된 것이 수차례나 되었다.
>
> 有文漵僧者, 公爲聚衆譚說, 假托經論, 所言無非淫穢鄙褻之事. 不逞之徒, 轉相鼓扇扶樹, 愚夫冶婦樂聞其說, 聽者塡咽寺舍, 瞻禮崇奉, 呼爲和尙. 教坊效其聲調, 以

爲歌曲. 其氓庶易誘, 釋徒苟知眞理, 及文義稍精, 亦甚鄙之. 近日庸僧以名繫功德使, 不懼臺省府縣. 以士流好窺其所爲, 視衣冠過於仇讐, 而溆僧最甚, 前後杖背流在邊地數矣.[357]

위 인용문에는 문숙(文溆)의 활동시기에 대한 구체적인 언급이 없으나 교방(敎坊)에서 문숙(文溆)의 성조(聲調)를 본 따 가곡(歌曲)으로 만들고, 혹세무민(惑世誣民)한 죄로 변방에 유배되었다는 기록이 『태평광기(太平廣記)』의 기재와 유사한 것으로 볼 때 문종(文宗) 때의 일을 이야기한 것으로 보인다. 여기서 조린(趙璘)은 속강승(俗講僧) 문숙(文溆)이 강경(講經)을 한답시고 외설적이고 저속한 이야기를 하면서도 화상(和尙)으로 불려지고, 시정(市井)의 남녀노소는 물론 사대부 층에게까지 호응을 얻고 있는 것에 대해 매우 못마땅하게 여기고 있는데, 이때 문숙(文溆)은 아마도 정식강경(講經)에서 상당히 벗어난 내용과 형식의 강설(講說)을 했던 것으로 보인다. 필자의 견해로는 이 당시 문숙(文溆)이 강설한 내용은 남녀의 음란하고 외설적인 연정(戀情)에 관한 것이기보다는 「맹강녀변문(孟姜女變文)」, 「한붕부(韓朋賦)」 등과 같이 사회 풍자적이고 민중지향적인 성향을 지녔기 때문에 유배된 것이 아닌가 한다. 이는 위의 예문에서 선비들(士流)이 그의 공연을 즐겨 보고서는 벼슬아치 보기를 원수보기보다 심하게 여겼다고 적고 있는 점이 그의 강설에 반사회적 성향이 내포되어 있었을 가능성을 보여준다. 또 당대(唐代)에 강경회에서 「삼교논형(三敎論衡)」과 같이 붓다를 희화한 내용을 승려가 연행한 적이 있었던 것을 볼 때, 문숙(文

357 조린(趙璘), 「인화록(因話錄)」, 『당국사보등팔종(唐國史補等八種)』, 세계서국, 대만, 1978, 28~29쪽.

淑)의 강설에서도 이러한 소재를 채용했을 가능성을 배제하기 어렵다. 아무튼 문숙(文淑)의 유배 사건은 당시의 속강(俗講)이 종교적이고 지배 이데올로기적인 성향에서 벗어나 매우 통속적이고 민중지향적인 방향을 취했으리라는 추정을 하게 한다.[358]

문숙(文淑)의 활동에 대한 기록 중 가장 늦은 시기의 것은 무종(武宗) 때의 것으로 엔닌(圓仁)의 『구법기(求法記)』에 수록되어 있다.

358 불법(佛法)을 선전(宣傳)하기 위하여 행해진 속강(俗講)이 어느 정도까지 통속적이고 민중지향적인 색채를 띠었는가는 현시점에서 정확히 단정 지을 수는 없다. 다만, 불교고사계(佛教故事系) 강창작품(講唱作品) 가운데 「네 마리 짐승 이야기(사수인연(四獸因緣)」와 「빈바사라왕의 후궁 공덕의가 탑에 공양한 인연으로 천상에서 환생하였다는 이야기(빈파사라왕후궁채녀공덕의공양탑생천인연변(頻婆娑羅王后宮綵女功德意供養塔生天因緣變)」 두 텍스트의 존재는 당시 일반 대중들을 상대로 한 설법의 내용이 종교성보다 통속성과 민중성을 지향하고 있음을 시사한다. 특히 불탑에 공양하지 말라는 포악한 왕의 명령을 어긴 죄로 참살 당한 후궁 공덕의가 도리천(忉利天)에서 환생한다는 「공덕의(功德意) 이야기」는 「한붕 이야기(한붕부(韓朋賦)」, 「공자와 소년 항탁의 문답 이야기(공자항탁상문서(孔子項托相問書)」에서 볼 수 있는 '지배층의 횡포 → 약자의 죽음 → 재생'의 모티브가 내함되어 있어 민중지향성의 일면을 엿보여 준다. 불법(佛法) 홍포(弘布)라는 종교적 순수성을 넘어서서 민중적 저항의식이 가미되었다고 볼 수 있는 「공덕의(功德意) 이야기」의 핵심 내용을 원전에서 발췌하면 다음과 같다. "그 때 왕태자 아도세(阿闍世)는 제파달다(提婆達多)와 함께 음모를 꾸며 부왕을 살해하고 스스로 왕의 자리에 올랐다. 궁안에 칙명을 내리기를 저탑에 예배 공양을 드리지 말 것이며 이를 어긴 자는 죄로 다스리겠다고 했다. 그후 7월 15일 승려들이 제멋대로 방자하게 지내고 있을 때 공덕의라는 한 궁녀가 생각하길.. "이탑은 대왕께서 지으신 것인데 지금 이렇게 더러워졌는데도 씻는 사람이 아무도 없구나. 내 이제 신도로서 몸이 찢기는 형벌을 받더라도 저탑을 청소하여 향불을 피우고 등을 밝혀 공양하리라." 이렇게 작정하고 즉시 등을 밝히고 탑에 공양하였다. 그때 아도세왕이 멀리 누각 위에서 탑의 등이 밝혀져 있는 것을 보고는 크게 진노하였다. 즉시 사람을 파견해 누구의 짓인지 알아보게 했다. 공덕의(功德意)가 등을 밝히고 공양하고 있는 것을 본 사자는 돌아와서 왕에게 그대로 아뢰었다. 왕은 불러 오라고 명한 후 그 연유를 물었다. 그때 공덕의는 즉시 왕에게 대답했다. "지금 이탑은 선왕께서 만드신 후 공양하던 것입니다. 오늘은 좋은 날인지라 청결하게 소제한 후 등을 밝혀 공양했답니다." 그때 아도세(阿闍世)는 이 말을 듣고 화가 배(倍)로 치솟아 즉각 칼로 참살해 버렸다. 공덕의는 이처럼 착한 마음 탓에 목숨을 잃었으나 도리천(忉利天)에 태어나니 몸에서 광명이 발했다."(『찬집백연경(撰集百緣經)』: 반중규(潘重規), 『돈황변문집신서(敦煌變文集新書)』 하, 752쪽 참조)

우가(右街)에는 세 곳의 절이 있는데, 첫째로 회창사에서는 내공봉으로서 삼교를 강론하고 자의(紫衣)를 하사받고 천자의 좌우에서 벼슬하면서 천자의 언행을 기록했던 고승 문숙(文淑)법사로 하여금 『법화경(法華經)』을 강의하게 하였는데, 그는 이 성 안에서 속인들을 위한 강의를 하는데 첫째가는 인물이다.

右街三處. 會昌寺, 令內供奉三教講論賜紫引駕起居大德文淑法師講『法華經』. 城中俗講, 此法師爲第一.

무종(武宗) 회창(會昌) 원년(841)의 상황을 기록하고 있는 위 인용문으로 볼 때, 속강승 문숙(文淑)은 문종(文宗, 827~840) 때에 유배를 당했다가 풀려난 후 다시 궁정에 들어가 삼교강론에 참여하는 등 천자에게서 지극한 대우를 받는 지위로 복권된다. 그리고 예전처럼 속인들을 위한 강의(속강)를 개설하여 장안(長安)에서 제일가는 속강법사로 이름을 날리게 된다.

② 문인(文人)

당대(唐代) 이전 창도(唱導)가 성행하던 시기에는 문인학사들이 승려들과 교류하였기 때문에 문인들은 승려들을 대신하여 창도문을 짓은 경우도 있었고 (물론 문인의 이름을 가탁하여 지었을 가능성을 배제하기는 어렵다), 승려들이 지은 것이라 하더라도 당시 문풍(文風)의 영향을 많이 받았다.[359]

『속고승전(續高僧傳)』「보암전(寶巖傳)」의 다음 기록은 창도문(唱導

359 관덕동(關德棟), 「담변문(談變文)」, 주소량(周紹良)·백화문(白化文) 編, 『돈황변문논문록(敦煌變文論文錄)』 상, 상해고적출판사, 196쪽.

文)의 창작에 문인들이 관련되어 있음을 보여주고 있다.

> 공도문(公導文)을 보니[창도문(唱導文)의 작자를 보니] 왕유(王孺), 참법(懺法), 양고(梁高), 심약(沈約), 서유(徐庾), 진송(晉宋) 등 수십가에 이른다.[관공도문(觀公導文), 왕유(王孺), 참법(懺法), 양고(梁高), 심약(沈約), 서유(徐庾), 진송(晉宋)등수십가.]

여기서 공도문(公導文)이란 바로 창도문(唱導文)을 말하며 왕유(王孺), 참법(懺法), 양고(梁高), 심약(沈約), 서유(徐庾), 진송(晉宋) 등은 모두 창도문을 지은 작가이다. 그런데 이들 가운데 심약(沈約)과 서릉(徐陵)・유신(庾信) 같은 유명한 문인의 이름이 들어가 있는 사실은 당시 문인들이 창도문(唱導文)을 지었음을 말해 준다. 실제로 심약(沈約, ?~485?)은 독실한 불교 신자로 불전(佛典)에 정통하였으며, 불경 전독(轉讀)과 인도의 성조(聲調)를 참조하여 '사성팔병(四聲八病)'을 내놓은 바 있고 「팔관재시(八關齋詩)」, 「화왕위군해강시(和王衛軍解講詩)」 등 불교를 제재로 하여 시(詩)도 창작하였다. 또 궁체시(宮體詩)와 『옥태신영(玉台新咏)』의 편자로 유명한 서릉(徐陵, 507~583)도 지자대사(智者大師) 등의 승려와 교유했던 흔적을 찾을 수 있으니 「오원상지자대사서(五願上智者大師書)」, 「간인산심법사파도서(諫仁山深法師罷道書)」와 같은 서간문이 그를 확인시켜 준다. 심약(沈約)과 서릉(徐陵)에서 볼 수 있는 이러한 사례들은 육조 시대의 문인들이 승려와 교류하면서 창도문(唱導文)을 직접 창작했거나 아니면 간접적으로 영향을 주었을 가능성을 시사하고 있다.

중국역사상 불교가 가장 번성했던 수당대(隋唐代)에는 조정에서 불교를 적극 지지하고 신봉함에 따라 불교는 "나날이 번성하여 재왕(帝王)으로부터 사대부와 민중에 이르기까지 불교를 받들고 신봉하지 않는 사람이 없었다."[360] 특히 당대(唐代)는 문인들이 그 어느 시기보다 불교문화를 폭넓게 수용하여 자신의 창작물에 결부시켰던 시대로, 초당의 진자앙(陳子昻)과 장열(張說), 성당(盛唐)의 대시인 이백(李白), 두보(杜甫), 왕유(王維) 그리고 중당(中唐)의 유종원(柳宗元), 백거이(白居易) 등 다수의 문인작품에서 그를 확인할 수 있다.

그런데 당대(唐代) 문학(文學)과 불교의 관계에서 간과해서 안 될 부분은 시와 산문같은 고급 장르뿐만 아니라 하급 장르에서도 불교문화를 수용하면서 커다란 변화가 발생했다는 점이다. 즉 당대(唐代)에는 시불(詩佛)이란 칭호를 받았던 왕유(王維)같은 인물이 배출됨으로써 불교가 고급문학 내에 뿌리를 내렸지만, 이와 동시에 변문과 같은 강창 양식을 만들어냄으로써 소설, 희곡과 같은 주변장르가 활성화되는 계기를 제공하는 것이다. 그런데 불교문화를 수용하여 고급문학을 창작해내는 과정에서는 문인들 — 주로 상층계급의 문인들 — 이 주도적인 역할을 담당한 것에 비해 변문과 같은 강창 양식의 출현에 있어서는 문인의 역할이 상대적으로 미약했던 것으로 보인다. 그 이유를 당시의 창작 여건과 결부시켜 추정하면 다음과 같다. ① 창도문(唱導文)의 경우는 비교적 전아(典雅)했기 때문에 직간접적으로 문인에게 창작의 기회가 제공되었지만, 통속화된 변문의 경우는 문인의 우아한 문장력을 굳이 필요로 하지 않았다. ② 그렇다고 문인의 역할이 전혀 없었거나 중요시되지 않았다고 볼 수는 없고, 다만 속강 변문의 통속

360 『자치통감(資治通鑑)』 권240, "일익번치(日益繁熾), 자제왕지우사민(自帝王至于士民), 막불존신(莫不尊信)".

화에 따라 상층문인들보다는 중류층이나 하류층의 문인에게 그 역할의 태반이 넘어간 것으로 보인다. ③ 속강승(俗講僧) 문숙(文淑)의 유배 사건에서 알 수 있는 것처럼 통속적인 강창에 대해서 고급 관료와 상층 지식인들이 대체로 폄하하는 태도를 갖고 있었기 때문에, 문재(文才)를 통해 계층 상승을 추구하던 문인들이 강창문학을 직접 창작하는 데 자의반 타의반으로 많은 제약이 따랐을 것으로 생각된다. ④ 강창문학은 문자화된 텍스트가 중요한 것이 아니라 설화적 사실을 구연(口演)하는 것이 그 핵심을 이루고 있으므로, 강창문학의 창작 층은 문인에 비해 속강승과 민간설창인이 주도적인 역할을 한 것으로 보인다.

실제로 돈황 강창문학은 텍스트 말미에 필사(筆寫)한 사람의 성명 가운데 문인의 이름은 간혹 발견될 뿐이며, 작가나 연행자로서 구체적으로 거명된 문인은 거의 없다. 다만 유일하게 문인 작가의 성명을 밝혀 놓고 있는 작품이 현존하는데, 바로 「차와 술 이야기(茶酒論)」(P.2718)의 작가 왕부(王敷)[361]라는 인물이다.

• 문인(文人) 작가 : 왕부(王敷)

왕부(王敷)를 「차와 술 이야기」를 창작한 문인(文人)으로 보는 것은 텍스트 앞부분에 다음과 같이 기록되어 있기 때문이다.

茶酒論一卷並序　　　　　　鄉貢進士王敷撰

여기서 왕부(王敷)의 신분을 밝혀주는 향공(鄉貢進士)진사란 당대(唐代) 과거(科擧)시험에 주현(州縣)에서 경사(京師)로 올라와 응시했던 자

361 '왕부(王敷)'의 '부(敷)'자는 원문에서는 등굴월문(攵) 왼쪽에 '亠'과 '曰'의 합자(合字) 아래 '方'을 놓은 글자를 쓰고 있다. '부(敷)'자는 원문 글자의 별체(別體)에 해당한다.

를 가리킨다. 따라서 우리는 왕부(王敷)라는 인물이 자신의 고향에서 예시(豫試)에 합격한 후 경사(京師)로 올라와 본시(本試)를 치른 문인 사대부임을 알 수 있다. 또 텍스트 말미에 '염해진(閻海眞)'이라는 『차와 술 이야기』를 초사(抄寫)한 예능인(藝能人)이 별도로 기재되어 있는 것[362]을 보아 왕부는 『차와 술 이야기』의 작가임이 분명하다.

그러나 『차와 술 이야기』는 순수하게 왕부(王敷) 개인의 창작적 개성에 의하여 쓰여 진 것은 아니며, 당대(唐代)에 민간에서 널리 구전되던 민간고사가 기반이 되어 생성된 것이다. 이러한 판단의 근거로는 전대(前代)의 우스개 이야기(소화(笑話)를 모아 놓은 책자인 『광소부(廣笑府)』[363]라는 문집에 『차와 술 이야기』의 내용을 축약한 것으로 여겨지는 「차와 술이 뛰어남을 다투다(다주쟁고(茶酒爭高)」라는 이야기가 수록[364]되어 있는 점을 들 수 있다. 또 『차와 술 이야기』이 당시 식생활문화의 변화가 가져온 새로운 사회적 상황을 그대로 그리고 있는 점과 암기성(暗記性)이 강한 재담(才談)으로 채워 있는 점 역시 집단성과 구전성을 짐작케 한다. 결국 『차와 술 이야기(차와 술 이야기)』는 비록 진사 출신의 과거 수험생 왕부(王敷)가 창작(撰)한 것으로 되어 있지만 엄밀한 의미에서 '왕부(王敷)' 개인의 창작물이 아니라, 다른 강창작품과 마찬가지로 민간에서 구전되던 이야기를 소재로 쓰여진 구연(口演) 대본이었을 가능성이 높다.

---

362 『차와 술 이야기』 끝부분은 다음과 같다. "開寶三年壬申歲正月十四日知術院弟子閻海眞自手書記."

363 『광소부(廣笑府)』는 만명(晩明)의 흑감재주인(黑憨齋主人)이라는 사람이 편찬한 책자이다.

364 장홍훈(張鴻勛), 「돈황고사부(敦煌故事賦) 『차와 술 이야기』와 쟁기형소설(爭奇型小說)」, 『중국고대근대문학연구』, 복인보간(復印報刊), 1989년 제9집, 129쪽.

③ 민간설화인(民間說話人)

현존하는 문헌자료는 수당대(隋唐代)에 이미 궁정과 민간 그리고 사원에서 설화인에 의해 설화가 공연된 바 있음을 보여주고 있다. 이 시기에 전문설화인으로 가장 먼저 거론할 수 있는 사람은 수대(隋代)의 후백(侯白)이다. 후백(侯白)에 대해서는 『계안록(啓顔錄)』에 다음과 같이 기록되어 있다.

> 후백(侯白)은 산궁에서 광록대부로 양소에 예속되어 있었다. 재담에 능한 사람을 아껴 매번 당직할 때마다 우스개 이야기를 하게 하니 아침에 시작하면 저녁에 이르러서야 비로소 돌아갈 수 있었다. 성문을 막 나섰을 때 양소의 아들 현감을 만났다. 그가 말하기를 "제게 재미있는 이야기를 하나 해주실 수 있겠습니까?" 후백은 붙잡히는 바람에 어쩔 수 없이 이야기 하나를 했다. "호랑이 한 마리가 들녘에서 고기를 찾으려 하다가 고슴도치 한 마리가 반드시 누워 있는 것을 보게 되었답니다. 그는 이것을 고기라고 생각하고는 덥석 물었다가 그만 고슴도치에게 코를 깨물린 채 놀라 달아났지요. 정신없이 쉬지도 않고 달려 산중에 이르러서는 고단하여 그만 잠이 들고 말았는데 고슴도치가 깨물었던 코를 놔두고 갔습니다. 큰 짐승은 갑자기 일어나 기뻐하며 상수리나무 아래에 와서 고개를 떨어뜨리고 상수리나무 꼭대기를 보며 몸을 굽실거리며 말했지요. "이른 아침 현명하고 높으신 어른을 만났군요. 원컨대 어른께서는 길을 비켜주시길 바랍니다."
>
> 侯白在散宮, 隷屬楊素. 愛其能劇談. 每上番日, 卽令談戱弄, 或從旦至晩始得歸. 才出省門, 卽逢素子玄感, 乃云:"侯秀才可以玄感一個好話." 白被流連不獲已, 乃云:"有一大蟲欲向野中覓肉, 見一刺蝟仰臥, 謂是肉臠欲銜之, 忽被蝟卷着鼻, 驚走, 不知休息, 直至山中. 困乏, 不覺昏睡, 刺蝟乃放鼻而去. 大蟲忽起, 歡喜走至橡樹下, 低頭見橡

頭, 乃側身語云:"旦來遭見賢尊, 願郎君且避道."

위 인용문은 민간설창인 후백(侯白)이 황제의 총애를 받아 궁정에 들어와 자주 황제에게 재미있는 이야기를 들려주곤 했으며, 황태자 같은 황제 주변의 상류층 인사들에게도 매우 인기가 있었음을 보여주고 있다.[365] 그런데 후백은 인기가 높았던 만큼 여기저기서의 공연 요청에 응하느라 쉴 틈 없이 바빴던 듯하다. 이 때문에 그는 하루 종일 궁정에서 설화 공연을 겨우 끝내고 저녁 무렵이 되어서야 간신히 귀가하려는데 또다시 태자인 현감이 자신을 붙들고 이야기 하나를 더 들려달라고 하자 우의적인 짐승 이야기를 꺼내어 우회적으로 자신을 놓아 달라는 의사표시를 했던 것이다. 아무튼 이러한 후백의 일화는 당시 궁정과 민간에서 설화인이 활동하고 있었고 인기 또한 매우 높았던 것을 말해주고 있다.

당대(唐代)에도 민간 설화인의 존재와 설화가 공연된 사실에 대한 문헌자료를 찾을 수 있다. 먼저 『당회요(唐會要)』 권4에 다음과 같은 기록이 있다.

원화(元和) 10년(815)...... 위수(韋綬)는 시독(侍讀)(황제을 모시고 강독하는 일)을 끝냈다. 수(綬)는 해학적인 잡희를 잘했고 민간소설에도 능통했다.

365 『수서(隋書)』「육상전(陸爽傳)」에도 후백(侯白)은 "학문을 좋아하고 민첩한 재주를 지녔으며 성격이 활달하고 구변이 뛰어났으며, 수재로 천거되어 우림랑을 지낸 적이 있고, 배우 잡설을 좋아하여 많은 사람들에게 인기가 있어 [그가 공연할 때면] 구경꾼들로 마치 저자거리 같았다(好學有捷才, 性滑稽, 尤辯俊, 擧秀才, 爲儒林郎, 好俳優雜說, 人多愛押之, 觀者如市)"고 기록하고 있어, 그가 상류층과 하류층 모두에게서 상당한 인기를 누리고 있었음을 알려 준다.

元和 十年…… 韋綬罷侍讀. 綬好諧戲, 兼通人間小說.

당대(唐代)에는 각 지방의 예능인들을 궁정의 산악예인(散樂藝人)으로 임명하여 규정된 일정에 따라 윤번제로 궁정에 들어와 공연하도록 하였는데[366] 위 인용문에 등장하는 위수(韋綬)라는 인물은 이러한 예인과 관계있다고 보여 진다. 즉, 위수(韋綬)는 당헌종(唐憲宗) 원화(元和)년간(806~820) 궁정에 들어와 황제 앞에서 설화 공연을 했던 전문 설화인이며, 잡희와 민간소설을 자신의 특기로 가지고 있었다고 볼 수 있다. 이외의 당대(唐代) 설화인에 대한 또다른 기록은 단성식(段成式)『유양잡저(酉陽雜葅)』속집 권4「폄오편(貶誤篇)」에 보인다.

나는 태화(太和, 827~835)말년 아우의 생일날 잡희를 관람했다. 그 속에는 소설을 연행하는 민간인이 있었는데, 편작(扁鵲)을 편작(褊鵲)으로 읽고 상성(上聲)으로 발음했다. 나는 좌객 임도승으로 하여금 그를 바로 잡게 하니 시인이 말하길.. "20년전 상도 재회(齋會)에서 이를 공연한 적이 있었는데 한 수재(秀才)가 편(扁)자를 편(褊)자의 성조(聲調)와 동일하게 발음하는 것을 매우 좋아하면서 세상 사람들이 모두 잘못되었다고 이야기하더군요."

予太和末, 因弟生日觀雜戲, 有市人小說呼扁鵲作褊鵲字上聲. 予令座客任道昇字正之. 市人言, 二十年前嘗于上都齋會設此, 有一秀才甚賞某呼扁字與褊同聲, 云世人皆誤.

여기서 단성식(段成式)이 그의 아우 생일날 잡희를 보았다고 했는데 아마도 예인(藝人)을 초청하여 상연하게 하면서 즐겼던 것으로 생

366 이러한 궁정 연희를 위해 각 지방에서는 예능인들을 확보해 두었고, 예능인들은 평소에 민간에서 연희활동을 하다가 궁정 연희가 개최될 시기가 되면 수도로 가곤 했다.

각된다. 그리고 시인(市人)소설이란 송대(宋代)에 와사(瓦肆)에서 행해졌던 설화(說話)와 유사한 종류의 것으로 민간의 설화 공연을 의미한다. 또 이 민간인(市人)이 20년 전에 자신이 공연했다고 회상한 것을 보아서는 이 설화인이 늙었다는 것을 짐작할 수 있다.[367] 그런데 위 예문에서 주목되는 대목은 이 민간설창인이 바로 불교 포교를 위한 '재회(齋會)'에서 설화 공연을 했다고 회상하고 있는 부분이다. 이점이 중요한 이유는 당시에 포교 행사가 개최되면 민간의 전문 설화인 같은 기예인도 그 행사에 참여하여 공연을 했음을 보여주고 있기 때문이다. 실제로 불교 포교 행사와 민간 설화 공연이 긴밀하게 결합되어 있는 사실은 다른 문헌자료에서도 확인된다. 『불조통기(佛祖統記)』 권39에 실려 있는 다음 두 인용문을 보기로 하자.

① 무릇 승려들의 죄에는 열 가지가 있다...... 아홉 번째는, 오락장을 설치하여 어리석은 소인들을 유혹하거나 배우들을 초청하여 먼데서 청중들을 불러 모으는 것이다.

凡有十等.......九曰:設樂以誘愚小, 俳優以招遠會.[368]

② 불전에 실려 있지 않고 경문에 근거하지 않는 것을 전수받아 학습하여 대중들을 미혹시키는 자는 법도를 어긴 죄로 다스릴 것이다...... 경문에 근거하지 않은 것을 예로 들면...... 『개원괄지변문(開元括地變文)』, 『제천론(齊天論)』, 『오래자곡(五來子曲)』 등이다.

367 정의중(程毅中), 『당대소설사화(唐代小說史話)』, 제4장 「통속소설과 유선굴(通俗小說與游仙窟)」, 문화예술출판사, 1990, 67쪽.

368 『불조통기(佛祖統記)』 권39, 「광홍명집체혹해(廣弘明集滯惑解)」.

非藏經所載, 不根經文, 傳習惑衆者, 以左道論罪...... 不根經文者謂......『開元括地變文』,『齊天論』,『五來子曲』之類.[369]

인용문 ①과 ②는 승려들이 포교를 빌미로 통속적인 공연 행위를 하는 것을 금지하는 내용을 담고 있다. 그런데 이 두 인용문을 통해서 파악되는 사항은 공식적인 포교 행사에서 민간의 연행물이 곁들여지고 있었다는 사실이다. 예컨대 ①에서는 승려들이 악붕(樂棚)과 같은 민간 오락장을 설치하여 배우들을 초청하여 공연케 한 것을 알 수 있으며, ②에서는 경문에 근거한 강경문이나 불경변문류 이외의 작품이 강설되었음을 시사하고 있다. 특히 ②에서 경문에 근거하지 않는 작품으로 들고 있는『개원괄지변문(開元括地變文)』,『제천론(齊天論)』,『오래자곡(五來子曲)』 등은 모두 불경과 무관한 내용인 것으로 보여진다. 예컨대,『개원괄지변문(開元括地變文)』이란 작품은 '변문'이란 명칭이 붙어 있어 한층 주목되는 데 아마도 이는 개원 시대 때 시행된 조정의 토지정책을 이야기화한 것으로『연자부(鷰子賦)』의 성격과 유사한 것이 아니었을까 한다. 결국 ①과 ②는 팔관재니 수륙재니 무차대회니 하는 것을 비롯한 불교의 공식 집회에서는 범패(梵唄), 전경(轉經), 강경(講經), 예참(禮懺), 발원(發願) 등 여러 가지 법사뿐만 아니라 민간기예인에 의하여 설화, 잡희 등 민간 공연물이 한꺼번에 거행되었음을 말해 준다.[370] 이와 같이 불교 법회는 그 성격이 통속화의 추

369 『불조통기』 권39「석문정통(釋門正統)」

370 불교 법회에서 민간 기예가 공연된 사례는 당(唐) 이작(李綽)의『상서고실(尙書故實)』에도 언급되어 있는데 그 구체적인 내용은 다음과 같다. "불교 사원에서 대회를 개최하자 마당에서 백희(百戲)가 공연되었는데 10세 소년이 대나무 위에서 춤을 추고 있었다. (佛寺設大會, 百戱在庭, 有十歲童兒舞於竿杪.)」 또 당(唐) 고언림(高彦林)의『당궐사(唐闕

세를 띠면서 내용적인 면에서 순수 불교적인 것에서 탈피하여 역사적인 소재를 취하여 강사변문(講史變文)을 출현시키고, 창작층의 측면에서는 승려층 위주로 진행되었던 강창 공연이 민간설창인에 의해서도 연행되게 된다.

한편 민간설화인(民間說話人)의 사회적 신분이 어떠하였는지에 대하여는 구체적인 자료가 부족하여 상세한 면모를 알기는 어렵다. 다만,

---

史)』(「삼교논형(三教論衡)」)에도 강론이 끝나고 이가급(李可及)이라는 민간의 배우가 해학적인 이야기를 구연한 것을 기재하고 있다. : 「당 함통(咸通)년간(860~873) 이가급(李可及)라는 배우(俳優)는 골계와 해학이 남보다 특출했다. 비록 풍유에 기탁하지는 못하지만 기지가 민첩하여 쉽사리 볼 수 있는 인물이 아니었다. 한 번은 연경절날 승려들의 강론이 끝난 다음 배우들의 연희가 행해졌다. 이가급(李可及)이 독서인의 옷과 두건 그리고 요대를 하고서 단정한 자세로 강단에 올라가 자신이 유불도 삼교를 저울질해 보겠다고 했다. 강단 옆에 앉아 있던 자가 그에게 묻기를, "당신은 자칭 삼교에 달통했다하니 석가여래는 어떤 사람입니까?" 대답하길.. "부인(婦人)이지요." 물은 사람은 놀라서 말하길, "어째서 인지요?" 대답하길.. "『금강경(金剛經)』에 '자리를 넓혀 즉 결가부좌하여 앉는다.' 했는데 만약 여자가 아니라면 어째서 번거롭게 남편이 앉은 연후에 아이를 앉히겠습니까?" 이에 주상(主上)께서는 크게 웃으셨다. 또 묻기를.. "그러면 태상노인은 어떤 사람입니까?" 대답하길.. "역시 부인(婦人)이지요." 질문한 사람은 더욱 이해할 수 없었다. 이에 말하길.. "『도덕경(道德經)』에 '내게 큰 근심이 있으니 이는 내게 신체가 있기 때문이라. 내게 신체가 없다면 내 어찌 근심하겠는가?'라고 했지요. 만약 여자가 아니라면 어째서 임신을 근심했겠습니까?" 주상(主上)께서 크게 즐거워 하셨다. 또 묻기를.. "문선왕은 어떤 사람입니까?" 대답하길.. "부인이지요." 질문자가 말하길.. "어떻게 압니까?" 대답하길.. "『논어』에 '팔고말고! 팔고말고! 나는 (좋은) 값을 놓을 사람을 기다리고 있다.'라고 했지요. 만약 부인이 아니라면 왜 시집가기를 기다리겠습니까?" 주상께서는 매우 즐거워하시면서 지극히 총애하고 은혜를 하사하셨다. 다음날 그에게 환위(環衛)의 원외직(員外職)이 수여되었다. (咸通中, 優人李可及者, 滑稽諧戲, 獨出輩流. 雖不能托諠諷諭, 然智取敏捷, 亦不可多得. 嘗因延慶節, 緇黃講論畢, 次及倡優爲戲. 可及乃儒服險巾, 褒衣博帶, 攝齊以升講座, 自稱三教論衡. 其隅坐者問曰. "旣言博通三教, 釋迦如來是何人?" 對曰, "是婦人" 問者驚曰: "何也?" 對曰: "『金剛經』云, '敷坐而坐', 或非婦人, 何煩夫坐, 然後兒坐也?" 上爲之啓齒. 又問曰: "太上老君何人也?" 對曰: "亦婦人也." 問者益所不喩. 乃曰: "『道德經』云, '吾有大患, 是吾有身, 及吾無身, 吾復何患!' 倘非婦人, 何患乎有娠乎?" 上大悅. 又問: "文宣王何人也?" 對曰: "婦人也!" 問者曰: "何以知之?" 對曰: "『論語』云, '沽之哉, 沽之哉, 吾待賈者也.' 向非婦人, 待嫁奚爲?" 上意極歡, 寵錫甚厚. 翌日, 授環衛之員外職.)" 여기서 이가급의 공연은 두 사람이 문답식으로 진행하고 있는데 이는 당대(唐代) '참군희(參軍戲)'의 성격을 지니고 있는 것이다. 그러나 이를 참군희(參軍戲)라고 확실히 단정하기는 어려우며 아마도 과도기의 것으로 판단된다.

당시 국가의 음악기관인 교방(教坊), 태악서(太樂署), 리원(梨園)에 소속된 예능인들을 통해 간접적으로 유추할 수 있을 따름이다. 즉, 당대 궁정과 국가의 음악기관의 뼈대였던 교방(教坊), 태악서(太樂署), 리원(梨園) 세 부서의 예능인들은 대부분 기녀와 관노예(官奴隷) 신분이었는데, 이로 보아 민간설창인의 사회적 신분 역시 매우 낮았을 것으로 짐작된다. 안사지란 이후 궁정(宮庭)의 수많은 악인(樂人)들이 민간으로 류입(流入)되어 일반 대중들을 대상으로 한 공연으로 생활한 것에서도 민간설창인의 상당수가 기녀나 관노예(官奴隷)있을 가능성을 높여 준다.

현존하는 몇 가지 문헌자료에는 민간설창인이 변문과 같은 강창문학을 공연한 사실에 대하여 기록하고 있으므로, 이를 통해 민간인 신분의 강창문학의 연행자에 대하여 좀더 구체적으로 살펴보기로 한다.

㉠ 연행자 : 만기(蠻妓)

만기(蠻妓)는 남방 출신의 기녀로 왕소군(王昭君) 이야기를 연행(演行)한 민간설창인이다. 왕건(王建)(生卒年不詳)의 「오랑캐 출신의 기녀를 보고(관만기(觀蠻妓)」라는 시에는 오랑캐 출신의 기녀가 왕소군 이야기를 설창의 형식으로 공연한 장면이 다음과 같이 묘사되어 있다.

> 왕소군 고사를 이야기하려니 비취색 아미(蛾眉) 주름지고
> 맑은 소리 부드러운 곡조의 노래는 원한에 사무쳐라.
> 뉘 집 연소(年少)한 풍류(風流) 공자들인지 봄바람 부는 가운데
> 돈을 던져 주니 노래 소리 더욱 좋아지네.
>
> 欲說昭君斂翠蛾, 清聲委曲怨于歌. 誰家年少春風裏, 棄與金錢唱好多.

왕건(王建)의 정확한 생졸년은 알기가 어려우나 775년에 진사에 급제한 사실로 보아 8세기 후반에 활동한 시인임을 알 수 있다. 그리고 고증에 따르면 「왕소군변문(王昭君變文)」은 대략 8세기 중엽에서 9세기 초엽에 성립된 것으로 여겨지고 있는데 왕건(王建)의 활동시기와 대체로 일치하는 것을 보아 위의 시에서 만기(蠻妓)가 공연했던 작품은 「왕소군변문(王昭君變文)」이었을 가능성이 높다. 그리고 제1구 '왕소군 고사를 이야기하려니(欲說昭君)' 부분과 제2구 '맑은 소리 부드러운 곡조의 노래는 원한에 사무쳐라(淸聲委曲怨于歌)' 부분을 보면, 연행자인 기녀(妓女)가 이야기(說)와 노래(歌)를 모두 활용하고 있음을 알 수 있는데 이는 왕소군 고사가 강창양식으로 되어 있음을 반증하는 것이다. 또 제3구와 제4구에서 풍류를 즐기는 연소(年少)한 공자들이 기녀에게 돈을 던져주면 기녀는 더욱 빼어나게 가창했다고 묘사하고 있는 것을 보아 왕소군 이야기는 짧은 한 곡조의 노래가 아니라 서사적 줄거리를 가지고 있었던 것으로 생각된다.

㉡ 연행자 : 촉녀(蜀女)

촉녀(蜀女)는 사천성(四川省) 출신의 여인을 말하며 「왕소군변문(王昭君變文)」을 연행(演行)한 민간설창인으로 볼 수 있다. 길사로(吉師老)(生卒年不詳)의 「촉녀가 왕소군변문을 공연하는 것을 보고(간촉녀전소군변(看蜀女轉昭君變)」라는 시에는 촉녀가 「왕소군변문(王昭君變文)」을 공연하는 장면을 다음과 같이 읊고 있다.

> 아리따운 여인네 석류치마도 걸치지 않고
>
> 스스로 집이 금수(錦水) 강변이라고 이야기하네.

붉은 입술의 미인은 천년의 일을 알고
맑은 목소리는 능히 구추문을 감탄케 할 만하네.
비취색 눈섭 찡그릴 적이면 초나라 변방의 달 같고
두루마리 그림 펼치니 변새 밖의 구름 나타나네.
영화로웠던 시절의 이야기를 마치니 자신이
한스러운 것은 당연할 수밖에
소군(昭君)은 문군(文君)에게로 마음을 전하네.[371]

妖姬未著石榴裙, 自道家連錦水濆. 檀口解知千載事, 淸詞堪歎九秋文.
翠眉嚬處楚邊月, 畵卷開時塞外雲. 說盡綺羅當自恨, 昭君傳意向文君.

위의 시는 당대(唐代)에 강창 변문이 민간에 확대되어 예인에 의하여 연창되었고, 강창 공연에 종사하는 부녀자들이 있었음을 알려 준다. 특히 여기에서 「왕소군변문(王昭君變文)」을 공연하고 있는 촉녀(蜀女)는 왕건(王建) 시(詩)의 만기(蠻妓)와 함께 당대(唐代)에 민간인이 강창 연행인으로 활동했음을 확인시켜주는 소중한 자료이다. 한편 위의 시 속에는 민간설창인이 강창 변문을 공연했다는 점 외에도 그 당시 연행자와 연행 방식에 대하여 좀더 구체적으로 알려주는 대목이 들어 있다. 첫째, 제1구와 제2구는 연행자인 촉녀를 소개하는 부분인데 당시 촉녀가 왕건 시의 만기(蠻妓)와 같이 청중들에게 기예를 팔아 생활하였음을 보여 준다. 둘째, 제3구와 제4구는 연행자인 촉녀가 천년전의 사건(千載事)인 왕소군 이야기를 구연(口演)하였음을 보여준다. 그리고 대구를 이루고 있는 '붉은 입(檀口)과 맑은 목소리(淸詞)'

371 『전당시(全唐詩)』(하), 제11함, 제7책, 상해고적출판사, 1915쪽.

두 단어는 촉녀(蜀女)의 구연(口演) 상황을 적절히 표현하고 있는데, 특히 '청사(淸詞)'라는 말에서 그 당시 청아한 목소리를 지닌 촉녀가 성창(聲唱)으로 이야기를 이끌었음을 엿볼 수 있다. 셋째, 제5구와 제6구는 연행자인 촉녀가 청각적 효과 외에 시각적인 효과를 동원하여 공연하였음을 보여준다. 즉, 제5구는 촉녀가 공연할 때 얼굴을 찡그리는 모습을 묘사함으로써 당시 강창 공연에서 연행자가 이야기(說)과 노래(唱) 이외에 행동(演)도 곁들이고 있었을 가능성을 시사하고 있다. 제6구는 당시 공연에서 그림을 걸어 놓고 진행했음을 보여 주는 것으로, 변상(變相)을 활용한 불경변문과 마찬가지로 강사변문(講史變文)에서도 그림을 배경으로 사용하면서 공연했음을 알게 해준다.

(2) 기록자 記錄者

여기서 '기록자'란 돈황 강창문학 텍스트를 기록한 사람 즉 '초사자(抄寫者)'를 말한다. 돈황의 각 두루마리는 — 파손되어 있지 않은 경우 — 대체로 그 사권을 필사한 사람의 이름을 적어 놓고 있는데 이는 돈황 강창문학 창작층의 성격을 이해하는 데는 매우 유효하다. 우선 돈황 문서(文書) 전체를 대상으로 초사자의 신분 유형을 조사해보면 그 계층이 매우 다양했다는 사실을 알 수 있으니, 이를 계층별로 정리하면 다음과 같다.[372]

① 문서를 전문적으로 관리했던 서수(書手)[373]

372 이러한 분류는 임총명(林聰明), 『돈황문서학(敦煌文書學)』, 제1절 신문서의초사자, 문풍출판공사(文豐出版公司), 대북, 1991, 134쪽을 참조한 것이다.

② 승려(僧侶)

③ 당시 학업 하던 학생(學士郞)

④ 민중(民衆)

⑤ 불경 필사를 공덕으로 여겨 사경(寫經)에 공력을 기울였던 경생(經生)

⑥ 도사(道士)

이상과 같이 돈황의 문서(文書)를 기록한 사람의 신분은 모두 6분(六分)할 수 있는데, 이 가운데 『돈황변문집(敦煌變文集)』에 수록된 강창문학 텍스트만을 대상으로 기록자의 신분을 정리하면 ① 관리(官吏) ② 승려(僧侶) ③ 학생(學生) ④ 민중(民衆) 네 계층 — ⑤ 경생(經生)과 ⑥ 도사(道士) 역시 돈황 강창문학 텍스트의 기록자였을 가능성이 있으나 현재 이를 입증할 수 있는 문헌상의 기록을 찾을 수 없다 — 으로 분류된다.

① 관리(官吏)

㉠「한팔년초멸한흥왕릉변일포(漢八年楚滅漢興王陵變一鋪)」 말제(末題) : 天福四年八月十六日孔目官閻物成寫記

㉡『백조명(百鳥名)』 말제(末題) : 庚寅年十二月日押牙索[374]不子自手□□

㉢『차와 술 이야기(茶酒論)』 말제(末題) : 開寶三年壬申歲正月十四日知術院弟子閻海眞自手書記.

373 여기서 서수(書手)란 문서를 전문적으로 관장하는 관직에 있는 사람을 말하는데, 그 관직은 대부분 부자(父子)나 형제(兄弟) 간에 전수되었고 관직의 등급은 낮았다.

374 색(索) : 색(索)은 당시 돈황의 저명한 성씨(姓氏)다.

이상은 당시 관직에 종사하는 관리가 기록한 사권들이다. 사례 ㉠에 보이는 공목관(孔目官)이란 문서를 관장하는 관리를 말하며, ㉡의 압아(押牙)는 군부에 소속된 관리이고, ㉢의 지술원(知術院)[375]은 예능인들을 관리하던 관청이다. 이러한 것들은 위에 나열된 두루마리의 기록자가 당시 관청에 소속된 관리였음을 보여 준다. 그래서인지 작품의 내용을 보면 비종교적(非佛教的)이고 지나치게 통속적이거나 시대 비판적이지도 않다. 이는 아마도 이들 기록자가 관직이 있었던 만큼 사회적 공공성(公共性)에 충실하거나 최소한 이에서 벗어나지 않은 작품을 선별하여 기록하였기 때문일 것이다.

② 승려(僧侶)

㉠ 『빈파사라왕후궁채녀공덕의공양탑생천인연변(頻婆娑羅王后宮綵女功德意供養塔生天因緣變)』 말제(末題) : 維大周廣順參年癸丑歲肆月二十日三界寺禪僧法保自手寫記

㉡ 『환희국왕연(歡喜國王緣)』 말제(末題) : 乙丑七月六日三界寺僧戒淨寫耳

법보(法保)와 계정(戒淨)은 모두 삼계사(三界寺)의 승려이다. 승려가

375 지술원(知術院) : 지술원에 대해서는 몇 가지 상이한 견해가 존재한다. 유국은(游國恩)은 '술(術)'자를 '행(行)'자로 교정하여 '행원(行院)'으로 해석하면서 『차와 술 이야기』이 당시 행원(行院)에서 연행된 것으로 본다. 또 강량부(姜亮夫)는 불가와 도가에서 모두 '원'이라는 명칭을 사용했고 사사(私寺)에도 '원(院)'이라는 칭호를 많이 사용한 예를 들어 석도(釋道)의 사묘이거나 창우(倡優)들이 공연했던 행원(行院)으로 간주한다. 한편 장홍훈(張鴻勛)은 위의 두 사람과 달리 지술원(知術院)을 지술원(知術院)으로 해석하면서 행원(行院)이나 사묘(寺廟)와는 무관한 귀의군(歸義軍) 시기 예능인(藝能人)들을 관리하던 관청으로 간주하고 있다. 여기서는 장홍훈의 견해를 따라 지술원(知術院)을 관청으로 보았다.

기록한 것인 만큼 「공덕의(功德意) 이야기」와 「환희국왕(歡喜國王) 이야기」 둘 다 '공덕을 쌓아 환생(還生)'하는 내용으로 되어 있다. 아마도 대중홍법(弘法)을 위해 행해졌던 속강법사의 설법을 기록한 것이었을 가능성이 높다 하겠다.

③ 학사랑(學士郎)

㉠『착계포전문(捉季布傳文)』 말제(末題) : 氾孔目學士郎陰奴兒自手寫季布一卷

㉡『한장왕릉변(漢將王陵變)』 말제(末題) : 孔目官學士郎索淸子書記耳

㉢『공자항탁상문서(孔子項托相問書)』 말제(末題) :天福八年癸卯歲十一月十日淨土寺學郎張延保記.

㉣『연자부(鷰子賦)』(甲) 말제(末題) : 癸未年十一月二十一永安寺學士郎杜友遂書記之耳

㉤『대목건련명간구모변문병도일권병서(大目乾連冥間救母變文幷圖一卷幷序)』 말제(末題) : 貞明柒年辛巳歲四月十六日淨土寺學郎薛安俊寫

돈황의 문서들 중 상당량은 당시의 학생들이 — 당시 학생의 명칭으로는 학생(學生), 학사(學士), 학사(學仕), 학사랑(學士郎), 학사랑(學仕郎), 학랑(學郎), 학사동아(學士童兒) 등 매우 다양한 용어가 사용되고 있다 — 초사한 것들이다. 이들이 돈황 문서를 초사한 가장 주된 이유는 과거시험을 대비하기 위한 학업상의 필요 때문이었다. 돈황 문서 가운데 당시 학생들이 학습용으로 사용하였던 서적에 해당하는 상당량의 사부전적(四部典籍)이 발견되고 있는 점이 이를 입증한다.[376] 또 이들이 기록한 문서들을 보면 대체로 서법(書法)이 졸렬하고 오자(誤字)가 많으며 행관(行款)에 그리 주의를 기울이지 않고 점교(點校)도 세밀하지 못한 것을 볼 수 있다.

한편 사원에 거주하면서 학업하던 학생들은 학습용 서적 외에 위에 열거한 ㉠~㉤와 같은 비학습용 사권(寫卷)도 기록하고 있는데, 이는 당시 사원이 교육적 기능과 함께 일반인들을 위한 공연장으로도 활용되었던 것과 깊은 관련이 있다 하겠다. 즉, 寺院에서 재회(齋會)를 올릴 때 수반되었던 가무(歌舞), 설화(說話) 등의 대중(大衆) 공연과 관련하여 연행자의 대본으로 혹은 개인적 소장용으로 기록으로 남겨 놓았던 것으로 보아진다. 또 이들은 사회적 공인(公人)이라고 할 수 있는 관리나 승려와 달리 상대적으로 자유로운 신분에 있었기 때문에 흥미성과 통속성이 강하고 사회 풍자적 작품을 기록화 하였던 것으로 짐작된다.

④ 민중(民衆)

㉠『여산원공화(廬山遠公話)』 말제(末題) : 開寶五年張長繼書記

㉡『한붕부(韓朋賦)』 마제(末題) : 癸巳年三月八日張혜道書了

일반 서민이 기록한 돈황 문서의 성격은 크게 2분하여 논할 수 있으니, 종교적인 것과 비종교적인 것이 그것이다.

종교적인 것은 일반 서민이 기록한 사권(寫卷) 중 가장 많은 수를 차

376 당오대(唐五代) 때 돈황 지역의 교육은 관학(官學)과 사학(私學)으로 나뉘어 있었다. 관학은 주현의 교육을 말하며, 사학은 가학(家學), 의학(義學), 사학(寺學) 등을 말한다. 돈황 문서들을 기록한 학생들 중 많은 수는 당시 사원에서 학업 하던 자들이었다.

지하며 초사 대상은 대부분 불교경전이다. 일반 서민이 불교경전을 많이 초사한 이유는 불교경전을 초사하는 것이 당시 공덕을 쌓는 행위로 인식되고 있었고 이를 통해 복을 구하려는 신앙심 때문이었다. 이로 볼 때 대중홍법(弘法)에 활용되었을 가능성이 높은 「여산원공화(廬山遠公話)」를 장장계(張長繼)라는 민중이 초사한 것은 불경(佛經) 초사(抄寫)와 마찬가지로 공덕을 쌓는데 도움이 된다고 생각해서였을 것이다.

그 다음 비종교적인 것은 당시 사원이나 민간 공연장에서 일반 청중들을 대상으로 공연되었던 작품을 기록한 것이다. 위의 『한붕부(韓朋賦)』가 바로 그러한 작품인데, 지배계층의 횡포를 과감하게 풍자비판하고 있는 『한붕부(韓朋賦)』의 성격[377]으로 보아 기록자는 당시 비판적 사회의식을 갖고 있었던 인물로 생각된다.

2) 향유자享有者

청중을 대상으로 불리어지는 연행 문학적 성격이 강한 강창문학은 작가와 독자, 연행자와 향유자가 분리될 수 없다. 기록문학에서는 작자와 독자가 직접 대면할 수 없는 추상적인 관계에 놓여 있지만 강창문학은 연행자가 청중을 직접 대면하여 작품을 구연하므로 소재(素材)의 선택, 주제의 방향, 서술 방식 등 모든 방면에 있어 항상 청중의 욕구와 감정에 유의하지 않으면 안 된다. 강창문학의 향유자인 청중

377 『한붕부』는 관리, 승려, 상류지식층 등이 기록한 텍스트와는 뚜렷이 변별되는 민중의 저항적 정서를 내면화하고 있다.

의 성향에 대한 분석이 강창문학 연구에 있어 주요한 과제로 설정되는 이유는 바로 여기에 있다.

돈황 강창문학의 향유자(享有者)가 과연 어떤 계층의 사람이며 어떠한 의식을 지니고 있는가 하는 문제는 어느 한 측면만을 보고 획일적으로 답할 수 없다. 왜냐하면 강창문학은 출가한 승려, 불교 신도, 지식인, 서민 등 다양한 계층의 사람들이 향유하고 있었기 때문이다. 따라서 대중교화적인 성격만 보고 강창문학의 향유자를 불교 신도로 국한하거나 혹은 강창작품 속에 소외된 민중의 저항의식이 담겨 있는 것을 보고 향유자를 기층 민중으로 판단하는 것은 성급한 단정이라고 할 수 있다. 따라서 강창문학의 올바른 이해를 위해서는 향유층의 복합적인 양상에 주목하는 것이 바람직하다. 그 이유는 향유층의 복합적인 성격에 대한 고찰이 강창문학의 본질적 성격을 밝혀줄 것이기에 때문이다.

전술한 바와 같이, 돈황 강창문학은 불교전교(傳教)를 위한 각종 강경법회가 당대(唐代)에 들어와 급속히 통속화되면서 주로 승려(속강법사)와 민간 설창인에 의해 강론적 성격을 탈피하여 문학적 차원으로 발전된 것이다. 이러한 현상은 불법의 홍포(弘布) 효과를 높이기 위해 경전의 강의나 해석을 중시하던 방식으로부터 벗어나 의식의 형태를 변모시키고 그 내용을 일반대중이 쉽게 이해할 수 있도록 오락적이고 설화적인 형태로 전이시킴으로써 가능할 수 있었다. 또한 대중포교의 통속화 현상은 청중의 신분에도 커다란 변화를 가져오는데 당대(唐代)와 들어와 승강(僧講)과 속강(俗講)이 구분되어 개설된 상황은 바로 강창문학의 향유층이 속인으로 대거 확대됨으로 인해 야기된 필연적인 것이었다.

혜교(慧皎)의 『고승전(高僧傳)』에 따르면, 육조 시대에 이미 창도승(唱導僧)들은 설법의 대상을 구분하여 각각의 신앙적・신분적 차이에 따라 설법내용을 달리하였음을 알 수 있다.

> 가령 청중이 ①[378] 출가한 승려들이라면, 일체의 무상함을 설하여 진실한 마음으로 참회할 것을 권장한다. 만약에 ② 청중이 군주거나 부귀한 사람들이라면 세속의 서적 따위도 인용하면서 화려하고 풍성하게 설명한다. 만약에 ③ 한가한 평범한 무리들이라면 구체적인 사물이나 보고 들은 사실들을 직접 설하여 보인다. 그리고 ④ 산골이과 농토의 민중들이라면 신변의 일들을 설명하되 구체적인 죄와 허물을 지적한다.
>
> 如爲出家五衆則須切語無常, 苦陳懺悔. 若爲君王長者則須兼引俗典, 綺綜成辭. 若爲悠悠凡庶則須指事造形, 直談聞見. 若爲山民野處則須近局言辭, 陳斥罪目.[379]

여기서 혜교(慧皎)는 설법의 대상을 출가한 승려(출가오중(出家五衆), 군왕이나 부자(군왕장자(君王長者), 한가한 평범한 무리(유유범서(悠悠凡庶),[380] 산골과 농토의 민중(산민야처(山民野處)으로 구분하고 그에 따라 강설의 내용과 방식에 변화를 강구할 것을 요구하고 있다. 즉, 출가한 승려들에게는 엄격하게 경전의 내용에 국한하고, 군왕이나 부자에게는 세속의 일반 서적을 참고하여 화려한 수사법을 강구하며, 한가하게

378 번역문 중의 ①~④는 편의상 필자가 붙인 것이다.

379 혜교(慧皎), 『고승전(高僧傳)』, 「창도과」.

380 유유범서(悠悠凡庶) : '悠悠'란 유유자적(悠悠自適)이란 말처럼 한가하다는 의미이며, '범서(凡庶)'란 평범한 무리를 의미한다. 여기서 '서(庶)'자의 뜻은 일반적으로 하층계급을 지칭하는 '서민(庶民)'을 가리키는 것이 아니라 다수의 사람을 가리키는 '무리'의 의미로 해석해야 한다.

지내는 평범한 무리들에게는 추상적인 이야기보다는 구체적인 사실을 중심으로 강의하고, 산골과 농토의 민중들에게는 단순한 주변의 일을 예로 들어 설법할 것을 요령으로 지적하고 있다. 그리고 이 4부류(部類)는 신분상 각각 승려층, 상류층, 중류층, 하류층에 해당됨을 알 수 있다.

이와 같이 창도(唱導)에서 향유층을 구분하여 설법의 내용에 차이를 두는 방식은 당대(唐代)에 들어와 계승 발전된다. 실제로 당대(唐代)에 개설된 각종 법회에서의 설법의 대상을 보면 불도수행에 전념하는 출가승에 국한된 것이 아니라, 왕족・귀족 등의 상류층과 일반식자의 중류층 그리고 천민대중의 하류층에 이르기까지 매우 다양한 양상을 보인다. 이처럼 향유층이 다양화되자 설법의 내용 역시 대상의 신분, 지적 수준, 심미적 취향에 따라 차이를 두지 않을 수 없었는데, 그 구체적인 양상은 다음과 같다.

(1) 승려층僧侶層

승려층은 혜교(慧皎)가 설법의 대상으로 가장 먼저 거론한 '출가한 승려(出家五衆)'를 가리킨다. 출가승(出家僧)을 대상으로 한 강경(講經)를 당대(唐代)에는 승강(僧講)이라 하여 속인들을 위한 강경인 속강(俗講)과 구분하였는데, 일본 승려 원진(圓珍)의 『불설관보현보살행법경기(佛說觀普賢菩薩行法經記)』에는 이에 대하여 다음과 같이 기록하고 있다.

> 이른 바 강경(講經)은 당대(唐代)에 두 가지 방식이 존재했다. 첫 번째는 속강(俗講)이다. 그 해 3월이 되면 사유(事由)에 따라 시행되었다. 단지 남녀만이 모였으며 물자를 받칠 것을 권유하여 사원을 짓는 자금으로 충당하

였다. 이 때문에 속강(俗講)라 한다. 두 번째는 승강(僧講)이다. 안거(安居) 기간에 달마다 불법을 전수하는 강의를 했는데, 예로부터 양사에서는 모두 관청에 보고한 후 허락을 얻은 다음 시행하였다. 만약 그렇게 하지 않으면 사원은 관청으로부터 문책을 받았다.

言講者, 唐土兩講. 一, 俗講. 卽年三月就緣修之, 只會男女, 勸之輸物, 充造寺資, 故言俗講. 二, 僧講. 安居月傳法講是上來兩寺皆申所司. 蒙判行之, 若不然者, 寺被官責.

여기서 속강(俗講)이란 속인들을 위해 통속적인 방식 — 불교경전을 주제로 하되 민간설창예술의 특징을 흡수하고 생동한 고사와 세속적인 언어를 활용하여 강의하는 방식 — 으로 경전을 강의하는 것을 말하며, 승강(僧講)은 전문적으로 불도수행에 전념하는 출가승(出家僧)들을 위한 강의를 말한다. 따라서 승강(僧講)은 주로 경전을 충실히 해석하는데 주안점을 둔다. 위 인용문에서 승강(僧講)은 출가승의 안거 기간에 불경 강의를 개설하였고, 그렇게 하지 않으면 관청으로부터 문책을 받았다는 사실로 볼 때 출가승(出家僧)을 위한 강의는 엄격하게 경전 해설에 국한되었으리라는 것을 짐작할 수 있다.

엔닌(圓仁) 『구법기(求法記)』에는 당시 정식강경(講經)에 대한 기록을 비교적 많이 남겨 놓고 있는데, 그 중 서기 839년 11월 16일과 840년 5월 16일과 17일 세 조에는 승려층을 주 대상으로 개설된 정식강경(講經)에 대하여 언급하고 있는 부분이 보인다. 그를 인용하면 다음과 같다.

① 적산원(赤山院)에서 『법화경(法華經)』의 강의를 시작하는데 내년 정월 보름까지가 기간이다. 주위의 여러 곳에서 온 승려들과 인연이 있는 시주들이 와서 참관하니, 그들 중 성림화상이 불경을 강의하는 좌주(座主)다.

그 외에 두 사람이 논쟁식으로 강론을 하는데 돈증과 상적이 그들이다.

赤山院起首講法華經限來年正月十五日爲其期. 十方衆僧及有緣施主皆來會見, 就中聖琳和尙是講經法主, 更有論議二人僧頓證僧常寂.

② 16일 이른 아침 죽림사를 나와 계곡을 찾아 동쪽으로 10리를 가다가 다시 동북쪽으로 10여 리를 가니 대화엄사에 이르러 고원에 들어가 묵었다. 재를 마친 후 열반원에 들어가 좌주인 법현 스님을 만났다. 그는 높은 각전에서 『마가지관(摩訶止觀)』[381]을 강의하고 있었는데, 40여 명의 승려가 줄을 지어 앉아 강의를 듣고 있었으며, 천태종의 좌주인 지원화상도 강연에 앉아 강의를 듣고 있는 것을 볼 수 있었다. 법당 안은 장엄하고 정묘하여 말로 표현하기가 어려울 정도이다. 난명 좌주가 "제4권의 강의를 마치겠습니다" 하고 강단을 내려오더니 지원화상에게 다가가 인사를 드렸다. 화상은 정중하게 수고로움을 위로했다. 법견 좌주는 서역에서 새로이 온 승려이며, 문감 좌주는 이 산에 오래 머물고 있는 승려이고, 그 밖의 청강하는 40여 인은 모두 천태종에 속하는 사람들이었다.

十六日早朝出竹林寺尋谷東行十里向東北行十里到大花嚴寺入庫院住. 齋後入涅槃院見賢座主. 於高閣殿裏講摩訶止觀, 有四十餘僧列坐聽講, 便見天台座主志遠和尙在講筵聽止觀. 堂內莊嚴精妙難名. 座主云, 講第4卷畢, 待下講到志遠和尙房禮拜. 和尙慰問慇懃. 法堅座主從西京新來, 文鑑座主久住此山及聽講衆四十餘人並是天台宗.

381 『마가지관(摩訶止觀)』: 서기 594년 천태대사(天台大師) 지의(智顗)가 형주(荊州) 옥천사(玉泉寺)에서 강설한 것을 그의 제자인 관정(灌頂)이 기록한 교리로 『법화현의(法華玄義)』, 『법화문구(法華文句)』와 더불어 천태삼대부(天台三大部)라 한다. 『법화현의(法華玄義)』와 『법화문구(法華文句)』가 모두 천태종(天台宗)의 교상을 밝힌 데 비하여 이는 실천의 관심문(觀心門)을 밝힌 것이다.

③ 그(필자 주:좌주(座主) 현량(玄亮)을 말함)은 4월부터 『법화경(法華經)』과 『천태소(天台疏)』 강의를 시작했는데, 청중은 40여 명으로서 모두가 지원 화상의 문하생들이었다. 아침에는 각원에서 『법화경』을 강의하고 저녁에는 열반원에서 『마하지관』을 강의한다. 이 두 원의 청중들은 서로 왕래하면서 강의를 듣는데, 다른 원에서 들으러 오는 청중도 매우 많다. 이 절의 상좌승인 홍기는 기원화상과 상의하여 두 좌주에게 이 두 강의를 개설하기를 요청하였으니, 실로 오대산 대화엄사야말로 천태종의 본류라고 이를 만하다.

從四月始講法華經兼天台疏, 聽衆卌餘人惣是志遠和上門下. 朝座閣院講法華經晩座涅槃院講止觀. 兩院之衆互往來聽衆從諸院來, 聽者甚多. 當寺上座僧洪基共志遠和上同議請二座主開此二講, 實可謂五臺山大花嚴寺是天台之流也.

위의 세 인용문은 승려층을 대상으로 개설된 강경(講經)의 성격에 대하여 다음 세 가지 사항을 알려 주고 있다. 첫째, ①에서 『법화경』 강의가 11월 보름부터 다음 해 정월 보름까지 진행된 것으로 보아 당시 정식강경은 수개월 동안 지속적으로 개설되었음을 알 수 있다. 이렇게 장기간 동안 강경(講經)이 지속된 것은 하나의 경전을 전부 해설해야 했기 때문이다. 둘째, ①~③ 강경회의 설법 대상은 승려가 주축이 되었으며 승려 이외의 시주들도 불경 강의에 참석하였음을 알 수 있다.[382] 셋째, 강경 방식은 고승 대덕 한 사람이 좌주(座主)가 되어 설

382 정식강경(講經)에서는 설법의 주요 대상이 출가승이었던 것은 분명하지만 승려 이외의 다른 사람이 참석할 수 없었던 것은 아니었다. 엔닌(圓仁), 『구법기(求法記)』 서기 839년 11월 16일(양력)조(인용문 ①의 뒷부분)에는 승려(僧侶)와 속인(俗人)들이 함께 참여했음을 다음과 같이 기록하고 있다. "남녀와 승려와 속인이 함께 모여, 낮에는 강의를 듣고 밤에는 예불, 참회를 하며, 불경과 차제를 들었다. 승려들이 모이는 숫자는 40인이다…… 그 집회에 참석하는 사람들은 승려든 속인이든, 노인이든 젊은이든, 귀족이든 평민이든 모두가 신라인이며, 다만 승려 3명과 행자 1명 등 우리들만이 일본인이다."

법하거나 도강(都講)과 법사 2인(二人)이 문답식으로 강론하였음을 알 수 있다. 그런데 승려들을 위한 정식강경의 가장 중요한 특징은 오로지 불법의 전수만을 목적으로 하기 때문에 그 설법 내용은 엄격하게 경전 해설에 제한되어 문학적 요소는 거의 개입되지 않는다는 점이다. 이는 현존하는 강경문을 통하여 여실히 짐작되는 바로써, 강경의 본래 목적에 충실하므로 그것이 강경의 종교적 정점을 이루게 된다. 따라서 이처럼 전문적이고 본격적인 강경은 경론적 성격이 강하다는 점에서 서사문학적 논의에서는 제외될 수밖에 없다.[383] 『돈황변문집(敦煌變文集)』 가운데 주로 출가승(出家僧)을 위하여 개설된 탓에 설법 내용을 비교적 경전 해설에 국한하고 있는 것으로는 「금강반야파라밀다경강경문(金剛般若波羅蜜多經講經文)」, 「묘법연화경강경문(妙法蓮華經講經文)」 등을 들 수 있다.

(2) 상류층上流層

상류층(上流層)은 혜교(慧皎)가 설법의 대상을 거론할 때 출가승 다음에 위치시킨 '군왕이나 부자(군왕장자(君王長者)'에 속하는 사람들을 말한다. 육조(六朝) 시대를 거쳐 수당대(隋唐代)에 이르러 불교가 극성할 수 있었던 것은 황제를 비롯한 상류층의 적극적인 후원이 있었기 때문이다. 실제로 여러 문헌자료에는 황제, 왕족, 고위관료 등 상류층 인사들이 사원(寺院)에 시주하여 재(齋)를 올리게 하거나 각종 강경법회에 직접 참여하여 설법을 들었던 상황을 기록하고 있다.

383 경일남(景一男), 『고려(高麗)조 강창문학 연구』, 충남대 국문과 박사논문, 1989.1, 27~28쪽.

먼저 황제가 궁정에서 강경법회을 열거나 직접 사원에 행차하여 참석한 기록으로는, 곽식(郭湜)의 『고력사전(高力士傳)』과 『자치통감』의 다음 두 인용문을 들 수 있다.

① 황제는 고력사에게 "홍경궁(興慶宮)은 내 소유의 땅이었는데, 내가 여러 번 황제에게 넘겨주려 하였지만 황제가 이자하고 효성스러워 받지 않았소. 지금 그곳은 비록 이보국에 의해 통제되고 있으나 내 마음에 꼭 드는 곳이구려."라고 말하면서 시종에게 고기 음식을 거두게 하고 간소한 음식을 차리도록 분부하면서 다음 날부터는 육식을 올리지 못하게 했다. 매일 황제와 고력사는 친히 정원을 청소하거나 초목을 뜯는 것을 구경했다. 또 간혹 강경(講經), 논의(論議), 전변(轉變), 설화(說話) 등이 [공연되었는데] 이것들은 비록 문장의 법도와는 거리가 멀었으나 결국 황제의 마음을 즐겁게 할만 했다.

上皇謂高公曰: "興慶是吾王地, 吾頻讓與皇帝, 皇帝仁孝不受, 今雖爲輔國所制, 正愜我本懷." 進御人令撤肉, 便處分尙食, 明日已後, 不須進肉食. 每日上皇與高公親看掃除庭院, 芟薙草木. 或講經論議, 轉變說話, 雖不近文律, 終冀悅聖情.

② 경종(敬宗) 보력(寶曆) 2년(826) 6월 기묘일(己卯日) 주상께서 흥복사에 납시어 사문 문서의 속강을 관람하시었다.

敬宗寶曆二年六月己卯, 上幸興福寺觀沙門文溆俗講.[384]

인용문 ①은 현종 황제가 안록산의 난 때문에 홍경궁(興慶宮)에 거처할 무렵 고력사가 황제를 위해 강창 양식으로 구성되었을 것으로

384 『자치통감(資治通鑑)』「경종기(敬宗紀)」

짐작되는 강경(講經), 논의(論議), 전변(轉變), 설화(說話) 등을 개설한 상황을 기술하고 있고, 인용문 ②는 경종(敬宗) 황제가 직접 흥복사(興福寺)에 와서 속강승(俗講僧) 문숙(文淑)의 강의에 참석한 일을 기록하고 있다. 이러한 기록들은 당대(唐代)의 황제들이 강경문이나 변문과 같은 강창 양식의 공연을 즐겼을 뿐만 아니라 경우에 따라서는 본인이 직접 참석하기도 했음을 보여주고 있다.

다음은 왕족이라 할 수 있는 공주(公主)가 사원의 공연 행사를 즐겼던 기록을 예로 들어 보자.

> 만수공주는 기거랑 정호에게 시집을 갔다. (…중략…) 정호의 동생 정의가 위급한 병에 걸렸을 때 주상께서 사자를 보내어 보고 오게 하였다. 돌아오자 공주는 어디에 있느냐고 물으시니 자은사(慈恩寺)에서 희장 구경을 하고 있다고 하였다. (…중략…) 시동생이 병이 들어 있는데 가서 살피지 않고 어찌 구경을 하러 간단 말인가라고 주상께서 말씀하셨다.
>
> 萬壽公主適起居郎鄭顥. [中略] 顥弟顗嘗得危疾, 上遣使視之. 還問公主何在. 曰在慈恩寺觀戲場. [中略] 上責之曰, 豈有小郎病, 不往省視, 乃觀戲乎?[385]

위 인용문은 당(唐) 대중(大中) 2년(848)의 일을 기록한 것으로 만수공주(萬壽公主)는 선종(宣宗)의 딸이다. 여기서는 시집을 간 만수공주가 시동생이 위급한 병을 앓고 있음에도 불구하고 장안(長安)의 자은사(慈恩寺)에서 열린 희장(戲場)에 구경간 일을 기록하고 있는데, 이를 통해 당대(唐代)의 왕족(王族)들이 사원의 연희적 행사에 관중으로 참

385 『자치통감(資治通鑑)』, 대중2年(848년), 12월 조.

여하여 향유하였음을 알 수 있다.

또 고위관료(高位官僚)가 사원의 재회(齋會)[386]나 강경법회에 참석하였던 기록도 보인다. 강경법회에 고위관료가 참여하는 것은 육조(六朝) 이래 흔히 있었던 일인데, 돈황사본 「여산원공화(廬山遠公話)」에는 그 상황을 다음과 같이 묘사하고 있다.

> 상공(相公)은 매일 조정에서 물러나온 후 항상 복광사에서 도안(道安)의 강경을 들었는데 바치는 금액은 1백관문이 되었다. 다음 날에는 선경을 데리고 절로 갔다. 선경은 처음으로 상공을 모시는 자였기 때문에 절에 들어가 경을 들을 수 없었고 다만 사문(寺門) 밖에서 말을 지켜야 했다. 잠깐 동안에 청중은 구름이 달리고 비가 질주하듯이 모두 절 안으로 들어갔다. 곧 종소리가 울리고 경제(經題)가 거행되었고 범음(梵音)이 멀리서 들려 와 점차 귀뿌리를 지났다...... 잠깐사이에 강석(講釋)이 끝나 남녀들은 모두 흩어졌다. 상공은 집으로 돌아와 대청에서 잠깐 휴식을 취한 뒤 대청에 올라앉았다. 부인은 옷매무새를 단정히 하고 상공에게 다가와 말했다. "상공께서는 수 년 동안 복광사에서 도안어른의 열반경 강의를 들었사온데 무슨 법을 들으셨습니까? 보니까 열반경의 참뜻은 무량무변하다던데 상공께서는 얼마의 경

386 사원에서 올리는 재회(齋會)에 당대(唐代) 고관(高官)들이 참여하였음을 기록하고 있는 여러 자료 가운데 엔닌(圓仁), 『구법기(求法記)』의 한 부분을 인용하면 다음과 같다. "오늘은 나라의 제삿날이다. 따라서 돈 50관을 개원사에 보내어 재를 마련하여 5백 명의 승려에게 공양했다. 이른 아침에 절의 승려들이 이 절에 모여 동·북·서쪽의 곁채에 줄을 지어 앉았다. 오전 8시경에 상공과 장군이 대문을 통하여 절로 들어왔다. 상공과 장군이 나란히 천천히 걸어서 들어오니 진병들이 전후좌우에서 모두 호위하였고, 양주부의 여러 관리들은 모두 그 뒤를 따랐다. 강당 앞의 전체(塼砌) 아래에 이르자 상공과 장군은 동서로 나뉘어 걸어갔다. 상공은 동쪽으로 걸어가 동쪽 막사로 들어갔고, 장군은 서쪽으로 걸어가 서쪽 막사로 들어갔다. 그들은 얼마 지나지 않아 신발을 고쳐 신고 손을 씻은 다음 밖으로 나왔다. 불전 앞에는 두 개의 돌다리가 있는데, 상공은 동쪽 다리로 올라가고 장군은 서쪽 다리로 올라가 각기 동서로 돌아 강당의 중문에서 만나 자리에 앉았다."

문을 기억하고 계시는지요. 어찌 묵묵히 아무 말씀 않으시며 첩에게 일구(一句) 반구(半句)의 게(偈)조차 설하지 않으십니까?" "부인께서는 법화경을 읽어 본 적이 있습니까?" "읽어본 적이 있습니다." "그 안에 '不請說之, 聞必不聽'(설하길 요청하지 말라. 들어도 필시 이해하지 못하리라.)라는 문구가 있지요." 그러자 부인이 말했다. "상공께서는 집 안의 노복들에게 어느 정도 간략히 설해 주셔서 마음을 깨우쳐 주시기 바랍니다." 상공이 이에 대답했다. "그렇다면 부인을 위하여 열반경의 참뜻을 설해 드리리다." 부인은 노복들에게 청관(聽館)을 청소하고 상좌(床座)를 높이 설치하라고 분부를 내리고 집안의 어른아이 노복 3백여 명을 대청 앞에 불러다 놓고 상공에게 열반경의 참뜻을 설하길 부탁했다. 모든 이들은 묵묵히 듣고 있었다. 상공은 그날 밤 먼저 부인에게 팔고교전(八苦交煎)을 설명했다.

相公每日下朝, 常在福光寺內廳(聽)道安講經, 納錢一百貫文. 又於來日, 將善慶隨逐來至寺內. 緣爲善慶, 初伏事相公, 不得入寺聽經, 只在寺門外邊與他看馬. 須臾之間, 見聽衆雲奔雨驟, 皆至寺內. 須臾鍾聲已罷, 便擧經題, 梵音遠嚮(響), 漸歷耳根……須臾之間, 便□下講, 男女齊散. 相公歸宅, 廳中歇息旣定, 昇廳而坐. 夫□(人)掩袂, 直至相公面前, 啓相公曰:「只如相公數年, 於福光寺內, 聽道安上人講涅槃經, 還聽得何法. 見說涅槃經義, 無量無邊, 相公記得多少來經文, 何得默然而不言, 並不爲妾說一句半句之偈.」相公曰:「夫人衆(曾)讀法華經已否?」夫人曰:「曾讀法華經.」相公曰:「經中道不請說之, 聞必不聽.」 夫人曰:「願相公爲宅內良賤略說多少, 令心開悟解.」相公言道:「得爲夫人說涅槃經中之義.」夫人便處分家人灑掃廳館, 高設床座, 喚大小良賤三百餘口, 齊至廳前, 請相公說涅槃經中之義. 應是諸人默然而聽. 相公是夜先爲夫人說其八苦交煎.

위 대목은 복광사(福光寺)에서 개설된 도안(道安) 법사의 『열반경(涅

槃經)』 강좌(講座)에 고위관료인 상공(相公)이 매일 조정(朝廷)에서 일을 마치고 강경(講經) 법회에 참여한 다음 귀가하여 집안의 가솔들에게 다시 강설해주는 장면이다. 그런데 위 대목에서 상공이 매일 사찰에 들러 강경(講經)을 들었던 것으로 볼 때, 도안(道安)의 강경(講經)은 수개월간 진행되는 정식강경에 해당된다고 볼 수 있다. 다만 도안(道安)의 강의에 청중이 구름같이 몰렸고, 원공(遠公)의 『열반소(涅槃疏)』를 활용하여 강의한 점[387]으로 미루어 이때의 강경(講經)이 엄격히 경전 해석에 국한되지 않고 경전의 참뜻을 법사가 스스로 풀이하는 방식이 위주가 되었던 듯하다. 그러나 상공이 강경을 위해 1백관문의 돈을 바쳤고 시종(侍從)이 강경회에 참석하지 못한 점으로 보아 강경법회의 분위기는 상류층을 대상으로 한 강경 의식이었을 것으로 짐작된다.

이상에서 황제, 왕족, 고위관료 등 상류층 사람들이 강경법회는 물론 사원에서 행해진 여러 행사의 향유층으로 관계하고 있었다는 사실을 문헌자료를 통하여 살펴보았다. 그런데 여기서 강창 작품의 유형별 특징과 관련하여 중요한 점은 상류층을 대상으로 하는 강경(講經)의 성격이 출가승(出家僧)을 대상으로 한 정식강경과는 차이가 있었다는 사실이다. 이들은 지식계층에 속하긴 하지만 불도수행의 전문가는 아니기 때문에 경전에 대한 이해나 신앙의 정도에서 출가승보다 낮을 수밖에 없다. 따라서 이들을 대상으로 하는 강경 법회의 설법 내용은 경전 자체의 엄격한 해석에 치중하거나 불교적 철리만을 내세우지 않고 경전 내용을 쉽게 이해하도록 하는데 역점을 두었을 것이다. 이러는 가운데,

387 작품 줄거리는 원공(遠公)의 『열반경소초』를 전해 받은 도안이 이를 활용하여 복광사에서 강석을 열어 나라 제일의 법사가 되지만 후일 원공과의 격렬한 논쟁을 통해 원공이 『열반경소초』의 원저자임이 밝혀지는 것으로 전개된다.

경전에 근거하여 핵심적 삽화를 확대·부연하는 설법이 이루어지고, 그 대본이 경전으로 행세하면서 상당한 인기를 누리게 된 것으로 추정해 볼 수 있다.[388] 일찍이 혜교(慧皎)는 군왕(君王)과 장자(長者) 등 상류층을 대상으로 설법할 때는 세속의 서적을 이용하여 풍부하게 설법하라고 권고한 바 있는데, 이는 상류층이 전문적으로 불도수행을 하는 사람이 아니기 때문에 지나치게 경전 해석에 매달리지 말고 불교의 교리를 쉽게 강의해야 함을 이야기한 것이었다. 혜교(慧皎)의 지적을 수용하여 상류층을 대상으로 설법한 법사는 아마도 「여산원공화(廬山遠公話)」에 나오는 도안(道安)과 혜원(慧遠) 법사, 그리고 속강승(俗講僧) 문숙(文淑)이 이에 해당될 것이다. 즉, 「여산원공화(廬山遠公話)』에서 상공(相公)이 들었던 도안(道安)과 혜원(慧遠 법사의 강경(講經)과 속강(俗講)법사 문숙(文淑)이 경종(敬宗) 황제 앞에서 행한 강경(講經)은 결코 경전 해석에 치중한 것이 아니라 경전을 토대로 하되 설법의 효율을 위해 경전에 담긴 불법의 이치를 흥미롭게 설법하거나 신이(神異)와 영험(靈驗)이 담긴 법화(法話)를 확대. 부연하였을 것이다. 이와 같이, 강경의 대상이 출가승에서 상류층으로 내려오면서 설법내용은 서사문학성이 가미되고, 그 설법이 화본으로서 속전(俗典)的 성격을 지닌 위경류(僞經類)가 다양하게 찬성(撰成)되게 된다.[389] 『돈황변문집』 가운데 주로 상류층의 지적 수준과 성향을 고려하여 생겨난 위찬경(僞撰經) 계통의 서사물로는 「태자성도경(太子成道經)」, 「부모은중경강경문(父母恩重經講經文)」, 「우란분경강경문(盂蘭盆經講經文)」 등을 들 수 있다.

388 경일남(景一男), 앞의 논문, 28쪽.

389 위의 논문, 28쪽. 경일남은 고려조 강창문학 가운데 이러한 성향을 보이는 위경계통(僞經系統)의 불교계 서사물(敍事物)로 「안락국태자경(安樂國太子經)」, 「목련경(目連經)」 등을 들고 있다.

(3) 중류층中流層

중류층이란 혜교(慧皎)의 표현을 빌면 '한가하고 평범한 생활을 하는 무리' 유유범서(悠悠凡庶)'로서 문벌귀족의 상류층과 천민대중의 하류층에 속하지 않는 일반 식자층 — 당대(唐代) 중류층으로 볼 수 있는 일반 식자층의 개념과 범주를 명확히 확정짓는 것은 사실 애매한 문제이다. 여기서는 상류층에 해당하는 문벌관료와 구분되는 중하급 지식인 및 대토자소유자가 아닌 중소지주층[390]을 당대의 중류계층으로 간주하기로 한다 — 이 그에 해당한다. 중류(中流)계층이 강창양식을 향유하였음을 보여주는 뚜렷한 사례는 당시(唐詩) 속에서 발견되는데 중당(中唐) 시인 왕건(王建)이 지은 「오랑캐 출신의 기녀를 보고(觀蠻妓)」라는 시와 만당(晩唐) 시인으로 추측되는 길사로(吉師老)의 「촉녀가 왕소군변문을 공연하는 것을 보고(看蜀女轉昭君變)」라는 시가 바로 그것이다.(두 수(首)의 시는 앞에서 전문을 소개하였으므로 여기서는 인용하지 않는다.) 이 두 수의 시는 사대부[391] 신분의 지식인 왕건(王建)과 길사로(吉師老)가 강창 양식의 공연을 관람하고 시로 남겨 놓았다는 점에서, 중류층이 강창 양식의 주요 향유층이었음을 확인시켜주는 매우 귀중한 자료이다.

390 당대(唐代)의 중소지주층에 해당하는 부류로는 서리(胥吏), 처사(處事), 관건(官健), 기장호(寄莊戶), 의관호(衣冠戶), 장사(將士) 등을 들 수 있다.

391 사대부의 의미는 두 가지이다. 첫째는 송대 지배계층의 범주에 들어가는 사대부로서 국가에 기생하여 문벌 관료화하는 계층이고, 둘째는 귀족관료의 계보와는 거리가 먼 보통 지주(혹은 서족지주)의 계층이다. 당대 중류층에 해당하는 사대부의 개념은 후자에 가깝다. 따라서 필자가 사용하는 중류층 사대부의 개념은 '보통 사대부' 혹은 '일반 사대부'라는 말로 대체하는 것이 보다 정확하다. 그러나 이러한 개념이 학계 일반에서 통용되고 있지 않으므로 여기서는 다만 사대부 개념에 이중적 함의가 내포되어 있음을 지적하면서 사대부라는 용어에 수식어 없이 그대로 사용하기로 한다.

변문과 같은 강창문학이 사대부층에 널리 향유되고 있었음을 시사하는 또 하나의 자료는 맹계(孟棨)의 『본사시(本事詩)』에 수록되어 있는 장호(張祜, ?~853 전후)와 백거이(白居易, 772~846)의 일화(逸話)를 들 수 있다.

> 시인 장호(張祜)는 일찍이 백거이(白居易)와 안면이 없었다. 백거이가 소주에 자사로 갔을 때 장호가 처음으로 인사하러 왔다. 백거이를 만나게 되자 백거이가 말했다.. "선생의 서적을 흠모해 온 것이 오래되었지요. 특히 선생의 문두시(問頭詩)[392]를 기억하고 있답니다." 장호가 놀라며 말했다.. "선생께서 무슨 말씀을 하시는지요?" 백거이가 말했다.. "「원앙의 전대는 어느 곳에 버렸으며, 공작의 비단 적삼 누구한테 보냈는가?」라고 읊으셨으니 문두(問頭)가 아니고 무엇일런지요?" 장호는 머리를 조아리며 미소 짓고는 대답했다.. "저 역시 선생의 『목련변(目連變)』을 기억하고 있지요." 백거이가 말했다.. "무슨 말씀인지요?" 장호가 말했다.. "「위로는 하늘 끝까지 아래로는 황천까지 찾고 찾았으나, 어디나 망망할 뿐 도무지 찾을 수 없네"라고 읊으셨으니 「목련변(目連變)」이 아니고 무엇이겠습니까?" 드디어 두 사람은 잔치를 베풀어 즐기면서 하루를 보내었다.
>
> 詩人張祜, 未嘗識白公. 白公刺蘇州, 祜始來謁. 才見謁, 白曰.. "久欽籍, 嘗記得君問頭詩." 祜愕然曰.. "舍人何所謂?" 白曰.. "「鴛鴦鈿帶抛何處, 孔雀羅衫付阿誰?」, 非問頭何邪?" 張頓首微笑, 仰而答曰.. "祜亦嘗記得舍人「目連變」." 白曰.. "何也?" 祜曰.. "「上窮碧落下黃泉, 兩處茫茫皆不見.」, 非目連變何邪?" 遂與歡宴竟日.[393]

392 문두시(問頭詩)란 시체(詩體)의 하나이다. 맹계(孟棨)의 『본사시(本事詩)』에는 '문두시(問頭詩)'가 '관두시(款頭詩)'로 되어 있으나 『당재자전(唐才子傳)』(권6)의 '장호전(張祜傳)'과 『중문대사전』의 '문두시(問頭詩)'조를 상고(詳考)할 때 '관두시(款頭詩)'는 '문두시(問頭詩)'로 보는 것이 합리적이다.

393 맹계(孟棨), 『본사시(本事詩)』, 「조희(嘲戲)」 제칠, 상해고적출판사, 1991, 24쪽.

위 인용문은 장호(張祜)가 만년에 백거이(白居易)를 만나 농담을 주고받는 장면인데, 백거이가 장호의 시 「억자지(憶柘枝)」를 문두시(問頭詩)라고 놀려대자 이에 질세라 장호(張祜)가 백거이의 시 「장한가(長恨歌)」를 「목련변(目連變)」이라고 역공함으로써 좌중의 웃음을 자아내게 한 일화를 기록한 것이다. 그런데 여기서 장호가 「목련변문」을 가지고 백거이와 농담을 주고받을 수 있었던 것은 당시 사대부들이 「목련변(目連變)」을 익히 잘 알고 있었기 때문이다. 실제로 장호는 '호방하고 유머가 있었던 인물'로서 자유분방하고 유랑을 좋아하는 일면이 있었으며, 불교문화에 애착을 지니고 있어 '사원을 시제(詩題)로 한 시를 총 38수'나 남기도 하였다.[394] 장호와 해학적인 시교(詩交)를 한 백거이 역시 세상에서 '학불(學佛)'로 불릴 정도로[395] 불교에 심취하여 그의 작품 중 다수가 불교와 깊은 관련이 있다. 따라서 장호와 백거이의 일화는 「목련변」과 같은 강창문학이 사대부층에서 향유되고 있었음을 확인시켜주는 또 하나의 사례로 보아 무리가 없다.

그밖에 일반 식자층에서 강창양식의 연행서사물을 향유했음을 보여주는 자료는 원진(元稹)의 시 「수한림백학사대서일백운(酬翰林白學士代書一百韻)」 속의 시구(詩句) '시문(詩文)에 제명(題名)하여 끝마치고는, 이야기 듣는 것으로 시간을 보내네(翰墨題名盡, 光陰聽話移)'를 자주(自註)한 부분을 들 수 있다.

> 백거이는 매번 나와 노닐 때 집 담벼락에 이름자를 써놓지 않은 적이 없

394 류성준(柳晟俊), 「장호(張祜)의 시」, 『중국당시연구』 상, 국학자료원, 1994, 607쪽과 620쪽 참조.

395 송(宋) 완열(阮閱), 『시화총귀후집(詩話總龜後集)』 권45 「세칭백락천학불(世稱白樂天學佛)」.

었다. 또 일찍이 신창택(新昌宅)에서 일지화(一枝話) 이야기를 들었는데 인시(寅時)(밤 10시)부터 사시(巳時)(새벽3시)에 이르기까지 여전히 이야기가 끝나지 않았다."

樂天每予游, 從無不書名屋壁. 又嘗於新昌宅(聽)說一枝花話, 自寅至巳, 猶未畢詞也.

'일지화(一枝花)'란 당(唐) 천보(天寶)년간(742~756)의 유명한 기녀 이왜(李娃)의 별명이며, 동시에 천보(天寶)년간에 만들어진 악곡명(樂曲名)이기도 하다. 그리고 그 내용은 이왜의 행적과 관련이 있다. 그런데 여기서 이야기꾼(演行人)이 '일지화화(一枝花話)를 설(說)하였다'고 적고 있는데 아마 이는 이왜 고사를 [산문식 서술로] 이야기(說)하는 동시에 그 곡조를 노래(창(唱)로 불렀을 가능성이 높다. 즉 이야기(설(設)와 노래(창(唱)을 결합한 설창(說唱) 형식으로 일지화화를 연행했으리라고 추측할 수 있는 것이다.[396] 또 인용문을 보면 밤 10시부터 새벽 3시까지 이야기가 계속되었다고 했는데 이처럼 장시간의 공연에서는 청중이 지루하지 않고 흥미롭게 관람할 수 있도록 단조로운 산설(散說) 외에 가창이나 연기를 덧붙이는 것이 필수적이었을 것이다. 따라서 위 인용문을 통해 우리는 강창 양식이 사대부층에 인기 있는 문예물로 향유되고 있었음을 다시 한 번 확인할 수 있다.

강창 양식과 같은 연행서사물이 사대부 중류층의 오락문화와 깊은 관련이 있음은 이상은(李商隱, 813~858)의 시 「개구장이(교아시(驕兒詩)」

396 양음류(楊蔭瀏), 『중국고대음악사고(中國古代音樂史稿)』 상책, 단청(丹靑)도서유한공사, 2권의 14쪽. 양음류는 다른 곳에서 발견되는 '설화(說話)'라는 개념 역시 이와 유사하다고 주장하는데 이는 타당성이 있는 추측이라고 보여 진다. 다만 양음류가 강창 양식은 민간에서 연원하는 것으로 불교의 강창은 민간의 것을 본 따 생겨났다고 주장하는 것에는 중국학자들의 자생설이 안고 있는 편향성을 그대로 가지고 있다.

가운데 나타나 있다.

1 青春妍和月, 새봄 화창한 계절에
2 朋戲渾甥姪. 놀이 동무는 모두 사촌 형제들
3 繞堂復穿林, 집을 돌고 또 숲을 내달아
4 沸若金鼎溢. 솥의 물이 끓듯 왁자지껄하네.
5 門有長者來, 대문에 점잖은 손님이 오면
6 造次請先出. 아차할 새에 먼저 뛰어 나가네.
7 客前問所須, 손님이 무얼 갖고 싶으냐고 물어도
8 含意不吐實. 생각은 간절하지만 말은 못하네.
9 歸來學客面, 돌아가면 손님의 얼굴을 흉내내고
10 闋敗秉爺笏. 서랍을 열고 아비의 홀을 집어 드네.
11 或謔張飛胡, 장비의 수염이라면서 놀려 대고
12 或笑鄧艾吃. 등애처럼 말더듬거려 웃겨 댄다.
13 豪鷹毛崱屴, 날랜 매의 깃털같이 쭈뼛하게
14 猛馬氣佶傈. 굳센 말의 숨길처럼 헌걸차게
15 截得青篔簹, 푸른 왕대를 꺽어서
16 騎走恣唐突. 말 타고 마구 덤빈다.
17 忽復學參軍, 갑자기 또 參軍이를 흉내내어
18 按聲喚蒼鶻. 목소리를 꾸며서 창골이를 부른다.
19 又復紗燈旁, 또다시 사등롱 곁에서
20 稽首禮夜佛. 머리를 조아리며 밤예불을 올린다.

오언고시(五言古詩)인 이 시는 서기 849년 이상은(李商隱)의 나이 38

세 때의 작품으로 작가의 아들 곤사(袞師)의 개구장이 짓을 그리면서 뜻대로 되지 않는 자기의 우수를 읊은 것이다. 그런데 이 시가 묘사하고 있는 주변 상황을 보면, 이상은의 개구장이 막내아들 곤사(袞師)가 집안에서 손님들의 여흥을 위해 공연되었던 것으로 보이는 여러 가지 연희를 흉내 내고 있음을 알 수 있다. 그리고 이상은의 아들이 한 개구장이 짓은 바로 삼국지 이야기의 연기(11, 12구), 죽마(竹馬) 타기(13~16구), 참군희(參軍戲)(17, 18구), 예불(禮佛)(19, 20句) 등을 장난으로 흉내 내는 것이었다. 그런데 이 가운데 강창 양식과 관련하여 눈길을 끄는 부분은 '장비의 수염이라면서 놀려 대고, 등애처럼 말을 더듬거려 웃겨 댄다(或謔張飛胡, 或笑鄧艾吃.)'는 대목이다. 여기서는 비록 장비의 수염과 등애의 말더듬 행동을 이상은의 개구장이 아들이 흉내 내는 장면을 그리고 있지만, 전후의 사정으로 미루어 볼 때 이상은(李商隱)의 집에서 삼국지 이야기(故事)를 소재로 한 이야기 공연이 다른 연희(演戲)와 함께 열린 적이 있음을 추론할 수 있다. 그리고 이 공연의 형식은 아마도 송대(宋代) 강사(講史)의 전단계적 형태로써 이야기(說)와 노래(唱) 그리고 연기(演)를 결합한 것이었을 가능성이 크다.[397] 따라서 위

397 이상은(李商隱)의 시 「개구장이(驕兒詩)」는 기본적으로 당대(唐代)에 민간에서 삼국지 고사를 강설하고 있었음을 보여준다. 그리고 이 시에서 파악되는 당대(唐代)의 삼국지 고사의 강설(講說)은 후대의 강사(講史)와 어떤 형태로든 연계되어 있을 것으로 생각된다. 이 때문에 어떤 학자는 강사의 연원을 역사제재의 민간설창으로 보기도 한다. (사례 : 김진곤(金震坤), 「『전상평화진병육국(全相平話秦幷六國)』의 소설화 과정과 특징」, 『중국소설논총』 II, 중국소설연구회편, 학고방(學古房), 1993, 162쪽). 그러나 역사고사를 소재로 강설한 점만을 가지고 당대(唐代)에는 민간설창이 변문과는 별도로 독자적으로 존재했고, 그에 따라 「오자서변문(伍子胥變文)」, 「이릉변(李陵變)」, 「한장왕릉변(漢將王陵變)」 등의 변문을 강사(講史)의 원류(源流)로 볼 수 없다는 주장에는 동의할 수 없다. 왜냐하면, 당대(唐代)에 강창 변문과 민간 설창은 상호 교섭하는 과정을 거쳐 발전했으므로 어느 일방이 후대 양식(요컨대 강사(講史)와 같은 문예양식)의 원류라 단정할 수 없기 때문이다. 필자의 견해로는 송대의 강사(講史)는 변문류의 강창 양식이 역사고사를 제재로 수용하는 과정에서 민간 설

에서 인용한 자료 역시 사대부 지식층에 속하는 사람들이 당대(唐代)에 강창 공연을 즐겨 향유하고 있었음을 확인하는 근거가 된다.

이상에서 보았듯이 당대(唐代)의 중류계층은 강창 양식의 주요 향유층으로 존재하고 있었다. 그리고 당시 중류층이 향유한 강창 양식은 순불교적(佛教的)인 강경(講經) 뿐만 아니라 민간의 강창 연행물로 확대되고 있었다. 한편 중류층에 속하는 사람들은 대체로 사대부 신분의 식자층이 다수를 점하고 있었는데, 이들은 같은 사대부 신분이요 지식계층에 해당하는 고위관료의 상류층 인사들과는 처지가 매우 달라 수험생 신분의 학사, 하락한 귀족계층, 사회적으로 신분상승이 제한된 중하급 관리 등이 대부분이었다. 이러한 사회적 지위는 이들에게 승려층이나 상류층과는 상대적으로 제도적 권위와 구속으로부터 자유로울 수 있는 생활적 정신적 여건을 제공하게 된다. 즉, 비록 허용된 범위 안에서였지만 현실 세계에 존재하는 엄격한 사회윤리적 이념과 엄숙한 종교적 교리에서 어느 정도 벗어나는 '제한된 위반의 공간'이 마련된다. 중류층을 대상으로 한 강경(講經)이 종교성을 지향하는 정식강경(講經)보다 통속화되는 현상을 보이는 까닭은 여기에서 찾아진다. 그들에게는 심오한 경전(經典)을 설리적으로 해설하기보다는 평이하고 문학적인 인연담(因緣譚), 비유담(譬喻譚), 신이담(神異譚) 등을 설법의 소재로 활용하는 것이 훨씬 효과적이었다. 나아가 비불교적인 세속담도 설법에 적극적으로 수용하면서 역사적 사건이나 민간전설까지도 설법의 소재로 활용하게 된다.[398] 『돈황변문집(敦煌變文集)』 가운데 중류층(中流

창 기예와 자연스럽게 결합하게 되었고 그 후 확대 발전되면서 형성되었다고 본다.

398 경일남(景一男), 앞의 논문, 28쪽. 경일남은 중류층(中流層)을 대상으로 한 강경(講經)이 통속화되어 비불교적인 세속담을 설법에 적극 활용하게 되는 이유를, 중류층이 승려층이나 상류층보다 신앙 내지 지식의 수준이 낮기 때문으로 보고 있다. 그러나 필자는 이러한 견해

層)의 지적 성향에 입각하여 생겨난 작품으로는 불경계강창(佛經系講唱) 중 석가 고사를 소재로 한 작품과 불가 고사를 소재로 한 작품 그리고 역사계강창(歷史系講唱) 중 「한장왕릉변((漢將王陵變)」, 「이릉변(李陵變)」, 「오자서변문(伍子胥變文)」, 「왕소군변문(王昭君變文)」, 「착계포전문(捉季布傳文)」 등을 들 수 있다. 그리고 이들이 갖는 주요 의미는 강경(講經) 대상이 출가승(出家僧)→상류층(上流層)→중류층(中流層)으로 내려오면서 설법의 내용이 경론적 성격이 약화되고 통속적이고 문학적인 성격이 강화되는 방향으로 발전하여 결국 서사적 정착을 이룬다.

(4) 하류층下流層

하류층(下流層)이란 혜교(慧皎)가 설법의 대상을 구분하면서 가장 마지막으로 언급한 '산과 들에 거처하는 민중(山民野處)' 즉 천민(賤民) 대중을 말한다. 당대(唐代)에 들어와 불교가 대중화되면서 하류층(下流層)을 대상으로 하는 설법이 크게 성행하였는데, 대체로 그 성격은 난해하고 엄숙한 종교 의식적 분위기에서 벗어나 지극히 평이하고 통속적인 방향으로 전환된 것이었다. 이처럼 하류층을 대상으로 한 설법이 재미있고 세속적인 성격으로 흘렀음은 개원(開元) 19년(731) 4

에는 문제가 있다고 본다. 왜냐하면, 중류층(中流層)을 일반 식자층으로 볼 때, 사대부 신분의 지식인 역시 중류층에 포함되기 때문이다. 본문에서 이미 언급했지만 필자는 사대부 신분의 식자층은 상류층과 중류층으로 명확히 구분되지는 않으나, 관직(官職)의 재임(在任) 여부와 고하에 따라 상류층과 중류층으로 나눌 수 있다고 본다. 바꾸어 말하면, 식자층은 상류층에만 국한되지 않으며 중류층에 속할 수도 있는 것이다. 따라서 중류층을 출가승이나 상류층보다 신앙 내지 지식의 수준이 낮았다고 보기는 어렵다. 그러므로 중류층의 신앙과 지식의 수준이 낮아 그들을 대상으로 한 설법의 내용이 종교성보다 통속성을 띄게 되었다는 경일남(景一男)의 주장(위의 논문, 28쪽 참조)은 재고(再考)될 필요가 있다.

월 반포된 「승려에게 권장하는 칙령 시안(試勵僧尼敕)」을 통해 그 일단을 살펴 볼 수 있다.

짐이 생각하건대 저 속류의 인간들은 지고한 불법의 이치를 심히 미혹시킨 채 몸과 목숨을 다 바쳐 불연(佛緣)을 구하고 재물을 소비하여 복을 구한다. 미래의 뛰어난 선인(善人)은 본받지 않고 현재의 가업은 내팽겨 둔 채 돌아보지 않는다. 사태가 바람을 붙잡아 매어 놓은 듯이 위태로운데도 오히려 후회하는 바가 없다. 어리석은 사람들은 식견이 부족하여 누차 형벌에 걸려들곤 한다. 최근 들어 승려들은 이러한 풍조가 더욱 심하다. 강설(講說)을 한답시고 민간인들을 현혹시키고 있다. 산림 계곡에서 조용히 참선하지 아니하고 오로지 재물을 거두어들인다. 인간을 구제할 수 있는 법도가 스스로 무너졌으니 참된 불교의 교리를 어디에 전파할 것인가? 사람에게 무익하고 세상을 좀먹고 있다. 간혹 주현을 들락거리면서 권위에 가탁하기도 하고, 마을을 돌아다니면서 포교행위를 마음대로 하고 다닌다. 무리를 모아서는 밤을 지새우기 일쑤이다. 옳지 않은 도를 바로 잡지 않으면 이단이 흥기하게 되는 법이다. 금일 이후로는 승려가 경전의 법률을 강론하는 것 이외에는 일체를 금지한다. 하루 여섯 차례의 예참은 반드시 정해진 의식대로 하고, 오밤중에는 거행하지 않는 민간의 제도를 준수해야 한다.

朕念彼流俗, 深迷至理, 盡軀命以求緣[399], 竭資財而作福, 未來之勝因[400]莫效, 見在之家業已空, 事等系風, 有無所悔. 愚人寡識, 屢陷刑科. 近日僧尼, 此風尤甚. 因議講說, 眩惑閭閻. 谿谷無厭, 唯財是斂. 津梁自壞, 其教安施? 無益于人, 有蠹于俗! 或出

399 연(緣) : 불교 용어. 직접적인 원인과 결과 사이에 끼인 간접 원인을 가리킨다. 다른 말로 표현하면, 원인을 도와 결과를 낳게 하는 작용을 의미한다. 일반적으로 불연(佛緣) 혹은 불교의 작용을 말한다.

400 승인(勝因) : 불교 용어. 특별히 뛰어난 성인을 말한다.

入州縣, 假托威權. 或巡曆村鄉, 恣行敎化. 因其聚會, 便有宵宿. 左道不常, 異端斯起. 自今以後, 僧尼講律之外, 一切禁斷. 六時禮懺, 順依律儀. 午夜不行, 宜守俗制.[401]

위 예문은 8세기초 민간인들을 — 인용문 중의 우인(愚人), 염려(閻閭) 등의 용어는 일반 민간인을 포괄적으로 지칭하는 용어이다 — 대상으로 한 승려들의 불법적인 포교 행위가 극성을 부리자 조정에서 이를 전면 통제하기 위해 내린 황제의 칙령 중 일부분으로, 하류층을 대상으로 한 설법의 성격이 어떠하였는가를 알 수 있는 귀중한 자료다. 여기서 무엇보다 눈길을 끄는 점은 당시 승려들이 불법의 전교(傳敎)보다는 신도(信徒)들의 포시(布施)에만 눈독을 들여 법회의 규율을 준수하지 않고 대중의 기호에 영합하는 포교 행위를 일삼았다는 사실이다. 그리고 이러한 포교 행위는 당시 서민들이 생업을 포기하고 포교승들을 따를 정도로 커다란 인기를 끌었던 듯하다. 그런데 위의 불법적인 포교승들의 행위 가운데 청중들을 모아서는 밤샘을 한 사실이 들어 있는데, 아마도 이때의 설법은 종교적 성격이 배제되고 지극히 통속화되는 속강적 색채를 짙게 띠었을 가능성이 높다. 이러한 추측은 다음 인용문을 통해서 좀더 구체적으로 파악된다.

하물며 이 지방에는 백 년 동안 속강(俗講)이 유행하여 대부분 후인들이 지은 것을 남달리 음송하고, 속인들의 마음에 맞는 작품을 성창하여 읊조린다. 매번 강설할 때 불경이나 불법에 대한 이야기는 백 마디 가운데 한 마디도 없다. 설령 불경을 가르치더라도 본래의 의미에 의거하지 않고 제멋대로

401 『당대조령집(唐大詔令集)』, 권113.

인용한 다음 그를 엮어서 강의한다.

> 況此方人, 百年以來, 俗講之流, 多是別誦後人撰造, 順合俗心之文, 作聲聞諷詠. 每上講說, 言百分中, 無一言是經是法. 設導經者, 亦是亂引雜用, 不依本血脈之義, 連環講之.[402]

이 인용문은 서기 823년에서 827년 사이에 저작된 것으로 판단되는 『원각경대소초(圓覺經大疏鈔)』(권2)에 수록되어 있다. 따라서 위 인용문에서 언급하고 있는 100년 전은 서기 720년 전후 즉 개원(開元) 년간(713~741)이 된다.[403] 개원(開元) 19년에 반포된 황제의 칙령에서 보았듯이 개원(開元) 연간에는 승려들이 민간에서 활발하게 포교 활동을 하고 있었으며, 그들의 포교 행위는 상당히 불법적인 것이었는바 위 인용문은 불법적인 설법 방식에 대하여 구체적으로 묘사하고 있다. 즉, ① 당시(개원시기) 속인들을 위한 강경(講經) 즉 속강(俗講)은 대부분 불경 원전에 의거하여 진행하지 않고 후대인들이 지은 작품을 이용하였다. ② 포교승들에게 있어 불법(佛法)의 홍포(弘布)란 단지 명색에 불과할 뿐 그들의 설법 내용에는 불경이나 불법에 대한 것은 한 마디도 들어 있지 않을 만큼 변질(變質)되어 있었다. ③ 설령 불경을 가지고 강론하더라도 강경(講經)법사는 경전에 전혀 구애받지 않고 독자적으로 강의를 엮어 갔다. 이와 같이 정식강경(講經)으로부터 상당히 이탈한 변칙(變則)강경(講經)은 속강승(俗講僧) 문숙(文淑)이 활동하기 100년 전에 이미 민간에서 매우 성행하고 있었던 것이다.

그런데 이처럼 불교적인 색채가 배제되고 통속적인 설법으로 진행

402 『원각경대소초(圓覺經大疏鈔)』, 권2.

403 왕민진(王玟珍), 『돈황속문학십육편연구(敦煌俗文學十六篇硏究)』, 대만: 국립성공대학 석사논문, 1988.5, 7쪽.

된 속인들을 위한 강경에 참여한 청중이 모두 하류층이었다고 단정할 수는 없다. 전술했듯이 중류층(中流層)을 대상으로 한 설법 역시 통속적이고 오락적인 성향으로 점차 변모하고 있었던 점을 고려하면, 위의 속강(俗講)에는 하류층뿐만 아니라 중류층도 참여하여 청취하였을 가능성이 높다. 그러나 통속화된 설법이라 하더라도 중류층을 대상으로 할 때와 천민대중을 상대로 할 때 그 내용은 차이를 보이게 된다. 첫째, 설법은 문어체를 배제하고 가장 쉬운 일상의 구어로 이루어졌을 것이며, 그 내용 역시 가장 평이했을 것이라 추측된다. 둘째, 불교적 색채가 전혀 배제된 상태로 변질되었을 가능성이 크다. 셋째, 낮은 지적 수준을 고려하여 표면적으로 종교성을 극소화하면서, 영험(靈驗)과 기적(奇蹟) 등 신이(神異)적 내용을 통속적으로 설법하면서 연희(演戲)적 성격이 크게 부각되었을 것으로 짐작된다.[404] 이상 세 가지 측면으로 볼 때, 돈황 강창문학 가운데 하류층이 가장 애호하였을 것으로 판단되는 작품은 민간부(民間賦)로 분류되는 「한붕부(韓朋賦)」, 「안자부(晏子賦)」, 「연자부(鷰子賦)」, 「공자항탁상문서(孔子項托相問書)」 등이다.

404 경일남(景一男), 앞의 논문, 29쪽.

제3절_ 돈황敦煌 강창문학의 연행演行 장소

1) 사원寺院

당대(唐代) 사원의 가장 중요한 특징은 사찰이 종교적・정치적・경제적 기능을 두루 수행했을 뿐만 아니라, 일반 대중들에게 자유로이 개방되어 문화 활동의 장소로 활용되었다는 점에 있다. 당대(唐代)의 사원이 사회문화적으로 커다란 비중과 역할을 차지하고 있었던 것은 무엇보다 튼튼하고 독립적인 경제적 기반을 갖추고 있었기 때문이다. 당대(唐代)의 사원은 근본적으로 그 당시 토지제도의 새로운 기틀이었던 균전제(均田制) 속에 비구 30무(畝),[405] 비구니 20무(畝)의 구분전에 의해 승려들에게 사유재산을 허용하고, 부역을 면제하며, 사찰 영유지에 대하여 많은 면세혜택을 주면서부터 엄청난 경제력을 갖게 된다. 특히 사찰영지에 대한 면세 혜택은 사원의 경제규모가 증대되는 가장 큰 요인이었으니, 왕공귀족들은 물론 일반서민까지 사찰영지라는 명목으로 면세를 받기 위해 자신이 소유하고 있는 토지를 기증[406]하면서 사원경제가 엄청나게 방대해졌던 것이다. 이처럼 사원이 과세 대상이 되어야 할 좋은 토지를 점유할 뿐만 아니라 신체가 건

405 무(畝) : 토지면적의 단위. 고대에는 5평방 척(尺)을 1평방 보(步)로 하고 240평방 보(步)를 '1무(畝)'로 했다.

406 사찰 영유지의 면세혜택을 이용한 왕공귀족의 탈세 현상은 '공덕원(功德院)'의 설립과 그 운영에서 여실히 드러난다. 공덕원(功德院)은 송나라 시대에 공덕분사(功德墳寺)라고 불렸던 것으로 왕공귀족은 자기 집안의 분묘를 사찰 안에 세우고 자기 집안 전용의 보제사(菩提寺)로 삼아 이곳에 전지(田地)를 보시하여 면세 혜택을 받아냈다.

강하고 유능한 청장년을 입적시킴으로써 그들이 내는 세금으로 국가 경제를 돕는다든지 국가에 대하여 병역과 그 외의 임무를 한다든지 하는 길을 막아버리는 등[407] 그 폐해가 점차 심해가자 당대 후기에 들어서는 불교의 사원조직을 국가의 재정을 위협하는 사회의 해충으로 단정하여 탄압하기도 하였지만 지속적이거나 결정적인 타격을 가할 수 있었던 것은 아니었다.

한편 튼튼한 경제적 기반 아래 커다란 사회적 영향력을 지니고 있었던 당대(唐代)의 사원은 대토지의 소유에 머물지 않고 제곡소와 점포와 창고업 그리고 대차사업 등으로 사원경제를 증대시켰으며, 또 삼계교(三階敎)의 무진장원(無盡藏院)[408]을 모방하여 실질적인 금융사업도 경영하였다. 또 당대에는 승려의 재산을 사유재산으로 인정하면서 승려 가운데 대지주와 대부호가 많이 생겨났는데 대체로 그들은 도첩을 산 사도승(私度僧)들이었다. 즉, 그들은 각자 본업을 가지고 있으면서 부역을 면제받기 위해서 승려의 명의를 빌고 있었을 뿐이었다. 승려 가운데 백성승(百姓僧), 지주승(地主僧)의 이름이 보이는 것은 그간의 사정을 말하는 것이다.[409] 결국 이러한 현상들은 모두 당대(唐代)의 사원이 부처와 보살을 모시고서 예불을 올리고 수행하는 종교적 장소에 국한되지 않고, 거대한 경제적 규모를 바탕으로 여러 가

407 E.O. 라이샤워, 조성을 역, 『중국 중세사회로의 여행』, 한울, 1991, 215쪽.

408 수(隋)나라의 신행선사(信行禪師)가 창종한 삼계교(三階敎)의 교리에 따라 만든 것으로 원래는 사원경영의 수단으로 갑작스런 재해(災害)나 당탑수리(堂塔修理)에 대비하여 경제를 증진시키는 방법이었다. 즉, 연애(碾磑).거방(車坊), 점포(店鋪) 등을 경영하여 이윤을 만들고 잉여물자를 대여하여 이익을 얻는 방법이었는데, 흉년이나 곤궁한자에게는 무이자로 대여하는 등 일종의 사회구제사업의 역할을 하기도 하였다. 조명화(曺明和), 앞의 논문, 65쪽.

409 도도 교오순(藤堂恭俊)・시오이리 료오도(塩入良道), 앞의 책, 제9장 제2절 「사원의 형태와 사회적인 교화」, 433쪽.

지 사회적 기능을 행함으로써 일반 대중과 그만큼 긴밀한 관련을 갖게 되었음을 뜻한다.

당대(唐代)에는 모든 도시와 마을에 불교 사원이 세워져 있었을 뿐만 아니라 멀리 떨어진 변경의 촌사에도 각각 불교 시설이 있을 정도로 사찰이 번성했다. 그리고 전국 도처에 자리하고 있었던 수많은 사원은 성소(聖所)로서의 기능을 훨씬 뛰어넘어 일반 대중을 상대로 한 경제적 활동 외에 다양한 사회문화적 기능을 수행하였다. 예컨대, 당대의 사원이라는 곳은 누구에게나 개방되는 숙식처였고,[410] 상층 지식인들의 학술교류 장소였으며, 귀족사녀들의 모임의 장소로 제공되었고,[411] 일반 대중들을 위한 강경 법회와 연희 공연이 개최되는 등 다양한 용도로 이용됨으로써 일반 대중들의 중요한 문화 활동의 장소로 자리 잡았다. 사원의 이러한 문화적 기능에 대하여 엽미문(葉美炆)

410 당대의 사원을 숙식처로 제공한 사실이 중요한 이유는, 누구에게나 개방된 사원을 지방에 부임하는 관리나 과거를 준비하는 수험생 혹은 일반 여객(旅客) 등이 숙사로 이용함으로써 일반 대중들이 자연히 사원을 공공장소로 인식하게 되었다는 데 있다. 사원이 일반인들에게 숙소로 개방되었던 일에 대해서는 당(唐) 전기소설(傳奇小說) 속에서도 묘사하고 있는데, 그것은 바로 원진(元稹)이 지은 「앵앵전(鶯鶯傳)」 중 다음 대목이 그러하다. "당나라 정원(貞元, 785~805) 년간에 장생(張生)이라는 젊은이가 있었다. 얼굴이 뛰어나게 잘 생긴 데다 대단히 점잖았고 도덕심도 굳어 예절에 어긋나는 일을 몹시 싫어했다. 가령 친구들과 술자리를 하는 경우 조석이 흥겹게 되면 다른 사람들은 마구 떠들썩하고 소란을 피우지만 장생은 별로 떠들지도 않고 허튼 동작은 더구나 취하지 않았다. 그는 스물세 살이 되었어도 아직 여자를 몰랐다...... 그 뒤 장생은 포(蒲)로 여행을 떠났다. 포에서 동으로 십리쯤 떨어진 곳에 보구사라는 절이 있어 그는 그곳에 거처를 정했다. 그 즈음 최씨의 성을 가진 미망인이 이곳을 지나는 길에 역시 같은 보구사에 유숙하게 되었다. (貞元中, 有張生者, 性溫茂, 美風容, 內秉堅孤, 非禮不可入. 或朋從游宴, 擾雜其間, 他人皆洶洶拳拳, 若將不及, 張生容順而已......無幾何, 張生游于蒲. 蒲之東十餘里, 有僧舍曰普救寺, 張生寓焉. 適有崔氏孀婦, 張歸長安, 路出于蒲, 亦止玆寺.)"

411 도성 안의 사원은 대부분 경관이 좋고 정원의 사치가 심하여 완상하기 좋았고, 재를 올리려면 반드시 가무가 따랐으니 예부터 귀족사녀들의 사적인 모임의 장소로 많이 이용되었다.

은 '문학의 보급(普及)활동[원문에는 전파(傳播)活動]'이라는 측면에서 당대(唐代) 사원의 특징을 다음과 같이 정리하고 있다.

① [사원은] 대중(大衆)[412]들에게 정신문화 활동의 장소를 제공해야 하는 책임을 지니고 있었다. 대중들은 사원에 오게 되면 종교생활 외에도 다양한 형식의 문화 활동을 할 수가 있었다.

② 문인 학사와 사원은 긴밀한 관계를 맺고 있었다. 당대 시문과 잡기 그리고 소설로 볼 때, 일반 문인들이 같은 또래의 친구 이외에 교류한 사람은 고관귀족이 아닌 사원의 승려들이었다. 또 거주지는 경사, 도회지, 대읍 등이 아니라 산림 계곡이었다. 또『전당시(全唐詩)』가운데 산림의 사원과 관계되는 작품이 거의 반이나 된다. 이는 바로 사원에서의 독서생활이 문인의 생활과 시 창작에 깊은 영향을 주었으며, 항시 문인 학사들이 사원에 와서 시를 읊고 자신의 작품을 남겼음을 보여 준다. 이처럼 사원은 은연중에 간접적으로 문인 학사들에게 영향을 주었으며 시인 또한 사원을 통해 다른 사람들에게 간접적으로 시화를 전파했던 것이다.

③ 상류층과 하류층 두 계층에 문학을 전파하는 역할을 했다. 상류층은 각 사원의 강석(講席)을 활발한 학술모임으로 삼아 사제(師弟) 간에 심적 교류 및 학술적 논의의 기회로 활용하였다. 그리고 이러한 학술의 전파과정은 생기 있고 활발한 형식으로 진행되어 강연자와 청중 쌍방 간의 격렬한 토론이 오가곤 하였다. 하류층의 문화보급은 일반 대중을 대상으로 한 속강(俗講) 활동에서 이루어졌는데, 생동하고 통속적이며 평이한 강설방식으로 보급 효과를 증대시켰다.

412 원문에는 군중(群衆)으로 되어 있다.

④ 산림 사원은 사인(士人)들이 독서하는 장소였으며, 회화, 시문, 서법 등의 도서를 총괄적으로 보관하고 있는 하나의 박물관이었다.[413]

위에서 지적하고 있는 바와 같이 당대(唐代)의 사원은 단순한 종교(宗教)的 성소(聖所)라기보다는 공공의 장소로서 상하층(上下層)이 두루 이용하는 하나의 문화적 공간이요 대중적 광장이었다. 그러나 당대(唐代)의 사원은 상류층보다는 상대적으로 중류층이나 하류층에 속하는 일반 대중들을 위한 문화 활동의 공간으로 활발하게 이용되었다. 그 이유는 귀족과 관료들을 위한 교육과 문화의 공간으로는 중앙과 주현(州縣)의 관립학교(官立學校) 등이 마련되어 있어 사원의 역할이 절대적이지 않은 반면, 일반 대중의 경우는 자신들의 욕구에 비해 교육적 문화적 공간이 턱없이 부족했고 이를 사원이 상당 부분 충족시켜 주었기 때문이다. 또 불교 사원 측으로 보아서도 일반 대중을 위한 사원의 개방은 대중포교라는 근본적 기능을 수행하는 동시에 경제적인 실리도 얻을 수 있어 사원의 대중화를 적극 추진하였다.

당대(唐代)의 사원이 일반 대중들을 위한 문화적 공간으로서 어느 정도 주요한 위치를 차지하였고 강창문학의 연행 장소로 어떻게 활용되었는가 하는 것은 중세사에서 세계 최대의 도시로 평가되는 장안[414]에서 그 실상의 일단을 파악할 수 있다. 먼저 장안(長安) 사원의

413 엽미문(葉美妏), 『당대(唐代)문학전파활동연구』, 제4장 당대(唐代)문학 전파활동의 고찰 제3절 당대(唐代)문학 전파활동의 유형, 담강대학(淡江大學) 중국문학연구소 석사논문, 1991.6, 192쪽.

414 장안의 인구는 현종 무렵에는 백만을 웃돌았으며, 교외의 인구까지 포함하여 196만으로 추산되는데, 8세기 유럽 제일의 도시인 로마의 인구가 45만, 파리가 20만, 런던이 13만이었던 것과 비교할 때 장안이 세계 최대의 도시였다는 사실을 알 수 있다.

현황을 알아보기 위해 시가지 110방(坊)을 도면화(圖面化)하면 다음과 같다.

〈장안성도(長安城圖)〉 대명궁(大明宮)[415]

<table>
<tr><td>修眞</td><td>安定
千福寺</td><td>修德</td><td rowspan="2">掖庭宮</td><td colspan="2" rowspan="2">宮城</td><td rowspan="2">東宮</td><td>光宅</td><td>長樂</td><td>十六宅</td></tr>
<tr><td>普寧</td><td>休祥</td><td>輔興</td><td>永昌</td><td>大寧</td><td>興寧</td></tr>
<tr><td>義寧</td><td>金城</td><td>頒政</td><td colspan="4" rowspan="2">皇城</td><td>永興</td><td>廣化</td><td>永嘉</td></tr>
<tr><td>居德</td><td>醴泉</td><td>布政</td><td>崇仁</td><td>勝業</td><td>興慶</td></tr>
<tr><td>群賢</td><td rowspan="2">西市</td><td>延壽</td><td>太平</td><td>光祿</td><td>興道</td><td>務本</td><td>平康</td><td rowspan="2">東市</td><td>道政</td></tr>
<tr><td>懷德</td><td>光德</td><td>通義</td><td>殖業</td><td>開化
薦福寺</td><td>崇義</td><td>宣陽</td><td>常樂</td></tr>
<tr><td>崇化</td><td>懷遠</td><td>延康</td><td>興化</td><td>豐樂</td><td>安仁</td><td>長興</td><td>親仁</td><td>安邑</td><td>靖恭</td></tr>
<tr><td>豊邑</td><td>長壽</td><td>崇賢</td><td>崇德</td><td>安業</td><td>光福</td><td>永樂</td><td>永寧</td><td>宣平</td><td>新昌
青龍寺</td></tr>
<tr><td>待賢</td><td>嘉會</td><td>延福</td><td>懷貞</td><td>崇業</td><td>靖善</td><td>靖安</td><td>永崇</td><td>昌平</td><td>昇道</td></tr>
<tr><td>永和</td><td>永平</td><td>永安</td><td>宣義</td><td>永達</td><td>蘭陵</td><td>安善</td><td>昭國</td><td>修行</td><td>立政</td></tr>
<tr><td>常安</td><td>通軌</td><td>敦義</td><td>豊安</td><td>道德</td><td>開明</td><td>大業</td><td>進昌
慈恩寺</td><td>修政</td><td>敦化</td></tr>
<tr><td>和平</td><td>歸義</td><td>大通</td><td>昌明</td><td>光行</td><td>保寧</td><td>昌樂</td><td>通善</td><td>青龍</td><td></td></tr>
<tr><td>永陽</td><td>昭行</td><td>大安</td><td>安樂</td><td>延祥</td><td>安義</td><td>安德</td><td>通濟</td><td>曲池</td><td></td></tr>
</table>

장안은 동서 9.2km, 남북 8.2km의 도시이다. 전 시가는 바둑판처럼 분할되어 질서정연하게 구획되어 있으며, 황성의 남쪽 중앙에 주작

415 세오 다쓰히코(室永芳三), 『대도장안(大都長安)』, 교육사, 1988, 서장(序章), 「唐詩のなかの長安」, 18~19쪽 참조.

로가 남북으로 관통되어 있다. 오른쪽 시가는 귀족이나 무관의 호화로운 저택이 늘어서 있고, 왼쪽 시가지에는 서민과 상인들의 가옥이 밀집해 있다.[416] 시가지 주위에는 35km에 이르는 성벽으로 둘러싸여 있다.[417] 『장안지(長安志)』 권7에 인용된 당(唐) 위술찬(韋述撰) 『양경신기(兩京新記)』에 따르면 장안의 시내에는 비구사찰(僧寺) 64개소, 비구니사찰(尼寺) 27개소, 도사관(道士觀)[418] 16개소, 여도관(女道觀) 6개소, 파사사(波斯寺 : 景教의 사원) 2개소, 胡祆祠(조로아스터교의 사원) 4개소가 자리하고 있고[419] 그밖에도 300여 개의 이른 바 불당(佛堂)이 있었다고 한다. 성 안의 대표적인 사원은 대천복사(大薦福寺)・대자은사(大慈恩寺)・장엄사(莊嚴寺)・대운경사(大雲經寺)・천복사(薦福寺)・서명사(西明寺)・숭성사(崇聖寺)・광택사(光宅寺)・보수사(保壽寺)・숭제사(崇濟寺)・청룡사(青龍寺)・영수사(永壽寺) 등이다.

이와 같이 장안의 시내 곳곳에 자리 잡고 있던 사원은 일반 대중에 대한 포교에 많은 관심을 기울여 대내외적으로 수많은 행사를 개최하여 사원에는 거의 일 년 내내 사람들의 발길이 끊이지 않았다.[420] 이에 따라 사원의 각종 모임은 자연히 대중적 취향을 띠었으니, 남북조시대부터 거행된 무차대회(無遮大會)는 승속 일반에 대한 평등한 시

416 장안성(長安城)은 천자(天子)가 거주하는 궁성(宮城)과 삼성육부(三省六部)가 위치해 있고, 관청가(官廳街)와 皇城(궁성)과 황성(皇城)의 부분이 내성을 형성한다.) 그리고 주택가와 상업지구 등 110방으로 구성되어 있다.

417 도도 교오순(藤堂恭俊)・시오이리 료오도(塩入良道), 앞의 책, 제6장 「수당의 국가통일과 불교」, 259쪽.

418 관(觀) : '관(觀)'은 도교의 사원을 말한다.

419 우에키 히사유키(植木久行), 『唐詩の風土』, 연문출판, 30쪽.

420 당대(唐代)의 사원에서는 무차대회(無遮大會), 평등대회(平等大會), 관불(灌佛), 행상(行象) 등의 대외적 행사와 팔관재(八關齋), 법회(法會), 강경(講經) 등의 대내적 행사가 끊임없이 이어져 연중 내내 수많은 사람들이 모여 들었다. 조명화(曺明和), 앞의 논문, 67쪽.

식(施食)이었으며, 팔관회(八關會)에서는 가무백희(歌舞百戲)가 행해지는 것이 관례였다.

당(唐) 손계(孫棨)의 『북리지(北里志)』에는 장안 사원이 일반 대중들을 위한 유희적 공간으로 활용되었음을 보여 주는 다음과 같은 기록이 있다.

> 평강리(平康里)은 북문(北門)으로 들어가 동쪽으로 세 번 꺾어 들어가면 나오는데 기녀들이 거주하는 곳이다...... 기녀들은 마을 밖으로 나가기가 힘들어 남쪽 거리에 있는 보당사에서 강석(講席)이 매월 8일 열리는 강석에 서로 나가서 듣곤 하였다...... 그래서 보당사에서는 매월 8, 18, 28일만 되면 사대부들이 매우 많았으니 그것은 기녀들과의 약속이 있었기 때문이었다.

> 平康里, 入北門東回三曲, 卽諸妓所居之聚也......諸妓以出里艱難. 每南街保唐寺有講席, 多以月之八日, 相牽率聽焉......故保唐寺每三八日士子極多. 蓋有期於諸妓也.[421]

개원(開元)과 천보(天寶) 년간의 평강리(平康里)은 도회지의 한량이나 타지방의 유객(遊客) 혹은 같은 나이 또래의 진사 급제자들이 모여들었던 기관(妓館)이 즐비한 유흥가였다. 그리고 보당사(保唐寺)는 비구니들이 거주하는 사찰로 유명하다. 당시 기녀들은 평강리 외부로 나가는 것이 매우 어려웠는데 평강방의 남쪽 거리에 위치한 보당사에서 매월 8, 18, 28일 열렸던 속강 모임만은 양모에게 돈을 지불하고 기녀 혼자서

421 당(唐) 손계(孫棨), 『북리지(北里志)』「해론삼곡중사(海論三曲中事)」조.

도 외출하여 속강법사의 강경을 들을 수 있었다. 이날 외에는 반드시 다른 사람을 동반하여야만 외출이 허락되었다.[422] 젊은 남녀들이 공연장(戱場)이 많았던 자은사(慈恩寺)나 청룡사(靑龍寺)로 모이지 않고 유난히 보당사(保唐寺)에 모여들었던 것은 바로 이 때문이다. 이와 같이 당대(唐代)에는 사원의 강경(講經)이나 기타 행사가 젊은 사녀(士女)에게 인연을 맺어주는 유희적 공간으로 이용되는 경우가 많았다.

당(唐) 전기소설(傳奇小說)에도 사원이 대중들의 유희적 공간으로 이용되었음을 보여 주는 작품이 종종 발견되는데 심기제(沈旣濟)의 『임씨전(任氏傳)』이 그 중 하나에 해당한다.

> 임씨는 요염한 여자였다. 위사군이라는 사람이 있었다. 그의 이름은 음이며, 아홉째 아들로 태어난 그는 신안왕 위의 외손자였다. 젊었을 때부터 호방한 성품에 술을 몹시 즐겼다...... 천보(天寶, 742~756) 9년 6월 여름날 위음은 정육과 함께 장안의 거리를 걷고 있었다. 신창리에서 술을 마시기 위해서였다...... 위음이 [임씨에게] 말했다. “어제가 한식이어서 친구 두어 명과 함께 천복사에 놀러 갔었소. 마침 조면 장군이 전당(殿堂)에서 악무(樂舞)를 펼치고 있던 중이었는데 그 중 피리를 아주 잘 부는 소녀가 하나 있더구려. 나이는 열여섯쯤 되었을까, 머리가 치렁치렁 늘어지고 얼굴이 더없이 귀여웠는데 혹 그 소녀를 알고 있지 않소?” 임 여인이 곧 대답했다. “알고말고요. 그 애는 조면 장군이 총애하는 그 집 하녀여요. 그 애의 어머니는 제 사촌 언니고요. 만나실 수 있도록 어떻게든 힘을 써 보겠어요.” 위음이 감사

422 손계(孫棨), 사이토 시게루(齋藤茂) 역주, 『북리지(北里志)』, 「三つの横町についての概論」, 일본: 동양문고, 120쪽. ‘횡정(横町)’이란 원문에서 세 곳의 소로(小路)를 의미하는 ‘삼곡(三曲)’을 번역한 말이다. 곡(曲)은 곡항(曲巷)을 가리킨다.

의 표시로 머리 숙여 절을 하자 임씨는 그의 요청을 받아 들였다. 그 뒤 임 여인은 조면 장군의 집을 드나들면서 드디어 안면을 텄다.

任氏, 妖女也. 有韋使君者, 名崟, 第九, 新安王褘之外孫. 少落拓, 好飮酒……天寶九年夏六月, 崟與鄭子偕行于長安陌中, 將會飮于新昌里……崟曰:“昨者寒食, 與二三子游于千福寺. 見刁將軍緬張樂于殿堂. 有善吹笙者, 年二八, 雙鬟垂耳, 嬌姿艶絶. 當識之乎?” 任氏曰:“此寵奴也. 其母卽妾之內姊也. 求之可也?” 崟拜于席下. 任氏許之. 乃出入習家.

『임씨전(任氏傳)』은 가난하고 학벌이 없는 정육(鄭六)이란 늙은이가 요녀(妖女) 임씨(任氏)에게 적극적인 구애를 펴서 사랑을 이루는 것을 그린 작품이며, 전체 줄거리 중 위 대목은 임씨(任氏)가 귀족 집안의 공자(公子)인 위음에게 보답하기 위해 조면 장군의 하녀를 유인하여 그와 정분을 맺게 해주는 장면으로, 임씨(任氏)의 보은(報恩)하는 면모를 그린 삽화로 볼 수 있다. 그런데 여기서 주의할 필요가 있는 대목은 위음이 친구 두셋과 천복사에 놀러 갔다가 피리를 부는 소녀에게 눈독을 들이는 장면 —“한식날 친구 두어 명과 함께 천복사에 놀러 갔다가 마침 조면 장군이 전당(殿堂)에서 악무(樂舞)를 펼치고 있는 것을 보게 되었다오. 그런데 그 가운데 피리를 아주 잘 부는 소녀가 하나 있더구려”라고 이야기한 장면 — 이다. 그 까닭은 이 부분에 당대(唐代) 사원이 지니고 있는 유희적 성격의 일면이 드러나 있기 때문이다. 먼저, 위 대목에서 공자 위음이 종교적 목적이 아닌 유희적 목적으로 사원을 찾아갔다는 것은 당시 사원이 일반 대중들의 오락적 욕구에 부응하는 행사를 개최하고 있었음을 말해 준다. 그리고 바로 다음 대전

(大殿) 앞뜰에서 악무(樂舞) 공연이 펼쳐지고 있고 열여섯쯤 되어 보이는 피리 부는 기녀(伎女)를 언급하고 있는 대목은 당시 사원에 연희적 오락물을 공연하고 있었음을 확인시켜 준다.

당(唐) 전기소설(傳奇小說) 뿐만 아니라 당시(唐詩) 속에는 사원의 강경 법회가 대중적 인기를 끌었던 상황을 묘사하고 있는 작품이 보이는데 한유(韓愈)와 요합(姚合) 시가 그에 해당한다. 먼저 한유(韓愈)의 시 「화산의 女道士(화산녀)」을 보기로 하자.

> 장안 시내 여기저기서 불경을 강하는데
> 종치고 나팔 불며 궁정까지 떠들썩하네.
> 죄와 복을 과장되게 이야기하며 유혹하고 공갈치니
> 청중들 빽빽하게 몰려들어 부평초마냥 줄지어 늘어섰네.
> 황의 입은 도사도 강설하지만
> 관중석(觀衆席)은 듬성듬성한 샛별처럼 쓸쓸하네.

> 街東街西講佛經, 撞鐘吹螺鬧宮庭.
> 廣張罪福資誘脅, 聽衆狎恰排浮萍,
> 黃衣道人亦講說, 座下寥落如明星.

이 시는 화산(華山)에서 수행(修行)하며 기거(起居)하는 여도사(女道士)가 속인들의 대단한 존경과 숭배를 받자 궁중에서 그녀를 불러 천자(天子)를 알현케 한 것을 읊은 것인데, 실질적인 주제는 여도사(女道士)가 재색(才色)으로 세상을 어지럽히고 부귀한 자제들을 유혹하는 등 점점 심해져가는 당시 도교(道敎)의 부패상(腐敗狀)을 고발하는 데 있다. 위에 인용된 부분은 「화산의 여도사」의 앞부분으로 장안의 사원에서 강경 법회가 열리면 온 시가지가 떠들썩하고, 사원은 일반 대중들로 발 디딜 틈이 없이 북적대었으나 장안 시내 6개소에 자리하고 있었던 여도관(女道觀)의 청중석은 거의 비어 있었음을 묘사하여 당시 사원의 강경회에 대한 대중의 인기가 대단했음을 보여 주고 있다. 한편 제3구에서 과거의 죄업에 대해서는 청중들에게 업보의 무서움을 과장되게 이야기하여 겁을 주고, 부처를 믿으면 미래에 행복하게 된다고 설법한 당시의 상황을 묘사하고 있는데, 이는 강경의 내용과 방식이 속강적 색채가 매우 짙었음을 시사한다.

요합(姚合)의 시에(詩)도 사원의 강경(講經) 법회(法會)가 열리는 날의 상황에 대하여 묘사하고 있다.

(시 1)

一住昆陵寺, 한 번은 곤릉사에 머물렀었다.

寺應祇信緣. 이 절과는 분명 인연이 있는 듯싶다.

院貧人施食, 절은 가난하여도 사람들에게 음식을 포시(布施)하고

窓靜鳥窺禪. 창가는 고요하여 새들도 참선을 엿보네.

古磬聲難盡, 묵은 경소리 은은히 울려 퍼지고

秋燈色更鮮. 가을 등잔 불빛은 더욱 새롭네.

仍聞開講日, 들리는 말에, 여전히 강경(講經)을 여는 날이면

湖上少漁船. 호숫가에 고깃배 적어진다 하네.

(시 2)

無上深旨誠難解, 지고무상의 깊은 뜻 진실로 이해하기 어렵나니

唯是師言得正眞. 오직 스님 말씀에서 참 진리를 터득하네.

遠近持齋來諦聽, 멀고 가까운 어디에서나 재회(齋會)에 참여하여 경청하니

酒坊魚市盡無人. 술집과 어시장엔 사람 하나 없네.

첫 번째 시의 제목은 「상주원 스님께 드림(증상주원승(贈常州院僧)」이고, 두 번째 시의 제목은 「운단 스님의 강경을 듣고(청승운단강경(聽僧雲端講經)」이다. 시1에서는 강경 법회가 시작되는 날이면 평소 고기잡이 나가는 사람과 들어오는 사람으로 북적거렸던 호수가의 나루터가 한적해지고 대신 사원으로 군중들이 모여들었음을 읊고 있다. 시2에서도 군중들은 모두 사원의 재회에 참여하여 강경을 듣느라 술집과 어시장에는 사람 하나 없다고 읊고 있다. 결국 한유(韓愈)의 시와 마찬가지로 요합(姚合)의 두 시에서도 사원의 강경 법회가 대중적 인기를 크게 누리고 있었다.

그러면 이와 같이 일반 대중들에게 일 년 내내 자유로이 개방된 장안 사찰의 법회에서는 과연 강창작품이 연행되었는가? 만약 강경 법회에서 강창작품이 공연되었다면 강경문뿐만 아니라 변문도 공연되었는가? 이러한 의문은 엔닌(圓仁) 『구법기(求法記)』의 다음 기록이 해답의 실마리를 제공한다.

천자께서는 좌・우가의 일곱 절에서 속인들을 위한 강의(俗講)를 시작하라는 칙령을 내렸다. 좌가에는 네 곳의 절이 있는데, 첫째로 자성사에서는 운화사의 사자대덕(賜紫大德) 해안법사(海岸法師)로 하여금 『화엄경(華嚴

經)』을 강하게 하고, 둘째로 보수사에서는 좌가의 승록(僧錄)으로서 삼교(三敎)[423]를 강론하는 사자(賜紫)·인가(引駕)·대덕(大德) 체허법사(體虛法師)로 하여금 『법화경(法華經)』을 강의하게 하며, 셋째로 보리사에서는 초복사의 내공봉(內供奉)으로서 삼교를 강론하는 대덕 제고법사(齊高法師)로 하여금 『열반경(涅槃經)』을 강의하게 하고, 넷째로 경공사는 광영법사(光影法師)로 하여금 강의하도록 했다. 우가(右街)에는 세 곳의 절이 있는데, 첫째로 회창사에서는 내공봉으로서 삼교를 강론하고 자의(紫衣)를 하사받고 천자의 좌우에서 벼슬하면서 천자의 언행을 기록했던 고승 문숙(文淑)법사로 하여금 『법화경(法華經)』을 강의하게 하였는데, 그는 이 성 안에서 속인들을 위한 강의를 하는데 첫째가는 인물이다.[424]

앞에서 이미 설명한 바 있듯이 위 인용문에서 언급하고 있는 속강(俗講)이란 속인들을 위해 개설한 강경(講經)의 뜻으로 쓴 것이지, 강경회(講經會)라는 명목 하에 불경과는 전혀 상관없는 저속하고 음란한 세속담(世俗譚)을 강설하는 모임을 가리키는 것은 결코 아니다.[425] 다시 말하면, 당시 장안 시내 좌우가(左右街)의 일곱 관사(官寺)(관청의 통제를 받는 사원)[426]에서 거행되었던 강경 법회는 『화엄경(華嚴經)』, 『법

---

423 삼교(三敎) : 삼교시(三敎時)를 말한다. 인도의 삼론종(三論宗) 지광(智光)이 불타의 일생의 설교를 심경귀유(心境俱有), 경공심유(境空心有), 심경구공(心境俱空)의 셋으로 나눈 것.

424 「乃敕于左右街七寺開俗講. 左街四處. 此貲經寺, 令雲花寺賜紫大德海岸法師講『華嚴經』, 保壽寺, 令左街僧錄三敎講論賜紫引駕大德體虛法師講『法華經』, 菩提寺, 令招福寺內供奉三敎講論大德齊高法師講『涅槃經』. 景公寺, 令光影法師講. 右街三處. 會昌寺, 令內供奉三敎講論賜紫引駕起居大德文淑法師講『法華經』. 城中俗講, 此法師爲第一.」

425 물론 '속강(俗講)'이라는 말에는 저속하고 음란한 세속담을 강설하는 의미도 내포되어 있다. 따라서 '속강(俗講)'이라는 말의 정확한 뜻은 주어진 문맥 속에서 살펴야 한다.

426 당대(唐代)의 사원은 각주마다 사관(寺觀)을 설치한 것에서 알 수 있듯이 왕권의 직접 관할을 받았던 관사(官寺)가 중심이었다. 관사(官寺)라는 것은 기본적으로 사찰을 조정에

화경(法華經)』, 『열반경(涅槃經)』 등을 일정 기간 동안 경전 해석을 중심으로 강론했던 정식강경의 성격을 갖고 있었을 가능성이 높은 것이다. 다만 이를 속강(俗講)라고 부른 것은 주로 일반 대중들을 대상으로 한 강의였기 때문이다. 그렇게 볼 때 위 예문은 장안의 사원이 불교 전교라는 본연의 기능을 수행하고 있었음을 예증하는 것이 된다. 그러나 속강(俗講)라고 칭하여 '속(俗)'에 비중을 둔 사실과 『법화경(法華經)』을 강의한 속강승 문숙이 장안에서 속인들에게 가장 인기가 있었다는 평가는 이미 불교측의 포교 방식에 신중(信衆)을 최대한 확보하기 위한 대중화 방식이 적극 강구되었음을 의미한다.

한편 사원에서 행하는 강경과 기타 법회가 대중화되고 통속화되는 현상은 이미 성중당(盛中唐) 시기부터 성행하였으니, 다음 인용들은 당시 승려들의 포교 활동이 당국에서 단속하려고 할 만큼 거칠고 세속적인 성향을 띠었음을 보여 준다.

<u>① 유행승(遊行僧)의 불법적인 포교행위</u>

> 최근 들어 승려들은 이러한 풍조가 더욱 심하다. 강설(講說)을 한답시고 민간인들을 현혹시키고 있다. 산림 계곡에서 조용히 참선하지 아니하고 오로지 재물을 거두어들인다. 인간을 구제할 수 있는 법도가 스스로 무너졌으니 참된 불교의 교리를 어디에 전파할 것인가? 사람에게 무익하고 세상을 좀먹고 있다. 간혹 주현을 들락거리면서 권위에 가탁하기도 하고, 마을을

서 관리하고 통제하는 것임을 말하지만 당시의 사원은 관청의 통제에서 벗어나 행동하는 경우가 잦았다. 그것은 토지의 매매, 질전 등에 따른 합병, 개간 등에 의한 사찰의 영유지가 증대하여 국가에서 통제할 수 없을 정도로 거대한 경제적 기반을 소유하고 있었기 때문이다. 이처럼 관청의 통제력이 그다지 강하지 못한 점은 사원의 대중화와 통속화에 일조하는 측면으로 작용했을 것으로 짐작된다.

돌아다니면서 포교행위를 마음대로 하고 다닌다. 무리를 모아서는 밤을 지새우기 일쑤이다. 옳지 않은 道를 바로 잡지 않으면 이단이 흥기하게 되는 법이다. 금일 이후로는 승려가 경전의 법률을 강론하는 것 이외에는 일체를 금지한다. 하루 여섯 차례의 예참은 반드시 정해진 의식대로 하고, 오밤중에는 거행하지 않는 민간의 제도를 준수해야 한다.[427]

② 속강승(俗講僧)(화속법사)의 세속적인 설법행위

문서(文漵)라는 승려는 공공연히 청중들을 모아 놓고 강설하였는데, 불교 경전을 빌어 행한 그의 이야기에는 음란하고 외설스럽지 않은 것이 없었다. 건달패들은 번갈아가며 선동하고 부추겨댔으며 어리석고 야한 남녀들은 그의 이야기를 즐겨 들었다. 청중들로 산사는 시끌벅적했고 예(禮)까지 갖추어 그를 숭배하면서 화상(和尙)이라고 불렀다. 교방에서는 그의 성조를 본 따서 가곡(歌曲)을 만들었다. [이처럼] 서민 대중들은 쉽사리 유혹에 빠졌으나, 불교 신도들은 진리를 깨닫고 경문(經文)의 의미를 차츰 정확히 알게 되면서 그를 대단히 천시하였다. 근자에 어리석은 승려들은 자신의 이름을 공덕사(功德使)에 올려놓고는 관청을 두려워하지 않는다. 선비들도 그의 공연을 즐겨 보고서는 벼슬아치 보기를 원수보다도 못하게 여긴다. 문서(文漵)라는 승려가 가장 심하여 앞뒤로 곤장을 맞고 변방으로 유배된 것이 수차례나 되었다.[428]

---

427 이 인용문은 개원(開元) 19년(731) 4월 반포된 『시험삼아 승려들에게 권장하는 조서(試勵僧尼敕)』로 『당대조령집(唐大詔令集)』, 권113에 실려 있다. "近日僧尼, 此風尤甚. 因議講說, 眩惑閭閻. 谿谷無厭, 唯財是斂. 津梁自壞, 其教安施? 無益于人, 有蠹于俗! 或出入州縣, 假托威權. 或巡曆村鄉, 恣行教化. 因其聚會, 便有宵宿. 左道不常, 異端斯起. 自今以後, 僧尼講律之外, 一切禁斷. 六時禮懺, 順依律儀. 午夜不行, 宜守俗制."

428 조린(趙璘), 「인화록(因話錄)」, 『당국사보등팔종(唐國史補等八種)』, 대만: 세계서국, 1978, 28~29쪽. "有文漵僧者, 公爲聚衆譚說, 假托經論, 所言無非淫穢鄙褻之事. 不逞之

①과 ②는 대중교화를 위해 지방을 순행(巡行)하는 유행승(遊行僧)(자료1의 포교승)과, 칙령에 따라 고승(高僧)이 수도(首都)의 사찰이나 지방 사찰에서 1개월 연속 혹은 봄. 가을 두 차례 거행하는 속강(俗講)을 담당하는 속강승(俗講僧)에 관한 이야기이다. 이 두 자료를 통해 우리는 당대에 들어와 일반 대중에 대한 불교측의 포교가 활발해지면서 당국에서 단속령을 내릴 만큼 포교승들의 행위가 다소 거칠고 통속적인 성향으로 변모하게 되었음을 알 수 있다. 이처럼 유행승과 속강승의 설법이 청중들의 흥미를 끄는 방향으로 발전된 것은 당시로서는 매우 당연한 것이었는데, 그 이유는 교육 수준이 그리 높지 않았던 일반 대중들에게는 난해한 사상을 이해시키려 하기보다는 세속적인 이야기를 들려주는 것이 효과적이었고, 추상적이고 은유적인 설교방식보다는 사실적이고 경험적인 이야기 방식으로 설교하는 것이 더욱 청중의 흥미를 끌 수 있었기 때문이다. 이에 따라 기존의 강경 의식에는 커다란 변화가 야기되는바 의식성이 매우 강한 정식강경(講經)은 점차 쇠퇴하고 서사화(敍事化)・연희화(演戱化)・음악화(音樂化)된 변칙강경(變則講經)이 크게 성행하게 되어, 당대(唐代)의 강창문학은 매우 대중적인 면모를 갖추게 된다. 예컨대, 불교 경전의 소재를 한층 서사화시키고 흥미화한 불경변문(佛經變文)의 체제가 출현하고,[429]

徒, 轉相鼓扇扶樹, 愚夫冶婦樂聞其說, 聽者塡咽寺舍, 瞻禮崇奉, 呼爲和尙. 教坊效其聲調, 以爲歌曲. 其氓庶易誘, 釋徒苟知眞理, 及文義稍精, 亦甚鄙之. 近日庸僧以名繫功德使, 不懼臺省府縣. 以士流好窺其所爲, 視衣冠過於仇讐, 而漵僧最甚, 前後杖背流在邊地數矣."

429 반중규(潘重規)는 사원의 속강 공연과 변문의 상관성을 보여주는 사례로 다음과 같은 것을 들고 있다. 1)불경고사를 강한 변문은 속강에서 나온 것이라는 주장의 근거 : P.2187 파마변(破魔變)은 제명이 변(變)이라 되어 있다. 첫머리에 압좌문(押座文)이 있고 "經題名目唱將來"라는 문구가 사용되고 있다. 비록 경문을 반복 서술하지는 않으며 자유로이 불경고사를 서술한 변문이지만, 여전히 속강경문 의식에 따르고 있는 걸로 보아 속강에

아울러 비불교적인 세속담을 수용한 역사변문도 등장하여 급속히 성행하게 된다. 또 민간에서 유전(流轉)되어 오던 민간 전통의 형식을 적극 수용하여 생겨난 연희적 성격이 매우 짙은 민간부, 운문 형식으로만 짜여 진 사문(詞文) 그리고 산문형식의 화본(話本) 형식 등이 등장하여 강창문학의 형식을 다양화시킨다. 이러한 현상들은 모두 사원이라는 공간의 대중 지향적 성격과 포교 방식의 통속화 추세에 따라 야기된 것이다.

2) 궁정宮庭

당대(唐代)에 강창문학이 성행할 수 있었던 중요한 이유 가운데 하나는 황제와 같은 최고 지배층의 후원에 있었으니, 중당(中唐) 시기 경종(敬宗, 825~827) 황제가 문숙(文淑) 법사(法師)의 속강(俗講)을 관람하기 위해 흥복사(興福寺)를 직접 찾아간 사실[430]은 당시 강창문학이 황제

서 연변되어 나온 것이다. 2)변문이라는 표제가 붙어 있는 변문은 속강에서 나온 것이라는 주장의 근거. ①〈대목건련명간구모변문(大目乾連冥間救母變文)〉의 끝머리에 "當時此經時, 有八萬菩薩, 八萬僧 …… 歡喜信受奉行"이라는 문구가 나오는데, 이것은 강경문(講經文)의 유통분(流通分) 성격의 것이다. ②〈빈파사라왕후궁채녀공덕의공양탑생천인연변(頻婆娑羅王后宮綵女功德意供養塔生天因緣變)〉은 강 이전에 압좌문(押座文)이 있어 관세음보살을 염하는 의식이 있고, 개찬문(開讚文)이 있고, "공덕의공양탑생천연(功德意供養塔生天緣)"이라는 간제(簡題)가 붙어 있으며, 강을 마친 후에는 "但保宣空門薄藝, 梵宇荒才, 經教不便於根源 …… 不懼羞慚, 緝甚深之緣喩."라는 강사(講師)의 자술(自述)이 첨가되어 있는데, 이것은 그가 "공덕의공양탑생천연"을 강술한 심정을 서술한 것이다. 이로 보아 이것은 속강(俗講)경문임을 알 수 있다. ③ S2114는 수제가 '추녀연기(醜女緣起)'이고, S4511은 '금강추녀인연일본(金剛醜女因緣一本)'이고, P.2945는 '금강추녀연(金剛醜女緣)'인데, 이것들은 모두 강창문체를 사용하여 백연경(百緣經) 안의 파사닉왕의 추녀애기를 그린 것으로, 말미에는 "상래소설추변(上來所說醜變)"이라는 제명이 붙어 있다. 반중규(潘重規), 『신서(新書)』, 1304~1306쪽.

의 지원을 받고 있었음을 상징적으로 보여 준다. 당나라 시대에 사원의 강경(講經) 법회(法會)를 조정에서 허가한 사실에서 알 수 있듯이 지배층이 강창문학을 향유한 것은 기본적으로 불교에 대한 신봉에서 연유한다. 그러나 당대에 들어와 강창문학이 대중적인 시민문화로 급속히 성장하게 되는 근본적인 원인은 종교적 후원인 아닌 다른 측면에서 찾을 수 있다. 여기서 다른 측면이란 바로 민간(民間)과 외래(外來)의 연행예술을 배척하지 않고 적극적으로 포용하고 발전시키는 태도를 취했던 황제와 국가의 개방적인 문예정책을 말한다.

당대(唐代) 이전에 민간의 연행예술을 극진히 애호한 황제가 없었던 것은 아니다. 한무제(漢武帝)나 수양제(隋煬帝) 같은 황제 역시 민간의 연행예술을 좋아하여 이를 궁정(宮庭)에서 채용하여 발전시킨 적이 있다. 그러나 당대(唐代) 만큼 연행예술을 국가에서 대대적으로 후원하고 육성책을 마련하여 발전시킨 적은 일찍이 없었다. 당나라 시대에 연행예술을 가장 애호하여 적극 후원한 황제는 성당 시대의 현종이었다. 현종은 자신이 직접 작곡하고 연주할 만큼 상당히 음악에 밝았던 황제로 알려져 있는데 그의 연행예술에 대한 태도는 『신당서(新唐書)·예악지(禮樂志)』와 『구당서(舊唐書)·음악지(音樂志)』에 기재되어 있는 다음 인용문에 명징하게 드러나 있다.

① 현종은 음률을 상당히 알고 있었으며, 또 법곡(法曲)[431]을 매우 좋아하여

430 『자치통감(資治通鑑)』「경종기(敬宗紀)」. "경종(敬宗) 보력(寶曆) 2년(826) 6월 기묘일(己卯日) 주상께서 흥복사에 납시어 사문 문서의 속강을 관람하시었다.(敬宗寶曆二年六月己卯, 上幸興福寺觀沙門文漵俗講.)"

431 당조(唐朝)가 중요시했던 도교(道教)의 곡(曲)이라는 뜻이다. '법곡(法曲)'은 한대 이래 중국 고유의 속악(俗樂) 및 남북조와 수당 때 들어온 호악(胡樂)이 결합되어 만들어진 것

좌부기(左部伎)의 자제 300명을 뽑아서 이원(梨園)에서 가르쳤다. 음률에 착오가 있으면 황제는 반드시 알아차리고 정정해주곤 하였기 때문에 [사람들은 악공(樂工)들을] 황제의 이원(梨園) 제자라고 불렀다. 궁녀 수백 명을 이원 제자로 삼아 의춘북원(宜春北院)에 기거하게 했다. 이원법부(梨園法部)에는 다시 소부음성(小部音聲) 30여 명을 배치했다.

> 玄宗旣知音律, 又酷愛法曲, 選坐部伎子弟三百, 敎於梨園. 聲有誤者, 帝必覺而正之, 號皇帝梨園弟子. 宮女數百, 亦爲梨園弟子, 居宜春北院. 梨園法部更置小部音聲三十餘人.[432]

② 현종은 또 정사를 다스리다가 틈이 나면 태상사(太常寺)의 악공 제자 300명에게 관현악 연주회를 마련하도록 했다. 음향(音響)이 가지런하다가도 잘못된 소리가 하나라도 있게 되면 현종은 반드시 이를 발견하고 정정하였다. 이들 악공들은 '황제 제자(弟子)' 혹은 '이원(梨園) 제자(弟子)'라고 불렸으며 금원(禁苑)에서 가까운 이원(梨園)에 배치되었다...... 궁정 안 의춘원에서 기거한다.

> 玄宗又聽政之暇, 敎太常樂工子弟三百人, 爲絲竹之戱. 音響齊發. 有一聲誤, 玄宗必覺而正之, 號爲皇帝弟子, 又云梨園弟子, 以置院近於禁苑之梨園......宮中居宜春院.[433]

위 인용문 ①과 ②는 현종 황제와 연행예술의 관계에 대하여 몇 가지 중요한 사실을 알려 준다.

이다. 다시 말해서 서악의 중국적 변용이라고 할 수 있다.

432 『신당서(新唐書)』「예악지(禮樂志)」, 권22.

433 『구당서(舊唐書)』「음악지(音樂志)」, 권28.

첫째, 현종은 본시 음악적 재능이 있는 인물이었음을 알 수 있다. ①에서 현종이 악공들이 연주할 때 잘못된 부분을 수정하여 가르쳐 주었으며, 이 때문에 이원(梨園)의 악공(樂工)들은 세칭 '황제 제자'로 불렸다는 사실은 (황제를 존중하는 의미에서 기록자가 과장한 면이 있다고 보여지지만) 현종이 음악에 조예가 있었던 인물임을 말해 준다.[434] 또 진홍(陳鴻)의 『장한가(長恨歌)』에 "개원(開元) 시기 온 천하는 태평무사하고 현종은 재위한지 오래되었다. [현종은] 밤늦게 식사하고 날이 새기 전에 옷을 입을 만큼 정사에 부지런하다가 정사에 별일이 없으면 비로소 승상에게 맡기고 잠시 조용한 곳에서 기거하며 연회에 참석하여 음악을 즐기곤 했다(開元中, 泰階平, 四海無事, 玄宗在位, 歲久! 於旰食宵衣, 政無大小、始委于丞相, 稍深居游宴, 以聲色自娛.)"고 묘사하고 있는 데서도 현종이 음악을 매우 애호한 인물이었음을 확인할 수 있다.

둘째, 음악을 매우 좋아한 현종(玄宗)은 이원(梨園)에 별도의 음악교습소를 마련하여 자신이 직접 악공(樂工)들을 교육할 만큼 음악예술의 발전에 열정을 보였다. 음악예술에 대한 적극적인 보호 육성책을 실시한 현종 황제는 장안(長安)에 이원(梨園), 교방(教坊), 태악서(太樂署) 등 수많은 음악시설을 설치하여 연행예술의 발전에 커다란 기여를 하게 되는데 그 장소를 도면으로 표기하면 다음과 같다.

434 인용문 ①에서 현종이 매우 좋아했다고 하는 법곡(法曲)은 현종(玄宗)이 창작한 명곡(名曲)으로 후세에 전해진 바 있다. 그러나 안변성웅(岸邊成雄)에 따르면 현종이 만들었다는 말은 사실이 아니며, 사실은 호곡 '바라문'을 중국풍으로 개작한 것으로 호곡 융합의 일례에 해당한다. 안변성웅(岸邊成雄), 앞의 책, 110쪽.

〈당대(唐代) 장안(長安)의 음악시설(音樂施設)〉[435]

위 도표에 보이는 여러 음악시설 중 당대(唐代) 궁정과 국가의 음악기관의 핵심을 이루었던 부서는 교방(教坊), 태악서(太樂署), 이원(梨園) 세 곳이다. 여기서 교방(教坊)은 황제의 사유(私有)였던 기녀(妓女)들이 악무(樂舞)를 배우는 곳[436]이며, 태악서(太樂署)는 예악을 관장하던 태상사(太常寺)에 속한 부서로 관천민(官賤民) 출신의 음악인(音樂人)이 악무 교습을 받았던 기관이다.[437] 그리고 장안(長安) 서북성(西北城)의 금원

435 기시베 시게오(岸邊成雄), 송방송(宋芳松) 역, 『고대 실크로드의 음악시설』, 삼호출판사, 1992, 111쪽 참조.

436 교방(教坊)은 당초(唐初)에 내교방(內教坊)이란 명칭으로 금중(禁中)에 설치되었다가 현종 때에는 봉래궁(蓬萊宮)(東明宮) 옆으로 옮겼으며, 좌우(左右) 교방(教坊)이 금외(禁外)에 설치되었다.

437 당대(唐代)에는 관천민(官賤民) 제도라는 것이 있었고 태악서(太樂署)에 소속된 음악인(音樂人)들은 모두 관천민(官賤民)이었다. 관천민(官賤民) 제도라는 것은 '국가에서 노예 신분의 악공들을 소유(國有奴匠)'하는 규정을 말하는데, 당대(唐代)에 국가의 음악기관에 소속되어 있는 악인(樂人)들은 모두 관천민(官賤民)이었다. 당대(唐代)의 관천민(官賤民)은 태상음성인(太常音聲人)－잡호(雜戶)－공악(工樂)－관노(官奴)－官奴匠(관노예) 이상 다섯 계급으로 나뉘었고, 신분. 직장의 구분이 확실했다. 관천민은 호적을 갖지 못했고, 평민과 결혼할 수 없었으며, 형법상으로도 차별되고, 원칙적으로 당 말까

(禁苑)에 위치한 이원(梨園)은 현종이 교방과 태악서 두 부서의 기녀와 악공 중 가장 우수한 자를 선발하여 자신이 직접 가르쳤던 당대(唐代) 최고의 악부(樂府)다. 세 부서 가운데 교방(敎坊)과 이원(梨園)은 당대(唐代) 악무(樂舞)의 꽃으로 불릴 만큼 현종 시절 가장 화려한 모습을 하고 있었으니 이는 현종 황제의 연행예술에 대한 적극적인 후원이 있었기에 가능한 것이었다. 한편 음악예술을 매우 애호한 현종은 문예정책에 있어서도 개방적이어서 중외(中外), 아속(雅俗), 귀족(貴族), 평민(平民)의 작품을 가리지 않고 모두 채용하는 포용적인 태도를 보였다. 현종 시절의 가무(歌舞)인들이 외국과 민간의 곡조(曲調)를 섞어 사용[438]하고, 악무(樂舞)의 대종을 이루었던 중국의 아악(雅樂).속악(俗樂).호악(胡樂)이 현종조(玄宗朝)를 기점으로 크게 변모하여 속악(俗樂)과 호악(胡樂)이 융합된 신속악(新俗樂)이 발생[439]하게 되는 것은 모두 국가에서 예능인들에게 비교적 자유로운 활동을 허용하였기 때문이었다.

이와 같이 교방(敎坊), 태악서(太樂署), 이원(梨園) 등의 국가의 음악 교습소를 통하여 예능인을 양성하도록 적극 후원한 현종 황제가 음

지 벗어날 수 없었던 신분이었다. 평소에는 고향에 살았고 납세 대신에 매년 몇 차례 교대로 장안의 도읍에 올라와 태악서에서 교습 받아야했다. 교습(敎習)의 계정(階程)이 있었으며, 시험 성적이 좋고 근무 실적이 좋으면 계정과 신분도 올랐다. 태상음성인이 실적을 올리면 노예의 신분에서 해방될 수 있는 규정도 있었다. 이들 중에는 더러 황제의 주목을 받아 사랑을 받고 관직까지 하사받은 자도 있었다고 한다. 실제로 당대에는 관천민 신분의 수가 적지 않아 당초(唐初)에 산악(散樂)・장내산악(仗內散樂)・음성인(音聲人)(10,027명)을 합해서 총 11,307명이라고 하는 기록이 있다. 현종조(玄宗朝)에는 3만 명에 달했다고 한다. 기시베 시게오(岸邊成雄), 송방송(宋芳松) 역, 앞의 책, 118쪽.

438 『구당서(舊唐書)』「음악지」. "自開元天寶以來, 歌者雜用胡夷里巷之曲."

439 기시베 시게오(岸邊成雄), 송방송(宋芳松) 역, 앞의 책, 108쪽은 당조(唐朝) 음악의 변천에 대하여 다음과 같이 세 시기로 구분하고 있다. 〈제1기〉 초당(初唐) : 아악(雅樂).호악(胡樂).속악(俗樂)의 정립 시기 〈제2기〉 중당(中唐) : 호악(胡樂). 속악(俗樂)의 융합(신속악(新俗樂)의 발생) 시기 〈제3기〉 당말(唐末) : 아악(雅樂)과 속악(俗樂) : 신속악(新俗樂)의 대립 시기.

악, 무용, 연극, 잡희 등과 함께 당대 에 큰 인기를 얻고 있었던 '강창'을 궁정(宮庭)에서 즐겼던 것은 당연한 일이었다. 곽식(郭湜)의 『고력사외전(高力士外傳)』에 보이는 다음 인용문은 현종(玄宗) 황제가 궁정(宮庭)에서 강창 공연을 관람했음을 확인시켜 주는 귀중한 자료이다.

> 당(唐) 숙종(肅宗)[440] 서기 758년 겨울 황제는 온천궁(溫泉宮)에 행차했다가 20일이 지나서야 환궁하였다. 이 기회를 틈타 역적 이보국이 반란을 은밀히 꾀한다는 의심이 들어 이를 막고자 공훈이 있는 쓸 만한 사람을 [조정에] 심어 두었으나 대권 이양의 단초는 이미 이때부터 싹트고 있었다. 이보국은 말단 관직으로 떨어지고 심복들도 줄어들었으나 한편으로는 세력가의 도움을 받아 그의 위치는 하늘 높은 줄 모르고 치솟아 갔다. 황제는 목숨이 끊어지지 않은 쇠잔한 자손에 불과했고 백성들은 불안하여 군사를 모아 나라를 수습하기를 바랐으나 [황제는] 신하를 선별하여 간사한 무리들을 물리칠 겨를이 없었다.
>
> 그리하여 결국 이보국으로 하여금 두 황궁을 현혹시키게 하고 순한 사람을 해치게 하였으며 제멋대로 위세를 부리고 즐기게 하니, 대대로 이어져 내려오던 황통(皇統)의 권위도 그에게는 두려울 것이 못되었다. 상원 원년 760년 7월 황제는 황궁을 떠나 서내(대극전(大極殿)에서 거주하게 되었고 환관 고력사는 무주로 귀양가니 이는 모두 이보국의 계책이었다. (…중략…) 황제는 고력사에게 "흥경궁(興慶宮)은 내 소유의 땅인지라 여러 번 황제에게 양도하려 하였으나 황제가 어질고 효성스러워 받지를 않았다오. 지금 그곳

440 당(唐) 숙종(肅宗)은 현종(玄宗)이 음모의 혐의로 황태자를 폐위하고 새로이 책봉한 태자로 현종이 총애했던 무혜비(無惠妃)가 낳은 자식이었다. 황태자를 폐위시키고 무혜비(無惠妃)의 아들을 태자로 세우는 일을 추진하여 성사시킨 사람은 희대로 권모술수가로 알려진 이림보(李林甫)였다.

은 비록 이보국에 의해 통제되고 있으나 정말로 그립구려."라고 말하면서 시종에게 고기 음식을 거두게 하고 간소한 음식을 차리도록 분부하면서 다음 날부터는 육식을 올리지 못하게 했다. 매일 황제와 고력사는 정원을 청소하거나 초목을 뜯는 것을 친히 참견했다. 또 간혹 강경(講經), 논의(論議), 전변(轉變), 설화(說話) 등이 [공연되었는데] 이것들은 비록 사대부 문장의 법도에는 거리가 멀었으나 결국 황제의 마음을 즐겁게 하기 위해 행해졌다."

乾元元年冬, 上皇幸溫泉宮, 二十日却歸. 因此被賊臣李輔國, 陰謀不軌. 欲令猜阻, 更樹勛庸, 移仗之端, 莫不由此. 輔國趨馳末品, 小了纖人; 一承攀附之恩, 致位雲霄之上. 聖上屬殘孽未殄, 蒼生不安, 貪總軍戎, 冀淸海內, 不暇揀擇左右, 屛棄回邪, 遂使輔國熒惑兩宮, 至傷萬姓, 恣行威福, 不惧典型. 上元元年七月太上皇移仗西內安置, 高公竄謫巫州, 皆輔國之計也. 上皇謂高公曰:"興慶是吾王地, 吾頻讓與皇帝, 皇帝仁孝不受, 今雖爲輔國所制, 正愜我本懷." 進御人令撤肉, 便處分尙食, 明日已後, 不須進肉食. 每日上皇與高公親看掃除庭院, 芟薙草木. 或講經論議, 轉變說話, 雖不近文律, 終冀悅聖情.

곽식(郭湜)의 『고력사외전(高力士外傳)』은 실록체(實錄體)와 유사하게 쓰여 진 전기체(傳記體) 소설로 현종 황제에 대한 고력사(高力士)의 충직한 면모와 정치적 안목을 긍정적으로 그리고 있는 작품[441]으로 위 대목은 전체 이야기 가운데 제3부에 해당[442]한다. 그리고 여기서

441 정사(正史)의 평가에 의하면, 고력사는 오랜동안 당(唐) 현종(玄宗) 이융(李隆)의 곁에서 환관생활을 하면서 내시성사라는 요직을 지냈으며, 당시 그는 모든 정사가 그의 손을 거쳐 갈 정도로 영향력이 막강했고 나중에는 안록산, 이림보, 양국충 등과 결탁하여 정치를 망친 인물이다. 그러나 곽식(郭湜)의 『고력사외전(高力士外傳)』에서는 고력사의 나쁜 점은 모두 생략한 체 오로지 충절지사(忠節之士)로 묘사하고 있다.

442 네 개의 부분으로 구성되어 있는 『고력사외전(高力士外傳)』을 간략히 정리하면 다음과 같다. 〈제1부〉 안사의 난 이전 : 현종(玄宗)이 이림보(李林甫)에게 국정(國政)을 넘기려고 하나 고력사(高力士)는 아직 이르다고 만류한다. (세 가지 사건) → 〈제2부〉 안사의 난 이후 : 현종은 고력사의 예견을 칭찬. 안사의 난 진압됨. → 〈제3부〉 경사(京師)로 귀

강창문학의 연행 장소와 관련하여 주목되는 부분은, 인용문 하단의 "매일 황제(皇帝)와 고력사(高力士)는 정원을 청소하거나 초목을 뜯는 것을 친히 참견했다. 또 간혹 강경(講經), 논의(論議), 전변(轉變), 설화(說話) 등이 〔공연되었는데〕 이것들은 비록 사대부 문장의 법도에는 거리가 멀었으나 결국 황제의 마음을 즐겁게 하기 위해 행해졌다"고 기술하고 있는 대목이다. 이 대목은 안록산의 난이 진압된 후 경사(京師)로 돌아온 현종(玄宗)이 역적(逆賊) 이보국(李輔國)의 음모에 걸려들어 대극전(大極殿)(西內)[443]에 갇혀 지내는 장면이며, 현종(玄宗)과 고력사가 궁중 깊숙이 감금된 사건은 당시 환관(宦官) 이보국(李輔國)이 숙종(肅宗) 황제가 20일이나 황궁을 비운 틈을 타서 황제의 칙명이라고 속여 병사를 무장시켜 현종(玄宗)을 위협하여 일어난 일이었다.[444] 그리고 강창 공연은 이렇게 현종(玄宗)이 감금되어 우울한 나날을 보내자 충신(忠臣) 고력사(高力士)가 현종 황제를 즐겁게 하기 위하여 궁정에 개설한 것[445]으로, 당대(唐代)에 궁정(宮庭)이 강창문학의 연행 장소로 이용되었음을 확인시켜 주고 있다.

환 : 현종이 경사로 돌아온 후 역적 이보국의 통제를 받고 고력사는 쫓겨남. 고력사는 무주로 3년간 유배된 후 경사로 돌아오다 사망. → 〈제4부〉 작가의 의론(議論). 본 논문에서 인용한 대목은 제3부에 해당한다.

443 당대(唐代)에 장안(長安)의 대명전(大明殿)은 '동내(東內)'라고 일컬었으며, 대극전(大極殿)은 '서내(西內)'라고 칭했다.

444 숙종(肅宗)을 무력화시키고 이보국이 월권을 휘두르자 장황후(張皇后)는 황태자와 함께 이보국(李輔國)을 제거할 계획을 세우게 된다. 그러나 이 계획은 미리 탐지되어 이보국 일당들은 역으로 태자를 속여서 자기들 편으로 끌어넣는 동시에 병사를 이끌고서 황후 이하의 사람들의 목을 베어 처형한 후 태자를 즉위시키니 이 사람이 바로 대종(代宗)이다. 三田村泰助, 하혜자 역, 『환관(宦官) – 측근(側近)정치의 구조』, 나루, 1992, 205쪽 참조.

445 강경(講經), 논의, 전변(轉變), 설화(說話) 등의 강창 작품을 궁정(宮庭)에서 연행한 자가 공연을 주선한 고력사(高力士) 본인이었는지 혹은 외부(外部)의 전문 설창인(說唱人)을 끌어들여 공연하였는지는 확실히 알 수가 없다.

한편 『고력사외전(高力士外傳)』에서 작가 곽식(郭湜)은 당시 궁정(宮庭)에서 상연된 강창 작품이 '비록 문장의 법도와는 거리가 있었으나 황제의 마음을 즐겁게 할 수는 있었다(雖不近文律, 終冀悅聖情)'고 평가하고 있는데, 이는 당시 황제가 관람한 강창 작품이 통속적이고 오락적인 성격을 띠었음을 의미한다. 그런데 『구당서(舊唐書)』에는 민간 잡희인이 매우 통속적인 강창 성향의 작품을 궁정(宮庭)에서 공연한 실제 사례를 기록하고 있는 것이 보인다.

> 대화(大和)[446] 6년 2월 기축일(己丑日) 한식절에 주상께서 인덕전에서 여러 군신들에게 연회를 베풀었다. 이날 잡희인(雜戲人)이 공자를 희롱하자 황제께서 "공자께서는 고금의 사표이거늘 어찌 모독한단 말이냐?"고 하시면서 대번에 쫓아내라고 명하셨다.
>
> 大和六年二月, 寒食節, 上宴群臣於麟德殿[447]. 是日, 雜戲人弄孔子. 帝曰:'孔子, 古今之師, 安得侮瀆!' 亟命驅出.[448]

위 인용문은 대화(大和) 년간(827~835)에 황제 직위에 있었던 문종(文宗)에 관한 이야기이다. 목종(穆宗)의 아들이요 경종(敬宗)의 아우였던 문종(文宗, 827~840)은 속강승(俗講僧) 문서(文漵)의 곡조를 교방(敎坊)에서 채용하게 하여 '문서자(文漵子)'라는 곡조를 만들도록 한 황제로[449]

---

446 대화(大和)는 태화(太和)로도 쓰이며 당(唐) 문종(文宗)의 연호이다.

447 인덕전(麟德殿) : 장안(長安)성 밖 동북쪽에 위치한 대명(大明)궁 내에 있다.

448 『구당서(舊唐書)』 17, 하, 「문종기(文宗紀)」.

449 문종이 속강승(俗講僧) 문서(文漵)의 곡조(曲調)를 교방(敎坊)에서 채용하게 한 일은 『태평광기(太平廣記)』(권254)에 다음과 같이 기록되어 있다. "문종(文宗, 827~840)은 작은 피리를 잘 불었다. 당시 문서라는 법사가 궐내에 들어와 대덕승으로 있다가 어느 날 갑자기 죄를 얻어 유배당하였다. 그 후 그의 제자들이 궐내에 들어오게 되었는데, 그들은

현종(玄宗), 경종(敬宗)과 함께 연행예술을 즐겨 관람하고 후원한 황제였다. 위에서 문종 황제가 잡희인(雜戱人)이 궁정 연회(宴會)에서 공연하도록 허락한 것을 보아서도 평소 그가 민간의 연행예술(演行藝術)에 호감을 갖고 있었다고 판단할 수 있다. 그리고 잡희인이 공자를 희롱하는 내용의 공연을 했기 때문에 쫓겨난 것으로 되어 있는데, — 여기서 문종 황제가 잡희인(雜戱人)을 쫓아낸 것은 민간 연행예술에 대한 그의 배척하는 태도를 의미하는 것이 아니라 당시 궁정에서 공연되었던 잡희(雜戱)가 고금(古今)의 사표(師表)요 이념적 지주(支柱)인 성인(聖人) 공자(孔子)를 지나치게 모독하는 내용을 담고 있어 통치자로서 도저히 용납할 수 없었기 때문으로 보아야 한다 — 당시 잡희인이 '공자 희롱 이야기'를 스스로 창작한 것이 아니라 민간에서 유행하고 있었던 台本을 이용했다면 공자(孔子)를 우둔하고 파렴치한 인물로 묘사한 돈황본 『공자항탁상문서(孔子項托相問書)』와 관련성이 있을 가능성이 높다. 따라서 위 인용문은 당시 민간에서 매우 성행했던 '농공자(弄孔子)'를 소재로 한 강창류(講唱類)의 잡희(雜戱)가 궁정까지 들어와 상연된 예로 볼 수 있다.

당대(唐代)에 풍자적이고 오락적인 성격의 강창류(講唱類) 작품이 궁정(宮庭)에서 공연된 또 하나의 사례는 당(唐) 고언림(高彦林)의 『당궐사(唐闕史)』에 수록되어 있는 배우(俳優) 이가급(李可及)에 관한 다음 기록에서 엿볼 수 있다.

승원(僧院)의 서적을 거두어 집으로 가져가서는 무리들을 모아 놓고 여전히 법사의 강성(講聲)을 연창(演唱)하였다. 주상께서는 그의 가성(歌聲)을 채용하여 '문서자(文漵子)'라는 곡조를 만들었다.(文宗善聚小管. 時法師文漵爲入內大德, 一日得罪流之. 弟子入內收拾院中籍入家具輩, 猶作法師講聲. 上採其聲爲文漵子.)"

당(唐) 함통년간(咸通年間, 860~873) 이가급(李可及)이라는 배우(俳優)는 골계와 해학이 남보다 특출 났다. 비록 풍유에 기탁하지는 못하지만 기지가 민첩하여 쉽사리 볼 수 있는 인물이 아니었다. 한 번은 연경절 날 승려들의 강론이 끝난 다음 배우들의 연희가 행해졌다. 이가급(李可及)이 독서인의 옷과 두건 그리고 요대를 하고서 단정한 자세로 강단에 올라가 자신이 유불도 삼교를 저울질해 보겠다고 했다. 강단 옆에 앉아 있던 자가 그에게 묻기를, "당신은 자칭 삼교에 달통했다하니 석가여래는 어떤 사람입니까?" 대답하길.. "부인(婦人)이지요." 물은 사람은 놀라서 말하길, "어째서 인지요?" 대답하길.. "『금강경』에 '자리를 넓혀(즉 결가부좌하고) 앉는다.' 했는데 만약 여자가 아니라면 어째서 남편이 앉은 다음 아이를 앉히겠습니까?" 이에 주상께서는 크게 웃으셨다. 또 묻기를.. "그러면 태상노인은 어떤 사람입니까?" 대답하길.. "역시 부인이지요." 질문한 사람은 더욱 이해할 수 없었다. 이에 말하길.. "『도덕경(道德經)』에 '내게 큰 근심이 있으니 이는 내게 신체가 있기 때문이라. 내게 신체가 없다면 내 어찌 근심하겠는가?'라고 했지요. 만약 여자가 아니라면 어째서 임신을 근심했겠습니까?" 주상께서 크게 즐거워 하셨다. 또 묻기를.. "문선왕은 어떤 사람입니까?" 대답하길.. "부인이지요." 질문자가 말하길.. "어떻게 압니까?" 대답하길.. "『논어』에 '팔고말고! 팔고말고! 나는 (좋은) 값을 놓을 사람을 기다리고 있다.'라고 했지요. 만약 부인이 아니라면 왜 시집가기를 기다리겠습니까?" 주상께서는 매우 즐거워하시면서 지극히 총애하면서 은혜를 베푸셨다. 다음날 그에게는 환위(環衛)의 원외직(員外職)이 수여되었다.[450]

450 원문은 제3장 「돈황 강창문학의 생산자와 향유(享有)자」, 62쪽 참조.

배우(俳優) 이가급(李可及)에 의해 공연된 위의 「삼교논형(三教論衡)」은 강경(講經) 법사(法師)의 강론(講論)이 끝난 후 청중들에게 오락으로 제공된 연희물로 유불도(儒佛道)의 3대 성인(聖人)인 공자, 부처, 노자를 모두 여자로 희화화하고 있는 매우 해학성이 뛰어나다. 그리고 「삼교논형(三教論衡)」의 형식을 보면 두 사람의 문답식 구조로 전개되고 있는데, 이는 돈황 민간부(民間賦)에 속하는 「안자부(晏子賦)」, 「공자항탁상문서(孔子項托相問書)」, 「차와 술 이야기(茶酒論)」 등 돈황 민간부(民間賦)의 작품들의 형식과 매우 유사성을 띠고 있다. 여기서 우리는 「삼교논형(三教論衡)」의 형식 속에 강창의 성격이 내포되어 있음을 알 수 있다.[451] 또 이가급(李可及)이 황제 앞에서 공연을 끝내자 "주상께서 매우 즐거워하시면서 지극히 총애하면서 은혜를 베푸셨다. 다음날 그에게는 환위(環衛)의 원외직(員外職)이 수여되었다."고 기술하고 있는 것으로 보아 당시 「삼교논형(三教論衡)」은 황제의 궁정(宮庭)에서 공연되었던 것임을 알 수 있다.

이상에서 당대(唐代)에는 황제의 후원에 힘입어 궁정(宮庭)이 강창문학의 연행 장소로 사용되었음을 보았다. 주지하다시피 당대(唐代)에 음악, 무용, 잡희 등 상연예술이 크게 번성할 수 있던 것은 황제가 민간의 연행예술을 좋아하여 이를 궁정(宮庭)에서 채용하여 발전시키

451 중국학계의 경우 「삼교논형(三教論衡)」을 참군희(參軍戲)로 간주하는 경향이 우세하다. 예컨대, 예종지(倪鍾之)는 『중국곡예사(中國曲藝史)』[춘풍문예출판사(春風文藝出版社), 1990]에서 배우(俳優) 이가급(李可及)과 질문자(質問者)의 관계를 참군(參軍)과 창골(蒼鶻)에 견주면서 — 참군(參軍)이 창골(蒼鶻)을 희롱하고 있다 — 「삼교논형(三教論衡)」에서 참군희(參軍戲)의 특징을 분석해내고 있다. 그러나 「삼교논형(三教論衡)」을 참군희(參軍戲)라고 확실히 단정할 수는 없다. 이 때문에 어떤 학자는 「삼교논형(三教論衡)」을 과도기적 형식으로 간주하기도 한다. 필자는 「삼교논형(三教論衡)」과 돈황 민간부 사이에 형식적 유사성이 발견되는 것에 주목하여 그를 강창류(講唱類)와 결부시켰다.

고 또 국가에서 리원, 교방, 태악서 등 음악기관을 설치하여 대대적으로 후원하고 육성했기 때문이었다. 그리고 이러한 황제와 국가의 개방적이고 포용적인 태도와 정책에 힙입어 민간에서 성행하던 해학적이고 풍자적인 강창 작품 역시 궁정(宮庭)에 진입하여 공연의 기회를 갖을 수 있었다. 그러나 속강승(俗講僧) 문서(文溆)가 혹세무민한 죄로 유배당하고, '농공자(弄孔子)'를 소재로 한 연희물을 궁정에서 공연하던 잡희인(雜戲人)이 성인(聖人)을 모독했다 하여 쫓겨난 사례에서 볼 수 있듯이 지배층의 허용 범위는 여전히 제한되어 있다. 그 결과 강창문학은 공식문화권 주변에서 제도권의 요구를 의식하면서 대중적 취향도 받아들이는 이중적인 모습을 보이게 된다.

3) 시정市井

현존하는 문헌자료에는 당대(唐代)에 이미 민간 설화인(說唱人)이 존재하고 있었으며, 이들이 민간의 여러 장소에서 청중을 상대로 공연한 사실이 기록되어 있다. 다음의 인용들은 당나라 시대에 시정(市井)에서 설화가 공연된 바 있음을 뚜렷이 보여 준다.

① 市人小說(민간소설)의 공연

나는 태화(太和, 827~835)말년 아우의 생일날 잡희(雜戲)를 관람했다. 그 속에는 민간소설(시인소설(市人小說)이 있었는데 편작(扁鵲)을 편작(編鵲)으로 읽고 상성(上聲)으로 발음했다. 나는 좌객 임도승으로 하여금 그를 바로 잡게 하니 시인이 말하길.. "20년 전 상도(上都) 재회(齋會)에서 이를 공연한 적이 있었는데 한 수재(秀才)가 편(扁)자를 편(編)자의 성조(聲調)와 동일하게 발음하는 것을 매우 좋아하면서 세상 사람들이 잘못이라고 이야기하더군요." [452]

② 장안 시가지에서의 설화 공연

또 일찌기 신창택(新昌宅)에서 일지화(一枝話) 이야기를 들었는데 인시(寅時)(밤 10시)부터 사시(巳時)(새벽3시)에 이르기까지 여전히 이야기가 끝나지 않았다."

> 樂天每予游, 從無不書名屋壁. 又嘗於新昌宅(聽)說一枝花話, 自寅至巳, 猶未畢詞也.[453]

③ 민간 저택에서의 설화 공연

青春姸和月,	새봄 화창한 계절에
朋戲渾甥姪.	놀이 동무는 모두 사촌 형제들
繞堂復穿林,	집을 돌고 또 숲을 내달아
沸若金鼎溢.	솥의 물이 끓듯 왁자지껄하네.
門有長者來,	대문에 점잖은 손님이 오면
造次請先出.	아차할 새에 먼저 뛰어 나가네.
客前問所須,	손님이 무얼 갖고 싶으냐고 물어도
含意不吐實.	생각은 간절하지만 말은 못하네.
歸來學客面,	돌아가면 손님의 얼굴을 흉내 내고

452 원문은 제3장 「돈황 강창문학의 생산자와 향유자」, 61쪽 참조.

453 원진(元稹), 「수한림백학사대서일백운(酬翰林白學士代書一百韻)」 詩自注. "樂天每予游, 從無不書名屋壁. 又嘗於新昌宅(聽)說一枝花話, 自寅至巳, 猶未畢詞也."

門敗秉爺笏.　　서랍을 열고 아비의 홀을 집어 드네.
或謔張飛胡,　　장비의 수염이라면서 놀려 대고
或笑鄧艾吃.　　등애처럼 말 더듬거려 웃겨 댄다.
豪鷹毛崱屴,　　날랜 매의 깃털같이 쭈뼛하게
猛馬氣佶傈.　　굳센 말의 숨길처럼 헌걸차게
截得青篔簹,　　푸른 왕대를 꺾어서
騎走恣唐突.　　말 타고 마구 덤빈다.
忽復學參軍,　　갑자기 또 참군이를 흉내 내어
按聲喚蒼鶻.　　목소리를 꾸며서 창골이를 부른다.
又復紗燈旁,　　또 다시 사등롱 곁에서

서안(西安)에서 발견된 당대(唐代) 설창용(說唱俑)

稽首禮夜佛. 　머리를 조아리며 밤 예불을 올린다.

①은 늙은 설화인이 20년 전 재회(齋會)에서 자신이 설화 공연을 한 적이 있음을 회상한 것이고, ②는 백거이(白居易)와 원진(元稹)이 장안의 번화가인 신창리에서 무려 5시간에 걸쳐 설화 공연을 관람한 일을 이야기한 것이며, ③에서는 민간 저택에서 행해진 여러 잡희(雜戲) 속에 설화 공연이 포함되어 있었음을 알 수 있다. 이러한 사례는 모두 당대(唐代)에 민간에서 설화 공연이 행해지고 있었음을 확인시켜 주는 것들이다.

설화뿐만 아니라 강창의 전형이라고 할 수 있는 변문 또한 당대(唐代)에 민간에서 엄연히 공연되었는데, 다음의 인용들이 그를 입증하는 자료이다.

① 노변(路邊)에서의 변문 공연

이에 남을 속이는 계책을 세웠다......... 주요 길목에서 변문을 공연하게 하고는 군중 가운데 홀몸의 빈한한 자가 있으면 곧 그를 결박하였다.

乃設詭計......于要路轉變, 其衆中有單貧者, 卽縛之.

② 왕소군변(王昭君變)을 강창하는 여기(女伎)

妖姬未著石榴裙, 아리따운 여인네 석류치마도 걸치지 않고

自道家連錦水濆. 스스로 집이 금수(錦水) 강변이라고 이야기하네.

檀口解知千載事, 붉은 입술의 미인은 천년의 일을 알고

淸詞堪歎九秋文. 맑은 목소리는 능히 구추문을 감탄케 할만하네.

翠眉嚬處楚邊月, 비취색 눈섭 찡그릴 적이면 초나라 변방의 달 같고
畫卷開時塞外雲. 두루마리 그림 펼치니 변새 밖의 구름 나타나네.
說盡綺羅當自恨, 영화로웠던 시절의 이야기를 마치니 자신이 한스러운 것은 당연할 수밖에
昭君傳意向文君. 소군(昭君)은 문군(文君)에게로 마음을 전하네.[454]
欲說昭君斂翠蛾, 왕소군 고사를 이야기하려니 비취색 아미(蛾眉) 주름지고
淸聲委曲怨于歌. 맑은 소리 부드러운 곡조의 노래는 원한에 사무쳐라
誰家年少春風裏, 뉘 집 연소(年少)한 풍류 공자들인지 봄바람 부는 가운데
棄與金錢唱好多. 돈을 던져 주니 노래 소리 더욱 좋아지네.

③ 왕소군 고사(王昭君 故事)를 강창하는 여기(女伎)

欲說昭君斂翠蛾, 왕소군 고사를 이야기하려니 비취색 아미(蛾眉) 주름지고
淸聲委曲怨于歌. 맑은 소리 부드러운 곡조의 노래는 원한에 사무쳐라
誰家年少春風裏, 뉘 집 연소(年少)한 풍류 공자들인지 봄바람 부는 가운데
棄與金錢唱好多. 돈을 던져 주니 노래 소리 더욱 좋아지네.

『태평광기(太平廣記)』에 수록되어 있는 ①은 당(唐) 현종(玄宗) 시절 노남(瀘南)에 부역 갈 사람을 징발하기 위하여 사람들이 많이 다니는 길목에 변문(變文) 공연을 열고는 모여든 군중 속에 가난한 홀몸의 사내가 있으면 체포하여 부역시켰던 일을 기술한 것이다. 그리고 『전당시』에 수록되어 있는 ②[길사로(吉師老)의 「촉녀가 왕소군변문을 공연하는 것을 보고(간촉녀전소군변(看蜀女轉昭君變)」]와 ③[왕건(王建)의 시 「오랑캐 출신

454 『전당시(全唐詩)』(하), 제11함, 제7책, 상해고적출판사, 1915쪽.

의 기녀를 보고(관만기(觀蠻妓)」」은 민간에서 왕소군변문(王昭君變文)을 여기(女伎)가 공연하는 모습을 그리고 있다. (두 시에 대해서는 제3장에서 구체적으로 분석했으므로 여기서는 생략하기로 한다.) 이러한 자료들은 모두 당나라 시대에 민간에서 변문 공연이 성행하고 있었음을 뚜렷이 확인시켜 주고 있다.

이처럼 강창 공연은 음악(音樂), 가무(歌舞), 잡기(雜技) 등과 함께 일반 대중들에게 큰 인기를 누렸는데, 강창 공연이 행해진 민간 공연장으로는 변장(變場), 가장(歌場), 공연장(희장(戲場) 등을 들 수 있다.

(1) 변장 變場

'변장(變場)'에 대해서는 단성식(段成式)의 『유양잡조(酉陽雜俎)』[권5, 「괴술(怪術)」]에 실려 있는 다음 일화(逸話)를 통해 그 성격을 분석할 수 있다.

> 우부랑중인 육소(陸紹)가 원화(元和) 년간(806~820) 일찍이 사촌형을 정수사에서 만났다. 사원의 승려가 엿과 과일을 가지고 왔다. 린원(隣院)의 승려도 육소가 익히 알고 있어 시종들을 시켜 모셔오게 했다. 얼마 후 승려는 이씨(李氏) 성을 가진 수재 한 명을 데리고 와서 빙 둘러 앉아 담소(談笑)했는데 분위기가 심상치 않았다. 스님이 제자를 보며 새로 나온 차를 달이게 했다. 돌려가면서 차를 따르는데 이수재에게는 따르지를 않았다. 육소가 불평하기를.. "차를 애당초 이수재에게 따르지 않으니 어찌된 일인지요?" 승려는 비웃으며.. "이와 같은 수재도 차 맛을 압니까?" 하고는 나머지 차를 마셔 버렸다. 린원(隣院)의 승려가 말하길.. "수재는 술사(術士)(方士)이니

좌주께서는 경솔히 말씀하셔서는 아니 됩니다." 승려가 또 말하길.. "불량배인데 꺼릴 것이 무엇입니까?" 이수재가 갑자기 화내며 말하길.. "저와 어른은 평소 안면이 없었던 사이거늘 어찌 제가 불량배라는 걸 아시는지요?" 승려가 다시 큰 소리로 말했다.. "술집의 깃발이나 정신없이 바라보고 변장(變場)에서 노는 자에게 무슨 변변한 것이 있겠는지요?"

> 虞部郞中陸紹, 元和中, 嘗看[455]表兄於定水寺[456]. 因爲院僧具蜜餌.時果[457], 隣院僧亦陸所熟也, 遂令左右邀之. 良久, 僧與一李秀才偕至, 乃環坐, 笑語頗劇. 院僧顧弟子煮新茗, 巡將匝而不及李秀才. 陸不平曰.. "茶初未及李秀才, 何也?" 僧笑曰.. "如此秀才, 亦要知茶味?" 且以餘茶飮之. 隣院僧曰.. "秀才乃術士, 座主不可輕言." 其僧又言.. "不逞之子弟, 何所憚!" 秀才忽怒曰.. "我與上人素未相識, 焉知予不逞徒也?" 僧復大言.. "望酒旗翫變場者[458], 豈有佳者乎!"[459]

'변장(變場)'이란 개념은 자의(字意)만으로 풀이하면 '변문을 공연하는 장소'를 의미한다. 그러나 위 인용문을 통해 볼 때 당대(唐代)의 '변장(變場)'은 대중포교의 목적으로 개설된 속강 법회의 장소와는 커다란 차이가 있었던 것으로 보인다. 왜냐하면, 승려가 이수재를 보고 "술집의 깃발이나 정신없이 바라보고 변장(變場)에서 노는 자에게 어찌 변변한

455 『학진(學津)』본에는 '간(看)'자가 '알(謁)'자로 되어 있다.
456 정수사(定水寺) : 장안(長安) 태평(太平)방에 있는 절이다.
457 시과(時果) : 그 철에 나는 과일을 말한다.
458 望酒旗翫變場者, 豈有佳者乎! : 今村與志雄이 역주한 일본판 『유양잡조(酉陽雜俎)』(동양문고 382, 286쪽)에는 이 대목을 "주기(酒旗)를 바라보고 그럴듯한 수단을 부리는 자에게 변변한 것이 있겠는지요?(酒旗をなかめて手練手管をつかう者に, ろくな者かおろうか?)"로 잘못 해석하고 있다. 여기서 '완변장(翫變場)'을 '그럴듯한 수단(手練手管)을 부리는'으로 해석한 것은 명백한 오역으로 '변장(變場)에서 장난하다.'로 고쳐야 한다.
459 당(唐) 단성식(段成式), 『유양잡조(酉陽雜俎)』 권5 「괴술(怪術)」, 대북: 한경문화사업유한공사, 1983, 55쪽.

것이 있겠는지요?"라고 핀잔하면서 변장(變場)을 불량배들이 자주 출입하며 노는 술집과 비슷한 오락장으로 취급하고 있기 때문이다. 이러한 점을 염두에 둘 때 변장(變場)은 당시 지식인층의 시각으로는 용납하기 어려운 갖가지 유희가 행해졌던 공연장이었던 것으로 판단된다. 또 강창 공연의 경우 변장(變場)에서는 불교 전교와는 무관한 지극히 통속적인 이야기를 공연했을 가능성이 높은데, 실제로 임반당(任半塘)은 변장(變場)에서 역사계강창(歷史系講唱)이 공연되었다고 주장하고 있다. 즉, 임반당(任半塘)의 견해에 따르면 길사로(吉師老)의 시 「촉녀가 왕소군변문을 공연하는 것을 보고(看蜀女轉昭君變)」와 왕건(王建)의 시 「오랑캐 출신의 기녀를 보고(觀蠻妓)」에 묘사되어 있는 女伎의 전변(轉變)과 강창이 공연된 장소는 바로 변장(變場)이었다고 할 수 있다.[460]

변장(變場)에 대하여 기록하고 있는 문헌자료(文獻資料)는 『유양잡조(酉陽雜俎)』가 유일한 것이어서 임반당(任半塘)의 주장처럼 변장(變場)에서 강창 공연이 열렸다고 확실히 단정하기는 어렵다. 그러나 변장(變場)라는 용어가 '변문(變文) 공연장'이라는 명목만 빈 채 (불교적인)

460 임반당(任半塘), 『당희농(唐戲弄)』(하), 제6장 설비(設備), 일(一). 극장(劇場), 962~963쪽 참조. 임반당(任半塘)는 변장(變場)에서 여기(女伎)들이 행한 공연물들이 근엄한 사대부들이 함부로 들어가 관람하기 어려운 통속적인 작품이었다고 보면서 여기(女伎)에 관련된 두 가지 사례를 덧붙이고 있다. 〈사례1〉 : 선천(先天) 초에 가증(賈曾)이 태자(太子)가 여악(女樂)을 관람하는 것을 보고 "부녀자의 예악(藝樂)은 반드시 야한 용모에 힘을 기울인 답니다. 요염함은 마음을 동요시켜 벌레와 같이 의지를 유혹하여 상실하게 합니다.(婦人爲樂, 必務冶容, 娃姣動心, 蠱惑喪志.)"라고 간언하였다. 〈사례2〉 : 개원(開元) 초에는 여악(女樂)을 금지하는 칙령을 내려 "격렬한 성악(聲樂)이 음란한 노래가 많은 정위(鄭衛)보다도 더 퍼져 있고, 현란한 성색(聲色)이 우국의 노래보다 뽐내고 있다(徵聲偏於鄭衛, 衒色矜於燕趙)"고 개탄하였다. 이상 두 가지 사례는 여기(女伎)들의 공연이 매우 통속적이었음을 보여주는 것으로 임반당(任半塘)은 이러한 성향을 변장(變場)의 오락성과 결부시켜 '왕소군변문(王昭君變文)'같은 민간고사 이야기가 변장(變場)을 통해 연행되었을 것이라고 보고 있다.

변문과는 상관없는 다른 연행물을 공연했다 할지라도 그것은 강창의 형식을 띠었을 것으로 짐작된다. 왜냐하면 뒤에서 살펴볼 도장(道場), 가장(歌場), 공연장(戲場)의 대체적인 성격이 앞에 붙어 있는 '도(道), 가(歌), 희(戲)' 세 자에 나타나 있듯이 변장(變場)의 주요 특징은 변문을 가리키는 '변(變)'자에 담겨 있기 때문이다.

(2) 가장 歌場

가장(歌場)이란 자의상(字意上)으로는 '노래(歌曲) 공연장(公演場)'을 말하는 것이지만 당대(唐代)의 가장(歌場)에서는 가곡(歌曲) 뿐만 아니라 강창과 악무(樂舞) 등 다양한 종류의 공연이 행해졌다. 먼저 '가장(歌場)'이라는 용어(用語)의 출처(出處)인 돈황가사(歌辭) 「황제감(皇帝感)」 제1수[461]를 보기로 하자.

> 새로운 노래와 옛 노래가 고을마다 두루 퍼져 있으나
> 전적(典籍)이 가장(歌場)에 들어왔다는 말은 듣지 못했네.
> 새로이 『효경(孝經)』을 노래한 황제감(皇帝感)을 합쳐
> 성덕(盛德)을 이야기하여 어진 청중을 받드네.
>
> 新歌舊曲徧州鄉, 未聞典籍入歌場. 新合孝經皇帝感, 聊談盛德奉賢良[462].

돈황 가사(歌辭) 「황제감(皇帝感)」은 백성(百姓)들에게 『효경(孝經)』의

461 본고에 인용된 「황제감(皇帝感)」은 「신집효경18장」(新集孝經18章) 총 18수 가운데 제1수로, P.2721, P.3910, S.0289, S.5780 등에 수록되어 있다.

462 현량(賢良) : '현량'이란 청중을 높여서 부른 말이다.

충효 사상을 홍보하려는 목적으로 가장(歌場)에서 불려 진 것이다. 부연해서 설명하면, 개원(開元)・천보(天寶) 年間에 현종(玄宗)은 『효경(孝經)』에 직접을 주를 달아 반포한 적이 있었는데 당시 국가에서는 민간 고을마다 가장(歌場)을 두어 『효경(孝經)』의 내용을 백성들에게 노래로 들려주어 충효(忠孝)의 예(禮)를 진작시키려고 하였으니 이것이 바로 「황제감(皇帝感)」 18수가 지어지게 된 연유이다.[463] 그런데 위에 인용된 가사(歌辭)의 제1구와 제2구에는 당시 가장(歌場)이 강창과 연계가 있었음을 보여주는 단서가 들어 있다. 여기서 단서란 옛날 가곡(歌曲)과 신곡(新曲)이 가창되었던 가장(歌場)에 전적(典籍) — 여기서는 『효경(孝經)』을 가리킨다 — 을 이용한 공연이 새로이 생겨났다고 읊고 있는 부분을 말한다. 이 부분을 통해 가장(歌場)의 공연 형식에 강창이 채택되었으리라고 추정하는 이유는 하나의 서적을 가장(歌場)에서 공연한다고 할 때 그 서적이 비록 서사성을 갖춘 것이 아니라 할지라도 설백(說白)과 강창을 곁들이지 않고 가창(歌唱)만으로는 소화해낼 수는 없기 때문이다.[464] 따라서 「황제감(皇帝感)」 제1수의 둘째 句는 가곡(歌曲) 이외의 다른 연행 형식 — 예컨대, 강창 형식 — 이 가장(歌場)에서 행해졌다고 볼 수 있는 소중한 근거가 된다.

그런데 돈황 강창문학 텍스트 가운데는 독립적인 연장가사(聯章歌辭)가 강창 작품에 삽입되어 있어 가사(歌辭)와 강창이 동시에 한 장소

463 임반당(任半塘), 앞의 책, 962쪽 참조.

464 임반당(任半塘)도 『敦煌歌辭總編』(임반당(任半塘) 편저, 상해고적출판사, 중권, 737쪽) 「황제감(皇帝感)」 주에서 「황제감」이 가장에서 공연되었을 때 강창이 곁들여졌음이 분명하다고 보고 있다. 주석(註釋) 부분을 번역 소개하면 다음과 같다. "가사(歌辭) '황제감(皇帝感)'이 가장(歌場)에 들어갔을 때 그 체제는 비록 고사(故事)를 연출하지는 않았으나 일찍이 중간에 설백을 삽입하고 강창을 집어넣었음이 분명하다(皇帝感辭旣入歌場, 體雖不演故事, 若曾穿揷說白, 入講唱, 已極明顯)."

에서 공연될 수도 있다는 것을 보여 주고 있다. 강창 작품 속에 연장가사(연장가사(聯章歌辭)가 삽입되어 있는 작품은 돈황 강창문학 중 민간부(民間賦)에 집어넣어 연구되고 있는 「아가서(齖䶗書)」이다.[465] 「아가서(齖䶗書)」 속에 삽입되어 있는 돈황가사(歌辭) 「십이시(十二時)」를 소개하면 다음과 같다.[466]

① 새벽녘 인시 : / 젊은 사람 학문에 근면하고 가난을 마다 말라. / 그대는 못 보는가 주매신이 높아지기 전에는, / 여전히 혼자서 길가며 노래하고 등에는 땔나무를 짊어졌다.

平旦寅[467] : / 少年勸學莫辭貧 / 君不見, 朱買未得貴[468] / 由自行歌自負薪.

② 해돋이 묘시 : / 사람이 태어나서 세상에 있노라면 금방 늙는다. / 사나이가 시서 읽기를 배우지 않으면, / 그것은 흡사 정원 안 기름진 땅의 잡초와 같다.

---

465 『돈황변문집(敦煌變文集)』에 실려 있는 「아가서(齖䶗書)」는 아가신부문(齖䶗新婦文), 십이시(十二時) 그리고 주사(呪詞)세 부분으로 구성되어 있는데 이에 대해서는 두 가지 견해가 있다. 첫째 견해는 세 부분을 하나로 묶어 동일한 작품으로 보고, 십이시가 삽입된 의미를 남편이 학문을 열심히 닦아 성공하여 아녀자를 돌보아야 한다는 경계의 뜻이 담긴 것으로 해석한다. 이와 같은 주장을 편 사람은 왕경숙(王慶菽)이다.(왕경숙, 『돈황문학논문집(敦煌文學論文集)』, 길림대학출판사, 1987, 139쪽; 관우(關于), 『돈황변문집(敦煌變文集)』 칠십팔편속강(七十八篇俗講), 「變文和通俗文學等資料一百八十七篇卷子影印本芻議」 참조) 두 번 째 견해는 십이시(十二時)와 주사(呪詞)가 『아가서(齖䶗書)』의 본내용과 관련이 없으므로 잘못 삽입된 것으로 간주한다. 이러한 주장을 펴는 사람은 항초(項楚)로 그는 『돈황변문선주(敦煌變文選注)』에서 십이시를 뺀 채 『아가서(齖䶗書)일권』을 싣고 있다.

466 이하의 돈황 「십이시(十二時)」 한글 번역은 차주환(車柱環) 선생의 「돈황 십이시」(『학술원론문집(學術院論文集)』, 인문사회과학편, 제32집, 1993, 93~94쪽)를 참고로 하였으며, 주는 필자가 붙였다.

467 맑은 새벽 오전 세 시부터 다섯 시를 말한다.

468 주매(朱買) : 주매신(朱買臣)을 말한다. 주매신은 서한 시대의 사람으로 한 무제 때 중대부시중을 지냈으며 그 후 회계태수에 임명되었다. 그는 한설과 함께 동월을 격파하는 데 공을 세워 주관도위라는 높은 관직을 제수 받았다. 주매신을 애초 집안이 가난하여 밭을 갈면서 독서하였다는 일화가 전해진다. 다음 구절에서 "자신이 땔 나무를 졌다고 노래했네(行歌自負薪)"라고 한 것은 이 때문이다.

日出卯[469]: / 人生在世須臾老. / 男兒不學讀詩書. / 恰似園中肥地草.

③ 조반 때 진시 : / 빛을 훔치려고 벽을 뚫었으니 그 일 가륵하다. / 대장부의 학문은 몸에 따라 다니는 보물인지라, / 백옥과 황금도 진귀할 것이 없다.

食時辰[470] : / 偸光鑿壁[471]事慇懃. / 丈夫學問隨身寶. / 白玉黃金未是珍.

④ 늦은 아침 사시 : / 마음을 한 곳에만 쏟고 발분하여 시서와 사적을 찾는다. / 어진 사람 양각애를 늘 생각하거니와, / 산 중에서 학문을 닦다가 양식을 합쳐주고 죽었다.

隅中巳[472] : / 專心發憤尋詩書. / 每憶賢人羊角哀[473]. / 求學山中併粮死.

⑤ 한낮인 정오 : / 공부를 하자면 괴로움을 마다할 수 없다. / 지금 성군께서는 현량한 인재를 불러다가, / 중국에서 오래도록 무치한 것 치워 버렸다.

日南午[474]: / 讀書不得辭辛苦. / 如今聖主召賢才. / 去耳中華長用武.[475]

---

469 해 뜨는 오전 여섯 시를 말한다.

470 식사하는 오전 일곱 시부터 아홉시.

471 투광착벽(偸光鑿壁) : 『서경잡기(西京雜記)』에 다음과 같은 기록이 있다. "광형은 부지런히 공부했으나 집안에 불빛이 없었으며, 이웃집에 불빛이 있었으나 광형의 집에까지 미치지 않았다. 이에 광형은 벽을 뚫어 빛을 끌어와 그 빛으로 독서했다(匡衡勤學而無燭, 隣舍有燭而不逮衡, 衡乃穿壁引其光, 以映光而讀之)." 광형(匡衡)은 한(漢)나라 동해(東海) 사람으로 자는 치규(稚圭)였다. 집안이 가난하여 남의 심부름을 하기까지 했으나 한 원제 때 관직이 승상의 자리에까지 올랐다.

472 정오에 가까운 오전 아홉시부터 열한 시.

473 양각애(羊角哀) : 전국시대(戰國時代) 연(燕)나라 사람이다. 『문선(文選)』 권55 『광절교론(廣絶交論)』 併粮坐守死, 주에 인용된 『열사전(烈士傳)』에 다음과 같은 기록이 보인다. "양각애와 좌백도는 친구를 위해 목숨을 버리는 사이였다. 초나라의 왕이 현명하다는 소문을 듣고 그를 찾아 나섰다. 도중에 폭설을 만나 둘 다 목숨을 보전하기가 어렵다는 것을 알고 좌백도는 양각애에게 자신의 식량을 주고 나무속에 들어가 죽었다(陽角哀, 左伯桃爲死友. 聞楚王賢, 往尋之.道遇雨雪, 計不俱全, 乃幷衣粮與角哀, 入樹中死)." 여기서 陽角哀는 羊角哀를 말한다. 『연자부』 을본에도 陽角哀와 左伯桃의 우정에 대한 이야기를 인용한 대목이 보이는데 다음과 같다. "보태주고 앉아서 죽음을 맞이하니, 만대에 열사로 그 이름 전해졌네. 백도는 친구를 생각하여 하염없이 오열했네(併粮坐守死, 萬代得稱傳.伯桃憶朝廷, 哽咽淚交連)."

474 해가 넘어가는 열한 시부터 한 시.

475 거이중화장용무(去耳中華長用武) : 『돈황가사총편(敦煌歌辭總編)』에서는 「아가서(齖

⑥ 해 기운 미시 : / 잠시 동안 빈천한 것이 어찌 부끄러우랴. / 옛날 사마상여가 대우를 받지 못했을 때, / 서글프게 시장에서 점장이 노릇했다.

日昳未[476]: / 暫時貧賤何羞恥. / 昔日相如[477]未遇時. / 悽惶賣卜於廛市.

⑦ 저녁나절 신시 : / 머리 달아매고 넓적다리 찌르며 공부한 사람은 소진이다. / 가난하고 병들었을 적엔 아내와 형수까지 그를 버렸고, / 금의환향하니 다투어 소진에게 큰 절을 했다.

晡時申[478]: / 懸頭刺股是蘇秦[479]. / 貧病卽令妻嫂棄. / 衣錦還鄉爭拜秦.

⑧ 해 빠진 유시 : 쇠술단지에서 포도주 많이 나온다. / 그대들에게 권하거니와 벼슬 길 잃은 사람 버리지 말라, / 교분을 맺고 임금 받들어 섬기는 데는 벗이 필요하다.

日入酉[480]: / 金罇多瀉蒲桃酒. / 喚君莫棄失徒(途)人[481]. / 結交承己須[482]朋友.

嗣書)」 앞구절 '성스런 조정에서 무치를 그만두고 문치를 하네(聖朝偃武刦修文)'와 어긋난다고 보아 '用爾中華長去武'로 수정해놓고 있다.

476 해가 내리쬐는 오후 한 시부터 세 시

477 상여(相如) : 사마상여(司馬相如)를 말한다. 서한(西漢)시대 촉군(蜀郡) 성도(成都)(현재의 사천성 성도시) 사람으로 저명한 사부가(辭賦家)다.

478 해가 저무는 오후 세 시부터 네 시.

479 소진(蘇秦) : 전국시대(戰國時代)의 종횡가(縱橫家)로 자는 계자(季子)다. 전해지는 이야기에, 소진은 학문을 한 후 여러 해 동안 제후들을 유세하기 위해 돌아다녔으나 결국 실패하고 귀향하자 형제와 형수 그리고 아내와 첩이 한결같이 비웃는다. 이에 그는 졸음이 올 때 송곳으로 허벅지를 찔러가며 발분 독서하여 끝내 육국의 재상이 되어 귀향하니 형제와 형수 그리고 처첩이 감히 똑바로 보지 못하고 융숭하게 대접했다는 유명한 일화가 있다. 그런데 여기서 허벅지를 찔러 가며 공부했다는 말과 함께 머리를 매달고 학문했다는 이야기를 하고 있는데 이는 『태평광기(太平廣記)』 권611 진장방(晋張方) 『초국선현전(楚國先賢傳)』의 "한(漢)나라의 손경(孫敬)은 학문을 좋아하며 때때로 잠이 오면 머리를 천장 기둥에 매달아 놓고 스스로를 단속했다(漢孫敬好學, 時欲寤寐, 懸頭至屋梁以自課)"의 이야기를 인용한 것이다. 여기에서 당시의 설화인이 손경(孫敬)의 이야기(故事)를 소진(蘇秦) 이야기에 잘못 인용하고 있음을 볼 수 있는데 이러한 예는 돈황 화본 텍스트에서 흔히 발견된다.

480 해가 사라지는 오후 다섯 시부터 일곱 시.

481 실도인[失徒(途)人]: 뜻을 이루지 못한 사람을 말한다. 『한서(漢書). 양웅전(揚雄傳). 해조(解嘲)』에 다음과 같은 기록이 보인다"當涂者入青雲, 失路者委溝渠". 또 당(唐) 왕발(王勃)의 『등왕각시서(滕王閣詩序)』에 다음과 같은 기록이 있다. "관산은 넘기 어려우니,

⑨ 황혼녁 술시 : 거문고와 책 가지고 홀로 초가암자 방에 앉아 있다. / 천자가 관인을 가지고 맞이하지 않으면, / 맹세코 산림에 숨어 영영 나가지를 않겠다.

⑩ 기척 없는 해시 : / 군자는 비록 가난하여도 예의는 늘 지키고 있다. / 소나무와 젓나무 설사 한 해의 추위를 겪는다 해도, / 하나의 곧은 마음은 길이 변하지 않는다.

黃昏戌[483]: / 琴書獨坐茅庵室. / 天子不將印信迎. / 誓隱山林終不出.

⑩ 기척 없는 해시 : / 군자는 비록 가난하여도 예의는 늘 지키고 있다. / 소나무와 젓나무 설사 한 해의 추위를 겪는다 해도, / 하나의 곧은 마음은 길이 변하지 않는다.

人定亥[484]: / 君子雖貧禮常在. / 松柏縱然經歲寒. / 一片貞心常不改.

⑪ 한밤중 자시 : / 굽혀서 막혀 있는 것 내내 이러하리라 말하지 말라. / 큰 기러기는 단지 날개 가지런히 만을 생각하고, / 날개쭉지 움직여 천만리를 날아오른다.

夜半子[485]: / 莫言屈滯長如此. / 鴻鳥只思羽翼齊. / 點翅飛騰千萬里.

⑫ 닭 우는 축시 : 벗을 사귀는 데에 황금을 아끼지 말라. / 쑥이야 어찌 오래도록 꽃피어나 있을 수 있겠는가. / 만리토록 휘날려 바람 따라 달아난다.

雞鳴丑[486]: / 莫惜黃金結朋友. / 蓬蒿豈得久榮華. / 飄颻萬里隨風走.

위의 「십이시(十二時)」는 사내대장부에게 학문을 권고하는 내용의

뉘 길 잃은 사람을 슬퍼하리오?(關山難越, 誰悲夫失路之人.)" 여기서 실로인(失路人)과 실도인(失途人)은 같은 뜻이다.

482 수(須) : 須는 수(雖)의 가차자(假借字)다.

483 황혼이 지는 오후 일곱 시부터 아홉 시.

484 인적이 끊기는 오후 아홉 시부터 열한 시.

485 한밤중 오후 열한 시부터 오전 한 시.

486 닭이 우는 오전 한 시부터 세 시.

연장체(聯章體) 가사(歌辭)다. 먼저 「아가서(齖魺書)」의 연행 방식에서 가사(歌辭) 「십이시(十二時)」의 기능을 알아보기 위해 「아가서(齖魺書)」의 전체 구조를 도면화하면 다음과 같다.

강(講) 1		창(唱) 1		강(講) 2		창(唱) 2
설백(說白)	+	백(白) + 가사(歌辭)	+	설(說)	+	가(歌)
齖魺新婦文 아가신부문		對唱 + 十二時 대창 + 십이시		呪 주		詞 사

도면에서 볼 수 있듯이 「아가서(齖魺書)」는 강부(講部)와 창부(唱部)가 적절히 조화를 이루고 있는 전형적인 강창 작품이며, 「십이시(十二時)」는 강부(講部)에 뒤이어 전개되는 창부(唱部)1에 들어 있다. 그리고 강부(講部)와 창부(唱部)의 반복 구조로 되어 있는 「아가서(齖魺書)」는 화자의 해설(설(說)과 인물 간의 대화(백(白) 그리고 노래(가(歌) 세 가지 방식이 모두 활용된 연행물인 것을 알 수 있다. 특히 운문체로 구성되어 있는 창부(唱部)1은 대창(對唱) 형식으로 대화(白)와 노래(歌辭)가 결합되어 있어 돈황 강창문학이 '가사(歌辭)'와 긴밀한 연관을 맺고 있었음을 보여 준다. 그리고 이를 민간 공연장(公演場)이었던 가장(歌場)과 연계시켜 이해하면 당시 가장(歌場)은 '가곡(歌曲)의 공연장(公演場)'에 국한되지 않고 '강창 공연'도 수용했을 것으로 보인다.

(3) 공연장 : 희장 戲場

당대(唐代)의 소위 공연장(戲場)은 송나라 대도시의 오락장이었던 와사(瓦舍)(와사(瓦肆) 혹은 와자(瓦子)의 역할을 한 곳으로 민간 연희의 공연장을 가리킨다. 당대(唐代)의 공연장(戲場)에 대하여 기록하고 있는 문헌자료는 변장(變場)나 가장(歌場)에 비해서 비교적 많은 편인데, 다음에 인용하는 자료들은 당대(唐代) 공연장(戲場)의 위치와 그 성격이 어떠하였는가를 알려 준다.

① 사원에 개설된 공연장(희장(戲場)

장안(長安)의 공연장(戲場)은 자은사(慈恩寺)에 많이 몰려 있는데 작은 것은 청룡사에, 그 다음은 천복사・영수사에 있다. 비구니의 강석은 보당사에서 성행하였고, 이름난 승려들은 안국사로 몰려 들었다. 사대부들의 입도는 함선사에서 하였다.

長安戲場多集於慈恩, 小者在青龍, 其次薦福永壽, 尼講盛於保唐, 名德聚於安國, 士大夫之入道, 盡在咸宣.[487]

② 자은사(慈恩寺)의 공연장(戲場)

만수공주는 기거랑 정호에게 시집을 갔는데 (…중략…) 호의 동생 기가 위급한 병에 걸렸을 때 주상께서 사자를 보내어 보고 오게 하였다. 돌아오자 공주는 어디에 있느냐고 물으시니 자은사에서 희장 구경을 하고 있다고 하였다. (…중략…) 시동생이 병이 들어 있는데 가서 살피지 않고 어찌 구경을 하러 간단 말인가라고 주상께서 말씀하셨다.

萬壽公主適起居郎鄭顥. [中略] 顥弟顗嘗得危疾, 上遣使視之. 還問公主何在. 曰在慈恩寺觀戲場. [中略] 上責之曰, 豈有小郎病, 不往省視, 乃觀戲乎.[488]

487 전이(錢易), 『남부신서(南部新書)』, 무권.
488 『자치통감(資治通鑑)』, 대중 2년(848년), 12월.

③ 민간인의 공연장(희장(戱場)에 대한 대화

야밤에 하교 사람들이 [다음과 같이] 말하는 것을 들었다. 한 사람이 말하길.. "새벽에 무슨 연희를 한답디까?"..... 또 한 사람이 말하길.. "처주 용흥사 앞에서 당신과 기예를 견주는 것만 못하지요." 한 사람이 말하길.. "사원 앞에는 평소 마을의 희장(戱場)이 있었는데 매일 모이는 관중의 숫자를 합치면 족히 삼만 명은 되지요." 또 말하길.. "사원 앞에서 연희를 벌여 장사를 하는데 관중이 수만은 됩디다."

> 夜聞河橋人語, 一曰.. "明晨何以爲樂?"..... 一曰.. 不如祇於此郡龍興寺前, 與吾子較技耳.」 一曰.. "寺前素爲郡之戱場, 每日中, 聚觀之徒, 通計不下三萬人." 又曰.. "寺前負販戱弄, 觀看人數萬衆."[489]

위의 세 자료를 통해 알 수 있듯이 대중포교에 힘을 쏟았던 당대(唐代)의 사원은 사시사철 일반 대중의 출입이 빈번해지면서 종교적 성소(聖所)인 동시에 하나의 문화 활동 공간으로 활용되는 바, 당대(唐代)의 공연장(戱場)은 주로 이처럼 유희적 공간의 성격이 짙었던 사원 주변(周邊)에 개설된다. ①의 '장안(長安)의 공연장(戱場)은 주변(周邊)에 많이 몰려 있다'는 말과 ②의 '만수공주(萬壽公主)가 자은사(慈恩寺)에서 공연장(戱場)을 관람했다.'는 말이 나타내듯이 공연장(戱場)의 수(數)에서 제1위를 차지한 자은사(慈恩寺)는 장안 제일의 오락장으로 일년 내내 밤낮으로 일용잡화를 파는 노점상들이 즐비하고, 가무(歌舞) · 기술(奇術)(기이한 재주를 부리는 마술(魔術) 등의 잡기(雜技): 필자 주), 곡예(曲藝)(강창예술은 여기에 포함 된다: 필자 주) 등이 공연[490]되고 있었다.

---

489 『태평광기(太平廣記)』, 권394, 서지통(徐智通)조 인용『집이기(集異記)』.

490 세오 다쓰히코(室永芳三), 앞의 책, 제3장「光と影」, 182쪽.

그리고 당시에는 자은사(慈恩寺) 뿐만 아니라 청룡사(青龍寺), 천복사(薦福寺), 영수사(永壽寺) 등지에도 일반 대중들을 상대로 공연장(戱場)가 개설되어 있었다. 또 ③에서 마을 사람들이 "사원 앞에는 평소 마을의 희장이 있었는데 매일 모이는 관중의 숫자를 합치면 족히 삼만 명은 되지요.", "사원 앞에서 연희를 벌여 장사를 하는데 관중이 수만은 됩니다."라고 말하고 있는데, 이는 사원 주변에 개설된 공연장(戱場)이 일반 대중들에게 대단한 인기를 누려 상당한 청중을 동원하면서 성황리에 운영되었음을 보여 준다.

한편, 당대(唐代) 공연장(희장(戱場)에서는 구체적으로 어떤 연희들이 공연되었는가를 짐작케 해주는 자료도 발견되는데 다음 자료가 바로 그것이다.

공연장(희장(戱場)에서의 갖가지 연희(演戱) 공연

릉가경게(楞伽經偈)에 이르기를.. "마음은 연기를 다듬는 것과 같고, 뜻은 연기를 조화시키는 것과 같고, 오식(五識)[491]은 반려(伴侶)이고, 망상(妄想)은 여러 가지의 연기를 바라보는 것이다. 선 채로 가무(歌舞)하는 사람은 다른 사람의 박자를 따라 하는데 박자가 느리면 걸음도 느리고 박자가 빠르면 걸음도 빠르다. 마치 연기자(演技者)가 여러 악기를 가지고 공연장(戱場)의 지역에서 각종 연희를 행하는 것과 같은바 마음의 연기 역시 이와 같다."

楞伽經偈云.. "心爲工技兒, 意如和伎者, 五識爲伴侶, 妄想觀伎衆. 如歌舞立技之人, 隨他拍轉, 拍緩則步緩, 拍急則步急. 如彼技兒, 取諸樂器, 於戱場地, 作種種戱, 心之伎兒亦復如是."[492]

491 오식(五識) : 불교 용어. 오근(五根)에 의하여 일어나는 색(色)・성(聲)・향(香)・미(味)・촉(觸)의 다섯 가지 심식(心識)을 말한다.

위의 인용은 불도(佛道)를 닦는 것을 연기자(演技者)의 공연 행위에 비유한 어록인데, 여기서 "연기자가 여러 악기를 가지고 공연장(戲場)의 지역에서 각종 연희를 행한다"는 대목은 바로 당시 공연장(戲場)에서 가무(歌舞), 희극(戲劇), 잡기(雜技), 곡예(曲藝) 등 갖가지 연희가 행해졌을 가능성을 시사한다. 이는 다음 자료를 통해서도 확인된다.

각종 연희(演戲)가 공연된 공연장(戲場)

복양군에 속생(續生)이라는 사람이 있었다 …… 매년 4월 8일 개설된 시장(市場)의 공연장(戲場)(연희 공연장)에는 어느 곳에나 속생이 있었다. 장효공이란 고을 사람은 이를 믿지 못하고 직접 자신이 공연장(희장(戲場)에 가서 보니 속생을 대면할 수 있었다. 또 하인을 시켜 다른 공연장에 가 살펴보도록 했다. 그러자 하인이 다녀와서 보고하기를 공연장 마다 모두 그가 있었다고 했다. 이후 그를 남다르게 여겼다.

濮陽郡有續生者, …… 每四月八日, 市場戲處, 皆有續生. 郡人張孝恭不信, 自在戲場, 對一續生, 又遣奴子往諸處看驗. 奴子來報, 場場悉有, 以此異之.[493]

위 인용의 내용을 부연 설명하면 다음과 같다. 복양군이라는 마을에 연희를 좋아하는 속생(續生)이라는 사람이 있었다. 그런데 속생에 관하여 마을에서는 그가 같은 시간에 여러 장소의 희장에 나타난다는 소문이 떠돌아 다녔다. 즉, 속생이 가무(歌舞) 공연장, 잡기(雜技) 공연장, 희극(喜劇) 공연장, 곡예(曲藝) 공연장 등 여러 곳의 희장에 모두

492 『종경록(宗鏡錄)』 권3 인용 『대송오월국혜일영명사주지각선사연수집(大宋吳越國慧日永明寺主智覺禪師延壽集)』.

493 『태평광기(太平廣記)』 권83 속생(續生)조 인용 『광고금오행기(廣古今五行記)』.

나타난다는 것이었다. 이에 마을의 장효공이란 자는 하인 여러 명을 동시에 여러 곳의 희장에 보내 과연 속생(續生)이 있는지 보고 오게 했다. 그 결과 희장에 다녀온 하인을 하나같이 속생이 있노라고 보고했다. 그 후 장효공은 속생을 기이한 인물이라고 여기게 되었다. 이 일화(逸話)에서 가장 주목되는 점은 속생이 매년 4월 8일 시장에 개설된 여러 곳의 공연장(戲場)[494]에 모두 가 있었다는 이야기의 주제에 있다. 여기서 속생이 여러 곳의 공연장에서 구경하고 있었다는 말은 사실 여부를 떠나 송대 도시의 오락장(瓦肆)에서 소설(小說), 강사(講史)・제궁조(諸宮調)・합생(合生)・무예(武藝)・잡기(雜技)・괴뢰희(傀儡戲)・영희(影戲)・설소화(說笑話)・시미어(猜謎語)・무도(舞蹈)・골계표연(滑稽表演)・장신농귀(裝神弄鬼)・잡극(雜劇) 등 갖종 연희가 전문적으로 공연되는 각자의 공연장[勾闌]이 설치되었듯이, 당나라 시대의 도시 오락장에도 각종 연희를 전문적으로 공연하는 공연장(戲場)이 각각 개설되어 있었음을 보여 준다.[495] 그리고 이렇게 다양한 연희를 공

494 인용문 중 '每四月八日, 市場戲處, 皆有續生'이란 대목에서 공연장(戲場)이 사원이 아닌 시장에 개설된 것으로 여길 수도 있으나, 『북리지(北里志)』의 기록에서 확인할 수 있듯이 매월 8일은 각 사원에서 축제가 개최되어 사원 주변이 하나의 저자 거리를 이루었으므로 여기서 '시장희처(市場戲處)'란 바로 사원 주변의 저자 거리(市場)에 개설된 공연장(戲場)을 말하는 것으로 볼 수 있다.

495 송대(宋代)의 도시 오락장에 여러 곳의 구란(勾闌)이 존재했음은 주지의 사실이며 이는 『도성기승(都城紀勝)』, 『동경몽화록(東京夢華錄)』 등의 기록을 통해 확인할 수 있다. 당나라 시대에도 도시에 오락장이 존재했고 또 그곳에는 여러 곳의 희장이 개설되어 다양한 연희 공연이 펼쳐지고 있었음은 방금 설명한 바와 같다. 뿐만 아니라 당나라 시대에는 송대에 앞서 이미 구란(勾闌)이 도시에 설치되어 가무(歌舞), 희극(戲劇) 등이 공연되고 있었던 것으로 보인다. 이를 증명하는 자료는 명대(明代)의 시인 장녕(張寧)이 남긴 『당인구란도(唐人勾闌圖)』이다. 이 문헌 자료는 당대(唐代)의 구란(勾闌)에 대하여 묘사하고 있는 매우 특이하고 귀중한 작품인데 그 원문은 다음과 같다. "그대여 듣지 못했는가? / 천보년간에 창악인(唱樂人)들은 / 가무로 무대를 마련해 새로운 연희를 공연했네. / 교방의 문밖에 간판을 걸어 놓으니 / 화려한 구란이 마치 솥 끓는 듯 사람들로 가득하네. / 처음을 보면 부말(副末)이 가문(家門) 설명으로 시작하는데 / 수려한 옷을 입은

연하였던 공연장(희장(戲場)에서는 분명 강창 작품도 주요 공연물로 자리 잡아 그곳에서 공연되었을 것이 틀림이 없다.

사내 골격이 한번 당당하네. / 문자를 씨가며 유창하게 혀를 놀려대는데 / 봄바람을 끌어들여 좌석을 화기애애하게 하네. / 나이 어린 서생은 과연 누구인가? / 거짓으로 꾸민 것이 너무도 진짜 같네. / 좌우에서 외치고 떠드는 가운데 유유자적한 / 넓은 띠를 두르고 높은 관을 쓴 사람 도대체 누구인가? / 무리 중에서 갑자기 淨이 출연해서는 늙고 미쳐 / 여기저기 마구 발라대니 어찌 그리 곤궁하단 말인가? / 박장대소하던 사람을 금새 통곡하게 하고, / 한가했던 곳을 금방 뒤바꾸어 바쁘게 하네. / 화장한 기생(妓生)도 대열에 끼어 뒤에서 나서는데 / 눈 꼬리로 아양을 떨고 요염한 눈매로 짓네. / 이전 인물들은 부질없이 스스로 떠들어대나 / 광장을 한번 돌아보면 모두 적막하기만 하네. / 장막 안에서는 북을 치는 외에 징도 치고 / 처음에 악대를 등장시킨 후 연기를 삽입하네. / 붉은 옷과 그림그린 바지를 입고 서로 연기를 하네. / 문신을 하고 방상시탈을 썼고 앞에는 역귀가 늘어섰네. / 합생(合生)과 원본(院本)은 진실로 족히 손꼽을 만하니 / 칼을 밟고 칼날을 삼키고 불을 토하기도 하네. / 수백 수천의 기기묘묘함에 어느덧 나가지 못하는데 / 온 땅은 도화 꽃으로 가득한데 가는 허리로 춤을 추네. / 술집과 음식점은 창루를 끼고서 / 옥호와 비취 솥에 만두를 찌네. / 요리사는 넓은 좌석에 날마다 점심 식탁을 마련하고 / 잔과 쟁반을 받들어 다투어 술잔을 권하네. / 눈앞의 일은 마음속의 사정과는 달라 / 같이 즐기고 웃지만 배부르고 배고픈 차이가 있네. / 가련하게도 쾌락은 지극히 쉽사리 근심을 낳는 법 / 되돌아보면 사양길에 접어들어 어느덧 머물 곳 없네. / 슬픔과 기쁨, 만남과 이별은 모두 허무하며 / 좋아함과 싫어함, 아름다움과 추함은 변화한다네. / 세상만사가 모두 이와 같으니 / 하필 구란(勾闌)의 악공에게서만 볼 수 있으리오? (君不聞 / 天寶年中樂聲伎 / 歌舞排場逞新戲. / 教坊門外揭牌名 / 錦銹勾闌如鼎沸. / 初看散末起家門 / 衣袖郎當骨格存. / 咬文嚼字瀾翻舌 / 勾引春風入座溫. / 年少書生果誰氏 / 弄假成眞太相似. / 右呼左鬧只自如 / 博帶峨冠竟誰是. / 衆中突出淨老狂 / 東涂西抹何狼獊. / 解令笑者變成哭 / 直教閑處翻成忙. / 粉頭行首臨后出 / 眼角生嬌眉弄色. / 從前人物空自嘩 / 一顧廣場皆寂寞. / 障中撾鼓外擊鑼 / 初來隊子后插科. / 朱衣畵褲紛相劇 / 文身倶面森前儺. / 合生院本眞足數 // 劍呑刀幷吐火. / 千奇百巧忽不前 / 滿地桃花細腰舞. / 酒家食店擁娼樓 / 玉壺翠釜蒸饅頭. / 稠人廣坐日卓午 / 捧盞擎柈爭勸酬. / 眼中不類心中事 / 嬉笑相同飽飢異. / 可憐樂極易生愁 / 回首斜陽忽無處. / 悲歡離合總虛空 / 好惡媸姸變幻中. / 世間萬事皆如此 / 何必勾闌看樂工.)”

제5장 돈황 강창문학의 소설사적 의의

중국 소설의 기원과 발전단계에 대한 논의는 다양한 측면 — 예컨대, 담당층, 장르, 시기, 향유층, 텍스트 등 — 에서 여러 가지 주장이 제기되고 있어 현시점에서 하나의 견해로 통일시키려는 것은 매우 어려워 보인다. 먼저 중국 소설의 기원 문제를 담당층의 시각에서 논의할 때 흔히 거론되는 학설로는 '패관(稗官) 기원설'과 '방사(方士) 기원설'을 들 수 있으며, 장르를 기준으로는 '신화전설(神話傳說) 기원설'을, 시기를 기준으로는 '선진시기(先秦時期) 기원설'을, 향유층을 근거로는 '宋元 화본(宋元 話本) 기원설'을 내세우는 등 관점과 시각에 따라 커다란 편차를 보이고 있다. 또한 텍스트를 기준으로는 '제자오경(諸子五經) 기원설'을 비롯해, 어떤 학자는 『주고(周考)』, 『청사자(青史子)』, 『송자(宋子)』를, 어떤 학자는 『쇄어(瑣語)』, 『목천자전(穆天子傳)』, 『산해경(山海經)』을, 어떤 학자는 『좌전(左傳)』, 『국어(國語)』, 『전국책(戰國

策)』을, 어떤 학자는 『한비자(韓非子)』, 『열자(列子)』, 『장자(莊子)』, 『오월춘추(吳越春秋)』를 사례로 제시하며 중국소설의 기원에 대하여 논의하고 있는 것을 볼 수 있다.[496]

한편 기원설과 맞물려 있는 중국 소설의 발전단계에 대한 논의는 통속소설[백화소설]과 문언소설(文言小說) — 학자에 따라서 통속소설과 필기소설의 대립항을 설정하기도 한다 — 양자의 관계에 초점을 맞출 수 있다. 왜냐하면 노신(魯迅) 이래 대부분의 중국 소설사가들이 중국 고대소설의 발전을 '신화전설(神話傳說) → 위진(魏晋) 지괴(志怪)·지인(志人) → 당전기(唐傳奇) → 송원(宋元) 화본소설(話本小說) → 명청(明淸) 장회소설(章回小說)'의 단계로 기술하면서 문언소설(文言小說) 발전의 노선과 통속소설[백화소설] 발전의 노선이 양립하여 전개되어 왔다는데 대체로 동의하고 있기 때문이다. 거의 일반화되어 있는 중국 소설 발전의 이원적 특징을 지극히 소략하게 개괄하면 다음과 같다. 먼저 문언소설(文言小說)은 고소설(古小說), 필기소설(筆記小說), 문인소설(文人小說)이란 말과 통용되며, 그 발전의 역사는 신화전설(神話傳說)에서 연원하여 위진(魏晋)시대의 지괴(志怪)와 지인(志人) 소설로 발전한 다음 당대(唐代)에 들어와 전기(傳奇) 소설로 꽃을 피우고, 송원(宋元) 以後에는 小說史에서 자신이 차지하고 있었던 주인 자리를 통속소설[백화소설]에 양보하게 된다고 본다. 한편 통속소설[백화소설]은 통속소설(通俗小說), 화본소설(話本小說), 민간소설(民間小說)이란 말과 통용되며, 선진(先秦)시기부터 존재했던 설화가 지속적으로 이어져 내려와 수당대(隋唐代)에 들어와 기반을 다진 후 송대(宋代)에 극히 성행하면서 전

496 「중국 소설의 기원 탐구(中國小說起源探迹)」, 왕제주(王齊洲), 『중국고대, 근대문학연구』, 중국인민대학서보자료사 복인보간자료, 1985~7, 19~30쪽 참조.

문 설화인을 대거 배출하고 차츰 기록화 되면서 단편(短篇) 화본소설(話本小說)과 장회소설(章回小說)로 발전한다는 논리를 전개한다.

그런데 문언소설과 통속소설 양자의 발전경로에 대한 논의를 기원론과 연계하여 분석해보면 크게 두 가지 관점으로 정리할 수 있으니, 기원동일론(필기영향론)과 기원부동론(독자발전론)이 그것이다. 이 장에서는 돈황 강창문학의 중국소설사적 의의를 제대로 밝히기 위하여 두 견해의 특징과 문제점을 분석하기로 한다.

1. 돈황 강창문학이 기원부동론[독자발전론]에 던지는 몇 가지 문제점

기원부동론[독자발전론]이란 중국 고대소설은 기원과 체제가 전혀 다른 문언소설과 통속소설 두 유형이 상호 독자적으로 평행 발전하였다고 보는 관점을 말한다. 기원동일론(필기영향론)이 두 유형의 상호 연관성에 주목하면서 문언소설의 역할을 강조한 반면, 기원부동론[독자발전론]은 두 유형의 독자성에 주목하여 각각의 기원과 형성 경로를 분리하여 고찰한다는 데 그 특성이 있다. 다음 인용문은 진평원(陳平原)이 최근에 저작한 『소설사(小說史):이론과 실천(理論與實踐)』에서 발췌한 것인데, 이를 통해 기원부동론(독자발전론)의 특징과 문제점을 살펴보기로 하자.

> 중국 고대소설을 문언소설과 통속소설 양대 체계로 구분한 것은 19세기 이전의 문인들이 이 둘을 연계하여 거론할 수 없었기 때문만은 아니다. 더욱 중요한 것은 양자의 구별이 결코 매개 언어의 차이에 있는 것이 아니라 상

이한 문학 기원(起源) — 예컨대, 전자는 주로 사부(辭賦)와 사전(史傳)에서 도움을 받았고, 후자는 주로 속강(講)과 설서(說書)에서 도움을 받았다 — 과 상이한 문학 체제 — 전자는 단편소설 방면에서 성취를 보였고, 후자는 장편소설에서 뛰어났다 — 에서 연유한다. 또 양자는 각자의 표현방식과 심미이상을 지니고 있기도 하다. 문언소설과 통속소설이 상대 독립적으로 평행 발전한 것은 중국 소설의 커다란 특색이다.[497]

인용문의 밑줄 친 대목에서 확인되듯이 진평원(陳平原)은 문언소설과 통속소설의 기원이 상이하다는 전제 하에서, 문언소설의 기원은 사부(辭賦)와 사전(史傳)에서 통속소설의 기원은 속강(俗講)과 설서(說書)에서 유래한 것으로 간주하고 있다. 여기서 기원부동론(필기영향론)과 비교할 때 가장 주목되는 사항은 통속소설[백화소설]의 기원으로 필기소설을 들지 않고 속강(俗講)과 설서(說書)을 거론하고 있는 점이다. 통속소설[백화소설]의 기원과 발전에 대한 이와 같은 관점은 노덕재(魯德才), 왕제주(王齊洲) 등 다수의 중국 소설사가들에 의해서도 확인되는 것으로 起源不同論(獨自發展論)의 가장 큰 특색은 여기에 있다. 예컨대 노덕재(魯德才)는 '설창(說唱)'과 고대 희곡(戱曲)의 영향에 초점을 맞추어 중국 고대소설 특히 백화장편소설의 특성을 분석하고 있으며,[498] 왕제주(王齊洲)는 설화(說話)를 통속소설의 내원(來源)으로, 화본(話本)의 등장을 통속소설의 기원으로 주장[499]하고 있는 것이 그러하다. 여기서 우리는 기원부동론(독자발전론)자들이 대체로 통속소설

497 진평원(陳平原), 『소설사 – 이론과 실천(理論與實踐)』, 북경대학출판사, 1993, 181쪽.

498 노덕재(魯德才), 『중국고대소설예술론』, 백화(百花)문예출판사.

499 왕제주(王齊洲), 「중국소설 기원 탐색(中國小說起源探迹)」, 『문학유산(文學遺産)』, 1985년, 제1기.

[백화소설]의 기원과 발전을 논술할 때 문언소설보다는 구두문학의 영향에 주목한다는 공통점을 확인할 수 있다. 그런데 기원부동론(독자발전론) 내에는 다음과 같은 몇 가지 이견과 문제점이 내재해 있다.

첫째, 중국 통속소설[백화소설]에 대한 가치 평가에서 견해차를 보인다. 이는 노덕재와 진평원의 기본 관점을 대비할 때 명확히 드러난다. 즉 노덕재가 중국 고대소설의 발전과정에서 가장 중요한 현상으로 설창(說唱)과 희곡(戲曲)의 도움을 받아 성립된 장편 통속소설[백화소설]을 들고 있는데 반하여, 진평원은 통속소설[백화소설]에 남아 있는 설서(說書)의 특징은 발전 현상이 아닌 하나의 정체 현상이며 중국 소설의 발달에 내적으로 공헌한 것은 사전(史傳)전통과 시소(詩騷)전통이라고 주장하는 것이다. 이는 중국 근대소설의 자생적 근원이 문인문학에서 찾아지는가 아니면 민간문학에서 찾아지는가를 판가름하는 중요한 문제로, 통속소설[백화소설]의 형성 과정에서 문인소설과 통속소설이 어떠한 역할을 하였는가를 명백히 해명해야 할 필요성은 바로 여기에서 찾아진다.

둘째, 방금 거론한 진평원의 관점[중국 통속소설에 남아 있는 설화체 소설의 특징을 발전 현상이 아닌 정체 현상으로 보는 시각]은 이른 바 중국의 정통문학(고급문학 / 공식문학)이 갖는 예술적 특성을 기준으로 고대 소설을 재단한 것으로 실제와는 거리가 있다. 예컨대, 중국소설에 시사(詩詞)가 삽입된 현상을 시소(詩騷) 전통의 영향이라고 간주하는 것이 과연 타당한가? 다시 말해, 당(唐) 전기(傳奇), 명청(明淸) 장회소설(章回小說)에 삽입된 문인의 시(詩)·사(詞)를 근거로 중국 고대소설은 시소(詩騷) 전통의 영향 하에 배태된 것으로 판단하는 것이 가능한가? 이러한 질문에 대해서 필자는 부정적인 답변을 할 수밖에 없다. 왜냐하면 중국 소설에 시사가 삽입된 것은 구비 연행예술인 설창의 연행방식과 관계가 있는 것이지, 결코 문인시의 영향 하에서 생겨난 것이 아니기 때문이다. 이 점은 당(唐) 전기(傳奇)에 미친 설창의 영향을 규명할 때 그 실상이 드러날 것이다.[500]

셋째, 통속소설(백화소설의 기원을 밝힐 수 있는 구체적 화본(話本) 텍스트에 대한 연구가 미흡하다. 이 문제는 다음 두 측면에 대한 구체적인 검토가 요구된다. ① 통속소설[백화소설]의 기원을 당대(唐代)에서 찾을 경우 당대(唐代) 화본소설의 구체적 물증을 좀더 분명히 밝힐 필요가 있다. 필자는 현재 돈황 강창문학 텍스트 가운데 화본[501]으로 분류되어 있는 작품만을 당대(唐代) 화본으로 간주하는 시각에는 문제가 있다고 본다. 왜냐하면 변문(變文), 사문(詞文), 민간부(民間賦) 등의 텍스트 중에는 당대(唐代) 화본으로 여겨지는 것이 존재하며, 또 돈황 강창문학 텍스트 중 화본으로 명명된 것은 당대(唐代)의 다양한 강창문학 양식(樣式)이 상호 교섭하면서 변이 발전된 결과 생겨난 설화 저본의

500 당(唐) 전기(傳奇) 가운데 운문적 서술이 삽입되어 있는 예는 흔하다. 그런데 당(唐) 전기(傳奇) 속의 삽입시가(揷入詩歌)는 돈황 강창문학 텍스트 속의 삽입시가와 동일시할 수 없는 매우 이질적인 성격을 지니고 있다. 즉, 돈황 강창문학 텍스트 속에서 찾아보기 힘든 문인 시사(詩詞)가 당(唐) 전기(傳奇) 속에서 활용되고 있는 것이다. 당(唐) 전기(傳奇)에 시사(詩詞)가 삽입된 것이 구비 연행예술인 강창문학의 연행 방식과 관계가 있는 것이 아니라 문인시(文人詩)의 영향 하에서 이루어졌다고 주장하는 연유는 여기에서 찾아진다. 사실 당(唐) 전기(傳奇)의 '운문(韻文)' 부분이 강창문학의 '운문(韻文)' 부분에서 유래했음을 증명할 수 있는 구체적인 논거는 마련되어 있지 않다. 그러나 이는 다음과 같이 해석해 볼 수 있다. 즉, 민중연행예술인 강창문학이 당시 사원 / 궁정 / 시정(市井)에서 광범위하게 유행하면서 주요 향유자였던 사대부계층이 이를 자신의 장르에 수용하면서 강창문학의 '구어체(口語體)의 창(唱)'이 당(唐) 전기(傳奇) 속에서 '문언체의 시사(詩詞)'로 변개했을 가능성이 높다.

501 이 글에서 화본(話本)의 개념은 두 가지 의미로 사용되었다. 설화의 대본이라는 광의의 의미로 사용할 경우는 '화본'이라는 용어를 그대로 사용했으며, 돈황 강창 텍스트 중의 '화본'만을 지칭할 경우는 '화본'으로 표기하였다.

한 형식에 불과하기 때문이다. 그러한 점에서 돈황 강창문학 텍스트를 광의적 의미에서 당대(唐代) 화본으로 간주한 이건(李騫)의 견해는 주목할 가치가 있다. 이건(李騫)은 돈황 강창문학 텍스트를 당대(唐代) 화본의 발전 단계에 따라 다음과 같이 구분하고 있다.[502]

〈도표〉 돈황 강창문학 텍스트로 본 당대(唐代) 화본(話本)의 실태(實態)

당대 화본(唐代 話本)	돈황 강창문학 텍스트	
초기 화본(初期 話本)	구도흥(句道興)「수신기(搜神記)」, 「효자전(孝子傳)」■	
과도기 화본(過渡期話本)	부체형식(賦體形式)	「한붕부(韓朋賦)」, 「연자부(鷰子賦)」, 「안자부(晏子賦)」, 「공자항탁상문서(孔子項託相問書)」, 「아가서(齖䶗書)」, 「다주론(茶酒論)」
	시가형식(詩歌形式)	「대한삼년계포매진사문(大漢三年季布罵陣詞文)」, 「동영변문(董永變文)」■, 「백조명(百鳥名)」, 「계포시영(季布詩咏)」, 「소무이릉집별사(蘇武李陵執別詞)」
	변문형식(變文形式)	「맹강녀변문(孟姜女變文)」■, 「오자서변문(伍子胥變文)」■, 「한장왕릉변(漢將王陵變)」, 「왕소군변문(王昭君變文)」■, 「이릉변문(李陵變文)」, 「장의조변문(張義潮變文)」■, 「장회심변문(張淮深變文)」■
	산문형식(散文形式)	「순자변(舜子變)」, 「추호변문(秋胡變文)」■, 「유가태자전(劉家太子傳)」
	기타형식(其他形式)	「하녀부사(下女夫詞)」
후기 화본(後期 話本)	「여산원공화(廬山遠公話)」, 「엽정능시(葉淨能詩)」, 「당태종입명기(唐太宗入冥記)」■, 「한금호화본(韓衾虎畵本)」, 「사사만어화(부지명변문)(師師謾語話(不知名變文)」■	

■ 표시된 작품명은 가제(假題)이다.

위 도표의 가장 큰 특징은 돈황 강창문학 텍스트 중 학계(學界)에서 당대(唐代) 화본(話本)으로 받아들여지고 있는 「여산원공화」, 「엽정능시(葉淨能詩)」, 「당태종입명기(唐太宗入冥記)」, 「한금호화본(韓衾虎畵本)」

502 아래 도표는 이건(李騫)이 「당(唐)'화본(話本)' 초탐(初探)」(『돈황변문화본연구(敦煌變文話本硏究)』, 요녕(遼寧)대학출판사, 12~48쪽)에서 돈황 강창문학 텍스트를 대상으로 당(唐) 화본(話本)의 유형을 논술한 것을 필자가 정리한 것이다.

외의 다른 텍스트들을 당(唐) 화본(話本)의 범주에 포함시켜 논하고 있는 점에 있다. 특히 변문(變文), 사문(詞文), 민간부(民間賦) 등을 모두 당대(唐代)의 과도기(過渡期) 화본(話本)으로 이해하한 점은 독특함을 넘어서서 매우 획기적인 발상으로 보이기까지 한다. 왜냐하면, 이건(李騫)의 론지(論旨)를 수용할 때 돈황 화본(話本)에 대한 기존의 논의는 전면적인 수정이 불가피하기 때문이다. 실제로 돈황 화본(話本)의 대표적 텍스트인 「여산원공화」는 구술형(口述型)이 아닌 기술형(記述型) 작품이라는 점에서 설화(說話)인의 '화본(話本)'보는 독본용(讀本用) 화본소설(話本小說)에 근접해 있는 것이 사실이다. 따라서 당대(唐代) 설화(說話)인의 실제 연행(演行) 대본으로 볼 수 있는 돈황 강창문학 텍스트 중 변문(變文), 사문(詞文), 민간부(民間賦) 등에 대한 연구는 중국 화본소설(話本小說)의 기원(起源) 문제에 새로운 해명의 실마리를 제공할 것이다.

② 변문(變文)과 화본(話本)과의 관계이다. 필자는 변문과 화본(話本)을 서로 구분하고 강창체(講唱體) 변문에서 산문체(散文體) 화본(話本)으로 발전되었다는 견해에 반대한다. 왜냐하면 강창체와 산문체를 기준으로 변문과 화본(話本)을 분류한 것은 당대(唐代) 강창문학 양식의 실상과 어긋날 뿐만 아니라, 이는 중국 통속소설(백화소설의 기원 논의에서 변문이 아닌 화본(話本)과 연계지음으로써 중국 통속소설(백화소설의 자생성을 입증하려는 의도에서 생겨난 도식적 분류이기 때문이다. 넷째, 위진(魏晋) 지괴(志怪), 지인(志人)과 당(唐) 전기(傳奇)에 미친 민간소설 즉 구비문학의 영향을 간과하는 경향이 있다. 정의중(程毅中)의 다음 논술에서 바로 그러한 경향을 읽을 수 있다.

민간 통속소설은 문인소설과 함께 당대(唐代) 소설의 보고(寶庫)다. 단 이

들은 근본적으로 상이한 체계에 속한 것으로써 송대 이후로는 상호 평행을 이루면서 각자 자기의 길을 개척해 나갔음이 분명하다. 따라서 우리들은 민간소설의 작용을 지나치게 강조해서는 안 되며, 또 민간소설을 당대(唐代) 소설의 주류로 간주할 필요도 없다. 당대(唐代) 소설은 육조(六朝) 지괴(志怪)와 사전(史傳)문학의 기초 위에서 발전된 것으로 보아야 타당하다.[503]

정의중(程毅中)의 주장과는 달리 지괴(志怪), 전기(傳奇)와 구비문학이 밀접한 관련성을 갖고 있음은 다음 두 가지 현상으로 알 수 있는데, 이에 대한 세밀한 주의가 요망된다. ① 돈황 문헌자료 중 구도흥(句道興) 『수신기(搜神記)』는 간보(干寶) 『수신기(搜神記)』와 유사하지만, 설화인이 구연(口演)에 사용하기 편리한 문체로 기술되어 있다는 점에서 구술문학적 특징을 보이고 있다. 이는 비록 당대(唐代)의 사본(寫本)이지만 위진(魏晋) 지괴(志怪)소설처럼 문인의 책상 머리에서 창작된 것이 아니라 민간의 이야기 문학과 깊은 관련이 있음을 시사한다. ② 당(唐) 전기(傳奇) 중 『유선굴(遊仙窟)』, 『이왜전(李娃傳)』, 『해산기(海山記)』, 『비연전』 등은 이전의 지괴(志怪)와 사전(史傳)문학을 기초로 형성된 것이 아니라 설창문학과의 관련이 있음을 시사하는 텍스트들이다. 이에 대한 면밀한 분석은 당대(唐代) 전기(傳奇)가 민간 소설과 결코 무관하지 않다는 것을 입증해 줄 것이다.

기원부동론(독자발전론(獨自發展論)에 내재된 이상 네 가지 문제점은 기본적으로 중국 통속소설(백화소설)의 진정한 가치와 형성 경로에 대

503 정의중(程毅中), 『당대소설사화』, 문화예술출판사, 1990, 제11장 여론, 330쪽.

한 해명이 미흡한데서 생겨난 것이다. 따라서 이를 해결하기 위해서는 중국 소설의 기원과 형성에서 구비 연행문학이 어떠한 의미를 갖는가를 구체적으로 밝히는 작업이 필요하다. 본고에서 서사체 텍스트를 연행론의 차원에서 분석하려 한 애초의 의도는 여기에 있다.

2. 돈황 강창문학이 起源同一論筆記影響論에 던지는 몇 가지 문제점

기원동일론(起源同一論, 필기영향론筆記影響論)이란 통속소설(백화소설과 문언소설(文言小說))은 송대 이후 비록 평행 발전의 양상을 보이지만 기본적으로 통속소설[백화소설]은 문언소설(文言小說)의 기반 위에서 발전되었다고 보는 관점이다. 이러한 이해방식은 통속소설[백화소설]과 문언소설(文言小說)의 발전경로를 분리하여 이해하지 않고 그 연계성을 확인하는 과정에서 발생된다. 다음 인용문은 패트릭 해넌(Patrick Hanan)의 『中國白話小說史(*The Chinese Vernacular Story*)』 가운데서 발췌한 것인데, 이를 통해 우리는 기원동일론(起源同一論, 필기영향론筆記影響論)의 특징과 문제점이 어디에 있는지를 엿볼 수 있다.

> ① 중국의 통속소설〔백화소설〕은 문언소설(文言小說)과는 깊은 관계가 있지만, 다른 나라의 백화문학에 비해 구두문학과의 관계는 다소 거리가 있어 구두문학 형식이 약간 남아 있을 뿐이다...... 중국 통속소설[백화소설]의 형식은 도대체 언제 시작된 것일까? 현재 일반 사람들은 송원 시대 설서인의 연행 대본 가운데 특히 '소설'과 '강사(講史)' 두 체제로부터 비롯된 것이라 여기고 있다. 후대 작가들은 모방하면서 체계적으로 개조시키는 것이 가능

하였으니 ② 창(唱) 부분을 없애버린 것이 그러하다. 우리들이 현재 할 수 있는 이야기는 이와 같은 것 뿐이다. 왜냐하면 이제까지 우리에게 알려진 다른 형식 예컨대 ③ 변문, 잡곡(雜曲) 등은 후대 소설과는 각 측면에서 대단히 큰 차이를 보이고 있기 때문이다. 한편 『취옹담록(醉翁談錄)』에는 설서인이 고사를 창작하는 상황에 대하여 언급하고 있는데, 작자는 설서인이 문언소설(文言小說)의 고사를 기초로 창작하였다고 생각하고 있다. 이는 송원 소설의 창작을 이해하는 주요한 근거가 된다. 만일 당시의 상황이 『취옹담록(醉翁談錄)』에서 이야기한 것처럼 그러했다면 ④ 통속소설〔백화소설〕의 최초의 형식은 바로 여기(文言小說)에서 유래한 것이 된다. 만일 우리가 이러한 설에 대해 의문을 갖는다면 최초의 통속소설[백화소설] 형식은 설서(說書)人의 대본에서 비롯되었다고 추측할 수밖에 없다.

⑤ 실제로 후대 통속소설〔백화소설〕가들이 창작할 때 모방하던 저본은 모두 이미 구두(口頭)소설이 아니었고 전대 사람들이 지은 통속소설〔백화소설〕이었다. 이 소설가들은 구두(口頭)소설의 성공적인 서사 방법을 수용하였다. 그러나 이것을 반드시 구두(口頭)소설의 영향이라고 이해할 수 있는 것은 아니다. 그리고 구두(口頭)형식도 통속소설〔백화소설〕이 영향을 받은 한 측면일 뿐 통속소설〔백화소설〕이 일단 서면(書面)문학이 되면 변화를 일으키게 되는 경우가 많다. 작가와 출판사가 서로 다르기 때문에 각자 강조하는 부분도 서로 다를 수밖에 없다. 통속소설〔백화소설〕 창작 과정에서의 변화 역시 그에 따라 다르게 된다. 문언소설(文言小說)의 창작방법을 받아들인 것 역시 통속소설〔백화소설〕이 변하게 된 원인 중 하나이다.[504]

504 Patrick Hanan, *The Chinese Vernacular Story*(한남(韓南), 윤혜민(尹慧珉) 역, 『중국백화소설사』, 절강고적출판사, 22쪽)

문학의 체제를 구두문학(口頭文學)과 백화문학 그리고 문언문학 세 유형으로 구분하고 있는 패트릭 해넌(Patrick Hanan)은 위의 ①, ④, ⑤ 대목에서 확인되듯이 중국의 통속소설[백화소설]은 '설화(說話)'와 같은 구두(口頭)소설의 영향을 받았음을 부인할 수 없으나, 백화소설이 서면(書面)문학화 하는 과정에서 문언소설(文言小說)의 창작방법을 받아들임으로써 커다란 변화를 이루어냈다고 보고 있다. 이러한 입장은 통속소설[백화소설]과 문언소설(文言小說)의 관계에 평행선을 긋고 있는 기원부동론(起源不同論(독자발전론 獨自發展論)의 입장과는 달리, 문언소설(文言小說)의 연장선 위에서 통속소설(백화소설의 형성을 이해하고 있다는 점에서 기원동일론(起源同一論(필기영향론 筆記影響論)에 가깝다고 할 수 있는데, 이에는 다음과 같은 문제점이 내재되어 있다.

첫째, 중국 통속소설(백화소설의 형성에 끼친 구두(口頭)문학의 영향을 간과한 측면이 있다. 일례로, 송원(宋元) 화본소설(話本小說)과 명청(明淸) 장회소설(章回小說)은 서술 형식에서 변문, 잡곡(雜曲)[505] 등과 큰 차이를 보이므로, 중국 백화소설은 문언소설의 창작방법을 받아들여 형성되었다는 주장은 그리 설득력이 없어 보인다. 왜냐하면 『삼언(三言)』, 『청평산당화본(淸平山堂話本)』, 『경본통속소설(京本通俗小說)』, 『형세언(型世言)』, 『수호전(水滸傳)』, 『금병매(金瓶梅)』, 『서유기(西遊記)』, 『홍루몽(紅樓夢)』 등의 서술 방식 — 예컨대, 입화(入話), 정화(正話), 편미(篇尾)의 구성 방식, 창부(唱部)의 서술 기능, 설화(說話)자의 역할, 서사시점(敍事視點)의 활용 등 — 을 보면 문언소설의 창작방법보다는 돈황 강창문학과 같은 구비연행서사물의 서술 형식과 깊은 연관성을 엿볼 수 있

505 여기서 잡곡(雜曲)이란 말은 제궁조(諸宮調), 도진(淘眞), 애사(崖詞)와 같은 설창체를 가리키는 것으로 보이며, 잡극(雜劇)을 지칭하려고 했던 것 같다.

기 때문이다. 또 변문을 비롯한 돈황 강창문학이 통속소설[백화소설]의 성립과 무관할 수 없음은 송대(宋代) 설화사가(說話四家)와 돈황 강창문학 텍스트를 비교한 다음 도표에서 드러난다.

〈도표〉 송대(宋代) 설화(說話)와 돈황 강창문학의 유형 비교

<table>
<tr><th colspan="3">宋代 설화의 유형</th><th colspan="5">돈황 강창문학의 유형</th></tr>
<tr><th colspan="2" rowspan="2">분류</th><th rowspan="2">내용</th><th colspan="2">변문(變文)</th><th rowspan="2">화본
(話本)</th><th rowspan="2">사문
(詞文)</th><th rowspan="2">민간부
(民間賦)</th></tr>
<tr><th>불경변문
(佛經變文)</th><th>역사변문
(歷史變文)</th></tr>
<tr><td rowspan="5">소설</td><td>烟粉</td><td>남녀 애정
(인간과귀신의약속)</td><td></td><td rowspan="5">「추호변문
(秋胡變文)」,
「맹강녀변문
(孟姜女變文)」,
「왕소군변문
(王昭君變文)」,
「순자변
(舜子變)」</td><td></td><td></td><td rowspan="5">「한붕부
(韓朋賦)」,
「연자부
(鷰子賦)」,
「아가서
(齖䶗書)」</td></tr>
<tr><td>靈怪</td><td>신선.
요술이야기</td><td></td><td>「엽정능화
(葉淨能話)」,
「당태종입명기
(唐太宗入冥記)」</td><td></td></tr>
<tr><td>傳奇</td><td>세상 비환이합
(悲歡離合)의
기이한 이야기</td><td></td><td></td><td></td></tr>
<tr><td>說公案</td><td>원수에게
보복하는 이야기</td><td></td><td></td><td></td></tr>
<tr><td>說鐵騎兒</td><td>무사의 전쟁
이야기</td><td></td><td></td><td></td></tr>
<tr><td colspan="2">설경(說經)</td><td>불경 강설
(佛經 講說)</td><td>「목련변문
(目連變文)」,
「파마변문
(破魔變文)」,
「지옥변문
(地獄變文)」,
「항마변문
(降魔變文)」</td><td></td><td>「여산원공화
(廬山遠公話)」</td><td></td><td></td></tr>
<tr><td colspan="2">설삼청
說參請</td><td></td><td></td><td></td><td></td><td></td><td>「공자항탁
상문서(孔子項托相問書)」,
「안자부
(晏子賦)」,
「다주론
(茶酒論)」</td></tr>
</table>

강사(講史)			「오자서변문(伍子胥變文)」 「한장왕릉변(漢將王陵變)」 「장의조변문(張義潮變文)」 「장회심변문(張淮深變文)」 「이릉변문(李陵變文)」	「한금호화본(韓擒虎話本)」	「착계포사문(捉季布詞文)」	
합생(合生)						
상미(商謎)						

송대(宋代) 설화(說話)의 제(諸) 유형을 돈황 강창문학의 제(諸) 유형과 대비한 위 도표가 과연 실제에 부합하는 것인가에 대해서는 문제의 소지가 없지 않다. 다만, 위 도표는 송대(宋代) 설화(說話)가 갑자기 생겨난 것이 아니라 당대(唐代)의 강창문학을 토대로 형성되었을 가능성을 제시해 준다는 점에 큰 의미가 있다. 예컨대, 위 도표는 송대(宋代) 소설과 돈황 민간고사 강창, 송대(宋代)의 설경(說經)과 돈황 불교고사(佛敎故事) 강창, 송대(宋代) 강사(講史)와 돈황 역사고사(歷史故事) 강창이 상호 연계성이 있음을 보여준다. 이러한 점으로 볼 때 돈황 강창문학의 존재는 중국 통속소설[백화소설]의 형성경로에 대한 고찰이 문언소설(文言小說)의 영향으로부터 추적할 것이 아니라 구비 연행 문학과의 연계성 속에서 분석할 때 그 실마리가 발견되리라는 것을 결론을 얻을 수 있다.

둘째, 통속소설[백화소설]의 최초 형식을 文言小說(필기소설)에서 찾는 오류를 지적할 수 있다. 돈황 강창문학 텍스트를 면밀히 분석하지 못한 듯한 패트릭 해넌은 통속소설[백화소설]의 최초의 형식이 문언소설(文言小說) —『태평광기(太平廣記)』,『이견지(夷堅志)』,『녹창신화(綠

窓新話)』 등 — 에서 유래했을 가능성을 거론했으나 이는 사실과 거리가 있다. 왜냐하면 노신(魯迅)도 『중국소설사략(中國小說史略)』에서 언급[506]하고 있듯이 화본소설(話本小說)은 결코 송대(宋代)에 생겨난 것이 아니라 그 이전에 존재했으며 무엇보다 당대(唐代) 설화(說話)와 돈황 강창문학 텍스트의 존재가 그를 입증하고 있기 때문이다.[507]

셋째, 『삼언(三言)』, 『청평산당화본(淸平山堂話本)』, 『경본통속소설(京本通俗小說)』, 『형세언(型世言)』 등에 수록되어 있는 작품 중에 송대(宋代) 화본(話本)으로 판단되는 것과 의화본(擬話本)이 섞여 있는 사실은 패트릭 해넌의 지적대로 후대 작가들의 '모방(模倣)'과 '개작(改作)'

506 중국소설사의 초기 저작이면서도 오늘날까지 그 체계성을 평가받고 있는 『중국소설사략(中國小說史略)』에서 노신(魯迅)은 일찍이 중국 통속소설[백화소설]의 기원(起源)에 대하여 다음과 같이 언급한 바 있다. "송대 문인들의 지괴(志怪)는 이미 평범하고 문채가 결핍되어 있으며, 또 그들의 전기(傳奇)는 거의 지나간 일에만 의탁하고 동시대의 이야기는 피하고 있다. 옛것을 모의하였다고 하지만 멀리 이르지는 못했고, 더군다나 독창적이라고 말할만한 것은 없다. 그러나 시정(市井)에서는 이와는 다른 예문(藝文)이 일어났었다. 즉 속어로 책을 짓고 고사를 서술한 '평화(平話)'라는 것인데 지금 소위 '통속소설[백화소설]'이라고 하는 것이 곧 그것이다. 그러나 백화(白話)를 써서 책을 지은 것은 실로 송(宋)에서 비롯한 것은 아니다."

507 패트릭 해넌은 백화소설의 기원은 설화인의 화본만으로 볼 수 없다는 논지를 펴면서 다음과 같이 주장하고 있다. "사람들은 보통 최초의 화본은 설서인이 고사를 이야기할 때 의존하였던 대본이라고 여기며, 이것이 인쇄되어 독서물로 유행된 다음, 작가들이 이를 모방함으로써 화본소설이 쓰여 지게 되었다고 생각한다. 이러한 해석의 입론 근거는 '화본이 곧 설서인의 화본'이라는 설이다. 그러나 현재 이 설은 의문시되고 있다. 어원적 증거만을 제거하면 이 설 자체는 그런대로 근거가 있다. 『취옹담록』 중에는 설서인이 문언소설에서 재제를 취하고 유명한 시편을 섞어 백화소설을 지었다고 묘사하고 있다…… 이로부터 대략 원대에 백화소설의 독자층이 존재했고, 독서물의 공급이 백화소설 창작의 목적 — 심지어는 주요 목적 — 중 하나였던 것을 알 수 있다."(『중국백화소설사(中國白話小說史)』, 제2장 조기의 화본소설(話本小說), 31쪽) 패트릭 해넌의 이러한 주장은 당대(唐代)로부터 300년 이상의 시간적 거리가 있는 元代의 문학 환경을 염두에 둔 이야기이다. 따라서 당대(唐代)의 강창문학 텍스트를 중심으로 화본소설의 연원을 다시 추적해 들어가면 중국의 화본소설은 설화인의 화본에서 유래한 것임을 알 수 있다. 단, 패트릭 해넌이 언급한 것처럼 화본소설의 형성에 문언소설이 영향을 주었음을 부인하기 어려운 바, 이는 민중문학의 대중화 과정에서 연유하는 문학적 현상으로 해석할 수 있다.

때문에 나타나는 현상으로 보여 진다. 그런데 이 모방과 개작 과정에 문인 전기(傳奇)와 필기 등의 영향이 주요했다고 보고 통속소설[백화소설]의 성립은 문언소설(文言小說)에서 유래했다고 판단하는 것은 문제가 있다. 왜냐하면 개작 과정에서 생긴 문언소설(文言小說)의 영향은 송대 이후 독자층이 차츰 문인계층으로 확대되고 전문 설화인 또한 문인계급 출신이 다수 등장하면서, 민중지향성이 비교적 강했던 구비 연행문학이 소비자의 요구를 수용하여 대중 예술로 전이되는 과정[508]에서 나타난 현상으로 기원(起源) 문제와는 거리가 있기 때문이다. 따라서 송원(宋元) 이후 통속소설[백화소설]이 문언소설(文言小說)의 창작방법을 수용하는 현상을 어떻게 볼 것인가 하는 문제와 통속소설[백화소설]의 기원 문제는 별개의 과제로 취급해야 할 것이다.

넷째, 송원(宋元) 화본소설(話本小說)의 기원을 당(唐) 전기(傳奇)로 간주하는 잘못된 이해방식이 존재한다. 이러한 관점은 최근 그 문제점이 명확해지면서 대부분의 소설사가들에 의해서 부정되고 있으나 의문이 완전히 규명되었다고는 볼 수 없다. 이는 당대(唐代) 강창문학과 전기(傳奇)의 관계 및 당대(唐代) 강창문학과 송대(宋代) 통속소설[백화소설]의 관계가 좀 더 분명히 밝혀져야만 만족한 해답을 얻게 될 것이다.

기원동일론(필기영향론 筆記影響論)이 안고 있는 이상 네 가지 문제점

508 아놀드 · 하우저, 「민중예술(民衆藝術)과 대중예술」, 임재해 편, 『한국의 민속예술』, 문학과지성사, 18~31쪽 참조. 필자는 송원(宋元) 화본(話本)은 민중 예술이었던 민간 구비연행문학이 대중 예술로 전이되는 과정에서 생겨난 것으로 본다. 따라서 송원 화본소설에 대한 연구는 민중 예술에 기원을 두었던 백화소설이 왜 대중 예술로 옮겨가게 되었으며 그 과정에서 어떠한 현상이 나타나고 있는가에 맞추어져야 한다고 본다.

은 기본적으로 중국 통속소설(백화소설과 구두문학)의 연관성을 소홀히 한 결과 발생된 것이다. 따라서 이를 해결하기 위해서는 중국 소설의 기원과 형성 경로에서 구두문학이 어떠한 역할을 했고, 민중문학에서 대중문학으로의 전이 과정에서 어떠한 현상이 나타났는가를 해명하는 데 초점이 모아져야 할 것이다.

제6장 나가면서

이 책은 돈황 강창문학의 장르적 본질을 규명하기 위해, 텍스트의 서사 체계를 분석하고, 아울러 연행의 실제 상황을 문헌 자료를 중심으로 고찰하였다. 이러한 분석을 통해 필자가 궁극적으로 의도하는 목표는, 돈황 강창문학의 서사성과 연행성을 밝혀 소설 장르의 기원과 형성을 구비연행서사물로부터 재해석하는 것이다. 이러한 목적을 가지고 전개한 이제까지의 논의를 요약・정리하면 다음과 같다.

(1)

1907년 돈황에서 대량의 문헌자료가 발견된 이래 그간의 돈황문학에 대한 연구는 '변문'을 중심으로 진행되어 왔다. 변문을 중심으로 진행된 기존의 돈황 강창문학 연구는 그 동안 문헌적 집성과 자료 정리의 성과를 바탕으로 큰 발전을 이루었으나, 이론 방면에서는 변문의 명칭(名稱)·기원(起源)·체재(體裁)·분류(分類) 문제를 수십 년간 연구해왔음에도 불구하고 중국 민족문화의 전통성 회복을 위해 변문의 연원(淵源)을 중국 전통양식 — 예컨대, 부·서사민가(賦·敍事民歌) 등 — 에서 찾으려는 자생설(본토설)과 불경(佛經)문학으로부터의 전래를 거론하는 영향설(전파설) 양자의 비생산적인 대립에 얽매여 여전히 돈황 강창문학은 중국문학사 내에서 자신의 자리를 못 찾고 있다. 따라서 돈황 강창문학의 진정한 문학사적 의미를 밝혀내기 위해서는 우선적으로 '자생(自生)논↔전파(傳播)설'의 대립 구도를 벗어나는 것이 필요하다. 즉, 민족의 '진정(眞正)한 전통'이란 고정 불변한 어떠한 것이 아닌 부단히 변화하는 역사 속에서 역동적으로 새롭게 창조되며, 외래문화의 긍정적인 요소는 창조적으로 수용하면서 형성된다는 시각으로 돈황 강창문학에 접근하는 것이 요구된다.

이에 필자는 기존의 연구 경향(傾向)을 탈피하는 의미에서, '연행서사론(演行敍事論)' — 연행(演行) 문화에 대한 관심과 이해로써 문학 텍스트를 해석하고 비평하는 것을 말한다 — 의 관점에서 돈황 강창문학을 이해하려고 하였다.

(2)

당대(唐代)의 강창문학은 일반 대중의 문화 활동 공간이었던 사원에서 행해진 강경 법회가 결정적인 계기가 되어 속강승(俗講僧) 계통의 법사(法師)들에 의해 설법(說法)의 화본(話本)으로 서사적(敍事的) 정착(定着)을 보게 된 것이다. 당대(唐代)에 들어와 속강(俗講)이 성행하면서 강창문학이 급속히 발전하는 데 가장 큰 밑거름이 된 것은, 설화성(說話性)이 강한 이야기(故事)를 성창(聲唱)하는 방식으로 진행된 창도(唱導)였다. 창도(唱導)는 청중의 흥미를 유발하고 포교의 효과를 높이기 위해 전문적인 설법에서 그 내용과 방법을 점차 통속적으로 변화시킨 설법 방식으로, 이는 당대(唐代)의 정식강경 방식을 평이화(平易化)·흥미화(興味化)시킴으로써 마침내 서사적(敍事的)인 동시에 연희(演戱)적인 속강(俗講) 대본이 출현되게 된다.

(3)

돈황 강창문학의 서사(敍事) 체계(體系)는 다음과 같다.

① 제재(題材)와 형태 : 돈황 강창문학은 불교고사계(佛敎故事系)와 중국고사계(中國故事系) 두 유형으로 구분할 수 있다. 먼저 불교고사계(佛敎故事系)는 불경(佛經), 석가(釋迦)고사(古事), 불가(佛家)고사 등에서 제재(題材)를 취한 것으로 형태상 ㉠ 압좌(押坐)문, ㉡ 강경문, ㉢ 변문, 인연(因緣), 연기(緣起) 세 유형으로 분류된다. 중국고사계(中國故事系)는 작품의 제재(題材)를 불교고사에서 취하지 않고 중국고사에서 취한 것으로 형태상 ㉠ 변문, ㉡ 화본(話本), ㉢ 사문(詞文), ㉣ 민간부(民間賦) 네 유형으로 분류된다. 돈황 강창문학 텍스트를 불교고사계(佛敎故事系)와 중국고사계(中國故事系) 두 유형으로 분류하는 방식은 돈황 강창문학(특히 변문)의 전통 계승성을 중시하는 중국학계의 의도적 분류라는 측면이 없지 않으나 현재 돈황 강창문학의 분류법으로 가장 널리 통용되고 있고, 돈황 강창문학을 변문 이외의 다른 양식의 측면에서의 연구를 촉진하는 장점이 있다. 본고에서는 최근 중국학계의 돈황 강창문학 분류법을 차용(借用)하여 각 유형별 특징을 개

괄하면서 기존 논의의 문제점을 제기하는 방식을 취하였다.

② 주제 유형 : 중세 사회의 중심적 가치관념을 일방적으로 지향하는 제1유형(지배이념형), 소외된 공동체 속에서 싹튼 민중들의 부정적. 비판적 의식을 담고 있는 제2유형(현실비판형), 지배계층과 현실사회에 대한 부정과 긍정을 동시에 內含하고 있는 제3유형(절충화해형)으로 구분된다.

③ 서술(敍述) 유형 : 강창문학은 경론(經論)적 성향이 강한 정식강경이 대중교화(敎化)에 효과적인 변칙강경(變則講經)으로 탈바꿈하는 과정에서 새로운 서사 형태를 만들어내는 바, ㉠ 의식지향형(儀式指向型), ㉡ 서사지향형(敍事指向型), ㉢ 연희지향형(演戲指向型)이 바로 그것이다.

(4)

돈황 강창문학의 연행양상(演行樣相)에 대하여 정리하면 다음과 같다.

① 연행(演行) 원리 : 돈황 강창문학 텍스트는 말(백(白)로 하는 '강(講)'과 노래로 부르는 '창(唱)'이 서로 교체되면서 진술(陳述)되는 특징을 보인다. 이와 같은 「강(講)」+「창(唱)」의 문학적 진술 방식은 읽히는 것을 목적으로 쓰여 진 일반 중국 고대소설이 기록자의 입장에서 서술된 것과는 달리 강창문학이 구연(口演) 행위와 밀접한 관련이 있음을 보여주는 것이다. 강창문학의 진술(陳述) 방식은 일반 고대소설에서처럼 작자의 서술(敍述)과 인물의 대화를 단조롭게 교체해 나가는 것과 달리, 연행(演行) 현장(現場)의 필요에 따라 ㉠ 서사 시점(視點)의 복합적 운용, ㉡ 삽입시가(挿入詩歌)의 다양한 기능, ㉢ 구비연행적

(口碑演行的) 표현 등을 그 원리로 하고 있다.

② 생산자와 향유자(享有者) : ㉠ 생산자 : 돈황 강창문학의 생산자는 텍스트를 직접 쓴 '작가', 텍스트를 대본으로 활용하여 구연(口演)한 '연행자(演行者)', 텍스트를 기술[抄寫]한 '기록(紀錄)자' 세 부류로 분류할 수 있다. 이와 같이 돈황 강창문학의 생산자가 복잡한 양상을 보이는 이유는 기록문학의 경우 텍스트에 기록되어 있는 작가를 곧 그 작품을 창작한 사람으로 간주하여도 무리가 없지만, 강창과 같은 구비연행문학은 대부분 설화적 사실을 부르고 있어 입으로 구전(口傳)되는 과정과 현장에서의 구연(口演) 행위 그리고 텍스트가 기술된 상황 등을 고려하여 생산자(生産者)가 누구인가를 판단해야 하기 때문이다. 본고에서는 이러한 현상에 유의하면서 돈황 강창문학의 생산자를 작가, 연행자(演行者), 기록자(記錄者)로 구분하여 논술하였다. ㉡ 향유자(享有者) : 청중을 대상으로 불리어지는 연행문학적 성격이 강한 강창문학의 생산은 향유(享有)와 분리되어 이해될 수 없다. 기록문학에서는 작자와 독자가 직접 대면할 수 없지만 강창문학의 경우는 연행자가 청중을 직접 대면하여 작품을 구연(口演)하므로 소재(素材)의 선택, 주제의 방향, 서술 방식 등 모든 방면에 있어 항상 청중의 욕구와 감정에 유의하지 않을 수 없다. 강창문학의 향유자인 청중의 성향에 대한 분석이 강창문학 연구에 있어 주요한 과제로 설정되는 이유는 바로 여기에 있다. 돈황 강창문학의 향유자가 과연 어떤 계층의 사람이며 어떠한 의식을 지니고 있는가 하는 문제는 어느 한 측면만을 보고 획일적으로 답할 수 없다. 왜냐하면 강창문학은 출가한 승려, 불교 신도, 지식인, 서민 등 다양한 계층의 사람들이 향유하고 있었기 때문이다. 따라서 대중교화적인 성격만 보고 강창문학의 향유자를

불교 신도로 국한하거나 혹은 강창작품 속에 소외된 민중의 저항의식이 담겨 있는 것을 보고 향유자를 기층 민중으로 판단하는 것은 성급한 단정이라고 할 수 있다. 그보다는 향유층의 다층적인 양상에 주목하여 돈황 강창문학을 이해하는 것이 무엇보다 필요하다. 따라서 본고에서는 강창문학의 향유자(享有者)를 ⓐ 승려층, ⓑ 상류층, ⓒ 중류층, ⓓ 하류층으로 세분하여 각 계층의 상이한 의식과 취향이 돈황 강창작품과 어떠한 연관을 맺고 있는지를 분석하였다.

③ 연행(演行) 장소 : 당대(唐代)의 사원은 단순한 종교적 성소(聖所)라기보다는 公共의 장소로서 상하층이 두루 이용하는 하나의 문화적 공간이요 대중적 광장이었다. 당대(唐代) 강창문학은 이렇게 일반 대중(大衆)들이 문화 활동의 공간으로 이용한 사원을 중심으로 발달한다. 그러나 강창문학이 오직 사원에서만 공연된 것은 아니었다. 최상류층을 위해 궁정(宮庭)에 설창인(說唱人)이 들어가 연행한 사실이 있으며, 시정(市井)에서도 전문 기예인들이 강창 공연을 한 것을 문헌(文獻)을 통해 살펴볼 수 있다.

(5)

이 책에서는 기존(旣存)에 고급문학과 기록문학의 장르적 특성을 기준으로 소설 장르를 분석하던 방식에서 벗어나 저급문학과 구비문학의 장르적 특성에 입각하여 소설 장르를 논할 필요가 있다는 관점으로 기술하였다. 이러한 문제의식은 판소리와 고려 시대의 강창문학이 우리나라 소설사의 발전 동력임을 확인하면서 획득한 것이며, 중국소설사 내에서도 이러한 현상이 나타나고 있는가를 분석할 필요성이 있다고 보아 이 책을 집필하게 되었다. 그러나 본고(本稿)는 이에 대한 충분한 답변을 하지 못한 채 돈황 강창문학에 대한 개괄적인 정리에 머물었다는 감을 지울 수 없다. 따라서 필자는 본고(本稿)의 미진함을 보완하고 이론적 근거를 명확히 하기 위해, 향후 우리나라의 판소리와 강창문학, 중국의 돈황 강창작품(講唱作品), 일본 평안조시기(平安朝時期)의 초기물어(初期物語) / 불교설화(佛敎說話) 삼자(三者)를 비교 연구함으로써 구비연행서사물(口碑演行敍事物)이 한중일 소설의 기원과 발전에 미친 영향을 밝히려 한다.

(6)

또 이 책에서 다룬 내용은 송원(宋元) 화본(話本)소설 및 명청(明淸) 장회(章回)소설의 연원(淵源)을 돈황 강창문학 텍스트에서 확인하는 구체적인 작업이 뒤따를 때 논리적 타당성을 인정받을 것이다. 그러나 상인의 요청(賈人之請)에 의하여 쓰여 진 『삼언(三言)』 속의 각 작품을 읽어보면 문언소설의 영향이 뚜렷한 작품이 존재함을 확인할 수 있다. 이는 국문학계에서 판소리의 변천과정에 대하여 양반층으로의 확대와 민중지향성의 퇴색이라는 엇갈리는 평가와 비교 분석할 가치가 있는 변이 현상으로 볼 수 있다. 필자는 당대(唐代) 강창문학이 송대(宋代) 이후 화본(話本)소설과 장회(章回)소설로 발전되어 가는 과정에서 생긴 이와 같은 현상은, 민중지향성이 비교적 강했던 구비 연행문학이 소비자의 요구를 수용하여 대중문학으로 전이되는 과정에서 나타난 것으로 본다. 그러나 이 문제는 당대(唐代) 강창문학과 송원(宋元) 화본소설의 창작 주체, 수용층, 텍스트의 유통 과정 등 그 시대의 문화적 기반에 대한 좀 더 면밀한 비교 분석을 가하여야만 그 실상이 규명될 것이다.

참고문헌

1. 원전과 주석본

『돈황보장(敦煌寶藏)』(총140권), 황영무(黃永武) 주편, 려강출판사(驪江出版社), 1989
『돈황변문집신서(敦煌變文集新書)』, 반중규(潘重規), 중국문화대학(中國文化大學), 1984
『돈황변문(敦煌變文)』 상하, 양가락(楊家駱) 주편, 세계서국(世界書局), 1989
『돈황변문집(敦煌變文集)』 상하, 왕중민(王重民) 등 합편, 인민문학출판사, 1957
『돈황논문회록(敦煌論文匯錄)』, 주소량(周紹良) 편, 상해(上海)출판공사, 1954
『돈황변문선주(敦煌變文選注)』, 항초(項楚), 파촉서사(巴蜀書社), 1990
『敦煌文學作品選』, 주소량(周紹良) 주편, 중화서국, 1987
『돈황변문선주(敦煌變文選注)』, 뢰문치(雷文治) 선주, 하북교육(河北教育)출판사, 1991
『돈황강창문학작품선주(敦煌講唱文學作品選注)』, 장홍훈(張鴻勛) 선주, 감숙(甘肅)인민출판사, 1987
『돈황변문자의통석(敦煌變文字義通釋)』, 장례홍(蔣禮鴻), 상해고적출판사, 1981
『돈황변문집교의(敦煌變文集校議)』, 곽재이(郭在貽)・장용천(張涌泉)・황징(黃徵), 악록(樂麓)서사, 1990
『돈황변문집(敦煌變文集)』, 장용천(張涌泉)・황징(黃徵) 교주, 중화서국, 1997

2. 단행본

(1) 한국자료

『돈황 이야기』, 마스오카 유즈루, 박세욱・조경숙 역, 연암서가, 2008.7
『고대 실크로드의 음악』, 기시베 시게오(岸邊成雄), 송방송(宋芳松) 역, 삼호출판사
『고소설의 구조와 의미』, 설성경・박태상, 새문사, 1986
『구비문학의 세계』, 조동일(趙東一), 새문사, 1980 초판
『당악연구(唐樂研究)』, 차주환(車柱環), 동화출판사, 1983
『당대소설연구』, 정범진(丁範鎭), 성균관대 대동문화연구원, 1982
『돈황문학과 예술』, 이수웅(李秀雄) 편저, 건국대 출판부, 1990

『동양미학』, 토머스 먼로, 백기수(白琪洙) 역, 열화당(悅話堂) 미술선서(美術選書)43, 1984
『대승기신론사상연구(大乘起信論思想硏究)』(I), 박태원(朴太源), 민족사, 1994
『문수보살(文殊菩薩)의 연구』, 정병조(鄭柄朝), 한국불교연구원, 1988
『민담(民譚)의 역사적 기원』, 프로프, 최애리 역, 문학과지성사, 1990
『밀교(密教)의 역사와 문화』, 요리토미 모토히로 · 나카무라 료오 외, 김무생 역, 1989
『불교와 중국지성사(知性史)』, 아서 E. 라이트, 최효선 역, 예문지, 1992
『서사담론(敍事談論)』, 제라르 · 쥬네트, 권택영 역, 교보문고, 1992
『설화학강요(說話學綱要)』, 조희웅(曺喜雄), 새문사, 1989
『설화(說話)작품의 현장논적 분석』, 임재해, 지식산업사, 1991
『소설이론의 역사』, 윌리스 마틴, 현대소설사, 1991
『소설의 시학』, S. 리몬-케넌, 최상규 역, 문학과지성사, 1985
『소설의 이론』, 부루노 힐레부란트, 박병화 · 원당희 역, 현대소설사, 1993
『시학』, 아리스토텔레스, 천병희 역, 문예출판사, 1976 초판
『장편소설과 민중언어』, 미하일 빠흐찐, 전승희 외역, 창작과비평사, 1988
『정재(呈才)연구』 I, 정은혜(鄭殷惠) 편저, 대광문화사, 1993
『중국고대서사』, 전존훈(錢存訓), 김윤자(金允子) 역, 동문선 문예신서11, 1990
『중국고대문학사』, 허세욱(許世旭), 법문사, 1986
『중국문학개론』, 김학주(金學主), 신아사, 1982
『중국고대소설연구』, 전인초(全寅初), 연세대 출판부
『중국당시(唐詩)연구』(상. 하), 류성준(柳晟俊), 국학자료원, 1994
『중국소설사략』, 노신(魯迅), 정범진(丁範鎭) 역, 학연사, 1992
『중국불교사』, 등당공준(藤堂恭俊) · 염입량도(塩入良道), 차차석 역, 대원정사, 1992
『중국불교사상사』, 목촌청효(木村淸孝), 박태원(朴太源) 역, 경서원, 1988
『중국불교와 불교문화』, 중국사회과학원, 남현옥 역, 우리출판사
『중국희극사』, 등수녕(鄧綏寧), 강계철(姜啓哲) 역, 명지출판사, 1993
『중국희곡』, 양회석(梁會錫), 민음사, 1994
『한국민간문학개설』, 김선풍 · 김금자, 국학자료원
『현대소설론』, 한국현대소설연구회, 평민사, 1994
『미학강의』1.2, M.S.까간, 진중권 역, 새길, 1991
『미학강의』II, M.S.까간, 진중권 역, 새길, 1991
『민속문화론』, 임재해, 문학과지성사, 1986 초판
『서사민요연구』, 조동일, 계명대 출판부, 1970 초판

『소설구성의 시학』, 보리스 우스펜스키, 김경수 역, 현대소설사, 1992
『소설구조의 이론』, 김천혜, 문학과지성사, 1990 초판
『일본문학의 이해』, 이토 세이, 유은경 역, 새문사, 1992
『장르론』, 폴 헤르나디, 김준오 외역, 문장, 1983
『장편소설과 민중언어』, 미하일 바흐찐, 전승희 외역, 창작과비평사, 1988
『탈춤의 미학』, 김욱동, 현암사, 1994
『판소리란 무엇인가』, 최동현, 에디터, 1994.5
『판소리의 이해』, 조동일 / 김흥규 편, 창작과비평사, 1978 초판
『한국 현대 장르 비평론』, 김준오, 문학과지성사, 1990
『한국문학과 세계문학』, 조동일, 지식산업사, 1991
『한국문학의 갈래이론』, 조동일, 집문당, 1992.7
『한국의 민속예술』, 임재해 편, 문학과지성사, 1988 초판

(2) 중국자료

『중국돈황학사(中國敦煌學史)』, 임가평(林家平) · 영강(寧强) · 라화경(羅華慶), 북경어언학원(北京語言學院)출판사, 1992
『돈황민간문학(敦煌民間文學)』, 고국번(高國藩), 타이베이(臺北): 연경출판사, 1994.4
『돈황변문논문록(敦煌變文論文錄)』 상하, 주소량(周紹良) · 백화문(白化文) 편, 명문서국, 1985
『돈황문학(敦煌文學)』, 장석후(張錫厚), 상해고적(上海古籍)출판사, 1980
『돈황문학총고(敦煌文學叢考)』, 항초(項楚), 상해고적출판사, 1987
『돈황변문논문록(敦煌變文論文錄)』 상하, 주소량(周紹良) · 백화문(白話文) 편, 명문서국, 1985
『돈황변문화본연구(敦煌變文話本硏究)』, 이건(李騫), 요녕(遼寧)대학출판사, 1987
『돈황사화』, 반중규(潘重規), 석문도서공사(石門圖書公司), 1981
『돈황속문학연구(敦煌俗文學硏究)』, 임총명(林聰明), 동오대학(東吳大學) 출판부, 1984
『돈황쇄금(敦煌碎金)』, 도추영(陶秋英) 집록(輯錄), 강량부(姜亮夫) 교정, 절강고적(浙江古籍)출판사, 1992
『돈황곡자사흔상(敦煌曲子詞欣賞)』, 고국번(高國藩), 남경대학출판, 1989
『돈황어언문학연구(敦煌語言文學硏究)』, 중국돈황토로번학회(中國敦煌吐魯番學會), 북경대학출판, 1988
『돈황논집(敦煌論集)』, 소영휘(蘇瑩輝), 학생서국(學生書局)

『돈황논집속편(敦煌論集續編)』, 소영휘(蘇瑩輝), 학생서국
『돈황문서학(敦煌文書學)』, 임총명(林聰明), 신문풍출판사(新文豊出版社)
『돈황문학』, 장석후(張錫厚), 국문천지(國文天地)
『돈황문학추의급기타(敦煌文學芻議及其他)』, 주소량(周紹良), 신문풍(新文風)출판사
『돈황변문(敦煌變文)』(일), 문주(文珠)출판사
『나진옥돈황학석론(羅振玉敦煌學析論)』, 임평화(林平和), 문사철(文史哲)
『돈황고적서록(敦煌古籍敍錄)』, 왕중민(王重民), 중문(中文)출판사
『돈황운요집신교정(敦煌雲謠集新校訂)』, 심영명(沈英名)・맹옥저(孟玉著), 정중(正中)서국, 1982
『돈황유서논문집(敦煌遺書論文集)』, 왕유삼(王有三), 명문(明文)서국
『돈황학개요(敦煌學概要)』, 소영휘(蘇瑩輝), 오남(五南)도서출판, 1988 초판
『돈황학요윤(敦煌學要龠)』, 진조룡저(陳祚龍著), 신문풍(新文豊)출판, 1982
『돈황학진잡지(敦煌學津雜誌)』, 진조룡(陳祚龍), 문진(文津)출판사
『고대전기문학사고(古代傳記文學史稿)』, 강도(姜濤)・조화(趙華), 요녕(遼寧)대학 출판사, 1990
『곡예개론(曲藝概論)』, 후보림(侯寶林)・왕경수(汪景壽)・설보곤(薛寶琨), 북경대학 출판사, 1980.7
『곡예론집(曲藝論集)』, 관덕동(關德棟), 상해고적출판사, 1958
『곡예특징론(曲藝特徵論)』, 중국곡예출판사(中國曲藝出版社), 1989
『당대문학과 불교(唐代文學與佛教)』, 손창무(孫昌武), 섬서(陝西)인민출판사, 1985
『당대소설선역(唐代小說選譯)』, 중국고대문언소설선역총서(中國古代文言小說選譯叢書), 상해고적출판사, 1987
『당대의 문학과 불교(唐代的文學與佛教)』, 평야현조(平野顯照), 장동생(張桐生) 역, 업강(業强), 1987
『동영과 칠선녀의 이야기(董永與七仙女的故事)』, 효감시동영전설연구회(孝感市董永傳說硏究會), 형초서사(荊楚書社), 1987
『중국민간미술을 논함(論中國民間美術)』, 반로생(潘魯生), 북경공예미술출판사, 1990
『맹강녀(孟姜女)연구』, 양진량(楊振良), 학생서국, 대만, 1985
『문체분류학(文體分類學)』, 전창수(錢倉水), 강소(江蘇)교육출판사, 1992.7
『민간문학기본지식(民間文學基本知識)』, 장자신(張紫晨), 상해문예출판사, 1979
『불교동전과 중국불교예술』, 오탁저(吳琸著), 절강(浙江)人民出版社, 1991
『불교와 동방예술』, 장석곤(張錫坤), 길림교육(吉林敎育), 1991

『사시.서사시와 민족정신(史詩.敍事詩與民族精神)』, 진래생(陳來生), 상해(上海)사회과학출판사, 1990
『설민예(說民藝)』, 증영의(曾永義), 유사문화사업공사(幼獅文化事業公司)
『설속문학(說俗文學)』, 증영의(曾永義), 련경(聯經)출판사, 1980 초판
『설창예술간사(說唱藝術簡史)』, 중국예술연구원 곡예연구소, 문화예술출판사, 1988
『소설문체연구』, 중국사회과학출판사문학편집실 편, 중국사회과학출판사, 1988
『소설서사학(小說敍事學)』, 서대저(徐岱著), 중국사회과학출판사, 1986
『속강변문과 백화소설(俗講變文與白話小說)』, 향각민(向覺民) 외, 서남서국, 1980 초판
『속어전고정선(俗語典故精選)』, 인혁(仁赫) 주편, 농촌독물(農村讀物)출판사, 1991
『송원 희곡문물과 민속(宋元戲曲文物與民俗)』, 료분(廖奔), 문화예술출판사, 1989
『예술형태학(藝術形態學)』, 막.잡강(莫.卡岡), 능계요(凌繼堯)・금아나(金亞娜) 역, 삼련서점(三聯書店), 1986
『오십년 이래에 중국속문학(五十年來的中國俗文學)』, 주개범(朱介凡)・루자광(婁子匡) 편, 정중서국(正中書局), 1963
『유양잡조(酉陽雜俎)』, 당(唐) 단성식(段成式), 한경문화사업(漢京文化事業), 1983
『장족학술토론회논문집(藏族學術討論會論文集)』, 서장인민출판사(西藏人民出版社)
『전통문화와 고전희곡(傳統文化與古典戲曲)』, 정전인(鄭傳寅), 호북(湖北)교육, 1990
『중국가요(中國歌謠)・중국속문학개론・중국유예(游藝)연구』, 양가락(楊家駱) 주편, 세계서국, 1992 제8판
『중국가요(中國歌謠)』, 주자청(朱自淸), 중화서국, 1976 초판
『중국고대노동인민창작지(中國古代勞動人民創作志)』, 장순휘(張舜徽), 화중공학원출판사(華中工學院出版社), 1984
『중국고대문체개론(中國古代文體槪論)』, 저빈걸(楮斌杰), 북경대학출판사, 1990
『중국고대사원생활(中國古代寺院生活)』, 왕경림(王景琳), 섬서(陝西)인민출판사, 1991
『중국고대소설예술론(中國古代小說藝術論)』, 노덕재(魯德在), 백화(百花)문예출판사, 1987
『중국고대음악사고(中國古代音樂史稿)』상하, 양음류(楊陰瀏), 단청(丹靑), 대만
『중국고대희극사(中國古代戲劇史)』, 당문표(唐文標), 중국희극출판사, 1985
『중국고대희극사』, 당문표(唐文標), 신화서점북경출판소, 1985
『중국고무와 민무 연구(中國古舞與民舞硏究)』, 은아소(殷亞昭), 貫雅(貫雅)문화사업유한공사, 1991
『중국고전무여아사문화(中國古典舞與雅士文化)』, 우평(于平), 길림교육(吉林教育), 1991

『중국곡예사(中國曲藝史)』, 예종지(倪鍾之), 춘풍(春風)문예출판사, 1991
『중국민가와 향토사회(中國民歌與鄕土社會)』, 양민강(楊民康), 길림교육(吉林教育), 1991
『중국민간무와 농경신앙(中國民間舞與農耕信仰)』, 장화(張華), 길림교육, 1991
『중국민간문예사전(中國民間文藝辭典)』, 양량재(楊亮才) 주편, 감숙인민(甘肅人民), 1987
『중국민간문학사』상하, 북경사범대학중문계55급학생집체편사, 인민문학출판사, 1958
『중국민간문화』 제4집, 상해민간문예협회, 학림출판사, 1991
『중국민속문화와 현대문명』, 왕헌충(王獻忠), 중국서점, 1991
『중국민속과 민속학(中國民俗與民俗學)』, 장자신(張紫晨), 절강인민(浙江人民), 1985 초판
『중국민속탐구(中國民俗探微)』, 고국번(高國藩), 하해(河海)대학출판사, 1989
『중국백화소설사(中國白話小說史)』, Patrick Hanan, 윤혜민(尹慧民) 역, 절강고적출판사(浙江古籍出版社), 1989
『중국설창예술사론(中國說唱藝術史論)』, 설보곤(薛寶琨)·포진배(鮑震培), 화산문예출판사(花山文藝出版社), 1990
『중국소설사』, 북경대학중문계, 인민문학출판사, 1978
『중국소설 서사모식의 전변(中國小說敍事模式的轉變)』, 진평원(陳平原), 상해인민출판사, 1988 第1版
『중국소수민족문학사(中國少數民族文學史)』상하, 마학량(馬學良)·량정망(梁庭望)·장공근(張公瑾), 중앙민족학원출판사(中央民族學院出版社), 1992
『중국속문학논문휘편(中國俗文學論文彙編)』, 유경암(劉經菴)·서부림(徐傅霖), 서남서국, 1983
『중국속문학사(中國俗文學史)』, 정마(鄭馬), 대만상무인서관(臺灣商務印書館)
『중국 시정문화와 전통곡예(中國市井文化與傳統曲藝)」, 단옥명(段玉明), 길림교육(吉林教育), 1991
『중국영희(中國影戲)』, 강옥상(江玉祥), 사천(四川)인민출판사, 1992
『중국음악문학사(中國音樂文學史)』, 주겸지(朱謙之), 북경대학, 1989
『중국희곡통사(中國戲曲通史)』상중하, 장경(張庚)·곽한성(郭漢城), 단청도서공사(丹青圖書公司), 1992
『중국희곡문화개론(中國戲曲文化概論)』, 정전인(鄭傳寅), 무한(武漢)대학출판사, 1993
『중국희반사(中國戲班史)』, 장발영(張發穎), 심양(瀋陽)출판사, 1991
『진여형곡예문선(陳汝衡曲藝文選)』, 진여형(陳汝衡), 중국곡예출판사, 1985
『통속문학논총(通俗文學論叢)』, 오효령(吳曉鈴)·설보곤(薛寶琨) 편, 북악문예출판사(北岳文藝出版社), 1986

『한당불교사회사론(漢唐佛教社會史論)』, 사중광(謝重光), 국제문화, 1990.5
「한대악무백희예술연구(漢代樂舞百戲藝術研究)』, 소항달(蕭亢達), 문물출판사, 1991
『한화불교와 사원생활(漢化佛教與寺院生活)』, 백화문(白化文), 천진(天津)인민출판사, 1989
『화본소설개론(話本小說概論)』, 호사영(胡士瑩), 중화서국, 1979
『희곡공연연구(戲曲表演研究)』, 황극보(黃克保), 중국희극출판사(中國戲劇出版社), 1992

(3) 일본자료

『돈황의 문학문헌』, 가나오까 쇼우꼬우(金岡照光), 강좌(講座)돈황 9, 대동출판사
『돈황의 문학』, 가나오까 쇼우꼬우, 대장(大藏)출판주식회사, 1971
『돈황의 에모노가타리(繪物語)』, 가나오까 쇼우꼬우, 동방선서(東方選書), 1981
『중국설화문학의 탄생』, 고교 념(高橋 捻), 동방선서, 1988
『입당구법순례행기(入唐求法巡禮行記)』, 엔닌(圓仁), 심곡헌일(深谷憲一) 역, 중공문고(中公文庫)
『중국불교문학』, 가지철정(加地哲定), 금일(今日)중국출판사, 1990
『당시의 풍토(唐詩の風土)』, 우에키 히사유키(植木久行), 연문(硏文)출판
『기록문학집(記錄文學集)』, 송지무부(松枝茂夫)(역자대표), 평범사(平凡社), 1969 초판
『당시의 풍토(唐詩の風土)』, 우에키 히사유키(植木久行), 연문출판,
『대도장안(大都長安)』, 세오 다쓰히코(室永芳三), 교육사, 1982 초판
『불교문학집』, 이리야 요시타카(入矢義高) 편, 『중국고전문학대계』 60, 평범사(平凡社)
『교방기(教坊記) · 북리지(北里志)』, 최령흠(崔令欽) · 손계(孫棨), 재등무(齋藤茂) 역주, 평범사, 동양문고 549, 1992.5 초판
『유양잡조(酉陽雜俎)』 1, 단성식(段成式), 今村與志雄 역주, 평범사, 동양문고 382, 1989, 3판

(4) 서양자료

Susan Whitfield, *Dunhuang Manuscript Forgeries*, The British Library, 2002
Mikhail Bakhtin, *Problems of dostoevskys poetics*, University of Minnesota Press, Minneapolis, 1984
Mikhail Bakhtin, *The DIALOGIC IMAGINATION*(Four ESSAYS), University of TEXAS PRESS AUSTIN
David Johnson, *Epic and History in Early China: The Matter of Wu Tzu-hsü*, Journal of Asian Studies 1981.2, Vol. XL, no.2.
David Johnson, *The Wu Tzu-hsü Pien-wen and Its Source: PartI*, Havard Journal of Asiatic Studies,

1980.6, Vol.40-1.

David Johnson, *The Wu Tzu-hsü Pien-wen and Its Source: PartII*, Havard Journal of Asiatic Studies, 1980.12, Vol.40-2.

Robert schole, Robert kellogg, *The of nature of narrative*, Oxford University press, 1966

Stephen F.Teiser, *The Ghost Festival in Medieval China*, PRINCETON UNIVERSITY PRESS, 1988

Finnegan, *ORAL TRADITIONS AND THE VERBAL ARTS*, LONDON AND NEW YORK, 1992

Finnegan, *Literaracy and orality*, Basil Blackwell, 1988

Joseph Harris, *The Ballad Oral Literature*, Harvard University Press, 1991

Victor H.Mair, *T'ang Transformation Texts*, Harvard Univ. Press, 1989

Victor H.Mair, "The Narrative Ravolution in Chinese Literature", *Chinese Literature* (1983), Vol.5, No 1-2

John L. Bishop, 「Some Limitations of Cinese Fiction」, *Studies in Chinese Literature*, Cambridge: Harvard-Yenching Institute, 1965

3. 학위논문류

(1) 한국논문

『돈황강창문학연구(敦煌講唱文學研究)』, 조명화(曺明和), 서울대 박사논문, 1989

『돈황 강사변문 연구』, 유태규(兪泰揆), 성균관대 박사논문, 1993.10

『돈황사본「여산원공화(廬山遠公話)」연구』, 정병윤(鄭炳潤), 한국외대 석사논문, 1994

『돈황변문연구－「유마힐경강경문(維摩詰經講經文)」을 중심으로』, 조명화(曺明和), 서울대 석사논문, 1970

『오자서변문(伍子胥變文)의 내용에 관한 연구』, 유태규(兪泰揆), 성균관대 석사논문, 1985

『돈황화본연구』, 박완호, 전남대 석사논문, 1989

『만명(晩明)소설이론연구』, 이등연(李騰淵), 한국외국어대 박사논문, 1991

『목련(目連)변문연구』, 이성호, 성균관대 석사논문, 1990

『변문과 화본 형식비교연구』, 강영기, 연세대 석사논문, 1987

『돈황사본〈엽정능시(葉淨能詩)〉연구』, 권영애, 숙명여대 석사논문, 1985

『돈황「한금호화본(韓擒虎話本)」연구』, 박현식, 단국대 석사논문, 1986

『대목건련명간구모변문(大目乾連冥間救母變文)』, 엄영욱, 전남대 석사논문, 1986

『맹강녀설화연구(孟姜女說話研究)』, 양윤정, 숙명여대 석사논문, 1989

『송원남희연구(宋元南戲研究)』, 오수경(吳秀卿), 서울대 박사논문, 1992
『고려조(高麗朝) 강창문학 연구』, 경일남(景一男), 충남대 박사논문, 1989
『선진양한서사시연구(先秦兩漢敍事詩研究)』, 이준식(李俊植), 성균관대 박사논문, 1991
『청말 견책(淸末 譴責)소설의 외적 배경 연구』, 구양근(具良根), 한국외대 박사논문, 1987
『유림외사연구(儒林外史研究)』, 조관희(趙寬熙), 연세대 박사논문, 1993
『당후기(唐後期) 중소지주층(中小地主層)의 형성과 그 성격』, 정순모(鄭淳模), 고려대 석사논문, 1992.12
『백거이신악부현실주의연구(白居易新樂府現實主義研究)』, 임효섭(林孝燮), 한국외대 석사논문, 1987
『고전소설 서사구조(古典小說 敍事構造) / 삽입가요(插入歌謠) 연구』, 이승복, 서울대 석사논문, 1985
『석군보(石君寶)「노대부추호희처(魯大夫秋胡戲妻)」잡극』, 문성재, 서울대 석사논문, 1991
『이야기판과 이야기의 변이(變異)』, 홍태한(洪泰漢), 경희대 석사논문, 1986
『야담(野談)의 사대부지향(士大夫指向)과 그 변개양상』, 진경환(秦京煥), 고려대 석사논문
『탄사(彈詞).고사(鼓詞) 비교연구』, 정대웅(鄭大雄), 한국외대 석사논문, 1989
『판소리 삽입가요(插入歌謠) 삽입양상(插入樣相) 연구』, 정충권, 서울대 석사논문, 1989
『한국 구술전통에 있어서 구연술의 안정과 변이에 관한 연구—특히 장르에 따른 구연술의 양상에 관하여』, 김재용, 서강대 석사논문, 1979
『판소리의 서사(敍事)형태와 그 기능』, 이상원, 고려대 석사논문, 1989.7

(2) 중국논문

『敦煌話本研究』, 林隆盛, 私立東吳大學 碩士論文, 臺灣, 1988.4
『秋胡戲妻故事研究』, 王國良, 私立中國文化大學 碩士論文, 臺灣, 1988.6
『敦煌變文主題及其相關問題之研究』, 小野純子, 國立政治大學 碩士論文, 1984.6
『中韓民俗戲劇之比較研究』, 黃薇光, 師範大學 博士論文, 1987.5
『唐代俗講文學(變文)的「原創性」及其「大衆需要」關係研究』, 楊西華, 東海大學碩士論文, 1978
『左傳中士與國人的身分地位及其演變』, 葉文琦, 文化大學 碩士論文, 1989.6
『短篇話本小說的文學論』, 杜奕, 東海大學 碩士論文, 1978.4
『中國古代笑話研究』, 陳淸俊, 師範大學 碩士論文, 1985.5
『梁祝故事及其文學研究』, 林美淸, 臺灣大學 碩士論文, 1982.6
『敦煌俗文學16篇研究』, 王玫珍, 國立成功大學 碩士論文, 1988.5

『唐代西域樂舞傳入之硏究』, 王維芳, 政治大學 碩士論文, 1985.6
『敦煌變文「太子成道經」·「八相變」·「破魔變」·「降魔變」與佛經比較硏究, 金泰寬, 政治大學 碩士 論文, 1984
『李齊賢及其詞硏究』, 柳己洙, 香港大學 博士論文, 1991
『中國古代的士和俠』, 孫鐵剛, 臺灣大學 博士論文, 1973
『唐代寺院經濟的硏究』, 黃敏枝, 臺灣大學 碩士論文, 1970.6
『唐代佛教與政治.經濟的關係』, 陳瓊玉, 臺灣師範大學 碩士論文, 1982.6
『隋唐人俑硏究』, 錢伊平, 臺灣大學 碩士論文, 1979.6
『晩淸諷刺小說的人物硏究』, 吳淳邦, 臺灣 輔仁大 碩士論文, 1983
『伍子胥變文及其故事硏究』, 張瑞芬, 文化大學 碩士論文, 1986.6
『唐代的文學傳播活動硏究』, 葉葉玟, 淡江大學 碩士論文, 1991.6
『唐五代敦煌民歌之硏究』, 金賢珠, 國立臺灣師範大學國文硏究所博士學位論文, 1993
『紅樓夢賈寶玉情案硏究』, 崔炳圭, 國立臺灣師範大學國文硏究所博士學位論文, 1993

4. 소논문

(1) 한국 소논문

김우석(金遇錫), 「제궁조(諸宮調) 연구를 위한 시론」, 『중국희곡』 창간호, 1994
김병국(金炳國), 「구비서사시(口碑敍事詩)로 본 판소리 사설(辭說)의 구성방식」, 『한국학보』 27호, 일지사, 1982
김병국(金炳國), 「판소리의 문학적 진술방식」, 『국어교육』 34호, 1979
김영광(金永光), 「원잡극(元雜劇)의 희극성소고(喜劇性小攷)」, 『중국희곡』 창간호, 1994
김진곤(金震坤), 「『전상평화진병육국(全相平話秦幷六國)』의 소설化 과정과 특징」, 『중국소 설논총』 II, 중국소설연구회 편, 학고방, 1993
김민호(金敏鎬), 「돈황 장경동(藏經洞) 폐쇄시기에 관한 고찰」, 『중국어문론총』, 1995
권석환(權錫煥), 「『사기(史記)』전의 장르적 고찰」, 『중국소설론총』 제3집, 1994.10
사재동(史在東), 「한중 목련고사(目連故事)의 유변(流變)硏究」, 『충격(衝擊)과 조화(調和)』, 국학자료원, 1992
서경호(徐敬浩), 「중국소설의 기원에 대한 재검토」, 『노성최완식선생송수논문집』, 1991
이등연(李騰淵), 「청대(淸代) 소설이론 중의 본질론 연구」, 『중국소설론총』 제3집, 1994.10
이상익(李相翊), 「한중소설의 비교연구」, 『충격과 조화』, 국학자료원, 1992
이한조(李漢祚), 「당대(唐代) 속강의 흥행성」, 『김준엽교수화갑기념중국학논총(金俊燁

教授華甲紀念中國學論叢)』, 1983
이한조(李漢祚), 「당시(唐詩)를 통해 본 강담」, 『중국학보』 제9집, 1968
장 영(張 暎), 「송대(宋代) '소설' 화본에 있어서 소설의 개념」, 『중국소설론총』 제2집, 1993.3
정재서(鄭在書), 「중국소설의 이념적 정위를 위한 시론」, 『중국소설론총』 제3집, 1994.10
조명화(曹明和), 「난타출가연기략고(難陀出家緣起略考)」, 『중국문학』 제6집, 1979
조명화(曹明和), 「변문 연구의 몇 가지 문제점」, 『중국어문학』 제17집, 1990
조희웅(曹喜雄), 「구비(口碑)문학의 위상과 방향」, 『구비문학연구』 제1집, 1994
조관희(趙寬熙), 「소설의 인식론적 토대로서의 현실성」, 『중국소설론총』 제3집, 1994.10
차주환(車柱環), 「돈황 백세편(百歲篇)」, 『중재장충식박사화갑기념논총(中齋張忠植博士華甲紀念論叢)』, 인문・사회과학편
차주환(車柱環), 「돈황 십이시(十二時)」, 『학술원논문집』(인문사회과학편) 제32집, 1993
김현주, 「판소리 문학에서 구술(口述)성과 기술성의 관련양상(樣相) 및 장르적 의미」, 『판소리연구』 제2집, 판소리학회, 1991
박종성, 「무속서사시 연구의 새로운 관점」, 『구비(口碑)문학연구』 제1집, 1994
서대석, 「구비문학의 비교문학적 연구과제」, 『구비문학연구』 제1집, 1994
서대석, 「판소리의 전승론적 연구」, 『현상과 인식』 3호 3권
유영대, 「판소리의 전개와 변모」, 『한국고전소설론』, 새문사, 1992
이강옥, 「불경계 설화의 소설화 과정에 대한 고찰」, 『고전문학연구』 제4집, 1988
임재해, 「노래의 생명성과 민요 연구의 현장 확장」, 『구비문학연구』 제1집, 1994
정규복, 「동아시아 문학에 나타난 偈의 역할」, 『충격과 조화(調和)』, 國學資料院, 1992
황선주, 「『경본통속소설(京本通俗小說)』과 민중 그리고 지식인」(3), 『중국어문학』 제19집, 1991
전홍철, 「돈황본 〈공자항탁상문서(孔子項托相問書)〉의 서사 구조」, 『중어중문학』, 1994

(2) 중국 소논문

① 『돈황연구(敦煌研究)』, 감숙인민출판사
「敦煌本秋胡故事研究」, 高國藩, 1986年 第1期
「'變文'名實新辨」, 曲金良, 『敦煌研究』, 1986年 第2期
「敦煌本『燕子賦』考論」, 簡濤, 『敦煌研究』, 1986年 第2期
「敦煌講唱文學韻例初探」, 張鴻勛, 『敦煌研究』, 1986年 第2期
「1979年巴黎國際敦煌學討論會概況, 耿昇, 『敦煌研究』, 1986年 第2期
「敦煌故事賦『茶酒論』與爭奇型小說」, 張鴻勛, 『敦煌研究』, 1986年 第2期

「敦煌本秋胡故事研究」, 高國藩, 1986年 第1期
「敦煌本『韓朋賦』創作時代考, 李純良, 1989年 第1期
「敦煌變文四篇補校」, 楊雄, 1989年 第1期
「羅振玉與敦煌學」, 趙林, 1989年 第2期
「『長興四年中興殿應聖節講經文』研究」, 楊雄, 1990年 第1期
「『敦煌歌辭總編』校釋商榷」, 黃征, 1990年 第2期
「『敦煌變文集』校勘拾遺」, 楊雄, 1990年 第4期

② 『돈황학집간(敦煌學輯刊)』(란주대학 역사연구소 출판)
「敦煌講唱文學的體制及其類型初探」, 張鴻勛, 第2期
「敦煌俗曲分時聯章歌體再議」, 周丕顯, 第4期
「中國散韻相竿, 兼說兼唱之文體來源」－且談變文之變, 牛龍菲, 第4期
「敦煌寫本『盧山遠公話』初探」, 韓建令瓦, 第4期
「唐寫本『孔子與子羽對語雜抄』考略」, 張鴻勛, 第5期
「『捉季布傳文』藝術簡論」, 李明偉, 第7期
「唐變文的形成及其與俗講的關係」, 李騫, 第8期
「敦煌本『孔子項托相問書』研究」, 張鴻勛, 第9期
「略論敦煌賦集及其善錄標準」, 張錫厚 , 第9期
「孔子項托相問書」故事傳承研究, 張鴻勛, 第9期
「敦煌漢文卷子『茶酒論』與藏文『茶酒仙女』的比較研究」, 朗吉, 第9期
「敦煌寫本『韓擒虎話本』初探一」, 韓建令瓦, 第9期
「『破摩變文』補校」, 항초(項楚)(四川大學 中文系), 韓建令瓦, 第10期
「敦煌本『燕子賦』體制考辨」, 簡濤, 第10期
「關于『敦煌賦集』整理的幾個問題」, 張錫厚, 第11期
「關于敦煌本『五台山贊』與『五台山曲子』的創作年代問題」, 杜斗城(蘭州大學 歷史系), 第11期
「敦煌寫本變文, 講經文作品創作時間考(1)－兼論轉變與俗講問題」, 曲金良(山東大學), 第11期
「敦煌變文校讀釋例」, 張涌泉(杭州大學古籍研究所), 第12期
「敦煌寫本變文.講經文作品創作時間考(2)－續完」, 曲金良(烟台大學中文系), 第12期
「論敦煌佛曲與詞的起源」, 吳肅森(浙江財經學院), 第16期
「變文的講唱藝術－轉變考略」, 曲金良, 第16期

「『長興四年中興殿應聖節講經文』校議」. 郭在貽. 張涌泉. 黃徵, 第17期
「『佛說盂蘭盆經』與『目連救母變文』」, 童光俠, 第17期
S.2440 號文書以劇本定性擬名之質疑, 劉瑞明, 第17期

③『중국고대, 근대문학연구』[중국인민대학 서보자료사(書報資料社) 복인보간자료(復印報刊資料)]
「祭壇就是文壇」(論原始宗教與原始文學的關系), 黃惠琨, 1981-9
「中國文言小說書目」(先秦--漢), 袁行沛. 侯忠義, 1981-9
「變文源流初探」, 趙后起, 1981-10
「敦煌民間文學漫談」, 張鴻勛, 1981-10
「史詩與劇詩」(兼論所謂市民詩歌), 張松如, 1981-11
「宋代民間詞論略」, 謝桃坊, 1981-12
「試談中國古代笑話的思想和藝術」, 顧之京, 1981-13
「樂府詩外的漢隋間民歌」, 劉福元, 1981-13
「試論敦煌話本小說及其成就」, 張錫厚, 1981-14
「試論中國古代重要文學樣式的發生. 發展及其衰替與文學語言變化的關系」, 張志岳, 1981-15
「唐人如何對待辭賦」, 倉梧, 1981-15
「中國封建社會初期文學發展的幾個問題」, 張碧波, 1981-21
「略論八代, 唐, 宋的五. 七言詩的源流與發展, 程千帆, 1981-21
「先唐文學源流論略」(1), 程千帆, 1981-5
「先唐文學源流論略」(2), 程千帆, 1981-11
「先唐文學源流論略」(3), 程千帆, 1981-19
「先唐文學源流論略」(4), 程千帆, 1982-1
「試論斜視對神話的繼承和否定」, 楊知勇, 1981-23
「論唐代變文的出現及其淵源」, 馮宇, 1982-2
「荀子---中國古代散文賦的首倡者」, 張惠仁, 1982-3
「史詩. 敍情詩. 敍事詩(試論中國古代敍情詩發展中的一個帶規律性的問題)」, 張碧波. 雷嘯林, 1982-9
「中國小說概念的變遷及其源流」, 遲子, 1982-11
「試談賦與唐人小說的關系(讀『美人賦』偶得)」, 應錦襄, 1982-11
「詞的起源和詞體形成」, 潘天寧, 1982-13

「從韓非的寓言看先秦寓言文學的特色」, 赤連明, 1982-15
「孟子散文中的論辯方法」, 洪波, 1982-15
「論昭君藝術形象的產生及其歷久不衰的奧秘」, 林麗珠, 1982-15
「談談『搜神記』中的民間創作」, 屈育德, 1982-15
「賦體源流辨」, 李伯敬, 1982-18
「試論賦的源流及演變」, 激流, 1982-19
「中國說唱藝術探源」, 藏立, 1982-21
「雜話古典"微型小說", 魏同賢, 1982-21
「論詩體小說『長恨歌』」, 王先沛, 1985-5
「敦煌曲子詞的地位特點和影響」, 汪泛舟, 1985-5
「古小說簡論」, 白本松, 1985-7
「中國小說起源探迹」, 王齊洲, 1985-7
「關于中國戲劇產生較晚原因探討」, 陳市, 1985-7
「20世紀初期中國小說敍述者作用的變化」, [체코]杰羅斯拉夫.普實克, 1985-8
「中國古代沒有民族史詩碼」, 公木, 1985-9
「從變文形式推究變文之源」, 宋洪志, 1985-11
「從『歡喜國王緣』變文看『長恨歌』故事的構成(兼述『長恨歌』與佛經文學的關系)」, 陳允吉, 1985-13
「敦煌文學研究現狀評價」, 健宏, 1985-13
「試論近代小說的興盛和演變」, 裴效維, 1985-14
「中國古典小說結構與歷史編纂形式的平行縱橫觀」, 萬光治, 1985-15
「雜劇爲什麽在元代發興」, 周華斌, 1985-16
「明代俗語文學的東漸和日本江戶文學時代小說的繁榮」, 嚴紹湯, 1985-16
「中國古典小說與史傳文學藝術淵源探微」, 汪道倫, 1985-17
「魏晉南北朝小說」(對庸愚鄙吝的嘲諷－笑話集), 劉葉秋, 1985-17
「1984年史詩和民歌研究」, 賀學君, 1985-18
「關于神話與文學的關系」, 蘇曉星, 1989-3
「從『楚辭』窺楚神話的特點」, 劉寧波, 1989-3
「中和意識與中國小說的悲劇思惟形態」, 吳士余, 1989-3
「論屈原在完成歌詩向誦詩的轉所作的貢獻」趙逵夫, 1989-4
「『大唐三藏取經詩話』"說話"家數考論(兼談宋人"說話"分類問題)』, 張錦池, 1989-11
「一部立體替的宋元戲曲史」, 王强.曹峰, 1989-11

「巫官屈原論」, 鄭在瀛, 1989-12
「由俗入雅與回雅向俗(記淸末民初小說思潮的演變)」, 陳平原, 1989-12
「賦體之源不在古詩內部(答孫堯年同志)」, 李伯敬, 1985-1
「從街談巷語諸子附庸到大雅登堂文壇立幟(中國古小說的初起及發展)」, 段熙仲, 1985-1
「論漢樂府敍事詩的發展原因和表現藝術」, 葛曉音, 1985-1
「中國民間文藝學的形成與發展」, 鍾敬文, 1985-2
「今本『詩經』已非原來面目」, 李家樹, 1985-3
「試論南北朝民間樂府在文學史上的地位和影響」, 周國瑞, 1985-3
「民俗學和古典文學」, 鍾敬文, 1985-21
「唐代詩客曲子詞論述」, 黃進德, 1985-21
「神話系統論(兼論中國上古神話不發達的原因)」, 殷驥, 1985-23
「『九歌』爲祭歌說獻疑」, 鄭繼家, 1985-23
「關于屈原的戱曲作品」, 徐扶明, 1985-23
「民謠之一說」, 栗正, 1985-24
「論五言詩祈願于婦女文學」, 吳世昌, 1986-1
「漢代小說槪念辨析」, 吳新生, 1986-2
「論變文在中國小說史的地位和作用」, 徐佩實, 1986-2
「遼代的詩歌詞曲與小說戱劇」, 陳述, 1986-3
「論中國古典長篇小說的産生, 發展和優良傳統」, 陳遼, 1986-4
「研究唐人小說的重要參考書(『唐人小說』)」, 呂藝, 1986-5
「略論先秦兩漢時期的小說理論」, 畢桂發, 1986-5
「中國古神話沒有發展出史詩的原因」, 江世平, 1986-6
「敦煌古寫本詩經校釋札記」, 黃瑞云, 1986-6
「“變文”名實新辨」, 曲金良, 1986-6
「敦煌變文校補」, 袁賓, 1986-6
「敦煌歌辭探勝」, 吳肅森, 1986-6
「“新聲”是『詩經』與『楚辭』之間的橋梁」, 1986-7
「長短句合樂歌詞的産生與發展」, 施議對, 1986-7
「“法曲子”論(從敦煌本『三皈依』談“唱道詞”與曲子詞關涉問題)」, 饒宗이, 1986-8
「唐宋小說理論述略」, 王開富, 1986-11
「古代歷史小說理論初探」, 吳功正, 1986-11
「關于古典小說發展問題的思考」, 王瑞功, 1987-1

「古小說探源」, 吳志達, 1987-1
「宮廷文學與市井文學(從一個側面看南北朝詩歌的發展趨勢)」, 商偉, 1987-1
「從荷馬史詩與西周史詩談中西文學」, 鄭喬彬, 1987-2
「中國敦煌吐魯番學會語言文學分會86年年會綜述」, 以武, 1987-2
「先秦小說觀及其消極影響」, 張小忠, 1987-2
「宋人"說話"分類的商権」, 皮述民, 1987-3
「中國文學體裁發展論綱」, 陸志平, 1987-4
「試論賦的名稱來源及其屬性」, 姜建群, 1987-4
「袁珂先生的神話學研究」, 吳曼青, 1987-4
「敦煌本『秦婦吟』新論」, 高國藩, 1987-8
「試論中國古典通俗小說的缺點及其影響」, 宋偉, 1987-8
「論秦代文學」, 周子瑜, 1987-9
「秦漢民間謠諺略說」, 王子今, 1987-9
「關于中國有無史詩的討論綜述」, 李谷鳴.李明珠, 1987-10
「試論中國古代小說發展的兩條線索」, 張禹安, 1987-11
「中國古代小說起源和民族傳統」, 黃鈞, 1988-1
「中國古代作家隊伍主體結構的演變與文學發展的關系」, 曾憲祝, 1988-4
「教化至上與小說」, 董國炎, 1988-4
「賦的溯源」, 劉斯翰, 1988-5
「南朝政局與"吳聲歌", "西曲歌"的興盛」, 曹道衡, 1988-7
「唐前小說觀論」, 齊魯青, 1988-7
「晩唐文人詞成熟因由斷想」, 吳雄, 1988-7
「長短句詞盛行之時代辨析」, 王仲聞, 1988-7
「"溫卷"說討論綜述」, 徐素鳳, 1988-7
「古代詩體演變的基本傾向--格律化」, 支菊生, 1988-8
「論小說史卽活的戲曲史」, 劉耀, 1988-8
「『詩經』與後世文體之賦間的源流關系」, 李湘, 1988-8
「中國小說的起源及發展(談先秦小說)」, 野牧, 1988-8
「漢大賦--中國文學發展的必然環節」, 儀平策・廖群, 1988-10
「敦煌文學叢說」, 周紹良等, 1988-10
「話本小說史的分期問題」, 張兵, 1988-10
「論戲曲在中國和世界文學史, 美學思想的地位」, 周錫山, 1988-11

「漢族和少數民族民間敍事詩比較研究」, 梁樹人, 1988-11
「唐人小說和元雜劇題材」, 方力, 1988-11
「怎樣歷史的看待屈原(兼評楊公驥先生的有關論述」, 孟雙全, 1988-12
「敦煌詞輯校四談」, 柴劍肛.徐俊, 1988-12
「『雲謠集』概說」, 孫其芳, 1988-12
「敦煌寫本『天地開闢以來帝王紀』成書年代諸問題」, 郭鋒, 1988-12
「史傳影響與中國古典小說民族特徵的宏觀考察」, 張捻穰, 牛學恕, 1989-1
「中國的傳統美學與古代小說」, 王曉昀, 1989-2
「『世說新語』是志人小說觀念成熟的標志」, 寧稼雨, 1989-2
「宋元小說話本流派硏究爭議」, 寧宗一, 1989-2
「中國古代文體類說」, 兪浩勝, 1989-5
「『押座文』8種補校」, 郭在貽等, 1989-7
「論散體賦的文體因素」, 萬光治, 1989-8
「建安小說考辨」, 曹文心, 1989-9
「敦煌本『韓朋賦』創作時代考」, 李純良, 1989-9
「敦煌故事賦『茶酒論』與爭奇型小說」, 張鴻勛, 1989-9
「略述宋筆記的幾點文學史料價値」, 張輝, 1989-9
「關于“鄭聲淫”古今各家之說辨正」, 趙沛霖, 1989-9
「論楚辭在漢代盛行的原因」, 郭建勛, 1989-9
「『伍子胥變文』校釋補正」, 孫悅春, 1989-10
「論發展少數民族文學之途徑」, 王松, 『少數民族文學論集』第3集, 中國民間文藝出版社, 1987

④ 기타
「中國民間敍事詩的藝術特色」, 吳開晉, 『民間文學論壇』 1983年 第1期
「也談董永故事的起源和演變」, 車錫倫, 『民間文學論壇』 1983年 第1期
「略談中國民間文學的概念」, 高國藩, 『民間文學論壇』 1983年 第1期
「『孔子項托相問書』傳承硏究」, 張鴻勛, 『民間文學論壇』 1983年 第1期
「董永傳說演變史考」, 班友書, 『民間文學論壇』 1983年 第1期
「論原始巫及有關文藝」, 朱宜初, 『民間文學論壇』 1983年 第1期
「關于民間文學觀念的反思」, 曲金良, 「『民間文學論壇』 1986年 1-6期
「民間故事的敍事藝術」, 劉守華, 『民間文學論壇』 1987年 1-6期

「民間故事的敍事結構」, 沂瑋,『民間文學論壇』1987年 1-6期
「民間故事傳承路線硏究」, 月朗,『民間文學論壇』1987年 1-6期
「民間文藝學的中國特色問題」, 段寶林,『民間文學論壇』1987年 1-6期
「試論董永故事的形成和演變」, 董森,『民間文學論壇』1987年 1-6期
「論民間文學的非正統性」, 賀嘉,『民間文學論壇』1987年 1-6期
「唐人傳奇與神話原型－兼論文人創作與民俗文化的關係」, 程薔,『民間文學論壇』1987年 1-6期
「變文文體與小說形式關係初探」, 鮑震培,『通俗文學論叢』, 北岳文藝出版社, 1986
「文學雅與俗的比較和轉化」, 楊揚,『俗文學論』, 中國俗文學會編, 黑龍江人民出版社, 1987
「敦煌與俗文學」, 高國藩,『俗文學論』, 中國俗文學會編, 黑龍江人民出版社, 1987
「河西民間寶卷的調查與硏究」, 段平,『俗文學論』, 中國俗文學會編, 黑龍江人民出版社, 1987
「解講和解講辭」, 白化文,『俗文學論』, 中國俗文學會編, 黑龍江人民出版社, 1987
「福州評話的活化石品格」, 陳竹曦,『俗文學論』, 中國俗文學會編, 黑龍江人民出版社, 1987
「先秦之俗文學」, 王文寶,『俗文學論』, 中國俗文學會編, 黑龍江人民出版社, 1987
「元人小說說唱」, 陳汝衡,『俗文學論』, 中國俗文學會編, 黑龍江人民出版社, 1987
「近幾年通俗文學概述」, 李正忠,『俗文學論』, 中國俗文學會編, 黑龍江人民出版社, 1987
「傳奇性與民間傳說」, 屈育德,『民間文學論文選』, 湖南人民, 1982
「民間小戲的形成與民間固有藝術的關係」, 張紫晨,『民間文學論文選』, 湖南人民, 1982
「敦煌俗曲中分時聯章體歌辭」, 周丕顯,『關瓏文學論叢』, 甘肅省社會科學院, 1983
「敦煌講唱文學作品故事流變考略」, 張鴻勛,『關瓏文學論叢』, 甘肅省社會科學院, 1983
「讀變枝談」, 蔣禮鴻,『關瓏文學論叢』, 甘肅省社會科學院, 1983
「唐傳奇行卷說質疑」(兼談唐傳奇創作繁榮之原因), 袁維國,『唐代文學論叢』, 陝西人民, 1984
「唐代僧人詩和唐代佛教世俗化」, 湯貴仁,『唐代文學論叢』, 陝西人民, 1984
「『捉季布傳文』校補」, 趙逵夫,『唐代文學論叢』, 陝西人民, 1984
「敦煌變文討論綜述」, 高國蕃,『中國古典文學論叢』(第5集), 人民文學出版社, 1987

부록

1. 중국 민간문학의 문학사적 자리 | 전홍철

2. 國內 敦煌 關聯 單行本 · 論文 目錄 (2011年 5月)

|부록1|

중국 민간문학의 문학사적 자리

전홍철

1.

이 글은 '우리는 혹시 잘못된 선입관으로 인해 중국문학사를 誤讀하고 있지는 않은가?' '중국문학사에 대한 誤讀이 존재한다면 그것은 구체적으로 무엇을 말하며, 도대체 민간 문학[1][=속문학[2]]과 어떠한 관련이 있는가?'라는

1 현재 중국학계에서는 민간 문학이란 명칭에 대하여 특정한 합의없이 학자들의 편의에 따라 俗文學・통속문학・평민문학・민중문학・인민문학・구비문학(혹은 구두문학)・대중문학・민간문예・민속 문예 등 다양한 용어를 혼용하고 있는 실정이다. 여기서 俗文學과 통속문학은 소위 雅文學의 상대어로 문학 풍격의 高下를 가치평가한 개념이고, 평민문학・민중문학・인민문학은 창작자과 향수자의 계층성을, 구비문학(혹은 구두문학)은 문학의 전파 방식을, 대중문학은 현대사회의 광범위한 문학 소비층을, 민간문예와 민속 문예는 문학 텍스트에만 제한되지 않는 비텍스트적 예술 활동을 염두에 두고 사용되는 말이다. 이 논문은 민간 문학의 시각에서 중국문학사의 몇 가지 현상을 재해석하려는 의도를 담고 있기 때문에 필자가 사용한 민간 문학 개념은 '俗文學'과 통한다. '속문학'적 개념을 취한 이유는(최근 사용되고 있는 민간 문학의 범주에는 사・소설・강창・희곡이 제외되므로) 사・소설・강창・희곡의 발전 궤적을 고전시와 같은 정통 문학(아문학)과 연계지어 논의하기 위해서이다.

2 속문학이란 개념을 처음 중국에 적용한 학자는 일본의 카노 나오키(狩野直喜, 1868~1947) 박사였다.(그의 학술적인 업적으로는 1910년 일본 京都帝國大學 인문학과 학보인 『藝文』에 발표한 「水滸傳과 中國戲曲」, 「元曲의 由來와 白仁甫의 梧桐雨」, 「琵琶行을 題材로 한 中國戲曲 試論」 등의 논문이 있다.) 그는 1910년 초반기에 영국과 프랑스 도서관에 소장되어 있던 돈황 문헌을 초록하여 세상에 알린 바 있는데 1916년 『藝文』 제7권 제1, 3기에 「중국속문학사연구자료」라는 글을 게재하면서 "중국속문학을 연구한다면서 단지 원명청 삼대의 소설과 희곡만을 다루는 사람들이 대단히 많다. 하지만 돈황문서로부터 고찰하면 중국속문학의 맹아는 이미 당말오대에 발생하여 송대에 이르러 점차 확대되고

대단히 거창하지만 추상적으로 느껴지는 질문에 대하여 답변해보려는 의도로 작성되었다. 우리는 여전히 중국문학사 해석에 있어 문헌 자료의 결핍 때문이었든 문학외적 요구에서였든 많은 정보가 차단되고 왜곡되었음을 인정해야만 한다. 동아시아나 서구에 비하여 고문헌이 상당수 남아있는 중국이지만 唐 이전 수천 년의 詩文學을 단지 『詩經』·『楚辭』·『文選』 3권의 자료를 중심으로 論해온 과거는 문학사의 다양한 스펙트럼을 스스로 부인해버리는 결과를 낳았는지도 모른다. 근세기 100여년 동안 새롭게 발견된 敦煌文學·甲骨文·成化本說唱詞話·儺戲本 등의 자료만으로도 중국문학사의 주요 부분이 재서술되고 있는 현실은 언제나 선입관에 의한 誤讀의 가능성이 존재함을 보여주는 것이다. 여기서 필자가 선입관이라고 지적하고자 하는 것은 '전통 지속' 관념이며, 誤讀이란 중국문학사를 漢族이 주체가 되는 '엘리트 문화 전통' 위주로 봄에 따라 취해지는 여러 문학사적 현상에 대한 잘못된 해석을 말한다. 구체적인 사례를 몇 가지 들면, (1) 5.4 문학혁명 시기에 본격 등장한 백화시는 전통시의 句法과 韻法에 얽매이지 않은 구어체 자유시로 中國詩史에 혁명적인 변혁을 가져왔음은 주지의 사

원대에 이르러 비약적인 발전을 하게 되었다고 단언할 수 있다"고 하였다. 또 중국의 대표적인 속문학 연구자인 鄭振鐸은 '俗文學'에 대하여 다음과 같이 정의한 바 있다. "무엇을 속문학이라 하는가? 속문학은 통속문학이요 민간 문학이며 대중문학이다. 바꾸어 말하면, 소위 속문학은 대아지당에 오르지 못했고 사대부에게서 중시되지 못했던 탓에 민간에 유행하다 대중에게서 사랑받고 즐거움을 주었던 것이다. 중국의 속문학은 범위가 대단히 넓다. 그 이유는 정통 문학의 범위가 지나치게 협소한 탓에 속문학의 기반이 한층 확대되었기 때문이다. 대체로 시와 산문을 제외한 중요한 문체 예를 들면 소설, 희곡, 변문, 탄사 등의 종류는 모두 속문학으로 귀결시켜야 한다. 대아지당에 오르지 못하고 사대부에 의해 천시받고 멸시당하는 문체는 모두 속문학이다. 속문학은 중국문학사의 주요 성분일 뿐만 아니라 중국문학사의 중심이다(何謂俗文學? 俗文學就是通俗的文學, 就是民間的文學, 也就是大衆的文學. 換一句話, 所謂俗文學就是不登大雅之堂, 不爲學士大夫所重視, 而流行于民間, 成爲大衆所嗜好, 所喜悅的東西. 凡不登大雅之堂, 凡爲學士大夫所鄙夷, 所不屑主意的文体都是俗文學. 俗文學不僅成了中國文學史主要的成分, 且也成了中國文學史的中心)."(『中國俗文學史』 제1장 「속문학이란 무엇인가?」)

실이다. 그렇다면 5.4시기 이전의 전통 中國文學에서는 근대 백화시의 출현과 같은 커다란 변혁이 발생하지 않았는가? 시대와 문학 환경의 변천에 따라 어느 정도 변화가 발생하였지만 5.4시기처럼 근본적인 혁명을 일으키지는 못하였는가? (2)흔히 詩가 變하여 詞가 되고, 詞가 變하여 曲이 되었다고 한다. 詩가 詞로 변화했다는 것은 齊言體가 長短句로, 달리 말하면 먼저 시의 가사를 지은 후 음악을 결합시키는 방식에서 依曲爲句(악곡에 맞추어 詞句를 만드는 방식)로 바뀌었음을 말하는데 이를 과연 詩傳統의 '계승(혹은 지속)'으로 해석할 수 있는가? 詩－詞－曲의 '지속' 논리에는 '고전 전통'에 대한 偏見과 誤讀이 개입되어 있지 않은가? 詩－詞－曲으로의 이동은 '고전 전통'이 힘을 발휘한 것이 아니라 胡樂이라는 '외래 음악문화'의 자극이 결정적이었고, 장르 이동의 수면 밑에서는 齊言體(詩贊系) 문학이 평행 발전하고 있지는 않았는가? (3)중국 시형은 四言詩에서 五言詩로 변했고, 七言詩는 五言詩와 거의 같은 시기에 생겨났으면서도 문인들에 의하여 뒤늦게 수용된다. 칠언체에 대한 문인들의 경시와 詩贊系 문학에 보편적으로 쓰인 七言體는 어떤 연관성이 있는가? 한편 근체시의 押韻法과 平仄律은 지식인들에 의해 발명된 후 격률시에 적용된 것으로 여기고 있다. 하지만 민가와 變文 같은 민간 문학 텍스트에도 근체시의 평측률이 적용되고 있는 것은 어찌된 일인가? 평측률은 고대 엘리트들이 만들어낸 것이 아니라 본시 민간에서 보편적으로 사용되고 있었던 것은 아닌가? (4)민간 문학은 구어 문학인가, 기록 문학인가? 민간 문학의 언어로는 백화 뿐만 아니라 문언도 사용되고 있으며, 백화 지향이 아닌 고문 지향이라는 역현상도 발견된다. 중국 고전 문학의 장르 관습은 구어·백화·문언 세 가지 언어와 어떠한 관련이 있는가?

이와 같은 문학사적 해결 과제에 대하여 기존 중국문학사의 서술은 사실적인 나열을 넘어서 변혁의 원인에 대하여 명확하면서 일관된 답변을 내놓지 못하고 있다. 이에 필자는 이러한 문학사적 여러 특이 현상들에 대한 해석을 민간 문학의 시각에서 (다소 산발적인 논술이 될터지만) 시도해보려 한다.

2.

현재 중국에서 통용되고 있는 민간 문학이란 용어는 'folklore'를 번역한 것인데, 19세기 후반 서양에서 folklore가 학술계의 보편적인 용어로 사용되자 자연히 이를 도입하게 되었고 5.4시기를 거쳐 사회 하층의 문학이 강조되면서 성행한 '계급' 관념에 큰 영향을 받게 된다. 중국 민간 문학하면 은연중에 上層, 貴族, 聖賢, 廟堂, 經典, 正統 문학과는 대립되는 것으로 간주하면서 '민중성' 혹은 '계급성' 개념을 떠올리게 되는 것은 근현대 중국의 문학 환경에서 연유하는 것으로 '민간 문학'의 다층적 요소가 배제되고 학술적 시야를 대단히 협착하게 만든 결과를 낳았음을 인정하지 않을 수 없을 것이다.

민간문학의 정확한 영어 번역은 folk literature 혹은 popular literature이지만 이보다는 folklore와 근원적인 관련이 있다. 'folklore'에서 folk는 사람들, 종족, 민족 등을 가리키는 말로 people과 통하고, lore는 특정 학문(학) 혹은 민간전승을 의미한다. folklore란 용어는 서양에서 1846년 W.J. Thoms에 의해 최초로 사용된 것으로 알려져 있으며 19세기 후반에 이르러 E. Tylor[3]와 A. lang 등 인류학파가 등장하면서 민속학이 대단히 유행하게 된다. 서양사에서 이 시기는 계몽주의 시대를 뒤이어 낭만주의와 민족주의 사조가 대두하면서 고전주의가 모범으로 삼은 그리스·로마의 고전고대(古典古代)로

3 영국의 인류학자 E.타일러는 민족을 야만·반개(半開)·문명의 3단계로 나누었는데, 야만민족은 채집경제의 단계, 반개민족은 농경과 목축을 시작한 단계, 문명민족은 문자가 발명되어 높은 수준의 생활을 영위하는 단계에 있는 인류집단을 가리킨다고 하였다.

부터 자국의 과거로 눈을 돌리고, 거기에서 사라져가는 자기 민족의 원천을 구비전승되는 원시 문화 속에서 찾으려는 붐이 일면서 민속학이 급속히 부각된다. 이러한 사실은 근대 서구에서 folklore가 '민족'에 포커스를 둔 개념으로 보급되었음을 보여준다. 하지만 이 때 민족이란 전체개념으로서의 민족을 말하는 것이 아니었으며, 미개 민족과 서민 가운데 구비전승되는 원시 문화를 민족전통으로 간주하였고 이것이 바로 민속학의 연구 대상이었다. 따라서 서양적 개념에서 보면 folklore는 민간 문학보다는 민속학으로 번역되는 것이 오히려 적합하다.

중국에서 최초로 민간문학이란 개념을 사용한 사람은 서양문학에 해박하면서 하버드대학 교수까지 지낸 梅光迪으로 알려져 있다. 그는 문학혁명에 관하여 胡適과 서신을 통해 논의하면서 "문학혁명은 민간문학(folklore, popular poetry, spoken language)으로부터 착수해야 함은 두말할 필요가 없다"[4]는 말을 하였고 같은 서신에서 민간문학과 함께 俚俗文學이란 표현도 사용하였다. 이 서신에서 梅光迪이 민간 문학의 의미를 口碑傳承(folklore), 俗謠(popularpoetry), 口述言語(spoken language) 등으로 풀이한 것은 당시 서양 민속학의 영향을 받아 민간 전승을 통하여 광범위하게 전파되면서 두텁게 잔존하는 기층 문화를 주목해야 한다는 취지였다. 梅光迪과 교류했던 호적 또한 후일 『민간문학사』 대신 『백화문학사』라는 서명으로 저술하면서 사회 하층 계급의 문학을 내세우기보다는 國語文學·白話文學·白話詞·白話散文·白話語錄·白話小說 등 '구술언어(spoken language)'에 초점을 두어 서술하고 있는 것을 볼 수 있다. 한편 민간문학이란 용어를 학술적인 논문에 처음 사용한 중국 학자는 서구파 학자인 胡愈之였다. 胡씨는 1921년 1월 『婦

4 文學革命自當從民間文學入手, 此無待言.(胡適, 『逼上梁山－文學革命的開始』, 『東方雜誌』 1934年 第31卷 第1期) 『中華民間文學史』 導言 3쪽에서 再引用.

女雜誌』 제7권 제1호에 민간문학 특집을 만들어 〈論民間文學〉이란 학술논문을 게재하면서 "민간문학의 의미는 대체로 영어의 folklore와 같으며 민족 사이에 유행하는 문학을 가리킨다. 민간문학의 작품은 두 가지 특징을 지닌다. 첫째, 창작한 사람이 민족 전체이며, 개인이 아니다. 둘째, 민간문학은 구술의 문학이지, 書面의 문학이 아니다. 따라서 민간 문학과 일반 문학의 차이점은 개인 창작에서 생겨난 것과 민족 전체의 창작에서 유래한 것 그리고 문자로 기록된 것인가 아니면 기록되지 않고 구술되었는가 하는 것이다."[5]라고 주장했다. 鄭振鐸의 친한 친구였으며 파리대학에서 3년간 유학했던 胡愈之는 민간 문학을 개인 창작의 기록물인 일반 문학과는 달리 神話, 故事, 傳說, 船歌, 兒歌 등 민족 내부에서 구술의 방식으로 전파되고 있는 기층 문학으로 해석하였다. 이러한 胡愈之의 주장은 앞서 언급한 梅光迪·胡適의 관점과 그다지 차이가 없는 것으로 서양 folklore의 본의에 영향받아 '民族'과 '口述'에 주목한 것이었다.

이상에서 언급한 것처럼 중국에서 사용하고 있는 민간 문학이란 용어는 서양의 학술 용어인 folklore의 번역어에 해당하고, 도입 초기 중국에서는 영어의 folklore처럼 민간 문학은 '구비 전승을 통해 민족의 문화전통을 보존하고 있는 평민문학'을 가리키는 것이었다. 하지만 5.4시기를 거쳐 '혁명' 문학론이 대두되면서 민간 문학에는 '民族'과 '口述' 관념보다는 '계급' 관념이 부각되게 된다.

5 "民間文學的意義, 与英文的folklore大略相通, 是指流行于民族中間的文學.民間文學的作品, 有兩个特質:第一, 創作的人乃是民族全体, 不是个人.第二, 民間文學是口述文學, 不是書本的文學. 所以民間文學和普通文學的不同:一个是个人創作出來的, 一个却是民族全体創作出來的;一个是成文的, 一个却是口述的不成文的."(〈論民間文學〉, 『婦女雜志』1921年第七卷第一号)

3.

민간문학의 의미를 따질 때 '民族'·'口述'·'階級' 가운데 어느 것을 중시할 것인가는 대단히 무의미한 질문일 것이다. 중요한 사실은 이제까지 중국문학사와 민간 문학과의 관계를 사고하면서 민간의 '民' 즉 민중·평민·서민·시민 등 문학 주체에 지나치게 경도되고, 민간의 '間' 즉 특정 민족이 거주하고 문화 활동을 행하는 '지역적 공간'의 의미를 소홀히 다루었다는 점이다. 이 때 특정 민족이란 일차적으로 중국 내부의 소수 민족을 지칭하는 것이지만 전통시기의 중국문학사를 아우르자면 非漢族 즉 외래 민족를 포함하는 것이 되어야 한다.

계층적 개념으로서의 '民'에 얽매이지 않고 다수 민족의 문화 '(공)간'으로 시야를 넓혀 민간 문학이란 프리즘으로 중국문학사의 '變'과 '常'을 들여다보면 대단히 흥미있는 사실이 포착된다. 그것은 바로 중국문학사의 커다란 전절점이 비한족의 지역 문화와 충돌하고 융합하면서 새로운 문학 양식이 출현하고 있다는 점이다. 우선 도식적인 자르기일 수 있으나 '혁명'이란 용어를 써서 중국문학사의 五大 전환기를 꼽아보기로 한다. 중국문학사에서 詩經과 楚辭가 春秋戰國을 거쳐 한대의 辭賦로 변한 것은 제1 혁명이요, 六朝時期를 경과하면서 五七言詩가 曲子詞로 변한 것은 제2 혁명이요, 唐五代를 전후로 變文과 話本小說이 출현한 것은 제3 혁명이요, 金元代에 散曲과 戲曲이 성행한 것은 제4 혁명이요, 5.4시기 전후 白話自由詩와 現代小說이 등장한 것은 제5 혁명이었다. 이상 다섯 차례의 전환기 문학을 비한족 문화 전통과의 연관성에 포인트를 두어 고찰하면 대단히 유사한 현상을 발견된다. 이를 정리하면,

(1) 詩에서 賦로 옮아간 제1 혁명은 시경으로 대표되는 중원 문화가 巫風이 강한 탓에 미개한 야만으로까지 여겨졌던 남방 문화에 의하여 대체된 것

이었다. (2) 詩에서 詞로(절정기에 다다른 詩에서 새로운 장르인 詞로) 바뀐 제2 혁명은 중국 문명의 守護地였던 남방 지역의 문인 사회에 五七言 定型詩가 확고한 지위를 누리던 때 북방과 서역에서 유입된 음악 문화의 영향을 받아 새로운 장르(曲子詞)를 탄생시킨 것이었다. (3) 變文과 話本小說의 성행을 가져온 제3 혁명은 인도 불교와 寺院 講經文化가 중국 본토에서 유행하면서 생겨난 신문체였다. (4) 散曲이 출현하고 戲曲이 만개한 제4 혁명은 거란족과 몽고족이 통치했던 금대와 원대에 발생한 것으로 전통문학에 그다지 주의하지 않았던 이민족의 문화 풍토에서 중국 문인들이 가담하면서 생겨난 것이었다. (5) 傳統詩・전통 소설과는 확연히 다른 백화자유시와 신소설을 태동시킨 제5 혁명은 서구 문화 拿來主義가 주요 동인이었다.[6]

(1)에서 (5)까지의 문학사 현상 가운데 (1)은 남방과 북방이란 중국 내부에서 발생한 현상이고, (5)는 아시아 대륙을 벗어나 서구 문화와 중국 문화의 교섭으로 인해 파생된 것이다. 반면 (2)에서 시작되어 (3)・(4)로 이어진 중국문학의 변화는 모두 중국 주변 이민족 문화의 중국 유입이 커다란 변혁

6 『夏威夷游記』에서 가져온 다음 인용문에서 梁啓超는 인도 문화의 중국 유입을 사례로 거론하면서 서구 문화를 적극적으로 받아들여 시계혁명을 이룰 것을 주장하고 있다. "송대와 명대 사람들은 印度 意境이 들어있는 語句를 시에 삽입하는데 뛰어났다…… 하지만 이러한 의경은 오늘날 이미 旧世界가 되어버렸다. 이제 그것을 바꾸고자 한다면 서구에서 찾지 않을 수 없다. 서구 의경이 들어있는 語句는 대단히 번거롭고 특이하지만 터득하기만 한다면 영원히 맞설 자가 없을 것이요 온세상을 압도할 것이다…… 서구의 진짜 정신과 사상이 아직 중국에 수입되지 않았거늘 詩界야 말할 나위가 있으리오? 이는 실로 괴이하게 여길 필요가 없는 것이라. 내 비록 시에 능하지는 못하나 온 힘을 다하여 서구의 정신사상을 수입하여 詩 제재로 삼고자 한다. 요컨대, 중국에 시계혁명이 있지 아니하면 시의 命運은 장차 끊어질 것이다(宋明人善以印度之意境語句入詩…… 然此境至今日, 又已成旧世界.今欲易之, 不可不求之于歐洲.歐洲之意境語句甚繁而瑰异, 得之可以陵轢千古, 涵盖一切…… 惟此時所謂歐洲意境語句, 多物質瑣碎粗疏者, 于精神思想上未之有也…… 歐洲之眞精神, 眞思想, 尚且未輸入中國, 况于詩界乎? 此固不足怪也. 吾雖不能詩, 惟將竭力輸入歐洲之精神思想, 以供來者之詩料乎? 要之:支那非有詩界革命, 則詩運殆將絶).

요인으로 작용하였고, 중국 민간 문학과 가장 밀접한 연관이 있는 장르인 詞 · 講唱 · 小說 · 戱曲의 형성 · 발전과도 맞닿아 있다. 그런데 외래문화와 중국문화의 교섭을 기준으로 다섯 차례의 전환기는 다시 삼분할 수 있다. 그것은 서역 문화가 들어온 (2)를 사이에 두고 전통문학은 약 2000여년 동안 지속되었던 제1기에 서서히 종지부를 찍고 唐五代에서 청말까지 약 1500년 간 이어지는 전통문학 제2기로 넘어가며, 5.4시기에 이르러는 전통문학과는 뚜렷한 획을 긋고 제3기 신문학 시대가 도래하는 것이다.

한편 중국문학의 시기 구분과 연관지어 미국 인디애나 대학에서 출판된 중국문학개론서[7]를 훑어보면 몇 가지 독특한 점이 발견된다. 먼저 중국문학의 분류 — 불교문학(Buddhist) · 드라마(drama) · 소설(fiction) · 문학비평(literary criticism) · 시(Poetry) · 통속문학I(민간문학Folk literature) · 통속문학II(강창문학Prosimetric literature) · 산문(Prose) · 수사학(Rhetoric) · 도가문학(Taoist literature) · 여성문학(Women's literature) — 에서 불교문학과 드라마를 가장 먼저 배열한 점과 통속문학을 민간 문학과 강창 문학으로 양분하여 다루고 있는 점이 눈길을 끈다. 이러한 안배와 중국문학의 혁명적 전환을 연계시키면 불교 문화가 중국에 뿌리를 내린 육조 시기를 경계로 전통문학의 제1기가 마감되고 드라마와 강창 문학 그리고 소설이 본격적으로 성행하는 전통 문학 제2기로 접어든다는 논리를 끌어낼 수 있다.

그러면 중국문학사의 주요 전환기에 민간에서 태동하여 결국 문단의 大雅之堂에서 유유자적하던 正統 文學에 현격한 변화를 가져온 詞 · 講唱 · 戱曲 · 小說의 발전을 놓고 중국 민간 문학의 어떠한 점을 이야기할 수 있는가?

7 *The Indiana Companion to Tradional Chinese Literature*, Indiana University Press, 1986.

4.

먼저 詩와 詞曲에 대하여 생각해보고자 한다. 중국문학의 장르에서 詩는 詞와, 詞는 曲과 매우 가까운 관계에 있다. 詩詞와 詞曲이라는 합성어가 별 이의없이 통용되는 것은 兩者의 친근성을 보여주는 것이다. 미국의 연구경향과는 또다른 측면에서 독자적 학풍을 보이고 있는 일본 학계에서도 중국문학의 장르를 분류할 때 대부분 운문 문학(詩・賦・詞・曲)과 산문 문학(騈文・散文・小說)으로 구분하고서 曲을 운문 문학에 삽입하여 다룸으로써 詩詞와 戱曲이 불가분의 관계에 있음을 받아들이고 있다. 그리스 연극에서 확인되듯이 고대 서양에서도 시학과 드라마학이 동보적 관계였음을 상기한다면 중국 희곡이 음악극으로 인정되고 詩詞 歌唱을 늘 동반하고 다니는 것이 그다지 이상할 것이 없을지도 모르겠다. 또 전통시에 익숙했던 중국 문인들이 小說은 줄곧 경시했으면서도 詞와 曲은 수용하여 자신의 이름을 내걸고 창작한 사실 — 이른 바 소설에 대한 희곡의 우위 — 은 詩・詞・曲이 친속 관계에 있었음을 확인시켜 주는 것이다. 하지만 중국 雅文學과 정통 문학의 구심점을 이루고 있는 詩를 俗文學에서 발전한 詞曲과 일직선으로 연결짓는 것은 비논리적으로 보인다. (과거 시험과목에 포함된 詩・賦와 散文・騈文은 고급의 글짓기로 여겨져 늘 大雅之堂에서 대우받았지만 詞와 曲의 주무대는 늘 廟堂 밖이 아니었던가?) 이러한 雅俗의 관념에서 詩와 詞曲을 비교하면 대단히 이질적인 특성이 내함될 수밖에 없다. 그리고 이질성을 염두에 두면 詞가 詩를 '계승'했는가 아니면 서로 '교섭'하면서 융화되었는가는 전혀 다른 차원의 문제가 된다. 그렇다면 과연 중국문학사에서 詩와 詞의 관계는 어떻게 해석해야 하는가? 詩가 변하여 詞가 되었다는 말은 계승의 어떤 동일한 측면을 말하는지, 詞는 詩와는 태생적으로 전혀 다르지만 어떻게 상호 교섭하면서 共存의 길을 찾아냈는가

하는 궁금증이 가로놓여 있다.

詩와 詞는 형식면에서 근본적으로 다른 문학이다. 우선 양자는 둘 다 가창되었다는 점에서는 유사할지 모르지만 음악의 활용 방식에서는 정반대였다. 詩經과 樂府詩에서 확인되듯이 詩도 음악 반주를 곁들여 노래되었고, 詞도 악곡에 맞추어 노래되었지만, 시는 가사가 먼저 지어진 후 악곡을 배합하여 연주된 반면, 사는 악곡이 먼저 만들어진 후 거기에 맞추어 가사를 집어넣었다. 詞는 기본적으로 倚聲塡詞[=依曲爲句]하였으나 詩는 그렇지 않았던 것이다. (물론 송 이후 詞가 문인들의 애호품이 되고서 부터는 詩처럼 연주되지 않는 상황이 발생하지만 이는 후대에 발생된 현상으로 초기와는 무관하다.) 다음은, 詞의 근원을 이해하려면 음악이 관건이 되며, 그 가운데 중국 고유의 음악인 淸商樂과는 다른 음악적 특질을 지니는 서역에서 들어온 새로운 燕樂[宴樂][8]에서 실마리를 찾지 않을 수 없다. (다소 詩詞論에서 벗어나는 이야기가 되겠으나 중국학자들은 특정 장르의 기원을 다룰 때면 의례적으로 소급시키는 경향이 있다. 가령 講唱의 기원을 荀子의 賦나 漢代 陶俑에서, 小說의 기원을 先秦 寓言이나 史書에서, 戲曲의 기원을 秦漢 歌舞나 百戲에서 찾는 것이 의례화되어 있다. 이러한 尋根風潮는 자국 문학의 전통 찾기라는 측면에서는 납득이 되지만 실제 사실과는 동떨어진 '전통 지속' 논리로 문학사의 현상을 재단하는 측면이 있음을 부인하기 어려울 것이다. 詞의 기원에 대한 논의 역시 예외가 아니어서 시경 기원설・악부시 기원설・絶句 기원설・近體詩 기원설 등이 엄연히 주장[9]되고

8 燕樂은 연회나 전례 행사를 치를 때 연주되었기 때문에 宴樂이라고도 했다.

9 詞가 詩經・樂府詩・絶句 등에서 변화되었음을 언급한 顧炎武와 方成培의 논리는 다음과 같다: 顧炎武『日知彔』"시 삼백편이 초사로 내리물림되지 않을 수 없었고, 초사가 한위의 시로 내리물림되지 않을 수 없었던 것은 추세였다. 따라서 시 삼백편이 악부시로 내리물림되지 않을 수 없었고, 악부시가 詞로 내리물림되지 않을 수 없었던 것 역시 추

있는 실정이다.) 胡樂에 대해 기술하고 있는 문헌 자료들은 선비족과 선비족화된 정권이 건립한 北朝에서 서방의 雜曲이 궁정과 민간에서 대거 유입되어 큰 호응을 받았고, 隋唐 시기에도 외래악과 소수 민족의 음악이 朝野에 널리 유행했음을 보여준다.[10] 특히 北朝와 唐初에서 유행한 〈回波樂〉의 존재는 北朝의 '胡夷之曲'에서 詞가 생겨났음을 시사하는 중요한 사례일 것이다.[11] 따라서 曲子詞는 六朝 이전의 중국 古詩歌(혹은 南朝의 民歌)에서 유래한 것이 아니라 北朝 시기에 胡樂이 중국에 들어온 후 중원과 남방으로 퍼져나가면서 각 지방의 민간 가요와 결합하여 도시와 농촌에서 뿌리를 내리고, 정통 장르 주변을 기웃하던 중 문인들이 차츰 애호하면서 詩傳統에 큰 영향을 미친 것으로 해석해야 한다고 본다.

세였다(三百篇之不能不降爲楚辭, 楚辭之不能不降爲漢魏者, 勢也. 是則三百篇之不能不降爲樂府, 樂府之不能不降而爲詞者, 亦勢也)." 方成培『香硏居詞麈』"唐代의 시가는 五七言絶句가 많았는데 여기에다 散聲을 곁들이니 비로소 관현악으로 연주할 수 있었다. 〈陽關〉 같은 시는 반드시 세 번 중첩을 해야만 음악으로 성립되니 이것은 자연의 이치이다. 후에 散聲을 악보화하고 字句를 채우면서 장단구가 생겼다. 그러므로 詞는 근체시의 궁벽함을 구제한 것이요, 위로는 樂府의 變化를 계승한 것이다(唐人所歌, 多五七言絶句, 必雜以散聲, 然後可被之管弦. 如陽關詩必至三疊以後成音, 此自然之理. 後來遂譜其散聲, 以字句實之, 而長短句興焉. 故詞者, 所以濟近体之窮, 而上承樂府之變也)."

10 수문제는 7부악을, 수양제는 9부악을 두었는데 역외와 소수 민족의 악곡이 대부분을 점유하였다. 당 무덕초에는 수왕조의 관례에 따라 9부악을 두면서 〈禮畢曲〉을 빼고 〈高昌樂〉을 추가했고 다시 〈宴樂〉을 보태 총 10부로 만들었으니 胡夷之曲이 대부분을 차지했다.

11 〈回波樂〉은 『唐五代詞』에 初唐 시인이 지은 3首가 실려있는데 다음과 같다. ① 回波爾時酒卮, 微臣職在箴規. 侍宴旣過三爵, 喧嘩竊恐非儀.(李景伯) ② 回波爾時佺期, 流向嶺外生歸. 身名已蒙齒錄, 袍笏未復牙緋.(沈佺期) ③ 回波爾時栲栳, 怕婦也是大好. 外邊只有裴談, 內里無過李老.(裴談) 孟棨의 『本事詩』에 따르면 이 세 수의 사는 당 중종이 베푼 연회에서 三人의 신하가 지은 것이었다. 당시 李景伯은 諫議大夫였고, 沈佺期는 復職된 상태였으며, 裴談은 優人이었다. 이 세 수의 사를 보면 당 중종 때에 이미 律格이 정해져 있었기 때문에 누구나 歌詞를 집어넣어 창작할 수 있었던 듯하다. 하지만 〈回波樂〉은 唐 中宗 때 서역에서 들어온 曲調가 아니었다. 『北史』卷48의 기록 즉 "날이 저물어 업무가 끝나자, [北魏의 將帥 爾朱榮은] 옆에 있던 시종들의 손을 잡고 춤을 추며 回波樂을 부르면서 나선다(日暮罷歸, 便與左右連手蹋地唱回波樂而出)"에서 확인되듯이 〈回波樂〉은 북조 후기 유행했던 가무가 동반되었던 세 박자 리듬의 胡歌였다.

5.

詩와 詞의 가장 큰 차이점은 詩는 齊言體이고 詞는 長短句라는 데 있다. 詩가 詞로 진화했다는 말은 齊言體가 長短句로 바뀌었다는 것인데 변화의 근본적인 이유와 어떤 방식으로 진화했는가에 대하여는 다음과 같은 해석이 가능하다. 정형시에 익숙했던 중국 시인들은 서정적인 전통시와 유사한 풍격을 지닌 詞를 비교적 쉽게 수용[12]했으면서도 齊言句로 불규칙한 곡조의 리듬을 맞추어 詞를 짓는 것은 극히 불편하고 어려울 수밖에 없었다. 따라서 제언체를 그대로 활용하면서 변화를 구하거나 소위 和聲, 虛聲, 泛聲, 散聲 등을 삽입하거나 단어를 삭제하는 방법으로 악곡의 리듬에 맞추었다. 하지만 제언체에서 장단구로의 전면적인 변화는 짧은 기간 안에 이루어진 것이 아니었고 과도기를 경과하였으니 唐代가 바로 그 시기였다. 敦煌 文獻에서 歌詞의 악보가 발견되었고, 齊言體 講唱에 해당하는 敦煌 講經文과 變文 등에서도 曲調에 따라 가창했음을 보여주는 증거[13]가 찾아지며,

---

12 詩作에 숙련되어 있던 중국의 문인들은 다른 새로운 장르에 비해서 詩의 풍격과 유사했던 曲子詞의 歌詞를 상대적으로 쉽게 지어낼 수 있었다. 특히 唐代의 문인들이 曲子詞를 그다지 폄하하지 않고 詩의 영역으로 끌어들였으면서도, 상대적으로 變文에 대해서는 경시하는 태도를 보여 傳奇와 동시에 창작하지 않았던 것은 장르 접근성에서 큰 차이가 있었기 때문으로 보인다.

13 唐代 俗講에 쓰였던 講經文과 變文에서 발견되는 歌唱의 주요 흔적을 정리하면 다음과 같다. ① 악곡의 부호로 여겨지는 平・側・平吟・側吟・吟斷・古吟・古吟上下・平側 등 열 두 가지가 講經文, 押坐文, 變文, 詞文에 붙어 있다. 이러한 악곡 부호는 돈황 사권 중 30여 곳에 보이는데 이는 唄贊 音樂이 唐代 講唱과 밀접한 관련이 있음을 보여준다. 또 樂曲 부호가 붙어 있는 운문은 偈頌体 외에도 악부체, 격률시체, 부체 등 다양하게 발견되는 데 이는 佛教偈贊이 다양하게 문학화되고 있음을 보여주는 동시에 梵聲 歌唱이 다른 장르로 침투하고 있음을 확인시켜 준다. ② 講經文과 變文에 삽입되어 있는 운문의 구조가 曲子詞의 형식과 동일하다. 『父母恩重經講經文』에는 동일한 樂調에 의거하여 지은 것으로 판단되는 4수의 歌詞가 들어 있다. ③ 『維摩經押坐文』과 『降魔變神押座文』에는 '佛子', '念菩薩佛子"라는 和聲이 들어가 있고, "作梵而唱"이라는 구체적인 표현도 보인다. 돈황 강창문헌에 보이는 이러한 특징들은 당시의 속강이 轉讀, 梵唄, 曲子 등 歌唱 위주로 연행되었음을 말해준다.

中唐의 五言, 六言 그리고 七言 絶句詩가 齊言이면서 詞와 거의 흡사한 형태를 보이고 있는 것,[14] 五七言 시구를 조합하거나 五七言 시구를 증감하여 만든 詞의 존재[15]는 齊言의 詩體가 曲子 중심의 詞로 옮아가던 전환기에 양자가 어떤 식으로 共存과 융합을 모색하였고, 결국은 定型에서 非定型으로 轉移되었는가를 흥미있게 보여준다.

중국 고전 희곡의 가장 큰 특징은 歌唱 부분에 詞를 삽입하여 정해진 曲調에 맞추어 공연한다는 점이다. 宋 院本·南戲·金 諸宮調 그리고 元 雜劇과 明 傳奇·雜劇 등은 모두 이러한 형태를 기본으로 하고 있으며 樂曲繫 戲曲이란 명칭으로 분류되고 있다. 하지만 樂曲繫 희곡 작품에는 여러 곳에서 齊言體 歌唱을 활용하고 있음을 볼 수 있다. 예컨대 악곡계 강창문학을 대표하는 諸宮調는 套曲의 尾聲에 7언 3구 혹은 7언 4구의 제언체를 사용하고 있고, 元 雜劇의 대사 가운데도 〈詩云〉·〈詞云〉·〈斷云〉 등의 이름 하에 7언이나 10언의 제언체가 삽입되어 있다. 이러한 사례는 長短句 歌詞를 사용하여 고정된 멜로디의 曲牌를 늘어 놓아 歌唱하는 樂曲繫 희곡과 7언 혹은 10언의 제언구를 가지고 동일 가락 안에서 리듬만 바꾸는 방식으로 演唱했던 詩讚繫 희곡이 서로 교류했음을 보여주는 것이다. 이처럼 齊言體가 長短句와 서로 교섭하면서 진화했던 문학사 현상에서 다음과 같은 해석을 이끌어낼 수 있다. (1)주로 지식인과 문인 그리고 도시 주민들에 의해 수용되었던 악곡계 희곡과 기본적으로 농민과 같은 하층민들에게

14 劉禹錫은 일곱 개의 曲調로 七言絶句와 거의 구별할 수 없는 41首의 詞를 지었다. 이것들이 詞라고 불려진 이유는 기존의 곡조에 의거하여 노래되었기 때문이다. 이외에 溫庭筠의 七言絶句 〈楊柳枝〉와 五代 孫光憲의 七言絶句 〈竹枝〉도 樂曲에 맞추어서 부른 詩였다.

15 오언과 칠언을 조합하여 만든 사로는 〈菩薩蠻〉, 오칠언 시구를 增減한 것으로는 〈臨江仙〉, 칠언시를 증감한 것으로는 〈定風波〉, 칠언구만으로 된 것으로는 〈浣溪沙〉, 칠언율시가 변화한 것으로는 〈鷓鴣天〉 등이 있다.

수용되었던 시찬계 희곡은 발생 초기[대체로 隋唐 전후]부터 청대 이후까지 하나는 무대 위에서 하나는 거리에서 평행 관계를 이루며 발전하였다. (2) 초기 詩讚繫文學에 해당하는 돈황 강창문학[특히 講經文·變文·聯章歌詞]은 기본적으로 동일한 가락 하에 리듬만 바꾸는 방식으로 演唱한 것이지만, 曲調같은 멜로디도 사용하여 歌唱을 위주로 연행했음이 확실하다. 이러한 사실은 정형의 詩가 장단구의 詞로, 제언체 강창[희곡]이 長短句의 희곡[강창]으로 진화해간 과정을 이해시켜준다. 또 돈황 문학의 존재는 '說+唱+戲'의 연행 방식이 인도의 梵聲이나 佛敎·道敎의 講經 文化와 깊은 연관이 있음을 시사한다. (3) 초기 曲子詞에서는 비교적 다수의 齊言體를 발견할 수 있지만 결국 唐五代를 거쳐 長短句의 宋詞로 전개해간다. 그러한 변화는 詞創作에 문인들이 본격적으로 참여하면서 발생된 것으로, 제언체 강창에 대한 文人들의 輕視 추세와도 결부되어 있다. (4) 聯曲體와 板式變化體에 대한 논의는 청대 건륭년간 梆子戲와 崑曲 간의 투쟁 소위 '花雅之爭'에서 판식음악으로 무장한 방자희가 수백년의 역사를 지닌 典雅한 곤곡을 어째서 패퇴시켰는가를 규명하는 과정에서 생겨난 것이다. 이 시기 梆子戲가 유행했던 것은 수공업과 상업이 발달한 도시에 농민들이 대거 유입되면서 수용층의 취향에 맞추느라 자연스레 음악 구조도 바뀐 듯하다. 또 오로지 하나의 전용곡을 써야 하고 다른 곡조는 겸용할 수 없는 곡패 음악의 번잡함은 講唱 연행자의 입장에서는 순발력을 떨어뜨리고 불편하기 그지없는 것이었다. 따라서 자신의 연행 기술로 먹고 살아야하는 講唱 藝人은 광범위하게 응용할 수 있고 專用曲이나 專用詞의 제한이 없는 齊言句의 唱詞를 선호하였다. 이 점은 講經文과 變文에서 시작된 齊言體 講唱이 수백년의 세월 동안 존속될 수 있었던 根因이 어디에 있었는가를 말해준다.

6.

앞서 잠깐 언급한 인디애나 대학의 중국문학 개론서에서 시(Poetry) 전통을 집필한 Charles hartman은 중국의 六大 傳統 韻文으로 頌詩(the ancient odes)·騷賦·古體詩(old style poetry)·近體詩(regulated verse)·詞·曲을 들고 '詞曲'이 傳統 韻文을 재해석(recall)하는데 대단히 유용함을 지적하고 있다. 여기서 재해석이란 말을 필자는 詞曲을 통해 중국 운문에 대한 기존 이해 방식을 전면적으로 전환할 필요가 있다는 의미로 읽고 싶다.

중국 운문의 가장 두드러진 특징은 韻律에 있다. 韻律은 일반적인 韻文에 모두 들어있는 요소로 이해하기 쉽지만 脚韻과 平仄으로 대표되는 중국의 韻律은 희랍과 라틴 그리고 일본의 시에서는 보이지 않는 대단히 특이한 현상이다. 韻律은 대체로 音數·抑揚·押韻 세 가지로 구분되는데 희랍과 라틴의 시에는 音數와 抑揚은 있으나 押韻은 없다. 또 일본의 시가는 압운하지 않는다. 일본의 시에서 頭韻이 다소 보이지만 호사가들이 장난삼아했을 뿐 일본의 시는 음수를 제외하고는 압운의 규칙이 없다고 말할 수 있다.

그러면 중국 운문에 쓰인 押韻法과 平仄律을 민간 문학적 시각에서 재해석하면 무엇을 찾아낼 수 있는가? 최근 詞曲과 古代 民歌의 韻律[16]에 대한 연구는 중국 운문에 대한 새로운 인식의 전환이 필요함을 상기시켜 준다. 여기서는 지면이 제한되어 있고 아직 연구가 미흡한 까닭에 문제 제기 수준에서 몇 가지 점만 거론하기로 한다.

(1) 중국의 詩型은 二言詩·三言詩·四言詩……七言詩·八言詩·九言詩·十言詩 등 형태가 대단히 다양하지만 五言體와 七言體가 가장 보편적이다. 또 五言詩와 七言詩 가운데 五言詩가 먼저 문인들에 의하여

16 段寶林·過偉·劉琦 主編, 『古今民間詩律』(北京大學出版社, 1999)이 참조할 만하다.

수용되었고 七言詩는 南朝 이후 뒤늦게서야 廟堂에 공식 진출하게 된다. 이처럼 中國 主要 詩型이 四言詩에서 五言詩로 옮아가고, 七言詩가 五言詩보다 뒤늦게 발달한 것은 '韻律'과 깊은 연관이 있다. 말하자면 음악적 리듬이 詩體의 변화를 가져왔다고 할 수 있는 것이다. 마쯔우라 도모히사(松浦友久)의 선행 연구[17]에 따르면, 중국어는 2음절이 기초 단위였던 까닭에 四言詩(4음절 2박자)가 초기 시가의 중심적 지위를 차지하게 된다. 頌詩에 四言詩를 즐겨쓴 것 — 詩體의 용도를 따져보면, 궁정제사에는 四言 古詩가, 酒宴에는 七言 絶句가, 과거시험에는 五言 排律이 주로 채용되었다. — 은 리듬이 단조롭고 중후하면서 가장 古雅한 분위기를 낼 수 있었기 때문이다. 漢代에 들어와 리듬이 다양화되면서 이질적인 리듬에 적합한 七言詩(네 박자, 偶數拍)와 五言詩(세 박자, 奇數拍)가 조기 출현하여 병존하지만 2+3 음절의 구조를 지닌 五言詩가 신선하고 산뜻한 표현을 좋아하는 문인들의 기호에 적합하였고 경쾌한 상부의 2음절에 비해 장중한 맛을 냈던 하부의 3음절은 글자를 바꾸면서 기교 부리기에도 적당하여 문인 창작에서는 완전히 五言詩가 유행의 중심을 차지하게 된다. 반면 4+3 음절의 구조를 지닌 七言詩의 실제 리듬 효과는 五言詩와는 매우 달라 앞부분은 중후하고 뒷부분은 경쾌하여 경박한 분위기를 풍겼다. 특히 七言詩는 민간 종교와 깊은 연관을 보이는 강한 巫歌的 성격을 지닌 것이어서 지식인들이 채용을 꺼리게 된다. 하지만 육조 후기에 이르러는 五言詩의 리듬에 영향을 받아 칠언시의 偶數 리듬도 句末의 休拍效果를 강요받게 되고, 이에 따라 隔句韻으로 변화 — 안정감을 주는 每句韻을 隔句韻으로 바꿈으로써 생동한 표현 효과가 가능해졌다 — 되고 聲律을 강구하여 格調를 높이면서

17 『中國詩歌原論』(松浦友久, 大修館書店, 1986) 五, 中國古典詩のリズム—リズムの根源性と詩型の變遷 127~179쪽 참조.

七言詩도 五言詩와 함께 대거 창작되게 된다.

(2) 七言詩가 본래 漢代에 어린이 학습서·민간 가요·謠言 등에 많이 쓰였던 것에서 알 수 있듯이 七言詩는 口訣처럼 기억하기에 대단히 편리하였다. 또 전체적으로 경쾌하고 율동감이 있었으며 평균적인 템포가 朗讀과 朗唱에 적합한 구조였다. 중국어의 리듬상 구두 운문의 표현에 가장 적합하고 통속적인 형태가 七言詩였던 것이다. (또 七言詩는 북방의 胡歌와 뭔가 깊은 연관이 있다는 주장이 지속적으로 제기되고 있다.) 불교가 중국에 전래된 후 불경 속에 삽입된 운문을 중국어로 번역할 때 七言體를 많이 사용하였고, 후대의 詩讚繫 강창 문학과 희곡에 폭넓게 채용되었던 이유는 통속적인 리듬을 지니고 있고 朗唱하고 기억하기에 편리했던 점에 있었을 것이다.

(3) 詩詞曲은 정해진 원칙에 따라 押韻과 平仄을 강구하는데, 詞曲의 押韻法은 詩와 다르지만 — 詞의 용운은 근체시·고체시와는 차이가 있으며 특히 近體詩보다 복잡하다. 반면 曲의 用韻은 근체시보다 느슨하다. — 詞曲의 평측률은 기본적으로 近體詩와 다름이 없다. 詞曲의 平仄律은 長短句를 사용하기 때문에 格律詩와 동일할 수는 없으나 詞牌의 규정에 따라 이루어지는 平聲과 仄聲의 배치법은 近體詩의 원칙이 관철되어 있다고 보아도 무방한 것이다. 그런데 用韻의 경우 詩에서 사용하고 있는 것은 古韻이기 때문에 語音의 변천으로 인해 古韻을 고수하면 무대 위에서 노래부르는데 적절하지 못하므로 詞韻과 曲韻이 詩韻을 따를 수 없는 것은 어찌보면 당연한 일이다. 사실 古今을 막론하고 중국어에는 수많은 방언이 존재했고 발음이 변했으므로 押韻을 규범화하는 것 — 지식인의 세계에서는 격률의 준수 여부가 學識 水準과 직결되었으므로 강제화하는 것이 가능했을 것이다. — 은 무의미한 일이었을 것이다. 하지만 平仄律의 경우는 押韻과는 사

정이 다르다. 무엇보다 지식인의 전유물로 여길 법한 平仄律이 近體詩와 詞曲에 동일한 원칙에 따라 채용되었을 뿐만 아니라 敦煌 講經文・變文・俗賦・唐代 民歌 등 민간 문학에도 폭넓게 적용되어 있음을 확인할 수 있다. 고전시의 상식으로 보면 평측은 어긋나더라도 押韻은 반드시 준수하는 것이 철칙이다. 하지만 민간에서 유행한 운문은 압운보다는 오히려 평측률에 충실하다. 말하자면 고전시의 상식과는 반대로 압운보다 평측률을 선호한 것이다.[18] 이처럼 평측률이 정통 문학과 민간 문학의 운문에 모두 관철되어 있는 것을 어떻게 해석할 것인가? 소위 지식인들에 의하여 완성된 四聲論이나 近體詩의 平仄律이 민간 문학에 영향을 미쳤다고 볼 수 있는가? 아니면 그 반대의 경우인가? 이러한 문제에 대하여 京都大學의 金文京 교수는 지식인들이 평측률을 발명한 후 근체시가 성립하였을 것이라는 생각은 재고해야 함을 주장한 바 있다.[19] 실제로 '四聲之祖'로 유명한 沈約이 『四聲譜』를 저술하기에 앞서 魏晉代에 이미 『聲類』・『四聲韻略』・『韻集』이 저술되었다는 기록이 있고, 北齊人 李槪는 『音韻決疑序』에서 "평성・상성・거성・입성은 민간에서 출현하여 유행하고 있다. 심약이 이를 가져다가 소리에 맞추니 음조가 서로 합치되었다(平上去入, 行出閭里. 沈約取以和聲之, 律呂相合)"[20]라고 언급하여 沈約이 등장하기 훨씬 이전부터 중국인들이 四聲을 보편적으로 사용[21]하고 있었음을 증언하고 있다. 따라서 唐

18 脚韻을 대표로 하는 고전시의 押韻 방식 또한 지식인에 의해 체계화는 되었을지 모르지만 지식인이 발명한 것은 아님이 분명하다. 詩經 이래로 민간 시가에서는 보편적인 脚韻 외에도 頭韻・腰韻・首尾連環韻・句內韻・腰脚韻 등 매우 다양한 용운법이 활용되고 있다.(段寶林, 「中古民間詩律新探」, 『古今民間詩律』, 47~67쪽 참조.)

19 金文京, 「詩讚系文學試論」, 『中國－社會と文化』 七號, 1991, 128~129쪽 참조.

20 弘法大師 原撰, 王利器 校注, 『文鏡秘府論・四聲論』, 中國社會科學院, 1983.

21 沈約 이전에는 시의 운률을 五音(宮商角徵羽)을 사용하여 맞추었는데 이것이 後日 四聲이 되었다. 五音과 四聲의 관계는 平聲은 宮商, 上聲은 徵, 去聲은 羽, 入聲은 角과 각각 짝이 된다.

代 민가와 變文 그리고 唐 이후 詩讚系 희곡에 近體詩와 樂曲系 희곡의 平仄律이 사용되고 있는 것은 결코 특이한 현상이 아니라 중국문학의 운률에서는 唐 이전부터 압운보다 평측이 확실히 보편적으로 사용되었으며, 近體詩의 성립 이후에 생겨난 것이 아님을 시사한다.

7.

중국 민간 문학의 언어에 대하여도 간략하게나마 언급하지 않을 수 없는 것 같다. 언어 문제는 민간 문학을 이해하는데 어찌 보면 가장 본질적인 항목이지만 대단히 복합적인 문제들 ― 장르와 언어, 표준어와 방언, 구술과 기록의 차이 등등 ― 이 얽히고 섞여있어 매듭을 풀기가 쉽지 않다. 민간 문학을 이야기할 때 항시 지적되는 비판은 민간 문학과 구어(구술) 문학을 결코 동일시할 수 없다는 점이다.[22] 민간 문학 텍스트에 쓰인 언어는 기본적으로 구어와 가장 친근한 것은 사실이지만 구어 그 자체가 아니라 일단 기록된 것이므로, 항시 구술된 것과 기술된 텍스트의 관계를 문제삼지 않을 수 없다. 이 때문에 구어를 문자 형태로 기록한 언어인 '白話' 혹은 '書面 白話'가 민간 문학 연구자에게 핵심 과제로 부여된다. (백화는 일단 문자로 기

22 중국 민간 문학에 대한 또하나의 의심은 설화 구연과 백화 장르(구체적으로는 소설)의 관계에 두어져 있다. (이데마Idema와 같이) 부정적인 시각을 가지고 있는 학자들은 현존하는 텍스트를 면밀히 분석한 후 話本은 결코 설화인의 구연에서 직접적으로 파생한 것이 아님을 주장한다. 이러한 부정은 자연히 시대를 거슬러 올라가 敦煌 문헌에도 적용되어 유사한 의심을 건내고 있다. 말하자면 돈황 강창 텍스트가 전문 구연자의 저본이라는 확실한 증거가 없고, 구연을 본딴 유사 문맥 텍스트일 가능성이 있다는 것이다. 이 문제에 대하여 필자는 한 가지 점만 이야기하고 싶다. (현존하는) 최초의 화본 작품이 등장한 16세기는 문언과 백화를 잘 다룰 수 있었던 지식인 작가가 존재했던 시대였다. 이 시기는 설화인의 구연을 그대로 기록하지 않고도 단지 모델로 하여 창작할 수 있었음에 분명하다. 이는 話本의 장르적 규범이 이 시기에 확정되었음을 시사한다. 반면 돈황 강창 텍스트의 출현 시기는 화본 장르의 규범이나 관습이 미확정되었던 시기였기 때문에 유사 문맥 텍스트로 보더라도 전문 설화인(강창자)의 구연에 훨씬 가까웠을 것으로 본다.

록된 것을 가리키므로 '서면 백화'라는 표현이 정확하고, 현대 백화 중국어와도 다르기 때문에 '古白話'라는 용어를 쓰기도 한다.) 언어의 측면에서 보면 백화 서면 문학이란 말이 민간 문학에 가장 적합한 듯 보이지만 문제는 좀더 복잡해진다. 왜냐하면 민간 문학 텍스트는 백화 뿐만 아니라 문언도 사용하고 있기 때문이다. 예를 들면, 敎煌 민간 문학 텍스트는 고문 혹은 백화로만 기술된 것도 있지만 상당수는 半文半白의 언어 구조를 보이고 있다. 화본이나 장회 소설은 관습적으로 (주로 대화에) 백화를 쓰는 것이 상례지만 (묘사 부분에는) 古文이나 騈麗文을 사용하는 경향도 있다. 또 元雜劇 이래 희곡의 대사는 백화로 쓰는 것이 일반적이지만 文言으로 쓰는 경우가 늘어나고 심지어는 騈體를 쓰기도 한다. 이러한 사례는 講唱 작품에서도 예외가 아니다. 이처럼 기록된 텍스트에서 白話와 古文이 혼용되어 있는 현상을 통해 민간 문학 언어의 어떤 점을 읽어낼 것인가? 여기서는 돈황 문헌을 사례로 장르와 언어의 관계에 대하여 언급한다.

중국 고전 문학의 장르 관습은 古文 독주 시대의 안정된(완고한 古文 전통) 단계에서 초기 白話 문학이 출현하는 과도기적(半白話=半文半白[23]) 전환 단계를 거쳐 古文과 白話 두 언어를 능숙하게 활용하는 개인 작가에 이르러 새로운(백화)[24] 장르 규범을 만들어낸다. 장르 관습의 변화는 완고한 모습을 보이기도 하고, 미미하게 포착되기도 하고, 노골적으로 드러나기도 하며, 거대한 지속의 흐름을 보여주기도 한다. 四言詩는 頌詩의 지향에 맞는 古雅한 언어를, 樂府詩는 민가의 향토성에 부합하는 질박한 언어를,

23 이 시기는 고문 전통의 현격한 우세 하에서 차츰 백화가 침윤하기 시작한다. 단, 語錄과 같은 특수 장르의 경우는 白話만으로 기록하였으나 그 시대 기록 문학의 전반적인 추세하고는 거리가 있었다.

24 이 시기의 백화 장르에도 당연히 고문이 사용되지만 과거에 비하여 백화에 가까운 고문이 주로 사용된다.

賦는 화려하고 세밀한 騈麗文을, 序跋文이 관습적으로 古文을 취하는 것은 완고한 관습 때문이다. 秦漢 산문에서 唐宋 산문으로의 전환은 언어의 변천으로 인해 야기된 것이지만 고문 전통 위에서 진행된 탓에 미미하게 드러날 뿐이다. 반면 口演과 밀접한 연관이 있는 장르의 경우는 — 傳 · 書 · 記와 같은 전통 장르명을 고수하기도 하고, 話 · 說話 · 話本과 같이 비전통적인 新名稱을 달고 있기도 하다 — 백화 언어의 관습에 의해 이질적인 양식을 만들어내기도 한다. 또한 唐代 이후 淸代까지 — 심지어는 오늘날까지도 — 대부분의 지식인들이 五七言詩에 익숙한 것은 고전 장르의 거대한 규범의 힘을 상징적으로 보여주는 것이다.

좀더 부연하면, 唐 이전의 장르들 — 詩 · 賦 · 樂府 · 頌 · 祝 · 銘 · 誄 · 碑 · 史傳 · 諸子 · 論說 · 章表 · 書記 등등 — 은 (口語體도 없진 않으나) 대부분 정제된 古文을 기록 언어로 채용하고 있고 자신의 장르 관습에 매우 충실한 — 위진육조의 辭賦는 漢 大賦의 장르적 원형을 결코 벗어나지 않았으며, 악부시와 고시 역시 자신의 장르 규범을 따르고 있고, 秦漢 산문 또한 장르 관습을 六朝까지 혼란없이 유지하고 있지 않은가? — 것을 볼 수 있다. 하지만 돈황 문헌에 오면 장르적 정체성이 언어로 인해 혼란에 빠져드는 것을 발견하게 된다. 돈황 문헌은 古文으로만 기록된 것도 다수 있지만 중국문학사상 주의를 집중시킨 주요 서사물들은 半白話(semicolloquial)의 중국어로 기록되어 있다. 半白話의 문장이란 半文半白 즉 고문과 백화를 혼용하고 있음을 말한다.[25] 이러한 반문반백의 돈황 문학 텍스트들은 구어(백화)가 문학 언어로 사용되기 시작하는 시기에 장르적 규범의 혼란과 해체 그리고

25 한 가지 예를 들면 돈황 변문에서는 近指代詞로 古文의 '此 · 是 · 之 · 斯 · 玆'와 白話인 '這 · 者 · 遮 · 只 · 拓 · 鯶 · 這个 · 者莽 · 只沒 · 這里 · 這般 · 如許 등'을 모두 사용하고 있는 것을 볼 수 있다. 또 '此'와 '這'의 사용 빈도를 통계 처리하면 '此'의 사용 회수가 1155번, '這'의 사용 회수가 47번으로 나타나고 있다.

새로운 탈바꿈이 어떤 방식으로 전개되었는지 보여준다.

돈황에서 발견된 서사물 가운데 賦로 분류되는 작품은 모두 26편[26]이다. 이 텍스트들은 대부분 古文을 기본 문체로 사용하고 있지만 백화 서면어로 판단되는 어휘를 어렵지 않게 찾아낼 수 있고, 아예 '白話賦'로 정의될 만큼 전통 賦에서 볼 수 없는 통속적인 언어 구조와 문학 풍격을 보이는 작품 — 『鷰子賦』·『韓朋賦』·『晏子賦』— 도 있다. 특히 『鷰子賦』는 (장편) 五言詩體와 騈麗體로 된 판이한 문체의 두 텍스트 즉 시종 문답식 대사로 일관하는 대단한 파격의 五言詩體와 四六體의 전통적인 句式을 유지하면서 대화 부분에 쓰인 백화로 인해 賦의 전통 규범에서 일탈한 모습을 보이는 騈文賦가 병존한다. 또 '傳'이란 명칭을 달고 있는 『前漢劉家太子傳』·『舜子傳』은 한 인물의 일화를 서술한 작품으로 여전히 紀傳體的 서사 방식을 고수하면서도 백화의 채용과 그에 따르는 이질적인 句法으로 인해 전통 史傳의 언어 구조로부터 벗어나 있다. 한편 敦煌本 句道興『搜神記』는 古文으로 쓴 干寶의 『搜神記』를 白話體로 다시 옮긴 것으로, 古文에서 白話로 언어가 교체되었으면서도 전통 양식만은 그대로 유지하고 있다.

이와 같은 돈황 민간 서사물에 나타나는 장르와 언어의 독특한 현상에 대하여는 다음과 같은 해석이 가능하다. 唐 이전의 전통 장르는 돈황 문헌의 시대에 이르러 (백화 언어를 통한 기록화가 진행되면서) 규범적인 힘이 약화되고 변화되기는 하지만 아직 새로운 표준 장르 — 화본 소설과 같은 백화 장르 — 를 찾지 못한 채 전통 모델을 '固守'하면서 동시에 '離脫'하는 양상도 보인다. 舊장르로부터 이탈과 혼란이 야기된 주요 이유 중 하나는 불교가 중국에 유입되어 불경이 번역되는 과정을 통해 白話가 기록 언어로 급

26 돈황 문헌 가운데 賦는 모두 47권이 남아있으나 중복된 것을 골라내면 모두 26편이 된다.

속히 확산되었고, 백화 언어를 매개로 하는 비중국적인 외래 장르 모델 — 강창형 양식이 대표적일 것이다 — 이 완고한 고전 전통의 규범으로부터 상대적으로 자유로운 상태에서 기록 장르로 들어왔기 때문일 것이다. 하지만 지식인이 인정하는 기록 문학에 정식 가입하기까지는 상당한 시일이 걸렸고 거의 존대받지 못하는 운명을 감내해야만 했다.

8.

못다한 이야기가 많지만 결론 삼아 몇 마디 덧붙인다. 이 글의 의도는 중국문학사에서 민간 문학을 강조하고자 한 것이 아니라 (결국 그렇게 되어버렸고 민간 문학 역편향의 느낌마저 들게했는지 모르지만), 정통 문학 중심의 문학사관을 비판적으로 바라보기 위한 의도된 선택으로 '민간 문학'이란 프리즘을 사용한 것이다. 어차피 의도된 선택이었음이 드러났으므로 문학사에서 좀더 강조하고 싶은 부분을 이야기한다면, 북조 문학 · 불교 문화(서역 문화) · 강창 장르 · 동아시아적 구비연행서사 모델의 연구 필요성과 방법이다. 문학사 서술에서 이제까지 소홀히 다루어 온 이 네 가지 테마는 서로 긴밀히 연계되어 있기 때문에 — 불교가 중국에 들어와 급속하게 확산된 북조 시기에 강창 장르가 형성되기 시작했고, 불교 문화를 매개로 동아시아 전역에서 구비연행서사가 동시 발전했으므로 — 이 부분에 대한 연구가 제대로 진척된다면 전통 시기 중국문학사 뿐만 아니라 동아시아문학사에 대한 誤讀이 줄어들고 보다 객관적이고 풍부한 문학사 읽기가 가능해질 것이다.

—『중국학연구』 제21집, 2001.12.

|부록2|

國內 敦煌 關聯 單行本·論文 目錄

(2011年 5月)

單行本

『(敦煌本)六祖壇經』, 性徹 編譯, 藏經閣, 1993

『大乘起信論을 通해 본 敦煌本 六朝檀經』, 전종식, 예학, 2008.5

『敦煌 가는 길』, 정찬주, 김영사, 2001

『敦煌 講唱文學과 小說』, 全弘哲, 新星, 2008.4.

『敦煌 講唱文學과 戱曲』, 全弘哲, 新星, 2009.3.

『敦煌 이야기』, 마쓰오카 유즈루, 朴世旭·조경숙 譯, 연암서가, 2008

『敦煌: SILKROAD의 關門』, 全寅初, 살림출판사, 2006

『敦煌曲子詞集』, 王重民, 이태형 譯註, 학고방, 2011.3.

『敦煌과 동아시아 文學』, 全弘哲, 新星出版社, 2011.

『敦煌文學과 藝術』, 李秀雄, 建國大學校出版部, 1990

『敦煌文學』, 李秀雄 編, 日月書閣, 1986

『敦煌바람』, 權映弼, 嶺南大學校出版部, 1986

『敦煌本 六朝檀經』, 六祖慧能, 鄭性本 譯註, 韓國禪文化研究院, 2004

『敦煌佛教講唱集』, 全弘哲·鄭炳潤 譯, 성신사, 2009.3.

『敦煌詞文學論考』, 車柱環, 서울대 출판부, 2004

『敦煌石窟』, 타가와 준조, 박도화 譯, 개마고원, 1999

『敦煌小說集』, 全弘哲 譯, 新星, 2007.5.

『敦煌의 사랑』, 尹厚明, 文學과知性社, 1983

『敦煌의 歷史와 文化』, 나가사와 카즈토시, 민병훈 譯, 四季節, 2010年 4月

『敦煌의 傳說』, 鄭炳潤, 文字香, 2006

『敦煌學이란 무엇인가』, 劉進寶, 全寅初 譯註, 아카넷, 2003
『敦煌』, 이노우에 야스시, 임용택 역, 문학동네(세계문학전집-049), 2010.8.23
『敦煌』, 井上靖, 崔俊浩 譯, 韓振出版社, 1981
『佛敎와 敦煌의 講唱文學』, 費明和, 이회문화사, 2003.10
『앙코르 · 티베트 · 敦煌』, 최영도 변호사의 세계문화유산기행, 최영도, 創批, 2003.5
『中國大陸의 文化3: 河西回廊.敦煌』, 東國大學校, 한언, 1990.11
『荷澤神會禪師語錄(敦煌文獻 譯註1)』, 박건주, 씨아이알(CIR), 2009.2

學位論文

「高句麗 古墳壁畵와 敦煌壁畵 狩獵圖에 나타난 狩獵服飾에 關한 硏究」, 박선미, 世宗大 大學院, 碩士論文, 1998
「唐代 敦煌壁畵에 表現된 衣服의 服飾史的 考察」, 李庭和, 淑明女大, 碩士論文, 1986
「敦煌 講唱文學의 敍事體系와 演行樣相 硏究」, 全弘哲, 韓國外國語大 大學院, 博士論文, 1995
「敦煌 莫高窟 제249 · 285窟 窟頂의 神仙 · 神獸圖 硏究」, 張智盈, 國立SEOUL大 大學院, 碩士論文, 1996
「敦煌 莫高窟 彩色佛像에 對한 硏究」, 이혜령, 東方大學院大, 碩士論文, 2007
「敦煌 莫高窟 天障畵의 裝飾文樣 硏究」, 한연선, 中央大 大學院, 碩士論文, 2003
「敦煌 壁畵 技法의 硏究」 송유정, 弘益大大學院, 碩士論文, 2008
「敦煌 壁畵를 通해서 본 飛天 服飾에 關한 硏究:天衣를 中心으로」, 吳文均, 世宗大 大學院, 碩士論文, 1993
「敦煌 變文과 그 後續文學 演變에 關한 考察」, 김현미, 公州大 敎育大學院, 碩士論文, 1999
「敦煌 變文의 口演特徵 硏究」, 鄭廣薰, 韓國外國語大 大學院, 碩士論文, 2001
「敦煌 石窟 壁畵에 關한 硏究:顔料를 中心으로」, 김혜경, 東國大 大學院, 碩士論文, 2002
「敦惶 藏經洞 發見의 地藏十王圖 硏究」, 이윤정, 國立SEOUL大 大學院, 碩士論文, 1997
「敦煌講史變文硏究:春秋와 漢代의 歷史故事를 中心으로」, 兪泰揆, 成均館大 大學院, 博士論文, 1994
「敦煌壁畵의 藝術的 價值」, 강미아, 祥明女大 大學院, 碩士論文, 1995
「敦煌變文硏究: 維磨詰經 講經文을 中心으로」, 費明和, 國立SEOUL大大學院, 碩士論文, 1979

「敦煌本 傷寒論에 關한 硏究」, 박시덕, 大邱韓醫大 大學院, 碩士論文, 2005
「敦煌寫本 〈廬山遠公話〉 硏究」, 鄭炳潤, 韓國外國語大 大學院, 碩士論文, 1994
「敦煌寫本 葉淨能詩 硏究」, 權寧愛, 淑明女大, 碩士論文, 1985
「敦煌石窟壁畵에 보이는 一般服飾의 硏究」, 柳惠英, 梨花女大 大學院, 博士論文, 1992
「敦煌藝術에 나타난 現代 디자인의 콘텐츠 原型 開發」, 왕택휘, 韓國外國語大 大學院, 碩士論文
「敦煌韓擒虎話本硏究」, 朴賢植, 檀國大大學院, 碩士論文, 1986
「敦煌話本 硏究」, 朴完鎬, 全南大 大學院, 碩士論文, 1989
「敦煌話本小說硏究」, 朴完鎬, 全南大 大學院, 博士論文, 1996
「文化遺産의 保存을 爲한 Web3D VR 技術의 活用에 關한 硏究:敦煌壁畵 WEB3D VR 제작」, 劉向暉, 東西大 디지털디자인大學院, 碩士論文, 2006
「北朝時代 敦煌 石窟壁畵와 高句麗 古墳壁畵에 나타난 一般服飾의 比較 硏究」, 권혜영, 성신여대 大學院, 碩士論文, 2001

■ 學術誌 論文

「高句麗 壁畵와 甘肅省 魏晋時期(敦煌 包含) 壁畵 比較 硏究」, 朴雅林・權寧弼, 高句麗硏究 第16輯, 2003.12
「高句麗 壁畵와 甘肅省 魏晉時期(敦煌 包含) 壁畵 比較 硏究」, 討論文, 박아림(Park A Lim), 권영필(Kwon Yeong Pil), 高句麗硏究, 2003
「古代 敦煌 歌辭 中의 服飾 硏究」, 김은주(Eun Ju Kim), 韓國服飾學會, 服飾, 1994
「古代 敦煌人의 龍 觀念과 그 淵源」, 鄭炳潤, 世界文學比較硏究, 2007
「近 100年 主要 漢簡의 出土現況과 敦煌 懸泉置 漢簡의 內容」, 김경호(Kyung Ho Kim), 수선사학회, 사림(성대사림), 2001
「近代 敦煌學의 成立과 Orientalism」, 황순일, 佛敎學報, 東國大學校 佛敎文化院, 2010
「論敦煌故事賦文本的演行可能性」, 朴完鎬, 中國人文科學 第34輯, 2006.12
「唐代 敦煌의 邊塞詞 硏究」, 金賢珠, 中國硏究, 2007
「唐代 敦煌戶籍文書上의 "자전"」, 김성한(Sung Han Kim), 中國古中世史硏究(舊 中國古代史硏究), 2000
「唐代 敦煌戶籍文書上의 '自田'」, 金聖翰, 魏晉隋唐史硏究 第6輯, 2000.8
「唐代 自然詩와 敦煌歌辭에 나타난 '배(舟)' 이미지 考」, 이태형・서진영, 석당논총, 東亞大

學校, 2010
「唐代 自然災害와 民間信仰」, 金相範, 東洋史學硏究 第106輯, 2009.3
「唐五代敍事詩硏究－특히 敦煌 詞文을 中心으로」, 金海明, 中國語文學論集 제11호, 1999.2
「敦博本『六祖壇經』의 몇 가지 虛詞(1)－副詞와 前置詞」, 송인성, 中國語文學論集 제27호, 2004.5
「敦煌 "藏經洞"의 生成 過程에 關하여」, 유태규, 中國文化硏究 第7輯, 2005.12
「敦煌 講經文의 引經 方式 硏究」, 張春錫, 中國人文科學 第39輯, 2008.8
「敦煌 講經文의 引經 方式 硏究」, 張椿錫, 中國人文學會 2008년 春季學術大會 發表論文集, 2008.6
「敦煌 講唱文學 硏究」, 유승현, 中國小設硏究會報 第74號, 2008.12
「敦煌 講唱文學의 起源 硏究」, 金敏鎬(Min Ho Kim), 中國語文論叢, 2000
「敦煌 講唱文學의 敍事體系와 演行樣相 硏究」, 全弘哲, 中國小說硏究會報 제23호, 1995.9
「敦煌 講唱文學의 硏究 槪況」, 全弘哲, 中國小說硏究會報 제21호, 1995.3
「敦煌 講唱寫本은 果然 說唱藝人의 底本이었는가?」, 金敏鎬, 中國小說論叢 제6집, 1997.3
「敦煌 壁畵에 表現된 裳과 裙에 關한 硏究(Ⅰ)－五胡十六國, 南北朝 時代를 中心으로」, 정하신, 韓服文化 제1권 2호, 1998.10
「敦煌 變文에 나타난 天上 硏究」, 張椿錫, 中國人文科學 第40輯, 2008.12
「敦煌 變文에 보이는 佛敎的 神通力 硏究」, 張椿錫, 中國小設論叢 第30輯, 2009.9
「敦煌 變文의 口演特徵 硏究」, 鄭廣薰, 中國小說硏究會報 제45호, 2001.3
「敦煌 變文의 佛敎的 想像力 硏究」, 張椿錫, 中國語文學論集 第42號, 2007.2
「敦煌 說唱類文書의 分類 基準」, 靑明和, 中國學報, 2004
「敦煌俗賦와 朝鮮後期 訟事型 寓話小說－韓·中 寓言의 比較的 觀點에서」, 윤승준(Seung Joon Yoon), 古小說硏究, 2000
「敦煌 藏經洞 閉鎖時期에 關한 考察」, 金敏鎬(Min Ho Kim), 中國語文論叢, 1995
「敦煌 話本小說 硏究 I」, 朴完鎬, 中國人文科學 제12집, 1993.12
「敦煌 話本小說의 成立에 關한 考察」, 朴完鎬, 中國小說論叢 제4집, 1995.3
「敦煌歌辭에 나타난 唐代女性의 形象과 意識」, 金金南(Kim Geum Nam), 中國文學硏究, 2003
「敦煌講唱文의 口碑文學的 特徵」, 鄭炳潤, 中國學硏究 第20輯, 2001.6
「敦煌講唱文學을 징검다리로 說話에서 話本으로」, 朴完鎬, 中國小說論叢 제15집, 2002.2
「敦煌古樂譜에 대한 推論」, 관야유·김정애(Jing Ai Jin) 譯, 大邱가톨릭大學校 人文科學硏究所, 韓國傳統文化硏究, 1993

「敦煌故事賦 小考」, 朴完鎬, 中國人文科學 제11집, 1992.12
「敦煌故事賦의 葛藤 解決 樣相」, 朴完鎬, 中國小說論叢 제13집, 2001.2
「敦煌曲中的女性」, 金鮮, 中國文化研究 第1輯, 2002.12
「燉煌文書寺院經濟關係 十九種」, 李東潤, 東洋史學研究 第12・13合輯, 1978.8
「敦煌文學 中의 母性愛」, 張椿錫, 中國人文科學 제17집, 1998.12
「敦煌文獻의 漢文佛教經典 構成類型 考察」, 박상수, 韓國佛教學, 2009
「敦煌文獻의 漢文佛教經典 構成類型 考察」, 박상수, 韓國佛教學, 韓國佛教學會, 2009
「敦煌民歌反映的禮俗研究」, 金賢珠, 韓國外國語大學校 國際地域研究센터 中國研究所, 中國연구, 2002
「敦煌民歌에 나타난 社會心理 民俗 考」, 金賢珠 (Hyun Ju Kim), 中國學研究, 1998
「敦煌民歌에 나타난 社會心理 民俗 考」, 金賢珠, 中國學研究 第15輯, 1998.12
「敦煌壁畵에 表現된 상, 군에 관한 연구－隋, 唐(589-907)時代를 中心으로」, 정하신, 建國大學校 造形研究所, 造形研究, 2001
「敦煌壁畵에 表現된 상, 군에 관한 研究(3)－五代, 宋, 元代(907~1368年)를 中心으로」, 정하신(Ha-Sin Jeong), 建國大學校 造形研究所, 造形研究, 2000
「敦煌壁畵研究方法試探」, 권영필, 美術史學 제4권, 1992.12
「敦煌變文 代詞 研究」, 이병관, 中國語文學論集 제13호, 2000.2
「敦煌變文 附加式 複音節詞 研究」, 이병관, 中國語文學論集 제10호, 1998.8
「敦煌變文 通假字 研究」, 이병관, 文境 제5호, 1993.8
「敦煌邊塞詞에 나타난 唐五代 西北民 歸唐意識 初探」, 金金南, 中國文學研究, 2007
「敦煌本 〈詠九九詩〉와 〈九九消寒圖〉研究」, 朴世旭 Se Wok Park, 中國語文學, 2004
「敦煌本 孔子項託相問書의 敍事構造」, 全弘哲, 中語中文學 제15, 16합집, 1994.6
「敦煌本 傷寒論 중『輔行訣藏府用藥法要』에 關한 研究」, 박종현・박시덕・신상우, 韓國韓醫學研究院論文集 제13권 제1호, 2007.4
「敦煌本 韓朋賦의 談論 構造」, 全弘哲, 中國小說論叢 제4집, 1995.3
「敦煌本『六祖壇經』俗字例 考察」, 金愛英・李圭甲, 中國語文學論集 第58號, 2009.10
「敦煌本『六祖壇經』通假字 考察」, 金愛英, 中國語文學論集 第59號, 2009.12
「敦煌本韓擒虎話本[擬名]」, 全弘哲, 中國小說研究會報 제41호, 2000.3
「敦煌本『韓朋賦』」, 全弘哲, 中國小說研究會報 제30호, 1997.6
「敦煌佛教歌辭 中의 (儒教性 作品考－"孝"倫理의 宣揚에 關하여」, 金金南(Kum Nam Kim), 中國文學研究, 1998
「敦煌佛教性變文與佛教中國化過程」, 鄭炳潤 (Byung Yoon Jung), 國際中國學研究, 2000

「敦煌飛天 服飾이 現代服飾에 주는 意味」, 임영자(Young Ja Lim), 韓國服飾學會, 服飾, 1994
「敦煌寫本 王梵志 詩와 그 倫理意識 考」, 유성준(Sung Jun Yoo), 韓國外國語大學校 國際地域硏究센터 中國硏究所, 中國硏究, 1993
「敦煌寫本『父母恩重經』의 校勘學的 硏究」, 송일기, 書誌學硏究, 2006
「敦煌寫本과 高麗大藏經『金剛經』의 異體字」, 鄭蓮實, 中國語文學論集 第56號, 2009.6
「敦煌石窟 壁畫顔料에 關한 硏究－顔料의 黑變原因을 中心으로」, 한경순(Han Gyeong Sun), 美術史學硏究(舊 考古美術), 2001
「敦煌石窟 壁畫顔料에 關한 硏究」, 韓京淳, 美術史學硏究 第232號, 2001.12
「敦煌石窟壁畫의 植物紋樣에 드러난 文化的 受容」, 박현영, 現代美術硏究所 論文集, 2006
「敦煌石窟 初期壁畫에 描寫된 고습의 外部的인 要所－北魏 時代를 中心으로」, 장영수(Young Soo Chang), 民族과 文化, 2003
「敦煌樂譜와 敦煌民間歌辭와의 關係試探」, 金賢珠(Hyun Ju Kim), 中國學硏究, 2001
「敦煌樂譜와 敦煌民間歌辭와의 關係試探」, 金賢珠, 中國學硏究 第20輯, 2001.6
「敦煌에서 發見된 "賦"로 命名된 作品 硏究－〈자영무〉를 中心으로」, 朴世旭, 嶺南中國語文學會, 中國語文學, 2002
「敦煌에서 出土된『일명구방』에 對한 考察」, 황룡상, 대한한의학원전학회지, 2008
「敦煌硏究院 所藏 건무사년본 〈金剛寫經〉의 眞僞問題」, 송일기(Il Gi Song), 서지학연구, 2004
「敦煌原本三種『六祖壇經』初探」, 金愛英, 中語中文學 第43輯, 2008
「敦煌의 歲時風俗」, 윤광봉, 韓國民俗學 第24輯, 1991.10
「敦煌의 地域的 脈絡에서 본 初唐期陰家窟의 政治的 性格」, 김혜원, 美術史學硏究 第252號, 2006.12
「敦煌의 地域的 脈絡에서 본 初唐期陰家窟의 政治的 性格」, 김혜원, 美術史學硏究(舊 考古美術), 2006
「敦煌特輯: 敦煌 俗文學 庶民情緖의 言語文字的 理解」, 김경일, 建國大學校 中國問題硏究所, 中國硏究, 1991
「敦煌特輯: 敦煌俗曲三種」, 任二北, 建國大學校 中國問題硏究所, 中國硏究, 1991
「敦煌特輯: 佛敎와 中國文學－敦煌學의 提高를 爲하여」, 정규복, 建國大學校 中國問題硏究所, 中國硏究, 1991
「敦煌特輯: 飛天服飾에 關한 考察－敦煌 飛天과 高句麗 古墳壁畫飛天을 中心으로」, 임영자, 건국대학교 中國問題硏究所, 中國硏究, 1991
「敦煌話本小說硏究 4－敍事構造 手段으로써 詩歌 및 騈麗文의 機能」, 朴完鎬, 中國人文

科學 제14집, 1995.12
「敦煌話本小說硏究」, 朴完鎬, 中國小說硏究會報 제29호, 1997.3
「敦煌話本小說硏究II－宗教思想을 中心으로」, 朴完鎬, 中國人文科學 제13집, 1994.12
「東, 西洋 精神文化의 만남 : 敦煌 藏經洞 佛籍 遺失과 往五天竺國傳 一考」, 강수균, 東西精神科學, 2005
「東亞細亞 三國의 文化交流와 그 影響: 發表;敦煌發見 漢文文書에 나타난 韓國關係 記事에 關하여」, 토비의화(Dohi Yoshika Zu), 大東文化硏究, 1989
「明代 擬話本에 끼친 唐 傳奇와 敦煌 講唱文學의 影響考」, 金敏鎬, 中國小說論叢 제4집, 1995.3
「名士가 본 中國, 中國人 15 : 敦煌 莫高窟(2)」, 車柱環(Cha Ju Hwan), 한글한자문화, 2003
「無垢淨光大陀羅尼經의 文字異同 硏究」, 유부현, 韓國圖書館・情報學會誌 제34권 제3호, 2003.9
「文殊信仰과 敦煌의 文殊菩薩圖像」, 장준구, 人文科學硏究, 2009
「범(梵), 장(藏), 敦煌本『金剛經』對照 硏究」, 최종남, 印度哲學, 2009
「變文과 變相圖의 相關性 硏究」, 李容宰, 中國語文學論集 第62號, 2010.6.30
「變文의 "反復"構造에 대한 機能上의 考察」, 鄭炳潤, 中國小說論叢 제12집, 2000.8
「佛典飜譯과 僞經;疑僞經과 硏究의 意義」, 사이토류신(Saito Takanobu), 원불교사상과 종교문화, 2007
「宋詞의 雅와 俗－艶情詞를 中心으로」, 李東鄕(Dong Hyang Lee), 中國語文學, 1997
「新羅 服飾과 위구르(維吾爾) 服飾의 關係 硏究」, 한윤숙(Youn Sook Han), 韓國服飾學會, 服飾, 1995
「실크로드 東西文化交流」, 홍주희, 國樂과 敎育 제28집, 2009.12
「실크로드와 敦煌의 寶庫」, 제인 그리핀, 美術史硏究 제10호, 1996.12
「英國圖書館藏本『六祖壇經』異體字 硏究」, 金愛英, 中國語文學論集 第53號, 2008.12
「王梵志 詩의 敦煌 傳播와 變異 過程」, 구교현, 中國語文學論集 제9호, 1997.8
「盂蘭盆齋의 淵源과 傳承 樣相 硏究」, 張椿錫, 東北亞 文化硏究 제20집, 2009.9
「日本 屬의 韓國佛敎美術; 中國 敦煌 莫高窟(17窟) 發見의 觀經變相圖[Guimet 東洋博物館 藏]와 韓國 觀經變相圖(日本 서복사 藏) 의 比較 考察－觀經變相圖의 硏究(1)」, 류마리(Ma Ri Lyu), 韓國佛敎美術史學會 (舊 韓國美術史硏究所), 講座 美術史, 1992
「中國 古代 白話小說의 韻・散 轉換 表記에 關한 考察」, 張椿錫, 中國語文學論集 第54號, 2009.2
「中國 敦煌 千佛洞」, 陳國寧・楊人從, 古文化 第14輯, 1976.6

「中國 敦煌大壁畵殿」, 김소형, 美術世界 1994년 8월호(通卷 117호), 1994.8
「中國 敦煌變文과 近代 通俗文學의 關係－伍子胥變文과 그 小說的 源流를 中心으로」, 최형욱, 中國語文學論集 제14호, 2000.6
「吐魯番文獻의 流散과 整理」, 朴根七, 中國古中世史硏究 第23輯, 2010.2
「平安朝 모노가타리(物語)와 唐代 小說의 比較」, 全弘哲, 中國學硏究 第20輯, 2001.6
「河西回廊에서 敦煌으로－現地調査(1999年)에 依한 遺跡」, 遺物 硏究, 권영필, 中央亞細亞硏究, 2001
「韓國 現代小說 속의 敦煌」, 김명석, 現代小說硏究, 2005
「韓國의 佛畵와 秦樂飛天圖에 關한 硏究」, 尹明遠, 韓國傳統音樂學 제2호, 2001.12
「한인과 古代 敦煌人과의 接觸에 關한 一考察, 鄭炳潤(Jeong Byeong Yun)」, 中國學硏究, 2002
「漢字構形要素로 본 敦煌寫本의 異體字 類型과 淵源, 그리고 그 特徵－敦煌 스타인본 妙法蓮華經를 中心으로」, 이경숙, 漢文學報, 2009
「漢字構形要素로 본 敦煌寫本의 異體字 類型과 淵源, 그리고 그 特徵: 敦煌 스타인본 妙法蓮華經을 中心으로」, 이경숙, 漢文學報, 2009
「慧超의 西域紀行과『往五天竺國傳』」, 정수일 Jeong Soo-Il, 韓國文學硏究 제27권, 2004.12
「孝感 諸 樣相－中國 孝子集을 中心으로」, 張椿錫, 中國小說論叢 제18집, 2003.9
「SILKROAD를 따라서 3－敦煌(鳴沙山, 莫高窟, 銀河水, 駱駝)」, 위평량, 機械저널 제47권 제10호, 2007.10
「SILKROAD上의 敦煌과 敦煌學－兼論敦煌民歌」, 金賢珠, 韓國外國語大學校 國際地域硏究센터 中國硏究所, 中國硏究, 2002
「『敦煌民間敍事文學』序論」, Victor Mair, 全弘哲(Hong Cheol Jeon) 譯, 韓國中國戱曲學會, 中國戱曲, 2000
「『唐代 變文(Tang Transformation Texts)』(Harvard Univ. Press, 1989)」, Victor H. Mair, 全弘哲・鄭廣薰 譯, 中國小說硏究會報 제45호, 2001.3
「『佛敎와 敦煌의 講唱文學』을 읽고」, 안정훈, 中國小說硏究會報 제60호, 2004.11
「『伍子胥變文』登場人物小考」, 鄭惠璟, 中國語文學論集 第56號, 2009.6

■ 專門學會誌

『東西文化交流研究』(1~8輯), 韓國敦煌學會 編, 圖書出版 청강, 1998-2005年

■ 主要 사이트

韓國敦煌學會 Homepage: http://cafe.daum.net/DUNHUANG